普通高等教育"十一五"国家级规划教材

新编21世纪法学系列教材

总主编 曾宪义 王利明

劳动法和社会保障法

第四版

Labor Law and Social Security Law

主　编 林　嘉

副主编 杨　飞

撰稿人（以撰写章节先后为序）

林　嘉　范　围　杨　飞

许建宇　管　斌　邓　娟

田　野　吴文芳　魏　丽

中国人民大学出版社

·北京·

主编简介

林　嘉　中国人民大学法学院教授、博士研究生导师，法学博士。现任中国人民大学法学院党委书记兼副院长、中国人民大学劳动法和社会保障法研究所所长、法学院社会法教研中心主任。兼任中国法学会理事、中国法学会学术委员会委员、中国社会法学研究会常务副会长、中国劳动法学研究会副会长、中华全国总工会法律顾问委员会委员、中国法学会商法研究会理事、北京市法学会副会长、北京市劳动和社会保障法学会会长。主要研究领域为：劳动法和社会保障法、民商法。2005 年为第十届全国人大常委会做劳动法律讲座。在《中国法学》等期刊发表论文数十篇，出版《劳动就业法律问题研究》（2007 年获国家新闻出版署“三个一百”原创图书奖）、《社会保障法的理念、实践与创新》（获北京市第八届哲学社会科学优秀成果一等奖）、《劳动法的原理、体系与问题》等多部著作，主编集刊《社会法评论》和多部国家级规划教材。

内容简介

《劳动法和社会保障法》是普通高等教育“十一五”国家级规划教材，“新编 21 世纪法学系列教材”中的法学本科专业核心课教材，被北京市教委评为 2011 年“北京高等教育精品教材”并荣获 2012 年北京市高等教育教学成果奖二等奖。本教材分为上编“劳动法”和下编“社会保障法”，共 20 章。其内容既包括劳动法、社会保障法的基础理论和历史发展，也涵盖了劳动就业、劳动合同、集体合同、劳动基准、劳动救济、社会保险、社会救助、社会福利、社会优抚等具体制度。本教材理论与实践并重，全面、系统地阐释我国劳动法与社会保障法的各项具体制度；形式生动，可读性强，在正文之外设置了“理论探讨”“案例分析”“资料链接”等栏目，同时适当使用图表，使本书在形式上生动而不呆板。

总 序

曾憲義

在人类文明与文化的发展中，中华民族曾作出过伟大的贡献，不仅最早开启了世界东方文明的大门，而且对人类法治、法学及法学教育的生成与发展进行了积极的探索与光辉的实践。

在我们祖先生存繁衍的土地上，自从摆脱动物生活、开始用双手去进行创造性的劳动、用人类特有的灵性去思考以后，我们人类在不断改造客观世界、创造辉煌的物质文明的同时，也在不断地探索人类的主观世界，逐渐形成了哲学思想、伦理道德、宗教信仰、风俗习惯等一系列维系道德人心、维持一定社会秩序的精神规范，更创造了博大精深、义理精微的法律制度。应该说，在人类所创造的诸种精神文化成果中，法律制度是一种极为奇特的社会现象。因为作为一项人类的精神成果，法律制度往往集中而突出地反映了人类在认识自身、调节社会、谋求发展的各个重要进程中的思想和行动。法律是现实社会的调节器，是人民权利的保障书，是通过国家的强制力来确认人的不同社会地位的有力杠杆，它来源于现实生活，而且真实地反映现实的要求。因而透过一个国家、一个民族、一个时代的法律制度，我们可以清楚地观察到当时人们关于人、社会、人与人的关系、社会组织以及哲学、宗教等诸多方面的思想与观点。同时，法律是一种具有国家强制力、约束力的社会规范，它以一种最明确的方式，对当时社会成员的言论或行动作出规范与要求，因而也清楚地反映了人类在各个历史发展阶段中对于不同的人所作出的种种具体要求和限制。因此，从法律制度的发展变迁中，同样可以看到人类自身不断发展、不断完善的历史轨迹。人类社会几千年的国家文明发展历史已经无可争辩地证明，法律制度乃是维系社会、调整各种社会关系、保持社会稳定的重要的工具。同时，法律制度的不断完善，也是人类社会文明进步的显著体现。

由于发展路径的不同、文化背景的差异，东方社会与西方世界对于法律的意义、底蕴的理解、阐释存有很大的差异，但是，在各自的发展过程中，都曾比较注重法律的制定与完善。中国古代虽然被看成是“礼治”的社会、“人治”的世界，被认为是“只有刑，没有法”的时代，但从《法经》到《唐律疏议》、《大清律例》等数十部优秀成文法典的存在，充分说明了成文制定法在中国古代社会中的突出地位，唯这些成文法制所体现出的精神旨趣与现代法律文明有较大不同而已。时至20世纪初叶，随着西风东渐、东西文化交流加快，中国社会开始由古代的、传统的社会体制向近现代文明过渡，建立健全的、符合现代理性精神的法律文明体系方成为现代社会的共识。正因为如此，近代以来的数百年间，在西方、东方各主要国家里，伴随着社会变革的潮起潮落，法律改革运动也一直呈方兴未艾之势。

从历史上看，法律的文明、进步，取决于诸多的社会因素。东西方法律发展的历史均充分证明，推动法律文明进步的动力，是现实的社会生活，是政治、经济和社会文化的变迁；同时，法律内容、法律技术的发展，往往依赖于一大批法律专家以及更多的受过法律教育的社会成员的研究和推动。从这个角度看，法学教育、法学研究的发展，对于法律文明的发展进步，也有着异常重要的意义。正因为如此，法学教育和法学研究在现代国家的国民教育体系和科学研究体系中，开始占有越来越重要的位置。

中国近代意义上的法学教育和法学研究，肇始于19世纪末的晚清时代。清光绪二十一年（公元1895年）开办的天津中西学堂，首次开设法科并招收学生，虽然规模较小，但仍可以视为中国最早的近代法学教育机构（天津中西学堂后改名为北洋大学，又发展为天津大学）。三年后，中国近代著名的思想家、有“维新骄子”之称的梁启超先生即在湖南《湘报》上发表题为《论中国宜讲求法律之学》的文章，用他惯有的富有感染力的激情文字，呼唤国人重视法学，发明法学，讲求法学。梁先生是清代末年一位开风气之先的思想巨子，在他的辉煌的学术生涯中，法学并非其专攻，但他仍以敏锐的眼光，预见到了新世纪中国法学研究和法学教育的发展。数年以后，清廷在内外压力之下，被迫宣布实施“新政”，推动变法修律。以修订法律大臣沈家本为代表的一批有识之士，在近十年的变法修律过程中，在大量翻译西方法学著作，引进西方法律观念，有限度地改造中国传统的法律体制的同时，也开始推动中国早期的法学教育和法学研究。20世纪初，中国最早设立的三所大学——北洋大学、京师大学堂、山西大学堂均设有法科或法律学科目，以期“端正方向，培养通才”。1906年，应修订法律大臣沈家本、伍廷芳等人的奏请，清政府在京师正式设立中国第一所专门的法政教育机构——京师法律学堂。次年，另一所法政学堂——直属清政府学部的京师法政学堂也正式招生。这些大学法科及法律、法政学堂的设立，应该是中国历史上近代意义上的正规专门法学教育的滥觞。

自清末以来，中国的法学教育作为法律事业的一个重要组成部分，随着中国社会的曲折发展，经历了极不平坦的发展历程。在20世纪的大部分时间里，中国社会一直充斥着各种矛盾和斗争。在外敌入侵、民族危亡的沉重压力之下，中国人民为寻找适合中国国情的发展道路而花费了无穷的心力，付出过沉重的代价。从客观上看，长期的社会骚动和频繁的政治变迁曾给中国的法治与法学带来过极大的消极影响。直至70年代末期，以“文化大革命”宣告结束为标志，中国社会开始用理性的目光重新审视中国的过去，规划国家和社会的未来，中国由此进入长期稳定、和平发展的大好时期，以这种大的社会环境为背景，中国的法学教育也获得了前所未有的发展机遇。

从宏观上看，实行改革开放以来，经过二十多年的努力，中国的法学教育事业所取得的成就是辉煌的。首先，经过“解放思想，实事求是”思想解放运动的洗礼，在中国法学界迅速清除了极左思潮及苏联法学模式的一些消极影响，根据本国国情建设社会主义法治国家已经成为国家民族的共识，这为中国法学教育和法学研究的发展奠定了稳固的思想基础。其次，随着法学禁区的不断被打破、法学研究的逐步深入，一个较为完善的法学学科体系已经建立起来。理论法学、部门法学各学科基本形成了比较系统和成熟的理论体系和学术框架，一些随着法学研究逐渐深入而出现的法学子学科、法学边缘学科也渐次成型。1997年，国家教育主管部门和教育部高校法学学科教学指导委员会对原有专业目录进行了又一次大幅度调整，决定自1999年起法学类本科只设一个单一的法学专业，按照一个专业招生，从而使法学学科的布局更加科学和合理。同时，在充分论证的基础上，确定了法学专业本科教学的14门核心课程，加上其他必修、选修课程的配合，由此形成了一个传统与更新并重、能够适应国家和社会发展需要的教学体系。法学硕士和博士研究生及法律硕士专业学位研究生的专业设置、课程教学和培养体系也日臻完善。再次，法学教育的规模迅速扩大，层次日趋齐全，结构日臻合理。目前中国有六百余所普通高等院校设置了法律院系或法律本科专业，在校本科学生和研究生已达二十余万人。除本科生外，在一些全国知名的法律院校，法学硕士研究生、法律硕士专业学位研究生、法学博士研究生已经逐步成为培养的重点。

众所周知，法律的进步、法治的完善，是一项综合性的社会工程。一方面，现实社会关系的发展，国家政治、经济和社会生活的变化，为法律的进步、变迁提供动力，提供社会的土壤。另一方面，法学教育、法学研究的发展，直接推动法律进步的进程。同时，全民法律意识、法律素质的提高，则是实现法治国理想的关键的、决定性的因素。在社会发展、法学教育、法学研究等几个攸关法律进步的重要环节中，法学教育无疑处于核心的、基础的地位。中国法学教育过去二十多年所走过的历程令人激动，所取得的成就也足资我们自豪。随着国家的发展、社会的进步，在21世纪，我们面临着更严峻的挑战和更灿烂的前景。“建设世界一流法学教育”，任重道远。

首先，法律是建立在经济基础之上的上层建筑，以法治为研究对象的法学也就成为一门实践性很强的学科。社会生活的发展变化，势必要对法学教育、法学研究不断提出新的要求。经过二十多年的奋斗，中国改革开放的前期目标已顺利实现。但随着改革开放的逐步深入，国家和社会的一些深层次问题，比如说社会主义市场经济秩序的真正建立、国有企业制度的改革、政治体制的完善、全民道德价值的重建、环境保护和自然资源的合理利用等等，也已经开始浮现出来。这些复杂问题的解决，无疑最终都会归结到法律制度的完善上来。建立一套完善、合理的法律制度，构建理想的和谐社会，乃一项持久而庞大的社会工程，需要全民族的智慧和努力。其中的基础性工作，如理论的论证、框架的设计、具体规范的拟订、法律实施中的纠偏等等，则有赖于法学研究的不断深入，以及高素质人才特别是法律人才的养成，而培养法律人才的任务，则是法学教育的直接责任。

其次，21世纪是一个多元化的世纪。20世纪中叶发生的信息技术革命，正在极大地改变着我们的世界。现代科学技术，特别是计算机网络信息技术的发展，使传统的生活方式、思想观念发生了根本的改变，并由此引发许多人类从未面对过的问题。就法学教育而言，在21世纪所要面临的，不仅是教学内容、研究对象的多元化问题，而且还有培养对象、培养目标的多元化、教学方式的多元化等一系列问题，这些问题都需要法学界去思考、去探索。

中国人民大学法学院建立于1950年，是新中国诞生后创办的第一所正规高等法学教育机构。在半个多世纪的岁月中，中国人民大学法学院以其雄厚的学术力量、严谨求实的学风、高水平的教学质量以及丰硕的学术研究成果，在全国法学教育领域处于领先地位，并开始跻身于世界著名法学院之林。据初步统计，中国人民大学法学院已经为国家培养法学专业本科生、硕士生、博士生一万余人，培养各类成人法科学生三十余万人。经过多年的努力，中国人民大学法学院形成了较为明显的学术优势，在现职教师中，既有一批资深望重、在国内外享有盛誉的法学前辈，更有一大批在改革开放后成长起来的优秀中青年法学家。这些老中青法学专家多年来在勤奋研究法学理论的同时，也积极投身于国家的立法、司法实践，对国家法制建设贡献良多。

有鉴于此，中国人民大学法学院与中国人民大学出版社经过研究协商，决定结合中国人民大学法学院的学术优势和中国人民大学出版社的出版力量，出版一套“21世纪法学系列教材”。自1998年开始编写出版本科教材，包括按照教育部所确定的法学专业核心课程和其所颁布印发的《全国高等学校法学专业核心课程基本要求》而编写的14门核心课程教材，也包括法学各领域、各新兴学科教材及教学参考书和案例分析在内，到2000年12月3日在人民大会堂大礼堂召开举世瞩目的“21世纪世界百所著名大学法学院院长论坛暨中国人民大学法学院成立五十周年庆祝大会”之时，业已出版了50本作为50周年院庆献礼，到现在总共出版了80本。为了进一步适应高等法学教育发展的形势和教学改革的需要，最近中国人民大学法学院与中国人民大学出版社决定将这套教材扩大为四个系列，即：“本科生用书”、“法学研究生用书”、“法律硕士研究生用书”以及“司法考试用书”，总数将达二百多本。我们设想，本套教材的编写，将更加注意“高水准”与“适用性”的合理结合。首先，本套教材将由中国人民大学法学院具有全国影响的各学科的学术带头人领衔，约请全国高校优秀学者参加，形成学术实力强大的编写阵容。同时，在编写教材时，将注意吸收中国法学研究的最新的学术成果，注意国际学术发展的最新动向，力求使教材内容能够站在21世纪的学术前沿，反映各学科成熟的理论，体现中国法学的水平。其次，本套教材在编写时，将针对新时期学生特点，将思想性、学术性、新颖性、可读性有机结合起来，注意运用典型生动的案例、简明流畅的语言去阐释法律理论与法律制度。

我们期望并且相信，经过组织者、编写者、出版者的共同努力，这套法学教材将以其质量效应、规模效应，力求成为奉献给新世纪的精品教材，我们诚挚地祈望得到方家和广大读者的教正。

2006年7月1日

序　言

法学教育是高等教育的重要组成部分，是建设社会主义法治国家、构建社会主义和谐社会的重要基础，并居于先导性的战略地位。在我国社会转型的新世纪、新阶段，法学教育不仅要为建设高素质的法律职业共同体服务，而且要面向全社会培养大批治理国家、管理社会、发展经济的高层次法律人才。近年来，法学教育取得了长足的进步，法科数量增长很快，教育质量稳步提高，培养层次日渐完善，目前已经形成了涵盖本科生、第二学士学位生、法学硕士研究生、法律硕士研究生、法学博士研究生的完整的法学人才培养体系，接受法科教育已经成为莘莘学子的优先选择之一。随着中国法治事业的迅速发展，我们有理由相信，中国法学教育的事业大有可为，中国法学教育的前途充满光明。

教育的基本功能在于育人，在于塑造德才兼备的高素质人才。法学教育的宗旨并非培养只会机械适用法律的“工匠”，而承载着培养追求正义、知法懂法、忠于法律、廉洁自律的法律人的任务。要完成法学教育的使命，首先必须认真抓好教材建设。我始终认为，教材是实现教育功能的重要工具和媒介，法学教材不仅仅是法学知识传承的载体，而且是规范教学内容、提高教学质量的关键，对法学教育的发展有着不可估量的作用。

第一，法学教材是传授法学基本知识的工具。初学法律，既要有好的老师，又要有好的教材。正如冯友兰先生所言：“学哲学的目的，是使人作为人能够成为人，而不是成为某种人。其他的学习（不是学哲学）是使人能够成为某种人，即有一定职业的人。”一套好的教材，能够高屋建瓴地展示法律的体系，能够准确简明地阐释法律的逻辑，能够深入浅出地叙述法律的精要，能够生动贴切地表达深奥的法理。所以，法学教材是学生学习法律的向导，是学生步入法律殿堂的阶梯。如果在入门之初教材就有偏颇之处，就可能误人子弟，学生日后还要花费大量时间与精力来修正已经形成的错误观念。

第二，法学教材是传播法律价值理念的载体。好的法学教材不仅要传授法学知识，更要传播法律的精神和法治的理念，例如对公平、正义的追求，尊重权利的观念。本科、研究生阶段的青年学子，正处在人生观、价值观形成的阶段，一套优秀的法学教材，对于他们价值观的塑造和健全人格的培养具有重要意义。

第三，法学教材是形成职业共同体的主要条件。建设社会主义法治国家，有赖于法律职业共同体的生成。一套好的法学教材，向法律研习者传授共同的知识，这对于培养一个接受共同的价值理念、共同的法律思维、共同的话语体系的法律共同体，具有重要的作用。

第四，法学教材是所有法律研习者的良师益友。没有好的教材，一个好的教师或可弥补教材的欠缺和不足，但对那些没有老师指导的自学者而言，教材就是老师，其重要作用是显而易见的。

长期以来，在我们的评价体系中，教材并没有获得应有的注重，对学术成果的形式优先考虑的往往是专著而非教材。在不少人的观念中，教材与创新、与学术精品甚至与学术无缘。其实，要真正写出一部好的教材，其难度之大、工作之艰辛、影响之深远，绝不低于一部优秀的专著，它甚至可以成为在几百年甚至更长的时间内发挥作用的传世之作。以查士丁尼的《法学阶梯》为例，所谓法学阶梯，即法学入门之义，就是一部教材。但它概括了罗马法的精髓，千百年来，一直是人们研习罗马法最基本的著述。日本著名学者我妻荣说过，大学教授有两大任务：一是写出自己熟悉的专业及学术领域的讲义乃至教科书；二是选择自己最有兴趣、最看重的题目，集中精力进行终生的研究。实际上，这两者是相辅相成的。写出一部好教材，必须要对相关领域形成一个完整的知识体系，还要能以深入浅出的语言将问题讲清楚、讲明白。没有编写教材的基本功，实际上也很难写出优秀的专著。当然，也只有对每一个专题都有一定研究，才能形成对这个学术领域的完整把握。

虽然近几年我国法学教育发展迅速，成绩显著，但是法学教育也面临许多挑战。各个学校的师资队伍和教学质量参差不齐，这就更需要推出更多的结构严谨、内容全面、角度各有侧重、能够适应不同需求的法学教材，为提高法学教学和人才培养质量、保障法学教育健康发展提供前提条件。

长期以来，中国人民大学法学院始终高度重视教材建设。作为新中国成立后建立的第一所正规的法学教育机构，中国人民大学法律系最早开设了社会主义法学教学课堂，编写了第一套社会主义法学讲义，培养了新中国第一批法学本科生和各学科的硕士生、博士生，产生了新中国最早的一批法学家和法律工作者。中国人民大学法律系因此被誉为“新中国法学教育的工作母机”。半个多世纪以来，中国人民大学法学院为社会主义法制建设培养了大批优秀的法律人才，并为法学事业的振兴和繁荣作出了卓越贡献，也因此成为引领中国法学教育的重镇、凝聚国内法律人才的平台和沟通中外法学交流的窗口，并在世界知名法学院行列中崭露头角。为了对中国法学教育事业作出更大的贡献，我们有义务也有责任出版一套体现我们最新研究成果的法学教材。

承蒙中国人民大学出版社的大力支持，我们组织编写了本套教材，其中包括本科生用书、法律硕士研究生用书、法学研究生用书和司法考试用书四大系列，分别面向不同层次法科教育需求。编写人员以中国人民大学法学院教师为主，反映了中国人民大学法学院整体的研究实力和学术视野。相信本套教材的出版，一定能够为新时期法学教育的繁荣发展发挥应有的作用。

是为序。

2006年7月10日

第四版编写说明

普通高等教育“十一五”国家级规划教材《劳动法和社会保障法》自2009年5月出版以来，得到了使用该教材的师生们的普遍认可，已经修订出2011年第二版、2014年第三版且多次印刷，亦被北京市教委评为2011年“北京高等教育精品教材”并荣获2012年北京市高等教育教学成果奖二等奖。近两年来，国家新出台了一批社会立法，法律理论和实践亦不断发展。为与时俱进，我们对本教材进行再次修订，主要包括：

第一，更新内容。本次修订更新了部分立法、案例、理论和资料，如《安全生产法》（修改订）、《社会救助暂行办法》和《最高人民法院关于审理工伤保险行政案件若干问题的规定》等以及一些最高人民法院的指导性案例，删除了废止的法律法规。

第二，调整内容。根据我国立法的发展和教学的需要，本次修订主要调整了第十三章“社会保险法概论”、第十四章“养老保险法”、第十五章“医疗保险法”、第十六章“工伤保险法”的结构和内容，节的设置和内容根据实际有所增删。

本书第四版的作者如下（以撰写章节先后为序）：

林嘉（中国人民大学法学院教授，博士生导师）：绪论，第一、四、十二、十三章；

范围（首都经济贸易大学劳动经济学院副教授，法学博士）：第一、九、十三、十四、十七、十八章；

杨飞（中国政法大学民商经济法学院副教授，法学博士）：第二、四、五章；

许建宇（浙江大学光华法学院副教授）：第三章；

管斌（华中科技大学法学院副教授，法学博士）：第六章；

邓娟（法学博士）：第七、八、二十章；

田野（天津大学文法学院副教授，法学博士）：第十、十一章；

吴文芳（上海财经大学法学院副教授，法学博士）：第十五、十九章；

魏丽（宁波大学法学院讲师，法学博士）：第十六章。

全书的修订由主编林嘉负责统稿，杨飞协助统稿。在本书修订过程中，杨飞做了大量的工作，特将其列为本书副主编。

本书修订难免误漏，敬请各位读者不吝赐教，以臻完善。

编者

2016年7月1日

编写说明

劳动法和社会保障法是现代法律体系重要的法律部门。在构建社会主义和谐社会的大背景下，我国加快了劳动法和社会保障法的立法工作。2007年，全国人大常委会相继通过了《劳动合同法》、《就业促进法》、《劳动争议调解仲裁法》，并开始审议《社会保险法（草案）》。我国的劳动法和社会保障法进入了立法“黄金时期”。为适应社会需要，教育部高等学校法学学科教学指导委员会将劳动法和社会保障法增列为法学学科核心课程，这将大大推动我国劳动法和社会保障法的教学与研究，繁荣我国的劳动法和社会保障法学，为促进依法治国和实现社会公平作出贡献。

本书属于21世纪法学系列教材中的法学本科专业核心课教材，也是普通高等教育“十一五”国家级规划教材。从教师和学生的需求出发，本书力图突出如下特点：

第一，内容丰富。本书在内容上坚持理论与实践并重，尝试对劳动法和社会保障法的基础理论进行比较深入的研究，同时结合司法实践，全面系统阐释我国目前劳动法和社会保障法的各项具体制度。

第二，资料新颖。本书关注我国及域外劳动法和社会保障法的最新发展，所述案例包括2008年适用《劳动合同法》裁判的最新典型案例，同时力求严谨，强调资料的准确性。

第三，形式生动。本书在形式上有所创新，在正文之外设置了“理论探讨”、“案例分析”、“资料链接”等栏目，分别进行重要理论的深入研究、典型案例的阐述和分析、相关资料的介绍，同时适当使用图表，以使本书在形式上生动而不刻板。

参与本书编写的作者有（以撰写章节先后为序）：

林嘉（中国人民大学法学院教授，博士生导师）：绪论，第一、四、十四、十五章；

范围（中国人民大学法学院博士研究生）：第一、九、十五、十六、十九、二十章；

杨飞（中国政法大学民商经济法学院讲师，法学博士）：第二、四、五章；

许建宇（浙江大学光华法学院副教授）：第三章；

管斌（华中科技大学法学院副教授，法学博士）：第六、十章；

邓娟（中国人民大学法学院博士研究生）：第七、八、二十二、二十三章；

田野（天津大学文法学院讲师）：第十一、十二章；

王立明（青海民族学院法学院教授）：第十三章；

吴文芳（天津师范大学法学院讲师）：第十七、二十一章；

魏丽（宁波大学法学院讲师，法学博士）：第十八章。

全书由林嘉主编并负责统稿，杨飞协助统稿。由于时间和水平所限，本书难免有不妥之处，敬请读者不吝赐教，以臻完善。

编者

2009年3月20日

目　录

绪　论

一、劳动法和社会保障法的社会法属性

劳动法是调整劳动关系及与之密切相关的其他社会关系的法律规范的总和。劳动法产生于欧洲工业革命时期。工业革命在改变欧洲社会的基本结构、推动社会生产力进步的同时，也带来了劳动关系的普遍化和大众化。最初，雇佣关系完全被作为财产关系由民法来调整，但由于劳资之间经济上的不平等，劳动力相对于资本而言处于弱势地位，导致雇主与雇员之间的利益失衡。19 世纪以来，随着大工业的兴起和社会的发展，劳工问题成为各国政府关注的社会问题。1802 年英国通过了《学徒健康和道德法》，开创了现代劳动立法之先河。从此，各国开始通过制定劳动法律对劳动关系进行干预和规范，以保护和救济处于弱者地位的劳动者，从而劳动法作为独立的法律部门应运而生。

社会保障法是调整社会保障关系的法律规范。社会保障法亦是工业革命的产物。一方面，工业革命使得劳动者与生产资料相分离，劳动者丧失土地，无法自给自足，甚至一无所有，只有出卖自己的劳动力；另一方面，劳动者为了获得工作岗位，不得不“背井离乡”，传统上家庭的保障功能逐渐丧失。为了防止劳动者因为年老、疾病、工伤、失业等原因导致所得中断而陷入生存困境，缓解日益激化的社会矛盾，德国于 19 世纪 80 年代率先制定了“社会保险三法”，随后，许多国家纷纷效仿。20 世纪以来，各国社会保障立法快速发展，尤其是第二次世界大战以后，随着福利国家的出现，社会保障趋于完善，其内容不仅包括养老、医疗、失业、工伤等传统项目，还包括公共卫生服务、免费教育、家庭津贴等福利措施；其覆盖人群也不仅限于劳动者，还包括全体社会成员。社会保障制度成为现代市场经济中一项不可或缺的制度，是整个社会制度体系的重要组成部分。

就法律属性而言，劳动法和社会保障法既不属于公法，也不属于私法，而属于社会法的范畴。社会法是 20 世纪以来，特别是第二次世界大战以后提出的一个概念，学者认为在传统的公法和私法划分的基础上还应当有第三种分类，即介于公法和私法之间的第三法域——社会法。社会法，一般是指为解决社会问题而制定的、具有普遍社会意义的、以社会利益为本位的法律，其目的是维护社会弱势阶层的生存及增进社会整体的福利。社会法具有以下特点：

(1) 从功能来看，社会法具有解决（工业）社会问题的作用。与农业时代所面临的自然风险及其个体化的风险分担方式相比，工业社会所面临的工业风险具有大规模性、可测算性等特

点，其中大规模性意味着工业风险化解模式必须采用社会化的分担方式，从而需要国家介入，建立制度化的风险分担模式；而可测算性则意味着风险社会分担的可能性，即通过强制介入以及精算等机制，确保风险能够在社会成员之间进行合理的分担。

（2）从法益结构来看，社会法以社会利益为本位。公法与私法区分的“利益说”认为：公法主要有关国家利益，私法主要涉及个人利益。社会法则基于社会连带以社会公共利益为本位。

（3）从价值取向来看，社会法以实质平等为基本的价值追求。社会法是基于实质平等，即等者等之，不等者不等之，对弱势群体的倾斜保护。德国学者拉德布鲁赫归纳出社会法的基本特征包括：第一，考量表面上平等的人格概念背后不同的、基于社会地位而产生的个别性，即社会强者与社会弱者的差别（强调法律主体的特殊性）。第二，对社会弱者的保护及对社会强者的约束（社会法的保护功能）。

（4）从调整模式来看，社会法往往综合采取个体自治、团体自治以及国家强制多种调整模式。社会法的多种调整模式之间具有层级关系，并因此形成法规范适用的先后顺序：原则上国家强制的规范优先，团体自治形成的规范次之，个体自治所缔结的规范则是最后。实际上，社会法是通过国家强制与团体自治对居于不平等地位的缔约当事人双方的意思自治设定相应的底线，从而对强势主体进行适当的制衡。

关于社会法所涵盖的内容，目前国外学界还存有很大的争议，我国学者就社会法所涵盖的内容以及社会法是法律部门还是法域也存在很大的分歧。就其法律规范的内容而言，目前有狭义、中义和广义之说。狭义的社会法，专指社会保障法。中义的社会法，是指调整劳动关系、社会保障、社会福利和特殊群体权益保障方面的法律规范的总和，除劳动法和社会保障法外，还包括妇女权益保障法、未成年人保护法、残疾人保护法、老年人权益保障法等。广义的社会法除包括狭义和中义的社会法涵盖的内容外，还包括义务教育法、环境保护法、消费者权益保护法、反不正当竞争法等。关于社会法是法律部门还是法域的争论，我们认为，社会法一词在不同的语境下可以作不同的解释，既可以看作相对于公法和私法的第三法域，也可以看作一个法律部门，或者是调整和规范各种社会问题的法律规范。

我国最高立法机关将社会法视为调整劳动关系、社会保障、社会福利和特殊群体权益保障方面的法律规范的总和，是我国社会主义法律体系中的重要组成部分。2001 年 3 月 9 日，李鹏委员长在第九届全国人大第四次会议上所做的工作报告中指出：“根据立法工作的实际需要，初步将有中国特色社会主义法律体系划分为七个法律部门，即宪法及宪法相关法、民法商法、行政法、经济法、社会法、刑法、诉讼与非诉讼程序法。”社会法是“调整劳动关系、社会保障和社会福利关系的法律”。2003 年 4 月 26 日，吴邦国委员长在第十届全国人大常委会第二次会议上对我国法律体系的划分进行了阐述：“中国特色社会主义法律体系，是由七个法律部门、三个不同层次的法律规范构成的。从横向上看，根据法律规范的调整对象和调整方法划分，中国特色社会主义法律体系主要由宪法和宪法相关法、民法商法、行政法、经济法、社会法、刑法、诉讼与非诉讼程序法等七个法律部门组成。”第十届全国人大常委会法制工作委员会主任委员杨景宇将该法律体系中的“社会法”解释为：“它是规范劳动关系、社会保障、社会福利和特殊群体权益保障方面的法律关系的总和。社会法是在国家干预社会生活过程中逐渐发展起来的一个法律门类，所调整的是政府与社会之间、社会不同部分之间的法律关系。”2011 年 10

月《中国特色社会主义法律体系》白皮书指出："中国特色社会主义法律体系，是以宪法为统帅，以法律为主干，以行政法规、地方性法规为重要组成部分，由宪法相关法、民法商法、行政法、经济法、社会法、刑法、诉讼与非诉讼程序法等多个法律部门组成的有机统一整体。""社会法是调整劳动关系、社会保障、社会福利和特殊群体权益保障等方面的法律规范，遵循公平和谐和国家适度干预原则，通过国家和社会积极履行责任，对劳动者、失业者、丧失劳动能力的人以及其他需要扶助的特殊人群的权益提供必要的保障，维护社会公平，促进社会和谐。"这一界定与学术界中义的社会法大致吻合。

劳动法和社会保障法是典型的社会法，其原因在于：

其一，从劳动法和社会保障法产生的历史背景来看，二者都是工业革命之后工业劳动社会化的产物，工业革命不仅促进了生产技术的革新，而且改变了社会关系。劳动法主要是因应工业劳动社会化而产生的，其主要目的是协调劳动者与雇主之间的关系，保障劳动者劳动权的实现；而社会保障法则是为了应对工业劳动所引发的社会风险，建立社会安全网络，预防劳动者因年老、疾病、工伤以及失业等原因暂时或者长期地丧失工作岗位或者劳动能力而陷入生存困境，为其提供基本的生存保障。因此，社会法的形成与工业革命息息相关，从某种意义上说，"社会法"中的"社会"就是指工业社会，社会法以社会公共利益为本位，目标在于预防和解决工业时代的社会问题，实现社会的实质公正和社会安全。

其二，从劳动法和社会保障法律关系的调整模式来看，二者都呈现出公私兼容的属性。劳动关系最初是由私法调整的，然而私法中的形式平等和意思自治并不能消弭劳动者与雇主之间的悬殊地位。劳资之间经济上的不平等，加之资本对利润的追逐，必然导致劳动者生存条件的恶化：低工资，长工时，在男人持续失业的同时使用女工和童工，缺乏劳动安全保护，缺乏社会保障。为此，一方面，劳动者通过组织工会，以集体力量来维护自身权利；另一方面，国家通过立法加大了对劳动关系的干预，比如禁止使用童工、限制工时、规定劳动安全卫生保护、制定最低工资标准等。现代劳动法对劳动关系的调整，既尊重当事人自由协商的权利，也通过劳动基准法以及其他强制性规定对劳动关系进行干预。社会保障制度的构建经历了家庭保障到行会保障，再到社会保障的发展历程。以社会保险为例，基于国家对于公民的保护、照顾义务，国家必须建立相应的社会保险法律制度，并且提供必要的财政支持；而基于雇主对于劳动者的保护、照顾义务，雇主应该为劳动者办理社会保险登记，并缴纳相应的费用，当雇主违反相关义务时，其不仅违反了对国家的公法义务，而且违反了对劳动者的劳动合同上的义务。

其三，从劳动法与社会保障法的利益架构来看，二者都以社会利益为本位。劳动法的产生就是为了解决工业劳动社会化导致资本家过度压榨劳动者所引发的社会问题，其根本目的是通过法律的强制来平衡劳动者与雇主之间的地位，实现劳动关系的和谐，进而促进整个社会的和谐。社会保障法则是基于"人人为我，我为人人"的社会连带理念，通过社会保障基金的建立，形成社会安全网络，分散社会风险。因此，无论是劳动法还是社会保障法，都以社会利益为本位。

劳动法与社会保障法同属于社会法，两者有密切的联系，但也有明显的区别，是两个独立的法律部门。劳动法主要调整劳动者与用人单位之间的劳动关系，而社会保障法的核心内容——社会保险法就是在劳动关系的基础上产生的。最早的社会保险法也就是劳工保险法，又称劳动保险法，是为解决劳动者在劳动过程中的风险而制定的。一般认为，19 世纪末德国俾斯麦颁布的有关劳工保险的法律与以保护劳动者基本权为中心的劳动法有着密切的联系。20 世纪以来，随着社会经济的发展以及人权观念的普及，社会保障制度的覆盖范围逐渐呈现出由最初的“职业保障”向“全面保障”的扩张趋势，社会保障成为一项面向全体国民的社会制度。可以说，社会保障法是在劳动法的基础上产生的，但其后的发展又大大突破了劳动法调整的劳动关系的界限。因此，劳动法和社会保障法是法律体系中两个独立的法律部门。

二、劳动法和社会保障法的功能与价值

（一）有利于保障公民的基本人权

人权理论和人权保障运动的冲击，是社会立法得以兴起和发展的重要原因之一，而劳动法和社会保障法的制定与完善在一定意义上是对人权理论的落实。所谓人权，是指人之所以为人的权利。劳动法和社会保障法本身就是对公民劳动权和社会保障权这两项基本人权的保障，同时也是对公民其他基本人权的重要保障。

劳动法的目的在于保障公民的劳动权利。劳动者通过出卖劳动力获得生存来源，因此，劳动是公民获得生存来源的重要途径。我国《宪法》第 42 条明确规定了公民的劳动权：“中华人民共和国公民有劳动的权利和义务。国家通过各种途径，创造劳动就业条件，加强劳动保护，改善劳动条件，并在发展生产的基础上，提高劳动报酬和福利待遇……国家对就业前的公民进行必要的劳动就业训练。”为落实国家对于公民劳动权的保障，国家制定了一系列的劳动法律、法规，建立起相应的劳动权利保障机制，如建立职业安全卫生制度，为劳动者的职业安全权提供基本的保障；建立最低工资制度、工资支付制度、欠薪保障制度，为劳动者劳动报酬权的实现提供保障；建立工作时间和休息休假制度，为劳动者休息权的实现提供保障等。

社会保障法的目的在于实现公民的生存保障，通过相应的社会保障待遇的给付，化解工业劳动社会化所带来的风险，保障公民的基本生存权利。我国《宪法》第 45 条规定：“中华人民共和国公民在年老、疾病或者丧失劳动能力的情况下，有从国家和社会获得物质帮助的权利。国家发展为公民享受这些权利所需要的社会保险、社会救济和医疗卫生事业。国家和社会保障残废军人的生活，抚恤烈士家属，优待军人家属。国家和社会帮助安排盲、聋、哑和其他有残疾的公民的劳动、生活和教育。”因此，国家建立各项社会保障法律制度，实现国家对公民的保护、照顾义务，保障公民的基本人权。

（二）有利于维护社会主义市场经济秩序

劳动法是为保障劳动者劳动权的实现，社会保障法是为全体国民提供基本的生存保障，二者都有利于保护劳动力，而劳动力是市场经济的重要生产要素，劳动力市场是整个市场机制中的重要组成部分。因此，劳动法和社会保障法所规范的内容与市场经济有着密切的联系，劳动法和社会保障法的建立与完善有利于维护社会主义市场经济秩序。

第一，从市场经济的基本要素来看，劳动力是基本生产要素之一，其与资本相结合促成整个生产过程的完成。劳动法和社会保障法有利于保障劳动力的生产和再生产，实现劳动力市场的资源配置功能，为整个生产过程提供充足和优质的劳动力。

第二，从市场经济的价格形成机制来看，商品价格是商品价值的货币表现，而商品的价值

是劳动创造的，非劳动性生产要素的价值也是通过劳动转移到商品上的。因此，劳动是商品价值形成的重要因素，直接影响了市场价格的形成。劳动法和社会保障法一方面通过各种制度提高劳动者的素质，相应地提高劳动力商品的价格；另一方面通过规范用人单位的用工行为，形成劳动力商品的良性的价格形成机制。

第三，从市场经济的分配机制来看，我国坚持“按劳分配为主体，多种分配方式并存”的分配机制。党的十六大报告提出了“确立劳动、资本、技术和管理等生产要素按贡献参与分配的原则，完善按劳分配为主体、多种分配方式并存的分配制度”，将劳动作为独立的生产要素，并将按劳分配确定为首要的分配原则。因此，劳动法与社会保障法的完善，是对按劳分配机制的贯彻、实施，有利于形成公平的分配机制。

（三）有利于促进社会的和谐稳定

党的十八大报告将“必须坚持促进社会和谐”作为在新的历史条件下必须牢牢把握的基本要求之一，并提出“加强社会建设，是社会和谐稳定的重要保证……加强社会建设，必须以保障和改善民生为重点……要多谋民生之利，多解民生之忧，解决好人民最关心最直接最现实的利益问题，在学有所教、劳有所得、病有所医、老有所养、住有所居上持续取得新进展，努力让人民过上更好生活”。劳动就业和社会保障制度的完善是加强社会建设、促进社会和谐的重要内容。在工业劳动高度社会化的今天，劳动和社会保障法制的不完善，将会使得公民的劳动权和社会保障权无法实现，影响公民的生存权利，进而直接影响社会的和谐。因此，完善的劳动法和社会保障法通过保护公民的劳动权利与社会保障权利，使公民能够免除后顾之忧，从而全心投入社会生产，有利于减少社会矛盾，促进社会和谐。

三、劳动法和社会保障法的研究方法

（一）规范分析的方法

规范分析是以法律规范作为基础和前提，通过语义解析、历史梳理以及体系构建来明确规范的含义。对于劳动法和社会保障法而言，由于其具有较强的操作性，以及其与不同部门、不同时期的宏观环境、不同地区的社会经济状况密切相关，且劳动法和社会保障法的规范也较为琐碎，规范的真实含义、不同规范之间的效力衔接都需要通过规范分析的方法予以界定。

适用规范分析方法的主要目的是明确法律规范的确切含义，通常包括语义分析、体系分析、历史分析、目的分析等方法。试举以下几例：例一，《劳动合同法》第 14 条规定，连续订立二次固定期限劳动合同，且劳动者没有该法第 39 条和第 40 条第 1 项、第 2 项规定的情形，续订劳动合同的，应该签订无固定期限劳动合同。对于其中“连续订立二次”和“续订”的理解存在较大的争议，因此，需要通过语义分析对何谓“连续”进行分析。例二，《劳动法》规定，劳动合同双方可以约定劳动合同的终止条件，而《劳动合同法》未作相关规定，对于上述不同规范的适用，则需要通过体系分析的方式予以确定。例三，我国进城务工人员的社会保险问题相当复杂，而对于相关规范的理解和适用，则需要通过历史分析的方法，了解进城务工人员社会保险制度形成的历史脉络。

（二）实证分析的方法

实证分析主要是通过社会调查等方法对法律规范及其适用进行经验和量化的研究。由于劳动法和社会保障法与相关实践密切相关，超脱“书斋”以切实了解劳动关系以及社会保障的实践，对于相关研究的深化具有重要意义。如《劳动合同法》实施后，关于《劳动合同法》对于企业用工成本的影响，社会各界一直存在较大分歧，尤其是在金融危机的背景下，部分企业破产或者裁员减薪，有人将矛头直接指向《劳动合同法》，而若从学术研究的规范性来看，则应该通过实证研究的方法，对《劳动合同法》实施前后企业用工成本的情况进行量化的分析，这样才能更加准确地说明问题。

（三）价值分析的方法

价值是客体对于主体需求的满足。法律不仅仅具有工具性价值，其本身即是一定价值选择和协调的结果，不同部门法的规范设置的逻辑结构即体现了一定的价值。劳动法的产生是基于劳动者与用人单位之间实质的不平等，因此通过国家的强制介入平衡劳动者与用人单位之间的利益，实现二者的实质平等。“劳动法的作用之一，就在于保证现实中的这一类关系更接近于契约型关系，而不是权力型关系的性质。”[①] 正是基于实质平等的价值，劳动法确立了倾斜保护劳动者的原则，相应地在制度设置方面体现了对劳动者的倾斜保护，如在劳动合同的解除方面，劳动者解除劳动合同容易，而用人单位解除劳动合同相对困难等。社会保障制度的建立也是基于实质平等的价值，通过国家的强制建立社会安全网络，化解社会风险。因此，在社会保险制度中，用人单位需要承担主要的缴费义务。

（四）比较分析的方法

比较法可理解为对世界上各种各样法秩序的共性和个性的科学比较。从比较法学的发展来看，其经历了从规范比较到功能比较，再到文化比较的过程。其中规范比较是以法律规范为中心，对不同国家或地区的法律规范进行比较；功能比较是以问题为中心，即比较的出发点和基础是社会所面临的各种问题或社会需要；而文化比较则是把法律视为一种文化现象，每一个民族的法律都反映着该民族在世界、社会、秩序、正义等问题上的看法、态度、情感、信仰、思想。对不同国家的制度进行规范比较、功能比较以及文化比较的目的在于发现问题，并通过吸收、借鉴来解决问题。我国近代法制主要是通过域外法的移植建立的，劳动法和社会保障法的建立亦是如此。随着经济全球化的发展，通过比较不同国家或地区的劳动法和社会保障法，有利于发现我国现行法律的问题，并进行相应的完善。

此外，劳动关系以及社会保障实践往往受到国家宏观环境以及政策的影响，如受全球金融危机的影响，国家的经济增长放缓，就业压力较大，在这种情况下，劳动法和社会保障法应当如何应对并作出适当的调整？对于研究者而言，还需要引入社会学分析和经济分析的方法，才能给出更妥当的回答。

---

① ［英］彼得·斯坦、约翰·香德：《西方社会的法律价值》，王献平译，36页，北京，中国法制出版社，2005。

第一章

劳动法的基础理论

本章概要

劳动法适应工业劳动的社会化而产生，以劳动关系及与劳动关系密切联系的其他社会关系为调整对象。劳动法的基本原则包括劳动权平等、劳动自由以及倾斜保护，这些原则决定了劳动法的基本内容，并对劳动法具体规范的形成具有价值指导作用。

劳动权是人权理念的具体体现。劳动权通常被认定为社会权，同时亦具有自由权的属性。劳动权可以分为宪法中的劳动权和劳动法中的劳动权，前者指人们基于“公民”的身份针对国家所享有的权利，后者指具体劳动关系中的劳动者针对用人单位所享有的权利。我国宪法中关于劳动权的规定具有纲领性条款的规范效力，能够督促立法者制定和完善相关的劳动法律。

劳动法由劳动就业法、劳动关系法和劳动保障法三部分组成。从部门法地位看，劳动法应为独立的部门法；从法域地位看，劳动法既不属于公法也不属于私法，而是属于具有公私兼容属性的社会法，其与民法、行政法、社会保障法等部门法之间既有联系又有区别。

劳动法律渊源是指劳动法的效力来源，其包括正式渊源和非正式渊源。在对不同法律渊源的适用过程中，要遵循“正式渊源优先”的原则；而在正式渊源的适用中，又应遵循“新法优于旧法”“特别法优于一般法”的原则。

关键术语

劳动　劳动法　劳动关系　劳动权体系　社会法　法律渊源

第一节　劳动法概述

一、劳动法产生的社会背景

1802年，英国通过了《学徒健康和道德法》，该法代表着劳动法的产生。在工业革命的社会背景下，英国最早完成从工场手工业向机器化大生产的转变，形成了劳动法得以产生的社会基础——工业劳动的社会化。因此，现代意义的劳动法其实是工业革命的产物。

(一) 圈地运动：雇主和雇员形成的前提

任何生产过程的完成都离不开生产力三要素——劳动者、劳动资料和劳动对象。劳动法产生的前提是劳动力和生产资料分别归属于不同的主体。15世纪末、16世纪初，由于美洲大陆的发现以及环球航运的发展，英国的对外贸易迅速增长，刺激了英国羊毛出口业和毛织业的发展，羊毛价格不断上涨。大封建主强行拆除农民和手工业者的住房，把农民和手工业者从他们自己的土地上赶走，把耕地变成牧羊场，"羊吃人"的"圈地运动"导致农民和小手工业者流离失所。

"圈地运动"完成了资本原始积累，使得劳动力和生产资料分别归属于不同的主体，为现代劳动法的产生提供了必要的前提。一方面，大封建主通过"圈地运动"实现了生产资料的原始积累，为工业化大生产奠定了物质基础；另一方面，农民和小手工业者失去了生产资料——土地的保障，自由得一无所有而只有出卖自己的劳动力。此外，"圈地运动"使得原来农业和小商品经济时代的自给自足生产瓦解，建立了资本主义生产方式所需要的国内商品市场。

(二) 身份解放：实质平等的需求

"圈地运动"、启蒙运动以及革命运动等使人们逐渐脱离了"政治身份"（隶属于统治者）、"血缘身份"（隶属于家庭）的束缚，迎来了身份解放，获得了独立的主体地位，能够基于自主意志订立契约，出卖自己的劳动力。因此，英国法学家梅因说："所有进步社会的运动，到此处为止，是一个'从身份到契约'的运动。"[①] 然而，基于自由主义的契约制度忽视了个体的差异性，将人从社会现实中抽离，"不参与交易的自由"和"信息对等"的缺失以及"资源的有限性"使得市场失灵，助长了"强者愈强、弱者愈弱"的马太效应。因而，在个体间形成了一种新的"身份"——强势主体与弱势主体。有学者感叹"契约的死亡"，因为现代契约法中出现了这样一种倾向，即近代社会"从身份到契约"的运动在现代社会中正转变为"从契约到身份"的运动。[②] 而对基于经济实力差距形成的强弱"新身份"需要相应地采取"不等者不等之"，即以实质平等的价值为引导的法律调整。

(三) 工业革命：社会关系的转变

生产工具的创新往往会引发生产力的大发展，蒸汽机的发明使机器生产替代了手工劳动。18世纪60年代始于英国的工业革命，不仅仅是技术革命，更是一场社会关系的革命。由于机器工业的蓬勃发展，整个欧洲逐步完成了从农业社会向工业社会的转变，社会的基本生产组织由农业社会时代的家庭变为工业社会时代的工厂。"前资本主义发展仍然将房屋和院落看作经济单元，这是手工劳动和农业劳动中经济团体的最小细胞。在共同的经济活动中，男人和女人，父母和孩子分工并结合。资本主义将房子、院落和家庭这些生产共同体爆破了。更强一些的社会学构造，即新的经济共同体企业，将原本是家庭成员的个别肢体从家庭中拽出来，使他们当中的每一个都成为另外一些经济单元的成员：男人去到工厂……家庭从此不再是一个具有

---

① ［英］梅因：《古代法》，沈景一译，96～97页，北京，商务印书馆，1996。

② 参见傅静坤：《二十世纪契约法》，60～62页，北京，法律出版社，1997。

自己生产任务的社会学构成。”①

如果说资本原始积累仅仅为劳动法的产生提供了前提和可能，工业革命则使得这种可能变成现实。作为生产资料所有者的资本家为了实现机器化大生产，需要大量地雇用劳动者；而被迫离开土地的农民和小手工业者为了实现生存需求，只有出卖自己的劳动力。因此，劳动力所有人与生产资料所有人之间形成了劳动力的买卖关系。

（四）工业劳动社会化的法律调整——劳动法的产生

社会关系决定了法律的产生及调整方式，因此，社会关系是第一性的，而法律仅具有第二性。工业革命使得工业劳动关系社会化，而相应的法律调整却滞后于社会关系的发展，对于此种新兴的社会关系的法律调整经历了从传统私法向劳动法转变的过程。

罗马法将劳动给付关系置于租赁关系中，当时的租赁关系分为物的租赁、雇佣租赁和承揽租赁。而以自由主义、个人主义以及营利主义为基础的《法国民法典》几乎完全继受了罗马法的规定，将劳动力的租赁分为三类，即约定为他人提供劳务的劳动力租赁、水陆运送旅客的劳动力租赁、依包工或承揽从事工程建筑的劳动力租赁，分别相当于雇佣、运输和承揽。其将工业劳动关系视为简单的劳动力商品交换关系，与通常的商品买卖没有区别。然而，由于劳动关系当事人双方经济实力的差距、劳动力的自然因素和社会因素以及劳动力市场供求的失衡等，资本家为尽量攫取利润，大量雇用童工，要求工人在极差的劳动条件下长时间地劳动。“……工人在法律上和事实上都是有产阶级即资产阶级的奴隶。他们竟可以像商品一样地被卖掉，像商品一样地涨价跌价……可是，对资产阶级来说，现在的情况比起旧的奴隶制来却是无比地有利：他们可以随便在什么时候辞退自己的工人，同时并不因此使投下的资本受到损失，工人劳动的代价无论如何要比奴隶劳动的代价便宜得多”②。因此，资本家对工人过度的压榨逐渐引发诸多社会问题，如人口素质的下降等。国家意识到传统私法无法满足工业劳动关系的调整需求，开始积极介入劳动关系，劳动法应运而生。

二、劳动法的概念和调整对象

（一）劳动法的概念

1. 劳动法中的劳动

广义的劳动，谓人之有意识的一定目的之肉体的或精神的操作。③ 并非所有与劳动相关的社会关系都由劳动法调整，有些与劳动有关的社会关系由其他法律调整，如民法调整承揽关系等。由劳动法调整的劳动关系和劳动有着直接关系，劳动是这种关系的基础和实质。不同的学科对劳动有着不同的解读：社会学从劳动者与社会环境的关系以及劳动对于社会的影响等方面研究劳动，没有区分工人、农民、管理人员、公务员、经营者等的劳动的不同，而是统一视为社会生产过程的组成部分；经济学则从劳动的商品属性、劳动力市场以及工资收入分配等方面

---

① ［德］古斯塔夫·拉德布鲁赫：《社会主义文化论》，米健译，63页，北京，法律出版社，2006。

② 《马克思恩格斯全集》，中文1版，第2卷，363～364页，北京，人民出版社，1957。

③ 参见史尚宽：《劳动法原论》，1页，台北，正大印书馆，1978。

研究劳动。

劳动法意义上的劳动除了具备一般含义之外，还有其特定的含义：

（1）劳动法中的劳动具有从属性。劳动法中的劳动具有人格从属性，从而与民法中平等主体的劳务给付相区别。劳动法中劳动的人格从属性表现为，雇主将劳动者纳入其生产组织并指示、决定劳动者劳动给付地、给付时、给付量与劳动强度、劳动过程，也就是将劳动者个人置于雇主的控制范围内，并支配劳动者的人身、人格，而支配劳动力即等于支配劳动者本人，且当劳动者有妨碍企业生产秩序或企业运营的情形时，雇主更可以施以惩罚，以维护企业的正常生产与运作及资方经营管理的权威。因此，劳动者人格上的从属性应是无可讳言的事实，也是劳动者必然存在的特征。

（2）劳动法中的劳动具有契约性。劳动关系的建立是当事人双方在平等协商的基础上意思表示一致的结果，从而区别于基于纯粹的身份关系而发生的劳动，如基于夫妻等亲属关系而发生的劳动，以及区别于基于公法上的强制而发生的劳动，如公务人员履行公职而付出的劳动以及对服刑的犯人的劳动改造等。

（3）劳动法中的劳动具有职业性。劳动法中的劳动强调劳动的长期性、持续性和稳定性，而非简单商品交易那样的一次性。

（4）劳动法中的劳动具有有偿性。劳动法中的劳动实际上是在劳动力所有权与使用权分离的基础上，实现劳动者劳动力使用权与雇主的劳动报酬所有权的交换：劳动者出卖其劳动力的使用权，服从生产资料所有者（雇主）的指示，以获得劳动报酬；而雇主作为生产资料所有者通过提供劳动报酬的方式，来获得劳动成果。因此，劳动法中的劳动具有有偿性，从而与公益性劳动相区别。

2. 劳动法的概念

作为调整对象的社会关系的独特性是该法律成为独立法律部门的重要依据，故而，劳动法概念的界定也是围绕着其调整对象——工业劳动关系展开。旧中国法学界对劳动法较有代表性的解释是："劳动法为关系劳动之法。详言之，劳动法为规范劳动关系及其附随一切关系之法律制度之全体。"① 目前我国劳动法学界关于劳动法概念的通说为："劳动法是调整劳动关系以及与劳动关系密切联系的一切社会关系的法律。"②

比较而言，国外学者对劳动法概念的界定突出了劳动关系或者劳动者的"从属性"，而这也是劳动关系区别于其他法律关系，尤其是平等主体之间的民事法律关系的本质特征。英国《牛津法律大辞典》对劳动法的解释是："与雇佣劳动相关的全部法律原则和规则，大致和工业法相同。它规定的是雇佣合同和劳动或工业关系法律方面的问题。"③ 德国学者杜茨认为："劳动法是关于劳动生活中处于从属地位者（雇员）的雇佣关系的法律规则（从属地位劳动者的特别法）的总和。"④ 日本学者本多淳亮认为："劳动法乃是以从属劳动关系所产生的一切法律关

---

① 史尚宽：《劳动法原论》，1页，台北，正大印书馆，1978。

② 关怀主编：《劳动法》，2版，29页，北京，中国人民大学出版社，2005；王全兴：《劳动法》，2版，29页，北京，法律出版社，2004；王昌硕主编：《劳动和社会保障法学》，3页，北京，中国劳动和社会保障出版社，2005。

③ 《牛津法律大辞典》，511页，北京，光明日报出版社，1988。

④ ［德］W. 杜茨：《劳动法》，5版，张国文译，1页，北京，法律出版社，2005。

系为对象的法律。”[①] 因此，劳动法应该是调整劳动关系以及与劳动关系密切联系的其他社会关系的法律规范的总和。这里的劳动关系与从属劳动关系具有同等意义。

（二）劳动法的调整对象

1. *劳动关系*

劳动关系是指人们在劳动过程中发生的社会关系。并非所有在劳动过程中发生的社会关系都属于劳动法的调整对象。作为劳动法调整对象的劳动关系，是指劳动力所有者（劳动者）与劳动力使用者（用人单位）之间在劳动过程中发生的，一方提供劳动力、另一方提供劳动报酬的社会关系。“劳动关系谓以劳动给付为目的之受雇佣人与雇佣人间之关系。劳动关系从来被视为纯粹私法上债的关系。然劳动关系于债的经济的要素之外，实含有身份的社会的要素，与民法上单纯的债之关系及纯粹的雇佣关系不同。”[②] 因为劳动力具有财产性和人身性双重属性，所以劳动关系不仅仅是特定主体之间的交换关系，还是雇佣劳动者对于雇主的人身从属关系。因此，劳动关系具有以下特点：

（1）人身性与财产性的兼容：形式上的财产性，实质上的人身属性。

劳动关系的履行过程，实际上就是劳动者连续不断地出卖劳动力，而雇主支付劳动报酬的过程。劳动关系在形式上是劳动力的使用权和雇主的财产所有权的交换：劳动者通过出卖劳动力的使用权，获得劳动报酬；而雇主则通过给付劳动报酬，获得了劳动力的使用权，进而劳动者的劳动力转化为一般的社会劳动，凝结到所生产的产品中。所以，劳动关系在形式上是一种商品买卖，具有财产属性。

但是，“劳动力”的人身属性，使得其不同于一般物的交换。一方面，劳动力的存在与劳动者的人身不可分离。尽管作为交易标的的劳动力在经济意义上与劳动者相分离，但其实质上无法独立于劳动者而存在，因此，劳动者的劳动给付行为不同于不具有人身属性的物的出卖，劳动力的提供在事实上使劳动者的人身产生从属性。另一方面，劳动力所有权交换过程以及交换的目的具有人身保障性。并且，在劳动过程中，对劳动力的任何损害，都直接危及劳动者的生存。这些原因使得劳动关系具有实质上的人身属性。

（2）从属性与平等性的兼容：形式上的平等性，实质上的从属性。

劳动关系形式上具有平等性，而实质上则具有从属性。其平等性表现为：一方面，作为交易标的的劳动力具有一般商品的特性，其被转化为一般的社会劳动，最后劳动者获得一般等价物——货币。如果抛开人身属性带来的特殊性，仅仅认为是劳动力使用权与财产（劳动报酬）所有权的交换，那么其与一般标的物的交换没有区别，也要遵循等价交换这一商品交换的基本原则。另一方面，劳动力商品的交换形式具有契约性。劳动者与雇主通过缔结劳动契约的方式，就劳动力使用权与财产所有权的交换达成一致。一般而言，契约是平等主体意思自治的结果，缔结契约的双方之间地位平等，劳动契约也不例外。

劳动力除了具有一般商品的财产性之外，还具有人身属性，而人身属性决定了劳动关系实

---

① ［日］本多淳亮：《劳动法论序说》，145页以下，东京，劲草书房，1985。转引自黄越钦：《劳动法新论》，17页，北京，中国政法大学出版社，2003。

② 史尚宽：《劳动法原论》，2页，台北，正大印书馆，1978。

质的从属性。一方面是人格的从属性。雇主通过支付劳动报酬，获得劳动力的使用权。而在实际劳动过程中，劳动力的使用则是通过支配、指示劳动者来实现的。因此，人格的从属性是指负有给付义务的劳动者基于用人单位明示、默示或依劳动的本质，在约定期间内，对自己的生活内容和时间不能自行支配。换言之，人格上的从属性是对劳动者自行决定的自由权的一种限制。具体而言，其一，劳务给付的具体内容不是由劳务提供者——劳动者决定，而是由劳务受领者——用人单位决定；其二，劳动者进入雇主的经济组织和生产场所，从而在生活空间方面不能自行支配。另一方面是经济的从属性，即劳动者纳入雇主的组织结构，劳动者并不是为自己劳动，而是从属于他人，为他人之目的而劳动，因此显然表明了经济上的不独立性：受雇人既不是用自己的生产工具从事劳动，也不能用指挥性、计划性或创造性的方法对自己所从事的工作施加影响。

劳动关系的特点之间具有相互对应的密切的逻辑联系：形式上的财产性决定了形式上的平等性，而实质上的人身性决定了实质上的从属性。

【理论探讨】

劳动关系的多层结构

在传统私法关系中，作为主体的“人”和作为客体的“物”是截然相对的。古典自然法学派一直认为，人只能作为目的，而不能作为手段。劳动力的双重属性，使得“人和物”的界限变得模糊。因此，基于传统的“人、物两分法”所建立的规则对此也无所适从，只能随之作出相应的调整。而劳动力的双重属性，使得劳动关系具有多层的结构内涵（参见图1—1）。

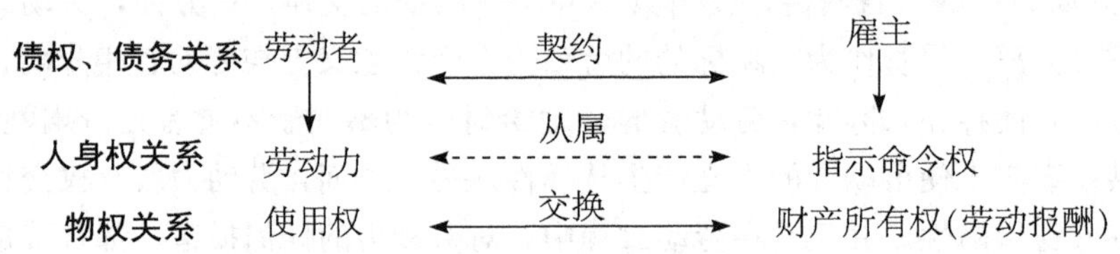

图1—1　劳动关系的结构图

如图1—1所示，劳动关系包含了三个层次的关系：

(1) 债权、债务关系，即劳动者和雇主就劳动力使用权的交换意思表示一致，相互之间形成债权、债务关系，劳动者享有劳动报酬请求权等权利，而用人单位则享有劳动给付请求权。

(2) 人身权关系，即由于雇主的实际用工，劳动者开始进入雇主所提供的工作场所，被吸纳成为雇主生产组织的成员，服从雇主的指示命令，在人格上从属于雇主，从而形成人身权关系。

(3) 物权关系，即双方当事人自实际用工之日起，债权、债务关系开始实际履行，劳动者开始履行其劳动给付义务，而用人单位则相应地承担其劳动报酬的给付义务。而由于劳动力的商品属性，劳动者的劳动给付行为（劳动过程）与雇主的劳动报酬交付行为，与物权处分行为相似，相互之间形成物权关系。

实际上，第二、三层关系通常具有同时履行的特点，其原因在于劳动力具有人身性和财产性双重属性。而图1—1所列的劳动关系的结构层次，正好与劳动关系的特点相对应，债权关系和物权关系正好对应其形式上的财产性和平等性，而人身权关系则对应其实质上的人身性和从属性。

2. 与劳动关系密切相关的其他社会关系

"人"是社会关系产生的前提，任何社会关系的形成都是围绕"人"展开的。当社会关系经法律调整转变为法律关系时，该社会关系中的"人"演变为法律关系的"主体"。然而，人的社会关联性，使得围绕人所建立的不同法律关系相互关联，因此，其他社会关系之所以与劳动关系密切相关，是因为其他社会关系的主体与劳动关系的主体——雇佣劳动者与生产资料所有权人（雇主）之间具有密切关系。

劳动关系的相关主体是指与劳动关系当事人具有密切联系的其他社会主体，它们通常会直接或间接地与劳动者或雇主形成相关的社会关系，从而成为劳动法的调整对象。这些主体主要包括以下几类：（1）劳动行政机构，如劳动行政部门；（2）社会保险经办机构；（3）劳动市场服务机构，如职业介绍以及职业培训机构；（4）劳动团体，如工会组织以及用人单位团体；（5）劳动争议处理机构，如劳动争议仲裁委员会等。

有学者将"与劳动关系密切相关的其他社会关系"称为"附随关系"①，即附随于劳动关系而存在的其他社会关系。附随关系的当事人通常一方是劳动者或用人单位，另一方是劳动关系相关人，或者双方均为劳动关系的相关人。附随关系通常存在于劳动关系运行过程前后或者过程中，其目的是促使劳动关系的建立、履行或者劳动关系争议的妥善处理等。根据劳动关系的相关人的性质的不同，劳动法所调整的其他社会关系主要包括：

（1）劳动行政关系。劳动行政关系是指劳动行政部门为履行行政职能而与劳动者、用人单位以及其他劳动关系相关人发生的社会关系。例如，劳动行政部门对单位和劳动者遵守劳动法律、法规、规章情况进行劳动监察并对违法行为予以处罚，以及劳动行政部门对于职业介绍机构或其他机构开展职业介绍活动申请的行政许可行为等。

（2）社会保险关系。社会保险关系包括两个方面的内容：一是基于劳动合同的约定，用人单位与劳动者之间就社会保险的办理和费用的缴纳而形成的权利义务关系。用人单位为劳动者办理社会保险、缴纳社会保险费用，是用人单位对劳动者的保护、照顾义务的具体体现，而劳动者对用人单位享有办理社会保险关系、缴纳社会保险费用的请求权。二是社会保险经办机构因为社会保险费的征缴、社会保险待遇的给付等行为而与劳动者和用人单位发生的社会关系。社会保险经办机构是根据法律、法规的授权或者劳动保障行政部门的委托办理养老保险、医疗保险、失业保险、工伤保险、生育保险等社会保险事务的工作机构。因此，其履行相关的职责而发生的社会关系本质上属于行政关系。

值得注意的是，19世纪，社会保险法律制度诞生于德国之初时，其保障对象为职业群体，主要是为了预防工业劳动导致的社会风险，因此，其与劳动法之间存在密切的联系。然而，目前社会保险制度正逐步从"职业保障"向"全民保障"的方向发展，因此，社会保险关系与劳动关系之间的联系日趋减弱。

（3）劳动市场服务关系。劳动市场服务关系是指劳动市场服务机构与用人单位和劳动者之间由于为劳动关系的运行提供社会服务而发生的社会关系。如劳动力市场服务机构为劳动者提

---

① 史尚宽：《劳动法原论》，1页，台北，正大印书馆，1978；李炳安主编：《劳动和社会保障法》，59页，厦门，厦门大学出版社，2007。

供职业介绍、职业培训以及为用人单位提供招聘或劳动人事代理等服务。

(4) 劳动团体关系。劳动团体关系是指工会组织或雇主团体组织与其成员之间以及相互之间，由于协调劳动关系和维护各自所代表的劳动关系当事人的利益而发生的社会关系。其包括两个方面的内容：一是劳动团体的内部关系，即工会组织或者雇主团体与其成员之间的关系；二是劳动团体的相互关系，即工会组织和雇主团体相互之间为协调劳动关系而进行协商或争议所产生的关系。劳动团体的相互关系一般被认为是集体劳动关系。

(5) 劳动争议处理关系。劳动争议处理关系是指劳动争议处理机构与劳动争议参加人（包括当事人、代理人、代表人以及第三人）之间就劳动争议的调解、仲裁所发生的社会关系。

三、劳动法的基本原则

（一）劳动法基本原则的确立标准

劳动法基本原则是劳动法规范体系的基本精神、指导思想，是具有综合性、本原性和稳定性的根本准则。因此，劳动法的基本原则应符合以下标准：

(1) 内容的根本性。劳动法的基本原则应该能够全面、真实、集中地反映劳动法的特点，能够从根本上抽象、概括出劳动法调整对象的共性，涵盖从属劳动关系及与其密切相关的其他社会关系，而不仅仅是对部分制度的概括。

(2) 效力的贯穿始终性。劳动法的基本原则对于劳动法的规范体系应该具有普遍的价值指导意义，以提取“公因式”的方式涵盖不同规范，并具有最高的权威性，具体规范当与该原则相违背时，应该绝对无效。

（二）劳动法基本原则的作用

1. 立法准则——指引劳动法律规范体系的形成及秩序性的维护

法律原则是法律制度内部协调、统一的保障。立法时必须以法律的基本原则为指导，并通过法律原则将不同种类、不同等级的规范组织起来，使之相互关联、相互协调、相互作用，成为统一的整体而发挥作用。而劳动法的基本原则的立法指引作用体现为：一方面，将原则的基本精神渗透到一切法律的具体规则当中，使得具体的法律规范能够相互配合、和谐共存，从而形成劳动法律规范的体系；另一方面，劳动法的基本原则有利于维护法律规范的体系性，当劳动法律规范因为时过境迁而不合时宜时，基本原则就是保障劳动法律体系得以为继的根本，劳动法基本原则通过其效力的根本性来否定旧规范的可适用性，从而维持劳动法律体系的秩序和价值的一致性。

2. 法律适用准则——指引劳动法律规范的解释，弥补规范漏洞

劳动法基本原则对于劳动法律规范的适用具有补漏以及解释的作用。当不同的法律规范之间存在法律冲突或者存在立法空白时，劳动法基本原则是适用者用以救济、补充法律漏洞以及协调法律规范之间冲突的基本机制。

3. 行为准则——提示人们行为的基本方向和基本模式

在劳动法具体规范模糊不定时，劳动法基本原则在更为“宏大”意义上的确定，至少给人们提供了一个理解和解释模糊的法律规则的参照，进而使劳动法律规范从模糊走向明晰，从而

为劳动关系当事人"提供基本的行为方向和行为模式"。

（三）劳动法基本原则的内容

我们认为，劳动法的基本原则应该包括：劳动权平等原则、劳动自由原则以及倾斜保护原则。

1. 劳动权平等原则

劳动权平等原则是宪法的平等原则以及劳动权的规范性在劳动法中的具体体现。平等不仅仅是公民的基本权利，还是一项宪法原则，其指引着劳动法等部门法制度的构建。

【理论探讨】

平等：原则与权利

从平等思想的历史发展来看，平等思想的宪法规范化过程经历了一个从抽象到具体、从形式到实质的过程。传统意义的平等注重排除差别，目的在于使人人享有机会的平等；而现代意义的平等则强调具体的保障，目的在于使人人实质享有平等。换句话说，传统意义的平等，是国家权力保障下的国民的法律地位的平等，是机会层面的平等；而现代意义的平等，则强调具体的经济、社会资源的享有平等，更多强调的是结果层面的平等。因此，平等思想经历了从原则到权利规范的深化过程，平等原则不断地被宪法规范具体演化为平等参政权、就业平等权等，这些权利规范都是原则指引下的具体规范。也就是说，从其本质上而言，平等先是宪法原则，然后基于这一原则产生了具体领域的平等权利。因此，作为原则的平等与具体领域的平等权之间具有密切联系，而适用平等原则并不否定其权利本质，也未削弱其保障效果。平等的保障在法性质上可分为，排除差别的客观法原则与要求保障基准待遇的主观法权利。前者使国民在受到差别对待时有权利要求排除差别，后者使国民有权利保障达到平等待遇。[①]

我国《宪法》第 33 条规定："中华人民共和国公民在法律面前一律平等。"第 42 条还规定，我国公民享有劳动的权利。平等原则结合劳动基本权的规范效力，使得上述宪法规范具有制度保障的效力，促使国家在劳动领域立法以确保劳动权平等的实现，因此，《宪法》第 42 条规定："国家通过各种途径，创造劳动就业条件，加强劳动保护，改善劳动条件，并在发展生产的基础上，提高劳动报酬和福利待遇。""国家对就业前的公民进行必要的劳动就业训练。"

劳动权平等原则作为劳动法的基本原则，其内容的根本性和效力的贯穿始终性体现为：

（1）在就业促进法领域，劳动权平等原则体现为平等就业。

平等就业原则的关键在于反对就业歧视，这不仅是对于劳动者劳动权的重要保障，同时也是劳动力市场健康、有序发展的重要保证。平等就业原则的内容是指劳动者应该获得平等的就业机会，不因性别、年龄、种族和宗教信仰等方面的不同而受到差别待遇。

我国《劳动法》第 12 条规定："劳动者就业，不因民族、种族、性别、宗教信仰不同而受歧视。"《就业促进法》第 3 条再次明确了反对就业歧视、保障劳动者平等就业权的原则："劳动者依法享有平等就业和自主择业的权利。劳动者就业，不因民族、种族、性别、宗教信仰等不同而受歧视。"根据《就业促进法》的相关规定，平等就业原则主要内容为：一是国家（各

---

① 参见许庆雄：《现代人权体系中平等原则之研究（上）》，载《中正大学法学集刊》，2002（6）。

级人民政府）应该创造公平就业的环境，消除就业歧视，尤其是要清理违反平等就业原则的相关法律文件，营造公平就业的制度环境。二是国家（各级人民政府）应该采取积极措施，制定并实施积极的财政政策、失业保险制度、税收金融政策等促进就业，完善并落实相应的就业服务和管理措施，尤其是对于就业困难的人员实施积极的就业援助和扶持。三是用人单位以及劳动市场服务机构（如职业介绍和职业培训机构等）应当向劳动者提供平等的就业服务和公平的就业条件，不得实施就业歧视。

（2）在劳动基准法领域，劳动权平等原则体现为待遇均等。

劳动基准法，是有关劳动报酬、工作时间和休息休假、劳动安全卫生等劳动条件最低标准的法律规范的总和。待遇均等，是指对劳动关系中劳动者之间因种种原因而形成差别待遇或产生的歧视现象加以防止或禁止，主要指报酬平等或同工同酬。同工同酬包含两个方面的含义：一方面，劳动者的劳动报酬应该与其劳动给付相当；另一方面则是给付相同劳动的劳动者之间，应该享有相等的待遇，不应因性别、年龄等与劳动无关的事由而受到差别待遇。同工同酬被国际劳动立法广泛承认。1944 年，国际劳工组织《费城宣言》即将“关于工资、收入、工时和其他工作条件的政策，其拟订应能保证将进步的成果公平地分配给一切人，将维持最低生活的工资给予一切就业的并需要此种保护的人”，规定为国际劳工组织在各国推行的各种计划的标准之一。1951 年，国际劳工组织第 100 号《男女工人同工同酬公约》规定，凡会员国，应通过与现行决定报酬率的方法相适应的各种手段，促使并在与这种方法相一致的条件下保证男女工人同工同酬原则适用于全体工人。

我国《劳动法》第 46 条规定：“工资分配应当遵循按劳分配原则，实行同工同酬。”根据《关于〈中华人民共和国劳动法〉若干条文的说明》（劳办发［1994］289 号）的解释，该条中的“同工同酬”，是指用人单位对于从事相同工作、付出等量劳动且取得相同劳动业绩的劳动者，应支付同等的劳动报酬。由此可见，同工同酬必须具备三个条件：相同工作、等量劳动以及相同劳动业绩。

（3）在劳动保护法领域，劳动权平等原则体现为劳动条件平等。

劳动条件的平等是指劳动者的工作环境以及劳动保护平等，其核心在于劳动者平等地享有劳动保护。其内容包括两个方面：一是劳动条件应根据具体的工作岗位来确定，不能脱离岗位的特点而抽象地谈论劳动条件的平等。因此，针对特殊的工作种类和岗位应设置相应的劳动条件，如矿山、井下工作在工作时间、劳动保护等方面都应有特别的要求。二是针对特定的劳动者群体，其劳动条件也应该采取不同的规定，对于妇女以及未成年劳动者应规定特殊的劳动保护措施。如《劳动法》规定，禁止安排女职工从事矿山井下、国家规定的第四级体力劳动强度的劳动和其他禁忌从事的劳动，不得安排女职工在经期从事高处、低温、冷水作业和国家规定的第三级体力劳动强度的劳动，不得安排未成年工从事矿山井下、有毒有害、国家规定的第四级体力劳动强度的劳动和其他禁忌从事的劳动。

2. 劳动自由原则

劳动自由原则并非源自实在法的规定，而是与最高法律价值密切相关，是法律自由价值在劳动法中的体现。劳动自由原则并非契约自由原则。劳动自由原则与契约自由原则相比，前者适用于整个劳动法部门，为法律基本价值的体现，属于基本原则；而后者在劳动法中应仅有限地适用于劳动合同法领域，属于具体原则。

【理论探讨】

劳动自由包括用人单位的用工自由吗

劳动自由原则仅指劳动者的劳动自由，不包括用人单位的用工自由。其原因在于：一是劳动者的劳动自由与用人单位的用工自由之间存在一定的矛盾关系，作为利益冲突的双方，一方的自由或许就意味着另一方的不自由，所以，如果将其二者都涵括于劳动自由原则之下，则无法维持该原则自身的妥当性。二是劳动自由原则是法律自由价值在劳动法领域的体现，也是劳动者基于宪法的劳动基本权所享有的自由；而用人单位的用工自由则是用人单位经营自主权的内容之一，其源于宪法所规定的财产权，是用人单位财产自由的体现。

劳动自由作为基本原则，其内容的根本性和效力的贯穿始终性体现为：

（1）在劳动合同法领域，劳动自由原则体现为契约自由。

在合同法中，契约自由体现为缔约与否的自由、选择缔约相对人的自由、确定契约内容的自由以及解除契约的自由等。而在劳动合同法领域，由于劳动者与用人单位之间实质的不平等，劳动者在订立劳动合同过程中并不完全享有上述自由，因而，民法上的契约自由原则并不完全适用于劳动合同法。

在劳动合同法领域的契约自由主要包括两个方面：一是劳动者的缔约自由，也就是劳动者通常可以决定是否与某一用人单位建立劳动关系、签订劳动合同。二是劳动者的辞职自由，即劳动者可以自主决定是否继续履行劳动合同，仅需遵守相关的程序性规定，即可解除劳动合同。《劳动合同法》第 37 条规定："劳动者提前三十日以书面形式通知用人单位，可以解除劳动合同。"该规定实际上明确了劳动者的辞职自由。《劳动法》第 31 条也规定了劳动者的法定辞职权，但是在《劳动法》实施过程中，用人单位滥用违约金条款，实际上是限制了劳动者的择业自由的权利，违反了劳动自由的原则。因此，《劳动合同法》在第 25 条明确规定，除本法第 22 条（服务期约定）和第 23 条（竞业限制约定）规定的情形外，用人单位不得与劳动者约定由劳动者承担违约金。

（2）在集体合同法领域，劳动自由原则体现为结社自由与团体自治。

结社自由权与劳动者组织和参加工会的权利既有联系又有区别：前者是个人权利，属于自由权的范畴，是保障国民不受国家干涉之自由权；而后者是由劳动者的集体行为创设社会生活的内容，属于生存权的范畴。劳工结社权是国际劳工标准中的核心标准。我国宪法规定公民享有结社自由，《劳动法》（2018 年修正）第 7 条第 1 款规定："劳动者有权依法参加和组织工会。"《工会法》（2021 年修正）第 2 条第 1 款规定："工会是中国共产党领导的职工自愿结合的工人阶级群众组织……"劳动者的结社权体现为积极和消极两个方面：一是积极结社权，即劳动者享有积极地组建和参加工会组织的自由；二是消极结社权，即劳动者享有不参加工会组织或者退出工会组织的自由。

团体自治以公民结社自由①的基本权利为前提，其内容包括两个方面：

---

① 在日本宪法中，将公民的一般结社权与劳工特殊基本权分别规定。德国基本法中将公民一般结社自由和劳工的同盟自由相区分，但将二者规定在同一基本权利条文中，并将之体系化，即于条文结构中厘清结社自由与同盟自由二者间之上下隶属关系，以结社自由为上位概念、一般概念，而将同盟自由作为其下位类型、特殊类型参见黄程贯：《劳动法》，修订再版，153～158 页，台北，空中大学印行，2001。

一是工会团体的人格独立。工会团体的人格独立，首先表现为排除国家非正当的干涉，相对独立于国家。劳动者组成的工会团体应为自由的不受任何限制的组织，而且法律应该确定其合法地位，国家不得随意对劳动者工会团体的组成进行不必要的限制。其次是独立于雇主。建立工会团体的意图是对雇主强势地位进行平衡，因此，工会组织享有诸多权利限制雇主的经营自主权。所以，雇主企图通过限制劳动者组建和加入工会组织来限制工会的力量，如“黄狗契约”[①]（yellow-dog contract），以及通过经济上的支持和安排工会负责人员来实现工会团体人格的依附性，均是非法的。在我国，工会组织为社团法人，具有独立的法律人格，根据《工会法》的规定，工会享有运营独立、经济独立、组织独立的权利：“工会各级组织按照民主集中制原则建立。”“各级工会委员会由会员大会或者会员代表大会民主选举产生。企业主要负责人的近亲属不得作为本企业基层工会委员会成员的人选。”工会“依照工会章程独立自主地开展工作”，“根据经费独立原则，建立预算、决算和经费审查监督制度”。

二是工会团体的行动自治，即工会团体享有基于自身职能，依照法定程序自主采取维护劳动者合法权益的集体行动的自由。在集体合同法领域，工会团体的自治主要表现为集体协商和参与企业经营决策的行动自由两方面。前者主要体现在《劳动合同法》第 6 条的规定：“工会应当帮助、指导劳动者与用人单位依法订立和履行劳动合同，并与用人单位建立集体协商机制，维护劳动者的合法权益。”第 51 条第 1 款规定：“企业职工一方与用人单位通过平等协商，可以就劳动报酬、工作时间、休息休假、劳动安全卫生、保险福利等事项订立集体合同。集体合同草案应当提交职工代表大会或者全体职工讨论通过。”而后者则主要体现在《劳动合同法》第 4 条关于工会建议权、协商修改权等对于用人单位制定劳动规章或者重大事项的权利的制约，以及第 43 条关于工会对于用人单位解除劳动合同的制约等。工会团体集体协商和订立集体合同的行动自由是重点，从《劳动合同法》第 51 条、第 52 条的规定来看，工会在订立集体合同中的自由主要表现为确立集体合同内容的意思自治，即工会组织在“不得低于当地人民政府规定的最低标准”的前提下，可以基于自身的实力通过集体协商为劳动者争取较高的权益。

（3）在劳动保护法领域，劳动自由原则体现为禁止强迫劳动。

劳动自由原则在劳动保护法领域体现为禁止强迫劳动。劳动力的人身属性，决定了劳动的不可强迫性。国际劳工组织的 8 个核心公约中就有两个关于禁止强迫劳动的公约，分别是：1）1930 年第 29 号《强迫劳动公约》，该公约要求禁止所有形式的强迫或强制劳动，但允许某些例外，如服兵役、受到适当监督的服刑人员的劳动和紧急情况（如战争、火灾和地震）下的劳动。2）1957 年第 105 号《废除强迫劳动公约》，该公约规定，禁止使用下列任何形式的强迫或强制劳动：作为一种政治强制或政治教育手段，作为对发表政治或意识形态观点的惩罚，作为动员劳动力发展经济的手段，作为一种劳动纪律措施，作为参与罢工的惩罚或歧视的手段。我国尚未批准上述公约，但是，我国已于 1998 年 10 月 5 日签署了联合国《公民权利和政治权利国际公约》（尚未经全国人大批准），该公约第 8 条第 3 款甲项规定：“任何人不应被要求从事强迫或强制劳动。”

---

① “黄狗契约”是指企业在雇用劳动者时，以“劳动者不得加入工会，或者脱离工会”为条件与劳动者签订的契约。“黄狗契约”的目的在于限制劳动者的自由结社权，并且削弱工会与企业进行抗争和谈判的实力。这一措施侵犯了各国劳动法和宪法中规定的劳动者的基本权利，因此各国普遍禁止企业与劳动者签订“黄狗契约”。

前述国际法禁止强迫劳动的规定主要是针对国家，而我国《劳动法》第 96 条、《劳动合同法》第 88 条关于禁止强迫劳动的规定，以及《刑法》第 244 条关于强迫劳动罪的规定，都是针对劳动力使用者，且其含义也远远窄于相关国际公约的规定。

3. 倾斜保护原则

倾斜保护原则是指劳动法倾斜保护劳动者合法权益。该原则源于制定法规范，《劳动法》和《劳动合同法》第 1 条都明确规定“保护劳动者的合法权益”。倾斜保护原则作为劳动法制度构建的基础，彰显了劳动法的价值取向，为人们理解和适用劳动法律规范提供了价值指引。倾斜保护原则包括两个方面的内容：一是在劳动者和用人单位之间，倾斜保护劳动者的合法权益；二是在一般劳动者与特殊劳动者之间，倾斜保护特殊劳动者的权益，如妇女、未成年劳动者以及残疾人劳动者在工作岗位、工作时间以及劳动条件等方面享有的保障要优于一般劳动者。

【理论探讨】

倾斜保护原则与公平、平等原则冲突吗

公平是法律的基本价值，基于公平的价值指引，法律一般来说平等保护当事人的利益，那么，劳动法的倾斜保护原则是否与法律的基本价值相冲突呢？是否与劳动法的劳动权平等原则相冲突呢？答案是否定的。原因在于：

一是倾斜保护仅仅是指国家通过法律制度的干预来调整劳动关系，适度地倾斜保护劳动者的合法利益。而劳动关系的调整模式，除了国家法律的适度干预外，劳动者与用人单位双方还可以基于意思自治对各自的权利、义务进行分配，而用人单位实质上的强势地位，使得其在协商中占得优势。

二是法律的公平价值有“强势公平”和“弱势公平”之分：前者是指任何人不论强弱都同等对待，适用同样的规则；而后者则是根据人的强弱不同区别对待。而劳动法的倾斜保护原则的正当性在于其符合“弱势公平”的价值。因为，劳动者与用人单位之间的地位实质上不平等，如果适用贯彻“强势公平”价值的法律制度，则会使得劳动者与用人单位之间的不平等加剧，进一步侵害劳动者的利益。因此，倾斜保护原则实质上是对现实中当事人地位对比的衡平，如果特殊劳动者的谈判能力相对于一般劳动者更弱，则倾斜保护的强度更大。

三是倾斜保护并非“厚此薄彼”，而是在对劳动者和用人单位双方合法利益保护的基础上，对劳动者给予一定程度的倾斜保护，但并不忽视对用人单位的合法权益的保护，不会导致劳动合同双方主体的权利失衡。①

倾斜保护原则作为劳动法的基本原则，深入贯彻到劳动法的具体制度之中，其内容的根本性和效力的贯穿始终性具体体现为：

（1）在劳动合同法中，倾斜保护原则主要体现为解雇保护。

合同是当事人双方意思表示一致的结果，对依法成立的合同，当事人双方必须遵循契约必守原则，实际履行合同约定的义务，不得随意违反合同约定或者解除合同。在合同法中，依法成立且生效的合同对于当事人双方的约束力是对等的。而在《劳动合同法》中，在劳动合同的

① 参见林嘉：《劳动合同法：突出保护劳动者是对不平等的矫正》，载《工人日报》，2007-05-21。

解除方面，依法成立且生效的劳动合同对于当事人双方的约束力并不对等：对于用人单位而言，其解除劳动合同受到严格的限制，如《劳动合同法》第 41 条关于经济性裁员解除的规定，用人单位适用该规定进行裁员时，必须符合裁员前提、人数、工会参与、裁减方案审批等数个实体和程序要件。而对于劳动者而言，《劳动合同法》第 37 条规定，劳动者提前 30 日以书面形式通知用人单位，可以解除劳动合同。单方限制用人单位的解除权是劳动法的倾斜保护原则的具体体现，是对于劳动者的解雇保护。

此外，在《劳动合同法》中，倾斜保护原则还较为明显地体现在法律责任的规定方面：《劳动合同法》第七章“法律责任”部分共包括 16 个法律条文，其中除第 95 条是关于劳动行政部门及其工作人员的法律责任、第 90 条是关于劳动者的法律责任的规定外，其余 14 个条文全部是关于用人单位的法律责任的规定。

（2）在劳动基准法中，倾斜保护原则主要体现为基准法定。

劳动基准法为政府对劳动条件干预、介入之法，其当事人一方为国家，另一方则为雇主。[①] 其根本目的是通过国家的干预和介入，通过法律规范倾斜保护劳动者来设定劳动者与用人单位的意思自治的界限。“劳动保护法原则上是不可自行改变的。”[②] 劳动基准法定是指国家对工资、工时以及休息休假等劳动条件的基准以法律的形式予以强制规定，其通常包括最低工资制度、最高工时等基准。劳动基准法定实际上是国家对于用人单位基于强势地位可能的肆意行为的限制，从而倾斜保护劳动者，以确保劳动者的生存。

（3）在劳动争议调解仲裁法中，倾斜保护原则主要体现为对于劳动者的救济保障。

在劳动争议处理中，倾斜保护原则主要体现为对劳动者权益救济的保障，具体表现为：一是劳动争议仲裁免费制度。对于弱势的劳动者而言，救济成本往往是导致其权益救济不利的重要因素，而其中就包括仲裁费用。二是举证责任倒置。《劳动争议调解仲裁法》第 6 条规定：“与争议事项有关的证据属于用人单位掌握管理的，用人单位应当提供；用人单位不提供的，应当承担不利后果。”三是有限的一裁终局。《劳动争议调解仲裁法》第 47、48 条规定：对于小额（不超过当地月最低工资标准 12 个月的金额）劳动争议案件以及执行国家的劳动标准发生的劳动争议案件，实行裁决终局。但是，劳动者对该仲裁裁决不服的，可以自收到仲裁裁决书之日起 15 日内向人民法院提起诉讼。在上述特定案件中限制用人单位的诉讼权利，避免了用人单位滥用诉讼权利而妨碍劳动者的权利救济的实现。

第二节　劳动权

一、劳动权概述

人权理论和人权保障运动的冲击，是劳动立法得以兴起和发展的重要原因之一；而劳动立

---

① 参见黄越钦：《劳动法新论》，201 页，北京，中国政法大学出版社，2003。

② ［德］W. 杜茨：《劳动法》，5 版，张国文译，173 页，北京，法律出版社，2003。

法在一定意义上是对人权理论的落实。因此，欲认识劳动者在宪法上之基本权，首先必须从人权保障之历史以及宪法中基本人权之体系探究之。①

从权利产生的历史来看，人权最初源自“自由权”，因此，自由权也被称为第一代人权。1689年英国议会就颁布了《权利法案》(Bill of Rights)，提出了自然权利的主张。1776年美国的《独立宣言》规定：“人人都享有上帝赋予的某些不可让与的权利，其中包括生命权、自由权和追求幸福的权利。”1789年法国的《人权宣言》规定：“人之出生及生存，有自由及平等的权利。社会之差别，除了公共利益所必要者外，不得认许之。”直至18世纪末，基于自然权利的思想而形成了人权观念，在近代立宪主义的思潮之下，通过宪法的制定才真正提升为“权利”。而基于自由主义和个人主义而形成的自由权的重要含义在于“国家不得随意干预”，因此，形成了所有权绝对、契约自由以及过错责任这三大私法基本原则。

然而，随着工业革命的进行，资本主义进入高度发展的时期，资本的集中导致社会贫富悬殊，劳动者阶级饱受资本家的剥削，甚至连中、小企业及自营业者，也因为价格与市场的垄断，任由大资本家宰割，导致社会的大多数人只能争夺一小部分社会资源，沦为弱势阶层。整个社会阶级矛盾激化，工人运动此起彼伏。因此，自由人权成为“画饼”，人们开始要求国家具体落实人权保障，不仅仅是消极不作为，而应积极作为，确保人民实质的“自由平等”，也就是“社会权”的人权保障。至此，宪法的基本权利体系形成自由基本权与社会基本权的二元架构。对于劳动者阶层的关注以及工人运动的高涨是社会权得以产生的动力之源，劳动权也是社会权的重要组成部分。

法国1793年的宪法开始关注社会对劳动者的保障义务，其规定：“社会对其组织成员应该保障其工作，或于失去工作时保障其生存。”公民的社会权率先落实在1919年德国的《魏玛宪法》中，其第151条规定，经济生活秩序必须与社会正义原则及维持人类生存目的相适应。所谓社会正义，在于保障所有社会成员能够过上体现人的价值、体现人的尊严的生活。《魏玛宪法》第157条规定：“劳力，受国家特别保护。”第163条规定：“德国人民应有可能的机会从事经济劳动，以维持生计。无相当劳动机会时，其必需生活应筹划及之。”因此，自《魏玛宪法》始，劳动权正式成为宪法基本权。而结合《魏玛宪法》第151条关于生存权的规定，国家不仅仅应该通过保障公民的劳动权来维持其基本生存，而且要使其能够体面地生活，能够充分体现人的价值，使人有尊严地生活。

二、劳动权的性质与体系

（一）劳动权的性质

目前学界对于“劳动权”的称谓不一，有人称之为“劳动基本权”，有人称之为“受益权”，也有人称之为“社会权”。实质上，这些不同的称谓体现了学者们从不同视角对劳动权的性质的概括，而这些称谓之间并非彼此矛盾，而是密切相关的。

称“劳动权”为“劳动基本权”的学者是从宪法基本权利的角度来界定劳动权的性质，因此，与之相对应的应该是作为部门法的劳动法中劳动者的权利。称“劳动权”为“受益权”的

① 参见黄越钦：《劳动法新论》，201页，北京，中国政法大学出版社，2003。

学者则是从权利主体的宪法地位来界定劳动权的性质，称“劳动权”为“受益权”，实质是指公民有权要求国家积极作为以保障其劳动权的实现，即国家对公民居于积极地位。宪法所确立的基本人权体系主要包括两个部分——自由基本权和社会基本权[①]，因此，称“劳动权”为“社会权”的学者则是从宪法基本人权的体系来界定劳动权的性质，其是与“自由权”相对应的。

综上，上述观点都是从宪法层面来确定劳动权的性质。确实如此，只有在宪法层面才会称“基本权”，才会存在“社会权”与“自由权”的区分。因此，劳动权首先是宪法所确认的基本人权，接着才是社会权和受益权。而就宪法基本权的体系来看，尽管“自由权”和“社会权”存在较大的区别，但是二者并非完全对立的，而是相辅相成的，二者在确保人的自由和平等，以及维护社会和谐的理念追求上是相同的。因此，“学界通说划归为社会基本权（工作权）内的劳工结社权、自由选择职业权等，其含有自由基本权的性质，并且常在宪法上被列为在基本自由权条款内，也可享受法院的保障，故，这些权利可认为是具有两种基本权利的特性”[②]。

（二）劳动权的体系

劳动权是宪法所确认的基本人权，劳动权并非单个权利，而是权利束，包括多个具体权利。一方面，各个权利的属性可能存在重叠；另一方面，随着社会经济的发展，劳动权的内容不断扩张，如工作环境权即是劳动权扩张的最新内容。劳动权的体系似乎也因此而难以确定。

【理论探讨】

劳动权的体系

挪威学者德泽维奇认为：“就工作权而言……它的确似乎是一个复杂的规范系统，而不是一个单一的法律概念。它反映了一系列的规定，这些规定既需要有传统自由和现代权利的观点，也需要有严格的法律义务和政治承诺组成的以义务为导向的观点。”因此，他以“与工作有关的权利”（work-related rights）作为总概念来统领“工作权和工作中的权利”，并将“与工作有关的权利”分为四类：（1）与就业有关的权利；（2）由就业派生出来的自由和权利；（3）非歧视和平等待遇的权利；（4）与工作有关的权利中的辅助性权利。[③] 荷兰学者范得文在对社会基本权利进行分类时，对作为社会基本权的工作权进行了分析，认为工作权包括涉及工作权的社会及经济层面之诸多附带权利，例如自由选择工作之权利、国家充分就业之政策、适当的工作环境及工作条件（如妥当之薪俸、休假及退休制度等）、罢工权、个人因工作而获得财产权之保障等。[④] 德泽维奇和范得文从最广义的“与工作相关的权利”来界定劳动权，因此，他们的观点中不仅仅包括宪法中的劳动权，还包括劳动部门法中的劳动权利，甚至还包括与此相关的其他权利，如财产权等。我国台湾地区学者黄越钦从宪法基本权的角度来界定劳动

---

① 参见黄越钦：《劳动法新论》，54页，北京，中国政法大学出版社，2003。

② 陈新民：《德国公法学基础理论》（下册），696页，济南，山东人民出版社，2001。

③ 参见［挪］克里斯托弗·德泽维奇：《工作权和工作中的权利》，载《国际人权法教程》，第1卷，301～302页，北京，中国政法大学出版社，2002。

④ 转引自陈新民：《德国公法学基础理论》（下册），691页，济南，山东人民出版社，2001。

权的体系，将劳动权与财产权作为生存权的两大支柱，并以劳动者进入劳动关系的时间来对劳动权的体系进行划分：劳动者进入劳动关系之前，主要是政府对于人民的就业辅导义务，即就业服务、职业训练以及失业保险等。而劳动者建立劳动关系之后，上述劳动者与政府间的关系继续存在，但是内容有所区别，此外，还应该包括劳动者与雇主之间的关系，也就是团结权、团体交涉权、争议权。①

我们认为，劳动权得以存在的基本前提是“法定之力”，即劳动权中各个权利是基于法律规定而产生的，进行劳动权的体系的构建不能脱离劳动法的体系，因此，劳动权的体系应该包括以下两个部分：

1. 宪法中的劳动权

劳动权是宪法所确立的基本人权。根据权利主体的不同，宪法中的劳动权又可以分为个体劳动权和集体劳动权。集体劳动权的权利主体是劳动者团体。

（1）个体劳动权。个体劳动权的权利主体为公民个体，根据宪法的规定，个体劳动权主要是指自主择业权、平等就业权以及劳动保护权。自主择业权是指公民享有根据自己的意愿，自主决定是否工作，从事何种工作的权利。宪法意义的个体自主择业权是劳动权的自由权属性的具体体现，其主要是针对国家，即要求国家居于消极地位，不得强迫劳动。平等就业权是指公民不分性别、年龄、民族、身份、财产等而平等地享有就业权，其在根本上体现了劳动权的社会权属性，督促国家积极作为，营造公平的就业环境，实现公民的平等就业。因此，国家一方面应承担制度保障的义务，通过立法限制就业歧视等影响平等就业的行为；另一方面应该协助和促进公民就业能力的提升以及就业权利的平等实现，因此应发展职业培训和职业教育，并且为公民提供就业服务。劳动保护权是指公民享有的获得基本的生存保障的权利。国家应积极作为，适当限制用人单位的经营自由，以维护劳动者的基本生存保障，体现在最低工资、休息休假以及工作环境等诸多方面。

（2）集体劳动权。集体劳动权②主要是劳动者团体所享有的权利，包括团结权、团体协商权以及争议权，这三项权利又被称为“劳动三权”。这三者之间具有密切的联系，其中团体协商权是核心，团结权是前提，而争议权是保障。集体劳动权不仅具有自由权的属性，还有社会权的属性：“同盟自由此一基本权利之功能在于落实同盟团体受宪法所托付之具有公共利益性质之任务，亦即透过团体的方式与社会自治之相对人共同规范劳动生活并达成劳资和谐。也就是说，同盟自由此一基本权并非只是在于消极地防御国家公权力之侵害而已，更具有积极落实

---

① 参见黄越钦：《劳动法新论》，58～59页，北京，中国政法大学出版社，2003。

② 我国现行《宪法》没有明确规定劳动者组织工会、进行团体协商以及争议的权利。而争议权中的罢工权，曾在我国宪法中有过规定。新中国成立至今先后制定的4部宪法中，1954年《宪法》没有规定罢工权，1975年《宪法》第28条和1978年《宪法》第45条规定了公民的“罢工自由”，而在1982年《宪法》即现行宪法中，则删除了有关“罢工自由”的条款。《工会法》第1条即规定：“根据宪法，制定本法。”而学界对于我国集体劳动权的宪法基础存有争议：有学者认为我国的集体劳动权的宪法基础为结社自由，因为从历史解释角度看，1975年《宪法》以及1978年《宪法》都将“罢工自由”与“言论、出版、集会、结社自由”并行规定，并且，团结权与结社权存在结构上的共通性，均为人的组合，则权利内容均包括团体的组织和行动的保障。也有学者认为我国的集体劳动权的宪法基础为劳动权，其认为结社自由性质上为自由权和防御权，而团结权并非是针对国家的单纯防御权，其具有落实宪法委托的劳动关系自治的功能。并且，团结权的目的在于实现劳动者的个体劳动权，其旨在对抗资方而非对抗国家。我们认为后一种观点更为合理。

宪法明文所特别托付的劳动生活社会自治的任务。”①

个体劳动权和集体劳动权具有密切联系：劳动关系的本质是劳动者与用人单位之间的法律关系，因此，劳动权的核心是个体劳动权，而集体劳动权是作为实现个体劳动权的保障手段存在。

【理论探讨】

劳动是公民的基本义务吗

我国《宪法》第42条规定："中华人民共和国公民有劳动的权利和义务。"因此，我国多数学者认为劳动是公民的基本义务。然而，也有部分学者认为，该条宪法规范有问题，劳动不应是公民的基本义务。②

劳动权作为受益权，是一种可以请求国家积极行为的宪法权利。法律上的义务是指义务主体必须作为或不作为的拘束，是不能选择的行为，并且"具有不可放弃性"。如果劳动既是公民的权利又是其义务，则一方面，公民有劳动或放弃劳动的自由；另一方面，劳动作为义务，又必须履行，不能放弃。这在逻辑上难以自圆其说。因此，规定劳动既是权利又是义务，必然在法律上混淆权利主体与义务主体之间的关系，同时也给宪法实施带来困难和混乱。

从世界多数国家的宪法规定来看，公民基本义务仅包括纳税义务、服兵役义务以及受教育的义务三种。但是，也有部分国家规定公民有劳动的权利和义务。如《日本宪法》第27条规定："人民有劳动的权利与义务。"而日本学者认为，"这一规定不是课以国民具体的劳动义务，而是意味着国家对无劳动意思者没有保障就职或者生活的义务"③。

2. 劳动法中的劳动权

劳动法中的劳动权是宪法中的劳动权的具体化，由宪法中的劳动权逐步衍生而来，因此，劳动法中的劳动权与宪法中的劳动权并非一一对应，往往根据宪法中劳动权的某个权利形成多个具体的权利。如基于宪法的劳动保护权而形成工资法中的工资待遇请求权，工作时间法中的休息、休假权等。因此，具体的劳动单行法中的权利可能源于宪法中的劳动权的多个组成部分。而劳动法中的劳动权又可以区分为过程性的劳动权和结果性的劳动权：前者是指劳动者在求职过程中所享有的权利；而后者则是劳动者就业后，基于具体的劳动关系而享有的权利。我国劳动法中的劳动权集中体现在《劳动法》第3条："劳动者享有平等就业和选择职业的权利、取得劳动报酬的权利、休息休假的权利、获得劳动安全卫生保护的权利、接受职业技能培训的权利、享受社会保险和福利的权利、提请劳动争议处理的权利以及法律规定的其他劳动权利。"

宪法中的劳动权与劳动法中的劳动权二者既密切联系又相互区别。一方面，宪法中的劳动权与劳动法中的劳动权之间存在权利位阶关系，宪法作为根本法，其关于劳动权的规定是劳动部门法制定的宪法依据，也是劳动法中劳动权的权威性的来源；而劳动法中的劳动权是宪法中的劳动权的具体体现，其实际地调整劳动关系，有助于国家宪法目的的实现。另一方面，劳动

---

① 黄程贯：《劳动法》，修订再版，156页，台北，空中大学印行，2001。

② 参见李炳安：《公民劳动权的立宪思考》，载《河北法学》，2001（6）。

③ ［日］三浦隆：《实践宪法学》，李力、白云海译，164页，北京，中国人民公安大学出版社，2002。

法中的劳动权利主要是劳动者针对用人单位所享有的私权，多数权利以劳动关系的存续为前提，其义务主体主要为用人单位。宪法中的劳动权是人们基于“公民”的身份针对国家所享有的，不以劳动关系的存续为基础，其义务主体主要为国家。

三、我国宪法中的劳动权的法律效力

我国《宪法》中有关劳动权的条文主要包括第 42 条和第 43 条，其中第 42 条规定：“中华人民共和国公民有劳动的权利和义务。国家通过各种途径，创造劳动就业条件，加强劳动保护，改善劳动条件，并在发展生产的基础上，提高劳动报酬和福利待遇。劳动是一切有劳动能力的公民的光荣职责。国有企业和城乡集体经济组织的劳动者都应当以国家主人翁的态度对待自己的劳动。国家提倡社会主义劳动竞赛，奖励劳动模范和先进工作者。国家提倡公民从事义务劳动。国家对就业前的公民进行必要的劳动就业训练。”第 43 条规定：“中华人民共和国劳动者有休息的权利。国家发展劳动者休息和休养的设施，规定职工的工作时间和休假制度。”

我国宪法中的劳动权，除了具有自由权属性，即排除国家权力的不当侵害之外，还具有社会权属性。但是，宪法中的劳动权并非主观公权利，因为“无论如何也不存在对具体工作岗位的个人请求权意义上的劳动权。这种所谓的宪法意义的请求权不符合传统意义上对基本权利的理解，即它们是针对国家的防御权”①。尽管如此，宪法中的劳动权并非没有任何法律效力，其具有纲领性条款的效力。

上述宪法规范的内容较为确定，其实质上是宪法所确定的国家目标，因此，包括立法机关在内的国家权力机关，应该积极作为，采取多种措施，促进公民劳动权的实现以及使公民享有有尊严的劳动条件。而宪法的目标，必须通过立法者来实现。因此所谓“国家”应该暗含了对于立法机关的立法委托，即由立宪者在宪法内规定由立法者有所作为的指示。因为宪法不可能将所有事务事无巨细地全部规定，而是赋予立法者以立法权来制定法律以实现相关的规定②，所以立法机关应该制定和完善相关的劳动法律，这对立法者而言不仅仅是权限，而且是一种义务。然而，社会权利的实现往往与社会经济的发展密切相关，并且社会权的内容随着社会的发展而发展，因此，对于立法机关基于劳动权的宪法委托而承担的义务，公民并不能因为立法不作为而提起相关的宪法诉讼，公民并不享有要求国家积极制定保障劳动权的法律的具体请求权。

此外，从应然层面来看，宪法中的劳动权的纲领性条款的效力还应该包括限制国家降低现行法律的保护标准，恶化法律对于劳动者的保护，或者制定限制、妨碍公民劳动权实现的法律。因此，当立法机关或者行政机关制定了限制公民劳动权的法律或者行政措施时，公民应该能够请求相应的宪法救济。但是，由于我国没有违宪审查制度以及宪法不能直接予以司法适用，公民只能通过提起行政诉讼，而请求对部分抽象行政行为进行审查，或者通过全国人大常委会的审查备案制度来对相应的立法进行审查。

---

① ［德］W. 杜茨：《劳动法》，5 版，张国文译，35 页，北京，法律出版社，2005。

② 参见陈新民：《德国公法学基础理论》（上册），139 页，济南，山东人民出版社，2001。

第三节 劳动法的体系与地位

一、劳动法的体系

（一）劳动法体系划分的观点比较

劳动法的体系是指劳动法的各组成部分之间所构成的相互联系的有机整体。目前我国劳动法学界对于劳动法体系的界定主要有两种思路：一是劳动法的法律渊源体系，即从不同位阶的劳动法律规范的角度，来确定劳动法体系。[①] 二是劳动法规范的功能体系，即以不同劳动法律规范的功能为标准确定劳动法体系。我们认为，部门法体系的研究应该基于部门法规范的特性，因此，从劳动法规范的功能来确定劳动法体系更能体现劳动法的部门法特点。

【理论探讨】

劳动法体系的建构

在我国从规范功能来确定劳动法体系的学者中，王全兴教授和郭捷教授的观点具有较强的代表性。[②] 两位学者的观点具有高度的相似性，王全兴教授与郭捷教授关于劳动法体系的划分都主要包括“劳动关系协调法、劳动基准法以及劳动保障法”三个部分，三个部分所包括的具体规范内容也几乎相同，且两位教授各自所构建的劳动法体系都围绕劳动关系展开，区别仅在于郭捷教授将“劳动监督法”单列。我国台湾地区学者对于劳动法体系的划分则完全集中在劳动关系法领域，其观点主要包括：(1)“三分法”，即将劳动法分为个别劳动法、集体劳动法以及劳动保护法。(2)“两分法”，即将劳动法分为个别劳动法以及集体劳动法。持该观点的学者认为，劳动保护法是指基于保护劳工不受劳动生活、工作环境危险之危害的目的而订定之制定法规范，例如工作场所之安全防护措施、设备的配置等，这些法规多是强行法。而因为其同时也构成劳动契约中雇主保护义务的内容，因此，将其归为个别劳动法的领域。[③]

（二）本书关于劳动法体系的划分

“体系”通常在两种不同意义上被人使用：外在体系和内在体系。外在体系要求任何可能的生活事实在逻辑上都必须能够涵摄于该体系之下，因此，外在体系突出法律形式的全面性和完整性。而内在体系突出法律规范（内容）的秩序性，包括逻辑关联秩序和价值位阶秩序。法律的外在体系和内在体系之间存在紧密联系，外在体系实际上就是通过形式化、抽象化的手段

① 参见杨燕绥：《新劳动法概论》，114～115页，北京，清华大学出版社，2004；董保华编著：《“劳工神圣”的卫士——劳动法》，56～61页，上海，上海人民出版社，1997。

② 参见王全兴：《劳动法》，2版，59页，北京，法律出版社，2004；郭捷主编：《劳动与社会保障法》，30页，北京，中国政法大学出版社，2004。

③ 参见黄程贯：《劳动法》，修订再版，95页，台北，空中大学印行，2001。

将内在于法律规范中的意义和内涵以脉络化的形式展现出来。这二者大致分别在先后两个阶段完成，其中认识内在体系先于认识外在体系。[①]

劳动法体系的划分也应该兼顾外在体系和内在体系两方面。其中劳动法的内在体系的秩序性主要体现为不同的劳动关系调整模式之间的逻辑关联，即个体自治、团体自治以及国家干预这三种劳动关系调整模式的关联。而劳动法的外在体系则体现为劳动法律规范应该涵盖劳动的全过程，即“就业促进—劳动关系的运行—劳动保障”。

因此，我们认为劳动法体系应该包括（见图 1—2）：

- 劳动法体系
  - 劳动就业法
    - 就业促进法
    - 职业培训法
    - 就业服务法
    - 就业管理法
  - 劳动关系协调法
    - 个体自治法
      - 劳动合同法
      - 劳动规则法
    - 团体自治法
      - 工会法
      - 用人单位团体法
      - 集体合同法
      - 职工民主管理法
    - 国家干预法
      - 工作时间与休息、休假法
      - 工资法
      - 劳动保护法
  - 劳动保障法
    - 劳动监察法
    - 劳动争议处理法
    - 社会保险法

图 1—2 本书关于劳动法体系的划分

（1）劳动就业法，其主要是为了调整和规范劳动关系的建立，具体包括就业促进法、职业培训法、就业服务法以及就业管理法等；

（2）劳动关系协调法，其主要是以劳动关系的运行为规范对象，具体包括个体自治法、团体自治法以及国家干预法（又可称为劳动基准法）；

（3）劳动保障法，其主要是关于劳动关系当事人的权益实现和救济的法律规范，具体包括劳动监察法、劳动争议处理法以及社会保障法中与劳动者密切相关的社会保险法等。

二、劳动法的地位

（一）概述

劳动法的地位，是指劳动法在整个法律体系中的位置，包括部门法地位和法域地位两个

---

① 参见黄茂荣：《法学方法论与现代民法》，432 页，北京，中国政法大学出版社，2001。

层面。

【理论探讨】

劳动法地位的两个层面

法学界对于劳动法地位的论述可以分为两个层面：第一个层面是部门法地位，即劳动法作为部门法在整个法律体系中的相对位置：是独立存在，还是作为其他部门法的组成部分存在？主要观点包括：

（1）民法组成部分说。其理由为：劳动法从民法中产生，与民法有密切的联系。作为劳动关系当事人的劳动者与用人单位之间具有平等属性，其二者之间通过劳动合同建立劳动关系，而劳动合同属于民事合同的一种。

（2）经济法组成部分说。劳动力资源的市场配置以及劳动报酬的社会分配都需要国家的宏观调控，劳动法与经济法都具有国家干预的属性。

（3）行政法组成部分说。此种观点主要是基于计划经济体制产生的，认为劳动法的重点在于用人单位的行政管制。

（4）独立部门法说。劳动法有其独特的调整对象和调整方法，其应为独立的部门法。该观点为目前我国劳动法学界通说。

第二个层面是法域地位，即：劳动法是公法还是私法，抑或是具有公私交融属性的社会法？主要观点包括：

（1）私法或特别私法说。我国台湾地区学者多持此种观点，认为，“劳动法与商法等相同，是属于特别私法之领域。属于特别私法之劳动法在内容上固系同时跨越并包含公法及私法在内，但因劳动关系之最根本基础系一私法上劳动契约关系，固乃一私法自治之法律关系，亦即系本于当事人之契约自由，相互合意而形成之私法自治之规范体系”。“盖……劳动契约如前所述乃是以私法上之劳动契约为基础，而劳动契约如前所述乃是民法雇佣契约制特殊类型”，“劳动契约是私法契约，劳动关系是私权关系”①。“盖团体契约之本质上，仍属于私法自治之范畴，虽其当事人为法人，但不论从成立到效力，均系私法契约原则之实现，固将之规定于民事普通法对法理之厘清有重大意义。”②

（2）社会法说。我国大陆劳动法学者多持此种观点，认为：“由于劳动法在性质上可以归属于社会法，因此劳动法也具有社会性品格，其法理念在相当程度上须体现了社会大众的利益，因此我们不能简单地将劳动合同看作劳动者与用人单位之间‘私的合同’，它相当多的内容已经超越了意思自治的范畴。”③

我们认为，部门法地位和法域地位之间既有密切联系又有区别。其联系在于：部门法地位决定了法域地位。因此，关于劳动法地位的两个层面的论述是并行不悖的，认为劳动法是民法组成部分的学者，其关于劳动法的法域地位的观点应为私法或者特别私法说。

---

① 黄程贯：《劳动法》，修订再版，91页，台北，空中大学印行，2001。

② 黄越钦：《劳动法新论》，83页，北京，中国政法大学出版社，2003。

③ 林嘉：《劳动合同若干法律问题研究》，载《法学家》，2003（6）。

而部门法地位与法域地位的区别在于：部门法独立性的确立依据在于调整对象的独特性，即部门法所调整的社会关系的独特性；而法域地位的确立依据则是调整手段、利益取向等。因此，社会关系的多样性和发展性，决定了法律部门的多样性和发展性。而调整手段（公法管制、私法自治以及社会法的兼容）以及利益取向（个体利益、国家利益以及社会利益）相对的确定性决定了法域地位相对的确定性。

我们认为：劳动法独特的调整对象——从属劳动关系以及与从属劳动关系密切联系的其他社会关系，既不同于隶属性的行政法律关系，也不同于平等性的民事法律关系。因此，从部门法地位看，劳动法应为独立的部门法；而从法域地位看，劳动法既不属于公法，也不属于私法，而是具有公私兼容属性的社会法。理由在于：

（1）劳动法的调整模式具有公私兼容的属性。

劳动关系的法律调整经历了由传统私法调整到劳动法调整的发展过程。私法的契约自治使得“单个雇员仍然继续受到力量强大的雇主的强制命令的制约，由此引出了种种社会恶劣现象：低工资、长工时、在男人持续失业的同时使用女工和童工、缺乏劳动安全保护、在供养者生病或死亡时缺乏社会保障。为了同这些现象作斗争，首先确定从两方面发展：一方面是形成雇员结社；另一方面是进行国家劳动保护立法，比如禁止使用童工、对未成年工进行保护”①。因此，形成了分别与“劳动合同法”“集体合同法”“劳动基准法”相对应的“个体自治”“团体自治”“国家干预”三种劳动关系调整模式。其中劳动基准法中含有大量的公法性质的规范，而集体合同法也并非纯粹的私法性质的合同，因为，集体合同具有法规范效力，能够排除劳动合同中较集体合同的约定不利于劳动者的约定的效力。因此，劳动法的调整模式具有公私兼容的属性。

（2）劳动法以社会利益为本位。

20世纪的利益法学派认为，利益是法产生的原因，而社会中存在各种利益冲突，人们对各种冲突的利益进行评价后制定出法律，因此，法律实际上是对利益的安排和平衡。从利益本位的角度来看，私法以个人利益为本位，公法以国家利益为本位，社会法则以社会利益为本位。劳动法的产生就是为了解决工业劳动社会化导致资本家过度压榨劳动者所引发的社会问题，其根本目的是通过倾斜保护平衡劳动者与用人单位之间的地位，实现劳动关系的和谐，进而促进整个社会的和谐。因此，劳动法是以维护和实现社会利益为本位的。

（二）劳动法与相关部门法的关系

1. 劳动法与民法的关系

劳动法与民法之间具有密切联系，其具体表现为以下两方面：

一方面，劳动法源自传统民法。从劳动法的产生历史来看，劳动法源自传统民法，其与传统民法之间有传承关系：

（1）劳动法（尤其是劳动合同法和集体合同法）中的制度设置源自传统民法中的债法。如劳动合同法关于劳动合同的订立需要经过要约和承诺，劳动合同的解除、终止等制度与传统民法中合同法的规定有不少相似之处。

---

① ［德］W. 杜茨：《劳动法》，5版，张国文译，4页，北京，法律出版社，2005。

（2）作为劳动法调整对象的劳动关系源自属于传统民法调整对象的雇佣关系。雇佣关系起源于罗马法，作为奴隶社会产物的罗马法把雇佣关系置于租赁关系之中。而1804年《法国民法典》延续了罗马法的规定，雇佣关系仍然被称为劳动力租赁。自19世纪末、20世纪初以来，随着工业劳动的规模化发展，劳动成为一种社会化现象。各个国家进行了劳动契约的立法，世界逐步进入具有社会色彩的劳动契约时代。劳动关系含有一般的债的关系中所没有的特殊的身份因素，同时除个人要素外，亦含有高度的社会要素；在债权要素之外，尚包括身份要素的不对等人格间之“人的关系”①。因此，劳动关系源于传统民法中的雇佣关系，是由雇佣关系到劳动关系的一种社会化的进程。

另一方面，劳动法又超越了传统民法。工业劳动社会化使得社会关系发生转变，工业劳动关系取代农业社会关系成为社会关系的主体，而传统民法的“消极不作为”放任了资本家对于劳动者的剥削，因而导致大量社会问题，劳动法等社会法应运而生。因此，劳动法不仅仅传承了传统民法，更超越了传统民法。具体表现为：

（1）传统民法以形式平等为价值追求，而劳动法则以实质平等为价值追求。

传统民法秉持形式平等的价值理念，将“人”由一个活生生的社会中的人，抽象成为一个被剥离掉各种社会存在和社会角色的人。因此，在18、19世纪，基于个人主义、自由主义的影响，《法国民法典》确立了近代民法的三大原则，即所有权神圣、契约自由和过错责任原则。而劳动法则基于实质平等的价值追求，将人置于社会环境之下，针对劳动者与用人单位之间实际经济地位的差别，采取不同的法律规则，分别予以调整。因此，19世纪初，劳动法诞生伊始即以倾斜保护劳动者为宗旨，以劳动权平等、劳动自由为基本原则。

（2）传统民法的调整对象为平等主体之间的人身关系或财产关系，而劳动法的调整对象是形式上平等的财产关系但实质上从属的人身关系。

民事主体的平等性和互换性是传统民法产生的前提：平等性是指民事主体之间的人格平等和法律地位平等，而互换性则是指权利的等值性，即民事法律关系当事人的交换从形式上看是物物交换，而实质上则是具有等值性的权利之间的交换。由于劳动力既具有一般商品的属性又具有人身属性，因此，劳动关系也具有混合属性：从形式上看是平等主体之间的劳动力商品买卖关系，但实质上则是劳动者与用人单位的人身从属关系。

（3）传统民法对民事关系的调整主要采取自治的调整模式，而劳动法对劳动关系的调整模式具有自治与强制的兼容性。

民法作为私法，要求排除任何形式的非正当的意志强制。作为民事主体的“人”，基于其个体意志和自身利益的考量，通过法律行为设定、变更或者终止法律关系。具体表现为：一是当事人可以自主决定是否与他人建立权利义务关系，二是当事人可以自主决定权利的内容及其实现方式。对劳动关系的调整则涵盖了个体自治、团体自治和国家强制多重模式，其中个体自治是核心，团体自治所达成的集体合同、国家强制所建立的劳动基准都是为个体自治设立的最低保障。

2. 劳动法与行政法的关系

劳动法作为具有公私兼容属性的社会法，其公法属性主要表现在两个方面：一是法律规范

---

① 黄越钦：《劳动法新论》，6页，北京，中国政法大学出版社，2003。

方面，立法机关制定了大量的强行性规范，对于用人单位的强势地位进行限制。二是法律实施方面，行政机关主动执法，介入劳动关系的全过程，协调劳动关系的运行。主要内容包括：(1) 行政机关在劳动就业阶段的介入，如劳动力市场中介机构的登记、审批以及监管等；(2) 行政机关在劳动关系运行阶段的介入，如劳动监察；(3) 行政机关对于违法行为的处理，如对违法的用人单位给予行政处罚等。上述行政机关因对劳动关系的介入所施行的行政行为形成了行政法律关系，其应该遵循行政法的基本原则以及行政行为的程序规定。

因此，劳动法与行政法之间具有密切联系。从某种意义上说，劳动关系是行政法具体实施的领域之一，而行政法则对劳动关系的调整以及劳动法的实现起到了保障和协助作用。而劳动法与行政法的区别体现为：(1) 行政法具有单方性和主动性，一定程度上突出效率价值；而劳动法则以实质公平为主要价值追求。(2) 调整模式方面的差异。在行政法律关系中，内部行政关系以隶属的上下级管理为主，而外部行政法律关系中以行政职权的强制为主导；而劳动法的调整模式具有兼容性，综合运用个体自治、团体自治以及国家强制的调整模式。(3) 代表的利益不同。行政法主要以国家利益为本位，而劳动法以社会利益为本位。

3. 劳动法与社会保障法的关系

劳动法与社会保障法既相互联系又有区别。其相互之间的联系体现在：(1) 劳动法和社会保障法产生的社会背景是相同的，都是由于工业劳动社会化导致社会关系变化而产生的。(2) 从二者产生的历史来看，劳动法产生在前，而社会保障法产生在后。1802 年，英国国会通过的《学徒健康和道德法》被认为是现代劳工立法的开端。而现代社会保障法则产生于 19 世纪 80 年代德国俾斯麦时期颁布的一系列社会保险立法，这些社会保险法以劳动者群体为保险对象，因此，从某种意义上说，社会保险制度建立的前提是劳动法。我国《劳动法》延续了此种立法模式，在第九章专章规定了社会保险和福利。(3) 二者都是社会法。劳动法以倾斜保护劳动者的方式，实现实质正义，以维护社会整体利益。而社会保障法主要是通过“社会连带”来保障“老”“弱”“病”“残”者的基本生存，以维护社会整体利益。

劳动法与社会保障法之间的区别主要体现为：(1) 二者的功能不同。劳动法主要是调整劳动关系的运行，而社会保障法主要是为了预防工业劳动所导致的社会风险，以及补偿由于社会风险所导致的损害。(2) 二者的调整模式不同。尽管二者都是社会法，在调整模式上都具有公私兼容的属性，但是，劳动法是以个体自治的调整模式为主，以团体自治和国家干预的调整模式为辅；而社会保障法则是以国家干预的调整模式为主，以个体自治和社会团体自治的调整模式为辅。

第四节　劳动法律渊源

一、劳动法律渊源概述

法律渊源，又被称为“法源”或“法的渊源”，其原意是指法的“来源”或“源泉”。劳动法律渊源是指劳动法的效力来源。法学界通常将法律渊源分为正式渊源和非正式渊源两大类：

正式渊源是指那些可以从体现于官方法律文件中的明确条文形式中得到的渊源，如宪法、法律、行政法规、行政命令等；非正式渊源指那些尽管尚未在正式法律文件中得到权威性的、至少是明文的阐述与体现，但是具有法律意义的资料，如政策性文件、习惯法等。“一种发达的法律律令体乃是由这两种要素构成的：一是立法颁布的或命令的要素，另一是传统的或习惯的要素……而就法律的形式而言，这种立法颁布的或命令的形式则正在日趋成为占据支配地位的形式。”①

我国劳动法的正式渊源与非正式渊源的区别在于：

一是法的形式的区别，即劳动法的正式渊源是有权机关经过法定程序制定或修改的以法律条文形式呈现的规范性文件，非正式渊源并非以法律条文的形式体现。

二是法的实质的区别，即劳动法的正式渊源与非正式渊源在法的拘束力上存在区别。劳动法的正式渊源对于劳动法的适用者具有拘束力，在处理相关劳动争议时，执法人员和司法人员应该予以适用，并且基于说理义务应该在最终裁判文书中引用相关的法律条文；而非正式渊源通常对法律适用者没有拘束力，劳动争议案件的处理可以参考相关的非正式渊源，也可以不予参考，且原则上最终裁判文书中不能引用非正式渊源作为裁判依据。总之，劳动法的正式渊源应该作为裁判的依据并在正式裁判文书中予以引用，而非正式渊源原则上仅能作为形成裁判结论的参考，且一般不能在正式裁判文书中引作裁判依据。

二、我国劳动法的正式渊源

（一）制定法

制定法又称成文法，是指国家机关依照一定的程序制定颁布的，通常以条文形式表现出来的规范性法律文件。从广义上说，制定法既包括国家立法机关制定的法律，也包括中央行政机关、地方权力机关和地方行政机关在职权范围内制定的规范性文件。劳动法的制定法渊源主要包括：

1. 宪法

宪法是国家最高权力机关或制宪会议遵循最严格的程序所制定和修改的具有最高权威性的国家根本大法。宪法作为劳动法律规范效力的最高来源，其对劳动法律规范效力的形成具有重要影响，具体体现为：一方面，宪法通过国家权力的分配，使得国家权力的存在具有正当性。而国家机关基于宪法所赋予的权力，基于法定职权按照法定程序制定、修改劳动法律规范。因此，国家权力是劳动法律规范权威性和强制性的来源。另一方面，宪法关于劳动权等基本权利的规定有相应的规范效力，为了保障和落实相应的公民基本权利，制定劳动法律规范对其予以具体落实。因此，宪法关于劳动权等的规定对于劳动法律规范权威性的形成具有直接指引作用。

【理论探讨】

部门规范性文件限制公民基本权利是否违反宪法

我国《宪法》是劳动法效力的最高来源，但我国宪法很少在司法中适用，使得宪法对于劳

① ［美］罗斯科·庞德：《法理学》，第2卷，邓正来译，8页，北京，中国政法大学出版社，2007。

动法律规范的制定者以及司法适用者的约束都相对有限，实践中难免存在劳动法律规范与宪法关于公民基本权的规定不协调的情形。如劳动部《关于贯彻执行〈中华人民共和国劳动法〉若干问题的意见》第12条规定："在校生利用业余时间勤工助学，不视为就业，未建立劳动关系，可以不签订劳动合同。"该规定自颁布之日起，数年来一直是我国法院在审理相关案件时否认在校学生与实习单位之间构成劳动关系的法律依据。劳动权是宪法规定的公民基本权利，对公民的基本权利作出限制或克减必须遵循两个原则：一是法律保留原则，即只有法律或者法律授权才能够对公民基本权利作出规定，包括对于基本权利的限制，我国《立法法》第8条、第9条对此有明确规定；二是公共利益或公共政策原则，即对于公民的基本权利进行限制必须具有合目的性——出于公共利益或者公共政策的考量。而劳动部《关于贯彻执行〈中华人民共和国劳动法〉若干问题的意见》第12条对于在校学生劳动权的限制的规定违背了上述两条基本原则。此外，《劳动法》对于公民劳动权利的限制仅为年龄，即我国公民年满16周岁享有劳动权利能力，而非基于身份，如在校学生。因此，劳动部《关于贯彻执行〈中华人民共和国劳动法〉若干问题的意见》第12条的规定也违背了《劳动法》。

2. 法律

法律是指全国人大及其常委会制定或修改的规范性法律文件。作为劳动法渊源的法律主要包括以下三种形式：(1) 劳动法典，即劳动基本法《劳动法》；(2) 劳动单行法，如《劳动合同法》《就业促进法》《劳动争议调解仲裁法》《工会法》等；(3) 其他法律中有关的劳动法律规范，如《刑法》《公司法》《残疾人保障法》《妇女权益保障法》等法律中有关劳动的法律规范。

3. 行政法规

行政法规是由最高国家行政机关即国务院制定的规范性法律文件。依据《立法法》第65条的规定，国务院制定劳动行政法规规范的事项主要包括：(1) 为执行法律的规定需要制定行政法规的事项，如《劳动合同法》颁布实施后，国务院为了落实《劳动合同法》的相关规定，颁布了《劳动合同法实施条例》。(2) 实施宪法规定的职权事项，如为了实施《宪法》第89条所规定的"领导和管理民政、公安、司法行政和监察等工作"的职权，国务院颁布了《劳动保障监察条例》以及《城镇居民最低生活保障条例》等。(3) 应制定法律的事项，国务院根据全国人民代表大会及其常务委员会的授权决定先制定行政法规，经过实践检验，制定法律的条件成熟时，由全国人民代表大会及其常务委员会及时制定法律。法律制定后，相应立法事项的授权终止。如依据《立法法》(2023年修正) 第11条，劳动争议仲裁制度应由法律来规定。1993年国务院通过了《企业劳动争议处理条例》(已失效)。经过数十年的实践检验，全国人大常委会于2007年制定了《劳动争议调解仲裁法》。

4. 地方性法规

地方性法规是指省、自治区、直辖市以及设区的市的人民代表大会及其常务委员会，根据本行政区域的具体情况和实际需要，在不同宪法、法律、行政法规相抵触的前提下制定的规范性文件。地方性法规应报全国人民代表大会常务委员会和国务院备案。依据《立法法》第82条，地方性法规作为劳动法的渊源，其规定的事项包括：(1) 为执行劳动法律、劳动行政法规的规定，需要根据本行政区域的实际情况作具体规定的事项。如为执行《残疾人权益保障法》的规定，北京市人大常委会通过了《北京市实施〈中华人民共和国残疾人保障法〉办法》。

(2) 属于地方性事务需要制定地方性法规的事项。与劳动相关的地方性法规主要适用于制定机关所辖行政区域全部范围或部分区域的劳动关系的调整。

5. 部门规章和地方政府规章

部门规章是指国务院各部、各委员会、中国人民银行、审计署和具有行政管理职能的直属机构，根据法律和国务院的行政法规、决定、命令，在本部门的权限范围内，制定的规范性法律文件。作为劳动法渊源的部门规章主要是指原劳动和社会保障部（现人力资源和社会保障部）为了执行与劳动相关的法律或者国务院颁布的与劳动相关的行政法规、决定、命令的事项而制定的规章，如为了执行《就业促进法》的相关规定，2007 年劳动和社会保障部颁布了《就业服务与就业管理规定》；为了执行《劳动法》和《工会法》的规定，1994 年劳动和社会保障部颁布了《集体合同规定》等。

地方政府规章是指省、自治区、直辖市和设区的市、自治州的人民政府，根据法律、行政法规和本省、自治区、直辖市的地方性法规，而制定的规范性法律文件。地方政府规章作为劳动法渊源，主要是用于调整制定该规章的行政机关行政辖区内的劳动关系，其所规定的事项通常是为了落实上位阶的劳动法律规范或者为了执行本行政辖区的与劳动关系相关的具体行政管理事项，如为了实施《劳动法》关于劳动合同的相关规定，2001 年北京市人民政府颁布了《北京市劳动合同规定》。

(二) 最高人民法院关于审理劳动争议案件的司法解释

司法解释是指最高的司法审判机关对于司法审判中法律规范的理解和适用所作的具有指导性和拘束性的阐释与说明。最高人民法院关于审理劳动争议案件的司法解释主要有两种存在形式：一是最高人民法院针对劳动争议案件的审理颁布的专门性解释，如《关于审理劳动争议案件适用法律问题的解释（一）》（法释［2020］26 号）二是最高人民法院针对司法审判程序所颁布的一般性解释，如审判组织的组成、证据规则的适用等。

(三) 除制定法外的其他规范性法律文件

《立法法》对立法权限的划分、立法程序以及制定的规范性文件的名称等都予以明确的规定。然而，除了严格按照《立法法》的规定所形成的劳动法的制定法渊源之外，尚存在大量的其他规范性法律文件。根据《立法法》的规定，享有立法权限的最低层级的行政机关为设区的市、自治州的人民政府，而除此之外，我国还存在更低的行政层级，如市、县、区等，而这些行政区域的政府和劳动保障行政部门为了履行相关的管理职能，颁布了大量的规范性文件。尽管学界对于此类文件是否属于规范性法律文件以及是否属于劳动法的正式渊源都存有较大的争议，但是不可否认的是，这类文件对于制定机关辖区内劳动争议案件的处理或劳动关系的调整发挥了实质作用，因此我们将其列为劳动法的正式渊源。

此外，由于法律的滞后性以及我国劳动关系调整的地域差异，相关国家机关会制定颁布诸如“纲领”“通知”“指导意见”等规范性文件，如国务院《关于批转〈促进就业规划（2011—2015 年）〉的通知》（国发［2012］6 号），中共中央、国务院《关于切实做好国有企业下岗职工基本生活保障和再就业工作的通知》（1998 年）等。尽管这些文件缺少法律规范的拘束力，但是，在生活实践中对劳动关系的调整，尤其是指导相应的立法机关、行政机关等制定相应的规范性文件时具有重要作用。

（四）国际劳工组织公约

国际劳工组织最初成立的目的是在众多国家实施统一的劳动保护措施。我国作为国际劳工组织的成员国，先后批准了 26 个公约，这些公约对于促进我国的劳动立法起到了重要作用。我国批准的这些国际公约主要是通过国内立法转化的方式实现其国内法效力，因此，国际劳工组织公约作为劳动法的渊源，最终还是体现在法律等规范性文件中。如 2005 年 8 月 28 日，第十届全国人大常委会第十七次会议决定批准国际劳工组织 1958 年第 111 号《消除就业和职业歧视公约》，并于 2006 年 1 月 12 日向国际劳工局局长正式交存批准书，进行登记。为了落实第 111 号公约的相关内容，全国人大常委会在 2007 年制定的《就业促进法》中对反对就业歧视、实现公平就业进行了专门规定。

三、我国劳动法的非正式渊源

国内劳动法学者在探讨劳动法律渊源时往往集中在正式渊源，且主要论述正式渊源中的制定法。而实际上除了正式渊源之外，劳动法律渊源还包括下列非正式渊源：

（一）《最高人民法院公报》发布的关于劳动争议案件的指导性案例

我国不承认判例制度，判例法也不是我国的正式法律渊源。最高人民法院选择各地的典型劳动争议案例作为指导性案例发布在最高人民法院的公报上，这些指导性案例对于法院审理性没有拘束力，但是，指导性案例对于法官审理劳动争议案件时的规则适用和裁判结果的形成都发挥着一定作用。其一，下级法院在审理类似案件时遵循指导性案例可以节省诉讼成本并避免裁判被撤销、发回的风险。最高人民法院是最高司法审判机关，其所公布的案例通常是经过法官严格审查和挑选的，因此，遵循指导性案例可以减少法官因为法律选择等而增加的诉讼成本。同时，由于上级法院对于下级法院的审判监督制度的存在，遵循指导性案例，能够减少因为法律适用错误而导致裁判案件被撤销或发回重审的风险。其二，下级法院在审理类似案件时遵循指导性案例可以维护司法的统一性。如果地方各级人民法院都遵循指导性案例，那么就能够在类似案件上维护裁判结果的一致性。

（二）用人单位的规章制度

用人单位的规章制度是指用人单位依法制定，在本单位实施的用工管理的规则和制度的总和。规章制度制定权是用人单位指示、命令权的具体体现，也是劳动者的人身从属性的具体体现。《劳动合同法》第 4 条规定："用人单位应当依法建立和完善劳动规章制度，保障劳动者享有劳动权利、履行劳动义务。用人单位在制定、修改或者决定有关劳动报酬、工作时间、休息休假、劳动安全卫生、保险福利、职工培训、劳动纪律以及劳动定额管理等直接涉及劳动者切身利益的规章制度或者重大事项时，应当经职工代表大会或者全体职工讨论，提出方案和意见，与工会或者职工代表平等协商确定。在规章制度和重大事项决定实施过程中，工会或者职工认为不适当的，有权向用人单位提出，通过协商予以修改完善。用人单位应当将直接涉及劳动者切身利益的规章制度和重大事项决定公示，或者告知劳动者。”最高人民法院《关于审理劳动争议案件适用法律问题的解释（一）》（2020年）第50条第1款规定：“用人单位根据劳动合同法第四条规定，通过民主程序制定的规章制度，不违反国家法律、行政法规及政策规定，并已向劳动者公示的，可以作为确定双方权利义务的依据。”根据上述规定可知：一是劳动法不断强化规章制度制定过程中劳动者的民主参与，亦即劳动法律规范意图通过劳动者的民主参与，削弱规章制度的单方性，适度地强化其合意性；二是对于依法经过民主程序制定并已向劳动者公示的合法规章制度，法院可以作为确定双方权利义务的依据。

（三）集体合同

集体合同是指劳动者团体与用人单位或用人单位团体就劳动报酬、工作时间、休息休假、劳动安全卫生、保险福利等事项所达成的协议。由于集体合同很大程度上决定了劳动条件，其对于劳动关系产生规范性的影响，在受集体合同约束的雇主和雇员之间产生直接的、强制性的效力。①《劳动合同法》第54条规定：依法订立的集体合同对用人单位和劳动者具有约束力。行业性、区域性集体合同对当地本行业、本区域的用人单位和劳动者具有约束力。第55条规定：集体合同中劳动报酬和劳动条件等标准不得低于当地人民政府规定的最低标准；用人单位与劳动者订立的劳动合同中劳动报酬和劳动条件等标准不得低于集体合同规定的标准。所以，不少国家承认集体合同属于法律渊源，它们产生具有拘束力的法律规则。因此，原则上必须像解释法律一样解释这些集体合同。②

四、劳动法的适用

上述法律渊源发生冲突时，应当遵循下述原则以适用相应的劳动法律规范。

1. 正式渊源优先适用的原则，即法官在适用法律规范时，正式渊源应该优先适用。非正式渊源在司法过程中只起辅助作用，当然这种辅助作用有助于克服制定法的严格性，也能在一定程度上弥补制定法之漏洞。只有在以下情形下，才能适用非正式渊源③：一是某种正式渊源与法的价值——公平、正义的基本要求——和强制性要求、占支配地位的要求发生冲突，二是正式法律渊源由于语言等原因产生模棱两可和不确定性，三是正式渊源完全不能为案件的解决提供审判规则。而根据《立法法》第五章的相关规定，正式渊源的适用应该遵循以下基本原则：（1）上位法优于下位法。对处于不同位阶的规范性法律文件，“法律的效力高于行政法规、地方性法规、规章，行政法规的效力高于地方性法规、规章以及地方性法规的效力高于本级和下级地方政府规章”。（2）新法优于旧法、特别法优于一般法。同一机关制定的法律、行政法规、地方性法规、自治条例和单行条例、规章，特别规定与一般规定不一致的，适用特别规定；新的规定与旧的规定不一致的，适用新的规定。

2. 有利原则。“劳动关系双方当事人的约定（包括劳动合同或集体合同的约定）、用人单

---

① 参见［德］W. 杜茨：《劳动法》，5版，张国文译，27页，北京，法律出版社，2005。

② 参见［德］魏德士：《法理学》，丁晓春、吴越译，102页，北京，法律出版社，2005。

③ 参见［美］E. 博登海默：《法理学——法哲学及其方法》，邓正来译，415页，北京，中国政法大学出版社，1999。

位内部劳动规则的规定、用人单位的单方承诺与劳动基准或者法律规定不一致的，应当适用对于劳动者有利的约定或者规定；若这些约定或规定的含义不明确的，应当作出对劳动者有利的解释。”[①] 有利原则是倾斜保护劳动者的基本原则在劳动法律渊源适用过程中的具体体现，其主要适用于以下两种情形：(1) 在填补劳动法律漏洞时，应该对法律规范作有利于劳动者的解释；(2) 在协调劳动法律冲突时，应该基于有利于劳动者的原则进行法律的解释和选择。

问题与思考

1. 劳动法形成的社会背景是怎么样的？
2. 劳动法意义上的劳动有何特点？
3. 劳动法的调整对象是什么？
4. 劳动关系有何特点？与劳动关系密切相关的其他社会关系具体包括哪些？
5. 劳动法基本原则的确立依据和作用是什么？劳动权平等原则的内容有哪些？
6. 劳动权具体包括哪些内容？
7. 我国宪法关于劳动权有哪些规定？这些规定有何种效力？
8. 劳动法的体系的具体构成如何？
9. 劳动法的地位及其性质如何？
10. 劳动法律渊源具体包括哪些？劳动法律渊源如何适用？

① 许建宇：《“有利原则”的提出及其在劳动合同法中的适用》，载《法学》，2006（5）。

第二章
劳动法的历史

本章概要

外国劳动法大体经历了起步、发展、成熟三个阶段，目前劳动法的体系和内容已十分完备。旧中国的劳动立法进行了起草劳动法典的尝试，新中国的劳动立法经历了曲折的发展过程，改革开放以来获得了很大发展。国际劳工组织和其他国际组织的国际劳动立法对各国劳动立法起了推动作用。

关键术语

1802年《学徒健康和道德法》　国际劳工组织　国际劳工公约

第一节　外国劳动法的历史

一、外国劳动法的起步阶段

外国劳动法起步于19世纪，此时资本主义处于自由竞争阶段。在这一阶段，国家基本不干预经济的运行，但为保护处于弱势地位的劳动者而开始立法干预劳动关系。英国1802年《学徒健康和道德法》规定，纺织厂不能雇用9岁以下的学徒，纺织厂学徒的工作时间每天不得超过12小时。该法标志着劳动法的诞生。这一类劳动保护立法当时被称为“工厂立法”。该阶段的成就主要表现在以下几个方面：

(1) 工厂法的产生。各国的劳动立法开始基本上以工厂立法为主。工厂法的适用范围逐步扩大，从只适用于纺织工业发展成为普遍适用于所有工矿业，但还未包括全部劳动者。工厂法的内容逐渐充实，逐渐增加规定缩短工作时间，提高儿童就业年龄，限制女工从事夜间工作，工厂、矿山的安全卫生条件，工资支付等内容；并建立了工厂检查制度等。新西兰于1894年制定了世界上第一部最低工资法。

(2) 工会法的产生。工会法经历了对工会绝对禁止、相对禁止、完全承认三个阶段。到19世纪后半期，欧洲各国多已承认工会为合法组织，对工会的行动也给予一定自由，但有的国家还不承认罢工权。英国 1871 年《工会法》是世界上第一部现代工会法。

(3) 劳动争议处理法的产生。起初，各国对劳动争议的处理没有专门的审理机构和程序，而是适用民事、刑事程序。在 19 世纪后半期，英国、法国、新西兰、美国等国家陆续设立了劳动争议调解、仲裁的专门机构。新西兰于 1890 年通过立法，率先开始对劳资纠纷实行强制仲裁。其他工业国家纷纷效仿，在劳动立法中规定了处理劳动纠纷的法律程序。

(4) 社会保险立法的产生。19 世纪末，德国率先实行社会保险制度，先后制定了有关疾病保险、工伤保险、养老和伤残保险的专门法律。随后，欧洲国家纷纷效仿。

资本主义自由竞争阶段的劳动立法虽然开始保护劳动者，但是存在很多缺陷，如很多法律只适用于部分行业和部门，劳动合同仍由民法来调整，工厂法中有很多法律条文为雇主逃避法律责任留有余地，劳动立法的发展还具有不平衡性和不稳定性。①

二、外国劳动法的发展阶段

外国劳动法的发展阶段处于 20 世纪前半期，此时资本主义处于垄断阶段，社会主义国家开始出现。在垄断阶段，资本主义社会的劳资矛盾和斗争更加激烈。在这一阶段，尽管有些曲折，但总的来说劳动法获得了很大发展，主要表现在以下几个方面：

(1) 劳动法已遍及绝大多数国家。制定劳动法的国家越来越多，特别是以前没有颁布过任何劳动法规的亚洲、非洲、拉丁美洲国家，都先后制定了劳动法律、法规。

(2) 劳动法体系逐步趋向完整，内容得到充实。劳动合同已由民法调整转入劳动法的调整范围；各国逐步建立健全社会保险制度，开始建立失业保险制度；许多国家设立劳工部，作为劳动法执行及其监督的最高主管机关。在内容上，劳动立法从过去只规定劳动关系的几个主要方面，扩展为包括现代劳动法内容的各个方面，即劳动合同、集体合同、学徒培训、劳动报酬、工作时间、女工和童工特殊保护、社会保险、工会组织、职工参与、劳动纠纷处理等。劳动法的适用范围，在一些国家已扩大到工业、交通、商业等各个经济部门与文教部门的雇主和劳动者。

(3) 社会主义劳动法开始产生，宪法开始规定劳动问题，劳动法典出现。1918 年《苏俄宪法》规定了公民的劳动权，并实行普遍义务劳动制，“承认劳动为共和国全体公民的义务”。这是历史上第一部规定劳动问题的宪法，为后来许多国家的宪法所仿效。1918 年《苏俄劳动法典》是第一部社会主义劳动法典，其对集体合同、劳动合同、内部劳动规则、工资、工时、休息时间、女工和未成年工、工会、劳动保护、劳动保险以及劳动争议处理等各方面内容都作了详尽的规定。它也是历史上最早的劳动法典。②

【资料链接】

美国法律史上的“洛克纳时代”

美国宪法历史上的洛克纳时代，是指从 1905 年的洛克纳诉纽约州案（Lochner v. New York）到 1937 年罗斯福“新政”时期的宪法革命这段时期。其间，美国最高法院反对国家干

① 参见王全兴主编：《劳动法学》，7～8 页，北京，高等教育出版社，2004。

② 参见上书，6、8～9 页。

预自由市场经济，以违宪为由废除了国会和各州约上百部社会立法。

纽约州为保护面包师的身体健康，于1895年制定《面包坊法》限定面包师最长工作时间为每天10小时或每周60小时。面包坊主洛克纳以该法违背宪法第十四修正案所规定的自由权为由向法院起诉。

美国最高法院九位大法官以5：4的比例认定，纽约州《面包坊法》违宪而无效，因其侵犯了联邦宪法保护的契约自由。佩卡姆大法官撰写的多数意见指出：(1) 纽约州的立法权不能优先于个人的人身自由和契约自由权。纽约州该法不是治安权公正、合理和适当的运用，而是对人身自由和劳动契约不合理、不必要和武断的干涉。面包坊工人不是政府的监护对象，该职业本身对健康没有多大危害，“公共利益不会因为这样一部法律而受到一点儿影响”。(2) 纽约州该法侵犯了宪法第十四修正案所保障的自由权，“纯属对个人权利多管闲事的干预”。宪法第十四修正案规定，不经正当法律程序，不得剥夺任何人的生命、自由或财产。契约自由是宪法所保障的自由权之一，包括雇主和雇员根据双方达成的条件购买和出售劳动力的自由，《面包坊法》无权禁止或干预这一自由。①

洛克纳案仅是序幕。随后，在1908年阿戴尔诉美国案（Adair v. United States）中，美国最高法院认定国会禁止“黄狗契约”的《埃德曼法》违宪而无效。在1915年考佩奇诉堪萨斯州案（Coppage v. Kansans）中，美国最高法院认定堪萨斯州禁止“黄狗契约”的法律违宪而无效。在1918年哈默诉达根哈特案（Hammer v. Dagenharter）中，最高法院认定国会《童工法》违宪而无效。在1923年阿德金斯诉儿童医院案（Adkins v. Children's Hospital）中，美国最高法院认定国会规定成年女工最低工资的《哥伦比亚特区最低工资法》违宪而无效。在1936年莫尔黑德诉纽约州案（Morehead v. New York）中，美国最高法院认定纽约州《妇女和未成年人最低工资法》违宪而无效。

随着经济大萧条后罗斯福“新政”期间国家对经济的干预和规制，“洛克纳时代”最终在1937年终结。在1937年西岸宾馆诉帕里仕案（West Coast Hotel v. Parrish）中，美国最高法院认定华盛顿州《最低工资法》合宪，从而推翻了阿德金斯案。在1937年国家劳动关系委员会诉洛克林钢铁公司案（National Labor Relations Board v. Jones & Laughlin Steel Corp.）中，美国最高法院维持了1935年《国家劳动关系委员会法》，该法规定了劳动者组成工会、集体谈判、罢工的权利，是美国劳工运动的大宪章。在1937年的三个案子中，美国最高法院认定1935年《社会保障法》合宪。后来，在1941年美国诉达比案（United States v. Darby Lumber Co.）中，美国最高法院认定国会规定最低工资和最高工时的《公平劳动标准法》合宪。

三、外国劳动法的成熟阶段

外国劳动法的成熟阶段处于20世纪后半期至今，资本主义处于国家垄断阶段，社会主义在曲折中前进。第二次世界大战结束后，主要资本主义国家由私人垄断发展到国家垄断。在此阶段，劳动立法又有许多新进展，进入了成熟阶段，主要表现在：

(1) 各国宪法对公民劳动权作出明确规定，如日本1946年宪法、意大利1947年宪法、瑞

---

① 参见［美］伯纳德·施瓦茨：《美国最高法院史》，毕洪海等译，211～213页，北京，中国政法大学出版社，2005。

士 1947 年宪法修正条款、西班牙 1949 年宪法、葡萄牙 1976 年宪法等。

(2) 反就业歧视立法出现，平等权等宪法基本权利得到保护。如美国 1964 年制定《民权法案》，其中第七章要求雇主不得有基于种族、性别、宗教、民族血统、年龄及残疾的歧视。劳动法在规定劳动者原有劳动权利的基础上，已发展到对劳动者基本权利的尊重和保护，并将宪法规定的公民基本权利落实到劳动领域，规定劳动者在劳动过程中具有人格尊严不受侵犯的权利，劳动者有平等权、自由权、言论权、隐私权等。

(3) 就业促进立法的出现和发展，如德国 1969 年制定了《就业促进法》。

(4) 劳动法的体系日益完备，适用范围更加扩大。劳动法涵盖了劳动关系的各个方面，构成了完整的劳动法体系，如联邦德国 1974 年《家内劳动法》把家内劳动也纳入劳动法的范围。同时开始出现形式比较完善的法典，如 1973 年《法国劳动法典》。

(5) 社会主义劳动法获得了发展。社会主义国家均在宪法中对劳动权和劳动义务作了明确规定，均将劳动法典作为劳动立法的基本形式。尽管随着苏联解体、东欧剧变，多数社会主义国家的劳动法已成为历史，但其具有重要的历史地位。①

20 世纪末以来，世界进入全球化时代、信息时代（或称网络时代）。经济全球化所带来的资本的迅速扩张，使得资本家成为全球化的主要受益者，社会财富分配两极分化日趋严重，失业工人大量增加，相当多的工人陷于贫困之中。这种“强资本、弱劳工”的局面对劳动法的发展带来了一定的不利影响。

【理论探讨】

网络时代对劳动关系的影响

网络时代带来了劳动者就业的灵活化和分散化，但也给劳动者权益保护带来了新问题，可以说，传统的劳动法面临着网络时代的新挑战。

传统的劳动者权益保护法律制度是与工业时代的劳动制度相适应的。在工业时代的市场经济社会，劳动就业主要针对成年男性劳动者而设计，成年男性劳动者以订立不定期劳动合同的形式，于集中的时间在雇主的工厂里服从雇主的管理和指示，提供特定的劳务。其特色是劳动的场所集中、时间节奏单一、所需技能单纯（尤其是在流水线生产中）。

但是，网络时代新兴的就业形式，其特色是劳动的场所分散、时间节奏多样、所需技能复杂。这使得传统的劳动者权益保护法律制度与网络时代的社会现实有一定的落差，表现在合同存续期间由传统的不定期性转为定期性，工作时间由固定时间如每日 8 小时、每周 40 小时转为灵活、有弹性的工作时间，工作场所由集中转为分散，劳动关系也由传统的双边关系转为多边关系。② 有西方学者指出，这种持久的雇佣结构和组织形式的变化“挑战着长期植根于规模化生产企业的劳动法和社会保险制度的有效性”③。

---

① 参见王全兴主编：《劳动法学》，8～13 页，北京，高等教育出版社，2004。

② 参见黄越钦：《劳动法新论》，8～9 页，北京，中国政法大学出版社，2003。

③ Barenberg, M.,“Law and Labor in the New Global Economy: Through the Lens of United States Federalism”, 33 *Columbia Journal of Transnational Law* 445 (1995). 转引自［美］卡尔·克拉尔：《劳动法的革新》，丁广宇译，载林嘉主编：《劳动法评论》，第 1 卷，361 页，北京，中国人民大学出版社，2005。

此外，网络时代对工会的冲击很大，“就其核心而论，资本是全球性的。依照常规，劳工则是地方性的。信息主义的历史现实正是精确地利用网络的分散化力量，导致了资本的集中与全球化。劳工在操作的层面瓦解，在组织上片段化，在存在上多样化，在集体行动上则被区隔”。“网络在全球层次上跨越部门与活动领域，整合了资本家的利益：其间并非没有冲突，但是都依循相同的统合逻辑。劳工失去了集体认同，在能力、工作条件与其利益和计划上日益个体化。”概括来说，“在网络社会的情境下，资本在全球层次上协调统合，劳工却个体化了”[①]。正因为如此，工会如何团结分散的劳动者、如何争取劳动者权益，都面临着新的挑战。

第二节　中国劳动法的历史

一、旧中国劳动法的历史

1840 年鸦片战争以后，西方资本家在中国创办了企业，同时清政府的洋务派和中国的民族资本家也先后创办了近代工商企业。随着近代工业的出现和发展，中国工人阶级开始产生和发展。“五四”运动以后，特别是 1921 年中国共产党成立以后，工人开始提出了争取劳动立法的口号。1922 年 8 月，中国共产党成立的中国劳动组合书记部举行了争取劳动立法的运动，拟定了《劳动立法原则》，制定了《劳动法大纲》，发出了《关于开展劳动立法运动的通告》，得到了各地工人的积极响应。

在工人运动和社会各界的压力下，北洋政府于 1923 年颁布了《暂行工厂规则》，这是旧中国政府颁布的第一部调整劳动关系的法律，共有 28 条，规定了最低就业年龄、最高工时、保护女工和童工、义务教育和工厂检查等内容。同时，还颁布了《矿工待遇规则》《煤矿爆发预防规则》《矿工待遇条例》等法规。但是，这些法规并未有效实施。

南京国民政府成立后，于 1927 年 7 月 9 日成立劳动法起草委员会，着手编纂劳动法典。后来立法院决定不用法典形式，而采取单行法形式来制定劳动法。抗日战争前，已公布《工会法》《工厂法》《劳资争议处理法》《团体协约法》《劳动契约法》等 13 项法律。抗日战争时期，国民政府内迁重庆后，先后颁布了《职工福利金条例》等法律、法规；另外，还颁布了《非常时期工会管制暂行办法》，并修订公布了《工会法》，加强了对工会的控制，取消了工人的罢工权。南京国民政府的劳动立法基本上模仿欧洲国家的劳动立法，因与社会实际的差距太大，大多数未真正付诸实施。[②]

【资料链接】

中国编纂劳动法典的尝试——1929 年《劳动法典草案》

1927 年 7 月 1 日，南京国民政府成立劳工局，任命马超俊为局长，并于同年 7 月 9 日设立

① ［美］曼纽尔·卡斯特：《网络社会的崛起》，夏铸九等译，574～576 页，北京，社会科学文献出版社，2003。

② 参见王全兴主编：《劳动法学》，14～17 页，北京，高等教育出版社，2004。

劳动法起草委员会（主席由马超俊兼任），开始编纂劳动法典。劳动法起草委员会的隶属几经变迁，至1929年1月，该委员会先后开会二百多次，完成了《劳动法典草案》起草任务。《劳动法典草案》拟定后即转送国民政府最高立法机关——立法院审议。1929年1月29日，立法院第10次会议议决制定劳工法，指定立法委员邵元冲、史尚宽、罗鼎等5人为起草委员，组成劳工法起草委员会，并决定今后采取单行法形式制定劳动法规。于是，《劳动法典草案》不用同时审议颁行，仅留备起草单行法之参考。

《劳动法典草案》虽未正式颁行，但实为中国劳动法典的起源，并开“吾国劳动立法之新纪元”①。该草案共7编、21章、863条，7编分别为劳动契约法、劳动协约法、劳动组织法、劳动保护法、劳动诉讼法、劳动救济法、劳动保险法。其中劳动契约法、劳动协约法（包括团体协约及标准协约）、劳动诉讼法、劳动救济法各编之草案为史尚宽所起草，劳动保险法为史尚宽之兄史太璞所起草。

在旧中国，中国共产党及其领导的革命政权制定了许多劳动法规和劳动立法建议文件，这些文件是中国社会主义劳动法的萌芽，为新中国的劳动立法奠定了基础。其代表性立法是《中华苏维埃共和国劳动法》，由中华苏维埃第一次全国代表大会于1931年11月通过，1932年1月1日生效，共11章、75条。该法确立了较高的劳动保护标准。

二、新中国劳动法的历史

（一）改革开放以前的劳动法

从1949年新中国成立到改革开放（一般以1978年12月党的十一届三中全会为界）以前，我国劳动法的发展可以分为三个阶段：

第一阶段：社会主义劳动法的起步（从1949年到1956年，即基本完成社会主义改造的7年）。在这一阶段，社会主义劳动法开始出现。主要的劳动立法有：1950年《工会法》，1950年《关于劳动争议解决程序的规定》（劳动部制定，政务院批准公布实施），1951年《劳动保险条例》（1953年修正后重新加以公布），1956年《关于工资改革的决定》，1956年同时发布的“三大规程”，即《工厂安全卫生规程》《建筑安装工程安全技术规程》《工人职员伤亡事故报告规程》等。固定工制度、劳动保险制度、贯彻按劳分配原则的全国统一的工资制度相继建立。在这一阶段，我国进行了劳动法的第一次起草。1956年劳动部成立了劳动法起草小组，但到1958年起草工作中途夭折。

第二阶段：劳动法的初步发展（从1957年到1966年“文化大革命”前，即开始全面建设社会主义的10年）。这一阶段我国的劳动立法有一些发展，主要包括：1958年国务院《关于工人、职工退休处理的暂行规定》、1963年国务院《关于加强企业生产中安全工作的几项规定》等。

第三阶段：劳动法的低谷（从1966年到1976年，即“文化大革命”的10年）。在这一阶段，我国的劳动立法基本上停止，已有的劳动法规也不能有效贯彻实施。

---

① 谢振民：《中华民国立法史》（下册），1064页，北京，中国政法大学出版社，2000。

总体来看，改革开放以前的劳动立法有两个突出特点：(1) 劳动法律规范的效力层级不高，除了《工会法》是以法律形式呈现以外，大量的立法都以法规、规章的形式出现；(2) 劳动立法多为单行立法，对劳动问题的规定集中在由国家制定标准予以规范的工资、劳动保护、休息休假、退休、劳动争议解决等方面。

(二) 改革开放以后的劳动法

改革开放以后的劳动法发展可分为两个阶段：

第一阶段：劳动立法的恢复发展时期（从 1978 年到 1994 年《劳动法》制定以前）。这一阶段是改革初期，相应的劳动立法主要是围绕着劳动制度改革来进行，劳动立法有了很大提高，但由于处在社会转型初期，劳动立法仍以劳动法规、规章、规范性文件为主，且有不少为暂行规定。这一阶段的主要立法有：(1) 劳动就业方面。1981 年，中共中央、国务院发布了《关于广开门路、搞活经济、解决城镇就业问题的若干规定》，提出“在国家统筹规划和指导下，劳动部门介绍就业、自愿组织起来就业和自谋职业相结合”的三结合方针。1991 年国务院发布《禁止使用童工规定》。(2) 劳动关系和劳动制度方面。1986 年国务院同时出台《国营企业招用工人暂行规定》《国营企业实行劳动合同制暂行规定》《国营企业辞退违纪职工暂行规定》等改革劳动制度的暂行规定。(3) 工会方面。1992 年，第七届全国人民代表大会通过了新的《工会法》。(4) 工资制度方面。1993 年劳动部发布《企业最低工资规定》。(5) 劳动保护方面。1978 年出台《中共中央关于认真做好劳动保护工作的通知》，国务院随后发布了《矿山安全条例》《矿山安全监察条例》(1982 年)、《女职工保护规定》(1988 年)、《企业职工伤亡事故报告和处理规定》(1991 年) 等。1992 年，全国人大常委会通过了《妇女权益保障法》《矿山安全法》。(6) 劳动争议处理方面。1987 年，国务院发布《国营企业劳动争议处理暂行规定》。1993 年，国务院发布《企业劳动争议处理条例》。在这一阶段，我国进行了劳动法的第二、三次起草。1978 年 12 月，起草劳动法研究小组组成，完成《劳动法（草案）》并呈报国务院。1983 年 7 月国务院常务会议通过这一草案，但由于劳动制度的改革刚起步，有很多问题在认识上难以统一，草案并未提交全国人大常委会审议。1990 年国务院成立了《劳动法》起草小组，《劳动法（草案）》于 1991 年 1 月曾报送国务院，但是由于当时经济体制改革的市场取向尚不甚明确，《劳动法》的立法原则很难确定，故未提交国务院常务会议审议。

第二阶段：劳动立法的发展时期（从 1994 年至今）。我国确立了市场经济的改革方向后，第八届全国人大常委会第八次会议于 1994 年 7 月 5 日通过了《劳动法》，这是我国第一部劳动法典，具有里程碑的意义。2001 年，全国人大常委会通过了《关于修改〈中华人民共和国工会法〉的决定》和《职业病防治法》。2002 年，全国人大常委会通过了《安全生产法》。以《劳动法》为基本法，国务院及其劳动行政管理部门先后制定了许多与其配套的行政法规和规章，与市场经济相适应的劳动法律制度开始建立。2007 年，在构建社会主义和谐社会的背景下，全国人大常委会相继通过《劳动合同法》《就业促进法》《劳动争议调解仲裁法》。自此，我国的劳动法开始走向完善。

【理论探讨】

我国劳动法范式的转变①

总体来看，我国改革开放以后的劳动立法具有下列特点：

第一，在劳动法调整方式上，实现了从政策调整到法律调整的转变。在计划经济体制下，政策和行政命令是调整劳动关系的主要方式。社会主义市场经济的确立为劳动法调整模式的转变迎来了契机，通过建立以《劳动法》为核心的劳动法体系，改变了以往劳动关系的行政调整模式和按照用人单位所有制性质管理劳动关系的模式，确立了市场经济下劳动关系由法律调整的基本模式。

第二，在劳动法价值观念上，确立了倾斜保护劳动者的原则。劳动法的社会法属性决定了其以保护劳动者的劳动权为价值标准。"倾斜保护劳动者合法权益"的立法宗旨是劳动法保护劳动权的价值取向在劳动立法中的集中反映。《劳动法》第1条明确了倾斜保护原则，劳动合同、劳动保护、集体合同、劳动争议处理等单行立法在规则设置上也体现了倾斜保护和保护劳动者基本权利的原则。

第三，在劳动法定位上，实现了从国家本位到社会本位的转变。劳动法遵循国家本位，是计划经济思想在法律上的反映。在国家本位理念的指导下，企业自身没有独立自主的经营权，劳动关系的当事人实际上是国家和劳动者，国家实行统包统配，劳动者在就业时没有选择权，进入单位后便具有固定工身份，劳动关系固化。与此相适应，劳动者对国家的人身依附性很强，国家主要以行政手段调整劳动关系，尤其是国家根据用人单位所有制形式，对劳动者的权利和义务规定了不同的内容，行政化色彩浓厚；对确立劳动关系双方当事人权利和义务起重要作用的劳动合同制度没有形成，劳动法采取单一的由国家制定标准实行管理的调整模式。《劳动法》以社会本位为范式，建立了一套社会化的调整体制。在对劳动法不断修改和完善的过程中，劳动法实现了从国家本位到社会本位的转变。社会本位突出了对个体利益和社会利益的关注：在劳动就业上，改革国家统包统配的就业方式，确立了劳动者的自主择业权、用人单位的用工自主权，实行双向选择；在劳动关系方面，引入劳动合同制度，引导劳动者和用人单位通过平等协商建立劳动关系，并通过集体合同制度提高劳动者的谈判能力，保障劳动者权益；在工资分配上，用人单位享有工资分配自主权，并积极推动工资集体协商机制，赋予劳动者民主参与工资分配权；进行社会保险制度改革，保障劳动者的生存权。

第四，在劳动法调整模式上，实现了从单一模式到个体自治、团体自治和国家强制三种模式共存的转变。在国家本位理念的指导下，劳动关系完全由行政管理调整，以私法方式调整劳动关系被完全排除，国家制定劳动标准，因此，国家强制是当时唯一的调整模式。随着权利意识和市场经济观念的深入，劳动合同制度得以推行，个体权利受到关注，个体自治调整模式的地位得以确定，并以国家强制为保障。团体自治作为我国劳动法的调整模式之一，也是在市场经济发展中逐步确立的，但目前还很不完善，可以说，完善集体合同制度，推进团体自治，是我国劳动法调整模式的发展趋势之一。

---

① 参见林嘉、邓娟：《论我国劳动法范式的转变》，载《政治与法律》，2009（7）。

第三节 国际劳动法的历史

一、国际劳工组织劳动立法的历史

国际劳动法的发展同国际劳工组织（International Labor Organization，ILO）的成立和活动是密不可分的。自1919年6月成立以来，国际劳工组织经历了三个发展阶段：第一阶段（1919—1939年），国际劳工组织作为国际联盟的一个带有自治性的附设机构而存在；第二阶段（1940—1945年），因第二次世界大战爆发，国际联盟解体，国际劳工组织作为独立的国际组织开展工作；第三阶段（1946年至今），第二次世界大战结束后，联合国成立，国际劳工组织作为联合国的专门机构之一继续进行活动，其总部设在瑞士的日内瓦，现有187个会员国，截至2015年6月第104届国际劳工大会共通过公约189个、建议书204个。①

国际劳工组织的宗旨在《国际劳工组织章程》（1972年修订）中，确定为“只有以社会正义为基础，才能建立世界持久和平”。在1944年《费城宣言》中进一步确立为“全人类不分种族、信仰和性别都有权在自由和尊严、经济保障和机会均等的条件下谋求物质福利和精神发展”。因此，国际劳工组织通过制定和实施国际劳动立法的方式，来确立和保障工人权利，以达到维护社会正义和世界和平的目标。

ILO最主要的职能是从事国际劳动立法、制定劳工标准，以供各会员国批准和采纳。国际劳动立法有两种主要形式：国际劳工公约和建议书。其区别在于效力不同：国际劳工公约是具有法律效力的文件，经国际劳工大会通过后，必须经过会员国批准才能生效，公约一经批准，成员国必须遵守和执行。而建议书仅具有参考性，是会员国制定法律和采取其他措施时的参考，不要求会员国批准，也无拘束力，各国没有必须遵守和执行的义务。公约和建议书采取单行法形式，每一个公约或建议书只包括某一项劳动问题或问题某一方面的规定。公约和建议书为会员国制定有关法律和采取其他措施提供了标准，故国际劳工组织把公约和建议书合称为“国际劳动立法”，把制定公约和建议书的活动称为“标准制定工作”。国际上把这些公约和建议书的汇编总称为“国际劳工法典”。

【理论探讨】

国际劳工公约的效力

国际劳工公约的效力，概括来说就是约束国家，但不直接赋予公民权利。国际劳工公约一经会员国批准即生效，该国的立法、行政和司法机关均应遵守、尊重该公约的内容。公约的批准会构成会员国的国家义务，而非会员国人民的权利、义务根据。但国际劳工公约至少仍有一

---

① 参见国际劳工组织网站，http：//www. ilo. org/dyn/normlex/en/f? p=NORMLEXPUB:1:0:NO:::。

定的政治作用，即促使会员国尽快立法予以配合的作用。[1] 会员国国内法若违反国际劳工公约，虽构成对国际劳工公约的违反，但该会员国的国内法规定仍属有效，并不因违反国际公约而无效。但会员国政府如有违反国际劳工公约的情况，会员国人民可以向国际劳工局申诉[2]，国际劳工局经调查属实，会发函谴责该国政府，并要求其改正。通过这种申诉渠道，国际劳工局在诸多案例中所作出的裁决也具有重要地位：是对国际劳工公约进一步的解释和具体化。但从另一角度来看，国际劳工公约的效力还是有限的。

国际劳工组织对其制定的国际劳工公约和建议书，按内容分为13大类。[3] 按照国际劳工组织的监督机制，国际劳动立法可分为核心劳工标准、优先性劳工标准和一般性劳工标准。基本国际劳工公约就是核心劳工标准。1998年国际劳工大会通过的《基本劳工权利原则宣言》将核心劳工标准规定为四个方面：结社自由并有效承认集体谈判权利；消除一切形式的强迫劳动；消除就业歧视；有效废除童工。这四个方面的内容主要体现在8项国际劳工公约中，分别是：（1）1948年第87号《结社自由和组织权利保护公约》；（2）1949年第98号《组织权与集体谈判权公约》；（3）1930年第29号《强迫劳动公约》；（4）1957年第105号《废除强迫劳动公约》；（5）1951年第100号《男女工人同工同酬公约》；（6）1958年第111号《消除就业和职业歧视公约》；（7）1973年第138号《准予就业最低年龄公约》；（8）1999年第182号《禁止和立即行动消除最恶劣形式的童工劳动公约》。

国际劳工组织制定的国际劳工公约和建议书为世界各国劳动立法提供了具有国际权威性的参照标准，推动了各国的劳动立法工作，我国制定劳动法律时也应注意吸收国际劳动立法中的相关内容。必须注意的是，国际劳动立法也有无法克服的局限性。首先，由于遵循政府、雇主和工人代表共同参加的“三方性”原则，国际劳工组织制定公约和建议书的过程中处处贯穿着阶级调和的精神，并且政府和雇主的意志在很大程度上起支配作用。其次，国际劳工组织制定的国际劳动立法是最低劳动标准，由于各国经济发展程度和人民生活水平相差悬殊，有些标准对发达国家来说太低，但对广大发展中国家来说又太高，这使国际劳工组织处于两难境地。再次，基于种种原因，公约和建议书不能得到会员国的普遍采纳。迄今只有少数几个公约获得了一百多个国家的批准，多数公约只有半数左右或更少的国家批准，这实际上极大地限制了国际劳动立法的适用范围。最后，公约的实施缺少有效的监督和制约机制。虽然国际劳工组织在章程中对公约的实施和处理程序都作了规定，但事实上很难严格执行，也很少有国家真正依章程办理。正是上述问题的存在使国际劳工组织的宗旨和原则无法得以充分实现。

截至2016年7月1日，中国已批准了189个国际劳工公约中的26个（详见表2—1），其中包括4个核心公约，涉及禁止使用童工、平等就业和消除就业歧视。

---

① Vgl. nurLowisch, Arbeitsrecht, S. 24; Steinmyer, Casebook Arbeitsrecht, S. 29; Zollner, aaO., S. 113m. w. N. 转引自黄程贯：《劳动法》，修订再版，113页，台北，空中大学印行，2001。

② Vgl. nurSteinmyer, aaO.. 转引自黄程贯：《劳动法》，修订再版，113页，台北，空中大学印行，2001。

③ 这13大类是：基本人权、就业、社会政策、劳动行政管理、劳动关系、工作条件、社会保障、妇女就业、儿童和未成年人就业、老年工人、移民工人、土著和部落民族、特定职业部门。

表 2—1　　中国批准的国际劳工公约

数目	国际公约	批准时间
1	1920 年第 7 号：《（海上）最低年龄公约》	1936 年 12 月 2 日
2	1921 年第 11 号：《（农业工人）结社权利公约》	1934 年 4 月 27 日
3	1921 年第 14 号：《（工业）每周休息公约》	1934 年 5 月 17 日
4	1921 年第 15 号：《（扒炭工和司炉工）最低年龄公约》	1936 年 12 月 2 日
5	1921 年第 16 号：《（海上）未成年人体格检查公约》	1936 年 12 月 2 日
6	1925 年第 19 号：《（事故赔偿）同等待遇公约》	1934 年 4 月 27 日
7	1926 年第 22 号：《海员协定条款公约》	1936 年 12 月 2 日
8	1926 年第 23 号：《海员遣返公约》	1936 年 12 月 2 日
9	1928 年第 26 号：《确定最低工资办法公约》	1930 年 5 月 5 日
10	1929 年第 27 号：《（船运包裹）标明重量公约》	1931 年 6 月 24 日
11	1932 年第 32 号：《（码头工人）防止事故公约》（修订）	1935 年 11 月 30 日
12	1935 年第 45 号：《（妇女）井下作业公约》	1936 年 12 月 2 日
13	1937 年第 59 号：《（工业）最低年龄公约》（修订）	1940 年 2 月 21 日
14	1946 年第 80 号：《最后条款修订公约》	1947 年 8 月 4 日
15	1951 年第 100 号：《男女工人同工同酬公约》	1990 年 11 月 2 日
16	1958 年第 111 号：《消除就业和职业歧视公约》	2006 年 1 月 12 日
17	1964 年第 122 号：《就业政策公约》	1997 年 12 月 17 日
18	1973 年第 138 号：《准予就业最低年龄公约》	1999 年 4 月 28 日
19	1976 年第 144 号：《（国际劳工标准）三方协商公约》	1990 年 11 月 2 日
20	1978 年第 150 号：《劳动行政管理公约》	2002 年 3 月 7 日
21	1981 年第 155 号：《职业安全卫生公约》	2007 年 1 月 25 日
22	1983 年第 159 号：《残疾人职业康复和就业公约》	1988 年 2 月 2 日
23	1988 年第 167 号：《建筑业安全卫生公约》	2002 年 3 月 7 日
24	1990 年第 170 号：《作业场所安全使用化学品公约》	1995 年 1 月 11 日
25	1999 年第 182 号：《禁止和立即行动消除最恶劣形式的童工劳动公约》	2002 年 8 月 8 日
26	2006 年：《海事劳工公约》	2015 年 8 月 29 日

资料来源：http：//www.ilo.org/dyn/normlex/en/f?p=1000：11200：0：：NO：11200：P11200_COUNTRY_ID：103404。

二、其他国际劳动立法的历史

国际劳动立法除了国际劳工组织制定的公约和建议书之外，还有另外几种形式，近几十年来也有一定的发展。例如：（1）联合国有关劳动问题的文件；（2）区域性国际组织有关劳动问题的文件；（3）两国间有关劳动问题的双边条约。这里仅介绍有关劳动问题的联合国公约。中国加入的有关劳动问题的联合国公约详见表 2—2。

表 2—2　　中国加入的有关劳动问题的联合国公约

公约中英文名称	签订日期/生效日期	中国批准情况
《消除对妇女一切形式歧视公约》（Convention on the Elimination of All forms of Discrimination Against Women）	1979 年 12 月 17 日/1981 年 9 月 3 日	1980 年 7 月 17 日签署 1980 年 11 月 4 日交存批准书 对公约第 29 条第 1 款持有保留

续表

公约中英文名称	签订日期/生效日期	中国批准情况
《消除一切形式种族歧视国际公约》(International Convention on the Elimination of All forms of Racial Discrimination)	1966年3月7日/1969年1月4日	1981年12月29日交存加入书1982年2月28日对中国生效 对公约第22条持有保留
《儿童权利公约》(Convention on the Rights of the Child)	1989年11月20日/1990年9月2日	1990年8月29日签署 1992年1月31日批准加入 1992年4月2日对中国生效
《经济、社会和文化权利国际公约》(International Covenant on Economic, Social and Cultural Rights)	1966年12月16日/1976年1月3日	1997年10月27日签署 2001年3月27日交存批准书 对公约第8条第1款（甲）项持有保留①
《残疾人权利公约》(Convention of the Rights of Persons with Disabilities)	2007年3月30日/2008年5月3日	2007年3月30日签署 2008年8月1日交存批准书，对中国生效

联合国公约的签约国负有履行公约内容的义务，但是，签约国的公民，并不能直接主张这些公约规定的权利，例如，《消除对妇女一切形式歧视公约》签约国的妇女，“仍不得直接主张该公约所明定之权利”②。联合国《儿童权利公约》也仅仅在第44条规定了缔约国的报告义务，并无其他措施可以更有力地约束缔约国的行为。

问题与思考

1. 试述外国劳动法的发展阶段及其特点。
2. 试述改革开放以来中国的劳动立法的概况。
3. 试述国际劳工公约的分类和效力。

---

① 中国提出保留公约第8条第1款甲项：中华人民共和国政府对《经济、社会和文化权利国际公约》第8条第1款甲项，将依据《中华人民共和国宪法》、《中华人民共和国工会法》和《中华人民共和国劳动法》等法律的有关规定办理。

② Vgl. nurMK-Arbeitsrecht/Richardi，Bd. 1，aaO.，Rn. 23ff.. 转引自黄程贯：《劳动法》，修订再版，112页，台北，空中大学印行，2001。

第三章

劳动法律关系

本章概要

劳动法律关系是指劳动关系经过劳动法律规范调整而在当事人之间形成的一种权利义务关系，它具有意志性、兼容性、职业性的特征。在劳动法律关系的各种分类中，个别劳动法律关系、集体劳动法律关系这一划分方法最值得关注。

劳动法律关系的运行主要有产生、续延、变更、中止和消灭五个环节，它们对劳动法律事实各自有着不同的要求。

劳动法律关系包含主体、客体、内容三个构成要素。劳动法律关系的主体即劳动法律关系的参与者，包括劳动者及其团体、用人单位及其团体，共4种类型。劳动法律关系的内容即当事人的权利和义务，具有明显的不对称性、较强的法定性、适度的受限性、救济的复合性等特征，其具体内涵在个别劳动法律关系、集体劳动法律关系中有着不同的体现。

关键术语

劳动法律关系　劳动法律关系主体　劳动法律关系内容

第一节　劳动法律关系总论

一、劳动法律关系的界定

（一）劳动法律关系的含义

劳动法律关系，是指劳动关系的参加者之间依据劳动法律规范而形成的一种权利义务关系。换言之，它是指劳动法律规范在调整劳动关系过程中所形成的一种当事人之间的权利义务关系。例如，一个公民被某个用人单位录用后，双方应根据《劳动合同法》的规定订立劳动合同。依据该劳动合同，劳动者对用人单位享有领取劳动报酬、获得劳动保护、参与企业民主管理等权利，负有忠实于雇主、完成生产和工作任务、遵守劳动规章制度等义务；用人单位对劳动者则享有分配生产和工作任务、依法制定劳动规章制度等权利，负有按劳动者提供的劳动量支付劳动报酬、提供劳动保护条件、为劳动者办理社会保险等义务。这种依据劳动法律规范所建立起来的劳动权利义务关系，就是一种劳动法律关系。

值得注意的是，我国以往的劳动法论著一直把劳动法律关系的主体局限于个体劳动者和用人单位，随之对其内容的表述也局限于“劳动者与用人单位之间的相互权利和义务”[①]。有类似表述的论著甚多，恕不一一列举。但近年来劳动法学者开始关注和研究具有集体性（或称之为团体性、整体性）因素的劳动法律关系，一些论著开始把双方的团体增列为主体。我们认为，集体劳动关系是个别劳动关系的合理延伸和发展，在劳动法律关系的研究中对集体劳动法律关系予以关注和重视，对这一做法当予以充分肯定。因此，前述概念中所谓“劳动关系的参加者”，应包括劳动者及其团体（工会）、用人单位及其团体。

（二）劳动法律关系与相邻概念的联系和区别

1. 劳动法律关系与劳动关系

劳动法律关系与劳动关系的联系主要表现在：（1）劳动关系是劳动法律关系形成的客观依据。劳动法律关系建立在劳动关系的基础之上，是劳动关系在法律上的表现形式。没有劳动关系，就不会有劳动法律关系，劳动法律关系正是劳动法对劳动关系进行调整所产生的直接后果。（2）劳动法律关系对劳动关系具有一定的反作用。劳动法律关系并不是仅仅消极地反映劳动关系，国家可以通过劳动法律规范这一媒介对现实的劳动关系施加积极的影响（如引导、矫正、协调现实的劳动关系），从而维护和促进劳动关系的发展。

劳动法律关系与劳动关系的区别主要表现在：（1）前提条件不同。劳动关系的形成以劳动者实际提供的劳动为前提，劳动法律关系的形成则以调整这一关系的劳动法律规范的存在为前提。每一个具体的劳动关系之所以成为劳动法律关系，必定有规定和调整这一劳动关系的劳动法律规范的存在，否则，劳动关系只是一种客观现实，不可能在劳动者和用人单位之间形成法律上的权利义务关系。（2）内容不同。劳动关系以劳动力的运用为内容，劳动法律关系则以当事人之间特定的权利和义务为内容。（3）性质不同。劳动关系是社会生产关系的组成部分，是一种物质社会关系，属于经济基础的范畴；劳动法律关系则既体现了国家的意志，又体现了双方当事人的意志，是一种意志社会关系（或称为思想社会关系），属于上层建筑的范畴。

2. 劳动法律关系与劳动法上的法律关系

依通说，劳动法的调整对象主要有两类：劳动关系；与劳动关系有密切联系的其他社会关系。劳动法调整这两类社会关系的后果，便是分别形成了两类不同的法律关系：劳动法律关系和与劳动关系有密切联系的其他法律关系（又称劳动附随关系），它们通称为劳动法上的法律关系。本章所介绍的是其中最主要的部分——劳动法律关系。与劳动关系有密切联系的其他法律关系（又称劳动附随法律关系）主要包括劳动行政主体与劳动行政相对人之间的劳动行政法律关系，以及劳动服务主体与劳动者和用人单位之间的劳动服务法律关系这两种。

---

① 王全兴：《劳动法》，3版，65页，北京，法律出版社，2008。

【理论探讨】

劳动法律关系与事实劳动关系

关于“事实劳动关系”的定义、种类、合法性、法律规制等问题，我国劳动法学界众说纷纭，主要有“事实劳动关系无效论”“事实劳动关系的模式转化及利益保护论”“扩大事实劳动关系的保护范围论”三大观点。[①] 通说认为，事实劳动关系是指完全或部分不符合法定模式，尤其是缺乏劳动法律关系赖以确立的法律事实的有效要件的劳动关系。[②] 在《劳动合同法》施行之前，学界一般认为事实劳动关系主要有如下几种：（1）已存在劳动关系，但用人单位与劳动者未以书面形式订立劳动合同而形成的事实劳动关系；（2）双方当事人因履行无效劳动合同而产生的事实劳动关系；（3）劳动合同期满后，双方当事人未续订书面劳动合同，但仍继续维持劳动关系而形成的事实劳动关系；（4）因劳动者同时存在多重劳动关系而其中个别劳动关系不符合法定模式而形成的事实劳动关系。

事实劳动关系的普遍出现，与我国以往劳动立法过分强调劳动合同的要式性（即劳动合同应当以书面形式订立）、劳动法主体资格理论特别是雇主资格理论的缺失、无效劳动合同制度的不完善、多重劳动关系法律规制的失范等诸多因素均有着直接的关系。由于事实劳动关系从形式上看并不符合劳动法律关系各项构成要件的要求，因而它并不完全等同于劳动法律关系，在立法实践中关于其是否具有合法性的问题也一直被置于法律的边缘地带，行为边界模糊不清。但是，劳动关系作为一种具有“继续性”特征的社会关系，是一种强调其实际履行效果的社会关系。一个劳动者的权利该不该受到法律保护，不应仅以其劳动关系是否符合某个法定模式的要件作为判断标准。因此，劳动法学者普遍认为应当更多地关注劳动法律关系与事实劳动关系之间的同一性，“应尽可能淡化二者之间的区别”[③]。值得关注的是，《劳动合同法》第7条已明确规定：“用人单位自用工之日起即与劳动者建立劳动关系。”对此条款立法本意的解读，有学者认为，本法“实际上否定了原来实践中关于事实劳动关系的概念”[④]。也有学者认为，这一规定并未全部消弭事实劳动关系，“若劳动合同成立但不生效（主体不合格或劳动合同无效），即确立事实劳动关系”[⑤]。不过，无论作何种理解，都反映出我国劳动立法试图把以前所称的事实劳动关系尽可能地转化为劳动法律关系，为确认劳动关系有效性而努力。

二、劳动法律关系的分类和构成要素

（一）劳动法律关系的分类

（1）从用人单位外部形态的角度，可以把劳动法律关系划分为企业的劳动法律关系，个体经济组织的劳动法律关系，民办非企业单位的劳动法律关系，国家机关、事业单位、社会团

① 参见蒋飞：《事实劳动关系问题研究综述》，载董保华主编：《劳动合同研究》，183页，北京，中国劳动社会保障出版社，2005。

② 参见王全兴主编：《劳动法学》，87页，北京，人民法院出版社、中国人民公安大学出版社，2005。

③ 常凯主编：《劳动合同立法理论难点解析》，59页，北京，中国劳动社会保障出版社，2008。

④ 杨景宇、信春鹰主编：《中华人民共和国劳动合同法解读》，22页，北京，中国法制出版社，2007。

⑤ 王全兴：《劳动合同法条文精解》，65页，北京，中国法制出版社，2007。

体的劳动法律关系以及其他用人单位的劳动法律关系五种。

（2）从主体是否具有团体性的角度，可以把劳动法律关系划分为个别劳动法律关系和集体劳动法律关系两种。个别劳动法律关系，即个体性的劳动法律关系，是指劳动者个人与用人单位之间形成的劳动法律关系。集体劳动法律关系，即集体性（团体性）的劳动法律关系，是指劳动者集体通过工会与用人单位或者用人单位团体之间形成的劳动法律关系。在劳动法律关系的几种分类中，这种分类方法目前虽仅为个别论著所提及①，却具有极为重要的现实和法律意义，因为这两种劳动法律关系的主体、内容均有较大的差异。例如，集体劳动法律关系的主体为工会和用人单位（或用人单位团体），内容则主要为集体劳动权利（包括团结权、集体谈判权、集体争议权、民主参与权等）及其相应义务，这与个别劳动法律关系显然不同。我国传统的劳动法理论几乎都是以个别劳动法律关系作为阐述对象的，故对集体劳动法律关系进行全面研究，是劳动法律关系理论上的一个新课题。

（3）从劳动法律关系个数的角度，可以把劳动法律关系划分为单一劳动法律关系和多重劳动法律关系两种。单一劳动法律关系，是指单个劳动者与单个用人单位之间形成的劳动法律关系。多重劳动法律关系，是指一个劳动者同时与两个或者两个以上的用人单位之间建立或保持的劳动法律关系。此种划分的意义，在于我们应当如何看待和规范多重劳动关系。多重劳动法律关系的现实基础，是目前社会生活中多重劳动关系的客观存在。由于长期受计划经济时期“一个劳动者只能建立一个劳动关系”观念的影响，对于是否应该承认多重劳动关系的合法性，我国至今仍有着较为激烈的争议。不过，越来越多的人认为，我国应有条件地承认多重劳动关系的合法性，如《劳动合同法》第 69 条第 2 款规定：“从事非全日制用工的劳动者可以与一个或者一个以上用人单位订立劳动合同；但是，后订立的劳动合同不得影响先订立的劳动合同的履行。”这些做法显现出我国逐步放松对多重劳动关系管制的趋势。考虑到多重劳动法律关系与单一劳动法律关系的差异性，我国在承认多重劳动关系合法性的基础上，对其带来的一系列特殊问题（如劳动者的竞业限制、工作时间、最低工资、社会保险等制度如何适用），应当及时在劳动立法中作出特别规定。

（4）从劳动法律关系是否具有涉外因素的角度，可以把劳动法律关系划分为国内劳动法律关系和涉外劳动法律关系两种。“涉外因素”是指劳动法律关系的主体、内容等要素涉及国外、国际的因素。例如，因对外劳务合作而形成的劳动法律关系，或者外国企业、外国社会团体和国际组织的驻华代表机构在中国境内招用劳动者所建立的劳动法律关系等，均是涉外劳动法律关系。迄今为止，我国对涉外劳动关系的法律调整始终是劳动立法的一个薄弱环节。我们认为，对涉外劳动关系进行法律调整，解决其法律适用问题，既有赖于我国劳动立法对外国人在中国就业的管理、境外就业中介的管理等相关问题作出特别规定，也有赖于“国际劳动私法”理论和制度的逐步形成和完善。②

除了以上几种主要的分类外，其他的分类方法还有：从用工方式的角度，可以把劳动法律关系划分为正规用工的劳动法律关系、非正规用工（如非全日制工作、家内工作、弹性工作、

---

① 参见贾俊玲主编：《劳动法学》，50、51 页，北京，北京大学出版社，2003；郭捷主编：《劳动与社会保障法》，57～58 页，北京，中国政法大学出版社，2004。

② 关于“国际劳动私法”，可参见周长征：《劳动法原理》，66～69 页，北京，科学出版社，2004。

灵活就业等）的劳动法律关系；从劳动者职业的角度，可以把劳动法律关系划分为工人劳动法律关系、职员劳动法律关系、学徒工劳动法律关系等；从劳动者户籍的角度，可以把劳动法律关系划分为城镇职工劳动法律关系、农民工劳动法律关系等。

（二）劳动法律关系的构成要素

不管进行何种分类，劳动法律关系与其他法律关系一样，都是由三个要素构成，这就是劳动法律关系的主体、客体和内容，简称为劳动法律关系的“三要素”。鉴于本章在第二节具体讨论劳动法律关系的主体，在第三节具体讨论劳动法律关系的内容，此处从略。

三、劳动法律关系的特征

（一）意志性

劳动法律关系是一种意志社会关系。首先，双方当事人的权利和义务应依据劳动法律规范予以确定，而劳动法律规范中蕴涵着国家意志，因此劳动法律关系亦随之体现出国家意志性。其次，无论是劳动合同关系还是集体合同关系，都需要经当事人双方平等协商后自愿确立，同时其运行过程也需要体现出双方的真实意愿，从而劳动法律关系又体现出当事人的个体意志性。

【理论探讨】

劳动法律关系的公法属性和私法属性

在强调双重意志属性时，我们应当明确这两种意志在劳动法律关系形成和运行过程中所处的不同地位以及它们相互之间保持协调与平衡的重要性。从法理上说，国家意志性反映了劳动法律关系的公法属性，个体意志性则反映了劳动法律关系的私法属性，而私法属性是受公法属性干预和制约的。这就意味着国家意志处于主导地位，当事人意志的表达应当限定在国家意志所允许的范围内，而不能与之相违背，例如，当事人不得通过约定“生死条款”排除用人单位提供劳动保护的法定义务；职工工伤的认定和赔偿均应按法定的标准执行等。但应指出的是，在强调国家意志为主导的同时，我们也必须高度重视个体意志的表达和实现问题。劳动法律关系终属以当事人的共同意志为内容的法律关系，国家干预之所以必要，是为了确保劳动法律关系体现保护弱者的理念，促进其和谐、稳定，而并非使其演变为劳动行政法律关系。劳动法律关系的私法属性也正是被我国劳动立法长期忽视的一个因素，近年来我国推行全员劳动合同制度、集体合同制度，其初衷正是为了给劳动法律关系注入更多的私法因素。因此，我们不但要强调劳动法律关系中国家意志的优先性，如遵循合法、公序良俗等原则，还要充分重视当事人意志的自治性，如强调公平、平等自愿、协商一致、诚实信用等原则。总之，国家既应给当事人的共同意志留下足够的生存空间，又应避免当事人意志与国家意志相抵触，特别是要防止用人单位的恣意妄为。

（二）兼容性

劳动法律关系的兼容性特点与劳动关系的兼容性特点一脉相承，主要表现为：（1）平等性与从属性兼容。作为个别劳动法律关系主体的劳动者与用人单位，它们的法律地位是平等的。但是，在劳动法律关系的运行过程中，劳动者与用人单位之间又存在着从属性，即劳动者必须成为用人单位的成员，并在用人单位的管理下提供劳动。(2) 财产性与人身性兼容。劳动法律关系以劳动者付出劳动力与用人单位支付工资这一对价关系为其基本内容，这无疑具有财产性特点。同时，劳动法律关系的维系和运行必须依赖于双方当事人之间的高度互信，劳动义务必须由劳动者亲自履行，这些特点又体现出人身性。

不过应注意的是，集体劳动法律关系在上述两个特点方面与个别劳动法律关系稍有不同：首先，集体劳动法律关系中工会与用人单位（或用人单位团体）的地位是完全平等、相互独立的，不存在谁从属于谁的问题。其次，建立集体劳动法律关系的目的，系为个别劳动法律关系的保护设置“底线”，弥补个别劳动法律关系的一些局限性，故其在财产性和人身性方面均显现出“团体化”的特征。例如集体合同中所确定的劳动报酬、工作时间、休息休假、劳动安全卫生、保险福利等事项，其保护对象是企业全体职工的财产权和人身权，亦即劳动者的团体权益，而非个人权益。

（三）职业性

劳动法律关系的职业性，是指劳动法律关系的形成和实现与劳动者个人或其团体的社会劳动过程具有紧密相关性。个别劳动法律关系得以形成的基础，是劳动者在用人单位的管理下，向用人单位提供有报酬的职业劳动。集体劳动法律关系得以形成的基础，则是用人单位的全体劳动者或者一定行业（产业）、区域（地域）范围内的全体劳动者所提供的集体化职业劳动。而这些个体、集体职业劳动实现的过程，就是当事人行使劳动权利、履行劳动义务的过程，即劳动法律关系运行和实现的过程。

这一职业性特点意味着：并非劳动关系当事人之间所有的权利义务关系都是劳动法律关系。劳动关系当事人之间的权利义务关系，既有可能是劳动法上的权利义务关系，也有可能是其他性质的权利义务关系（如关于作品著作权归属、民事债权债务方面的关系等）。而判断是否构成劳动法律关系的一个重要标准，则是这些权利和义务是否因劳动者的职业劳动而产生，是否属于劳动法律规范覆盖范围之内。特别是当劳动关系双方当事人发生争议时，“职业性”便成为判断是否构成劳动争议的一个基础性认定标准。

四、劳动法律关系的运行

（一）劳动法律关系运行的基础——劳动法律事实

在实际生活中，劳动法律关系并不是凝固不变的，而是经常处于运动、变化过程之中，包括产生、续延、变更、中止和消灭等环节。但是这种运动、变化过程又不是随意的，必须具备一定的条件，这个条件，就是必须有劳动法律事实的存在。所谓劳动法律事实，是指劳动法律规范所规定的，能够引起劳动法律关系产生、续延、变更、中止和消灭的各种客观情况。换言之，劳动法律事实是劳动法律关系得以实际运行的原因，劳动法律关系的运行则是劳动法律事实引起的结果，而劳动法律事实能否引起这些结果又必须以劳动法律规范为依据。

劳动法律事实主要可以分为如下两大类：

1. 行为。行为即人们有意识的活动，包括作为和不作为。在劳动法上，能够成为劳动法律事实的行为主要有：

(1) 当事人的行为，包括劳动关系当事人的合法行为和违法行为。例如劳动者与用人单位之间发生的用工或者签订书面劳动合同的行为，工会与用人单位（或用人单位团体）进行集体协商和签订集体合同的行为，企业财会人员挪用或者侵占企业资产的行为等，它们都有可能引起劳动法律关系的产生、续延、变更、中止或者消灭的法律后果。尤应注意的是，为体现劳动法保护弱者的宗旨，在有些特定情形下，当事人的某些行为将会被法律作有利于劳动者一方的定性或者解释。例如，我国《劳动合同法》第 38 条规定的"推定解雇"制度，就是通过把劳动者因雇主原因被迫提出的辞职行为推定和解释为雇主的解雇行为，使劳动者能够获得在解雇情形下才有的经济补偿金等相关待遇。

(2) 劳动争议处理机构的行为，包括劳动争议调解组织的调解行为、劳动争议仲裁委员会的调解和裁决行为、人民法院的调解和裁判行为等，它们也会对劳动法律关系产生一定的影响，例如，劳动争议处理机构对"因确认劳动关系发生的争议"所作的裁判结果，自然会对劳动法律关系当事人的权利和义务带来直接的影响。

(3) 行政行为，即有关行政部门（特别是劳动行政部门）根据其职能所为的行为。行政行为在我国曾经是一种极为普遍的劳动法律事实，目前其适用范围已明显缩小，但仍然在某些场合下发挥着重要作用。例如，根据我国《劳动法》第 34 条，当事人签订集体合同的行为只能产生集体合同之成立效力，而欲使该集体劳动法律关系生效，还需将签订后的集体合同文本报送劳动行政部门审查通过。又如有关行政部门的监督检查（如劳动保障监察）行为、行政调解行为等，也会给劳动法律关系带来一定的后果。

2. 事件。事件即不以当事人的主观意志为转移的客观情况。如劳动者的疾病、伤残、死亡、重大自然灾害等情形，它们能够引起劳动法律关系的续延、变更、中止和消灭，因而也是劳动法律事实。实践中，事件作为一类劳动法律事实，有两种发挥作用的方式：其一是单独发挥作用，如劳动者死亡这一事件致使劳动合同终止。其二是与行为结合起来共同发挥作用，如劳动者因身体原因被用人单位解约。其中，劳动者患病或者非因工负伤这一情形，属于事件；而用人单位基于这一事件和其他条件（如劳动者因身体原因不能胜任工作）作出预告解除劳动合同的单方决定，则属于行为。它们共同作用的结果，导致了劳动法律关系的消灭。

（二）劳动法律关系的运行环节及其与劳动法律事实的关系

关于劳动法律关系运行的环节，学理上有"三环节说"（发生、变更和终止）和"五环节说"（发生、续延、变更、暂停和终止）之分。[①] 相对而言，"五环节说"能够更为清晰、完整地反映和描述劳动法律关系运行的全过程，其合理性更为明显。不过，对比各种表述，我们认为，"产生"比"发生"在用语上更为贴切，因其可以包括劳动法律关系的成立、生效等多种含义；"中止"比"暂停"更符合法律概念所应有的表达方法；"消灭"比"终止"在范围上更具有涵盖性，因其可以包容劳动法律关系提前结束的"解除"和自然结束的"终止"这两种情形。由此，本书结合我国现行劳动法律规定，将五个环节统一表述为劳动法律关系的产生、续

① 参见王全兴主编：《劳动法学》，101 页，北京，人民法院出版社、中国人民公安大学出版社，2005。

延、变更、中止和消灭。

（1）劳动法律关系的产生。这是指当事人依照劳动法律规范确立劳动法律关系，从而产生相应的权利和义务的状况。对于能够引起劳动法律关系产生的劳动法律事实的范围，劳动法的要求是非常严格的，具体表现在：首先，事件不能导致劳动法律关系的产生，只有行为才有可能引起这一结果。其次，不是所有的行为都会引起劳动法律关系的产生，如违法行为就不会导致这种后果。最后，原则上只有合法行为中的双方当事人合意行为才会引起劳动法律关系的产生。例如用人单位与劳动者协商一致并在劳动合同文本上签字或者盖章的行为，能使劳动合同成立，从而在当事人之间产生权利义务关系；工会与用人单位或用人单位团体经过集体协商，订立集体合同的行为，则导致集体劳动法律关系的成立。此外，在我国计划经济时期，行政方式曾是产生劳动法律关系的一种极为重要的劳动法律事实。诸如国家劳动行政部门对用人单位下达招工指标和人员编制计划的行为、国家统一分配就业的行为、由上级组织安排的职工调动行为等，都会导致劳动法律关系的产生。但在市场经济条件下，这类行政行为发挥作用的范围已被大大限缩，特别是对企业而言，随着劳动合同、集体合同制度的推行，行政方式已基本失去了其往日的作用。

（2）劳动法律关系的续延。这是指劳动法律关系的有效期限被依法延长的状况。能够引起劳动法律关系续延的劳动法律事实，既可以是事件，也可以是行为（包括当事人的自主行为和法律上的推定行为）。例如，2001 年《北京市劳动合同规定》（2021 年修改）第 44 条规定：劳动者在规定的医疗期内或者女职工在孕期、产期、哺乳期内，劳动合同期限届满时，用人单位应当将劳动合同的期限顺延至医疗期、孕期、产期、哺乳期期满为止。我国《劳动合同法》第 45 条也作了类似的规定。此种情形下的顺延，即为事件的作用（当然也有用人单位行为的配合）。又如劳动和社会保障部 2004 年《集体合同规定》第 38 条第 2 款规定：集体合同或专项集体合同期满前 3 个月内，任何一方均可向对方提出重新签订或续订的要求。此种情形下若续订集体合同，即属于当事人自主行为的作用。再如《关于审理劳动争议案件适用法律问题的解释（一）》（2020 年）第 34 条第 1 款规定：劳动合同期满后，劳动者仍在原用人单位工作，原用人单位未表示异议的，视为双方同意以原条件继续履行劳动合同。这种情形下劳动合同的“默示延长”，则属于法律上的推定行为的作用。

（3）劳动法律关系的变更。这是指已经形成的劳动法律关系，由于主、客观原因导致其内容和客体发生变化的状况。对于能够引起劳动法律关系变更的劳动法律事实，法律上没有进行过多的限制，原则上除了有特别规定的以外，各种劳动法律事实均可。例如女职工因处于孕期、哺乳期内被用人单位另行安排合适的工作，或者职工发生轻微工伤后用人单位根据职工现在的身体状况调整其工作岗位，从而使劳动合同内容发生了变更；又如双方集体协商代表协商一致，可以变更集体合同或专项集体合同等。应予特别指出的是，此处劳动法律关系的变更对象仅限于内容和客体，而不包括主体。若劳动法律关系主体发生变更的，考虑到劳动法律关系具有人身性特征，一般应按主体的“承继”方式处理，或者按消灭原劳动法律关系、产生新劳动法律关系的方式处理。

（4）劳动法律关系的中止。这是指在劳动法律关系存续过程中，当事人权利和义务暂时停止行使和履行的状况。导致劳动法律关系中止的原因，可以是行为、事件等各种劳动法律事实，如劳动合同中止履行的原因包括：用人单位与劳动者协商一致；劳动者应征入伍；劳动者被依法限制人身自由或者劳动者失踪但是尚未被人民法院宣告失踪、宣告死亡等。在以上情形下，可以中止或者部分中止履行劳动合同。中止或部分中止履行劳动合同期间，用人单位和劳动者双方暂停行使或履行劳动合同的有关权利、义务。中止履行劳动合同的情形消失，除劳动合同已经无法履行外，劳动合同应当恢复履行。

（5）劳动法律关系的消灭。这是指劳动法律关系提前结束或者自然结束而不复存在的状况。其中，提前结束一般被称为“解除”，自然结束（包括劳动合同期满、劳动合同一方当事人主体资格消灭等）通常被称为“终止”。能够引起劳动法律关系消灭的劳动法律事实的范围也非常广泛，包括合法行为、违法行为和事件等。例如能够引起劳动合同解除的原因包括：当事人协商一致；当事人单方行使劳动合同解除权（如用人单位辞退劳动者或者实施经济性裁员、劳动者辞职）等。又如根据我国《劳动合同法》第 44 条，能够引起劳动合同终止的情形包括：劳动合同期满；劳动者开始依法享受基本养老保险待遇；劳动者死亡，或者被人民法院宣告死亡或者宣告失踪；用人单位被依法宣告破产；用人单位被吊销营业执照、责令关闭、撤销或者用人单位决定提前解散；法律、行政法规规定的其他情形。

综上所述，劳动法律关系运行的各个环节对于劳动法律事实的要求不尽相同：对于能够引起劳动法律关系产生的劳动法律事实，法律有极为苛刻的要求；而对于导致劳动法律关系续延、变更、中止和消灭的劳动法律事实，法律的要求则相对宽松，没有规定过多的特别条件。这是劳动法律事实与劳动法律关系运行两者关系上的一个基本特点。

第二节　劳动法律关系主体

一、劳动法律关系主体的概念和种类

劳动法律关系主体，是指参与劳动法律关系并在其中享有权利和承担义务的当事人。关于劳动法律关系主体的具体种类，学理上曾有“二方说”“三方说”等观点。“二方说”认为，劳动法律关系主体，一方是劳动者，另一方是用人单位。[①] 此为我国传统劳动法学之通说，其发端与我国以往劳动体制下集体劳动法律关系的整体缺位有着直接的关系。“三方说”认为，在我国，劳动法律关系的主体主要包括劳动者、用人单位和工会。[②] 除了以上几种主体外，有的学者提出还应把政府也列入劳动法律关系的主体范围。[③]

前已述及，劳动法律关系可以分为个别劳动法律关系和集体劳动法律关系两种，故劳动法律关系主体的种类应根据在这两种法律关系中可能出现的全部主体类型来确定。我们认为：“二方说”的缺陷在于其只是确认了劳动法律关系中的两个单一主体，而忽略了劳动法律关系中的两个团体主体。“三方说”虽然注意到了集体劳动法律关系中劳动者一方的团体主体，却

---

① 参见贾俊玲主编：《劳动法与社会保障法学》，43 页，北京，中国劳动社会保障出版社，2005。

② 参见沈同仙：《劳动法的理论与实践》，34 页，北京，中国人事出版社，2003。

③ 参见常凯：《劳权论——当代中国劳动关系的法律调整研究》，110 页，北京，中国劳动社会保障出版社，2004。

又遗漏了用人单位一方的团体主体。而把政府亦视为劳动法律关系主体的观点，显然是混淆了劳动法律关系主体与劳动行政法律关系主体之间的区别。相对而言，"四方说"更具有理论和实践上的合理性，即在个别劳动法律关系中，其双方主体分别为劳动者与用人单位；在集体劳动法律关系中，其双方主体则分别为劳动者团体（工会）与单个用人单位或用人单位团体（雇主团体）。因此，劳动法律关系主体的范围，完整地说应包括劳动者、劳动者团体、用人单位、用人单位团体这四种类型。

二、劳动者

（一）劳动者的界定及范围

从广义而言，劳动者是指达到法定就业年龄（我国规定为年满 16 周岁）、具有劳动能力的所有公民。从狭义而言，劳动者是指达到法定就业年龄、具有劳动能力并与用人单位建立劳动关系的公民。劳动法上所说的劳动者，通常是指后者。狭义的劳动者又被称为雇员、雇工、受雇人、工人、职工等。

【资料链接】

劳动者的界定标准

关于劳动者的界定标准，各国劳动法的规定略有不同。在德国，雇员界定标准有实质要件和形式要件。实质要件包括：业务内容的指令约束；雇主确定固定的工作时间和工作地点；被安置在企业并且依赖于其他人的决定；有义务提供劳动力。形式要件包括：缴纳工资税和社会保险费。在印度，工人是指任何一个为了获取报酬而被任何一个企业雇用或从事与该企业有联系的技术的、半技术的或非技术的管理、工程或文书工作的人。在韩国，职工是指靠工资、薪金或任何其他类似收入过活的人，而不管其职业是什么。[①]

不管如何规定，确立劳动者身份都有一个共同判断标准，即"从属性"标准。从国际上看，"从属性"标准主要是大陆法系国家劳动法上的通常表述，英美法系国家劳动法一般使用"控制"标准的表述，但两者的含义大致相同。依通说，"雇佣关系的实质是雇员必须服从雇主、雇主有权监督雇员的工作"[②]。因此，"从属性"标准是界分劳动者身份与其他法律关系主体（特别是民事主体）身份的最重要标准，其内容主要包括：

（1）人格从属性。人格从属性是指劳动者必须被纳入用人单位的组织体系之中，成为用人单位的一名成员，在用人单位的指挥、命令、管理下提供劳动，用人单位对劳动者拥有广泛的指示权，因此，"人格上的从属性系劳动者自行决定之自由权的一种压抑"[③]，例如，用人单位有权对劳动者布置生产任务或者下达劳动定额；有权确定劳动者的工作地点、工作时间和岗位职责；有权作出指示；有权依法制定和实施内部劳动规则；对违反单位规章制度和劳动纪律的

① 参见全国人大常委会法制工作委员会行政法室编：《劳动合同法（草案）参考》，169 页，北京，中国民主法制出版社，2006。

② ［加］A. E. 奥斯特、L. 夏莱特：《雇用合同》，王南译，10～11 页，北京，中国对外翻译出版公司，1995。

③ 黄越钦：《劳动法新论》，94 页，北京，中国政法大学出版社，2003。

劳动者有权作出惩戒决定。上述种种，“即等于是将劳工个人置于雇主之控制范围之内，并得支配劳工之人身、人格”[①]，故称人格从属性。可以看出，在人格从属性的内涵中，“组织从属性”是其最重要的内容。

（2）经济从属性。经济从属性是指劳动者必须为他人提供劳动，劳动者与用人单位之间存在着经济上的依赖关系。其具体内涵包括：劳动者并非为自己提供劳动，而是为他人提供劳动，并以他人所给付之劳动报酬和其他待遇作为其主要生活来源；用人单位应向劳动者提供劳动所需要的生产资料（如机器设备、工具、原材料等）和劳动条件，支付劳动力的“对价”（工资和福利待遇等），承担劳动风险和法律上的“雇用人责任”等。

在具体运用从属性标准界定劳动者身份时，应采用“人格从属性与经济从属性之复合”的标准，其中，以人格从属性作为主要判断标准，以经济从属性作为辅助判断标准。[②] 这种主张已在我国劳动立法中被接受。例如《关于确立劳动关系有关事项的通知》（2005 年 5 月 25 日劳动和社会保障部发布）第 1 条规定：“用人单位招用劳动者未订立书面劳动合同，但同时具备下列情形的，劳动关系成立。（一）用人单位和劳动者符合法律、法规规定的主体资格；（二）用人单位依法制定的各项劳动规章制度适用于劳动者，劳动者受用人单位的劳动管理，从事用人单位安排的有报酬的劳动；（三）劳动者提供的劳动是用人单位业务的组成部分。”该条的后两项内容，无疑是采纳了“从属性”标准理论。

总之，作为一个法律概念，“劳动者”的含义明显有别于政治学、社会学等其他学科上所使用的“工人阶级”“主人翁”等概念。概而言之，法律上的劳动者，其范围仅限于相对于用人单位（雇主）而存在的这一方主体，亦即雇主相对人。

【理论探讨】

企业经营者、高级管理人员等在劳动法律关系中的主体身份和地位

目前我国亟待研讨和解决的一个问题是如何确定企业经营者、高级管理人员等在劳动法律关系中的主体身份和地位问题。劳动部《关于贯彻执行〈中华人民共和国劳动法〉若干问题的意见》第 11 条规定：“经理由其上级部门聘任（委任）的，应与聘任（委任）部门签订劳动合同。实行公司制的经理和有关经营管理人员，应依据《中华人民共和国公司法》的规定与董事会签订劳动合同”。这表明，上述人员在我国劳动立法中均被视作劳方成员，被赋予了劳动者的身份。在理论上，有学者认为，管理人员中大多兼有单位行政和职工双重身份。[③] 还有学者指出，董事、经理等形成委任关系的高级管理人员属于雇主的范畴，不适用劳动法的保护；而未形成委任关系的管理人员属于雇员范畴，在劳动法各项制度上具有弹性适用的特点。[④] 相对而言，后一种看法较为可取。

其实，在非公有制企业和个体经济组织等用人单位，对于企业业主、高级管理人员（如副

---

① 黄程贯：《劳动法》，修订再版，63 页，台北，空中大学印行，1997。

② 参见吕琳：《论“劳动者”主体界定之标准》，载《法商研究》，2005（3）；侯玲玲、王全兴：《劳动法上劳动者概念之研究》，载《云南大学学报（法学版）》，2006（1）。

③ 参见王全兴主编：《劳动法学》，2 版，116 页，北京，高等教育出版社，2008。

④ 参见李凌云：《委任关系与劳动关系的三种状态》，载董保华主编：《劳动合同研究》，78 页，北京，中国劳动社会保障出版社，2005。

厂长、副经理、业务主管等）属于雇主或者雇主方成员这一点，人们似无多大争议，目前意见分歧较大的，主要是如何认识公有制企业中厂长、经理以及高级管理人员的身份问题。对此，我们认为，公有制企业的厂长、经理以及高级管理人员诚然不是真正的雇主，但应属于由企业所有权人授权而经营管理企业的人员。他们与业主的关系是一种资本授权经营关系，即“两权分离”（企业所有权与经营权互相分离）的关系。这些人员为雇主工作，向雇主负责，代表雇主负责企业的日常生产经营、管理工作，与其他普通职工在企业中的地位迥然不同。例如，他们的收入主要与其经营业绩挂钩，往往实行“年薪制”“股票期权制”等分配制度和办法；他们拥有指挥、管理、奖惩职工的权力等。因此，各类企业中的经营者、高级管理人员，其确切的身份应该是雇主或者雇主代表，而不属于劳动者的范畴。从国际上看，很多国家也常常通过规定“除外条款”将上述人员明确排除在劳动法适用范围之外。例如，1965 年《加拿大劳工（标准）法》第 3 条第 3 款规定，本法不适用于经理、厂长或执掌经营管理职能的人员。印度法律也规定，主要从事管理或行政工作的人员不属于工人。当然，经营者、高级管理人员等不适用劳动法，并不意味着他们的权益不受法律保护。事实上，他们与雇主的关系主要是通过物权法、公司法、企业法等其他法律加以规制的。我国劳动法也应尽快转变观念，作出类似的立法调整。

（二）公民的劳动权利能力和劳动行为能力

一个公民要成为劳动者，必须具备一定的条件，即具有劳动权利能力和劳动行为能力。劳动权利能力是指公民享有参加劳动的机会，并领受劳动报酬的资格。劳动行为能力是指公民能够以自己的行为行使劳动权利和履行劳动义务的能力。把公民的这两种能力和公民的民事权利能力、民事行为能力相比较，可以发现它们所具有的鲜明特征：

(1) 劳动权利能力和劳动行为能力同时产生，是统一而不可分割的。在民法上，公民可以没有民事行为能力，但仍可以享有民事权利能力。如不满 8 周岁的未成年人、不能辨认自己行为的精神病人是无民事行为能力人，但仍享有民事权利能力，可以由他的法定代理人代理民事活动。而在劳动法上，劳动权利能力和劳动行为能力的取得，均必须以公民具有现实的劳动能力（即公民所拥有的脑力和体力相结合的综合能力）为基本前提。没有劳动能力或者丧失劳动能力的公民，当然没有劳动行为能力。同时，基于劳动义务不得代理、必须亲自履行的属性以及劳动法律关系的人身性特征，法律亦不再赋予其劳动权利能力，因为即使赋予其这一能力，也不具有任何实际意义。反之，达到法定就业年龄的公民，只要他身体健康，具有劳动能力，他就既具有劳动权利能力，又具有劳动行为能力，就可以成为劳动法律关系的主体。

(2) 只有年满法定最低就业年龄的公民才可以取得劳动权利能力和劳动行为能力。根据我国民法规定，公民从出生时起即具有民事权利能力，而公民的民事行为能力则根据公民的年龄、辨认能力等因素分层次确定（分为完全民事行为能力、限制民事行为能力、无民事行为能力等）。由于劳动权利能力和劳动行为能力是不能分割的，故公民只有达到法定最低就业年龄方能同时拥有这两种能力。按照国际劳工组织 1973 年第 138 号《准予就业最低年龄公约》第 2 条的规定，准予就业的最低年龄应不低于完成义务教育的年龄，并在任何情况下不得低于 15 岁；但在经济和教育设施不够发达的成员国，可初步规定最低年龄为 14 岁。而根据我国劳动法，公民的最低就业年龄为 16 周岁，只有特殊情况才允许例外（如杂技团、歌舞团、体训大队等单位招考艺徒、运动员等），但必须依照国家有关规定履行审批手续，并保障这些未成年人接受义务教育的权利。

（3）劳动权利能力和劳动行为能力只能由劳动者本人依法享有和行使，不允许他人代理。在民事法律关系中，除特别规定的情形外，原则上公民都可以通过其代理人实施民事法律行为。而在劳动法律关系中，由于劳动义务的确立依赖于双方当事人之间的高度互信，其履行过程又与劳动者的人身不可分割，故“亲自履行”成为各国劳动法普遍确立的一项劳动合同履行规则，从而排除了代理制度在劳动权利能力和劳动行为能力领域的适用。

（4）一部分公民的劳动权利能力和劳动行为能力之享有和行使，在某些岗位或者工种是受到限制的。在民事活动领域，公民的民事权利能力一律平等，处于同一层次的公民的民事行为能力也不因其年龄、性别等不同而呈现差异。而在劳动领域，大多数国家的劳动法均限制甚至禁止妇女和未成年工从事特别有害身心健康的工作以及特别繁重的体力劳动，即在这些行业和工种中，一部分劳动者的劳动权利能力和劳动行为能力受到了法定约束。不过，这种貌似不平等的立法设计，其实质恰恰是为了保护这部分职工的特殊劳动权益（如健康、安全或者社会道德观等）。

（三）劳动者的资格要素

根据前面的分析，我们可以大致概括出公民成为劳动者必须具备的若干资格要素：

（1）年龄。公民的年龄与其劳动能力的生成密切相关，故劳动法规定，劳动者应当达到法定就业年龄（我国确定为 16 周岁）。未满此法定就业年龄的公民，用人单位不得招用，否则即构成使用童工的违法行为。有些职业或者工种对劳动者的就业年龄有特别规定的，则应优先遵守特别规定。例如，国际劳工组织 1973 年第 138 号《准予就业最低年龄公约》第 3 条规定：对于性质或工作环境很可能有害于年轻人健康、安全或道德的职业或工种，准予就业年龄不得低于 18 岁。从劳动者的法定就业年龄起始，至其退休或者因其他原因丧失劳动能力为止，劳动法上称为劳动者的“法定劳动年龄”（或称“劳动年龄”）。

（2）健康。判断劳动者是否健康的基本标准，主要是看劳动者是否具有与其履行劳动义务相适应的身体状况。劳动者应具有健全的身体和精神状态，精神病人的劳动者资格将受到限制，甚至完全丧失。健康要素对劳动者资格的影响主要体现在两个方面：其一是对劳动者就业资格的影响。公民的健康状况使其不具有任何劳动能力，则公民无法实现就业权。公民若具有部分劳动能力的，则可以在现有身体状况能够胜任的范围内实现其劳动权。有些职业或者工种对劳动者的健康状况有“就业准入”要求的，则应遵守此特别规定。如我国《就业促进法》第 30 条规定：“用人单位招用人员，不得以是传染病病原携带者为由拒绝录用。但是，经医学鉴定传染病病原携带者在治愈前或者排除传染嫌疑前，不得从事法律、行政法规和国务院卫生行政部门规定禁止从事的易使传染病扩散的工作。”有些职业或者工种对部分劳动者的身心健康可能造成不利后果的，应限制有关劳动者的就业资格，如我国对女职工和未成年工禁忌劳动范围所作的规定。不过，基于社会公平的考虑，法律有时亦会对一部分劳动者在就业资格方面适当放宽身体条件的要求，如国家对残疾人就业所采取的一些特殊照顾和保护措施（像兴办社会福利企业、盲人按摩机构等）。其二是对劳动者继续工作资格的影响。若劳动者的身体状况在工作期间发生变化，致使其已不能胜任现有工作的，则可能导致劳动法律关系的变更或者解除。如我国《劳动法》第 26 条第 1 项规定：劳动者患病或者非因工负伤，医疗期满后，不能从事原工作，也不能从事由用人单位另行安排的工作的，用人单位可以经书面预告后解除劳动合同。

(3) 智力。智力要素主要包括劳动者的文化条件、从业条件等。首先，劳动者应具有一定的文化程度或水平，原则上应接受、完成规定年限的义务教育。若有些职业或者工种（如公务员、教师、医师、律师等）对劳动者的教育程度有特别要求的，则须遵守特别规定。其次，劳动者还必须具备从事某些职业或者工种的从业条件（如培训合格证明、职业资格证书等）。如人力资源和社会保障部《就业服务与就业管理规定》(2022 年修订) 第 21 条规定，用人单位招用从事涉及公共安全、人身健康、生命财产安全等特殊工种的劳动者，应当依法招用持相应工种职业资格证书的人员；招用未持相应工种职业资格证书人员的，须组织其在上岗前参加专门培训，使其取得职业资格证书后方可上岗。

(4) 支配自由。公民是否能够自由地支配自己的劳动力，是其能否与用人单位建立劳动法律关系的基本前提。例如，被判处刑罚的罪犯在监狱服刑期间，其人身自由已被限制或者剥夺，就不能成为劳动法上的劳动者；若已建立了劳动法律关系的，该劳动法律关系也将暂停履行或者被解除。

(5) 就业愿望。由于受计划经济时期“统包统分”劳动制度的影响，“就业愿望”在我国是一个长期被忽视的资格要素。在全面推行劳动合同制度后，基于该制度所蕴涵的双向选择、市场调节、意思自治等特性，劳动者自主择业的权利开始受到我国劳动立法的关注。诚然，社会主义国家的公民既有劳动的权利，又有劳动的义务，但从理论上分析，这种劳动义务仅为道义义务，而非法律义务。[①] 我国目前允许自愿失业者群体（如“全职太太”等）的存在，即为例证。《就业服务与就业管理规定》(2022 年修订) 第 6 条更为明确地规定：劳动者年满 16 周岁，有劳动能力且有就业愿望的，可凭本人身份证件，通过公共就业服务机构、职业中介机构介绍或直接联系用人单位等渠道求职。此外，从国际劳工立法来看，国际劳工组织 1930 年第 29 号《强迫劳动公约》在第 1 条、第 2 条中曾规定：凡批准本公约的国际劳工组织会员国承诺在可能的最短期限内禁止使用一切形式的强迫或强制劳动。“强迫或强制劳动”一词系指以任何惩罚相威胁，强迫任何人从事的非本人自愿的一切劳动或服务（特定情形除外）。这些规定均表明，国家应当尊重公民本人的劳动意愿。

(6) 其他要素。除以上要素外，劳动法对个别劳动者的资格要素或者劳动者在特定场合下的某些资格要素尚有其他若干规定。择其要者，有如下几项：1) 道德风纪。若劳动者曾有不良经营或者不良信誉记录的，将有可能被限制从事某些工作或者担任某些职务。如《公司法》(2018 年修正) 第 146 条第 1 款第 2 项规定：因贪污、贿赂、侵占财产、挪用财产或者破坏社会主义市场经济秩序，被判处刑罚，执行期满未逾 5 年，或者因犯罪被剥夺政治权利，执行期满未逾 5 年的，不得担任公司的董事、监事、高级管理人员。2) 任职回避。基于加强党风、廉政建设的需要，或者为体现社会公正，我国实施了有关人员就业回避和限制的措施。如一些居于重要职位的党政机关领导干部与其配偶不得在同一单位工作，这意味着干部配偶的劳动者资格在一些特定单位受到了限制。3) 职数。职数是指劳动者同时从事职业的数目。由于我国

---

① 参见许建宇：《再就业工程法律对策论纲》，载《浙江大学学报（人文社会科学版）》，2000 (2)，113～114 页。

目前尚未全面认可一个劳动者同时存在多重劳动关系的合法性，故除了法定允许的几种情形外，劳动者的兼职资格仍会受到诸多限制。4）劳动内容。劳动法上所谓劳动，应为合法的职业性劳动。倘若劳动者从事的“劳动”内容本身为法律所禁止，如加工毒品、色情陪侍等，这种“就业权”便无合法依据，劳动者资格自然得不到法律的确认和保护。

应予注意者，法律对劳动者的上述资格要素所提出的各项具体要求，应当是基于所招录职业或者工种本身的内在需要，而不能超越这种“职业相关性”提出过高的要求，否则就可能导致“制度性歧视”的后果。例如，前几年各地在招考、录用公务员过程中普遍存在的“乙肝歧视”现象，即属于国家有关部门对公务员的健康状况提出过高要求所致。

三、劳动者团体（工会）

（一）工会的概念和特征

劳动者团体，通常即指工会。在西方国家，工会是以维护和改善雇工的劳动条件、提高雇工的经济地位为主要目的，由雇工自愿组织起来的团体或联合团体。[①] 换言之，工会之所以出现，乃是劳方认识到必须借助于团体的力量与雇主方进行谈判、交涉，才能为雇工争取到更有利的劳动条件，从而克服雇工个人交涉力量薄弱之不足。在经历了禁止、限制和公认三个阶段后，目前在各资本主义国家，工会都获得了合法地位。

劳动者组建并参加其团体，是劳方行使结社权（又称团结权、组织权）的体现。这一权利已为诸多国际公约所确认。例如，联合国 1966 年《经济、社会和文化权利国际公约》第 8 条第 1 款第 1 项即规定：“人人有权组织工会和参加他选择的工会，以促进和保护他的经济和社会利益；这个权利只受有关工会的规章的限制。对这一权利的行使，不得加以除法律所规定及在民主社会中为了国家安全或公共秩序的利益或为保护他人的权利和自由所需要的限制以外的任何限制。”团结权与一般结社权有所不同的是，各国为了确保工会组织能够真正建立并切实发挥其保障劳动者生存权、工作权的职能，均强调其“积极自由”（即劳动者结社自由）的一面，而对“消极自由”（即劳动者不结社自由）的一面则往往予以一定的限制。我国亦是如此，例如现行《工会法》（2021 年修正）第 11 条规定：“用人单位有会员二十五人以上的，应当建立基层工会委员会……”请注意，这里的用词是“应当”而非“可以”。

我国《工会法》第 2 条规定了我国工会的定义：工会是中国共产党领导的职工自愿结合的工人阶级群众组织。这一定义反映出我国工会的三个主要特点：（1）阶级性。入会成员应系在中国境内的企业、事业单位、机关中以工资收入为主要生活来源的体力劳动者和脑力劳动者，即工人阶级成员；工会一切工作的出发点和归宿都是为了代表职工的利益，依法维护职工的合法权益。（2）群众性。劳动者不分民族、种族、性别、职业、宗教信仰、教育程度，都有依法参加和组织工会的权利。工会的群众性特点使其区别于作为工人阶级先锋队组织的中国共产党。（3）自愿性。参加工会是职工的权利。除这些特点外，根据我国《工会法》第 5 条的规定，工会有权通过各种途径和形式，参与管理国家事务、管理经济和文化事业、管理社会事务；协助人民政府开展工作，维护工人阶级领导的、以工农联盟为基础的人民民主专政的社会

---

① 参见王全兴主编：《劳动法学》，2 版，103 页，北京，高等教育出版社，2008。

主义国家政权。这使我国工会还具有较为明显的政治性特点。

(二) 我国工会的法律地位

1. 工会具有相对独立性。我国《工会法》第 4 条第 1 款规定："工会必须遵守和维护宪法，以宪法为根本的活动准则，以经济建设为中心，坚持社会主义道路，坚持人民民主专政，坚持中国共产党的领导，坚持马克思列宁主义、毛泽东思想、邓小平理论、"三个代表"重要思想、科学发展观、习近平新时代中国特色社会主义思想，坚持改革开放，保持和增强政治性、先进性、群众性，依照工会章程独立自主地开展工作。"这表明我国工会具有相对独立性。从调整劳动关系应遵循的"三方性"原则也可以推导出这一结论：工会不是政府的附属机构，更不是依附于用人单位或者雇主的职能科室，而是独立的法人，否则，自无确立该原则的必要性。

2. 工会是职工利益的代表者和职工合法权益的依法维护者。通说认为，工会与劳动者的关系应为"代表"关系而非"民事代理"的关系，即工会享有法定的"代表权"。工会代表权是指法律确认工会有权或有资格作为会员或职工团体利益的代表。① 基于这种代表权，工会取得了与雇主或者雇主团体进行集体协商的资格；也是基于这一权利，工会应把维护职工合法权益作为其基本职责。由此，工会组织通常被认为应属于"利益团体""职业团体"等所谓"第三部门"的范畴。

3. 工会依法取得法人资格。法律赋予工会以社会团体法人资格，这在国际上已成通例。我国《工会法》第 15 条也规定："中华全国总工会、地方总工会、产业工会具有社会团体法人资格。""基层工会组织具备民法典规定的法人条件的，依法取得社会团体法人资格。"具有法人资格的工会组织依法独立享有民事权利，承担民事义务。因此，建立工会的企业、事业单位、机关与所建工会以及工会投资兴办的企业，根据法律和司法解释的规定，应当分别承担各自的民事责任〔参见最高人民法院《关于在民事审判工作中适用〈中华人民共和国工会法〉若干问题的解释》（2020 年修正）第 1 条的规定〕。

【理论探讨】

完善我国工会制度的主要法律问题

1. 工会的体制。我国当前的工会组织系统，是由基层工会委员会、基层工会的联合会、地方各级总工会、全国的或者地方的产业工会、中华全国总工会等各种层级的组织所构成的。关于其组织体制的设计，我国《工会法》第 10～12 条规定：工会各级组织按照民主集中制原则建立。上级工会组织领导下级工会组织。全国建立统一的中华全国总工会。基层工会、地方各级总工会、全国或者地方产业工会组织的建立，必须报上一级工会批准。上述规定表明，我国现行工会体制不同于很多国家所实行的"多元体制"模式，而是采"单一体制"模式，亦即工会组织在我国具有唯一性。总体上，这一工会体制是适合我国目前的社会经济条件以及政治、法治等制度基础的。但问题的关键在于：在现有体制下，如何更好地使工会具有积极"维权"的动力并在劳动关系中彰显其现实的交涉力量，同时能够在"三方协商机制"中真正作为相对独立的一方主体行使其职工代表权？工会作为劳方团体，其力量的来源本应是"自下而

① 参见董保华主编：《劳动关系调整的社会化与国际化》，200 页，上海，上海交通大学出版社，2006。

上”生成的，但由于目前我国工会的高度行政化倾向，事实上已演变为“自上而下”的权力链，而工会对会员和职工应有的维权意识、服务意识则被弱化了。同时，在工会组织当前尚未有力渗透到的领域（如非正规经济部门、建筑行业等），如何确保那些非正规就业的工人、外来农民工等群体能够切实享受其应有的代表权和参与权？如何对待实践中已经出现的一些由劳动者自发组建的维权团体（如“打工者之家”等）？这些问题都亟待研讨解决。

2. 工会的宗旨。从理论上说，工会的宗旨应受如下两个方面的约束：（1）职业性。在如何表述工会宗旨的问题上，我国现行立法存在着“单一维护”和“两个维护”两种不同的表述方式。前者见诸我国《劳动法》第7条第2款的规定：“工会代表和维护劳动者的合法权益，依法独立自主地开展活动。”后者见诸我国《工会法》第6条第1款的规定：“……工会在维护全国人民总体利益的同时，代表和维护职工的合法权益。”我们认为，从职业团体的属性出发，工会应当把代表和维护劳动者的合法权益作为其最主要的职能，故前一种表述方式相对而言更为可取。（2）专业性。工会的“维权”工作应有一定的范围，原则上应以劳动关系（主要是集体劳动关系）和涉及劳动方面的问题为限。比如集体谈判的内容，原则上只应涉及有关劳动者集体劳动权益的事项；又如工会不得以政治运动或社会运动为主要目的[①]，等等。总之，应当明确，我国工会尽管带有较多的政治色彩，但是，作为社会团体的工会毕竟不同于政党，其政治性应与其作为结社宗旨的职业性相适应，而不能逾越过多。因此有的学者提出，工会组织不应当是一种“政治团体”，而应当是一种“职业团体”[②]。更有学者指出，应当重新构建工会性质，将我国工会打造成一个以维护和改善职工经济利益为宗旨的非政治的、非政府的组织。[③]

3. 工会会员的资格。工会就其法律属性而言，是劳动关系领域中的劳动者团体，故工会会员资格只能限定于作为雇主相对人的劳动者。[④] 但我国《工会法》第3条对入会成员的资格条件基本上没有作出任何实质性的限制，只要是“在中国境内的企业、事业单位、机关中以工资收入为主要生活来源的体力劳动者和脑力劳动者”即可，故在实践中普遍存在着所谓“全民工会”的现象，诸如企业的经营者、高级管理人员等都成了工会会员。我们认为，必须从法律上重新界定“劳动者”的概念和范围，而不是沿用政治学、政治经济学、社会学上的“劳动者”“国家主人翁”等概念。必须明确工会作为“劳方团体”的结社宗旨，禁止雇主或者雇主代表一方的成员加入工会组织，从而防止雇主控制、干涉工会的现象出现，保持工会组织应有的劳方团体之“自主性”和“纯粹性”。

4. 工会的行为规范。工会以维权为其结社的宗旨，由此决定了其工作上的职业性特点，如工会应以依法维护职工的合法权益为其工作的主要出发点和归宿，工会负责人不得在劳动争议案件中接受用人单位一方的委托担任其仲裁或者诉讼的代理人，工会不应接受雇主的资助或者受雇主的操控等。另一个相关的问题是：如果工会组织无故不适当履行其法定的维权职责（如消极不作为、放弃职责，甚至与雇主恶意串通，损害职工的权益等），工会对职工该承担何种责任？会员该获得何种救济？我国《工会法》第10条第4款规定：“工会会员大会或者会员代表大会有权撤换或者罢免其所选举的代表或者工会委员会组成人员。”该法第56条又规定：

---

① 参见黄越钦：《劳动法新论》，261页，北京，中国政法大学出版社，2003。

② 董保华：《劳动关系调整的法律机制》，256页，上海，上海交通大学出版社，2000。

③ 参见孙德强：《中国现代工会法律制度构建》，191页，北京，中国法制出版社，2007。

④ 参见王全兴：《劳动法》，3版，101、102页，北京，法律出版社，2008。

工会工作人员违反该法规定，损害职工或者工会权益所应承担的个人责任。这些条文规定均是针对有关个人而设置的，并未涉及工会组织本身可能出现的上述问题。在理论上，工会的类似行为被称为“工会的不当劳动行为”。深入研究这些行为所涉及的各种问题，对完善我国当前的工会立法极具法理价值和现实意义。

四、用人单位

用人单位，又称雇主、雇佣人，是指在劳动法律关系中相对于劳动者（雇员）而存在的另一方主体。各国对雇主所采用的界定方法各有不同。如，德国采用了概括式的规定，根据德国的规定，雇主是指雇用雇员的自然人、法人。新加坡采用了列举式规定，根据新加坡的规定，雇主是指根据服务合同雇用他人的任何人，包括：(1) 法定当局；(2) 雇主正式授权的代理人或经理人；(3) 拥有雇有受雇人的专业、企业、行业的管理权的人。①

在我国，用人单位是指招收录用劳动者，使用劳动者的劳动能力，并按照劳动者提供的劳动量支付工资和其他待遇的一方主体。根据我国劳动法的规定，用人单位的外延范围包括企业、个体经济组织、民办非企业单位、国家机关、事业组织（事业单位）、社会团体等，目前尚未包括其他组织，更未涵盖自然人。还应说明的是，“用人单位”这一称谓系我国劳动法所特有的用词。考虑到具体国情，目前我国劳动法直接采用国际上通行的“雇主”概念尚有一定难度。不过，鉴于“用人单位”一词存在着较大的局限性（例如将个人雇主先天地排除在外），我们倾向于使用“用人主体”这一覆盖面更广的表述。

【理论探讨】

非法用人单位的法律地位

关于如何确定不具有合法用人单位资格的组织（通称非法用人单位、非法用工单位或者非法用工主体）在劳动法上的身份和法律地位问题，目前社会各界争议颇多。有人提出，非法用工主体因其不具备用人单位的主体资格，发生争议时实质上是自然人之间的争议，即民法上的雇佣纠纷，而雇佣纠纷本身就是民事争议，法院可以直接受理。② 我们认为这一看法明显有失妥当。首先，劳动关系是一种“继续性”关系，加之劳动者已经付出的劳动不具有可返还性，因此判断劳动关系存在与否应以“实际履行”原则和“从属性”标准为依据，而不应当以主体是否合法为标准。其次，对于非法用工，我们认为有必要区分该行为所引起的公法责任和私法责任这两种不同的后果：如果一个劳动关系事实上已经发生和存在，而用人主体一方却不具有合法资格，在行政责任方面，行政部门完全可以对非法用人单位作出相应的行政处罚；但在民事责任方面，仲裁机构或者司法机关尽管也可以“主体不合格”为由确认该劳动合同无效，可是无效劳动合同已经履行的部分，应“被作为有效对待”③，劳动者仍然有权受领劳动报酬或

---

① 参见全国人大常委会法制工作委员会行政法室编：《劳动合同法（草案）参考》，169页，北京，中国民主法制出版社，2006。

② 参见龚和艳：《劳动仲裁受案范围争议问题的法理分析》，载《中国劳动》，2006 (8)，24～25页。

③ [德] W. 杜茨：《劳动法》，5版，张国文译，48页，北京，法律出版社，2005。

者享受工伤赔偿待遇等。最后，若按照前述“二分法”的思路（即合法用人单位受劳动法规制、非法用人单位受民法规制）来处理这些问题，实质上将使劳动者一方失去劳动法的倾斜保护而被置于不利境地，这与我国当下的社会法主旨明显不合。故此，我国劳动法应当尽快改变在此问题上的模糊立场，明确将非法用人单位作为其规制的对象。

可喜的是，我国个别劳动立法在这方面已作了一些初步尝试。国务院《工伤保险条例》（2010 年修订）第 66 条第 1 款规定：“无营业执照或者未经依法登记、备案的单位以及被依法吊销营业执照或者撤销登记、备案的单位的职工受到事故伤害或者患职业病的，由该单位向伤残职工或者死亡职工的近亲属给予一次性赔偿，赔偿标准不得低于本条例规定的工伤保险待遇。”与此条款配套发布的还有《非法用工单位伤亡人员一次性赔偿办法》（2010 年修订）。国务院 2004 年《劳动保障监察条例》第 33 条规定：“对无营业执照或者已被依法吊销营业执照，有劳动用工行为的，由劳动保障行政部门依照本条例实施劳动保障监察，并及时通报工商行政管理部门予以查处取缔。”《劳动合同法》第 93 条亦规定：“对不具备合法经营资格的用人单位的违法犯罪行为，依法追究法律责任；劳动者已经付出劳动的，该单位或者其出资人应当依照本法有关规定向劳动者支付劳动报酬、经济补偿、赔偿金；给劳动者造成损害的，应当承担赔偿责任。”此外，在程序法方面，《最高人民法院关于审理劳动争议案件适用法律问题的解释（一）》（2020 年）第 29 条规定：“劳动者与未办理营业执照、营业执照被吊销或者营业期限届满仍继续经营的用人单位发生争议的，应当将用人单位或者其出资人列为当事人。”对这些做法，应予充分肯定。

五、用人单位团体

用人单位组建其团体，是雇主一方行使结社权的主要表现。国际劳工组织 1948 年第 87 号《结社自由和组织权利保护公约》第 2 条、第 3 条分别规定：“工人和雇主应毫无区别地有权不经事先批准建立和参加他们自己选择的组织，其唯一条件是遵守有关组织的规章。”“工人组织和雇主组织应有权制定其各自组织的章程和规则，充分自由地选举其代表，自行管理与安排活动，并制定其行动计划。”该公约第 11 条还要求：“凡本公约对其生效的国际劳工组织会员国承诺：采取一切必要和适当的措施保证工人和雇主可以自由地行使组织权利。”可以说，将结社权同时赋予劳动关系的双方当事人是劳动法的一个特色。

用人单位团体，又称用人单位组织、雇主团体、企业代表组织等，是由用人单位依法组成的，旨在代表、维护和增进各用人单位（雇主）在劳动关系中的共同利益而与工会抗衡和交涉的团体。[①] 用人单位组织的基本职责是维护用人单位的合法权益，享有与劳动者组织（工会）进行集体协商和签订集体合同的权利。[②]

在我国劳动法的主体结构中，用人单位团体是最为薄弱的一类主体，长期处于“缺位”状态，这种局面至今未能得到彻底改观。该主体的缺位给我国劳动法制建设带来了诸多不利影响：其一，集体协商（集体谈判）制度难以全面推行。大多数国家的集体合同制度是建立在微

---

① 参见王全兴主编：《劳动法学》，2 版，121 页，北京，高等教育出版社，2008。

② 参见周宝妹：《劳动法要论》，87 页，北京，群众出版社，2006。

观、中观、宏观等多层次集体谈判模式的基础上的，即集体谈判涉及在基层（企业）、行业、地方、全国等多种层次上所展开的团体交涉，它们功能互补，协同配合。而我国目前推行的主要是基层集体协商这种单一层次模式。由于工会找不到谈判对手，其他层次的集体协商均无法全面展开，这使集体合同应有功能的发挥大大受阻。其二，“三方性原则”难以得到真正落实。我国《工会法》第35条第2款规定：“各级人民政府劳动行政部门应当会同同级工会和企业方面代表，建立劳动关系三方协商机制，共同研究解决劳动关系方面的重大问题。”在这种“三方协商机制”（又称“三方协调机制”）中，企业方面的代表通常是由用人单位团体来充任的。但在我国，由于用人单位团体的缺失，“三方性原则”常常徒有虚名，这妨碍了劳动关系协调机制的建立和有效运作。如在劳动争议仲裁委员会的法定“三方性”代表组成结构中，“用人单位方面的代表”前些年往往是由政府经济贸易行政部门的代表来充任的，这使“三方性原则”实质上退化至“两方性原则”。因此，如何培育和组建我国的用人单位团体，是劳动法主体问题上的一项重大课题。

从理论上看，我国用人单位团体的建立有两种可供选择的方式，即“借用”或新建。所谓“借用”，是指以现有的工商业者团体作为用人单位团体，赋予现有的工商业者团体以用人单位团体的职能，由它们作为用人单位方代表参与劳动关系协调。所谓新建，是指在现有各种工商业者团体之外另组建专门性的用人单位团体。[①] 目前我国实际采用的组建用人单位团体的途径，是从“借用”逐步过渡到新建的方式，即：第一步，选择一个与雇主团体的功能较为接近的社会团体（如企业家协会、工商企业联合会、商会等），作为用人单位方面的代表参与“三方协调机制”。第二步，在此基础上组建真正意义上的雇主团体，如中国企业联合会及其地方组织。在我国现阶段，则是由企业联合会或者企业家协会共同作为企业方面的代表组织，参加劳动关系“三方协调机制”[②]。等到用人单位团体全面建立后，我国的劳动法主体体系必将真正得以完善。

第三节 劳动法律关系内容

一、劳动法律关系内容的概念和特征

劳动法律关系的内容，是指劳动法律关系双方当事人所享有的权利和所承担的义务。

关于劳动法律关系内容的特征，我国早期劳动法学一般将其概括为“一致性和对应性”，即劳动法律关系主体双方既享有一定的权利，又应承担一定的义务。劳动法不允许只享受权利而不承担义务，或者只履行义务而不享受权利。劳动者的权利，就是用人单位的义务；用人单位的义务，就是劳动者的权利。[③] 诚然，这些特点在劳动法律关系内容中也有所体现，但是上

① 参见王全兴主编：《劳动法学》，2版，124页，北京，高等教育出版社，2008。

② 劳动保障部、中华全国总工会、中国企业联合会/企业家协会《关于建立健全劳动关系三方协调机制的指导意见》（2002年8月13日劳社部函［2002］144号）的相关规定。

③ 参见关怀主编：《劳动法学》，184页，北京，法律出版社，1996。

述观点的主要缺陷，在于它将劳动法律关系内容的特征混同于一般法律关系（特别是民事法律关系）内容的特征，而忽视了劳动法律关系内容的自身特色。因此，我们有必要从社会法的视野对其进行重新审视和归纳。

我们认为，劳动法律关系超越民事法律关系的一个重要体现，便是其内容具有强烈的“社会性”，这种社会性特征与劳动法倾斜保护劳动者的立法宗旨，亦即劳动法对劳动者实行“权利本位”、对用人单位实行“义务本位”的立法本位观，是一脉相承的。细言之，该特征主要表现在：

1. 明显的不对称性。尽管劳动法律关系的每一方当事人都既享有权利又履行义务，但是劳动者及其团体、用人单位及其团体在劳动法律关系中的权利、义务明显呈现出不对称性，即劳方当事人的权利多于义务，雇主方当事人的义务多于权利。立法者之所以作出这种不均衡配置的设计，正是为了实现劳动关系的实质平等。而在民事法律关系中，当事人的权利、义务原则上是完全对称的。

2. 较强的法定性。为了实现保护弱者的价值目标，劳动法常常用授权性规范和义务性规范在劳动法律关系当事人之间直接分配权利和义务，如在个别劳动法律关系中，法律通过义务性规范赋予用人单位在招用劳动者时应当如实告知劳动者有关情况的义务，在解除和终止劳动合同时应当向劳动者支付经济补偿的义务，为劳动者提供劳动安全卫生保护条件的义务，办理社会保险登记并缴纳相应费用的义务等；又如在集体劳动法律关系中，工会的各项权利主要是由法律来直接赋予的。当然，在劳动法律关系的运行中也存在由双方当事人约定权利和义务的情形，但是当约定与法定出现冲突时，一般而言，法定的效力往往要优先于约定的效力，除非约定比法定对劳动者更为有利，此即所谓“法定优先”的适用规则。而在民事法律关系中，通常遵循“约定优先”的适用规则。

3. 适度的受限性。为了实现社会公共利益的最大化，确立与实现劳动法律关系当事人的权利、义务，除了依靠当事人之间进行协商、谈判和实际履行外，还受到其他因素的制约。这种受限性主要表现在：(1) 当事人约定的权利、义务不得低于劳动基准法的规定，不得违背法律的强制性规范，不得违背社会公共利益。如双方约定的工资标准不得低于法定最低工资标准；劳动合同中不得约定担保条款（如保证金、定金、押金等条款）；用人单位录用女职工，不得在劳动合同中规定限制女职工结婚、生育的内容；双方不得约定从事危害社会公共利益的工作内容（如生产毒品、从事色情行业等）。(2) 当事人的有些权利同时具有义务性质。例如劳动者享有劳动保护权，但与此同时，“雇员也有在劳动中对其自身的安全和健康，以及其同事和劳动相关人员的安全和健康注意的法定义务”①。又如我国《集体合同规定》第 32 条第 2 款规定：“一方提出进行集体协商要求的，另一方应当在收到集体协商要求之日起 20 日内以书面形式给以回应，无正当理由不得拒绝进行集体协商。”这一规定使集体协商权同时具有义务性质。其他如职业培训权、社会保险权、团结权等，均具有类似属性。(3) 当事人的有些权利不得随意放弃，有些义务不能通过约定而排除履行，即便出于当事人自愿，亦不例外。如劳动者不能随意放弃辞职权，即所谓“弃权条款”原则上应为无效（但当事人约定服务期条款的除外）。而在民事法律关系中，当事人权利、义务的确立与实现主要遵循意思自治等原则，受制

① ［德］W. 杜茨：《劳动法》，5 版，张国文译，175 页，北京，法律出版社，2005。

约的因素相对较少。

4. 救济的复合性。从权利的内涵分析，劳方的权利表面上看起来是一种基于法定或者约定而产生的权利，但实际上它是多种权利元素（如人权、公民基本权利、债权、人身权利等）凝结而成的一种复合体，具有较为复杂的权利结构。再者，劳动法律关系虽为劳方与雇主方之间的权利义务关系，但实际上国家的意志亦通过劳动基准、强制性规定以及劳动保障监督管理和监察工作等途径介入和渗透其间。这些因素导致用人单位在劳动法律关系中的义务往往兼有公法义务与私法义务等多重性质，从而使劳动者的权利救济呈现出兼采民事、行政、刑事等多种手段的复合性特征。例如，劳动保护权和社会保险权的行使，既可以表现为劳动者向用人单位提出要求提供安全卫生的劳动条件、办理社会保险登记并缴费的主张，也可以表现为劳动者向劳动保障监察机构投诉，要求其履行行政执法的职责，以纠正用人单位侵害劳动者工作环境权、社会保险权的行为。又如，《劳动保障监察条例》第26条、《劳动合同法》第85条所规定的"由劳动行政部门责令用人单位向劳动者加付赔偿金"等此类做法，实属民事责任与行政手段相结合的典型立法例。而在民事法律关系中，当事人权利救济的渠道相对比较单一，主要采追究对方民事责任的途径。

二、个别劳动法律关系中当事人的权利和义务

个别劳动法律关系中当事人的权利和义务，主要是围绕着劳动合同这一载体而展开的，可以依据不同的标准进行多种划分：

（一）以双方当事人权利、义务的不同内涵为划分标准

这是我国《劳动法》所采用的分类方法。根据该法第3条的规定，劳动者一方享有如下权利：（1）平等就业和选择职业的权利；（2）取得劳动报酬的权利；（3）休息休假的权利；（4）获得劳动安全卫生保护的权利；（5）接受职业技能培训的权利；（6）享受社会保险和福利的权利；（7）提请劳动争议处理的权利；（8）法律规定的其他劳动权利。劳动者应当承担的义务有：（1）完成劳动任务的义务；（2）提高职业技能的义务；（3）执行劳动安全卫生规程的义务；（4）遵守劳动纪律和职业道德的义务。

界定了劳动者的权利和义务，也就在一定程度上明确了用人单位的义务和权利。如劳动者享有获得劳动安全卫生保护的权利，用人单位就负有提供劳动安全卫生保护条件的义务；劳动者负有遵守劳动纪律的义务，用人单位则享有依法建立和完善规章制度的权利，等等。总体上看，用人单位在劳动关系中的权利，是经营管理权的重要组成部分，其实质为劳动组织管理权，以劳动给付请求权、指示命令权、纪律处分权为重点内容。用人单位在劳动关系中的义务，兼有法定义务与约定义务、基准义务与非基准义务的属性，其中法定义务、基准义务的属性更为重要。①

① 参见王全兴主编：《劳动法学》，144页，北京，人民法院出版社、中国人民公安大学出版社，2005。

（二）以双方当事人义务的性质为划分标准

这是很多市场经济国家或地区的劳动合同法理论所常用的分类方法。[①] 这是该书作者当时对西方国家劳动合同的内容的介绍，现在看来这些概括仍极为精当和完整，且其基本原理在各国同类制度中具有共通性。为保持该书原貌，本书在引用时未进行改写，尽管其中有些表述与我国当下的法律用语不尽相同。近年来，这种分类方法也为我国劳动法学界逐步采纳。其主要内容包括：

1. 受雇人的义务。可分为：（1）劳动义务。受雇人有依劳动合同给付劳动的义务。这是劳动者的主要义务。劳动的内容由雇佣人决定，所以劳动者应该服从雇佣人的指挥与调动。遵守这种劳动规则，是受雇人的首要义务。（2）忠实义务。忠实义务可分为两种：一为服从义务，即受雇人劳动上服从雇佣人的指挥、监督，在劳动方法、时间、地点上除法令或团体协约（集体合同）有规定或特约外，要服从雇佣人的指示；二为保密义务，即受雇人有不泄露其所知雇佣人之营业或制造秘密的义务。（3）附随义务。[②] 主要是指损害赔偿义务，即受雇人未完成或因受雇人的责任而不能履行劳动义务时，应赔偿由此而产生的损害。另外，如受雇人因故意、重大过失而毁坏雇佣人的原料、机器、器具时，有赔偿责任。

2. 雇佣人的义务。可分为：（1）付给工资的义务。这是雇佣人最重要的义务。雇佣人应当遵守国家有关工资的形式、支付方式、给付地点、最低工资额、扣除工资的限制等方面的法律、法规规定。（2）保护义务，即雇佣人对于受雇人负有保护的义务。此义务与受雇人的忠实义务相对应，是基于劳动合同的订立，在劳动关系中所产生的特殊的义务。由此项义务规定，雇佣人必须对劳动者的生命、健康、风纪、宗教信仰等加以保护。（3）使用义务。雇主对于受雇人，一方面有请求劳动给付的权利，另一方面负有使用受雇人的义务。也就是说，不得随意减少、搁置劳动力，使其无法从事劳动；更不得任意解雇工人，由于雇主的责任而发生停工时，雇主仍应支付一定的工资。（4）雇佣人有为被雇佣人提供证明书的义务。当职工退职，要求证明其受雇期间的职业、工种、在企业中的地位、工资以及受雇期的时间等情况时，雇主应立即发给证明书。（5）向受雇人说明劳动条件的义务。在订立劳动合同时，雇主必须向受雇人说明劳动条件。

可以看出，上述各项义务基本上是按照双方当事人义务的性质（如主给付义务和附随义务、法定义务和约定义务等）的标准来划分和确定的。在每一方的义务被界定以后，对方的权利也就可以随之大体确定下来了。

【理论探讨】

雇主的保护、照顾义务之内容

雇主的保护、照顾义务应包括以下主要内容：（1）人身之保护义务。包括：雇主要向雇员

---

① 参见谢怀栻、陈明侠：《劳动法简论》，76～78页，北京，中国财政经济出版社，1985。

② 另有一些学者则将“附随义务”理解为基于诚实信用原则产生的义务。他们认为，劳动合同附随义务的表现形态有通知、协助、保密、禁业、保护等。参见杨苏：《浅谈劳动合同附随义务》，载董保华主编：《劳动合同研究》，309、316页，北京，中国劳动社会保障出版社，2005；吴文芳、韦祎：《论劳动合同中的附随义务——兼评〈中华人民共和国劳动合同法（草案）〉的相关条款》，载《法商研究》，2006（4），128～135页。

提供符合劳动安全卫生标准的劳动条件；对雇员进行劳动保护教育和劳动保护技术培训的义务；建立、健全劳动保护管理制度，提供安全的工作规则及制度；合理选任雇员的义务。(2) 人格之保护义务。包括：尊重雇员的人格尊严义务；保护雇员在职场中不受性骚扰的义务；保护雇员个人隐私的义务。(3) 财产之保护义务。[①]

三、集体劳动法律关系中当事人的权利和义务

集体劳动法律关系中当事人的权利和义务，主要是围绕着工会组织和集体合同而展开的。而若要确定集体劳动法律关系中当事人的权利和义务，必须首先了解劳动法上所谓集体劳动权（又称“劳动三权”）的理论。在此基础上，我们方能较为准确地理解工会的权利和义务，以及与之相对应的雇主或雇主团体的义务和权利。

（一）集体劳动权概说

集体劳动权，又称劳动者的集体权利，是指由劳动者集体享有，并由劳动者的代表——工会来行使的权利。传统的集体劳动权在国际上主要是指三个方面的权利：一是团结权，即组织和参加工会的权利；二是集体谈判权或称团体交涉权，即由工会代表劳动者与雇主进行集体谈判签订集体合同的权利；三是集体争议权或称团体行动权，主要是指劳动者通过工会组织罢工的权利。各国劳动法学界一般将此称为“劳动三权”，日本法学界又称此为“劳动基本权”。在传统的“劳动三权”之外，在第二次世界大战之后民主主义思潮的影响下，参与权又成为集体劳动权的重要内容。劳动者的民主参与权，是指劳动者参与企业和社会管理的权利。[②] 上述诸项权利，构成了集体劳动权的完整内容。

集体劳动权理论在德国、日本、韩国等国甚为发达。关于集体劳动权的性质，学理上一般认为：“在雇佣者对劳动者的关系上，以保护劳动者的权利为目的，为此在性质上，雇佣方负有尊重劳动者行使劳动基本权的义务。换言之，劳动基本权的保障，在私人关系上也可直接适用。”[③] 因此，这几项权利，亦属于劳动者团体在集体劳动法律关系中可以向雇主或其团体直接主张的权利。

我国现行《劳动法》、《工会法》已确认了劳动者的团结权、集体协商权（即集体谈判权）和民主参与权，并给予了积极的法律保障。不过，目前罢工权立法尚付阙如。

【资料链接】

东航“罢飞”事件与罢工权

2008 年 3 月 31 日，东航云南分公司从昆明飞往大理、丽江、西双版纳、芒市、思茅和临

---

① 参见曹艳春：《论雇主的保护照顾义务》，载《法学论坛》，2006 (3)，104～105 页。

② 参见常凯：《劳权论——当代中国劳动关系的法律调整研究》，9～10、307 页，北京，中国劳动社会保障出版社，2004。在该书中，作者将上述“集体劳动权”称为“集体劳权”。有关劳权与劳动权之比较，可参见该书，10～13 页。

③ ［日］芦部信喜著，［日］高桥和之增订：《宪法》，林来梵、凌维慈、龙绚丽译，241 页，北京，北京大学出版社，2006。

沧6地的14个航班在飞到目的地上空后，乘客被告知无法降落，航班又全部飞回昆明。事发之后，东航否认是飞行员集体“罢飞”，但种种迹象表明，这是一起飞行员集体拒绝工作的行为。

东航“罢飞”事件有两个特征值得分析：(1) 这些飞行员在采取行动前，未告知雇方，也就是东航；(2) 他们是在工作途中集体拒绝劳动的。目前绝大多数国家的法律都严格禁止这种行为。因为这将使雇方失去谈判条件，更何况还将乘客裹挟进来，由此给乘客造成的心理阴影难以弥补。事发后有评论认为，飞行员是将乘客“劫为人质”。这句话自有部分道理。但飞行员们之所以采取“违法”的举动来维权，最重要的原因可能是，在法律上，他们没有罢工的权利。罢工，是一个社会中劳动者的最后一项权利。一旦工人（无论他是金领飞行员，还是一个农民工）失去罢工的权利，在资方面前，他们要么选择“缴械”，要么选择反抗。无论哪一种结果，都无益于和谐劳资关系的构建。

今天的中国，从农民工讨薪，到飞行员“罢飞”，劳资纠纷日益增多，但我们的社会尚未建立起劳资纠纷畅通的解决之道。在一个自由竞争的劳动力市场中，雇方占有天然的优势地位，他掌握着劳方工资、升迁，甚至是否继续雇用的绝对权利，而劳方拥有的只有“双手和人身自由”(马克思语)。在这种不对等的关系下，用“双手和人身自由”来拒绝劳动，尤其是集体拒绝劳动，就成了劳动者和雇方谈判中最重要，也几乎是唯一的筹码。正是这个原因，当今世界上绝大多数的法律，都明确保护劳动者罢工的权利。

其实，在法律上恢复劳方罢工权利并没有许多人想象的可怕，罢工自由的存在，并不见得导致大量罢工的发生。相反，在法制规范下的罢工自由，能够促进劳资关系向更加理性化、正常化的关系发展。以东航飞行员罢飞事件为例，其实可怕的不是“罢飞”，而是飞行员在未提前告知而乘客也不知情的情况下，飞行员中途“罢工”。这种失序行为一旦蔓延，其结果一定是飞行员、航空公司和乘客三方面的共输。要避免这样糟糕局面的发生，不能指望通过严格的制裁，而要寄望于沟通渠道的制度建设。从法律上讲，要约束一项权利，首先要确认这项权利。①

(二) 工会在集体劳动法律关系中的权利和义务

由于我国尚未全面确立集体劳动权理论和制度，故集体劳动法律关系中当事人的权利和义务，目前主要是通过《工会法》《集体合同规定》等立法集中加以规定的。

根据我国《工会法》第三章“工会的权利和义务”的规定，结合该法和其他法律的相关规定，工会在集体劳动法律关系中的权利可以概括为如下各项：

(1) 维护职工的合法权益。表现在：1) 企业、事业单位违反职工代表大会制度和其他民主管理制度，工会有权要求纠正，保障职工依法行使民主管理的权利。2) 企业、事业单位处分职工，工会认为不适当的，有权提出意见。企业单方面解除职工劳动合同时，应当事先将理由通知工会，工会认为企业违反法律、法规和有关合同，要求重新研究处理的，企业应当研究工会的意见，并将处理结果书面通知工会。3) 企业、事业单位违反劳动法律、法规的规定，

① 参见王志安：《欲使劳资和谐就要允许罢工》，载《南方都市报》，2008-04-05。

有下列侵犯职工劳动权益情形，工会应当代表职工与企业、事业单位交涉，要求企业、事业单位采取措施予以改正；企业、事业单位应当予以研究处理，并向工会作出答复；企业、事业单位拒不改正的，工会可以请求当地人民政府依法作出处理：一是克扣职工工资的，二是不提供劳动安全卫生条件的，三是随意延长劳动时间的，四是侵犯女职工和未成年工特殊权益的，五是其他严重侵犯职工劳动权益的。

(2) 帮助、指导职工签订劳动合同，代表职工签订集体合同。工会帮助、指导职工与企业以及实行企业化管理的事业单位签订劳动合同；工会代表职工与企业以及实行企业化管理的事业单位进行平等协商，签订集体合同。

(3) 参与企业的民主管理。表现在：1) 国有企业职工代表大会是企业实行民主管理的基本形式，是职工行使民主管理权力的机构，依照法律规定行使职权。国有企业的工会委员会是职工代表大会的工作机构，负责职工代表大会的日常工作，检查、督促职工代表大会决议的执行。2) 企业、事业单位研究经营管理和发展的重大问题应当听取工会的意见；召开讨论有关工资、福利、劳动安全卫生、社会保险等涉及职工切身利益的会议，必须有工会代表参加。值得注意的是，《劳动合同法》在实施职工参与制方面有了重大突破，该法第 4 条第 2 款规定：用人单位在制定、修改或者决定有关劳动报酬、工作时间、休息休假、劳动安全卫生、保险福利、职工培训、劳动纪律以及劳动定额管理等直接涉及劳动者切身利益的规章制度或者重大事项时，应当经职工代表大会或者全体职工讨论，提出方案和意见，与工会或者职工代表平等协商确定。

(4) 参与检查和监督劳动法的贯彻实施情况。表现在：1) 工会依照国家规定对新建、扩建企业和技术改造工程中的劳动条件和安全卫生设施与主体工程同时设计、同时施工、同时投产使用进行监督。对工会提出的意见，企业或者主管部门应当认真处理，并将处理结果书面通知工会。2) 工会发现企业违章指挥、强令工人冒险作业，或者生产过程中发现明显重大事故隐患和职业危害，有权提出解决的建议，企业应当及时研究答复；发现危及职工生命安全的情况时，工会有权向企业建议组织职工撤离危险现场，企业必须及时作出处理决定。

(5) 参与劳动争议或与劳动有关事件的处理工作。表现在：1) 工会参加企业的劳动争议调解工作。地方劳动争议仲裁组织应当有同级工会代表参加。2) 县级以上各级总工会可以为下属工会和职工提供法律服务。3) 职工认为企业侵犯其劳动权益而申请劳动争议仲裁或者向人民法院提起诉讼的，工会应当给予支持和帮助。4) 工会有权对企业、事业单位侵犯职工合法权益的问题进行调查，有关单位应当予以协助。5) 职工因工伤亡事故和其他严重危害职工健康问题的调查处理，必须有工会参加。工会应当向有关部门提出处理意见，并有权要求追究直接负责的主管人员和有关责任人员的责任。对工会提出的意见，应当及时研究，给予答复。6) 企业、事业单位发生停工、怠工事件，工会应当代表职工同企业、事业单位或者有关方面协商，反映职工的意见和要求并提出解决意见。对于职工的合理要求，企业、事业单位应当予以解决。工会协助企业、事业单位做好工作，尽快恢复生产、工作秩序。

工会在集体劳动法律关系中的义务，则主要包括以下几项：

(1) 工会动员和组织职工积极参加经济建设，努力完成生产任务和工作任务。教育职工不断提高思想道德、技术业务和科学文化素质，建设有理想、有道德、有文化、有纪律的职工队伍。

（2）工会协助企业、事业单位、机关办好职工集体福利事业，做好工资、劳动安全卫生和社会保险工作。

（3）工会会同企业、事业单位教育职工以国家主人翁态度对待劳动，爱护国家和企业的财产，组织职工开展群众性的合理化建议、技术革新活动，进行业余文化技术学习和职工培训，组织职工开展文娱、体育活动。

（4）工会应当支持企业、事业单位依法行使经营管理权。

可以看出，我国《工会法》关于工会权利和义务的内容虽然庞杂，但相互之间的逻辑联系不甚明朗，且缺乏集体劳动权理论的指导。因此，我们认为很有必要以“工会代表权”学说为基础，对现行各条款的规定重新进行梳理与整合，使之臻于完善。

（三）用人单位及其团体在集体劳动法律关系中的权利和义务

作为集体劳动法律关系中的另一方当事人，用人单位同样享有相应的权利，包括结社权、集体协商和签订集体合同权等权利。一些国家也赋予雇主采取集体行动的权利，如特定情形下的闭厂（lockouts）权，亦即业主为抵制工人的要求而停工的权利。

但是，相对而言，用人单位履行其在集体劳动法律关系中的法定义务则显得更为重要，这些法定义务主要包括：（1）对工会提出的合理请求予以积极回应（如研究处理、作出答复等）的义务；（2）支持工会依法开展工作的义务；（3）不得侵占、挪用和任意调拨工会的财产、经费和国家拨给工会使用的不动产的义务；（4）善意谈判（good faith bargaining）的义务[①]；（5）禁止从事“不当劳动行为”的义务。用人单位团体的权利、义务，与单一用人单位权利、义务的内容是基本一致的。由于我国用人单位团体缺位的问题仍未得到根本解决，所以我国现行立法尚未对用人单位团体的权利、义务作出具体规定，对此急需从法律上加以明确规制。

【资料链接】

雇主的不当劳动行为

为了保障劳动基本权的实现，各国均赋予雇主或其团体相应的尊重、协作义务以及某些禁止性义务，其中又以“不当劳动行为”制度的设置最为典型。雇主的不当劳动行为（unfair labor practice），又称为不公正劳动行为或不公正劳工措施，是指雇主凭借其经济上的优势地位，以违反劳动法律原则的手段来对抗和侵害劳动者的权利，特别是侵害劳动者的集体权利的措施或行为。[②]

关于雇主不当劳动行为的种类，国际劳工组织 1949 年第 98 号《组织权与集体谈判权公约》第 1、2 条的规定较为具体，有如下两类：一是歧视行为（第 1 条），即在就业方面发生任何排斥工会的歧视行为。包括：（1）将不得加入工会或必须放弃工会会籍作为雇用工人的条件；（2）由于工人加入了工会或者在业余时间或经雇主许可在工作时间参加了工会活动而将其

① 参见［美］罗伯特·A. 高尔曼：《劳动法基本教程——劳工联合与集体谈判》，马静、王增森、李妍、刘鹏飞译，351 页，北京，中国政法大学出版社，2003。

② 参见常凯：《劳权论——当代中国劳动关系的法律调整研究》，337～338 页，北京，中国劳动社会保障出版社，2004。

解雇，或以其他手段予以打击。二是干涉行为（第2条），包括：(1) 工人组织和雇主组织均应享有充分的保护，以防止在组织的建立、运转和管理等方面发生一方直接或通过代理人或会员干涉另一方的任何行为。(2) 特别是其意在促使建立受雇主或雇主组织操纵的工人组织的行为，或者通过财政手段或其他方式支持工人组织以期把它们置于雇主或雇主组织控制之下的行为，应被认为构成本条所称的干涉行为。

根据美、日等国的立法例，在理论上一般把雇主的不当劳动行为主要分为以下四类：(1) 差别待遇，又称不利益对待。差别待遇是指雇主以其有利的经济地位来阻止工会的成立与活动。(2)"黄狗契约"。(3) 拒绝集体谈判。拒绝集体谈判主要表现为雇主对集体谈判的不作为。(4) 控制、干涉工会，又称支配、介入工会，主要指雇主控制或干涉工会组织的成立或活动。①

这些行为在我国当前已不同程度地出现，其中尤以雇主控制、干涉工会现象为盛。因此，我国应当尽快开展对雇主不当劳动行为的研究，并予以相应的法律规制。

问题与思考

1. 什么是劳动法律关系？它与劳动关系有哪些联系和区别？
2. 劳动法律关系具有哪些特征？
3. 劳动法律关系有哪些运行的环节？它们和劳动法律事实有着怎样的关系？
4. 什么是劳动者？界定劳动者身份的“从属性”标准主要包括哪几个方面的内容？
5. 什么是工会？我国工会的特点、法律地位主要体现在哪些方面？
6. 你如何理解非法用人单位的法律地位？
7. 什么是用人单位团体？我国用人单位团体的建立方式有哪些？
8. 劳动法律关系内容的社会性特征主要表现在哪些方面？
9. 什么是“劳动基本权”我国工会在集体劳动法律关系中有哪些权利和义务？

---

① 参见常凯：《劳权论——当代中国劳动关系的法律调整研究》，347～354页，北京，中国劳动社会保障出版社，2004。

第四章

劳动就业法

本章概要

劳动就业法又称促进就业法或就业促进法，是调整劳动就业关系的法律规范的总和。劳动就业法包括就业调控法、反就业歧视法、就业服务法、就业管理法、职业培训法、就业援助法等内容。公民的劳动就业权包括狭义劳动权（职业获得权）、工作自由权、就业平等权、就业服务权、职业培训权、就业援助权、失业保障权等内容。国家对劳动就业权负担尊重、保护和实现的义务，其中实现的义务要求国家采取各种就业政策和措施促进就业。

关键术语

劳动就业　劳动就业法　劳动就业权　充分就业　就业政策　就业平等权　就业歧视　就业服务　就业管理　职业培训　就业援助　公益性岗位

第一节　劳动就业法概述

一、劳动就业法的概念和体系

（一）劳动就业的概念

一般认为，从劳动法的角度，劳动就业是指具有劳动权利能力和劳动行为能力并有劳动意愿的公民获得有报酬的职业。劳动就业具有以下特征：

1. 主体是指具有劳动权利能力和劳动行为能力的公民，或称是在法定劳动年龄内，并且具有劳动能力的公民。关于法定劳动年龄，我国《劳动法》第 15 条规定："禁止用人单位招用未满十六周岁的未成年人。""文艺、体育和特种工艺单位招用未满十六周岁的未成年人，必须遵守国家有关规定，并保障其接受义务教育的权利。"《关于落实再就业政策考核指标几个具体问题的函》（劳社厅函［2003］227 号）规定：就业人员是指在法定劳动年龄内（男 16 岁～60 岁，女 16 岁～55 岁），从事一定的社会经济活动，并取得合法劳动报酬或经营收入的人员。

2. 公民在主观上有就业意愿，或称公民出于自愿。

3. 公民所从事的是合法的经济活动，以提供满足社会需要的商品或服务为目的。

4. 公民从事这种社会劳动可以获得相应的劳动报酬或经营收入。

（二）劳动就业法的概念

为了解决失业问题，越来越多的国家出台促进就业的单项立法，如《德国就业促进法》《西班牙基本就业法案》《意大利促进就业法令》《秘鲁就业促进法》《匈牙利促进就业与失业救济法》《波兰就业与失业法》《俄罗斯联邦居民就业法》等。应社会的需要，为了促进就业，促进经济发展与扩大就业相协调，促进社会和谐稳定，我国第十届全国人大常委会第二十九次会议于2007年8月30日通过了《就业促进法》，自2008年1月1日起施行；2015年4月24日第十二届全国人大常委会第十四次会议予以修订。

在我国，劳动就业法目前尚是一个学理上的概念，并无任何一部法律以此来命名。劳动就业法也可称为促进就业法或就业促进法，是调整劳动就业关系的法律规范的总和。

（三）劳动就业法的调整对象

劳动就业法的调整对象是劳动就业关系，即行政机关、劳动服务机构、用人单位和劳动者之间，在形成劳动关系或促进劳动就业过程中所发生的社会关系。

必须明确，劳动就业关系并非劳动关系。劳动法的调整对象包括两方面的关系：一是劳动关系，这是劳动法调整的最重要、最基本的关系。二是与劳动关系密切联系的某些关系。与劳动关系密切联系的某些关系本身不是劳动关系，但有的是发生劳动关系的必要前提，有的是劳动关系的直接后果，有的是随着劳动关系而附带产生的关系。劳动就业关系一般来说是发生劳动关系的必要前提，但其中的失业保险关系也是劳动关系的直接后果。劳动就业关系作为与劳动关系密切联系的社会关系中的一种，是在形成劳动关系之前的就业过程中发生的社会关系，其目的是形成劳动关系或促进劳动就业。[①]

就劳动就业关系的性质而言，有学者认为是劳动行政关系[②]，有学者认为包括了劳动行政关系和劳动服务关系。[③] 从我国的立法实践来看，劳动就业关系包括劳动行政关系和劳动市场服务关系：（1）劳动行政关系，是指劳动行政部门因履行行政职能而与劳动者、用人单位以及其他劳动关系相关人发生的社会关系。国家进行就业调控和就业管理形成的社会关系是劳动行政关系。（2）劳动市场服务关系，是指劳动市场服务机构与用人单位和劳动者之间为劳动关系的运行提供社会服务而发生的社会关系。劳动服务机构提供就业服务、职业培训、就业援助而形成的社会关系是劳动市场服务关系。

（四）劳动就业法的体系

根据劳动就业法所调整的各种具体的劳动就业关系的不同，劳动就业法可以分为下列几个

---

① 形成劳动关系和促进劳动就业其实是一个性质的问题，其区别仅在于形成劳动关系是就微观角度而言，促进劳动就业是就宏观角度而言。

② 参见董保华：《劳动法论》，48～49、57～60页，北京，世界图书出版公司，1999。

③ 参见王全兴：《劳动法》，3版，37页，北京，法律出版社，2008。

部分，这几个部分共同构成了一个完整的劳动就业法体系：

（1）就业调控法。就业调控法调整国家行政机关在运用宏观调控手段来促进就业的过程中发生的社会关系。其内容包括：就业调控的机构；就业调控的目标；就业调控的政策工具，主要包括财政政策、金融政策、产业政策、投资政策等。我国《就业促进法》第一章“总则”的部分内容和第二章“政策支持”的内容属于就业调控法。

（2）就业管理法。就业管理法也就是劳动力市场管理法，调整国家行政机关在就业管理也就是劳动力市场管理过程中发生的社会关系。其内容包括：就业管理体制；劳动力市场准入管理体制，包括对我国台、港、澳地区人员在大陆（内地）和外国人在我国就业的行政许可管理制度；劳动力市场中介管理，包括对职业介绍机构、境外就业中介机构的行政许可管理制度；就业信息制度，包括失业预警制度、劳动力供求信息网络制度等。我国《就业促进法》第四章“就业服务和管理”的部分内容属于就业管理法。

（3）反就业歧视法。反就业歧视法调整劳动者在获得职业过程中因受到就业歧视而与用人单位和就业服务机构发生的社会关系，主要规范用人单位和就业服务机构的就业歧视行为。反就业歧视法规定就业歧视的界定和就业歧视的法律责任。我国《就业促进法》第三章“公平就业”的内容属于反就业歧视法。

（4）特殊群体就业保障法。特殊群体就业保障法调整妇女、未成年人、残疾人、退役军人、少数民族人员等劳动力市场上的弱势群体在就业过程中发生的社会关系。特殊群体就业保障法追求实质平等，对谋求职业有困难的特殊人群的就业予以特别保护。我国《妇女权益保障法》《未成年人保护法》《残疾人保障法》《民族区域自治法》等中均有相关规定，《就业促进法》中也有个别条文对残疾人等特殊群体的就业予以特别规定。

（5）就业服务法。就业服务法调整政府、就业服务机构与劳动者、用人单位之间为形成劳动关系提供就业服务而发生的社会关系。就业服务法一般包括职业介绍法、职业指导法等。我国《就业促进法》第四章“就业服务和管理”的部分内容属于就业服务法。

（6）职业培训法。职业培训法作为系统规定职业培训制度的专门法，所规定的职业培训包括就业前的培训（即就业训练）与就业后的培训（或称就业中的培训），而劳动就业法主要涉及就业前的培训。国外对职业培训一般单独立法，我国也制定有专门的《职业教育法》，《劳动法》第八章“职业培训”、《就业促进法》第五章“职业教育和培训”的内容属于职业培训法，劳动法著作一般也将其和就业服务法分成不同章节，并列进行研究。我国台湾地区有学者称：一般而言，就业安全体系以就业服务、职业训练及失业保险为其三个主要环节。职业训练法、就业服务法及失业保险法为劳动市场法的三大支柱。[①] 但在学理上可以把就业训练视作就业服务的一部分。

（7）就业援助法。就业援助法调整政府与劳动者、用人单位之间为形成劳动关系提供就业援助而发生的社会关系。就业援助的对象是就业困难人员。我国《就业促进法》第六章“就业援助”的内容属于就业援助法。就业援助实际上是就业服务的一部分。

（8）失业保险法。失业保险法调整政府、失业保险经办机构和失业者之间因失业保险而发生的社会关系。失业保险具有生存保障和促进再就业双重功能，失业保险法也具有社会保障法

---

① 参见黄越钦：《劳动法新论》，390、394页，北京，中国政法大学出版社，2003。

和劳动法的双重属性。由于一般认为失业保险的生存保障功能是主功能，失业保险法属于社会保险法的组成部分，故本书主要在第十七章进行阐述。我国《就业促进法》也仅在第16条原则性地规定：国家建立健全失业保险制度，依法确保失业人员的基本生活，并促进其实现就业。

二、劳动者的劳动就业权利

劳动就业权是劳动关系之外的劳动权，也有学者称就业权。[①] 劳动就业权是劳动权最基本的方面，从逻辑结构上来看，劳动就业权是劳动关系中劳动权的基础和前提，没有劳动就业权，其他后续的劳动权利就无从谈起，因此，劳动就业权是公民最重要、最基本的生存权利，是公民生存和发展的重要基础。劳动就业权的主要内容有：

1. 狭义劳动权（职业获得权）

狭义劳动权是指职业获得权，表现为劳动者要求国家和社会提供就业机会的权利。它主要是一项宪法权利。在社会主义市场经济条件下，劳动权应解释为：有劳动能力和劳动愿望的公民自谋职业不成时可要求国家提供劳动就业机会，如不可能时国家应提供其基本生活保障的权利。它主要包括以下两方面内容：第一，公民有要求国家提供就业机会的权利，国家有为公民提供就业机会的义务，但一般不负担为公民直接安排工作的义务。第二，当公民不能获得相应的工作机会时，国家有保障其基本生活的义务。这一内容与社会保障权的内容有交叉、重合之处，即国家有义务建立作为社会保障制度内容的失业保险和失业救助制度。

2. 工作自由权

工作自由权又称职业自由、营业自由、择业自由、选择职业的自由、自主择业权等，是指公民依据自己意愿选择职业的权利，包括是否从事职业、从事何种职业、何时何地从事职业等方面的选择权。这是近现代国家普遍承认的一项基本人权。在宪法上，该项权利的性质属于自由权，是公民个人意志和行动自由的结果，是“国家所不能侵犯与必须禁止侵犯的基本权利”[②]。工作自由权可分为两个层面：第一，普遍意义上的工作自由权。这是每一个公民都享有的选择从事任何一种合法职业的自由。第二，劳动者在形成劳动关系过程中的自主择业权。这可以归入合同自由权之内。

3. 就业平等权

就业平等权又称平等就业权，是指平等获得就业机会的权利。就业平等权是公民的基本权利之一，是公民宪法上平等权在劳动就业领域的延伸和具体化。维护就业平等权，就必须反对就业歧视。出于形式平等的要求，劳动者不分性别、年龄、出身、种族、民族、宗教信仰等，应享有平等的就业机会。出于实质平等的要求，平等就业并不否定和排除法律对妇女、未成年人、残疾人和少数民族人员等弱势群体所规定的特殊保护制度措施。

---

① 参见王全兴：《劳动法》，3版，343～345页，北京，法律出版社，2004。该书认为，就业权的主要内容有：就业竞争权、自主择业权、平等就业权、职业安定权、公共就业保障权（获得就业服务、职业培训和失业保险等公共保障的权利）。如果超出劳动法的范围，还包括土地承包经营权。对就业权的研究还可参见杨燕绥：《劳动与社会保障立法国际比较研究》，24～45页，北京，中国劳动社会保障出版社，2001。该书第二章为“就业权”。关于就业权的专著参见李运华：《就业权研究》，北京，中国社会科学出版社，2009。

② 王世杰、钱端升：《比较宪法》，126页，北京，中国政法大学出版社，1997。

4. 就业服务权（含职业培训权）

就业服务包括就业登记、职业指导、职业介绍、职业训练、失业保险等内容。王全兴教授指出：就业权的内容包括公共就业保障权，即接受为获得就业机会所必要的就业服务、职业培训和失业保险等公共保障的权利，劳动力供求信息供给、职业指导、职业介绍等就业服务可以疏通劳动者获得就业机会的渠道。由于公共就业保障具有公共产品或准公共产品的属性，应当赋予劳动者免费或低费接受就业服务的权利。① 我国台湾地区有学者明确提出，对未就业者而言，工作权（学理上称劳动权）包括接受职业训练之权、接受就业服务之权、接受就业辅导之权和接受失业救济之权。② 就业服务权是公民的一项基本权利，是由公民的狭义劳动权和相应的国家义务引申出来的权利。

5. 就业援助权

就业援助权是指就业困难人员所享有的，经由国家积极作为获得就业岗位的权利。该权利是从狭义劳动权（职业获得权）所派生的权利，其实现和保障依赖于国家公共权力的介入。就业困难人员因身体状况、技能水平、家庭因素、失去土地等原因难以实现就业，国家如果不承担积极作为的义务援助其就业，就会引起严重的社会问题。因此，国家应通过公益性岗位安置等途径对就业困难人员实行优先扶持和重点帮助。

6. 失业保障权

失业保障权又称免于失业的保障权，包括失业保险权、失业救助权等，这一权利可被视为从狭义劳动权（职业获得权）派生的权利。国家如果不能为每个人提供一个就业机会，就应当保证每个人在失业的时候能够获得充分的经济保障，由此与社会保障权显然有紧密的联系。现在世界上大多数国家都已建立了包括失业保险在内的社会保障制度，包括失业保险权在内的社会保障权已成为一项基本人权。

三、国家的促进就业义务

劳动就业方面的国家义务可分为三类：尊重的义务、保护的义务和实现的义务。③ 这种分析框架已被我国学者应用在劳动权的研究上，如有学者认为，国家对公民劳动权的实现具有承认、尊重、保护和实现的义务。④ 其中，实现的义务又可进一步分为通过协助实现的义务和通过提供实现的义务。这种分析方法可称为国家三重类型义务分析法。⑤

1. 尊重的义务

此义务被视为“否定的”义务（消极的义务），它要求国家不妨碍个人行使权利或不侵犯特定权利，国家承担不予干涉的被动义务。如《世界人权宣言》第23条规定：“（一）人人有权工作、自由选择职业……”这里的选择职业自由权就对应国家不妨碍个人行使权利或不侵犯特定权利。这一义务对应公民的自由权，该权利主要强调免受国家干涉的自由。国家应尊重每一个能自主就业或通过劳动合同受雇就业的人的活动空间。这一义务是可诉的和可裁判的。国

① 参见王全兴：《劳动法》，3版，345页，北京，法律出版社，2008。

② 参见黄越钦：《劳动法新论》，56页，北京，中国政法大学出版社，2003。

③ 这种分类方法参见国际人权法教程项目组编写：《国际人权法教程》，第1卷，5～6页，北京，中国政法大学出版社，2002。

④ 参见李炳安：《公民劳动权初论》，载《湖北师范学院学报（哲学社会科学版）》，2004（1）。

⑤ 参见国际人权法教程项目组编写：《国际人权法教程》，第1卷，344页，北京，中国政法大学出版社，2002。

家应尊重公民平等地获得职业的机会，不得对职业的自由选择权进行干预，除非是出于国家和社会利益并已制定法律明确规定了对职业自由的限制。

2. 保护的义务

此义务是指保护个人的权利不受其他私人（第三人）的侵害。国家应保护包括公民的自由权在内的所有权利不受私人侵害。国家的这一义务主要对应公民的工作自由权、就业平等权等。

3. 实现的义务

此义务又称履行的义务或落实的义务，也是一种“肯定的”义务。该义务相对应的是经济、社会和文化权利，或称受益权，该权利主要强调请求国家对有关权利予以保护和帮助，要求国家采取主动的措施。实现的义务可进一步分为通过协助实现的义务和通过提供实现的义务。

通过协助实现的义务，即为有效实现权利提供条件的义务或称便利义务。① 国家有义务促进特定权利的实现，通过积极的行为增强人们获取资源和享有这种权利的能力。例如《经济、社会和文化权利国际公约》第 6 条规定：“一、本公约缔约各国承认工作权，包括人人应有机会凭其自由选择和接受的工作来谋生的权利，并将采取适当步骤来保障这一权利。二、本公约缔约各国为充分实现这一权利而采取的步骤应包括技术的和职业的指导和训练，以及在保障个人基本政治和经济自由的条件下达到稳定的经济、社会和文化的发展和充分的生产就业的计划、政策和技术。”这种义务包括为人们提供提高其谋生能力的职业培训，以及为残疾人提供特殊的培训和援助项目等。国家的这一义务主要对应公民就业服务权（包括职业培训权）和狭义劳动权。

通过提供实现的义务，即作为提供者的义务或称提供义务。② 显然，仅靠尊重权利、保护权利免受第三人侵害、帮助弱势者尽可能充分地行使权利和为保证每个人的平等机会而进行必要的改革，如反就业歧视，国家还不能确保适当的生活水准。国家有义务直接提供某些权利，这种义务与经济和社会权利的关系最为明显，它适用于个人没有能力享有特定权利的情形。作为提供者的国家的义务范围包括从能使每个人生活在与该国发展水平相适应的贫困线以上的最低限度的安全网，到北欧国家的无所不包的福利模式。1948 年《世界人权宣言》第 25 条第 1 款中确认了国家负有这方面的义务：“……在遭到失业、疾病、残废、守寡、衰老或在其他不能控制的情况下丧失谋生能力时，有权享受保障。”国家有义务提供基本生活保障，在特殊的情况下还有义务为就业困难人员提供工作岗位。国家的这一义务主要对应公民的就业援助权和失业保障权。

第二节　就业调控

一、就业调控概述

（一）就业调控法的概念

就业调控法是调整国家行政机关在运用宏观调控手段来促进就业的过程中发生的社会关系

① 参见国际人权法教程项目组编写：《国际人权法教程》，第 1 卷，376 页，北京，中国政法大学出版社，2002。

② 参见上书，376 页。

的法律规范的总和。我国《就业促进法》第二章“政策支持”的内容，属于就业调控法，该章“明确了国家对促进就业的宏观经济社会政策导向和原则”①。

就业调控法的实质是就业政策的法律化。《就业促进法》第 2 条规定了就业政策和就业方针：“国家把扩大就业放在经济社会发展的突出位置，实施积极的就业政策，坚持劳动者自主择业、市场调节就业、政府促进就业的方针，多渠道扩大就业。”据此，《就业促进法》第 4 条规定：“县级以上人民政府把扩大就业作为经济和社会发展的重要目标，纳入国民经济和社会发展规划，并制定促进就业的中长期规划和年度工作计划。”第 5 条规定：“县级以上人民政府通过发展经济和调整产业结构、规范人力资源市场、完善就业服务、加强职业教育和培训、提供就业援助等措施，创造就业条件，扩大就业。”第 11 条规定：“县级以上人民政府应当把扩大就业作为重要职责，统筹协调产业政策与就业政策。”这些规定明确了国家采取各种调控措施促进劳动就业的义务。

（二）就业调控的机构

关于就业调控的机构，《就业促进法》第 6 条规定：“国务院建立全国促进就业工作协调机制，研究就业工作中的重大问题，协调推动全国的促进就业工作。国务院劳动行政部门具体负责全国的促进就业工作。省、自治区、直辖市人民政府根据促进就业工作的需要，建立促进就业工作协调机制，协调解决本行政区域就业工作中的重大问题。县级以上人民政府有关部门按照各自的职责分工，共同做好促进就业工作。”但是，全国促进就业工作协调机制的地位、组织形式和权力还不够清晰和完善。

（三）就业调控的目标

在国外，国家宏观调控的目标之一是充分就业。我国 1997 年批准了国际劳工组织 1964 年《就业政策公约》（第 122 号公约），该公约要求各成员国应将充分就业作为一项主要目标，应宣布并实行一项积极的政策，其目的在于促进充分的、生产性的和自由选择的就业。当然，充分就业并不意味着一切有劳动能力的人全部就业，存在自愿性失业和摩擦性失业仍然算是充分就业，国际经济学界普遍承认维持在 5%～6%的自然失业率就可以认为达到了充分就业。② 值得指出的是，由于我国农民就业的特殊性，充分就业目标在目前应是指城镇就业目标。

我国就业调控的目标的表现形式主要有失业率和新增工作岗位两种，如 2015 年第十二届全国人大第三次会议上的《政府工作报告》提出，2015 年经济社会发展的主要预期目标包括“城镇新增就业 1 000 万人以上，城镇登记失业率 4.5%以内”。充分就业指标通常以失业率表示，失业率在 5%以下时一般就被认为实现了充分就业。就业调控法应当要求各级政府在国民经济和社会发展计划中对就业调控的目标作出具体规定。《就业促进法》第 4 条规定：“县级以

---

① 劳动和社会保障部组织编写：《中华人民共和国就业促进法讲座》，37 页，北京，中国劳动社会保障出版社，2007。

② 所谓自然失业率，是指在劳动力市场和商品市场自发供求力量起作用时，总供给和总需求处于均衡状态时的失业率，亦称充分就业失业率或称长期均衡失业率。关于自然失业率，参见［美］曼昆：《经济学原理》（下册），梁小民译，193～197 页，北京，三联书店、北京大学出版社，1999。该书认为，自然失业率是失业率围绕它而波动的正常失业率，6%是 1970 年以来大体估算的美国经济自然失业率。

上人民政府把扩大就业作为经济和社会发展的重要目标，纳入国民经济和社会发展规划，并制定促进就业的中长期规划和年度工作计划。”

就业调控的目标应当是有法律效力的目标，这就要求建立法律责任制度。就业调控法应当要求把促进就业目标的实现作为考核各级政府政绩的重要指标，并建立相应的就业促进目标责任制。《就业促进法》第58条规定：“各级人民政府和有关部门应当建立促进就业的目标责任制度。县级以上人民政府按照促进就业目标责任制的要求，对所属的有关部门和下一级人民政府进行考核和监督。”①

二、各种就业政策

（一）财政政策

国家实行有利于促进就业的财政政策，加大资金投入，改善就业环境，扩大就业。县级以上人民政府应当根据就业状况和就业工作目标，在财政预算中安排就业专项资金，用于促进就业工作。就业专项资金用于职业介绍、职业培训、公益性岗位、职业技能鉴定、特定就业政策和社会保险等的补贴，小额贷款担保基金和微利项目的小额担保贷款贴息，以及扶持公共就业服务等。就业专项资金的使用、管理办法由国务院财政部门和劳动行政部门规定。目前就业专项资金即就业补助的投入不足，2012年、2013年、2014年全国公共财政支出决算数分别为125 952.97亿元、140 212.10亿元、151 785.56亿元，其中就业补助决算数分别为736.53亿元、822.56亿元、870.78亿元，分别仅占0.585%、0.587%、0.574%。②

财政政策工具，就是财政政策主体所选择的用以达到政策目标的手段和方法。财政政策工具主要包括政府收入（税收、公债）和政府支出（政府购买、政府转移支付）等。政府支出中的政府购买包括公共消费和公共投资，政府转移支付主要包括社会保障支出、财政补贴、债务支出和对外援助支出。财政补贴主要有价格补贴、企业亏损补贴和财政贴息等。政府在社会保险（如失业保险）、社会救助（如城市居民最低生活保障金）等社会保障方面的支出属于政府转移支付，而就业援助的工具为税费减免、贷款贴息、社会保险补贴、岗位补贴等，其中主要是财政补贴。

国家通过财政和税收优惠政策，扶持第三产业、劳动密集型产业、中小企业和非公有制经济的发展，鼓励境内外投资者向高失业率地区进行生产性投资。同时，国家要增加对公共工程和公益服务部门的财政支出以扩大其就业需求，增加对公共就业服务、职业培训的财政支出以提高公共就业保障能力。这是财政政策中涉及政府支出的公共投资政策，已独立成为投资政策

---

① 这一规定还应当具体化，应当建立就业目标实现报告制度和责任追究制度：一方面，政府要定期向人大报告就业形势和就业目标的完成情况，接受其监督；另一方面，针对就业目标的实现对政府及其部门建立问责制度，明确责任主体和责任承担方式。参见劳动科学研究所课题组：《制定〈促进就业法〉若干问题研究》，载《中国劳动》，2005（3）。

② 参见中华人民共和国财政部网站上的《2012年全国公共财政支出决算表》，见http://yss.mof.gov.cn/2012qhczjs/201307/t20130715_966261.html；《2013年全国公共财政支出决算表》，见http://yss.mof.gov.cn/2013qgczjs/201407/t20140711_1111874.html；《2014年全国一般公共财政支出决算表》，见http://yss.mof.gov.cn/2014czys/201507/t20150709_1269855.html。

和人力政策。

国家通过税收优惠政策鼓励企业增加就业岗位，扶持失业人员和残疾人就业。《就业促进法》第 17 条规定："国家鼓励企业增加就业岗位，扶持失业人员和残疾人就业，对下列企业、人员依法给予税收优惠：（一）吸纳符合国家规定条件的失业人员达到规定要求的企业；（二）失业人员创办的中小企业；（三）安置残疾人员达到规定比例或者集中使用残疾人的企业；（四）从事个体经营的符合国家规定条件的失业人员；（五）从事个体经营的残疾人；（六）国务院规定给予税收优惠的其他企业、人员。"

国家还通过免除行政性事业收费等优惠措施促进特殊群体就业。《就业促进法》第 18 条规定，对从事个体经营的符合国家规定条件的失业人员、从事个体经营的残疾人，有关部门应当在经营场地等方面给予照顾，免除行政事业性收费。

（二）金融政策

国家实行有利于促进就业的金融政策，增加中小企业的融资渠道；鼓励金融机构改进金融服务，加大对中小企业的信贷支持，并对自主创业人员在一定期限内给予小额信贷等扶持。

金融政策工具包括存款准备金率、利率、再贴现、中央银行再贷款、公开市场操作和贷款规模等。为促进就业，国家要优化信贷资金投向，支持产业关联性强、就业潜力大的行业、部门、企业的发展，同时建立服务于就业促进目标的专项信贷资金。

（三）产业政策

县级以上人民政府应当把扩大就业作为重要职责，统筹、协调产业政策与就业政策。国家鼓励各类企业在法律、法规规定的范围内，通过兴办产业或者拓展经营，增加就业岗位。国家鼓励发展劳动密集型产业、服务业，扶持中小企业，多渠道、多方式增加就业岗位。国家鼓励、支持、引导非公有制经济发展，扩大就业，增加就业岗位。国家发展国内外贸易和国际经济合作，拓宽就业渠道。

产业政策包括产业结构政策、产业组织政策、产业区域布局政策等，其中产业结构政策是产业政策的核心。有利于就业增长的产业政策要求国家重视发展第三产业、劳动密集型产业和中小企业、非公有制经济，提高它们创造就业岗位的能力。

（四）投资政策

县级以上人民政府在安排政府投资和确定重大建设项目时，应当发挥投资和重大建设项目带动就业的作用，增加就业岗位。

就公共投资政策而言，国家要大力投资于劳动密集型基础工程建设、公共工程或社区经营的项目，使其成为促进经济发展的重要活动，并为许多贫困人群带来就业和收入。政府支出政策中需要给予特别关注的一个方面就是劳动密集型建设。

（五）人力政策

国家要通过大量的人力资源开发投资，扩大和改善职业培训，培育灵活的就业形式和促进劳动力流动，来解决日益严重的劳动力供求不平衡问题；同时，改善就业服务并保障下岗职工和其他失业人员的基本生活。这一手段又可称为人力政策。① 在知识经济的今天，考虑到我国劳动力总体文化素质低的缺点，大力投资于人力资源开发尤为重要。为此，《就业促进法》第23条规定，各级人民政府采取措施，逐步完善和实施与非全日制用工等灵活就业相适应的劳动和社会保险政策，为灵活就业人员提供帮助和服务。第24条规定，地方各级人民政府和有关部门应当加强对失业人员从事个体经营的指导，提供政策咨询、就业培训和开业指导等服务。

（六）其他政策

国家实行城乡统筹的就业政策，建立、健全城乡劳动者平等就业的制度，引导农业富余劳动力有序转移就业。县级以上地方人民政府推进小城镇建设和加快县域经济发展，引导农业富余劳动力就地就近转移就业；在制定小城镇规划时，将本地区农业富余劳动力转移就业作为重要内容。县级以上地方人民政府引导农业富余劳动力有序向城市异地转移就业；劳动力输出地和输入地人民政府应当互相配合，改善农村劳动者进城就业的环境和条件。

国家支持区域经济发展，鼓励区域协作，统筹、协调不同地区就业的均衡增长。国家支持民族地区发展经济，扩大就业。各级人民政府统筹做好城镇新增劳动力就业、农业富余劳动力转移就业和失业人员就业工作。

第三节 公平就业

一、就业平等权

（一）就业平等权概述

就业平等权又称平等就业权，是指公民平等获得就业机会的权利。就业平等权是宪法上平等权在劳动就业领域的具体化，具有崇高的地位。我国《宪法》第33条规定，“中华人民共和国公民在法律面前一律平等”；第42条规定，“中华人民共和国公民有劳动的权利和义务”。这些宪法规范是所有反就业歧视法律规范的立法基础，其中公民的平等权内在地包括就业平等权。

《劳动法》第3条规定，“劳动者享有平等就业和选择职业的权利”；第12条规定，“劳动者就业，不因民族、种族、性别、宗教信仰不同而受歧视”；第46条规定，“……实行同工同酬”。这些条文都涉及劳动者平等就业和禁止就业歧视的内容。此外，《妇女权益保障法》《残疾人保障法》对妇女就业、残疾人就业平等以及禁止歧视等都作了规定。

《就业促进法》第3条规定：“劳动者依法享有平等就业和自主择业的权利。劳动者就业，不因民族、种族、性别、宗教信仰等不同而受歧视。”与《劳动法》第12条相比，这里增加了一个“等”字，为禁止就业歧视范围的扩大奠定了基础。而且，《就业促进法》第三章“公平

① 参见杨宜勇等：《就业理论与失业治理》，28页，北京，中国经济出版社，2000。

就业”明确规定禁止歧视残疾人、传染病病原携带者、进城就业的农村劳动者。但该规定仍很原则，不够具体和完整。我国未来应借鉴国际公约和国外立法的规定，由国家立法机关制定体系化的、内容完整的“反就业歧视法”[①]，明确界定就业歧视，拓宽歧视原因范围，合理分配举证责任，明确规定抗辩事由，拓展法律责任形式，并理顺救济途径，建立公益诉讼制度，以有效遏制就业歧视行为，保护劳动者的平等就业权。

公民就业平等权的实现涉及和用人单位用人自主权的平衡问题。《就业促进法》第 8 条规定：“用人单位依法享有自主用人的权利。用人单位应当依照本法以及其他法律、法规的规定，保障劳动者的合法权益。”

【案例分析】

李金仁与江西日报社人格尊严权纠纷案[②]

【案情】原告李金仁诉称：2005 年 12 月 14 日，被告在《江西日报》上登出招聘启事，其中基本条件第二条规定：具有国家计划内统招大学本科以上学历，所学专业与报考职位要求相符。原告是有着三年工作经验的成人法学本科生，具备一定的媒体从业经验，完全符合条件，故于 12 月 18 日前往被告处报名，但被告招聘人员却以原告是成人教育毕业生、条件不符为由，拒绝原告参加此次考试。被告违反了劳动者享有平等就业和选择职业的权利，存在学历歧视现象，并且严重伤害了成人教育毕业生及在读生的感情，也违背了其在招聘启事中所提出的要约条件，故要求被告向原告道歉并且公开在《江西日报》上向成人教育毕业生以及在读生刊登致歉信，并承担诉讼费。

法院经审理后认为：公民享有平等就业权，公民的人格尊严受法律保护。原告认为被告存在学历歧视，违反了公民的平等就业权。而平等就业权是指任何公民都平等地享有就业的权利和资格，不因民族、种族、性别、年龄、文化、宗教信仰、经济能力等而受到限制；在应聘某一职位时，任何公民都需平等地参与竞争，任何人不得享有特权，也不得对任何人予以歧视；平等不等于同等，平等是指对于符合要求、符合特殊岗位条件的人，应给予他们平等的机会，而不是不论条件如何都同等对待。特殊岗位根据岗位需要有特殊的要求，企业享有自主经营权，被告在招聘编辑、记者过程中，为了择优录取，要求报考人员必须是全日制普通高校毕业生，而不招收成人教育毕业生这一条件限制，是为了择优录取。故被告没有构成对原告平等就业权（人格尊严权）的侵犯。原告的诉请无事实和法律依据，本院不予支持。为此，依照《中华人民共和国民法通则》第 101 条、《中华人民共和国劳动法》第 3 条之规定，判决如下：驳回原告的诉讼请求。原告预交的本案受理费 50 元、其他诉讼费 100 元，由原告承担。

【分析】该案主要涉及公民平等就业权和用人单位用人自主权的冲突与平衡的问题，体现为就业歧视诉讼中的抗辩事由问题。[③] 我国对女职工和未成年工禁忌劳动范围的规定，对少数

---

① 林嘉：《论我国就业歧视的法律调控》，载《河南社会科学》，2006（5）。

② 参见南昌市东湖区人民法院民事判决书（2006）东民初字第 71 号，见中国知网，http：//law1.cnki.net/kns50/clkd/clkc/detail.aspx？DBName＝CLKC&FileName＝20071122LG0126。

③ 关于抗辩事由的论述，参见娄宇：《德国法上就业歧视的抗辩事由——兼论对我国的启示》，载《清华法学》，2014（4）。

民族劳动者的适当照顾，对残疾人和就业困难人员的就业援助，对传染病病原携带者的就业限制，均属于就业歧视的抗辩事由。我国2006年批准加入的国际劳工组织1958年第111号《消除就业和职业歧视公约》规定，“歧视”是指基于种族、肤色、性别、宗教、政治见解、民族血统或社会出身等原因，具有取消或损害就业或职业机会均等或待遇平等作用的任何区别、排斥或优惠；同时又规定有些情形不应视为歧视：一是“对一项特定职业基于其内在需要的任何区别、排斥或优惠不应视为歧视”，二是“针对有正当理由被怀疑为或证实参与了有损国家安全活动的个人所采取的任何措施，不应视为歧视”，三是为适合某些人员特殊需要而制定的“保护或援助的特殊措施不应视为歧视”。这三种不应视为歧视的情形即构成用人单位的抗辩事由。基于工作内在需要的区别、排斥或优惠，美国称为正当职业资格（bona fide occupational qualification，又称工作相关资格），欧盟称真正职业资格（genuine occupational qualification，又译真实职业资格），该资格是雇主正常经营其事业所合理且必需的。为证明所设要求是合理、正当的，雇主必须提供证据证明该要求：（1）在工作中符合实际需要；（2）适宜实现某一目的；（3）为达到结果所必需。我国法律对此未作规定，可以借鉴国外的相关做法予以完善。

请思考：本案中的学历要求属于正当职业资格吗？

（二）就业平等权对应的国家义务

关于公民就业平等权对应的国家义务，《就业促进法》第三章“公平就业”第25条规定：“各级人民政府创造公平就业的环境，消除就业歧视，制定政策并采取措施对就业困难人员给予扶持和援助。”这里规定政府应当提供公平就业环境、消除就业歧视、扶持和援助就业困难人员，也就是规定了政府在这三方面的义务，具体如下：

首先，政府具有提供公平就业环境的义务。政府提供公平的就业环境，一方面，必须做到在行政立法中不得违反公平就业的原则，政府制定的行政法规、部门规章、地方政府规章和行政规范性文件都不能违反《就业促进法》规定的公平就业的原则，创造良好的法制环境。另一方面，政府自身要严格遵守法律，在公务员和参照公务员法管理的事业单位人员的录用方面做到公平和平等，为用人单位和职业中介机构守法树立榜样。此外，政府有义务进行广泛、深入的法制宣传，促使公平就业的观念深入人心。

其次，政府具有消除就业歧视的义务。政府应当加强劳动监察制度建设，加大劳动监察的执法力度，纠正用人单位和职业中介机构的各种就业歧视现象，为就业歧视的受害者提供有力的行政救济。

最后，政府具有扶持和援助就业困难人员的义务。为了实现实质平等，大多数国家都规定政府对于就业困难的群体和人员进行扶助，国际公约也确认了这一原则。[①]《就业促进法》第六章“就业援助”对就业援助有比较详细的规定。

---

① 例如国际劳工组织1988年第168号《关于促进就业和失业保护的公约》第8条第1款规定：“每一成员应在符合国家法律和惯例的条件下，努力制订特别计划促进额外就业机会和就业帮助，向特定的、在谋求持久就业方面有困难或可能有困难的处境不利者，例如妇女、青年工人、残疾人、老年工人、长期失业者、合法居住在该国的移徙工人以及受到结构性变化影响的工人，提供自由选择的生产性就业。”

【资料链接】

我国首例乙肝就业歧视行政处罚决定①

2010 年 4 月，李晓娜（化名）经几轮求职面试，被苏州××房地产开发有限公司正式录用，公司通知她到医院进行入职体检。李晓娜自行做了普通入职体检，但房地产公司通知其必须补做乙肝两对半的检查，结果显示其中两项指标呈阳性，属于传染性极小的乙肝病毒携带者。2010 年 5 月，房地产公司以工作能力无法胜任为由，通知李晓娜解除劳动关系。其后房地产公司承认是因为乙肝两对半的体检不合格，才导致她被要求解除劳动关系的。李晓娜离开房地产公司后，向吴江市人保局正式递交了行政投诉信，同时向法院提起民事诉讼要求乙肝就业歧视赔偿。吴江市人保局经详细调查并确认相关违法事实后，于 2010 年 8 月 5 日向房地产公司正式下达了劳动保障监察行政处罚决定书，对该公司将乙肝病毒血清学指标作为招用人员的体检项目作出 700 元罚款的处罚，此处罚是我国首个对乙肝就业歧视行为作出的行政处罚。时隔一月后，房地产公司与李晓娜达成和解协议，向其支付了 3 000 元的赔偿金。

二、就业歧视的界定

结合国际公约以及其他国家和地区的相关规定并根据我国国情，就业歧视可界定为：没有合法的目的和原因，基于种族、肤色、宗教、政治见解、民族、社会出身、性别、户籍、残障或身体健康状况、年龄、身高、语言等原因，采取的任何区别、排斥、限制或者给予优惠，其目的或作用在于取消或损害劳动者的就业平等权。

具体来说，就业歧视包括直接歧视和间接歧视：如果非因工作内在需要，用人单位给予一人比在相似条件下的其他人不利的待遇则构成直接歧视；如果一人属于具有法定前述某一典型特征的人群，用人单位对该人和其他不属于该群体的人适用相同的招聘、选拔、考核、报酬等涉及劳动权利的程序或条件，而结果将不利于该群体则构成间接歧视。就业平等权包括但不限于劳动者享有平等获得职业的权利、取得报酬的权利、休息休假的权利、获得劳动安全卫生保护的权利、接受职业技能培训的权利、享受社会保险和福利的权利以及组织和参与工会等方面的权利。也就是说，就业歧视是就业和职业歧视的简称。为促使劳动者实现事实上的平等而采取的积极行为，不得视为歧视；这些措施应在达成事实平等的目的后停止采用。也就是说，根据法律规定以纠正本单位或社会上已经存在的歧视为目的，而给予某一法定人群优惠的，不被视为就业歧视。②

就业歧视行为的主体，包括用人单位和职业中介机构。《就业促进法》第 26 条规定：“用人单位招用人员、职业中介机构从事职业中介活动，应当向劳动者提供平等的就业机会和公平的就业条件，不得实施就业歧视。”用人单位招用人员就业，又称劳动者与用人单位直接洽谈就业，常见的方式是参加用人单位的考试考核，考试考核合格者获得就业岗位而实现就业。职

① 参见唐付强、徐兴民：《2010 年十大劳动法热点事件及律师评析》，见中国人力资源开发网，http：//www.chinahrd.net/law/info/168525。

② 参见林嘉：《论我国就业歧视的法律调控》，载《河南社会科学》，2006（5）。

业中介机构介绍就业，是指职业中介机构将求职的劳动者推荐给用人单位，由用人单位择优录用，劳动者与用人单位签订劳动合同而就业。目前我国反就业歧视法适用于一切用人单位，而不少国家的反就业歧视法律仅适用于雇员数量在一定人数之上的雇主，雇员数量少的雇主豁免适用，如美国《民权法》第七章适用于雇员在15人以上的雇主。基于对用人单位用人自主权和劳动者平等就业权保护的平衡，以及我国许多小微企业（小型企业和微型企业的合称）和个体工商户主要招用亲戚、朋友、同一地域的人员（同乡）的现实，我国应将“反就业歧视法”仅适用于职工达到一定人数以上的用人单位，具体标准可借鉴域外经验并结合中国实际确定。

关于法律责任和救济程序，《就业促进法》第62条明确规定：“违反本法规定，实施就业歧视的，劳动者可以向人民法院提起诉讼。”用人单位招用人员、职业中介机构从事职业中介活动时，如果实施了就业歧视，违反了向劳动者提供平等的就业机会和公平的就业条件的义务，应当承担法律责任，劳动者可以通过向人民法院提起诉讼获得司法救济。目前我国法院仅受理用人单位在招聘劳动者过程中的就业歧视所引发的纠纷，对于招用人员简章和招聘广告中的歧视内容所引发的争议，人民法院不受理。① 只允许劳动者提起私益诉讼的现行法律制度，实际上无法有效遏制用人单位的就业歧视行为。就业歧视关系到社会公共利益，社会正义的价值要求工作岗位向每一个主体保持平等开放的可能性，要求消除就业歧视、实现平等就业。修改后的《民事诉讼法》第55条新增的公益诉讼也应包括就业歧视公益诉讼，未来我国应考虑建立和完善就业歧视公益诉讼制度，允许法律规定的机关（类似国外平等就业机会委员会的专门性行政机构）和社会团体等有关组织（包括NGO）以及公民向人民法院提起公益诉讼。

【理论探讨】

就业歧视诉讼的案由——劳动争议还是侵权纠纷②

案由，是人民法院对诉讼案件所涉及的法律关系的性质进行概括后形成的案件名称。③ 最高人民法院《民事案件案由规定》（2020年）未明确规定“就业歧视纠纷”这一案由，目前司法实践中各地法院做法不一，有的归入劳动争议纠纷，如原告高某与被告北京比德创展通讯技术有限公司一般劳动争议纠纷一案④；有的归入人格权纠纷，如李某与江西日报社人格尊严权纠纷案；有的归入侵权纠纷，如“中国传媒业就业歧视第一案”，即原告×××与被告大众日报社特殊侵权纠纷一案。⑤ 由于人格权纠纷实际上也属于侵权纠纷，故可将就业歧视诉讼的案由概括为劳动争议纠纷和侵权纠纷两种。这两种案由会带来实体和程序上的一系列不同，对劳动者各有利弊。

具体来说，就业歧视案件的案由如果定为劳动争议纠纷，不仅多了劳动争议仲裁这一前置程序，耗时费力，且在管辖（劳动争议在用人单位所在地申请劳动争议仲裁，对仲裁裁决不服

---

① 参见山东省高级人民法院《关于印发全省民事审判工作座谈会纪要的通知》（鲁高法［2008］243号）。

② 参见林嘉、杨飞：《论劳动者受到就业歧视的司法救济》，载《政治与法律》，2013（4）。

③ 参见最高人民法院《关于实施〈民事案件案由规定〉的通知》（2008年4月1日起施行）。

④ 北京市朝阳区人民法院民事判决书（2008）朝民初字第06688号。参见俞里江：《劳动者在乙肝歧视案中的利益保护》，载《人民司法》，2008（24）。

⑤ 济南市历下区人民法院民事判决书（2008）历民初字第3972号。参见北京益仁平中心：《中国反歧视法律行动通讯》，2009年3月（总第4期），见http://www.yirenping.org/upfile/Newsletter04.doc，20111002。

再去法院起诉；侵权纠纷则可直接在侵权行为地或者被告住所地法院起诉）、时效（劳动争议申请仲裁的期间为1年；诉讼时效期间为2年）、法律责任形式（现行劳动法律未规定精神损害赔偿和赔礼道歉等法律责任形式；侵权纠纷则可依据《侵权责任法》等请求精神损害赔偿和赔礼道歉）等方面与侵权纠纷相比均处于不利地位，在诉讼费（劳动争议仲裁不收费，劳动争议案件每件交纳10元案件受理费；侵害人格权的案件每件交纳100元至500元）方面虽较有利但程度有限，几百元的诉讼费（如原告×××与被告大众日报社特殊侵权纠纷一案的案件受理费为300元，实际减半收取150元）未必能构成过重的负担。在法理上，对就业歧视案件来说，劳动争议纠纷的请求权基础是缔约过失请求权[①]，而侵权纠纷的请求权基础是侵权行为损害赔偿请求权，前者只能请求经济损失赔偿，而后者除请求经济损失赔偿外，还可以请求精神损害赔偿和赔礼道歉。

综合权衡，在我国现行法律环境下，选择侵权纠纷作为就业歧视案件的案由对受害的劳动者更有利，在法理上也更圆满一些，但法院应基于作为诉讼当事人的劳动者自主选择行使的请求权来确定案由。[②] 目前我国有的法院要求就业歧视案件中劳动者须先申请劳动争议仲裁[③]，这是不妥当的，与《就业促进法》第62条的明确规定亦不一致。

建议未来最高人民法院明确增加就业歧视纠纷为新的民事案由。就业歧视侵犯的是平等就业权，而平等权在人权中具有崇高的价值和地位。就法律关系的性质而言，就业歧视案件的性质比较复杂，其既具有劳动争议纠纷的特点，侵犯了劳动法上规定的平等就业权，又具有侵犯人格权纠纷的性质，侵犯了劳动者以人格平等、人格尊严为主要内容的一般人格权。目前我国司法实践中已有法官认识到了现行案由规定的不足，如余某诉名幸电子（广州南沙）有限公司平等就业纠纷案[④]，在受理时曾以“一般人格权纠纷”的案由立案，但在开庭审理后，合议庭认为该纠纷既有劳动合同纠纷的性质（“毕业生就业推荐表”和“补充协议”属劳动合同的预约合同），又有一般人格权纠纷的性质，归入其中某一类案由都不能全面反映该法律关系的本质，故最终以“平等就业权纠纷”作为案由。该做法虽存在突破《民事案件案由规定》自创案由的问题，但其自创的案由确实体现了该案的本质。我们建议最高人民法院考虑司法实践的需要，及时新增就业歧视纠纷为新的民事案由。

三、禁止就业歧视

（一）禁止性别歧视

《就业促进法》第27条规定：“国家保障妇女享有与男子平等的劳动权利。用人单位招用

---

① 原告高某与被告北京比德创展通讯技术有限公司一般劳动争议纠纷一案的主审法官俞里江即主张劳动合同缔约过程中劳动者权益应得到保护，劳动者要求用人单位承担信赖利益赔偿的范围应包括积极损害（为缔约所支出的各种费用）与机会损失（应得工资收入损失），合同法中关于缔约过失责任的相关规定在劳动合同缔约过程中的信赖利益损害赔偿中可参照适用。参见俞里江：《劳动者在乙肝歧视案中的利益保护》，载《人民司法》，2008（24）。

② 最高人民法院《关于印发修改后的〈民事案件案由规定〉的通知》（法［2011］42号）规定：“在请求权竞合的情形下，人民法院应当按照当事人自主选择行使的请求权，根据当事人诉争的法律关系的性质，确定相应的案由。”

③ 参见山东省高级人民法院《关于印发全省民事审判工作座谈会纪要的通知》（鲁高法［2008］243号）。

④ 广州市南沙区人民法院民事判决书（2008）南法民一初字第180号。参见徐于棋：《余某诉名幸电子（广州南沙）有限公司平等就业纠纷案——乙肝病毒携带者的平等就业权受法律保护》，见 http：//www.labourlaw.org.cn/detail_show_c_alpx_77.aspx，20120408。

人员，除国家规定的不适合妇女的工种或者岗位外，不得以性别为由拒绝录用妇女或者提高对妇女的录用标准。用人单位录用女职工，不得在劳动合同中规定限制女职工结婚、生育的内容。”据此，用人单位招用女职工时有两个义务：

第一，用人单位招用人员，除国家规定的不适合妇女的工种或者岗位外，不得以性别为由拒绝录用妇女或者提高对妇女的录用标准。《劳动法》第13条也规定：妇女享有与男子平等的权利。在录用职工时，除国家规定的不适合妇女的工种或者岗位外，不得以性别为由拒绝录用妇女或者提高对妇女的录用标准。依据国务院2012年《女职工劳动保护特别规定》，“女职工禁忌从事的劳动范围”包括：(1) 矿山井下作业；(2) 体力劳动强度分级标准中规定的第四级体力劳动强度的作业；(3) 每小时负重6次以上、每次负重超过20公斤的作业，或者间断负重、每次负重超过25公斤的作业。该规定还规定了女职工在经期、孕期、哺乳期禁忌从事的劳动范围。

第二，用人单位录用女职工，不得在劳动合同中规定限制女职工结婚、生育的内容。目前我国有些劳动合同中含有限制婚育条款（又称禁婚育条款），女职工结婚、生育即终止劳动合同。这些限制婚育条款违反妇女的基本人权，我国法律、法规均予以禁止。

2012年6月28日，深圳市人大常委会通过了国内首部关于性别平等的地方性法规——《深圳经济特区性别平等促进条例》，该条例在反性别歧视等方面有一些突破性、创新性的规定。

【资料链接】

中国就业性别歧视第一案

中国就业性别歧视第一案为曹菊（化名）诉北京市海淀区新巨人培训学校案。被告招行政助理仅限男性，原告求职被拒录后于2012年7月11日起诉，要求被告书面赔礼道歉并赔偿精神损害抚慰金5万元。2013年12月18日，海淀区人民法院以调解方式结案，被告当庭递送《致歉函》，并支付3万元用做反性别歧视专项资金。①

中国第一例原告胜诉的就业性别歧视案为郭晶诉杭州市西湖区东方烹饪职业技能培训学校一般人格权纠纷案。被告招文案策划仅限男性，原告求职被拒后于2014年7月8日起诉，要求被告书面赔礼道歉并赔偿精神损害抚慰金5万元。2014年11月12日西湖区人民法院判决原告郭晶胜诉，认定被告就业性别歧视成立，并判决被告赔偿原告精神损害抚慰金2 000元，但以法律依据不足为由驳回了郭晶要求赔礼道歉的诉求。郭晶对此只需赔钱无须道歉的判决表示不服，于2014年11月21日上诉至杭州市中级人民法院。2015年1月26日杭州市中级人民法院二审审结，维持原判。②

（二）禁止民族歧视和对少数民族人员就业的特殊保障

《就业促进法》第28条规定：“各民族劳动者享有平等的劳动权利。用人单位招用人员，应当依法对少数民族劳动者给予适当照顾。”这里的“依法”主要是指依照《民族区域自治法》

---

① 参见宋利彩：《见就业性别歧视第一案和解结案》，见人民网，http：//acwf. people. com. cn/n/2013/1220/c99013-23904887. html。

② 参见浙江省杭州市中级人民法院民事判决书（2015）浙杭民终字第101号，见 http：//openlaw. cn/judgement/6203aca961c242c98ee3200417fc454f。

的有关规定。1984 年 5 月 31 日全国人大通过的《民族区域自治法》（2001 年修正）对就业问题有专门规定，主要内容是优先招用少数民族人员：（1）第 22 条规定，民族自治地方的自治机关录用工作人员的时候，对实行区域自治的民族和其他少数民族的人员应当给予适当的照顾。（2）第23 条规定，民族自治地方的企业、事业单位依照国家规定招收人员时，优先招收少数民族人员，并且可以从农村和牧区少数民族人口中招收。（3）第 67 条规定，上级国家机关隶属的在民族自治地方的企业、事业单位依照国家规定招收人员时，优先招收当地少数民族人员。

1991 年国务院《关于进一步贯彻实施中华人民共和国民族区域自治法若干问题的通知》还规定，在民族自治地方兴办的企业，要尽可能多招收少数民族人员，招收少数民族人员的比例应根据不同企业的具体情况，由民族自治地方与企业商定。民族自治地方每年编制内的干部和职工自然减员、缺额及国家当年新增用人指标由民族自治地方通过考核予以补充，对少数民族人员优先录用。上级政府在每年下达的农业户口转非农业户口计划中，划出一定指标用于民族自治地方在农牧民中招收少数民族职工。

（三）禁止残疾歧视和对残疾人就业的特殊保障

《就业促进法》第 29 条规定："国家保障残疾人的劳动权利。各级人民政府应当对残疾人就业统筹规划，为残疾人创造就业条件。用人单位招用人员，不得歧视残疾人。"这设定了用人单位不得歧视残疾人的义务。

为了切实保障残疾人的劳动权益得到实现，我国《残疾人保障法》（2018 年修正）还规定国家必须采取积极措施，促进残疾人就业平等权的实现。《残疾人保障法》第 30 条规定：国家保障残疾人劳动的权利。各级人民政府应当对残疾人劳动就业统筹规划，为残疾人创造劳动就业条件。第 31 条规定，残疾人劳动就业，实行集中与分散相结合的方针，采取优惠政策和扶持保护措施，通过多渠道、多层次、多种形式，使残疾人劳动就业逐步普及、稳定、合理。国家采取的积极措施具体包括以下三方面：

（1）残疾人的集中安置。集中就业是指残疾人在各类福利企业和盲人按摩医疗等单位劳动就业。《残疾人保障法》第 32 条规定，政府和社会举办残疾人福利企业、盲人按摩机构和其他福利性单位，集中安排残疾人就业。第 36 条第 1、3 款规定：国家对安排残疾人就业达到、超过规定比例或者集中安排残疾人就业的用人单位和从事个体经营的残疾人，依法给予税收优惠，并在生产、经营、技术、资金、物资、场地等方面给予扶持。政府采购，在同等条件下应当优先购买残疾人福利性单位的产品或者服务。

（2）分散吸收残疾人就业。《残疾人保障法》第 33 条规定：国家实行按比例安排残疾人就业制度。国家机关、社会团体、企业事业单位、民办非企业单位应当按照规定的比例安排残疾人就业，并为其选择适当的工种和岗位。达不到规定比例的，按照国家有关规定履行保障残疾人就业义务。国家鼓励用人单位超过规定比例安排残疾人就业。残疾人就业的具体办法由国务院规定。国务院于 2007 年制定了《残疾人就业条例》。

（3）鼓励、帮助残疾人自愿组织起来从业或者个体开业。《残疾人保障法》第 34 条规定，国家鼓励和扶持残疾人自主择业、自主创业。第 35 条规定，地方各级人民政府和农村基层组织，应当组织和扶持农村残疾人从事种植业、养殖业、手工业和其他形式的生产劳动。第 36 条第 1 款第二句规定，国家对从事个体经营的残疾人，免除行政事业性收费。

为了实现实质平等，我国的行政法规还规定了用人单位积极作为的扶持义务。国务院2007年《残疾人就业条例》第二章专门规定了“用人单位的责任”：用人单位应当按照一定比例安排残疾人就业，并为其提供适当的工种、岗位。用人单位安排残疾人就业的比例不得低于本单位在职职工总数的1.5%。具体比例由省、自治区、直辖市人民政府根据本地区的实际情况规定。用人单位安排残疾人就业达不到其所在地省、自治区、直辖市人民政府规定比例的，应当缴纳残疾人就业保障金。集中使用残疾人的用人单位中从事全日制工作的残疾人职工，应当占本单位在职职工总数的25%以上。这些规定为残疾人的就业提供了有力的法律保障。

（四）禁止健康歧视

《就业促进法》第30条规定：用人单位招用人员，不得以是传染病病原携带者为由拒绝录用。但是，经医学鉴定传染病病原携带者在治愈前或者排除传染嫌疑前，不得从事法律、行政法规和国务院卫生行政部门规定禁止从事的易使传染病扩散的工作。

目前对传染病病原携带者的就业歧视（学理上又称健康歧视）主要是指乙肝歧视。[①] 尽管权威的医学专家已经明确指出：除了少数特殊行业外，慢性乙型肝炎病毒携带者可照常参加工作，但是许多单位在录用过程中仍通过设置一定的体检标准来限制乙肝病毒携带者的录用。乙肝歧视问题因为“张先著案”[②] 和“周一超案”[③] 两个案例引起了社会的广泛关注。劳动和社会保障部于2007年5月发布《关于维护乙肝表面抗原携带者就业权利的意见》，要求维护乙肝表面抗原携带者合法就业的权利。《就业促进法》第30条规定了禁止歧视传染病病原携带者及其例外两个方面的内容：

一方面，传染病病原携带者平等享有同正常人一样的劳动权利，用人单位招用人员时，一般不得以求职者是传染病病原携带者为由拒绝录用。《就业服务与就业管理规定》第19条第2款规定：用人单位招用人员，除国家法律、行政法规和国务院卫生行政部门规定禁止乙肝病原携带者从事的工作外，不得强行将乙肝病毒血清学指标作为体检标准。用人单位违反该规定的，由劳动保障行政部门责令改正，并可处以1 000元以下的罚款；对当事人造成损害的，应当承担赔偿责任。

另一方面，在法定情形下也有例外，传染病病原携带者就业受到限制。这种情形就是：经医学鉴定传染病病原携带者在治愈前或者排除传染嫌疑前，不得从事法律、行政法规和国务院卫生行政部门规定禁止从事的易使传染病扩散的工作。这里要求必须“经医学鉴定”才能认定传染病病原携带者是否治愈或者排除传染嫌疑，从而才能决定是否限制传染病病原携带者的就

---

① 此外还有艾滋病歧视。例如《云南省艾滋病防治条例》（2020年）第8条规定：……不得歧视艾滋病病毒感染者和艾滋病病人……感染者和病人及其家庭成员的婚姻、就业、就医……等合法权益受法律保护。此前中国已出现艾滋病就业歧视案，参见乔剑：《“艾滋歧视第一案”终审判决 原告称将申请再审》，见新华网，http://news.xinhuanet.com/legal/2011-03/24/c_121226294.htm，2013-06-14。

② 安徽芜湖青年张先著于2003年6月30日参加了安徽省国家公务员考试，笔试和面试成绩都排名第一，但因在随后的体检中被发现携带乙肝病毒而未被录取。同年11月10日，张先著向芜湖市新芜区人民法院起诉芜湖市人事局“歧视乙肝患者”，最终获得胜诉。该案被称为国内“乙肝歧视第一案”。

③ 浙江大学农业与生物技术学院农学系学生周一超参加嘉兴市秀洲区政府公务员考试，笔试排名第三，却未收到录取通知书。2003年4月3日，周一超到区劳动局询问经办人干某后得知自己未被录取的原因是体检结果为“小三阳”，在争吵过程中，周一超持水果刀杀人，酿成一死一重伤的重大血案，最终周一超被判处死刑。

业权利。根据《食品安全法》《公共场所卫生管理条例》《化妆品卫生监督条例》等法律、法规，传染病病原携带者禁止从事的易使传染病扩散的工作主要有以下几类：(1) 食品生产经营中从事接触直接入口食品的工作；(2) 饮用水的生产、管理、供应等工作；(3) 在公共场所从事直接为顾客服务的工作； (4) 托幼机构的保育、教育等工作； (5) 美容、整容等工作；(6) 直接从事化妆品生产的工作；(7) 其他与人群接触密切的工作。除了这些法定情形外，传染病病原携带者从事其他工作都不应当受到限制，否则即构成歧视。

【理论探讨】

乙肝就业歧视诉讼中的举证责任和法律责任形式[①]

1. 就业歧视的举证责任——谁来证明就业歧视

目前我国就业歧视诉讼中的举证责任，依据《民事诉讼法》规定的“谁主张，谁举证”原则，劳动者如主张用人单位实施了就业歧视行为，有责任提供相应的证据，否则会面临败诉的后果。而在实践中，一般情况下劳动者对其求职时不被录取的结果很难提出有力的证据证明是因为被歧视。根据英国和美国法，只要原告能够提供表面的证据证明歧视的存在，被告就要承担反驳的举证责任。我们建议我国在反就业歧视立法中借鉴英美法的经验，采用举证责任倒置原则或合理分配举证责任。[②]

在立法修改举证责任之前，法官应当运用经验法则进行事实推定，以免除劳动者的举证责任。如在余某诉名幸电子（广州南沙）有限公司平等就业纠纷案中，被告拒绝履行与原告签订的就业协议，原告认为原因是其乙肝两对半的体检结果为大三阳，故属于歧视，而被告则陈述是因为原告迟到和体检不合格，但未提供原告迟到的证据。合议庭认为，如果被告因为原告迟到而拒绝履行就业协议，就应当拒绝原告参加体检并直接告知拒绝录用的原因。但事实上被告仍然安排原告体检，待知晓原告体检结果后才要求原告离开公司，故其拒绝录用的原因是显而易见的。在双方均无法提供证据的情况下，合议庭推定被告拒绝履行就业协议的真正原因是原告体检乙肝两对半结果为大三阳。在原告高某与被告北京比德创展通讯技术有限公司一般劳动争议纠纷一案中亦有类似推定。由上可见，法院在就业歧视诉讼中恰当运用事实推定，有利于实现程序正义和实质公正。

2. 就业歧视的法律责任形式——被告应承担何种法律责任

我国《就业促进法》等劳动法律、法规并未明确规定就业歧视的法律责任形式，目前司法实践中就业歧视的民事法律责任形式包括以下几种：

(1) 经济损失赔偿。经济损失应包括被歧视者的实际经济损失，如误工费、交通费、体检费等。误工费的计算方法是劳动者丧失工作机会的时间乘以约定工资，如余某诉名幸电子（广州南沙）有限公司平等就业纠纷案中，经济损失被认为是原告遭受的可期待利益损失，从原告报到至离开广州合计 36 天，参照原告试用期 1 988 元/月的工资标准折合为 66.26 元/天，共 2 335元；如无约定工资，则乘以离职前的平均工资，如原告高某与被告北京比德创展通讯技

---

① 参见林嘉、杨飞：《论劳动者受到就业歧视的司法救济》，载《政治与法律》，2013 (4)。

② 类似的建议参见蔡定剑、刘小楠：《反就业歧视法专家建议稿及海外经验》，19～20 页，北京，社会科学文献出版社，2010。

术有限公司一般劳动争议纠纷一案中，经济损失被认为是原告自原单位离职至其再次就业前的信赖利益损失，法院参照原告离职前的平均工资 2 703.5 元/月计算 6 个半月，共计 17 572.75 元；如系首次就业且无约定工资，则法院一般不支持误工费，如劳动者周某诉广西金桂浆纸业有限公司就业歧视案（但该案法院判决用人单位赔偿原告精神抚慰金 1 万元）。[①] 需要注意的是，在余某诉名幸电子（广州南沙）有限公司平等就业纠纷案中，原告虽未提供相应的交通费和体检费证据，但合议庭均以合理标准支持了原告的请求，值得肯定。

(2) 精神损害赔偿。实践中法院的做法不一，有的以劳动者未能举证证明其精神损害达到严重程度为由不支持精神损害赔偿，如余某诉名幸电子（广州南沙）有限公司平等就业纠纷案；有的则以被告侵犯平等就业权，导致原告为此产生巨大的心理压力和精神痛苦为由责令被告赔礼道歉并赔偿精神损害抚慰金，如原告×××与被告大众日报社特殊侵权纠纷一案。

(3) 赔礼道歉。行为人不赔礼道歉的，法院可以判决按照确定的方式进行，产生的所有费用由行为人承担。如在原告高某与被告北京比德创展通讯技术有限公司一般劳动争议纠纷一案和原告×××与被告大众日报社特殊侵权纠纷一案中，法院均判决被告向原告书面赔礼道歉，道歉内容由法院审定或核准，如逾期不履行，法院将把判决书主要内容在当地公开发行的报纸上刊登，费用由被告负担。

此外，原告胜诉则应由被告承担诉讼费，如在原告×××与被告大众日报社特殊侵权纠纷一案中，案件受理费 300 元减半收取 150 元，由被告大众日报社承担。

(五) 禁止户籍歧视

《就业促进法》第 31 条规定："农村劳动者进城就业享有与城镇劳动者平等的劳动权利，不得对农村劳动者进城就业设置歧视性限制。"

目前我国的户籍制度上仍存在着农业户口和非农户口的区别。随着产业结构的调整和城市化进程的推进，大量的农业劳动者向城镇转移，但这部分人口在城镇就业时受到很多限制，随着构建社会主义和谐社会进程的推进，这些限制性文件已逐步被废止，农村劳动者进城就业的歧视性限制在法律上逐步得到消除。

【资料链接】

国家要求消除对农村劳动者进城就业的歧视性限制

2006 年国务院《关于解决农民工问题的若干意见》提出：要逐步实行城乡平等的就业制度。统筹城乡就业，改革城乡分割的就业管理体制，建立城乡统一、平等竞争的劳动力市场，逐步形成市场经济条件下促进农村富余劳动力转移就业的机制，为城乡劳动者提供平等的就业机会和服务。各地区、各部门要进一步清理和取消各种针对农民工进城就业的歧视性规定和不合理限制，清理对企业使用农民工的行政审批和行政收费，不得以解决城镇劳动力就业为由清退和排斥农民工。

---

① 参见夏群珍：《拒绝录用身患乙肝大学生 用人单位被判赔偿精神抚慰金》，载《人民法院报》，2008 - 07 - 28，3 版。

第四节　就业服务和管理

一、就业服务法

（一）就业服务法概述

1. 就业服务

就业服务，是指就业服务主体为劳动者实现就业和用人单位招用劳动者提供的社会服务。它是劳动力市场运行机制和国家劳动政策实施体系的一个重要组成部分。具体来说，应从以下几个方面来理解就业服务：

第一，就业服务的提供者是专门的就业服务主体。该就业服务主体既可以是公共就业服务机构，也可以是私立就业服务机构；既可以是营利性服务机构，也可以是非营利性服务机构。

第二，就业服务的服务对象是劳动者和用人单位，即劳动力的供求双方。

第三，就业服务的内容是提供各种社会服务。该服务与劳动行政部门所承担的管理职责是不一样的，其主要目的在于建立和规范劳动力市场，促使劳动力与生产资料的结合，促进就业。就业服务的内容有核心内容和支持内容之分：核心内容把劳动力的供求双方匹配起来，支持内容包括正确评估劳动者的能力、开发劳动技能以及各种促进就业的项目，这些都是随着就业服务体系的发展不断增加的新内容。

第四，获得就业服务是劳动者的一项基本劳动权利。就业服务权是指劳动者享有获得职业指导、职业介绍等内容的就业服务的权利。就业服务权是劳动权的基本内容。在现代社会中，获得就业服务权是实现劳动权的前提。国家负有保护和协助实现的义务，必须为劳动者获得就业服务提供条件，保障劳动者的就业服务权，促进就业。

2. 就业服务法

我国就业服务体系是随着就业体制的改革逐步发展起来的，起步比较晚；就业服务主体始终是以公共就业服务机构为主，其他服务机构为辅；就业服务内容从一开始就是以积极促进就业为目的，服务内容随着就业服务体系的发展不断完善，初步建立适合我国劳动力市场的就业服务体系；就业服务立法长期以来比较零散，以部门规章为主。我国 2007 年 8 月 30 日通过的《就业促进法》（2015 年修正）在第四章规定了“就业服务和管理”，相应地，劳动和社会保障部于 2007 年 10 月 30 日通过了《就业服务与就业管理规定》（2022 年修订），自 2008 年 1 月 1 日起施行（劳动部 1994 年《职业指导办法》、劳动和社会保障部 2000 年《劳动力市场管理规定》同时废止）。

（二）就业服务法的内容

1. 公共就业服务体系

县级以上人民政府建立健全公共就业服务体系，设立公共就业服务机构，为劳动者免费提供下列服务：(1) 就业政策、法规咨询；(2) 职业供求信息、市场工资指导价位信息和职业培训信息发布；(3) 职业指导和职业介绍；(4) 对就业困难人员实施就业援助；(5) 办理就业登记、失业登记等事务；(6) 其他公共就业服务。公共就业服务机构应当不断提高服务的质量和效率，不得从事经营性活动。公共就业服务经费纳入同级财政预算。

地方各级人民政府和有关部门不得举办或者与他人联合举办经营性的职业中介机构。地方各级人民政府和有关部门、公共就业服务机构举办的招聘会，不得向劳动者收取费用。违反《就业促进法》的规定，地方各级人民政府和有关部门、公共就业服务机构举办经营性的职业中介机构，从事经营性职业中介活动，向劳动者收取费用的，由上级主管机关责令限期改正，将违法收取的费用退还劳动者，并对直接负责的主管人员和其他直接责任人员依法给予处分。

2. 人力资源市场信息服务体系

公共就业服务机构应当建立健全人力资源市场信息服务体系，完善职业供求信息、市场工资指导价位信息、职业培训信息、人力资源市场分析信息的发布制度，为劳动者求职择业、用人单位招用人员以及培训机构开展培训提供支持。

3. 就业服务的对象

我国的就业服务机构大都设在城镇，服务对象大多为城镇居民。[①]《就业服务与就业管理规定》第 63 条规定："在法定劳动年龄内，有劳动能力，有就业要求，处于无业状态的城镇常住人员，可以到常住地公共就业服务机构进行失业登记。"其中，没有就业经历的城镇户籍人员，在户籍所在地登记；农村进城务工人员和其他非本地户籍人员在常住地稳定就业满 6 个月的，失业后可以在常住地登记。该规定将农村进城务工人员和其他非本地户籍人员有条件地纳入失业登记的对象范围，是城乡统一的劳动力市场建设的重要一步。

二、就业管理法

(一) 就业管理法的概念和性质

就业管理法，即劳动力市场管理法，或称人力资源市场管理法[②]，是调整国家行政机关在就业管理即劳动力市场管理过程中发生的社会关系的法律。2007 年《就业促进法》在第四章规定了"就业服务和管理"，劳动和社会保障部于 2007 年 10 月 30 日通过了《就业服务与就业管理规定》予以配套。

就业管理法调整社会关系所形成的是劳动行政法律关系。劳动行政法律关系是一种行政法律关系，具有行政法律关系的一般属性[③]，因此，严格来说，就业管理法在性质上属于行政法。法律在对劳动行政关系进行调整时，既适用行政法的各项原则和基本制度，也适用劳动法的基本原则。

---

① 参见黄小花、王铁军：《就业服务的国际经验》，载《人才开发》，1998 (1)。

② 对人力资源市场管理的论述参见王全兴：《劳动法》，3 版，360～361 页，北京，法律出版社，2008。

③ 参见王全兴：《劳动法》，3 版，71 页，北京，法律出版社，2008。

【理论探讨】

工作自由权与就业管理法

就业管理法应以保护工作自由权为原则，这就要求放松行政管制，对工作自由权的限制须有正当理由。工作自由权又称自主择业权，是指公民依据自己意愿选择职业的权利，包括是否从事职业、何时、何地从事何种职业等方面的选择权。这是近现代国家普遍承认的一项基本人权，我国也应承认工作自由权为公民的基本权利。

当然，任何权利都不是无限制的，国家出于维护公共利益和社会公德的考虑，对工作自由权一般有下述几个方面合理的限制：

1. 行政许可制度的限制。个人、组织须经行政机关许可方可从事某种职业，例如职业中介和境外就业中介实行行政许可制度，港、澳、台人员在内地就业和外国人在中国就业均实行就业许可制度等。

2. 禁止从事非法职业，诸如贩毒、赌博、卖淫等违反公共利益或社会公德的“职业”。

3. 特种职业资格的限制。例如医生、护士、药剂师、建筑师、工程师、律师、会计师、教师等与公共利益或他人利益重大相关的职业，只有受过专门教育、具备专门能力并通过专门资格考试的公民获许可后才能从事这些特种职业。

4. 对某些弱势群体就业的限制。这是旨在防止妇女、儿童和未成年人等弱势群体在某种条件下工作的规定，例如规定最低就业年龄、禁止妇女从事矿山井下工作、禁止招收童工等。

需要注意的是，对工作自由权的限制必须合理、合法。我国过去对职业资格的许可设置过多，严重损害了公民的职业自由权。为了简政放权、促进创业就业，自 2014 年 7 月至 2016 年 6 月，国务院分 6 批取消了 319 项职业资格许可和认定事项（占国务院部门设置职业资格总数的 52%）：2014 年 7 月发布的《国务院关于取消和调整一批行政审批项目等事项的决定》（国发〔2014〕27 号）取消企业法律顾问等 11 项，2014 年 11 月发布的《国务院关于取消和调整一批行政审批项目等事项的决定》（国发〔2014〕50 号）取消注册企业培训师等 67 项，2015 年 3 月发布的《国务院关于取消和调整一批行政审批项目等事项的决定》（国发〔2015〕11 号）取消景观设计师等 67 项，2015 年 7 月发布的《国务院关于取消一批职业资格许可和认定事项的决定》（国发〔2015〕41 号）取消外贸会计等 62 项，2016 年 1 月发布的《国务院关于取消一批职业资格许可和认定事项的决定》（国发〔2016〕5 号）取消注册人力资源管理师、咖啡师等 61 项。[①] 2016 年 6 月发布的《国务院关于取消一批职业资格许可和认定事项的决定》〔国发（2016）35 号〕又取消了招标师等 47 项。国务院还决定：“对国务院部门设置实施的没有法律法规依据的准入类职业资格，以及国务院行业部门和全国性行业协会、学会自行设置的水平评价类职业资格一律取消；有法律法规依据，但与国家安全、公共安全、公民人身财产安全关系不密切或不宜采取职业资格方式管理的，按程序提请修订法律法规后予以取消。”“尽快公布国家职业资格目录清单，目录之外不得开展职业资格许可和认定。”人力资源和社会保障部决

① 参见《盘点：国务院分 5 批取消 272 项职业资格许可和认定事项》，见中国政府网，http：//www.gov.cn/xinwen/2016—01/13/content _ 5032707.htm。

定自2015年11月12日起，废止原劳动和社会保障部2000年《招用技术工种从业人员规定》，从而取消了营业员、摄影师、秘书等90个职业资格。

（二）就业管理法的内容

1. 培育和完善人力资源市场

（1）县级以上人民政府培育和完善统一开放、竞争有序的人力资源市场，为劳动者就业提供服务。

（2）县级以上人民政府鼓励社会各方面依法开展就业服务活动，加强对公共就业服务和职业中介服务的指导和监督，逐步完善覆盖城乡的就业服务体系。

（3）县级以上人民政府加强人力资源市场信息网络及相关设施建设，建立健全人力资源市场信息服务体系，完善市场信息发布制度。

（4）县级以上地方人民政府对职业中介机构提供公益性就业服务的，按照规定给予补贴。国家鼓励社会各界为公益性就业服务提供捐赠、资助。

（5）县级以上人民政府和有关部门加强对职业中介机构的管理，鼓励其提高服务质量，发挥其在促进就业中的作用。

2. 对职业中介机构的管理

职业中介机构，是指由法人、其他组织和公民个人举办，为用人单位招用人员和劳动者求职提供中介服务以及其他相关服务的经营性组织。

（1）从事职业中介活动，应当遵循合法、诚实信用、公平、公开的原则。用人单位通过职业中介机构招用人员，应当如实向职业中介机构提供岗位需求信息。禁止任何组织或者个人利用职业中介活动侵害劳动者的合法权益。

（2）设立职业中介机构应当具备下列条件：有明确的章程和管理制度；有开展业务必备的固定场所、办公设施和一定数额的开办资金；有一定数量具备相应职业资格的专职工作人员；法律、法规规定的其他条件。

（3）设立职业中介机构，应依法办理登记和申请行政许可。2007年《就业促进法》第40条第2款规定："设立职业中介机构，应当依法办理行政许可。经许可的职业中介机构，应当向工商行政部门办理登记。"2015年4月24日全国人大常委会将《就业促进法》此款修改为："设立职业中介机构应当在工商行政管理部门办理登记后，向劳动行政部门申请行政许可。"设立职业中介机构或其他机构开展职业中介活动，须经劳动保障行政部门批准，并获得职业中介许可证。未经依法许可和登记的机构，不得从事职业中介活动。未经许可和登记，擅自从事职业中介活动的，由劳动行政部门或者其他主管部门依法予以关闭；有违法所得的，没收违法所得，并处1万元以上5万元以下的罚款。国家对外商投资职业中介机构和向劳动者提供境外就业服务的职业中介机构另有规定的，依照其规定。2001年，劳动和社会保障部、国家工商行政管理总局发布了《中外合资中外合作职业介绍机构设立管理暂行规定》（2019年修改）。2002年，劳动和社会保障部、公安部、国家工商行政管理总局发布了《境外就业中介管理规定》。

（4）依据《就业服务与就业管理规定》，职业中介机构应当在服务场所明示营业执照、职业中介许可证、服务项目、收费标准、监督机关名称和监督电话等，并接受劳动保障行政部门及其他有关部门的监督检查。未明示职业中介许可证、监督电话的，由劳动保障行政部门责令改正，并可处以1 000元以下的罚款；未明示收费标准的，提请价格主管部门依据国家有关规定处罚；未明示营业执照的，提请工商行政管理部门依据国家有关规定处罚。

（5）依据《就业服务与就业管理规定》，职业中介机构提供职业中介服务不成功的，应当退还向劳动者收取的中介服务费；未退还的，由劳动保障行政部门责令改正，并可处以1 000元以下的罚款。

（6）职业中介机构不得有下列行为：提供虚假就业信息；发布的就业信息中包含歧视性内容；为无合法证照的用人单位提供职业中介服务；介绍未满16周岁的未成年人就业；为无合法身份证件的劳动者提供职业中介行为；伪造、涂改、转让职业中介许可证；扣押劳动者的居民身份证和其他证件，或者向劳动者收取押金；介绍劳动者从事法律、法规禁止从事的职业；以暴力、胁迫、欺诈等方式进行职业中介活动；超出标准的业务范围经营；其他违反法律、法规规定的行为。职业中介机构提供虚假就业信息，为无合法证照的用人单位提供职业中介服务，伪造、涂改、转让职业中介许可证的，由劳动保障行政部门或者其他主管部门责令改正；有违法所得的，没收违法所得，并处1万元以上、3万元以下的罚款；情节严重的，吊销职业中介许可证。职业中介机构扣押劳动者居民身份证等证件的，由劳动保障行政部门责令限期退还劳动者，并依照《居民身份证法》等有关法律规定给予处罚。职业中介机构向劳动者收取押金的，由劳动保障行政部门责令限期退还劳动者，并以每人500元以上、2 000元以下的标准处以罚款。对当事人造成损害的，应当承担赔偿责任。

3. 失业预警制度

县级以上人民政府建立失业预警制度，对于可能出现的较大规模的失业，实施预防、调节和控制。

4. 劳动力调查统计制度和就业登记、失业登记制度①

国家建立劳动力调查统计制度和就业登记、失业登记制度，开展劳动力资源和就业、失业状况调查统计，并公布调查统计结果。统计部门和劳动行政部门进行劳动力调查统计和就业、失业登记时，用人单位和个人应当如实提供调查统计和登记所需要的信息。

5. 全国人力资源市场信息网

县级以上劳动保障行政部门应当按照信息化建设统一要求，逐步实现全国人力资源市场信息联网。其中，城市应当按照劳动保障数据中心建设的要求，实现网络和数据资源的集中和共享；省、自治区应当建立人力资源市场信息网省级监测中心，对辖区内人力资源市场信息进行监测；人力资源和社会保障部设立人力资源市场信息网全国监测中心，对全国人力资源市场信息进行监测和分析。

---

① 依据《就业服务与就业管理规定》第62第1、2款，第63条，劳动者被用人单位招用的，由用人单位为劳动者办理就业登记。用人单位招用劳动者和与劳动者终止或者解除劳动关系，应当到当地公共就业服务机构备案，为劳动者办理就业登记手续。用人单位招用人员后，应当于录用之日起30日内办理登记手续；用人单位与职工终止或者解除劳动关系后，应当于15日内办理登记手续。劳动者从事个体经营或灵活就业的，由本人在街道、乡镇公共就业服务机构办理就业登记。在法定劳动年龄内，有劳动能力，有就业要求，处于无业状态的城镇常住人员，可以到常住地公共就业服务机构进行失业登记。

第五节 职业教育和培训

一、职业教育和培训概述

（一）职业教育和培训的概念

根据我国《职业教育法》（2022年修订）的规定[①]，广义的职业教育，包括职业学校教育和职业培训。职业学校教育包括中等、高等职业学校教育。职业培训包括就业前培训、在职培训、再就业培训及其他职业性培训。狭义的职业教育，就是指职业学校教育，与职业培训相并列。

广义的职业教育，是指一切为就业需要而举行的，能传予受训者相当知识和技能以获得适当职业的所有教育和培训。狭义的职业教育，是指学校依据国家教育主管部门规定的标准，为职业训练的目的而提供理论知识和职业技能的教育。职业培训，又称职业技能培训或职业技术培训，是指根据社会职业的需要和劳动者从业的意愿及条件，按照一定标准，对劳动者进行的旨在培养和提高其职业技能的非学历教育培训活动。狭义的职业教育与职业培训在内容、性质、形式和管理体制上都存在很大的不同。[②] 狭义的职业教育，由职业院校实施，有国家规定的学制，进行较为系统的教育，颁发学历证书；而职业培训则形式比较灵活，可以由多种机构实施，包括各类职业院校、职业技能培训机构和用人单位，没有国家规定的学制，只有培训证书而没有学历证书。

（二）职业教育和培训的意义

职业教育和培训是开发人力资源、提高劳动力素质以促进生产力发展的一个重要手段，是国家教育制度的重要组成部分。职业培训也“能够间接地为劳动者带来利益。因为职业培训有助于增强劳动者的就业竞争能力，扩大择业领域，获取较高的劳动报酬，并可以减少职业伤害”[③]。

（三）我国的职业教育和培训立法

我国目前的职业教育和培训立法主要有：《劳动法》（第八章“职业培训”）、《职业教育法》《就业促进法》（第五章“职业教育和培训”）、《技工学校工作规定》、《工人考核条例》、《就业训练中心管理规定》、《职业技能鉴定规定》、《职业资格证书规定》等。目前，国务院正在制定“职业技能培训和鉴定条例”。

（四）职业培训的分类

以培训对象为标准，职业培训可分为两类：（1）就业前的职业培训，是指以处于非就业状

---

① 《职业教育法》第2条规定：“本法所称职业教育……包括职业学校教育和职业培训。”

② 参见王全兴：《劳动法》，3版，364页，北京，法律出版社，2008。

③ 冯彦君：《劳动权论略》，载《社会科学战线》，2003（1）。

态且有就业愿望的劳动者为对象的职业培训。从事技术工种的劳动者就业上岗前必须培训。（2）就业后的职业培训，也称在职培训，是指以已经就业的劳动者为培训对象的培训。用人单位在使用劳动力的同时，负有对劳动者进行职业培训的义务。

以培训的形式为标准，职业培训可分为四类：（1）学徒培训；（2）就业训练中心的培训；（3）用人单位举办的职工培训；（4）学校的正规培训。

（五）职业技能鉴定和职业资格证书

《劳动法》第69条规定：国家确定职业分类，对规定的职业制定职业技能标准，实行职业资格证书制度，由经备案的考核鉴定机构负责对劳动者实施职业技能考核鉴定。《职业教育法》第11条规定：实施职业教育应当根据经济社会发展需要，结合职业分类、职业标准、职业发展需求，制定教育标准或者培训方案，实行学历证书及其他学业证书、培训证书和职业资格证书和职业技能等级证书制度。

职业分类，是指国家根据社会经济发展、技术进步和劳动力管理的需要，在工作分析的基础上，通过科学研究，对所有职业按照劳动者所从事工作的类别和一定的标准进行归类界定。职业技能标准是指在职业分类的基础上，通过科学的方法确定的，劳动者从事或将要从事特定职业所应具备的知识和技能水平的预期目标。职业技能标准是开展职业技能培训、实施职业技能鉴定、构建职业资格证书体系的基础。职业技能培训和鉴定，应当以职业技能标准为依据。

职业资格证书是反映劳动者具备某种职业所需要的专门知识和技能的证明。

职业技能鉴定是指职业技能鉴定机构对劳动者职业技能所达到的等级，依法进行考核、评定和证明，从而赋予劳动者一定的职业资格书。职业技能鉴定站（所）是具体实施职业技能的鉴定机构。职业技能鉴定站（所）享有独立进行职业技能鉴定的权利，有权拒绝任何组织或个人更改鉴定结果的非正当要求。

二、职业培训权

（一）劳动者的职业培训权和国家的相应义务

劳动者依法享有接受职业技能培训的权利，简称“接受职业培训的权利”或“职业培训权”。《劳动法》第3条明确规定，劳动者享有“接受职业技能培训的权利”。

国家负有促进职业教育和培训发展的义务。我国1982年《宪法》规定：“国家对就业前的公民进行必要的劳动就业训练。”《劳动法》第66条规定：“国家通过各种途径，采取各种措施，发展职业培训事业，开发劳动者的职业技能，提高劳动者素质，增强劳动者的就业能力和工作能力。”第67条规定：“各级人民政府应当把发展职业培训纳入社会经济发展的规划，鼓励和支持有条件的企业、事业组织、社会团体和个人进行各种形式的职业培训。”

《就业促进法》规定国家促进职业教育和培训发展的义务包括：

（1）国家依法发展职业教育，鼓励开展职业培训，促进劳动者提高职业技能，增强就业能力和创业能力。

（2）县级以上人民政府根据经济社会发展和市场需求，制定并实施职业能力开发计划。

（3）县级以上人民政府加强统筹协调，鼓励和支持各类职业院校、职业技能培训机构和用人单位依法开展就业前培训、在职培训、再就业培训和创业培训；鼓励劳动者参加各种形式的培训。

（4）县级以上地方人民政府和有关部门根据市场需求和产业发展方向，鼓励、指导企业加强职业教育和培训。

（5）国家采取措施建立健全劳动预备制度，县级以上地方人民政府对有就业要求的初、高中毕业生实行一定期限的职业教育和培训，使其取得相应的职业资格或者掌握一定的职业技能。

（6）地方各级人民政府鼓励和支持开展就业培训，帮助失业人员提高职业技能，增强其就业能力和创业能力。失业人员参加就业培训的，按照有关规定享受政府培训补贴。《失业保险条例》第10条规定，失业保险基金用于领取失业保险金期间接受职业培训、职业介绍补贴的支出。

（7）地方各级人民政府采取有效措施，组织和引导进城就业的农村劳动者参加技能培训，鼓励各类培训机构为进城就业的农村劳动者提供技能培训，增强其就业能力和创业能力。

（8）国家对从事涉及公共安全、人身健康、生命财产安全等特殊工种的劳动者，实行职业资格证书制度，具体办法由国务院规定。职业资格证书制度性质上属于行政许可，是一项就业准入制度，无相应的职业资格证书就不能上岗执业。

为实现上述义务，国家实行职业培训补贴政策，对参加职业培训、培训合格并通过技能鉴定取得初级以上职业资格证书的劳动者，给予培训费补贴和职业技能鉴定补贴。[①] 退役士兵在退出现役1年内可以选择免费参加职业教育和技能培训，教育培训期限一般为2年，最短不少于3个月，该费用由各级财政负担。[②] 2015年10月29日《中共中央关于制定国民经济和社会发展第十三个五年规划的建议》提出：为促进就业创业，“推行终身职业技能培训制度。实施新生代农民工职业技能提升计划。开展贫困家庭子女、未升学初高中毕业生、农民工、失业人员和转岗职工、退役军人免费接受职业培训行动”。

（二）劳动者的职业培训权和用人单位的义务与责任

劳动者依法享有职业培训权，相应地，用人单位负有对劳动者进行职业培训的义务。《劳动法》第68条规定：“用人单位应当建立职业培训制度，按照国家规定提取和使用职业培训经费，根据本单位实际，有计划地对劳动者进行职业培训。从事技术工种的劳动者，上岗前必须经过培训。”《职业教育法》第9条第3款也明确规定：“有关行业主管部门、工会和中华职业教育社等群团组织、行业组织、企业、事业单位应当依法履行实施职业教育的义务……”《就业促进法》第47条亦规定：“企业应当按照国家有关规定提取职工教育经费，对劳动者进行职业技能培训和继续教育培训。”这些规定表明，职工培训经费是只能用于对企业职工进行职业培训的专门款项，具有特定用途，不能挪作他用。对职工进行职业培训是用人单位的法定义务，必须履行。

企业未按照国家规定提取职工教育经费，或者挪用职工教育经费的，须承担法律责任。《就业促进法》第67条规定：“违反本法规定，企业未按照国家规定提取职工教育经费，或者挪用职工教育经费的，由劳动行政部门责令改正，并依法给予处罚。”这里的“依法给予处罚”

① 参见2010年10月20日发布的国务院《关于加强职业培训促进就业的意见》（国发［2010］36号）。

② 参见2010年12月9日发布的国务院、中央军委《关于加强退役士兵职业教育和技能培训工作的通知》（国发［2010］42号）。

是指依据 2004 年国务院《劳动保障监察条例》的规定进行处罚。《劳动保障监察条例》第 30 条规定，经劳动保障行政部门责令改正拒不改正的，处 2 000 元以上、2 万元以下罚款。据此，企业未提取或者未足额提取职工教育经费，或者挪用职工教育经费的，由劳动保障行政部门责令改正；拒不改正的，由劳动保障行政部门依据《劳动保障监察条例》的规定，处 2 000 元以上、2 万元以下罚款。

【资料链接】

企业不履行职业培训义务的法律责任

劳动者职业培训权的实现依赖于企业履行相应的义务，企业不履行义务须负法律责任，否则义务没有任何约束力。企业不履行职业培训义务、挪用职工培训经费是不合法的，应承担法律责任。但目前我国《就业促进法》第 67 条仅规定了责令改正和罚款这两种行政责任形式，这种责任对企业的威慑力不足。

目前我国劳动者接受培训的权利得不到有力保障，企业不履行职业培训义务、挪用职工培训经费的现象比较普遍。以经济发达的广州为例，据广州市劳动和社会保障局有关负责人介绍，经调查发现，广州仍有不少企业未能按照国家规定的比例提取职工培训经费，提取的企业中也只有 35%左右用于技能人才的培训。不少企业为了追求利润，不愿意提取职工培训经费，致使职工接受培训的权利得不到保障。一些企业老总出国一趟，几万元的花销算到培训经费里，职工的培训却没有经费。针对这种情况，广州市曾在 1999 年实行企业职工培训经费统筹制度，即从企业职工工资总额中提取 0.3%的职工培训经费进行全市统筹，专款用于企业职工技能培训资助。但在《行政许可法》实施以后，由于没有上位法的支持，该项制度仅实行了 1 年就被叫停，提取的经费也只有几千元。广州市劳动和社会保障局向省人大代表建议：制定统一的企业职工培训经费统筹的法规。经费从企业统一提取后，由企业制订培训计划方案，向劳动行政部门申请经费。① 这项制度是一个解决问题的办法。此外，可以考虑建立职工培训经费的滞纳金制度和职工培训经费统筹制度，以强化企业不履行职业培训义务的法律责任，保障劳动者职业培训权的实现。②

第六节　就业援助

一、就业援助概述

（一）就业援助制度

1. 就业援助制度的一般规定

《就业促进法》第 52 条规定：各级人民政府建立健全就业援助制度，采取税费减免、贷款

① 参见周继坚、高瑞友：《广州：职工培训经费六成挪作他用》，载《中华建筑报》，2005 - 11 - 03。

② 参见黄越钦：《劳动法新论》，403 页，北京，中国政法大学出版社，2003。

贴息、社会保险补贴、岗位补贴等办法，通过公益性岗位安置等途径，对就业困难人员实行优先扶持和重点帮助。就业援助制度内容的规定主要包括：

（1）就业援助的方法。税费减免，是指在一定期限、一定限额内，减收或者免收就业困难人员从事个体经营应缴纳的税收以及各项行政事业收费。贷款贴息，是指符合条件的就业困难人员贷款由政府对其利息部分给予补贴。社会保险补贴，是指对符合条件的就业困难人员参加社会保险的，政府对其社会保险缴费给予一定的补贴。岗位补贴，是指政府开发公益性岗位等安排就业困难对象，并与其签订一定期限以上劳动合同的，根据补贴标准，按实际招用的人数给予岗位补贴，期限与劳动合同一致，且不超过国家或地方规定的最长期限。

（2）就业援助的途径。通过公益性岗位安置就业困难人员，使其实现就业是就业援助的主要途径。

（3）就业援助的对象。就业援助的对象是就业困难人员。所谓就业困难人员，是指因身体状况、技能水平、家庭因素、失去土地等原因难以实现就业，以及连续失业一定时间，仍未能实现就业的人员。就业困难人员的具体范围，由省、自治区、直辖市人民政府根据本行政区域的实际情况规定。

2. 地方各级人民政府的基层就业援助服务

《就业促进法》第54条规定：“地方各级人民政府加强基层就业援助服务工作，对就业困难人员实施重点帮助，提供有针对性的就业服务和公益性岗位援助。地方各级人民政府鼓励和支持社会各方面为就业困难人员提供技能培训、岗位信息等服务。”针对就业困难人员提供的就业援助服务主要包括职业介绍、职业指导、就业训练、社区就业岗位开发服务等。

（二）公益性岗位

《就业促进法》第53条规定：“政府投资开发的公益性岗位，应当优先安排符合岗位要求的就业困难人员。被安排在公益性岗位工作的，按照国家规定给予岗位补贴。”据此，公益性岗位是指由政府投资开发，享受一定的政策优惠、财政扶持，并以安排就业困难人员为主的工作岗位。公益性岗位一般具有如下三个特征：

1. 政府投资开发

公益性岗位由政府投资开发。公益性岗位与其他岗位不同，不是由用人单位以本单位营利目的，为维护单位的正常运营而提供，而是由政府本着促进就业、安置就业困难人员的目的投资开发的。此外，还有一部分公益性岗位是由政府出资购买的。

2. 优先安排就业困难人员

政府投资开发公益性岗位的目的是解决就业困难人员的就业问题，因此，公益性岗位应当优先安排符合岗位条件的就业困难人员。国务院《关于进一步加强就业再就业工作的通知》（国发［2005］36号）规定，对持“再就业优惠证”的就业困难对象（包括：国有企业下岗失业人员、厂办大集体企业下岗职工和国有企业关闭破产需要安置人员中的“4050”人员，享受城市居民最低生活保障、就业确有困难的长期失业人员），可作为就业援助的重点，提供相应的政策扶持。政府投资开发的公益性岗位要优先安排就业困难对象。当然，安排公益性岗位工作的就业困难人员也要符合该岗位的要求，达到岗位对劳动者技能或者学历、身体状况的最基本要求，不能不顾岗位的要求，仅根据就业困难人员的困难情况安排就业。

由于就业困难是一个比较抽象、笼统的概念，在不同的时期和不同的区域，就业困难人员的范围是不同的，所以，法律仅对就业困难人员作了一个概括的界定，具体范围仍应由省级人民政府根据法律的规定，并结合本行政区域内的实际情况作出界定。

3. 国家给予岗位补贴和社会保险补贴

对被安排在公益性岗位工作的人员，按照国家规定给予岗位补贴和社会保险补贴。

从各省市的实践情况来看，公益性岗位的范围可分为三类，详见表4—1。

表4—1　公益性岗位的范围

分类	公益性岗位的范围
社区管理岗位	社区劳动保障协管员、交通执勤、市场管理、环境管理、物业管理等
社区服务岗位	社区保安、卫生保洁、环境绿化、停车场管理、公用设施维护、报刊亭、电话亭、社区文化、教育体育、保健、托老、托幼、助残服务等
社区内单位的后勤岗位	机关事业单位的门卫、收发、司机、厨房厨工、餐厅（机关）服务员、保洁绿化以及从事水、电设施设备维护等后勤服务的临时用工岗位

公益性岗位中用人单位和劳动者的关系由劳动法调整。一般来说，公益性岗位中用人单位和劳动者的关系是劳动关系，需订立劳动合同。基于公益性岗位的目的和特点，《劳动合同法实施条例》第12条规定，地方各级人民政府及县级以上地方人民政府有关部门为安置就业困难人员提供的给予岗位补贴和社会保险补贴的公益性岗位，其劳动合同不适用《劳动合同法》有关无固定期限劳动合同的规定以及支付经济补偿的规定。这样可以推动开发更多的公益性岗位，通过降低用工成本来鼓励用人单位招用就业困难对象，最终达到最大限度地促进就业困难人员就业的目的。

二、各种就业援助制度

（一）促进残疾人就业的制度

各级人民政府采取特别扶助措施，促进残疾人就业。用人单位应当按照国家规定安排残疾人就业，具体办法由国务院规定。国务院于2007年颁布了《残疾人就业条例》，对残疾人就业的促进措施作出了详细规定。

（二）对零就业家庭的就业援助制度

零就业家庭是指城市家庭中，所有法定劳动年龄内、具有劳动能力和就业愿望的家庭成员均处于失业状态，且无经营性、投资性收入的家庭。县级以上地方人民政府采取多种就业形式，拓宽公益性岗位范围，开发就业岗位，确保城市有就业需求的家庭至少有一人实现就业。法定劳动年龄内的家庭人员均处于失业状况的城市居民家庭，可以向住所地街道、社区公共就业服务机构申请就业援助。街道、社区公共就业服务机构经确认属实的，应当为该家庭中至少一人提供适当的就业岗位。这就是所谓的“零就业家庭即时岗位援助制度”。

（三）资源开采型城市、独立工矿区就业援助制度

国家鼓励资源开采型城市和独立工矿区发展与市场需求相适应的产业，引导劳动者转移就

业。对因资源枯竭或者经济结构调整等原因造成就业困难人员集中的地区，上级人民政府应当给予必要的扶持和帮助。

问题与思考

1. 试述劳动就业的概念。
2. 试述劳动就业法的体系。
3. 试述就业政策的内容。
4. 试述就业歧视的界定。
5. 试述就业服务法的内容。
6. 试述劳动者职业培训权的法律保障。
7. 试述就业援助制度的途径。

第五章
劳动合同法

本章概要

劳动合同是劳动者与用人单位确立劳动关系、明确双方权利和义务的协议。

建立劳动关系应当订立劳动合同。劳动合同与民事合同不同，属于劳动法的范畴。劳动合同分为固定期限劳动合同、无固定期限劳动合同和以完成一定工作任务为期限的劳动合同。

订立劳动合同，应当遵循合法、公平、平等自愿、协商一致、诚实信用的原则。劳动合同除必备条款外，还可以包括试用期、培训、保守秘密、补充保险和福利待遇等约定条款。

劳动合同的解除和终止不同于一般民事合同的解除和终止，渗透着倾斜保护劳动者合法权益的立法目的。经济补偿金是体现这一目的的劳动法上独特的制度。

相对全日制用工来说，劳务派遣和非全日制用工是非正规的用工形式，劳动者的权益保护面临着挑战，需要特别规定予以规制。

关键术语

劳动合同　无固定期限劳动合同　书面劳动合同　试用期　竞业限制　违约金　劳动合同无效　全面履行原则　劳动合同变更　劳动合同解除　劳动合同终止　经济性裁员　经济补偿金　赔偿金　劳务派遣　非全日制用工

第一节　劳动合同法概述

一、劳动合同的概念和性质

（一）劳动合同的概念

劳动合同，又称劳动契约、劳动协议，我国《劳动法》第 16 条规定："劳动合同是劳动者与用人单位确立劳动关系、明确双方权利和义务的协议。""建立劳动关系应当订立劳动合同。"由此可见，劳动合同是调整劳动关系的基本法律形式，也是确立劳动者与用人单位劳动关系的基本前提，在劳动法中占据核心的地位。

(二) 劳动合同的性质[①]

劳动合同的性质，即劳动合同的法律属性，与其所调整的劳动关系的法律本质有着密切的联系。从历史上看，劳动合同在各国法律体系中的定位，随着各国社会经济的发展、法律思想的变化以及社会政策的不同而发生了很大的变化。

起源于英国，其后波及欧美大陆的工业革命带来了劳动关系的普遍化和大众化，使得调整劳动关系成为各国法律的重要内容之一。19世纪以前，劳动关系的法律调整一直沿用罗马法的体系。罗马法上的劳动给付关系是被置于租赁关系中的，当时的租赁关系分为物的租赁、雇佣租赁和承揽租赁[②]，劳动力雇佣完全被作为财产关系来调整。1804年的《法国民法典》从体例到内容都继受了罗马法，劳动关系被视为纯粹的财产给付交换关系，即两个独立人格之间就劳务和报酬之间的交换关系，受合同自由原则的规范，由当事人的自由合意确定。因此，雇佣合同关系被当作劳动力的租赁，雇佣合同是租赁契约的一种，而非独立的契约类型。《法国民法典》第1710条规定："称劳动力租赁者，谓当事人约定，一方为他方完成一定的工作，他方约定支付报酬的契约。"此后，在相当长的一段时间内，对劳动关系的调整都被置于劳动力的租赁之下。由于劳动者和雇主所处的经济上的不平等地位，在没有任何社会保障的前提下，劳动者只有通过提供劳动才能获取必要的生活资料，在订立合同时，往往是被迫接受雇主所提供的工资报酬和劳动条件。因此，合同自由实际上是雇主的自由，劳动者只能获得饿不死的"饥饿工资"，忍受着恶劣的工作条件、超长的劳动时间。在这种情况下，劳动者的生命和健康是得不到保障的，故有人把雇员的合同自由称为"小鸟的自由"[③]。

19世纪末以来，随着社会的发展，劳工问题成为各国政府关注的社会问题，许多国家开始加强劳动立法，并逐步推行社会福利的政策。各国对劳动关系的法律调整逐渐摆脱传统民法关于劳动力租赁的规定，在劳动合同的法律属性的定位上，开始出现多元化的发展。概括起来，主要有以下几种立法类型：

第一种类型：将劳动合同作为雇佣合同的一种，由民法典来规定。其典型代表为德国。在《德国民法典》中，雇佣合同被视为劳动合同的上位概念，从而将劳动关系看作是一种纯粹的给付交换关系。[④]《德国民法典》第611～630条关于雇佣合同的规定构成了雇佣合同和劳动合同的基础。[⑤] 其中第611条规定："因雇佣合同而提供劳务的人，负有履行约定的劳务的义务，他方当事人负有给付约定报酬的义务。雇佣合同的标的可以为任何一种劳务。"这是调整劳动合同关系最基本的法律规定。另外，第617～619条还规定了雇主在安排组织劳动过程时，应在劳务给付之本质所许可的范围内保护劳工免于生命及健康的危险。这使得雇佣合同关系不同于一般的给付交换关系。由于民法典关于雇佣合同的条文显然不足以应付纷繁复杂的劳动关

---

① 本部分参见林嘉：《劳动合同若干法律问题研究》，载《法学家》，2003（6）。

② 参见［意］彼德罗·彭梵得：《罗马法教科书》，黄风译，377页，北京，中国政法大学出版社，1992。

③ ［德］施耐德：《联邦德国劳动法与劳动合同、集体合同》，载《中德劳动立法合作项目成果概览》（1993—1996）。

④ 参见黄程贯：《劳动法中关于劳动关系之本质的讨论》，载《政大法学评论》，1998年6月，总第59期。

⑤ 参见［德］Harald Schliemann：《中德劳动合同法——劳资协定法之比较》，载中华人民共和国劳动与社会保障部法制司编：《中德劳动与社会保障法：比较法文集》，82页，北京，中信出版社，2003。

系，德国还颁布了许多特别法，如《工资给付法》《非全日制和固定期限劳动合同法》等。

第二种类型：劳动合同完全取代雇佣合同，仍然在民法典中规定。其典型代表为瑞士。1971年瑞士对其民法典中的债法进行了重大修改，将其中雇佣合同一章改为劳动合同，条文从原来的44条增加到121条，为民法典中以"劳动合同"取代"雇佣合同"之创举。落伍的雇佣合同概念从此从民法中消失，具有浓厚社会连带色彩的劳动合同正式成为民事普通法的一部分。①

第三种类型：劳动合同作为劳动法内容来规定，劳动合同脱离于民法典。其典型代表为法国。1973年，法国将雇佣关系法从民法中分离出来，制定了独立的《劳动法典》，该法典共9卷、990条，其中第一卷关于雇佣的规定主要规定了劳动合同，具体内容包括劳动合同的订立、合同形式、合同效力、合同期限、合同的终止、解除和经济补偿等。该法典对劳动合同与劳务合同作了明确区别，涉及劳务合同的内容仍可适用民法典，即《劳动法典》第123条规定："适用于劳务合同的特别条例将由民法典第1787条作出规定。"

我国关于劳动合同法律属性的定位应当属于第三种类型，涉及劳动合同的内容由《劳动法》来规定，也就是说，劳动合同独立于民法。劳动合同在劳动法范畴内被赋予了新的含义。劳动合同尽管也是由合同双方当事人协商签订，也体现为一种"合意"，但与一般民事合同已有很大区别。为了对处于弱势地位的劳动者给予必要的法律保护，国家对劳动关系进行了很强的干预。相对于民事合同来说，劳动法对劳动合同的内容作了很多的限制，劳动合同已不能简单地适用合同自由原则。概括起来，这种限制主要来源于两方面：

一是受国家法律的限制。对于劳动合同从订立到具体的条款，劳动法都作了许多强制性规定。如在订立劳动合同上，法律规定不得有性别歧视，必须照顾残疾劳动者就业；在劳动合同的内容上，则更多体现了国家的强制性规定，如规定最低工资标准、最高工作时间、法定休息休假、劳动安全卫生保护、解除劳动合同给予经济补偿、提供社会保险等。

二是受集体合同的限制。集体合同是工会与企业签订的、以企业职工集体劳动条件为内容的协议。一般国家立法都明确规定集体合同有优先于劳动合同的效力。我国《劳动法》第35条规定："依法签订的集体合同对企业和企业全体职工具有约束力。职工个人与企业订立的劳动合同中劳动条件和劳动报酬等标准不得低于集体合同的规定。"因此，凡有集体合同的，劳动合同的内容不得与其相抵触，或者不得低于集体合同的标准。

劳动合同的这些特点，使得劳动合同独立于民事合同，置于劳动法的范畴。而劳动法在性质上可以归属于社会法，因此劳动法也具有社会性品格。其法理念在相当程度上须体现社会大众的利益，因此不能简单地将劳动合同看作劳动者与用人单位之间"私的合同"，它的相当多的内容已经超越了民法上意思自治的范畴。因此，劳动合同的法律属性，应定位为劳动法范畴，适用劳动法的基本原则和法理。

然而，我国1994年《劳动法》关于劳动合同的条文过于简单，一共只有17条，多属于原则性的规定，且《劳动法》对劳动关系的调整范围过于狭窄，把许多应当由劳动法调整的劳动关系（雇佣关系）当作劳务关系而排除在外，使劳动者的劳动权益得不到劳动法的保护。鉴于此，2007年6月29日第十届全国人大常委会第二十八次会议通过了《劳动合同法》，自2008年

① 参见黄越钦：《劳动法新论》，83页，北京，中国政法大学出版社，2003。

1月1日起施行。该法于2012年12月28日进行了修订。

劳动合同的性质与劳动合同法的目的密切相关。立法目的，又称立法宗旨，具有弥补立法空白、确立法官解释法律方向的功能。《劳动合同法》的立法宗旨是倾斜保护劳动者合法权益还是平等保护劳动关系双方当事人的利益，在《劳动合同法》的制定过程中引起了激烈的争论，最后，《劳动合同法》第1条规定："为了完善劳动合同制度，明确劳动合同双方当事人的权利和义务，保护劳动者的合法权益，构建和发展和谐稳定的劳动关系，制定本法。"《劳动合同法》部分吸收平等保护劳动关系双方当事人的利益的观点，规定了"明确劳动合同双方当事人的权利和义务"，仍坚持了《劳动法》确立的"保护劳动者的合法权益"的立法目的，维护了劳动法律体系在目的和立法价值取向上的统一性。

二、劳动合同法的适用范围

劳动合同法的适用范围，即劳动合同法的效力范围，广义上包括劳动合同法在时间、空间、对人、对事四个方面的效力范围，狭义上仅指劳动合同法对人的效力范围。

关于劳动合同法的适用范围，《劳动合同法》第2条规定："中华人民共和国境内的企业、个体经济组织、民办非企业单位等组织（以下称用人单位）与劳动者建立劳动关系，订立、履行、变更、解除或者终止劳动合同，适用本法。国家机关、事业单位、社会团体和与其建立劳动关系的劳动者，订立、履行、变更、解除或者终止劳动合同，依照本法执行。"

具体来说，劳动合同法的适用范围包括以下内容：

第一，时间适用范围即时间上的效力，《劳动合同法》第98条明确规定："本法自2008年1月1日起施行。"

第二，空间适用范围又称地域适用范围，就是《劳动合同法》第2条规定的"中华人民共和国境内"，即中华人民共和国领土范围内，领土包括领陆、领水（含领海）及领空，这是基于国家主权原则而产生的。当然，由于我国台湾地区的现状，香港特别行政区、澳门特别行政区实行"一国两制"，因而三地均为独立的法域，《劳动合同法》并不适用于港、澳、台三地。

第三，对事的适用范围，就是《劳动合同法》第2条规定的"建立劳动关系，订立、履行、变更、解除或者终止劳动合同"。

第四，对人的效力范围，即对哪些人适用。这也是一般意义上劳动合同法的适用范围。依据《劳动合同法》和《劳动合同法实施条例》的规定，我国劳动合同法的适用范围包括直接适用和依照执行两类，每一类都包括劳动关系的双方当事人：用人单位和劳动者。

我国劳动合同法的对人适用范围具体如下：

1. 直接适用《劳动合同法》的用人单位

直接适用《劳动合同法》的用人单位包括我国境内的企业、个体经济组织、民办非企业单位等组织，包括依法成立的会计师事务所、律师事务所等合伙组织和基金会。

（1）企业。企业是指从事产品生产、流通或服务性活动等实行独立经济核算的经济单位，包括各种所有制类型的企业，如工厂、农场、公司等。我国的企业类型比较复杂，既包括计划经济下按照经济成分（主要是所有制类型）划分的企业类型，其中有属于公有经济的全民所有制企业（国有企业）、集体所有制企业（集体企业），属于非公有经济的私营企业、港澳台商投资企业、外商投资企业等类型，也包括市场经济下按照法律形态划分（主要按企业投资人的出资方式和责任形式的不同）的企业类型，即公司、合伙企业、个人独资企业这三种基本类型。目前这两种分类是并存的，但随着市场化改革的深入，按照经济成分划分的企业在逐渐向公司、合伙企业、个人独资企业这三种基本类型过渡。

【资料链接】

俱乐部和职业运动员受劳动合同法调整吗

司法实践表明，我国的职业化体育运动俱乐部属于公司，职业运动员属于劳动者，其和俱乐部之间是劳动关系，应适用《劳动合同法》。在《劳动合同法》生效之前，我国已经发生了数起职业运动员和俱乐部之间的劳动合同争议，都依据《劳动法》进行了裁判。如 2003 年“马健诉上海东方篮球俱乐部有限公司劳动合同纠纷案”：马健于 2003 年 4 月 29 日向上海市徐汇区劳动争议仲裁委员会申请仲裁，该仲裁委员会以马健的请求事项不属于劳动争议受理范围为由决定不予受理，马健遂起诉至法院。上海市徐汇区人民法院认为根据东方篮球俱乐部与马健签订的服役合同的内容，马健、东方篮球俱乐部之间具有身份上的隶属关系，故认定双方之间构成劳动关系，应当受到劳动法的调整，并依据《劳动法》作出了马健败诉的判决。上海市第一中级人民法院二审维持了原判。① 又如 2004 年“谢晖状告力帆追薪案”：重庆市江北区劳动争议仲裁委员会于 2004 年 4 月 30 日裁决力帆足球俱乐部向谢晖支付工资、补偿金、滞纳金等共计 400 万元。力帆足球俱乐部不服，上诉至法院。2004 年 8 月 19 日，双方签订了庭外和解协议，力帆足球俱乐部一次性支付给谢晖 70 万元。② 还有 2005 年“足球运动员申思讨回欠薪案”：申思因和中远足球俱乐部之间的“欠薪”纠纷而于 2005 年 3 月 15 日向上海市劳动争议仲裁委员会申请仲裁，上海市劳动争议仲裁委员会于 6 月 16 日裁决支持申思的申诉请求，即原中远足球俱乐部需要向申思支付拖欠的 50 万元薪水。中远足球俱乐部不服，起诉至上海市浦东新区人民法院。2005 年 11 月 18 日，上海市浦东新区人民法院作出维持原裁决结果的判决。③

（2）个体经济组织。个体经济组织是指个体工商户。依据《民法典》第 54 条的规定，自然人从事工商业经营，经依法登记，为个体工商户。个体工商户可以起字号。劳动部《关于贯彻执行〈中华人民共和国劳动法〉若干问题的意见》（劳部发［1995］309 号）第 1 条指出，《劳动法》第 2 条中的“个体经济组织”是指一般雇工在 7 人以下的个体工商户。

（3）民办非企业单位。《民办非企业单位登记管理暂行条例》（1998 年 9 月 25 日国务院通过，1998 年 10 月 25 日发布、实施）第 2 条规定：“本条例所称民办非企业单位，是指企业事业单位、社会团体和其他社会力量以及公民个人利用非国有资产举办的，从事非营利性社会服务活动的社会组织。”民办非企业单位具有民间性、社会性、公益性和非营利性的特点，主要分布在教育、科技、文化、卫生、体育、社会福利等领域，如民办学校、民办医院、民办图书

---

① 参见黄乐平：《劳动合同法疑难案例解析》，59～66 页，北京，法律出版社，2007。

② 参见周斌：《2004 十大劳动争议案》，载《中国劳动保障》，2005（1）。

③ 参见魏浩征：《点评 2005 年十大劳动争议案》，见劳动法世界网站，http：//www.laboroot.com/ldfxw/view/201083/201083132648.html。

馆、民办博物馆、民办科技馆等。[①]

(4) 其他组织。其他组织主要包括合伙组织和基金会。《劳动合同法实施条例》第3条明确规定:“依法成立的会计师事务所、律师事务所等合伙组织和基金会,属于劳动合同法规定的用人单位。”这里的“合伙组织”是指合伙企业以外的合伙组织。目前,在我国现实中,这里的“合伙组织”主要是指合伙性的专业服务组织,包括以合伙形式设立的律师事务所、会计师事务所、税务师事务所、医疗机构、资产评估机构等。至于基金会,依据我国《基金会管理条例》(2004年2月4日国务院通过,2004年6月1日起施行)第2条的规定,是指利用自然人、法人或者其他组织捐赠的财产,以从事公益事业为目的,按照本条例的规定成立的非营利性法人。

2. 依照《劳动合同法》执行的国家机关、事业单位、社会团体

《关于贯彻执行〈中华人民共和国劳动法〉若干问题的意见》指出:“中国境内的企业、个体经济组织在劳动法中被称为用人单位。国家机关、事业组织、社会团体和与之建立劳动合同关系的劳动者依照劳动法执行。根据劳动法的这一规定,国家机关、事业组织、社会团体应当视为用人单位。”同样,《劳动合同法》第2条第2款中规定的与劳动者建立劳动关系的国家机关、事业单位、社会团体,也应当视为用人单位。

(1) 国家机关。国家机关是指从事国家管理或者行使国家权力,以国家预算作为独立的活动经费的中央和地方各级国家机关,包括各级国家权力机关(人大机关)、行政机关、审判机关、检察机关、军事机关,以及政协等。国家机关录用公务员和聘任制公务员[②],适用《公务员法》,不适用《劳动合同法》。但是,国家机关招用工勤人员,应当建立劳动关系,需要签订劳动合同,适用《劳动合同法》。

(2) 事业单位。事业单位,是指为了社会公益目的,由国家机关举办或者其他组织利用国有资产举办的,从事教育、科技、文化、卫生等活动的社会服务组织。国家通过编制管理实现对事业单位人员的配置和调控。按照国家财政拨款的多少,可以将事业单位分为三种:全额拨款的事业单位、差额拨款的事业单位和自收自支的事业单位。事业单位是否适用《劳动合同法》,可以分为三种情况:

第一,具有管理公共事务职能的事业单位除招用工勤人员外不适用《劳动合同法》。具有管理公共事务职能的事业单位由国家财政全额拨款。《公务员法》第112条规定:“法律、法规授权的具有公共事务管理职能的事业单位中除工勤人员以外的工作人员,经批准参照本法进行管理。”但具有管理公共事务职能的事业单位招用工勤人员,应当签订劳动合同,适用《劳动合同法》。

第二,实行企业化管理的事业单位适用《劳动合同法》。凡实行企业化管理的事业单位,国家不再核拨事业经费,自收自支,自负盈亏。这类事业单位与职工签订的是劳动合同。《工会法》第21条第1、2款规定:“工会帮助、指导职工与企业、实行企业化管理的事业单位、

---

① 由于组织性质和特点不同,中国目前的非营利性组织主要被划分为民办非企业单位、社会团体和基金会这三种组织类型。

② 《公务员法》第2条第1款规定:本法所称公务员,是指依法履行公职、纳入国家行政编制、由国家财政负担工资福利的工作人员。第100条规定:机关根据工作需要,经省级以上公务员主管部门批准,可以对专业性较强的职位和辅助性职位实行聘任制。前款所列职位涉及国家秘密的,不实行聘任制。

社会组织签订劳动合同。”“工会代表职工与企业、实行企业化管理的事业单位、社会组织进行平等协商，依法签订集体合同。集体合同草案应当提交职工代表大会或者全体职工讨论通过。”由此可见，实行企业化管理的事业单位实际上是被视为企业的。实行企业化管理的事业组织的非工勤人员和工勤人员都适用《劳动合同法》。

第三，大多数事业单位如医院、学校、科研机构等的情况比较复杂，要区分情况对待。有的劳动者如工勤人员，与单位签订的是劳动合同，应当适用《劳动合同法》。有的劳动者与单位签订的是聘用合同，就要遵循《劳动合同法》第 96 条的规定：“事业单位与实行聘用制的工作人员订立、履行、变更、解除或者终止劳动合同，法律、行政法规或者国务院另有规定的，依照其规定；未作规定的，依照本法有关规定执行。”

2011 年 3 月 23 日中共中央、国务院《关于分类推进事业单位改革的指导意见》按照社会功能将现有事业单位划分为承担行政职能、从事生产经营活动和从事公益服务三个类别。对承担行政职能的事业单位，逐步将其行政职能划归行政机构或转为行政机构；对从事生产经营活动的，逐步将其转为企业；对从事公益服务的，继续将其保留在事业单位序列，强化其公益属性。今后，不再批准设立承担行政职能的事业单位和从事生产经营活动的事业单位。从事公益服务的事业单位要健全聘用制度和岗位管理，实行公开招聘、竞聘上岗、按岗聘用、合同管理；要推进社会保险制度改革，参加基本养老、基本医疗、失业、工伤等社会保险。2014 年 5 月 15 日，国务院发布《事业单位人事管理条例》，其第四章“聘用合同”对聘用合同制度进行了详细规定。

（3）社会团体。依据《社会团体登记管理条例》（2016 年修订）第 2 条的规定，社会团体是指中国公民自愿组成，为实现会员共同意愿，按照其章程开展活动的非营利性社会组织。

社会团体的情况也比较复杂，大体可以分为以下三类：

第一类，党派团体，包括各民主党派（8 个民主党派分别是中国国民党革命委员会、中国民主同盟、中国民主建国会、中国民主促进会、中国农工民主党、中国致公党、九三学社、台湾民主自治同盟），其工作人员是公务员，参照《公务员法》管理。由于我国《宪法》确定了中国共产党在国家政治生活和社会生活中的领导地位，中国共产党是执政党，各民主党派是参政党，所以，政党机关及其工作人员以不同方式参与对国家政治、经济和社会事务的决策及实施的活动也是一种履行公职行为。但党派团体招用工勤人员，应当签订劳动合同，适用《劳动合同法》。

第二类，工会、共青团、妇联、工商联等人民团体和群众团体①，文学艺术联合会、足球协会等文化艺术体育团体，法学会、医学会等学术研究团体，各种行业协会等社会经济团体。这些社会团体虽然《公务员法》没有明确规定参照，但实践中对列入国家编制序列的社会团体，其工作人员是参照《公务员法》进行管理的。② 但列入国家编制序列的社会团体招用工勤人员，应当签订劳动合同，适用《劳动合同法》。

第三类，除上述以外的多数社会团体，如果作为用人单位与劳动者订立的是劳动合同，则

① 这些社会团体的主要任务、机构编制和领导职数由中央机构编制管理部门直接确定，其虽然是非政府性的组织，但在很大程度上行使着部分政府职能。

② 参见信春鹰主编：《中华人民共和国劳动合同法释义》，8 页，北京，法律出版社，2007。

应当适用《劳动合同法》。

3. 用人单位的分支机构

用人单位设立的分支机构，是指用人单位依其意志，在用人单位的内部设立的，并用以执行用人单位的部分业务的相对独立机构。分支机构不具有法人资格，是所属法人或非法人单位的组成部分，不是独立的民事主体，不能独立承担民事责任，仍由设立该分支机构的用人单位承担法律责任。但根据我国民事诉讼法的相关规定，法人依法设立并领取营业执照的分支机构可以成为民事诉讼的主体。

我国现实中用人单位及其分支机构在用人上存在一系列的混乱现象，造成了复杂的法律问题。尤其是在建筑业，总公司将经营管理权下放给分公司，分公司施工时分给包工头个人承包，包工头再招用农民工施工，一旦发生欠薪或工伤事故，会造成十分复杂的局面。《劳动合同法》第 94 条规定了个人承包经营者和发包组织的连带赔偿责任，但未对分支机构作出规定。《劳动合同法实施条例》第 4 条专门对用人单位的分支机构进行了规定："劳动合同法规定的用人单位设立的分支机构，依法取得营业执照或者登记证书的，可以作为用人单位与劳动者订立劳动合同；未依法取得营业执照或者登记证书的，受用人单位委托可以与劳动者订立劳动合同。"这里的"作为用人单位"是指作为独立的用工主体。

4. 非法用工主体

关于非法用工主体是否适用《劳动合同法》，《劳动合同法》第 93 条规定，对不具备合法经营资格的用人单位的违法犯罪行为，依法追究法律责任；劳动者已经付出劳动的，该单位或者其出资人应当依照本法有关规定向劳动者支付劳动报酬、经济补偿、赔偿金；给劳动者造成损害的，应当承担赔偿责任。第 94 条规定，个人承包经营违反《劳动合同法》规定招用劳动者，给劳动者造成损害的，发包的组织与个人承包经营者承担连带赔偿责任。这里的发包的组织，是指属于《劳动合同法》第 2 条规定范围内的、实行承包经营责任制的企业等经济组织。

5. 劳动者

劳动者，是指达到法定的劳动年龄，依法享有劳动能力的自然人。适用《劳动合同法》的劳动者须具备以下三个条件：

(1) 在法定劳动年龄内。不在我国法定劳动年龄（男 16 岁～60 岁，女 16 岁～55 岁）之内的人显然不能建立劳动关系。劳动和社会保障部办公厅《关于落实再就业政策考核指标几个具体问题的函》（劳社厅函［2003］227 号）明确规定：就业人员：指在法定劳动年龄内（男 16 岁～60 岁，女 16 岁～55 岁），从事一定的社会经济活动，并取得合法劳动报酬或经营收入的人员。[①] 目前，我国退休人员就业的现象不少，但就业的退休人员是否属于劳动法上的劳动者，理论上和实务中一直存在争议，《劳动合同法》对此未作规定。最高人民法院《关于审理劳动争议案件适用法律问题的解释（一）》第 32 条规定："用人单位与其招用的已经依法享受养老保险待遇或者领取退休金的人员发生用工争议而提起诉讼的，人民法院应当按劳务关系处

---

① 《劳动法》第 15 条第 1 款规定："禁止用人单位招用未满十六周岁的未成年人。"劳动和社会保障部《关于制止和纠正违反国家规定办理企业职工提前退休有关问题的通知》（劳社部发［1999］8 号）规定：国家法定的企业职工退休年龄是：男年满 60 周岁，女工人年满 50 周岁，女干部年满 55 周岁。

理。”“企业停薪留职人员、未达到法定退休年龄的内退人员、下岗待岗人员以及企业经营性停产放长假人员，因与新的用人单位发生用工争议而提起诉讼的，人民法院应当按劳动关系处理。”

（2）具有劳动能力。有劳动能力即意味着自然人能够依法履行劳动给付行为并承担相应的义务，不具有劳动能力的人当然不能成为劳动关系中的劳动者。具有劳动能力应该具有以下两个条件：第一，精神正常；第二，具有劳动所必需的身体机能。因此，不能辨认自己行为的精神病人是无民事行为能力人，没有劳动能力。当然，完全丧失劳动能力的残疾人也不能成为劳动者。

（3）是自然人。劳动者必须是自然人，一般情况下应为中国公民，即有中华人民共和国国籍的（自然）人。外国人、无国籍人在中国境内就业须经就业许可才能成为中国劳动法上的劳动者，适用《劳动合同法》。

为保护本国人的就业，世界各国都对境外人员在境内的就业予以限制和管理，我国也不例外。

1996 年劳动部、公安部、外交部、对外贸易经济合作部《外国人在中国就业管理规定》（2017 年修正）规定，外国人在中国就业实行就业许可制度，并必须办理就业许可证书。其第 17 条规定：用人单位与被聘用的外国人应依法订立劳动合同。劳动合同的期限最长不得超过 5 年。劳动合同期限届满即行终止，但按本规定第 19 条的规定履行审批手续后可以续订。

最高人民法院《关于审理劳动争议案件适用法律问题的解释（一）》第 33 条第 2 款规定：持有“外国专家证”并取得“外国人来华工作许可证”的外国人，与中国境内的用人单位建立用工关系的，可以认定为劳动关系。第 1 款规定：外国人、无国籍人未依法取得就业证件即与中国境内的用人单位签订劳动合同，当事人请求确认与用人单位存在劳动关系的，人民法院不予支持。

需要注意的是，作为劳动关系主体的劳动者与我们通常意义上所称的具体岗位的劳动者存在一定差别。作为劳动法律关系主体的劳动者具有一般性，故多从自然因素（如年龄、精神状况、身体状况等）的角度来对劳动者作出限定。而具体岗位的劳动者则具有特殊性，更多的是从社会因素（如职业资格、技术水平等）的角度来说的。因此，劳动者的上述条件只是一般性条件。

在我国，不适用《劳动合同法》的自然人包括：公务员和比照实行公务员制度的事业组织和社会团体的工作人员，农村劳动者（乡镇企业职工和进城务工、经商的农民除外），现役军人，家庭保姆，利用业余时间勤工助学的在校生。①

【资料链接】

在校大学生能否建立劳动合同关系

“郭懿诉江苏益丰大药房连锁有限公司劳动争议案”② 的裁判摘要指出：即将毕业的大专

① 参见劳动部《关于〈劳动法〉若干条文的说明》和劳动部《关于贯彻执行〈中华人民共和国劳动法〉若干问题的意见》第 4、12 条。

② 《最高人民法院公报》，2010（6）。

院校在校学生以就业为目的与用人单位签订劳动合同，且接受用人单位管理，按合同约定付出劳动；用人单位在明知求职者系在校学生的情况下，仍与之订立劳动合同并向其发放劳动报酬的，该劳动合同合法、有效，应当认定双方之间形成劳动合同关系。

南京市白下区人民法院一审认为：首先，判断原告郭懿与被告益丰公司签订的劳动合同是否有效，要看原告郭懿是否具备劳动关系的主体资格。原告与被告益丰公司签订劳动合同时已年满19周岁，符合《劳动法》规定的就业年龄，具备与用工单位建立劳动关系的行为能力和责任能力。劳动部《关于贯彻执行〈中华人民共和国劳动法〉若干问题的意见》第4条仅规定了公务员和比照实行公务员制度的事业组织和社会团体的工作人员，以及农村劳动者、现役军人和家庭保姆不适用劳动法，并未将在校学生排除在外，学生身份并不当然限制郭懿作为普通劳动者加入劳动力群体。上述意见第12条规定："在校生利用业余时间勤工助学，不视为就业，未建立劳动关系，可以不签订劳动合同。"该条规定仅适用于在校生勤工助学的行为，并不能由此否定在校生的劳动权利，推定在校生不具备劳动关系的主体资格。综上，法律并无明文规定在校生不具备劳动关系的主体资格，故原告能够成为劳动关系的主体。

其次，原告郭懿于被告益丰公司处劳动的行为不属于上述意见第12条规定的情形。该条规定针对的是学生仍以在校学习为主，不以就业为目的，利用业余时间在单位进行社会实践打工补贴学费、生活费的情形。勤工助学和实习时，学生与单位未建立劳动关系，可以不签订劳动合同，不需要明确岗位、报酬、福利待遇等。本案中，郭懿的情形显然不属于勤工助学或实习。郭懿在登记求职时，已完成了全部学习任务，明确向益丰公司表达了求职就业愿望，双方签订了劳动合同书。郭懿在与益丰公司签订劳动合同后，亦按照规定内容为益丰公司付出劳动；益丰公司向郭懿支付劳动报酬，并对其进行管理，这完全符合劳动关系的本质特征。故益丰公司辩称双方系实习关系的理由不能成立。

最后，原告郭懿签约时虽不具备被告益丰公司要求的录用条件，但郭懿在填写益丰公司求职人员登记表时，明确告知了益丰公司其系2008届毕业生，2007年是学校规定的实习年，自己可以正常上班，但尚未毕业。益丰公司对此情形完全知晓，双方在此基础上就应聘、录用达成一致意见，签订劳动合同。因此，劳动合同的签订是双方真实意思的表示，不存在欺诈、隐瞒事实或胁迫等情形，并没有违反法律、行政法规的规定，且郭懿已于2008年7月取得毕业证书，故益丰公司辩称郭懿不符合录用条件的理由亦不能成立。

综上，原告郭懿与被告益丰公司存在劳动关系，双方签订的劳动合同合法、有效，对双方均具有法律约束力。

南京市中级人民法院二审维持了一审判决。

三、劳动合同的分类

以合同期限为标准，劳动合同可分为三类：固定期限劳动合同、无固定期限劳动合同和以完成一定工作任务为期限的劳动合同。劳动合同期限，是指劳动合同的有效时间，是双方当事人所订立的劳动合同起始和终止的时间，也是劳动关系具有法律约束力的时间。

（一）固定期限劳动合同（又称定期劳动合同）

固定期限劳动合同，是指用人单位与劳动者约定合同终止时间的劳动合同。用人单位与劳动者协商一致，可以订立固定期限劳动合同。固定期限劳动合同终止时，是否续订在很大程度上取决于用人单位。签订固定期限劳动合同，对于用人单位而言，可获取用工灵活性和降低用工成本，但劳动者的职业稳定感较差。

（二）无固定期限劳动合同（又称不定期劳动合同）

无固定期限劳动合同，是指用人单位与劳动者约定无确定终止时间的劳动合同。用人单位与劳动者协商一致，可以订立无固定期限劳动合同。

许多国家和地区在立法中把无固定期限劳动合同作为劳动合同的一般类型，因为从就业保障的角度看，无固定期限劳动合同对劳动者更有利，尤其是就防止用人单位在使用完劳动者“黄金年龄段”后不再使用劳动者而言，无固定期限劳动合同更有效。所以，我国《劳动合同法》第14条也规定了用人单位应当订立无固定期限劳动合同的情形：“有下列情形之一，劳动者提出或者同意续订、订立劳动合同的，除劳动者提出订立固定期限劳动合同外，应当订立无固定期限劳动合同：（一）劳动者在该用人单位连续工作满十年的；（二）用人单位初次实行劳动合同制度或者国有企业改制重新订立劳动合同时，劳动者在该用人单位连续工作满十年且距法定退休年龄不足十年的；（三）连续订立二次固定期限劳动合同，且劳动者没有本法第三十九条和第四十条第一项、第二项规定的情形，续订劳动合同的。用人单位自用工之日起满一年不与劳动者订立书面劳动合同的，视为用人单位与劳动者已订立无固定期限劳动合同。”这里事实上规定了用人单位应当订立无固定期限劳动合同的4种情形。

《劳动合同法实施条例》第11条进一步明确规定：“除劳动者与用人单位协商一致的情形外，劳动者依照劳动合同法第十四条第二款的规定，提出订立无固定期限劳动合同的，用人单位应当与其订立无固定期限劳动合同。对劳动合同的内容，双方应当按照合法、公平、平等自愿、协商一致、诚实信用的原则协商确定；对协商不一致的内容，依照劳动合同法第十八条的规定执行。”

对于同一用人单位连续工作时间，劳动部办公厅《对〈关于如何理解“同一用人单位连续工作时间”和“本单位工作年限”的请示〉的复函》（劳办发［1996］191号）规定，“同一用人单位连续工作时间”是指劳动者与同一用人单位保持劳动关系的时间。在计算“同一用人单位连续工作时间”时，不应扣除劳动者依法享有的医疗期时间。在计算医疗期、经济补偿时，“本单位工作年限”与“同一用人单位连续工作时间”为同一概念，也不应扣除劳动者此前依法享有的医疗期时间。这一规定虽然主要是针对经济补偿金而作出的，但其对“连续”的认定具有普遍适用意义。

对于工作年限，《劳动合同法实施条例》第9条规定：“劳动合同法第十四条第二款规定的连续工作满10年的起始时间，应当自用人单位用工之日起计算，包括劳动合同法施行前的工作年限。”第10条规定：“劳动者非因本人原因从原用人单位被安排到新用人单位工作的，劳动者在原用人单位的工作年限合并计算为新用人单位的工作年限。原用人单位已经向劳动者支付经济补偿的，新用人单位在依法解除、终止劳动合同计算支付经济补偿的工作年限时，不再计算劳动者在原用人单位的工作年限。”这里的“非因本人原因”，主要是指一些企业特别是国有企业，因资产业务划转，部分并购、重组，或者工作需要等非劳动者方面的原因，以及通过行政命令等方式，将劳动者转移或调往其他用人单位。

对于用人单位不与劳动者订立无固定期限劳动合同的法律责任，《劳动合同法》第82条规定：“用人单位违反本法规定不与劳动者订立无固定期限劳动合同的，自应当订立无固定期限劳动合同之日起向劳动者每月支付二倍的工资。”

为减轻用人单位的压力，《劳动合同法实施条例》第12条规定了例外情形：“地方各级人民政府及县级以上地方人民政府有关部门为安置就业困难人员提供的给予岗位补贴和社会保险补贴的公益性岗位，其劳动合同不适用劳动合同法有关无固定期限劳动合同的规定以及支付经济补偿的规定。”

【资料链接】

劳动者在用人单位工作的连续性如何判断

“李某诉北京·松下彩色显像管有限公司劳动争议案”① 表明，劳动者与用人单位终止劳动合同并办理了离职手续，领取了经济补偿金后，劳动者与用人单位再次签订的“劳动合同书”与此前签订的“劳动合同书”之间不具有连续性。由此，本案中劳动者不具备在该用人单位连续工作满10年的条件，故无权依据《中华人民共和国劳动合同法》第14条第2款规定要求用人单位与其签订无固定期限劳动合同。

李某于1993年10月进入被告公司工作，签订劳动合同期限从1993年10月至2001年11月15日。2001年11月15日，李某与被告终止了劳动合同，并依法办理了社会保险清算手续，领取了失业保险金和养老保险金，并办理了离厂手续。2002年2月18日，原、被告再次签订了书面的劳动合同，期限自2002年2月18日起至2003年3月15日，此后陆续签订了劳动合同续订书，劳动合同期限延续至2010年4月15日。2008年，李某向被告提出要求签订无固定期限劳动合同，被告未予同意。李某于2008年10月7日申诉至北京市劳动争议仲裁委员会，要求被告与其签订无固定期限劳动合同。北京市劳动争议仲裁委员会驳回了李某的申诉请求。李德新对该裁决不服，诉至法院。

北京市朝阳区人民法院经审理认为：本案中，李某主张其在被告公司连续工作10年以上，并向法院提交了“劳动合同书”、2002年3月银行工资明细单、2002年6月的薪资单以及证人证言。证人纪某、郑某虽然均到庭作证，欲证明被告在李某离职后仍然给李某发放工资，因为被告不愿意跟李某签订无固定期限劳动合同才给李某放假3个月，之后李某仍然到被告处工作至今，但证人与被告之间均存在利害关系。李某提供的上述证据尚不足以证明李某在被告公司连续工作10年以上之事实。此外，被告向法院提交的“劳动合同书”“2001年11月定期合同工离职费用清单”“2001年11月失业结账统计”“2001年11月农民工养老清算”“BMCC职工离厂通知及离厂手续”等证据，足以证明原、被告于2001年11月终止劳动合同后，又于2002年2月18日再次签订“劳动合同书”。2002年2月18日签订的“劳动合同书”中约定的履行

---

① 最高人民法院中国应用法学研究所：《人民法院案例选》，2010年第2辑（总第72辑），北京，人民法院出版社，2011。

期限截至2010年4月15日，该劳动合同至今（案发时）仍在履行期内，李某此时提出签订无固定期限劳动合同的请求，缺乏事实依据以及客观条件。故法院对李某要求被告与其签订无固定期限劳动合同的诉讼请求不予支持。据此，法院判决驳回李某的诉讼请求。

（三）以完成一定工作任务为期限的劳动合同

以完成一定工作任务为期限的劳动合同，是指用人单位与劳动者约定以某项工作的完成为合同期限的劳动合同。用人单位与劳动者协商一致，可以订立以完成一定工作任务为期限的劳动合同。此类合同实际上也是一种定期的劳动合同，一般用于以下情形：（1）以完成单项工作任务为期限的劳动合同；（2）以项目承包方式完成承包任务的劳动合同；（3）因季节原因临时用工的劳动合同；（4）其他双方约定的以完成一定工作任务为期限的劳动合同。

第二节 劳动合同的订立

一、劳动合同的订立原则

劳动合同的订立，是指劳动合同双方当事人即劳动者和用人单位就双方的权利、义务进行协商，意思表示一致，从而签订对双方具有法律约束力的劳动合同的行为。

《劳动合同法》第3条规定：“订立劳动合同，应当遵循合法、公平、平等自愿、协商一致、诚实信用的原则。”

1. 合法原则

合法原则是指订立劳动合同的行为不得与法律、法规相抵触。《劳动合同法》第26条规定，“违反法律、行政法规强制性规定的”劳动合同无效或部分无效。合法是劳动合同有效并受国家法律保护的前提条件，具体包括：（1）主体合法，即劳动合同的订立主体必须符合法律规定，当事人双方具有劳动法主体资格；（2）内容合法，劳动合同中所确立的权利、义务不得违背法律、法规的规定，如劳动合同中所确立的劳动基准不得低于《劳动法》的规定；（3）程序合法，即当事人双方订立劳动合同的程序，要约、承诺等必须符合法律规定；（4）形式合法，即劳动合同必须以法律、法规规定的形式签订，《劳动合同法》第10条明确规定，“建立劳动关系，应当订立书面劳动合同”；（5）目的合法，即当事人订立劳动合同的宗旨和实现法律后果的意图不得违反法律、法规的规定。此外，《劳动合同法》第9条规定：“用人单位招用劳动者，不得扣押劳动者的居民身份证和其他证件，不得要求劳动者提供担保或者以其他名义向劳动者收取财物。”所谓“居民身份证和其他证件”，一般包括劳动者的居民户口、档案、身份证、暂住证、毕业证、学位证、专业技能证书、职称评定证书等证件。所谓“提供担保或者以其他名义向劳动者收取财物”，一般包括保证金、抵押金、集资、风险基金、风险金、押金、培训费、服装费、电脑费、纪律违约金等任何形式的费用。

2. 公平原则

公平原则是指劳动合同的内容应当公平、合理，也就是在符合法律规定的前提下，劳动合同双方当事人公正、合理地确立双方的权利和义务。这有利于平衡劳动合同双方当事人的利益，有利于建立和谐、稳定的劳动关系。公平原则要求劳动合同双方当事人之间的权利、义务大体上平衡，强调一方给付与对方给付之间的等值性、合同上的负担和风险的合理分配。《劳动合同法》第 26 条规定，“用人单位免除自己的法定责任、排除劳动者权利的”劳动合同无效或部分无效，就是因为这类劳动合同内容显失公平。有些劳动合同内容，相关劳动法律、法规往往只规定了一个最低标准，如最低工资标准、最高工时标准、最长试用期标准，在标准限度内双方自愿达成协议，就是合法的，但有时合法的未必公平、合理。如同一个工作岗位，两个资历、能力都相当的人，工资收入差别很大，或者能力强的收入比能力差的还低，就是不公平、不合理的。此外，公平原则也是社会公德的体现，用人单位不能滥用优势地位，不得滥用权力，不得欺诈，以迫使劳动者订立不公平的合同。

需要注意的是，《劳动合同法》强调“保护劳动者的合法权益”，又称倾斜保护劳动者的合法权益，其目的是平衡劳动者和用人单位实质上的不平等，从而实现实质公平，因此在理解劳动合同当事人双方权利、义务的配置时不宜强调绝对的对等。形式公平要求当事人双方的权利、义务具有对等性：一方享有权利，他方负有义务；一方享有权利，就必须对他方承担相应的义务。但绝对化的形式公平有时是不利于保护劳动者的，需要实质公平来予以辅助。

3. 平等自愿原则

平等自愿原则实际上包括两个原则：一个是平等原则，另一个是自愿原则。两者之间有着密切的联系。

平等原则，是指劳动合同的缔约双方具有平等的法律地位，适用同样的法律规则，享有同等的法律保护。尽管劳动者在劳动过程中隶属于用人单位，但劳动者和用人单位在订立劳动合同时在法律地位上是平等的，没有高低、从属之分，不存在命令和服从、管理和被管理关系。只有地位平等，双方才能自由表达真实的意思，能够就劳动合同中的权利和义务展开协商。当然，在订立劳动合同后，劳动者成为用人单位的一员，受用人单位的管理，处于被管理者的地位，用人单位和劳动者的地位是不平等的。平等原则中的平等，是指法律上的平等、形式上的平等。在实践中，多数劳动者和用人单位的地位并不平等，但法律要求用人单位不得利用其优势地位在订立劳动合同时附加不平等的条件和内容。

自愿原则，是指劳动合同当事人不受他人干涉，根据个人意志自主决定是否订立合同、与谁订立合同以及合同的具体内容。订立劳动合同完全是出于劳动者和用人单位双方的真实意志，是双方协商一致达成的，任何一方不得把自己的意志强加给另一方，任何单位和个人不得强迫劳动者订立劳动合同。《劳动合同法》第 26 条规定，以胁迫的手段使对方在违背真实意思的情况下订立的劳动合同无效或部分无效。

4. 协商一致原则

协商一致，是指用人单位和劳动者要对合同的内容达成一致意见。协商是指合同订立的方式，即合同订立通过当事人之间的自主协商，其基础在于当事人的自愿；而一致则是从订约结果角度来说当事人的意思表示达成一致。合同是双方意思表示一致的结果，劳动合同也是一种合同，也需要劳动者和用人单位双方协商一致、达成合意，一方不能凌驾于另一方之上，不得把自己的意志强加给对方，也不能强迫命令、胁迫对方订立劳动合同。实践中，劳动合同一般是由用人单位提供格式合同文本，劳动者一般只需要签字就行了。格式合同文本中如果免除或减轻用人单位的法定责任、排除或限制劳动者的权利，而劳动者迫于生计不得不签订，就很难说是协商一致的结果，应当认定为无效劳动合同或者由劳动者解除劳动合同。

5. 诚实信用原则

诚实信用原则是道德原则的法律化，是指双方当事人在订立劳动合同过程中要诚实、讲信用，并按照诚信原则履行自己基于合同或者法律规定而对对方所承担的各种义务。这就要求在订立劳动合同时，双方都不得有欺诈行为、不得隐瞒真实情况。如《劳动合同法》第 8 条规定："用人单位招用劳动者时，应当如实告知劳动者工作内容、工作条件、工作地点、职业危害、安全生产状况、劳动报酬，以及劳动者要求了解的其他情况；用人单位有权了解劳动者与劳动合同直接相关的基本情况，劳动者应当如实说明。"这里"与劳动合同直接相关的基本情况"主要包括健康状况、知识技能（如文化程度和职业资格证书等）、工作经历等。不如实告知可能构成欺诈，《劳动合同法》第 26 条规定，以欺诈的手段使对方在违背真实意思的情况下订立的劳动合同无效或部分无效。

二、劳动合同的形式

（一）劳动合同的形式概述

劳动合同的形式，即劳动合同的存在方式，是指劳动合同当事人双方意思表示一致的外部表现。劳动合同可分为书面和非书面两种形式：书面形式即用文字方式表示的合同；非书面则又可分为口头和行为两种形式，口头即用语言方式表示的合同，行为形式则既无文字表示，也无口头约定，而只有提供劳动的行为。①

实际上，书面形式和口头形式各有利弊。各国法律在劳动合同订立要采何种形式问题上态度也是不同的。我国《劳动法》第 19 条明确规定："劳动合同应当以书面形式订立，并具备以下条款：……"但是在实践中，我国的劳动合同签订率一直偏低。为强化保护劳动者权益，《劳动合同法》明确规定了劳动合同的书面形式要求、用人单位及时与劳动者订立书面劳动合同的义务，并规定了严厉的法律责任，如 2 倍工资、视为订立无固定期限劳动合同。具体内容如下：

1. 劳动合同书面形式的严格要求

《劳动合同法》第 10 条规定："建立劳动关系，应当订立书面劳动合同。"第 16 条规定："劳动合同由用人单位与劳动者协商一致，并经用人单位与劳动者在劳动合同文本上签字或者盖章生效。劳动合同文本由用人单位和劳动者各执一份。"第 81 条规定，用人单位未将劳动合同文本交付劳动者的，由劳动行政部门责令改正；给劳动者造成损害的，应当承担赔偿责任。结合这三条的规定，可以认为《劳动合同法》所指的书面劳动合同，仅限于合同书形式，不包

---

① 在《劳动合同法》制定前，根据对黑龙江省哈尔滨市 1 000 名农民工的调查问卷统计显示，只有 19.58%的农民工与用人单位签订了书面劳动合同；52.20%的农民工只有口头约定；还有 21.11%的农民工既没有签订书面劳动合同，也没有口头约定。参见全国人大常委会法制工作委员会行政法室编：《劳动合同法（草案）参考》，109 页，北京，中国民主法制出版社，2006。

括《合同法》所指的数据电文等其他书面形式。有学者指出，“劳动合同的书面形式仅用于《合同法》第三十二条规定的情况，即当事人采用合同书形式订立合同的，自双方当事人签字或者盖章时合同成立，而不能扩大至第三十三条中以签订确认书来订立信件、数据电文等形式的书面合同”①。依据文义解释和体系解释的方法，应当说，这种看法是符合立法原意的，但这样未考虑到网络时代通过电子邮件订立劳动合同的现实需要。

我国《劳动合同法》对合同书面形式进行严格要求，是由于书面形式比较严肃慎重、准确可靠且有据可查，有利于加强合同当事人的责任感，促使合同所规定的各项义务能够全面履行；有利于劳动保障行政部门进行监督检查；也有利于在发生劳动争议时查明事实、分清是非和解决纠纷，能更有力地保护作为弱势群体的劳动者的利益。相比之下，非书面形式由于没有可以保存的文字依据，容易发生纠纷，且难以举证，不利于保护当事人尤其是劳动者的合法权益。

2. 用人单位及时与劳动者订立书面劳动合同的义务

《劳动合同法》第10条“应当订立书面劳动合同”中的“应当”，就是“必须”的意思。在法律上，含有“应当”的规定是义务性规定，因此，订立书面劳动合同是用人单位的法定义务。《劳动合同法》第10条还规定：“已建立劳动关系，未同时订立书面劳动合同的，应当自用工之日起一个月内订立书面劳动合同。”这就确立了用人单位及时与劳动者订立书面劳动合同的义务，违反该义务要负相应的法律责任。《劳动合同法》第82条规定：“用人单位自用工之日起超过一个月不满一年未与劳动者订立书面劳动合同的，应当向劳动者每月支付二倍的工资。”该条以加大用人单位违法成本的方法来促使用人单位及时与劳动者订立书面劳动合同。

（二）用工、建立劳动关系与订立书面劳动合同的关系

对于用工、建立劳动关系与订立劳动合同三者之间的关系，《劳动合同法》规定：用人单位自用工之日起即与劳动者建立劳动关系。建立劳动关系，应当订立书面劳动合同。已建立劳动关系，未同时订立书面劳动合同的，应当自用工之日起1个月内订立书面劳动合同。用人单位与劳动者在用工前订立劳动合同的，劳动关系自用工之日起建立。据此，用工就等于建立劳动关系，但订立书面劳动合同与用工的关系比较复杂，时间上未必一致，存在以下三种情况：

一是在用工的同时订立书面劳动合同，即“同时签用”。这是最不容易引起争议的理想情形。《劳动合同法》第7条规定，用人单位自用工之日起即与劳动者建立劳动关系。用工，是指用人单位实际上开始使用劳动者的劳动力，劳动者开始在用人单位的管理、监督、指挥下提供劳动。用工之日，通俗地说就是劳动者开始上班的那一天。用工之日就是建立劳动关系之时，建立劳动关系之时是劳动者开始在用人单位的管理、监督、指挥下提供劳动之时，是计算劳动者工资的起始时间，也是劳动者在该用人单位的工作年限的起算时间。②

二是在用工后订立，即“先用后签”。对于建立劳动关系早于签订劳动合同的情形，《劳动

① 《〈劳动合同法〉系列问答（一）》，见中国人民大学残疾人权益保障法律研究与服务中心网站，http://www.rucdpls.com/ArticleView.aspx? id=396。

② 参见劳动和社会保障部组织编写：《中华人民共和国劳动合同法讲座》，27～28页，北京，中国劳动社会保障出版社，2007。

合同法》第10条规定，已建立劳动关系，未同时订立书面劳动合同的，应当自用工之日起1个月内订立书面劳动合同。也就是说，只要在1个月内补签，并不违法。这是考虑到用人单位劳动用工管理的实际工作量，给予一段合理的宽限时间是必要的。

三是在用工前订立书面劳动合同，即“先签后用”。对于这种建立劳动关系晚于签订劳动合同的情形，《劳动合同法》第10条规定，用人单位与劳动者在用工前订立劳动合同的，劳动关系自用工之日起建立。可见，用工前订立劳动合同的情况是完全合法的。

需要注意的是，《劳动合同法》规定引起劳动关系产生的法律事实是用工，其目的是保护事实劳动关系中劳动者的权益，并不是肯定用人单位不与劳动者订立劳动合同的行为。相反，《劳动合同法》要求建立劳动关系必须订立书面劳动合同。

此外，为保存用工证据，《劳动合同法》第7条还规定：用人单位自用工之日起即与劳动者建立劳动关系。用人单位应当建立职工名册备查。《劳动合同法实施条例》第8条进一步明确规定：《劳动合同法》第7条规定的职工名册，应当包括劳动者姓名、性别、公民身份证号码、户籍地址及现住址、联系方式、用工形式、用工起始时间、劳动合同期限等内容。该条例第33条规定：用人单位违反劳动合同法有关建立职工名册规定的，由劳动行政部门责令限期改正；逾期不改正的，由劳动行政部门处2 000元以上2万元以下的罚款。

（三）未订立书面劳动合同的法律后果

根据《劳动合同法》第14、82条和《劳动合同法实施条例》第5、6、7条的规定，在三个不同的时间段，未订立书面劳动合同的法律后果各有不同，参见表5—1：

表5—1　　未订立书面劳动合同的法律后果

时间段	用人单位未与劳动者订立书面劳动合同的法律后果	劳动者不与用人单位订立书面劳动合同的法律后果
自用工之日起1个月内	法律没有明确规定。因为这1个月是宽限期，用人单位在此期间未与劳动者订立书面劳动合同并不违法	用人单位应当书面通知劳动者终止劳动关系，无须向劳动者支付经济补偿，但应当依法向劳动者支付其实际工作时间的劳动报酬
自用工之日起超过1个月、不满1年	用人单位应当向劳动者每月支付2倍的工资，起算时间为用工之日起满1个月的次日，截止时间为补订书面劳动合同的前一日，并与劳动者补订书面劳动合同	用人单位应当书面通知劳动者终止劳动关系，并依照《劳动合同法》第47条的规定支付经济补偿
自用工之日起满1年	用人单位自用工之日起满1个月的次日至满1年的前一日应当向劳动者每月支付两倍的工资，并视为自用工之日起满1年的当日已经与劳动者订立无固定期限劳动合同，应当立即与劳动者补订书面劳动合同	法律没有明确规定

《劳动合同法》要求用人单位必须在用工之日起1个月内与劳动者签订劳动合同，否则将承担经济上的严重不利后果——双倍工资，以此来解决劳动合同签订率偏低的问题。但考虑到用人单位人力资源管理工作的实际情况（订立书面劳动合同的需要一定的周期，尤其是在大量

招用劳动者时),《劳动合同法》在确立书面劳动合同是劳动合同的唯一合法形式的同时,也规定了1个月的宽限期,用人单位在自用工之日起1个月内签订书面劳动合同的均为合法,不用承担法律责任,自用工之日起超过1个月未签订书面劳动合同的,才开始承担双倍工资的不利后果。需要注意的是,这里的"工资"是指包括加班工资在内的所有应发工资。①

需要注意的是,用人单位应当书面通知劳动者订立劳动合同,而不能用口头方式通知。所谓书面形式,参考《民法典》第469条的规定——"书面形式是合同书、信件、电报、电传、传真等可以有形地表现所载内容的形式",可以认为书面形式一般是指书信、电报、电传、传真和电子邮件等形式,在实践中一般还包括布告(公告)式通知。

此外,对于已形成劳动关系但未订立书面劳动合同情况下劳动者的工资待遇,《劳动合同法》第11条规定:"用人单位未在用工的同时订立书面劳动合同,与劳动者约定的劳动报酬不明确的,新招用的劳动者的劳动报酬按照集体合同规定的标准执行;没有集体合同或者集体合同未规定的,实行同工同酬。"

【资料链接】

北京泛太物流有限公司诉单某劳动争议纠纷案②

被告单某主张原告泛太物流有限公司(以下简称泛太物流公司)未与其签订书面劳动合同,泛太物流公司提出单某入职后该公司与其签订了3年期的劳动合同,因单某负责保管员工档案,其离职时擅自将劳动合同等材料带走。对此泛太物流公司提供了单某的"工作职责"为证。单某提交了"员工录用审批表"以及"公司物品申请表"的原件,泛太物流公司提出上述审批表及申请表与劳动合同同时存放于单某的员工档案中,上述材料原件在单某手中的事实本身即说明了单某负责保管档案并带走劳动合同的事实。单某提出:上述两份材料系泛太物流公司的杨某为让自己了解工作职能而交给自己的,事后未要回,故原件由自己保管。

海淀区人民法院一审认为:依据泛太物流公司提供的"工作职责"的内容,单某负责公司员工的档案管理工作,其虽否认负责上述工作,且否认"工作职责"中自己签字的真实性,但经法院释明,其未申请对上述签字的真伪进行鉴定,应当承担上述事实不能查明的不利法律后果,即法院对"工作职责"的证明力予以确认,采信泛太物流公司关于单某负责员工档案管理的主张,但仅凭借单某负责保管档案以及其持有部分泛太物流公司文件的事实并不足以证实泛太物流公司曾与单某签订书面劳动合同书。反而,单某持有的"员工录用审批表"中明确约定了其工作部门、工作地点、聘用期限、试用期、工资待遇等,并附有泛太物流公司法定代表人苏某的签字,上述审批表内容已经具备劳动合同的要件,特别是"员工录用审批表"现由单某持有并由其作为证据提供,即其认可上述审批表的内容,因此法院认为该审批表具有劳动合同的性质。综上,对泛太物流公司提出的无须支付未签订劳动合同的2倍工资差额的主张,法院予以支持。

北京市第一中级人民法院二审维持原判,并指出:《劳动合同法》第82条针对实践中劳动

① 《深圳市劳动争议仲裁、诉讼实务座谈会纪要》(2010年3月9日深圳市中级人民法院审判委员会第六次会议讨论通过)规定:《劳动合同法》第82条规定的"二倍工资"中加付的1倍工资是指包括加班工资在内的所有应发工资。

② 参见《最高人民法院公报》,2013(12)。

合同签订率低以及《劳动法》第16条仅规定“建立劳动关系应当订立劳动合同”而没有规定违法后果的立法缺陷，增设了二倍工资的惩罚，该第二倍差额的性质并非劳动者的劳动所得而是对用人单位违反法律规定的一种惩戒。二倍工资的立法目的在于提高书面劳动合同签订率、明晰劳动关系中的权利义务而非劳动者可以从中谋取超出劳动报酬的额外利益。

请思考：对《劳动合同法》中的“书面”应当如何解释？二倍工资的性质是什么？

三、劳动合同的内容

我国劳动合同的内容可以分为必备条款和约定条款。必备条款，是劳动法对劳动合同内容的一般要求，即劳动合同一般应当具有的条款。约定条款则是法律对于劳动合同内容的提示性规定，当事人可以选择适用。

（一）劳动合同的必备条款

《劳动合同法》第17条规定：“劳动合同应当具备以下条款：（一）用人单位的名称、住所和法定代表人或者主要负责人；（二）劳动者的姓名、住址和居民身份证或者其他有效身份证件号码；（三）劳动合同期限；（四）工作内容和工作地点；（五）工作时间和休息休假；（六）劳动报酬；（七）社会保险；（八）劳动保护、劳动条件和职业危害防护；（九）法律、法规规定应当纳入劳动合同的其他事项。”这里的“工作内容”，包括劳动者从事劳动的工种、岗位和劳动定额、产品质量的要求等。“劳动条件”是指用人单位为劳动者提供的正常工作所必需的条件，包括劳动工具、劳动场所等。所谓“法律、法规规定应当纳入劳动合同的其他事项”，如《职业病防治法》（2018年修正）第33条第1款规定：“用人单位与劳动者订立劳动合同（含聘用合同，下同）时，应当将工作过程中可能产生的职业病危害及其后果、职业病防护措施和待遇等如实告知劳动者，并在劳动合同中写明，不得隐瞒或者欺骗。”《安全生产法》（2021年修正）第52条第1款规定：“生产经营单位与从业人员订立的劳动合同，应当载明有关保障从业人员劳动安全、防止职业危害的事项，以及依法为从业人员办理工伤保险的事项。”

没有必备条款，提供劳动合同文本的用人单位应负法律责任。《劳动合同法》第81条规定，用人单位提供的劳动合同文本未载明本法规定的劳动合同必备条款，由劳动行政部门责令改正；给劳动者造成损害的，应当承担赔偿责任。

需要注意的是，劳动合同中缺少必备条款中的一些条款并不必然无效。《劳动合同法》第18条规定：“劳动合同对劳动报酬和劳动条件等标准约定不明确，引发争议的，用人单位与劳动者可以重新协商；协商不成的，适用集体合同规定；没有集体合同或者集体合同未规定劳动报酬的，实行同工同酬；没有集体合同或者集体合同未规定劳动条件等标准的，适用国家有关规定。”这里的“劳动条件等标准”即工时、休息休假、工资、劳动定额、劳动安全卫生等劳动条件的标准，国家在这些方面有大量的法律、法规，在合同没有约定时可以直接适用。如关于工资，国家立法建立了最低工资制度；在劳动安全、卫生方面，国家有相应的劳动标准，在这种情况下均可以直接适用。

(二) 劳动合同的约定条款

《劳动合同法》第 17 条第 2 款规定："劳动合同除前款规定的必备条款外，用人单位与劳动者可以约定试用期、培训、保守秘密、补充保险和福利待遇等其他事项。"为防止用人单位滥用约定条款，《劳动合同法实施条例》第 13 条作出了一项禁止性规定："用人单位与劳动者不得在劳动合同法第四十四条规定的劳动合同终止情形之外约定其他的劳动合同终止条件。"劳动合同的约定条款具体内容如下：

1. 试用期

试用期，是指包括在劳动合同期限内的，劳动关系还处于非正式状态，用人单位对劳动者是否合格进行考核，劳动者对用人单位是否适合自己要求进行了解的期限。《劳动合同法》对试用期进行了规范：

(1) 试用期的适用次数限制。同一用人单位与同一劳动者只能约定一次试用期。这是考虑到对于劳动者的人品和基本技能，试用一次即可了解，无须再次试用。

(2) 试用期的最长期限。劳动合同期限 3 个月以上、不满 1 年的，试用期不得超过 1 个月；劳动合同期限 1 年以上、不满 3 年的，试用期不得超过 2 个月；3 年以上固定期限和无固定期限的劳动合同，试用期不得超过 6 个月。

(3) 禁止约定试用期的情形。以完成一定工作任务为期限的劳动合同或者劳动合同期限不满 3 个月的，不得约定试用期。

(4) 试用期与劳动合同期限的关系。试用期包含在劳动合同期限内。劳动合同仅约定试用期的，试用期不成立，该期限为劳动合同期限。在此期限内，用人单位不能对劳动者实行试用期的工资标准，双方均不能按照试用期内解除劳动合同的规定解除劳动合同。

(5) 试用期的工资标准。《劳动合同法》第 20 条规定："劳动者在试用期的工资不得低于本单位相同岗位最低档工资或者劳动合同约定工资的百分之八十，并不得低于用人单位所在地的最低工资标准。"从文义解释出发，该条中"本单位相同岗位最低档工资或者劳动合同约定工资的百分之八十"存在两种不同的含义，为澄清这一问题，《劳动合同法实施条例》第 15 条规定："劳动者在试用期的工资不得低于本单位相同岗位最低档工资的 80%或者不得低于劳动合同约定工资的 80%，并不得低于用人单位所在地的最低工资标准。"这里的"劳动合同约定工资"是指劳动合同中约定的试用期满后的工资。

(6) 试用期内解除劳动合同的限制。《劳动合同法》第 21 条规定："在试用期中，除劳动者有本法第三十九条和第四十条第一项、第二项规定的情形外，用人单位不得解除劳动合同。用人单位在试用期解除劳动合同的，应当向劳动者说明理由。"

(7) 用人单位的法律责任。《劳动合同法》第 83 条规定："用人单位违反本法规定与劳动者约定试用期的，由劳动行政部门责令改正；违法约定的试用期已经履行的，由用人单位以劳动者试用期满月工资为标准，按已经履行的超过法定试用期的期间向劳动者支付赔偿金。"

试用期应当同时具备以下四个方面的要件才能被认定为合法有效，具有法律效力：(1) 建立劳动关系的用人单位和劳动者订立了书面劳动合同；(2) 该书面劳动合同合法、有效；

(3) 该合法、有效的书面劳动合同约定了试用期，在招聘广告等文件或用人单位规章制度中统一规定试用期不产生试用期的法律效力；(4) 试用期的长短和次数符合《劳动合同法》的规定。[①]

2. 培训和服务期

培训条款是指用人单位与劳动者在劳动合同中约定由用人单位为劳动者提供专项培训费用，对其进行专业技术培训的条款。专项培训一般并非用人单位的法定义务，因此一般要同时约定劳动者的服务期。服务期是指用人单位和劳动者在劳动合同签订之时或劳动合同履行的过程之中，用人单位出资招用、培训或者提供特殊待遇后，经双方协商一致确定的一个服务期限。服务期的本质与劳动合同期限并无太大区别，但由于用人单位提供的专项培训并非法定义务，双方为此约定服务期纯属其意思自治范围，应予许可。只有当用人单位为员工提供了特殊待遇或出资招用、培训的情况下，才有权设定服务期，进而约定违约金。从服务期的目的来分析，它更多的是为了保护用人单位的权益。

对于培训和服务期，《劳动合同法》第 22 条规定："用人单位为劳动者提供专项培训费用，对其进行专业技术培训的，可以与该劳动者订立协议，约定服务期。劳动者违反服务期约定的，应当按照约定向用人单位支付违约金。违约金的数额不得超过用人单位提供的培训费用。用人单位要求劳动者支付的违约金不得超过服务期尚未履行部分所应分摊的培训费用。用人单位与劳动者约定服务期的，不影响按照正常的工资调整机制提高劳动者在服务期期间的劳动报酬。"《劳动合同法实施条例》第 16 条规定："劳动合同法第二十二条第二款规定的培训费用，包括用人单位为了对劳动者进行专业技术培训而支付的有凭证的培训费用、培训期间的差旅费用以及因培训产生的用于该劳动者的其他直接费用。"

对于劳动合同期和服务期的关系，《劳动合同法实施条例》第 17 条规定："劳动合同期满，但是用人单位与劳动者依照劳动合同法第二十二条的规定约定的服务期尚未到期的，劳动合同应当续延至服务期满；双方另有约定的，从其约定。"

对于约定了服务期情形下违约金的支付，在出现法定情形时劳动者单方解除劳动合同的不需要支付违约金，用人单位因劳动者存在过失而单方解除劳动合同时劳动者需要支付违约金。《劳动合同法实施条例》第 26 条规定："用人单位与劳动者约定了服务期，劳动者依照劳动合同法第三十八条的规定解除劳动合同的，不属于违反服务期的约定，用人单位不得要求劳动者支付违约金。有下列情形之一，用人单位与劳动者解除约定服务期的劳动合同的，劳动者应当按照劳动合同的约定向用人单位支付违约金：（一）劳动者严重违反用人单位的规章制度的；（二）劳动者严重失职，营私舞弊，给用人单位造成重大损害的；（三）劳动者同时与其他用人单位建立劳动关系，对完成本单位的工作任务造成严重影响，或者经用人单位提出，拒不改正的；（四）劳动者以欺诈、胁迫的手段或者乘人之危，使用人单位在违背真实意思的情况下订立或者变更劳动合同的；（五）劳动者被依法追究刑事责任的。"

① 参见劳动和社会保障部组织编写：《中华人民共和国劳动合同法讲座》，37～38 页，北京，中国劳动社会保障出版社，2007。

【案例分析】

袁某诉厦门市恒利发集装箱储运有限公司劳动争议案[①]

【案情】厦门市海沧区人民法院一审认为，袁某在劳动合同期限届满之前辞职，与其入职前《申请书》中的承诺"若本人没有与公司签订合同或者在合同期满前离职或辞职的，本人自愿赔偿公司自己在实习期间的车辆油料及车辆损耗费计人民币叁仟圆整（3 000元）"相违背，依照我国《劳动法》第68条第2款、《劳动合同法》第22条的规定，判决袁某支付尚未履行部分所应分摊的培训费用2 375元（3 000元÷24×19）。袁某不服一审判决，向厦门市中级人民法院提起上诉。

厦门市中级人民法院二审认为，本案争议的焦点在于：袁某与厦门市恒利发集装箱储运有限公司（以下简称恒利发公司）在《申请书》中约定如袁某提前辞职应当赔偿公司车辆油料及车辆损耗费3 000元是否合法。我国《劳动合同法》第22条规定的专业技术培训与《劳动法》所规定的职业培训应有所区别。根据劳动法的规定，用人单位有责任为职工提供必要的职业培训，以提高劳动者的劳动技能或使劳动者更好地胜任其本职工作，用人单位不能为此与劳动者约定违约金。根据本案当事人的约定，袁某在应聘前没有开过集装箱牵引车，不会倒车，恒利发公司给予袁某一个实习的机会，袁某学会后与恒利发公司签订劳动合同。据此，袁某本身是具有驾驶资格和驾驶技术的，只是没有开过集装箱牵引车，上岗前需要进行培训。恒利发公司给予袁某的实习机会实际上兼有岗前培训和试用期的性质，应属于职业培训而非专业技术培训。袁某在实习过程中需要花费一定的油料和造成车辆磨损，但上述损耗系驾驶实习过程中必然发生的花费和消耗。依据一般常理，该情形下的油料消耗和车辆磨损显然无法等同于专项培训费用。因此，本案不属于《劳动合同法》规定的由用人单位提供专项培训费用对劳动者进行专业技术培训的情形。恒利发公司与袁某关于提前辞职应当赔偿公司车辆油料及车辆损耗费的约定，违反了法律关于用人单位不得与劳动者约定违约金的强制性规定，应属无效约定。故判决撤销一审判决，上诉人袁某无须向被上诉人恒利发公司支付车辆油料及车辆损耗费2 375元。

【分析】我国法律没有对专业技术培训作出明确界定，根据审判实践，法官在认定某项培训是企业平常对劳动者进行的职业培训还是专业技术培训时，通常可考虑以下几个方面：

一是培训的内容和目的。职业培训的内容一般以劳动者从事日常工作所需要的知识、技能为主，主要目的是提高劳动者的日常劳动效率和劳动质量。专业技术培训的内容则较为专业，一般有很强的针对性，如培训专门的人员负责设备的操作和维护，培训劳动者获得相应的资质证书或从业资格等，培训的内容一般是劳动者事前并未具备的知识或技能，或劳动者虽具有相应基础，但并未深入掌握以及尚无法熟练运用的特殊知识和技能，培训的目的是使劳动者能胜任更高层次或更加专业的工作。

二是培训的对象。职业培训的范围一般没有特殊限制，可能包括单位的全体劳动者或者从事某一工种的全体员工，是普及型的培训。专业技术培训的对象是个别的劳动者，而且通常是用人单位经过严格挑选后确定的人员，是专业型和个体型的培训。

---

① 参见最高人民法院中国应用法学研究所：《人民法院案例选》，2010年第2辑（总第72辑），北京，人民法院出版社，2011。

三是培训的形式。职业培训一般无须专门脱产进行，通常是利用工作的空余时间进行集中授课、集中训练，或者边工作边接受训练，占用正常工作时间较少。专业技术培训由于培训的内容比较专业和复杂，通常要劳动者脱产进行学习和进修，培训的时间较长。

四是培训的费用。职业培训的费用应由用人单位纳入日常的职工教育经费中支出，具体分摊到每一员工的金额一般都不会太高。专业技术培训所需要支付的培训费用通常较高，且用人单位可能还需要为此另外付出交通费、食宿费、培训津贴等附加费用，上述培训费和开支需要用人单位纳入专项培训费用和预算进行开支。

在本案中，袁某本身有驾驶资格，恒利发公司对袁某进行培训的目的是让其熟悉如何驾驶集装箱牵引车，培训的形式是边上班边学习。在培训过程中，恒利发公司并没有为袁某支付额外的培训经费，也没有聘请专业技术人员对其进行特别的指导，因此，对于此类培训单位所投入的成本相对较低。经过培训和实习，袁某的驾驶经验和水平可能得到一定的提升，但这种提升对于原本就具备驾驶资格的人而言，也是可以通过实践经验的积累获得的，袁某并没有从中掌握新的技术。由此可见，恒利发公司对袁某的培训并未超出职业培训或者岗前培训的范畴，恒利发公司不能因此与袁某约定服务期。

3. 保守秘密和竞业限制（又称竞业禁止）

保守秘密条款是用人单位与劳动者在劳动合同中约定由劳动者对用人单位的秘密负保密义务的合同条款，包括对保密的内容、范围、期限和措施等的约定。保密条款常常和竞业限制条款紧密联系在一起。《劳动合同法》第 23 条规定了保密条款和竞业限制条款："用人单位与劳动者可以在劳动合同中约定保守用人单位的商业秘密和与知识产权相关的保密事项。对负有保密义务的劳动者，用人单位可以在劳动合同或者保密协议中与劳动者约定竞业限制条款，并约定在解除或者终止劳动合同后，在竞业限制期限内按月给予劳动者经济补偿。劳动者违反竞业限制约定的，应当按照约定向用人单位支付违约金。"第 24 条规定了竞业限制条款："竞业限制的人员限于用人单位的高级管理人员、高级技术人员和其他负有保密义务的人员。竞业限制的范围、地域、期限由用人单位与劳动者约定，竞业限制的约定不得违反法律、法规的规定。在解除或者终止劳动合同后，前款规定的人员到与本单位生产或者经营同类产品、从事同类业务的有竞争关系的其他用人单位，或者自己开业生产或者经营同类产品、从事同类业务的竞业限制期限，不得超过二年。"

2013 年最高人民法院《关于审理劳动争议案件适用法律若干问题的解释（四）》对竞业限制作了如下规定：(1) 未事先约定经济补偿情形下经济补偿的计算标准。当事人在劳动合同或者保密协议中约定了竞业限制，但未约定解除或者终止劳动合同后给予劳动者经济补偿，劳动者履行了竞业限制义务，要求用人单位按照劳动者在劳动合同解除或者终止前 12 个月平均工资的 30%按月支付经济补偿的，人民法院应予支持。前述规定的月平均工资的 30%低于劳动合同履行地最低工资标准的，按照劳动合同履行地最低工资标准支付。(2) 解除劳动合同情形下竞业限制协议的效力。当事人在劳动合同或者保密协议中约定了竞业限制和经济补偿，当事人解除劳动合同时，除另有约定外，用人单位要求劳动者履行竞业限制义务，或者劳动者履行了竞业限制义务后要求用人单位支付经济补偿的，人民法院应予支持。(3) 劳动者解除竞业限制约定的权利。当事人在劳动合同或者保密协议中约定了竞业限制和经济补偿，劳动合同解除或者终止后，因用人单位的原因导致 3 个月未支付经济补偿，劳动者请求解除竞业限制约定的，人民法院应予支持。(4) 用人单位解除竞业限制协议的权利。在竞业限制期限内，用人单位请求解除竞业限制协议的，人民法院应予支持。在解除竞业限制协议时，劳动者请求用人单位额外支付劳动者3个月的竞业限制经济补偿的，人民法院应予支持。(5) 竞业限制义务的继续履行。劳动者违反竞业限制约定，向用人单位支付违约金后，用人单位要求劳动者按照约定继续履行竞业限制义务的，人民法院应予支持。

【资料链接】

王某诉施耐德电气（中国）投资有限公司上海分公司劳动争议纠纷案①

该案的裁判摘要指出：未约定给予劳动者竞业禁止经济补偿，或者约定的竞业禁止经济补偿数额过低、不符合相关规定的，该竞业禁止条款对劳动者不具有约束力。

南京市鼓楼区人民法院一审认为：劳动者和用人单位的合法权益均受法律保护。原告王某的实际工作地点在江苏省南京市，本案劳动合同的实际履行地即为江苏省南京市，故本案除适用相关法律、法规外，还应当适用江苏省和南京市有关劳动争议的地方性法规。竞业禁止义务是对负有特定义务的劳动者的权利限制，即规定劳动者从原用人单位离职后，在一定期间内不得自营或为他人经营与原用人单位有直接竞争关系的业务。根据《江苏省劳动合同条例》第17条的规定，用人单位与负有保守商业秘密义务的劳动者，可以在劳动合同或者保密协议中约定竞业限制条款，并应当同时约定在解除或者终止劳动合同后，给予劳动者经济补偿。其中，年经济补偿额不得低于该劳动者离开用人单位前12月从该用人单位获得的报酬总额的1/3。用人单位未按照约定给予劳动者经济补偿的，约定的竞业限制条款对劳动者不具有约束力。

根据上述法律、行政法规以及地方性法规的规定，用人单位与负有保守商业秘密义务的劳动者，可以在劳动合同或者保密协议中约定竞业禁止条款，限定劳动者在离职后的一定期间内不得从事与用人单位存在竞争关系的业务，以保护用人单位的合法经营利益。劳动者通常都有一定的专业，其专业又往往与用人单位所经营的业务存在一定的联系，其求职、就业要以本人专业为依托。劳动者从原用人单位离职后，为了个人及其家庭的生活需要，通常要寻求新的工作，如果履行竞业禁止义务，在一定期间内可能难以找到新的工作，因此影响劳动者个人及其家庭的生活。正是考虑到涉及劳动者个人及其家庭生活的实际问题，上述法律、行政法规和地方性法规都明确规定，用人单位与劳动者在约定竞业禁止义务的同时，还应当约定在双方解除或者终止劳动合同后，由用人单位给予劳动者一定的竞业禁止经济补偿。没有约定竞业禁止经济补偿或者补偿数额过低、不符合规定的，竞业禁止协议没有法律约束力。本案中，原告王某与被告施耐德上海分公司签订的“保密和竞业禁止协议”所约定的竞业禁止经济补偿金仅为原告离职前1个月的基本工资，即使根据被告的陈述，其实际支付给原告的竞业禁止经济补偿金也仅是原告3个月的基本工资，仍低于《江苏省劳动合同条例》规定的标准。因此可以认定，涉案“保密和竞业禁止协议”中的竞业禁止条款对原告不具有约束力，即使原告从被告处离职后又到菲尼克斯公司工作的行为违反了该竞业禁止义务，原告亦不应承担违约责任。被告关于原告应按照实际领取的竞业禁止补偿金的3倍支付违约金的诉讼主张不成立，依法不予支持。

综上，南京市鼓楼区人民法院于2007年12月14日判决：(1) 原告王某与被告施耐德上

① 参见《最高人民法院公报》，2009 (11)。

海分公司签订的“保密和竞业禁止协议”中约定的竞业禁止条款无效；（2）被告施耐德上海分公司要求原告王某支付违约金的诉讼主张不成立，不予支持。

一审宣判后，双方当事人在法定期间内均未提起上诉，一审判决已经发生法律效力。

请思考：此案如发生在《劳动合同法》生效后，会是什么结果？为什么？

保密的客体是商业秘密和与知识产权相关的保密事项：

（1）商业秘密。根据《反不正当竞争法》（2019 年修正）第 9 条的规定，商业秘密，是指不为公众所知悉、能为权利人带来经济利益、具有实用性并经权利人采取保密措施的技术信息和经营信息。国家工商行政管理局《关于禁止侵犯商业秘密行为的若干规定》（根据 1998 年 12 月 3 日国家工商行政管理局令第 86 号修订）第 2 条规定：不为公众所知悉，是指该信息是不能从公开渠道直接获取的。能为权利人带来经济利益、具有实用性，是指该信息具有确定的可应用性，能为权利人带来现实的或者潜在的经济利益或者竞争优势。权利人采取保密措施，包括订立保密协议，建立保密制度及采取其他合理的保密措施。技术信息和经营信息，包括设计、程序、产品配方、制作工艺、制作方法、管理诀窍、客户名单、货源情报、产销策略、招投标中的标底及标书内容等信息。权利人，是指依法对商业秘密享有所有权或者使用权的公民、法人或者其他组织。

（2）与知识产权相关的保密事项。与知识产权相关的保密事项是指尚未依法取得知识产权，但与知识产权相关的事项，主要包括非专利技术。

关于法律责任，《劳动合同法》第 90 条规定，劳动者违反劳动合同中约定的保密义务或者竞业限制，给用人单位造成损失的，应当承担赔偿责任。据此，劳动者违反竞业限制约定，如果未约定违约金的，劳动者无须支付违约金，但因此给用人单位造成损失的，应当承担赔偿责任。

【案例分析】

职工在职期间的竞业禁止义务和保守商业秘密义务[①]

【案情】在“李甲诉佩里·约翰逊（上海）咨询有限公司案”[②] 中，上海市浦东新区人民法院根据事实和证据认为：作为由劳动法调整的社会关系，劳动关系兼具财产性与人身性、平等性与从属性并存之特征，因而劳动者对用人单位负有全心全意维护其利益的忠诚义务。原告李甲作为被告佩里·约翰逊（上海）咨询有限公司（以下简称佩里公司）的职工，不仅恶意向被告隐瞒其同时在与被告经营相同业务的瀚泰公司兼职之事实，而且冒用其弟李乙签名，向被告就担保不发生损害被告利益之行为出具保证书，表明其在与被告的劳动关系建立之时，就已存在可能侵害被告利益之故意。而在双方劳动关系存续期间，原告实施了将被告之客户擅自介绍给被告竞争对手，致被告蒙受经济损失的侵权行为。这不仅严重违背了原告、被告之间的劳动合同中关于保密事项的约定，有悖于原告对被告所负有的忠诚义务，而且严重违反了社会主义市场经济的诚实信用原则和善意竞争规则，原告对被告应当依法承担损害赔偿责任。

【分析】因竞业禁止行为产生的时间不同，可将其分为职工在职期间的竞业禁止与劳动关

---

① 参见国家法官学院、中国人民大学法学院编：《中国审判案例要览（2002 年民事审判案例卷）》，484～490 页，北京，中国人民大学出版社，2003。

② 参见上海市浦东新区人民法院（2001）浦民初字第 2923 号判决书。

系终止后的竞业禁止。后者因限制了劳动者的就业权，进而影响了劳动者的生存权，故其仅能以协议的方式确立，而且法律规定了严格的限制条件。本案涉及的是前者，即职工在职期间的竞业禁止。劳动关系的实质即劳动者以取得劳动报酬为对价，将其劳动力交付用人单位使用，用人单位将劳动力与生产资料相结合的劳动过程中产生的社会关系。因此，劳动者已经就业，其生存权和劳动权已得到保障，如没有法定或约定的原因，劳动者不能够再将其劳动力交付他人使用，尤其是从事与用人单位进行竞争的行为。

在劳动关系存续期间掌握商业秘密的职工为用人单位的利益而持有该秘密，在劳动关系存续期间或劳动关系消灭后的合理期限内，未经用人单位明示或默示同意，无权使用或者披露。这是劳动者因劳动合同的诚实信用原则而产生的附随义务，违反保密义务就是对忠诚义务的违反。本案原告李伟与被告佩里公司即签订了雇佣和保守机密合同书，对商业秘密的范围、双方的权利与义务作了明确约定。当然，保密义务是劳动者的法定附随义务，即使双方没有签订保密协议，劳动者也负有该义务。只是保密协议签订后，可以据此明确双方的责任，便于举证，有利于纠纷的解决和商业秘密的保护。

职工窃取商业秘密的行为是指职工为用人单位提供劳动期间，将其因工作关系而知悉的商业秘密披露给所兼职的单位。本案原告李甲的行为联系起来看，可以认定李甲对佩里公司的不忠诚行为不单纯是从事了职工在职期间竞业禁止的行为或不履行保密义务的行为，而是恶意窃取商业秘密的行为。恶意窃取商业秘密的职工应当承担以下责任：首先，用人单位有权单方解除双方的劳动合同。其次，对于用人单位因商业秘密的泄露而遭受的经济损失，职工应承担损害赔偿责任，兼职单位亦存在过错的，应承担连带赔偿责任。

4. 补充保险和福利待遇

用人单位与劳动者可以约定对劳动者的补充保险。用人单位补充保险是指由用人单位根据自身经济实力，在国家规定的实施政策和实施条件下为本单位职工所建立的一种辅助性的保险，包括补充养老保险和补充医疗保险等。补充养老保险制度，通常是指企业年金，其特点是依靠企业和个人缴费筹资，通过个人账户管理，养老金待遇与缴费挂钩，完全积累。《劳动法》第 75 条第 1 款规定："国家鼓励用人单位根据本单位实际情况为劳动者建立补充保险。"

用人单位与劳动者可以约定对劳动者的福利待遇。福利待遇，一般称作职工福利，又称职业福利或劳动福利，是指用人单位和有关社会服务机构为满足劳动者生活的共同需要和特殊需要，在工资和社会保险之外向职工及其亲属提供一定货币、实物、服务等形式的物质帮助，其中包括：为减少劳动者生活费用开支和解决劳动者生活困难而提供的各种补贴；为方便劳动者生活和减轻职工家务负担而提供的各种生活设施和服务；为活跃劳动者文化生活而提供的各种文化设施和服务。《劳动法》第 76 条规定："国家发展社会福利事业，兴建公共福利设施，为劳动者休息、休养和疗养提供条件。""用人单位应当创造条件，改善集体福利，提高劳动者的福利待遇。"

（三）限制和禁止约定的劳动合同条款

1. 限制约定的劳动合同条款

限制约定的劳动合同条款主要包括违约金和赔偿金条款。违约金和赔偿金条款即约定不履行劳动合同而应支付违约金或赔偿金的合同条款，它包括对违约金或赔偿金的支付条件、项目、范围和数额等内容的约定。在有些国家的立法中，禁止劳动合同约定违约金或赔偿金数额。例如，《日本劳动标准法》第16条规定："禁止雇主签订预先约定不履行劳动合同时的违约金或损害赔偿金额的合同。"这是因为在签订劳动合同时对违反劳动合同可能造成的损失难以预计，并且劳动者承担赔偿责任的能力极为有限。所以，对违反劳动合同所造成的损失，应当实行法定赔偿标准，而不宜由劳动合同约定赔偿金数额。至于违约金的确定，也必然要考虑违反劳动合同可能造成的损失和劳动者的财产承受能力等因素，因而违约金的适用也应受到限制。我国《劳动法》和《违反〈劳动法〉有关劳动合同规定的赔偿办法》（劳部发［1995］223号）允许劳动合同约定违约金和赔偿金条款。现实中用人单位滥用违约金和赔偿金条款的现象较多，损害了劳动者的合法权益。为此，《劳动合同法》第25条规定："除本法第二十二条和第二十三条规定的情形外，用人单位不得与劳动者约定由劳动者承担违约金。"也即除了服务期条款和竞业限制条款可以约定由劳动者承担违约金外，用人单位不得与劳动者约定由劳动者承担违约金。

【资料链接】

"谭氏官府菜"厨师跳槽，被判250万元天价违约金①

2003年7月18日，吴林（化名）与谭氏官府菜餐饮发展有限责任公司签订了"聘用协议"，约定公司聘用吴林为该公司顾问及四川长富集团副总经理；吴林负责"谭氏官府菜"的开发研究、菜品创新、厨艺人员的培训及各分店"谭氏官府菜"大厨人员的担保。聘用期限为2003年7月10日至2013年7月9日，为期10年。协议约定，在聘用期限内，公司向吴林提供年薪30万元、一套230平方米的住房和一辆雅阁轿车。吴林向公司承诺，在聘用期内，对菜品开发中的技术保密，未经公司许可，技术资料绝不外传、外泄及传授他人；除不可抗力的因素外，吴林不得在聘用期内无故离职，否则"公司有权追究其违约责任和经济责任，并要求500万元经济损失"。2004年6月底，吴林突然离开了该公司，随后又将住房、轿车交还。2004年8月30日，谭氏官府菜餐饮发展有限责任公司提出劳动仲裁申请，要求吴林支付250万元的违约金并办理离职交接手续。

2004年12月30日，成都市劳动争议仲裁委员会裁决认为，吴林未办理任何离职手续就单方面离职，其行为已违反《劳动法》的规定和协议约定，严重损害了谭氏官府菜餐饮发展有限责任公司的利益，遂裁决吴林以现金形式一次性支付违约金250万元。吴林向成都市青羊区人民法院提起诉讼。2005年4月19日，青羊区人民法院作出一审判决：吴林于判决发生法律效力之日起5日内到谭氏官府菜餐饮发展有限责任公司办理离职交接手续，并在30日内以现金形式一次性支付违约金250万元。案件受理费由吴林负担。吴林提起上诉。成都市中级人民法院判决维持一审原判。

请思考：该案如依据《劳动合同法》裁判会是什么结果？为什么？

2. 禁止约定的劳动合同条款

（1）歧视条款。歧视条款即约定给予劳动者以歧视待遇的合同条款。这种条款因违背了劳

① 参见魏浩征：《点评2005年十大劳动争议案件（下）》，载《人力资源》，2006（7）。

动者权益平等精神而为各国立法所明令禁止，有的国家还专门对与工会有关的歧视条款作了禁止性规定。我国劳动立法也禁止劳动合同中的歧视条款，如《就业促进法》第 27 条规定：“用人单位录用女职工，不得在劳动合同中规定限制女职工结婚、生育的内容”。

（2）生死条款。生死条款是指劳动合同中规定“合同履行期间，发生死伤病残，公司概不负责”或“工伤概不负责”以及类似内容的条款。生死条款属于违反法律、行政法规的劳动合同，是无效的劳动合同条款，从订立的时候起，就没有法律约束力。

（3）保证金条款（又称押金条款）。保证金条款即约定劳动者向用人单位交纳一定数量货币或其他财物而在有特定违约或解约行为时不予退还，并以此作为缔结劳动关系前提条件的合同条款。我国法律禁止用人单位以任何形式向职工收取保证金和押金等财物，如《劳动合同法》第 9 条规定：“用人单位招用劳动者，不得扣押劳动者的居民身份证和其他证件，不得要求劳动者提供担保或者以其他名义向劳动者收取财物。”据此，劳动合同中约定劳动者交纳保证金也应是无效的。《劳动合同法》第 84 条规定：用人单位违反本法规定，扣押劳动者居民身份证等证件的，由劳动行政部门责令限期退还劳动者本人，并依照有关法律规定给予处罚。用人单位违反本法规定，以担保或者其他名义向劳动者收取财物的，由劳动行政部门责令限期退还劳动者本人，并以每人 500 元以上 2 000 元以下的标准处以罚款；给劳动者造成损害的，应当承担赔偿责任。劳动者依法解除或者终止劳动合同，用人单位扣押劳动者档案或者其他物品的，依照前述规定处罚。

四、劳动合同的效力

（一）劳动合同的生效

劳动合同的生效，是指具备有效要件的劳动合同按其意思表示的内容产生了法律效力，此时劳动合同的内容才对签约双方具有法律约束力。

《劳动合同法》第 16 条第 1 款规定：“劳动合同由用人单位与劳动者协商一致，并经用人单位与劳动者在劳动合同文本上签字或者盖章生效。”由此可见，《劳动合同法》并没明确区分劳动合同的成立和生效。一般来说，双方在劳动合同上签字或者盖章即代表劳动合同成立并生效，但是，如果双方当事人根据特定的需要，在劳动合同中对生效的期限或者条件作出特别约定的，则当事人约定的期限或条件一旦成立，劳动合同即生效。

《劳动合同法》第 16 条第 2 款规定：“劳动合同文本由用人单位和劳动者各执一份。”实践中有的用人单位只让劳动者在空白的劳动合同书上签名，不让劳动者知晓劳动合同的内容，或者以种种理由拒绝将劳动合同交给劳动者，因此，书面劳动合同应当（即必须）由用人单位和劳动者各执一份，用人单位有将劳动合同文本交付给劳动者的义务，违反该义务要负法律责任。

（二）劳动合同的效力

劳动合同的效力即劳动合同的法律约束力。《劳动合同法》第 3 条规定：“依法订立的劳动合同具有约束力，用人单位与劳动者应当履行劳动合同约定的义务。”劳动合同的效力包括：（1）一般效力，劳动关系当事人应当按照劳动合同确定的权利、义务自觉履行。（2）法律强制力，劳动合同一经生效就受到法律的保护。当事人一方不履行劳动合同的，另一方当事人可以通过申请有关行政机关或司法机关的强制执行来追究对方的法律责任。

（三）劳动合同的无效

无效的劳动合同是指由当事人签订成立而国家不予承认其法律效力的劳动合同。一般合同一旦依法成立，就具有法律拘束力，但是无效合同即使成立，也不具有法律拘束力，不发生履行效力。

《劳动合同法》第26条规定，下列劳动合同无效或者部分无效：

（1）以欺诈、胁迫的手段或者乘人之危，使对方在违背真实意思的情况下订立或者变更劳动合同的。欺诈是指一方故意告知对方虚假情况，或者故意隐瞒真实情况，诱使另一方作出错误意思表示的行为。胁迫是指一方以给另一方及其亲友的生命健康、荣誉、名誉、财产等造成损害为要挟，迫使另一方作出违背真实意愿的意思表示的行为。乘人之危，是指一方利用另一方的危难处境或紧迫需要，迫使另一方作出违背真实意愿的意思表示的行为。这与《合同法》规定中欺诈、胁迫、乘人之危属于合同可撤销情形不同。

（2）用人单位免除自己的法定责任、排除劳动者权利的。实践中，用人单位以要劳动者放弃法定权利作为签订劳动合同的条件，如工资低于最低工资标准、用人单位可随时解除合同且无须给付经济补偿金、用人单位不给上社会保险，甚至约定“工伤概不负责”等，其意图就是要免除其法定责任，这些条款均是无效的。

（3）违反法律、行政法规强制性规定的。这里的法律是指全国人民代表大会及其常务委员会制定的法律规范，行政法规是指国务院制定、由总理签署国务院令公布的法律规范，一般称“条例”，也可以称“规定”“办法”等。法律与行政法规因其系由国家最高立法机关、最高行政机关制定，并具有全国范围内的适用效力，才能规定法律行为的无效，除此之外的法律规范不得作为认定合同无效的依据。而且，必须是违反法律、行政法规的强制性规定，因为对任意性规范而言不存在违法的问题，例如当事人双方约定6个月以上的试用期是无效的。

关于劳动合同无效的认定主体，《劳动合同法》第26条第2款规定，对劳动合同的无效或者部分无效有争议的，由劳动争议仲裁机构或者人民法院确认。

关于劳动合同的部分无效，《劳动合同法》第27条规定，劳动合同部分无效，不影响其他部分效力的，其他部分仍然有效。其目的在于维护劳动合同的整体效力，实现劳动合同的履行和相应利益。

关于劳动合同无效后劳动报酬的支付，《劳动合同法》第28条规定：劳动合同被确认无效，劳动者已付出劳动的，用人单位应当向劳动者支付劳动报酬。劳动报酬的数额，参照本单位相同或者相近岗位劳动者的劳动报酬确定。劳动合同与一般的民事合同不同，劳动力一旦付出，无法由用人单位返还劳动者，也无法恢复到合同订约前的状态，因此，无效劳动合同的处理不适用《合同法》关于合同无效处理的规定，而是基于利益衡量的法律原则，由用人单位给付劳动者相应报酬。

关于劳动合同无效的损害赔偿责任，《劳动合同法》第86条规定：“劳动合同依照本法第二十六条规定被确认无效，给对方造成损害的，有过错的一方应当承担赔偿责任。”

【资料链接】

未签订书面劳动合同而建立的劳动关系是否适用劳动合同无效制度①

在上诉人协顺公司与被上诉人曾某劳动争议纠纷案中，广东省东莞市中级人民法院（2009）东中法民一终字第9373号民事判决书认为，本案需解决如下问题：（1）协顺公司与曾某之间建立的劳动关系是否有效；（2）协顺公司是否需向曾某支付未签订劳动合同的二倍工资；（3）曾某是否需向协顺公司赔偿招聘损失和返还岗位津贴工资。

（1）协顺公司与曾某之间建立的劳动关系是否有效。曾某应聘协顺公司供应链主管的职位，向协顺公司提供了学历证明及工作履历表，协顺公司同意录用曾某，由曾某填写了职位申请表，曾某就其填写的资料的正确、真实有效性进行了承诺。后经协顺公司调查，曾某的学历证明及工作履历表均存在造假的内容。法院认为，应聘者的学历及工作履历是用人单位是否录用应聘者的重要参考因素，曾某所谎称的学历及其工作履历在应聘协顺公司供应链主管的职位时，对协顺公司是否录用他起到重要作用，如无上述学历证明及工作履历的造假行为，协顺公司很有可能不会录用曾某，且协顺公司也已要求曾某在职位申请表中对其学历和工作履历的真实有效性进行了承诺。尽管协顺公司与曾某未签订书面劳动合同，但双方确认就试用期、工资待遇等曾达成了口头协议，曾某对其学历和工作履历造假的行为应认定为以欺诈手段使对方在违背真实意思的情况下订立合同。根据我国《劳动合同法》第26条关于“下列劳动合同无效或者部分无效：（一）以欺诈、胁迫的手段或者乘人之危，使对方在违背真实意思的情况下订立或者变更劳动合同的……”的规定，法院确认协顺公司与曾某之间形成的劳动关系无效。

（2）协顺公司是否需向曾某支付未签订劳动合同的二倍工资。曾某对其学历和工作履历造假的行为，导致协顺公司与曾某之间形成的劳动关系无效，无效劳动关系不能得到法律的保护。而曾某在协顺公司工作期间为该公司提供了劳动，因此依法应获得协顺公司支付的工作报酬。法院认为，曾某在协顺公司已获得的报酬无须返还，协顺公司也无须向曾某支付2009年1月8日至2009年4月14日的双倍工资差额11 840元。

（3）曾某是否需向协顺公司赔偿招聘损失和返还岗位津贴工资。法院认为，曾某应对该劳动关系无效给双方造成的损失负责，但协顺公司未能提供确实、充分的证据证明曾某对学历和工作履历造假的行为造成了该公司的招聘损失，且曾某在该公司工作期间已为该公司提供了劳动，依法也应获得相应的报酬，该公司提供的岗位津贴工资是对供应链主管岗位的报酬，应包含在曾某在该岗位上提供的劳动应获得的工资之内。协顺公司要求曾某赔偿招聘损失和返还岗位津贴的请求，法院不予支持。

请思考：未订立书面劳动合同时的“劳动关系无效”类推适用劳动合同无效的规定是否合理？《劳动合同法》对劳动关系和劳动合同的区分是否合理？

---

① 参见王强文：《未签订书面劳动合同不影响劳动关系无效的认定》，见http：//www.lawtime.cn/lawyer/casecont10146416610146926Ooo16172，20130613。

第三节　劳动合同的履行和变更

一、劳动合同的履行

（一）劳动合同履行的原则

劳动合同的履行，是指劳动合同双方当事人按照合同的约定完成各自义务的行为。《劳动合同法》第29条规定了劳动合同履行的原则："用人单位与劳动者应当按照劳动合同的约定，全面履行各自的义务。"所谓全面履行，是指劳动者和用人单位应当按照劳动合同的约定全面履行合同项下的义务。《劳动合同法》第3条第2款规定："依法订立的劳动合同具有约束力，用人单位与劳动者应当履行劳动合同约定的义务。"全面履行原则包含以下内容：

1. 实际履行

全面履行原则首先强调用人单位和劳动者必须依据劳动合同的约定实际履行各自的义务，要求劳动合同的当事人双方必须按照合同约定的时间、期限、地点，用约定的方式，按质、按量全部履行自己承担的义务。劳动合同是劳动者和用人单位确立劳动关系、明确双方劳动权利和义务的协议，经双方协商一致订立后产生约束力，劳动者和用人单位按照劳动合同的约定全面履行义务，是劳动合同具有约束力的具体体现。

在劳动关系存续期间，由于特殊情况的发生，劳动合同当事人可以不履行合同规定的义务。此即劳动合同的中止履行。依据劳动部《关于贯彻执行〈中华人民共和国劳动法〉若干问题的意见》第28条、劳动部办公厅《关于职工应征入伍后与企业劳动关系的复函》（劳办发［1997］50号）等，劳动者因被依法限制人身自由（如拘留、逮捕）而不能履行劳动合同约定义务的，劳动者应征入伍或者离职履行国家规定的其他义务的，劳动合同应当中止履行；中止履行劳动合同期间，用人单位和劳动者双方暂停履行劳动合同的有关义务，此期间不计入劳动者在用人单位的连续工作时间。① 一些地方规范性文件，如2009年北京市高级人民法院、北京市劳动争议仲裁委员会《关于劳动争议案件法律适用问题研讨会会议纪要》第14条亦规定，劳动者长期未提供劳动，用人单位又未依法与其解除劳动关系，双方"长期两不找"，可以认定为劳动合同中止履行。

2. 亲自履行

亲自履行是指劳动合同当事人双方都必须以自己的行为履行劳动合同约定的义务，不得由他人代理。亲自履行是全面履行原则的应有之义。劳动关系产生于特定的主体之间，具有很强的人身信赖性和不可替代性，劳动者提供劳动与其人身紧密联系、不可分割，受个人素质、工作技能和工作态度等因素的影响，不同的劳动者提供的劳动质量有明显差别。用人单位选择与特定的劳动者建立劳动关系，是对劳动者综合素质全面考察后所作的判断，劳动合同是在双方

---

① 参见劳动和社会保障部组织编写：《中华人民共和国劳动合同法讲座》，75～77页，北京，中国劳动社会保障出版社，2007。

彼此信赖的基础上订立的，因此全面履行必然要求当事人亲自履行合同规定的义务，而不得由他人代理。劳动者不能将应由自己完成的工作交由第三方代办，用人单位也不能将应由自己对劳动者承担的义务转嫁给其他第三方承担，但用人单位变更时的承继履行除外。

用人单位变更时劳动合同按照承继原则来处理。所谓承继，是指用人单位的主体发生变更后，由新用人单位接替，新用人单位继续履行原劳动合同的权利和义务。承继通过劳动合同的主体变更，使原劳动权利、义务内容得以保留。一般来说，劳动合同关系的任何一方主体发生变更，都违反了亲自履行原则，应当视为原劳动关系的消灭或新的劳动关系的建立。但与劳动者变更会引起劳动关系的消灭不同，用人单位在法定情形下发生变更，如发生合并、分立或变更名称等其他重大事项，按照《劳动合同法》第 33、34 条的规定，应由承继其权利、义务的新的用人单位来承继原劳动合同的权利、义务，原劳动合同继续有效，原劳动合同应当继续履行。这是劳动关系的特殊性造成的亲自履行原则的例外。依据劳动部《关于企业实施股份制和股份合作制改造中履行劳动合同问题的通知》（劳部发［1998］34 号）等的规定，企业改制等所有权变化引起的用人单位主体变更亦适用承继原则，而在劳动合同承继履行的情况下，劳动者在原用人单位的工作年限，应计算为新用人单位的“同一用人单位连续工作”时间。①

3. 协作履行

按照全面履行原则，双方当事人不仅要严格按合同的约定履行义务，而且当事人在履行劳动合同的过程中应当互相给予对方必要的协作。劳动者提供劳动力，用人单位使用劳动力，劳动关系只有在双方互相协助的基础上才能在既定期限内顺利实现，故劳动者和用人单位在劳动合同的履行过程中应相互配合，为对方履行义务提供条件与必要的协助。

【理论探讨】

劳动合同履行中的诚实信用原则

诚实信用（法文 Bonne Foi）原则，又称诚信履行原则，是道德原则的法律化，是指当事人应当忠实履行自己义务，尊重他人利益。我国澳门《劳动关系法》第 7 条“善意（Boa fé）”规定：“一、在磋商及订立劳动合同时，双方应根据善意规则来进行。二、雇主及雇员在履行其义务及行使其权利时，应遵循善意规则。”虽然中文本使用“善意”这一术语，但结合葡萄牙语和通行译法，该条的善意规则实际上就是诚实信用原则。

《劳动合同法》只规定了订立劳动合同应当遵循诚实信用原则，而没有明确规定履行劳动合同应当遵循诚实信用原则。《劳动合同法》第 3 条规定：“订立劳动合同，应当遵循合法、公平、平等自愿、协商一致、诚实信用的原则。”依据《民法典》的相关规定也可以解释出劳动合同履行的诚实信用原则。《民法典》第 509 条规定：“当事人应当遵循诚信原则，根据合同的性质、目的和交易习惯履行通知、协助、保密等义务。”

基于诚实信用原则，劳动合同双方当事人应当履行通知（告知）、协助（协作）、保密、保管、保护（包含照顾、指示、说明等）、注意等附随义务。中国司法实践中已经有承认劳动合同履行诚实信用原则的例子。上海市高级人民法院《关于适用〈劳动合同法〉若干问题的意

① 参见劳动和社会保障部组织编写：《中华人民共和国劳动合同法讲座》，80～84 页，北京，中国劳动社会保障出版社，2007。

见》（沪高法［2009］73号）明确指出："劳动合同的订立和履行，应当遵循诚实信用原则。"并进一步规定，劳动者以用人单位未"及时、足额"支付劳动报酬及"未缴纳"社会保险金为由解除合同的，对"及时、足额"支付及"未缴纳"情形的把握应适用诚实信用原则。①

（二）劳动合同履行中劳动者权利的保护

1. *劳动者劳动报酬权的保护*

劳动报酬权是劳动者在劳动关系中享有的基本的、核心的权利，也是劳动者通过劳动所要实现的最直接、最切实的利益。劳动者提供劳动以获得报酬是劳动关系财产性的体现，支付劳动报酬是用人单位承担的保护劳动者财产权的义务。《劳动合同法》第30条规定："用人单位应当按照劳动合同约定和国家规定，向劳动者及时足额支付劳动报酬。用人单位拖欠或者未足额支付劳动报酬的，劳动者可以依法向当地人民法院申请支付令，人民法院应当依法发出支付令。"关于劳动者劳动报酬的保护，详见《劳动法》第五章"工资"中的规定。

支付令程序又称为督促程序，是指人民法院根据债权人提出的要求债务人给付一定金钱或者有价证券的申请，向债务人发出附有条件的支付令，以催促债务人限期履行义务，若债务人在法定期内不提出异议又不履行支付义务，则该支付命令具有执行力的一种程序。②

用人单位未履行支付劳动报酬义务可能产生赔偿金责任。《劳动合同法》第85条规定，用人单位未按照劳动合同的约定或者国家规定及时足额支付劳动者劳动报酬的；低于当地最低工资标准支付劳动者工资的；安排加班不支付加班费的；解除或者终止劳动合同，未依照《劳动合同法》的规定向劳动者支付经济补偿的，由劳动行政部门责令限期支付劳动报酬、加班费或者经济补偿。劳动报酬低于当地最低工资标准的，应当支付其差额部分。逾期不支付的，用人单位应按应付金额50%以上、100%以下的标准向劳动者加付赔偿金。

2. *劳动者休息休假权的保护*

休息休假权实质上是劳动者健康权和生命权的保障。《劳动合同法》第31条规定："用人单位应当严格执行劳动定额标准，不得强迫或者变相强迫劳动者加班。用人单位安排加班的，应当按照国家有关规定向劳动者支付加班费。"所谓劳动定额标准，是指在一定的生产和技术条件下，生产单位产品或完成一定工作量应该消耗的劳动量（一般用劳动或工作时间来表示）标准或在单位时间内生产产品或完成工作量的标准，是衡量劳动效率的指标，一般分为工时定额和产量定额。劳动定额管理规定由用人单位制定、修改或者决定，但其属于《劳动合同法》第4条规定的直接涉及劳动者切身利益的规章制度或者重大事项，应当经职工代表大会或者全

---

① 上海市高级人民法院《关于适用〈劳动合同法〉若干问题的意见》规定："九、劳动者以用人单位未'及时、足额'支付劳动报酬及'未缴纳'社保金为由解除合同的，'及时、足额'支付及'未缴纳'情形的把握。用人单位依法向劳动者支付劳动报酬和缴纳社保金，是用人单位的基本义务。但是，劳动报酬和社保金的计算标准，在实际操作中往往比较复杂。而法律规定的目的就是要促使劳动合同当事人双方都诚信履行，无论用人单位还是劳动者，其行使权利、履行义务都不能违背诚实信用的原则。如果用人单位存在有悖诚信的情况，从而拖延支付或拒绝支付的，才属于立法所要规制的对象。因此，用人单位因主观恶意而未'及时、足额'支付劳动报酬或'未缴纳'社保金的，可以作为劳动者解除合同的理由。但对确因客观原因导致计算标准不清楚、有争议，导致用人单位未能'及时、足额'支付劳动报酬或未缴纳社保金的，不能作为劳动者解除合同的依据。劳动者以存在《劳动合同法》第三十八条规定的其他情形为由主张解除劳动合同的，应当遵循合法、合理、公平的原则，参照前款精神处理。"

② 参见江伟主编：《民事诉讼法学》，454页，上海，复旦大学出版社，2002。

体职工讨论，提出方案和意见，与工会或者职工代表平等协商确定。劳动定额偏高，劳动者在8小时工作时间内根本无法完成定额任务，不得不“自愿加班”来完成工作任务的，构成变相强迫加班。关于劳动者休息休假权的保护，详见《劳动法》第四章“工作时间和休息休假”中的规定。

3. 劳动安全卫生权的保护

劳动安全卫生权对应用人单位保护劳动者生命安全和身体健康的义务。《劳动合同法》第32条规定：“劳动者拒绝用人单位管理人员违章指挥、强令冒险作业的，不视为违反劳动合同。劳动者对危害生命安全和身体健康的劳动条件，有权对用人单位提出批评、检举和控告。”关于劳动者劳动安全卫生权的保护，详见《劳动法》第六章“劳动安全卫生”中的规定。

【案例分析】

劳动者在劳动合同履行过程中给用人单位造成经济损失的赔偿责任[①]

【案情】蔡某系上海仲品房地产投资顾问有限公司（以下简称仲品公司）出纳。2004年4月30日，仲品公司的法定代表人孙洁指派蔡某将15万元人民币兑换成港币，蔡某在与他人交易过程中遭人调包，15万元人民币变为除两张百元面额的人民币外，其余均为冥币。该案一直未侦破。事后，仲品公司要求蔡某赔偿仲品公司人民币15万元。一审判决：仲品公司要求蔡某赔偿人民币15万元的诉讼请求不予支持。二审维持原判。

【分析】劳动者在劳动合同履行过程中因职务行为造成用人单位经济损失的，用人单位向劳动者行使损害赔偿请求权是否公平、合理，一直备受关注。本案判决运用利益衡平与法律概念解释的方法，认定此类案件中劳动者的损害赔偿责任应当依据其过错程度确定：劳动者出于故意的，须负全责；劳动者具有重大过失或者具体轻过失的，可依照过失程度确定其分担损害；劳动者仅有抽象轻过失的，用人单位不得向劳动者追偿。

1. 用人单位对劳动者的损害赔偿请求权。劳动者为加害人，其行为导致了损害结果的发生，如果用人单位没有损赔偿请求权，有违肇事致损害应当承担赔偿责任的一般原则，并且可能使劳动者疏于执行其职务。因此，法院认为，用人单位对劳动者享有损害赔偿请求权。

2. 对用人单位损害赔偿请求权的限制。用人单位因自己需要而雇用劳动者，自然应当对其行为负有管理、监督的责任。因此，损害结果的发生，如果用人单位自身有过失的，应当减轻或免除劳动者的赔偿责任。在劳动者具有过错的情况下，用人单位并不当然享有全额赔偿请求权。劳动者承担责任的轻重，可依据用人单位对损害发生有无过失以及职务内容、劳动条件、工作指示、工作时间等相关因素综合考量。本案中，仲品公司有兑换港币的需求，其应当按照规定向蔡某提供有关到银行兑换港币所必需的相应材料，但是仲品公司未予提供，反而要求蔡某私自与他人兑换港币，违反了我国《外汇管理条例》，对损害的发生具有一定过错。而

---

① 参见土剑平：《用人单位对劳动者损害赔偿请求权的限制——上海仲品房地产投资顾问有限公司与蔡某劳动合同赔偿纠纷案》，见上海市第一中级人民法院网站，http：//www.a-court.gov.cn/platformData/infoplat/pub/no1court_2802/docs/200511/d_419006.html，20130621。相关问题的研究参见班天可：《雇主责任的归责原则与劳动者解放》，载《法学研究》，2012（3）；朱军：《雇员在工作中致雇主损害的责任减轻规则——基于案例分析的比较研究》，载《清华法学》，2015（6）。

蔡某作为企业财务人员，对于私自与他人兑换港币行为的违法性是明知的，依然接受仲品公司的工作指示，亦有一定过错。在仲品公司和蔡某均有过错的情形下，如果准许仲品公司行使全额追偿权，未免有失公平。此时，仲品公司能否以及可在何等范围内向蔡某行使追偿权，应视蔡某的过失程度而定。蔡某的过失如果属于重大过失或具体轻过失的，可依据共同侵权行为法则，斟酌蔡某的过失程度，确定其分担的份额；蔡某的过失如果属于抽象轻过失的，则享有免责请求权，仲品公司不得向其追偿。

3. 劳动者对用人单位的免责请求权。判断劳动者对用人单位是否享有免责请求权，主要看劳动者的过失程度。所谓过失，简而言之，即为对特定事件能注意而不注意。其程度因具体事件的不同而有轻重之别，通常以善良管理人的注意程度作为标准，或者加重，或者减轻。能注意的程度为一般人所不能注意的，不注意的结果是不可抗力；能注意的程度为一般人所能注意的极限，不注意的结果是事变；能注意的程度为善良管理人的注意，不注意的结果是抽象轻过失；能注意的程度为自己处理事务同样的注意，不注意的结果是具体轻过失；能注意的程度为一般人所能注意的起点，不注意的结果是重大过失。本案中，蔡某接受仲品公司的工作指示，私下与他人兑换港币，作为财务人员，蔡某应当知道该行为的违法性，但基于劳动关系的隶属身份，事实上蔡某不能亦不可能拒绝仲品公司的工作指示。仲品公司雇用蔡某从事私自买卖港币的活动，该活动具有一定的风险性，仲品公司不能将自己应当承担的风险转嫁到劳动者蔡某个人身上。同时，由于该交易活动具有相当的风险性，因而要求行为人的注意能力高于一般常人，并以善良管理人的注意程度予以注意。尽管蔡某有两位同事陪同，亦小心行事，但人民币还是不慎被人掉包，其发现被骗后已及时报警。蔡某的此种行为应当属于未尽到善良管理人的注意义务，是抽象轻过失，因此蔡某可以向仲品公司行使免责请求权。

请思考：是否规定劳动者故意或重大过失时应承担责任，轻过失则免责更为合理？

（三）特殊情形下劳动合同的履行

1. 用人单位变更名称、法定代表人等时劳动合同的履行

《劳动合同法》第 33 条规定：“用人单位变更名称、法定代表人、主要负责人或者投资人等事项，不影响劳动合同的履行。”用人单位变更名称、法定代表人、主要负责人或者投资人、住所、活动宗旨、经营方式等事项，未导致用人单位这一合同法律主体的实质性变化，并不改变用人单位这个实体组织独立承担民事责任的性质，用人单位仍要继续履行其与劳动者已经订立的劳动合同。

2. 用人单位合并或者分立时劳动合同的履行

《劳动合同法》第 34 条规定：“用人单位发生合并或者分立等情况，原劳动合同继续有效，劳动合同由承继其权利和义务的用人单位继续履行。”对于合并、分立的法律效果，我国《民法通则》第 44 条规定：“企业法人分立、合并，它的权利和义务由变更后的法人享有和承担。”因此，变更后的用人单位承继的范围包括劳动者，承继的内容包括对劳动合同的继续履行。

3. 劳动合同履行地与用人单位注册地不一致时劳动标准的适用选择

《劳动合同法实施条例》第 14 条规定：劳动合同履行地与用人单位注册地不一致的，有关劳动者的最低工资标准、劳动保护、劳动条件、职业危害防护和本地区上年度职工月平均工资标准等事项，按照劳动合同履行地的有关规定执行；用人单位注册地的有关标准高于劳动合同

履行地的有关标准，且用人单位与劳动者约定按照用人单位注册地的有关规定执行的，从其约定。

二、劳动合同的变更

（一）劳动合同变更的概念

劳动合同的变更是指劳动合同依法订立后，在合同尚未履行或者履行完毕之前，经用人单位和劳动者双方当事人协商同意，对劳动合同内容作部分修改、补充或者删减的法律行为。依法成立的劳动合同具有约束力，双方必须履行劳动合同约定的义务，任何一方当事人不能擅自变更劳动合同的内容，但是，这不意味着劳动合同不可以变更，在符合法定或约定的情况下，合同当事人可以对合同的内容进行变更。《劳动合同法》第 35 条规定："用人单位与劳动者协商一致，可以变更劳动合同约定的内容。变更劳动合同，应当采用书面形式。变更后的劳动合同文本由用人单位和劳动者各执一份。"

（二）劳动合同变更的原则

劳动合同的变更，实际上是当事人双方意思表示对于原有的意思表示的变更，因此应该适用订立劳动合同的原则。《劳动法》第 17 条规定："订立和变更劳动合同，应当遵循平等自愿、协商一致的原则，不得违反法律、行政法规的规定。"《劳动合同法》第 3 条第 1 款规定："订立劳动合同，应当遵循合法、公平、平等自愿、协商一致、诚实信用的原则。"这些原则同样适用于劳动合同变更。

（三）劳动合同变更的条件

除了劳动合同当事人双方协商一致可以变更劳动合同，劳动合同部分条款与新法律法规抵触应变更外，《劳动合同法》规定了以下几种可以变更劳动合同的条件：（1）劳动者患病或者非因工负伤，在规定的医疗期满后不能从事原工作，用人单位应当与劳动者协商另行安排适当的工作，并因此相应变更劳动合同的内容（第 40 条第 1 项）；（2）劳动者不能胜任工作，用人单位应当对其进行培训或者调整工作岗位，使劳动者适应工作要求并相应变更劳动合同的内容（第 40 条第 2 项）；（3）劳动合同订立时所依据的客观情况发生重大变化，致使劳动合同无法履行，用人单位应当与劳动者协商，就变更劳动合同内容达成协议（第 40 条第 3 项）；（4）企业转产、重大技术革新或者经营方式调整，用人单位应当与劳动者协商变更劳动合同（第 41 条第 1 款第 3 项）。这四种情形出现时，用人单位不能直接解除劳动合同，而应先协商变更劳动合同。

（四）劳动合同变更的形式

变更劳动合同，应当采用书面形式。因此，未采用书面形式的，应认定劳动合同未变更，仍然按照原劳动合同履行。该规定是《劳动合同法》第 10 条关于书面形式要件的延续性规定。变更后的劳动合同文本由用人单位和劳动者各执一份。该规定是《劳动合同法》第 16 条关于劳动合同文本由用人单位和劳动者各执一份的延续性规定。由于上述要求过于严格，2013 年最高人民法院《关于审理劳动争议案件适用法律若干问题的解释（四）》第 11 条规定，变更劳动合同未采用书面形式，但已经实际履行了口头变更的劳动合同超过 1 个月，且变更后的劳动合同内容不违反法律、行政法规、国家政策以及公序良俗，当事人以未采用书面形式为由主张劳动合同变更无效的，人民法院不予支持。

【资料链接】

劳动合同变更的形式要求

上海市高级人民法院《关于适用〈劳动合同法〉若干问题的意见》指出：《劳动合同法》第 35 条规定，劳动合同变更的，应当采取书面形式。这里的书面形式要求，包括发给劳动者的工资单、岗位变化通知等。因为随着劳动合同的持续履行，劳动合同双方的权利、义务本身就必然会不断变化。如随着劳动者工作时间的增加，其休假、奖金标准发生的自然变化等，都属于劳动合同的变更。因此，对于依法变更劳动合同的，只要能够通过文字记载或者其他形式证明的，可以视为“书面变更”。

（五）违法变更劳动合同的法律责任

依据《劳动合同法》第 26 条的规定，以欺诈、胁迫的手段或者乘人之危，使对方在违背真实意思的情况下变更劳动合同的，劳动合同无效或者部分无效。依据《劳动合同法》第 38、39 条的规定，受欺诈、胁迫或被乘人之危一方可以随时通知对方解除劳动合同。

第四节　劳动合同的解除和终止

一、劳动合同的解除和终止概述

（一）劳动合同的解除概述

劳动合同的解除，是指在劳动合同有效成立以后、完全履行以前，当解除的条件具备时，因当事人一方或双方的意思表示，提前消灭劳动关系的行为。法律规定劳动合同的解除，是对劳动者自主择业权利和用人单位用人自主权的保障。

按照解除劳动合同的方式不同，劳动合同的解除可分为单方解除和双方解除。单方解除，是解除权人行使解除权，将合同解除的行为。它不必经过对方当事人的同意，只要解除权人将解除合同的意思表示直接通知对方，或经过人民法院或仲裁机构向对方主张，即可发生合同解除的效果。双方解除，是当事人双方通过协商，同意将合同予以解除的行为。它不以解除权的存在为必要，解除行为也不是解除权的行使。

按照解除劳动合同的依据不同，劳动合同的解除又可分为法定解除和约定解除（协议解除）。在法定解除中，解除权是依据劳动法律规定产生的；在约定解除中，解除权则是依据当事人的约定产生的。

（二）劳动合同的终止概述

劳动合同的终止，是指劳动合同的法律效力依法被消灭，亦即劳动合同所确立的劳动关系由于一定法律事实的出现而终结，劳动者与用人单位之间原有的权利和义务不复存在。劳动合同的终止有广义和狭义之分，广义的劳动合同终止包括劳动合同解除，狭义的劳动合同终止则不包括劳动合同解除。我国《劳动法》对劳动合同终止和解除采并列说，《劳动合同法》上的劳动合同终止亦是关于狭义的劳动合同终止的规定。

《劳动法》第 23 条规定了劳动合同的终止制度，但对劳动合同终止的情形限定于劳动合同期满和当事人约定的终止条件出现，不能满足现实需要。《劳动合同法》第 44 条规定："有下列情形之一的，劳动合同终止：（一）劳动合同期满的；（二）劳动者开始依法享受基本养老保险待遇的；（三）劳动者死亡，或者被人民法院宣告死亡或者宣告失踪的；（四）用人单位被依法宣告破产的；（五）用人单位被吊销营业执照、责令关闭、撤销或者用人单位决定提前解散的；（六）法律、行政法规规定的其他情形。"《劳动合同法实施条例》第 21 条规定："劳动者达到法定退休年龄的，劳动合同终止。"这就属于"行政法规规定的其他情形"。上述劳动合同终止的情形可以概括为三种：（1）劳动合同中的预先约定，包括约定期限届满和约定工作任务的完成；（2）基于客观事实或法律规定当事人丧失合同主体资格；（3）其他情形。

为防止用人单位通过合同约定扩大劳动合同的终止情形，《劳动合同法实施条例》第 13 条规定："用人单位与劳动者不得在劳动合同法第四十四条规定的劳动合同终止情形之外约定其他的劳动合同终止条件。"

此外，《劳动合同法》第 45 条规定了劳动合同的逾期终止："劳动合同期满，有本法第四十二条规定情形之一的，劳动合同应当续延至相应的情形消失时终止。但是，本法第四十二条第二项规定丧失或者部分丧失劳动能力劳动者的劳动合同的终止，按照国家有关工伤保险的规定执行。"也就是说，劳动合同期满，但存在用人单位不得依据关于无过失性解除和经济性裁员的规定解除劳动合同的情形的，劳动合同应当续延至相应的情形消失时终止，这些情形包括：（1）从事接触职业病危害作业的劳动者未进行离岗前职业健康检查，或者疑似职业病病人在诊断或者医学观察期间的；（2）在本单位患职业病或者因工负伤并被确认丧失或者部分丧失劳动能力的；（3）患病或者非因工负伤，在规定的医疗期内的；（4）女职工在孕期、产期、哺乳期的；（5）在本单位连续工作满 15 年，且距法定退休年龄不足 5 年的；（6）法律、行政法规规定的其他情形。法律对劳动合同终止的上述限制，旨在保护处于困难情况下的劳动者不致因失业而丧失生活来源，实现社会公平。

【理论探讨】

劳动合同解除和终止的关系[①]

关于劳动合同的解除与终止的关系，理论界存在并列说和包容说两种观点，我国劳动立法采取并列说，将劳动合同解除和劳动合同终止作为两个独立的制度。从我国现有制度设计来

① 参见林嘉主编：《劳动合同法条文评注与适用》，250 页，北京，中国人民大学出版社，2007。

看，劳动合同的解除是劳动合同当事人通过协商解除或者单独解除而使劳动合同权利义务关系发生消灭的制度，劳动合同的终止则是因法律规定的原因而使劳动合同权利义务关系发生消灭的制度；劳动合同的解除更多的是基于劳动合同当事人的意志而使劳动关系发生消灭，劳动合同终止则是基于非当事人意志的客观原因而使劳动关系发生消灭。

在具体制度设计上，劳动合同解除和终止的区别主要体现在两方面：(1) 在条件方面，劳动合同的解除是基于劳动者的辞职和用人单位的辞退或者经济性裁员而发生，解除的条件比较多；劳动合同的终止是基于法律规定的原因而使劳动关系发生消灭，主要限于劳动合同期限届满以及当事人一方主体资格的丧失。(2) 在程序方面，劳动合同的解除一般必须遵守特定的程序，有的必须遵守一定的预告期，用人单位单方解除必须事先将解除理由通知工会；劳动合同的终止则没有特别的程序要求。

值得注意的是，根据《劳动法》的规定，是否需要支付经济补偿金是劳动合同解除和终止的根本区别，但该区别在《劳动合同法》中得到消除，用人单位是否应当支付经济补偿金并不是以劳动合同是解除还是终止进行判断的，劳动合同期限届满或者因用人单位主体资格丧失而使劳动合同终止的，用人单位必须支付经济补偿金。

二、劳动者解除劳动合同的情形

《劳动合同法》第 36、37、38 条规定了劳动者可以解除劳动合同的情形，《劳动合同法实施条例》第 18 条将其综合起来进行了列举式规定，共计 13 种情形。劳动者可以与用人单位协商一致解除劳动合同，也可以按照法律规定单方解除劳动合同，但是，劳动者单方解除劳动合同必须符合法律规定的解除条件并按照法定的程序。按照解除条件和程序的不同，劳动者单方解除劳动合同又可以分为提前 30 日通知解除和试用期内提前 3 日通知解除、随时解除劳动合同、立即解除劳动合同。这些劳动者解除劳动合同的情形适用于固定期限劳动合同、无固定期限劳动合同和以完成一定工作任务为期限的劳动合同。

需要注意的是，《劳动合同法》第 90 条规定，劳动者违反本法规定解除劳动合同，给用人单位造成损失的，应当承担赔偿责任。关于赔偿责任的范围，依据《违反〈劳动法〉有关劳动合同规定的赔偿办法》（劳部发［1995］223 号）第 4 条，主要包括对生产、经营和工作造成的直接经济损失。

（一）当事人双方协商一致解除

当事人双方协商一致解除劳动合同即劳动合同的协议解除，又称约定解除。劳动合同是用人单位和劳动者基于建立劳动关系的合意订立的，自然双方当事人也可以合意解除劳动合同。《劳动合同法》第 36 条规定，用人单位与劳动者协商一致，可以解除劳动合同。当事人双方协商解除劳动合同，要符合以下条件：一是双方当事人之间的劳动合同依法成立且生效；二是协商解除是在被解除的劳动合同依法订立生效之后、全部履行之前；三是双方自愿、平等协商达成一致意见，任何一方当事人不得采取暴力、威胁等手段强制对方同意解除劳动合同，否则该解除无效；四是双方均有权提出解除劳动合同。

需要指出的是，虽然双方当事人都可以提出解除劳动合同的动议，但是提出解除劳动合同动议的主体不同，经济补偿金的支付也不相同。依据《劳动合同法》第 46 条第 2 项的规定，用人单位提出解除劳动合同并与劳动者协商一致解除劳动合同的，用人单位应当向劳动者支付经济补偿金；而由劳动者提出解除劳动合同动议并与用人单位协商一致解除劳动合同的，用人单位不需要向劳动者支付经济补偿金。

（二）劳动者单方解除劳动合同

劳动者在符合法律规定的情形下，可以单方解除劳动合同。劳动者行使解除权的意思表示属于无须对方当事人同意，但需要对方接受的意思表示，应适用民法关于意思表示的规定，劳动者解除劳动合同的通知在到达用人单位时发生劳动合同解除的效力。从形式上看，劳动者解除权的行使除法律规定必须提前 30 日书面通知的情形外，可以书面解除，也可以口头解除。但值得注意的是，用人单位以暴力、威胁或者非法限制人身自由的手段强迫劳动者劳动的，或者用人单位违章指挥、强令冒险作业，危及劳动者人身安全的，劳动者无须事先告知用人单位即可解除劳动合同。劳动者行使解除权的首要法律后果是使劳动合同向将来消灭，已经履行的劳动合同仍然是有效的，用人单位必须向劳动者支付工资，同时，劳动者随时和立即解除劳动合同时，用人单位必须向劳动者支付经济补偿金。

1. 提前 30 日书面通知解除和试用期内提前 3 日通知解除（预告解除）

在劳动合同履行过程中，劳动者进入工作场所，在用人单位的管理、指挥和监督下从事劳动，完成工作任务。相对于用人单位而言，劳动者处于弱势地位。因此，法律赋予了劳动者劳动合同一般解除权，以保障劳动者的就业自主权利。《劳动法》第 31 条规定：“劳动者解除劳动合同，应当提前三十日以书面形式通知用人单位。”《劳动合同法》第 37 条规定：“劳动者提前三十日以书面形式通知用人单位，可以解除劳动合同。劳动者在试用期内提前三日通知用人单位，可以解除劳动合同。”该规定赋予了劳动者辞职权，其首要目的在于保护劳动者的自主择业权，保护劳动者的人身自由权不受劳动合同的限制，促进劳动力自由流动。

劳动者行使法律赋予的劳动合同一般解除权，不需要考量理由或动机，也无须说明任何理由，但必须按照法定的程序和要求，主要有两个方面：

一是劳动者遵守解除劳动合同的预告期，即提前 30 日书面通知用人单位或试用期内提前 3 日通知。劳动者提前通知有利于用人单位及时安排人员接管工作，保持正常的工作秩序，避免因劳动者辞职而给用人单位的生产经营活动带来不利影响。依据《劳动合同法》第 90 条，劳动者没有履行提前通知义务，给用人单位造成损失的，应当承担赔偿责任。

二是劳动者要通知用人单位。解除劳动合同的通知涉及预告期的起算时间，且该通知产生劳动合同解除的法律效果，因而其意思表示应明确、具体，一旦发生争议，该通知也是重要的证据，故《劳动法》和《劳动合同法》均要求劳动者提前 30 日解除劳动合同的通知必须是书面形式。当然，由于试用期是劳动者和用人单位的相互考察期，劳动者和用人单位的劳动关系还处于不稳定状态，《劳动合同法》规定试用期内劳动者解除劳动合同只需要提前 3 天通知即可，没有要求书面形式，劳动者可以书面解除，也可以口头解除。

2. 随时解除劳动合同

劳动者随时解除劳动合同又称即时辞职，是指劳动者无须向用人单位预告就可随时通知解除劳动合同。在劳动合同履行过程中，如果用人单位不能按照法律规定或劳动合同约定为劳动者提供安全卫生保护，及时、足额支付工资，办理社会保险等，会严重损害劳动者的合法权益，影响劳动者的人身权利和基本生活保障。在这种情况下，如果还要求劳动者提前30日通知解除劳动合同，对劳动者是不公平的。因此，法律赋予了劳动者以劳动合同特别解除权，即劳动者可以无条件随时解除劳动合同。《劳动合同法》第38条第1款规定了劳动者可以随时通知解除劳动合同的情形。由于劳动者随时通知解除劳动合同可能会给用人单位的生产经营活动带来较大影响，所以法律明确规定了劳动者行使劳动合同特别解除权的条件，一般限于用人单位有过错行为的场合，具体包括以下情形：(1) 用人单位未按照劳动合同约定提供劳动保护或者劳动条件的；(2) 用人单位未及时、足额支付劳动报酬的；(3) 用人单位未依法为劳动者缴纳社会保险费的；(4) 用人单位的规章制度违反法律、法规的规定，损害劳动者权益的；(5)“因本法（《劳动合同法》——引者注）第二十六条第一款规定的情形致使劳动合同无效的”，该情形包括用人单位以欺诈、胁迫的手段或者乘人之危，使劳动者在违背真实意思的情况下订立或者变更劳动合同的，用人单位在劳动合同中免除自己的法定责任、排除劳动者的权利的，用人单位违反法律、行政法规的强制性规定的；(6) 法律、行政法规规定劳动者可以解除劳动合同的其他情形。

3. 立即解除劳动合同

《劳动合同法》第38条第2款规定，在用人单位严重违法、劳动者人身自由和人身安全受到威胁时，劳动者可以立即解除劳动合同而不需要事先通知用人单位。这主要包括：

(1) 用人单位以暴力、威胁或者非法限制人身自由的手段强迫劳动者劳动。

人身自由是公民各种自由权利中的一项基本权利，是公民参加社会活动和享受其他权利的先决条件，受我国宪法和法律的保护。用人单位以暴力、威胁或者非法限制人身自由的手段强迫劳动者劳动，显然严重侵犯了劳动者的人身自由。暴力，是指对劳动者身体实行打击等强制手段，如殴打、捆绑等。威胁，是指以现实的或者可能的危害对劳动者形成精神强制。非法限制人身自由，是指没有限制劳动者人身自由权利的人通过禁止劳动者出单位等方式，非法限制劳动者按照自己意志支配自己身体活动的自由。强迫劳动，是指用人单位通过上述手段迫使劳动者违背自己的意志提供劳动。用人单位以暴力、威胁、非法限制人身自由等手段强迫劳动者劳动，都属于严重侵犯劳动者人身权利的行为，构成犯罪的，还要追究刑事责任，因此，用人单位以暴力、威胁或者非法限制人身自由的手段强迫劳动者劳动的，劳动者有权随时解除劳动合同，而不需要事先告知用人单位。

(2) 用人单位违章指挥、强令冒险作业危及劳动者人身安全。

劳动合同履行过程中，劳动者在用人单位的指挥、监督、管理下提供劳动，完成工作任务，如果用人单位不遵守生产规律和操作规程，不预防和避免生产风险，可能会危害劳动者的生命权、健康权。相对于用人单位的用工管理权来说，劳动者的生命权和健康权更重要，更需要予以优先保护，因此，《劳动法》第56条第2款中规定：劳动者对用人单位管理人员违章指挥、强令冒险作业，有权拒绝执行。《劳动合同法》第32条规定：“劳动者拒绝用人单位管理人员违章指挥、强令冒险作业的，不视为违反劳动合同。劳动者对危害生命安全和身体健康的劳动条件，有权对用人单位提出批评、检举和控告。”违章指挥，是指用人单位违反规章制度或者操作规程等既定规则指挥劳动者工作。强令冒险作业，是指用人单位明知进行该作业存在较大风险而不顾劳动者反对，仍然命令劳动者进行该作业。危及劳动者人身安全，是指劳动者所从事的工作存在高度风险，很可能会对劳动者的人身造成损害。面对用人单位违章指挥、强令冒险作业危及自身安全的情形，劳动者有权立即解除劳动合同，而不需要事先通知用人单位。

需要补充的是，用人单位侵害劳动者人身权益还需承担其他法律责任。《劳动合同法》第88条规定，用人单位以暴力、威胁或者非法限制人身自由的手段强迫劳动的；违章指挥或者强令冒险作业危及劳动者人身安全的；侮辱、体罚、殴打、非法搜查或者拘禁劳动者的；劳动条件恶劣、环境污染严重，给劳动者身心健康造成严重损害的，由相关行政机关依法给予行政处罚；构成犯罪的，依法追究刑事责任；给劳动者造成损害的，应当承担赔偿责任。

三、用人单位解除劳动合同的情形

《劳动合同法》在赋予劳动者劳动合同解除权的同时，也赋予用人单位劳动合同解除权。《劳动合同法实施条例》第19条将《劳动合同法》第36、39、40、41条规定的用人单位可以解除劳动合同的情形进行综合，共计在14种情形下用人单位可以解除劳动合同。这里的劳动合同包括固定期限劳动合同、无固定期限劳动合同和以完成一定工作任务为期限的劳动合同。

用人单位可以解除劳动合同的14种情形，可以分为协议解除和法定解除两种。而法律为了防止用人单位滥用解除权损害劳动者的权益，没有赋予用人单位无条件的一般解除权。因此，在每种法定解除的情形下，用人单位都要依照法定的条件和程序进行，否则，即构成违法解除，应当承担法律责任。《劳动合同法》第87条规定："用人单位违反本法规定解除或者终止劳动合同的，应当依照本法第四十七条规定的经济补偿标准的二倍向劳动者支付赔偿金。"此外，用人单位单方解除劳动合同还应当接受工会的监督，工会享有事先知情权、要求纠正的权利和要求告知处理结果的权利。《劳动合同法》第43条明确规定："用人单位单方解除劳动合同，应当事先将理由通知工会。用人单位违反法律、行政法规规定或者劳动合同约定的，工会有权要求用人单位纠正。用人单位应当研究工会的意见，并将处理结果书面通知工会。"最高人民法院《关于审理劳动争议案件适用法律问题的解释（一）》（2020年）第47条规定："建立了工会组织的用人单位解除劳动合同符合劳动合同法第三十九条、第四十条规定，但未按照劳动合同法第四十三条规定事先通知工会，劳动者以用人单位违法解除劳动合同为由请求用人单位支付赔偿金的，人民法院应予支持，但起诉前用人单位已经补正有关程序的除外。"据此，用人单位解除劳动合同未事先通知工会的，应当向劳动者支付赔偿金，但只要用人单位通过合理方式补正了相关程序，及时通知工会并听取工会意见，即可不再承担赔偿金责任。

【资料链接】

白领上班炒股公司辞退违法[①]

2007年12月，上海市长宁区人民法院以辞退前未通知工会或由职工代表大会讨论为由，一审撤销上海某信息技术公司辞退员工方先生的决定，并判决该公司支付方先生2月8日至12月8日的工资损失7 800元。2月7日，某信息技术公司根据电脑服务器信息，认定方先生在

① 参见周斌：《2007十大劳动争议案》，见上海市总工会网站，http://shwomen.eastday.com/renda/node6797/node6808/userobject1ai1456827.html。

工作时间长时间浏览股票信息，1月初还曾在上班时间通过公司电脑进行股票交易。某信息技术公司认为，方先生的这些行为已经严重影响到其正常工作，违反了劳动纪律，决定立即将其辞退。但该解除行为因未通知工会而被法院撤销。

用人单位可以解除劳动合同的情形，依解除条件和程序不同，可作以下分类：

（一）双方协商一致解除

《劳动合同法》第36条规定："用人单位与劳动者协商一致，可以解除劳动合同。"

（二）用人单位单方解除劳动合同

用人单位单方解除劳动合同的首要法律效果是使劳动合同向将来发生消灭，已经履行的劳动合同仍然有效，用人单位必须按照约定支付劳动报酬。如果用人单位是由于劳动者有过错的原因而即时解除劳动合同的，不需向劳动者支付经济补偿金。如果在劳动者无过错时用人单位解除劳动合同，则用人单位应当向劳动者支付经济补偿金。

1. 因劳动者过错，用人单位单方解除劳动合同

因劳动者过错，用人单位单方解除劳动合同，又称用人单位的随时解除、即时辞退，是指用人单位无须向对方预告就可随时通知解除劳动合同，一般适用于劳动者经试用不符合录用条件，或者劳动者违纪、违法达到一定严重程度，或者劳动者存在其他过错等情形。在劳动合同中，用人单位与劳动者在事实上处于不平等的状态，为防止用人单位利用其强势地位任意解除劳动合同，法律必须对用人单位随时解除劳动合同的条件进行限制，只有在劳动者经试用不符合录用条件或者存在过错的情况下，才允许用人单位随时解除劳动合同。

因劳动者过错用人单位单方解除劳动合同主要包括《劳动合同法》第39条规定的6种情形：

（1）劳动者在试用期间被证明不符合录用条件的。

该情形需要注意以下几点：第一，用人单位和劳动者约定的试用期符合法律规定，并且还处于试用期内。如果约定的试用期不符合法律规定或者试用期经过的，用人单位不得以此解除劳动合同。第二，用人单位招聘该劳动者时，有明确的有文字记载的录用条件。所谓录用条件，是指用人单位在招用劳动者时提出的具体要求和标准，包括文化、技能、身体、品质等条件。第三，劳动者各方面的表现与录用条件的要求不相符合。第四，用人单位必须提供确凿的证据证明劳动者不符合录用条件。此外，根据《劳动合同法》第21条的规定，用人单位在试用期解除劳动合同的，应当向劳动者说明理由。

（2）劳动者严重违反用人单位规章制度的。

用人单位规章制度是指用人单位为加强劳动管理而制定，在本单位实施的保障劳动者依法享有劳动权利和履行劳动义务的行为准则。用人单位依法制定的规章制度对单位的全体劳动者都有约束力。

对于用人单位规章制度，《劳动合同法》第4条规定：用人单位应当依法建立和完善劳动规章制度，保障劳动者享有劳动权利、履行劳动义务。用人单位在制定、修改或者决定有关劳动报酬、工作时间、休息休假、劳动安全卫生、保险福利、职工培训、劳动纪律以及劳动定额管理等直接涉及劳动者切身利益的规章制度或者重大事项时，应当经职工代表大会或者全体职工讨论，提出方案和意见，与工会或者职工代表平等协商确定。在规章制度和重大事项决定实

施过程中，工会或者职工认为不适当的，有权向用人单位提出，通过协商予以修改、完善。用人单位应当将直接涉及劳动者切身利益的规章制度和重大事项决定公示，或者告知劳动者。由此可见，用人单位规章制度是用人单位用工自主权和劳动者参与民主管理权相结合的产物。

劳动者严重违反用人单位的规章制度包括以下含义：一是“规章制度”必须是用人单位根据《劳动合同法》第4条的规定制定的合法、有效的规章制度，才能适用于劳动者。二是作为用人单位的职工，劳动者有义务遵守用人单位的规章制度。三是劳动者没有遵守本应遵守的规章制度。四是劳动者违反规章制度，从程度和影响来判断，属于“严重违反”。何谓“严重”程度，一般应当以劳动法规所规定的限度和用人单位的规章制度的具体界定为准，并按照规章制度规定的程序处理，但不得违反法律、法规规定，不得违反公平原则。用人单位直接涉及劳动者切身利益的规章制度违反法律、法规规定的，由劳动行政部门责令改正，给予警告；给劳动者造成损害的，应当承担赔偿责任。

【资料链接】

劳动者乘坐“黑车”上班不属于严重违反单位规章制度①

2009年，××科技公司以职员张××乘坐非法运营车辆至公司宿舍，依职代会通过的“不允许乘坐黑车，违者以开除论处”决议，解除了与张××的劳动合同。

法院认为：用人单位规章制度是指用人单位依法制定的、仅在本企业内部实施的、关于如何组织劳动过程和进行劳动管理的规则和制度，是用人单位和劳动者在劳动过程中的行为准则，也称为企业内部劳动规则。其内容主要包括了劳动合同管理、工资管理、社会保险、福利待遇、工时休假、职工奖惩以及其他劳动管理等。规章制度作为用人单位加强内部劳动管理，稳定、协调劳动关系，保证正常劳动生产秩序的一种管理工具，在日常的劳动秩序中确实发挥着重要作用。但是，规章制度既要符合法律、法规的规定，也要合情合理，不能无限放大乃至超越劳动过程和劳动管理的范畴。本案中，被上诉人张××乘坐“黑车”行为发生之日正值其休息之日，劳动者有权利支配自己的行为，公司不能以生产经营期间的规章制度来约束员工休息期间的行为。单位职工乘坐何种交通工具上班是职工的私人事务，用人单位无权作出强制规定，如果劳动者确有违法之处，也应由国家行政机关等进行处罚。因此，被上诉人××科技公司因张××乘坐非法营运车辆而作出解除劳动合同系违法解除，损害了劳动者的合法权益，应当按劳动合同法之规定，向张××支付赔偿金。

【案例分析】

“偷拿两个苹果”与“偷吃一片猕猴桃”是否严重违反用人单位规章制度②

【案情】2012年2月12日凌晨，和平饭店两名员工小张和小王因饥饿到厨房偷拿了两个苹果，单位发现后经工会同意以严重违反规章制度为由解除了两人的无固定期限劳动合同。两员工不服，以处罚过重为由提请仲裁，最后分别诉诸法院，要求恢复劳动关系。2012年10月30

① 参见“张××诉××科技（苏州）公司支付赔偿金纠纷案”，载《最高人民法院公报》，2014（7）。

② 参见周斌：《“偷拿两个苹果”与“偷吃一片猕猴桃”差别在哪里》，见 http://www.12333sh.gov.cn/200912333/2009bmfw/dzyls/dzsb/dzzz/wz/201211/t20121130_1143417.shtml，20130620。

日，上海市第二中级人民法院二审开庭合并审理了上述两案，并当庭作出判决：公司解聘有理，维持原判，驳回员工诉请。

2011 年 5 月 11 日下午，某食品加工公司裱花车间操作工王某在工作时拿起一小片裱花蛋糕用的猕猴桃吃，恰好被新来的副理发现。副理当场给予批评，还把王某叫到办公室写下了事件陈述。5 月 30 日公司以其“偷吃公司物品”为由解除了劳动合同。王某提起劳动争议仲裁。仲裁委员会审理后认为，王某的行为虽有不当，但尚不构成严重违反公司规章制度，公司解除与王某劳动合同的行为缺乏依据，应向王某支付违法解除劳动合同赔偿金。

【分析】 关于如何认定严重违反用人单位规章制度（俗称严重违纪），《劳动法》《劳动合同法》均没有规定。

仲裁和司法实践中普遍的做法是根据用人单位规章制度的规定来判断劳动者的行为是否属于严重违纪，并结合用人单位的行业特点和劳动者的具体工作岗位进行合理性判断。

在“偷吃猕猴桃案”中，公司以王某“偷吃公司物品”为由，以公司奖惩条例中第 13 条有关严重违纪的规定为依据，解除双方劳动合同。该条规定中能与王某吃猕猴桃的行为相对应的，只有“盗窃公司物品”。显然，王某吃一小片猕猴桃难以与“盗窃公司物品”画等号。此外，公司作为食品生产企业，对员工类似行为应有明确要求，加强管理。王某在职期间确曾接受“不能在车间吃东西”的培训，但公司并未明确告知违反这一条将导致的后果。就本案而言，公司规章制度对严重违纪的界定模糊不清，规章制度对劳动者违纪行为适用不当，导致根据用人单位的规章制度无法判定劳动者的行为是否属于严重违纪、是否可以解除劳动合同。用人单位制定和适用规章应当避免不符合情理和显失公平，应当符合社会公德和社会公共习俗。

而在“偷拿苹果案”中，尽管两位员工认为，和平饭店任意解释规章制度，以原告“偷窃”作出违纪辞退处理，处罚过重，但是饭店在“员工手册”中有关“偷吃”与“偷窃”的规定有详细解释。“吃喝饭店食品饮料”是指餐厅服务员、厨师利用工作便利，私自吃喝饭店食品饮料；“偷窃或贪污饭店、客人、员工的物品、钱物等行为”是指秘密窃取他人钱物的行为。按照和平饭店的规章制度，小张是迎宾，小王是总机接待，工作范围、内容并不涉及饭店厨房，他们的行为不是“偷吃”而是“偷窃”。对偷窃酒店以及客人、员工财产物品行为实行零容忍制度是酒店行业的惯例，因此与两原告解除合同是符合法律规定的。上海市第二中级人民法院经审理后认为，和平饭店对有关“偷吃”与“偷窃”条款的解释合理，符合该酒店作为涉外场所对员工的基本要求。

请思考：该两案中对“严重”的认定是否合理？

（3）劳动者严重失职，营私舞弊，给用人单位造成重大损害的。

这包括两种情况：一是劳动者严重失职，给用人单位的利益造成重大损害，如劳动者因玩忽职守而造成事故，因工作不负责任而经常产生废品，损坏设备工具，浪费原材料或能源；二是劳动者营私舞弊，给用人单位的利益造成重大损害，如劳动者贪污受贿、出卖商业秘密而给用人单位造成重大损失。劳动者在履行劳动合同期间，没有按照岗位职责忠实履行自己的义务，有严重过失行为，或者利用职务之便牟取私利的故意行为，使用人单位的财产或人员遭受重大损失的，用人单位即可单方面解除劳动合同。这里所指的严重失职或者营私舞弊，必须是导致用人单位的利益遭受重大损害，但不够刑罚处罚的程度，如果劳动者被追究刑事责任，则是依据《劳动合同法》第 39 条第 6 项解除劳动合同。

（4）劳动者同时与其他用人单位建立劳动关系，对完成本单位的工作任务造成严重影响，或者经用人单位提出，拒不改正的。

劳动者同时与其他用人单位建立劳动关系，就是所谓的“兼职”。《劳动合同法》并没有对兼职作出禁止性规定，但是用人单位对以下两种情况，可以解除劳动合同：一是劳动者同时与其他用人单位建立劳动关系，对完成工作任务造成严重影响的；二是劳动者同时与其他用人单位建立劳动关系，即使没有影响完成本单位的工作任务，经用人单位提出，拒不改正的。出现上述任何一种情况，用人单位即可单方面解除劳动合同。

此外，劳动者还可能向用人单位承担损害赔偿责任，《劳动合同法》第91条规定：“用人单位招用与其他用人单位尚未解除或者终止劳动合同的劳动者，给其他用人单位造成损失的，应当承担连带赔偿责任。”

（5）劳动者以欺诈、胁迫的手段或者乘人之危，使用人单位在违背真实意思情况下订立或者变更劳动合同的。

此即“因本法第二十六条第一款第一项规定的情形致使劳动合同无效的”情形。根据《劳动合同法》第26条的规定，这种情形也会引起劳动合同无效的法律后果。

【资料链接】

上海冠龙阀门机械有限公司诉唐某劳动合同纠纷案①

本案的裁判摘要指出：用人单位在招聘时对应聘者学历有明确要求，而应聘者提供虚假学历证明并与用人单位签订劳动合同的，属于《劳动合同法》第26条规定的以欺诈手段订立劳动合同应属无效的情形，用人单位可以根据《劳动合同法》第39条的规定解除该劳动合同。

本案一审的争议焦点是：被告唐某在入职时向原告冠龙公司提交虚假学历证明的行为，是否构成冠龙公司合法解除劳动合同的理由之一。

上海市嘉定区人民法院一审认为：欺诈的认定标准之一为相对方不知晓真实情况。原告冠龙公司的马某系管理公司华东地区所有办事处的业务部经理，其对所辖办事处员工招聘、解聘等系其代表公司的职务行为。2008年12月，马某在知晓被告唐某提供虚假学历的情况下，仍然作出与其续签劳动合同的决定，表明冠龙公司已经知晓唐某学历造假仍继续予以聘用，即不予追究唐某提供虚假学历的责任。且冠龙公司对销售人员的学历设置准入资格，目的是保证销售人员的工作能力，唐某于2002年进入冠龙公司后双方一直续签劳动合同的事实亦从侧面证实冠龙公司对唐某的工作能力予以认可，故冠龙公司主张唐某欺诈的理由不能成立，冠龙公司与其解除劳动合同系违法解除。

上海市第二中级人民法院二审认为：被上诉人唐某在入职时提供虚假学历并作虚假陈述的行为显然已经构成了欺诈，但唐某于2008年12月底与上诉人冠龙公司续签劳动合同时是否构成欺诈存有争议。此问题关键在于，续签劳动合同时冠龙公司是否知晓唐某学历造假一事并作出了错误的意思表示。第一，唐某提供了马某的录音资料，欲证明续签合同时公司已知道其提供虚假学历一事，但上述录音有许多语意模糊的地方，并不足以证明马某已经将唐某伪造学历

① 参见《最高人民法院公报》，2012（9）。

之事告知冠龙公司。第二，冠龙公司提供的马某的书面证言称，因工作调动未将唐某学历造假之事上报公司，亦未对此事作出处理。虽马某系冠龙公司管理人员，与公司方有一定利害关系，但该证据不是唯一证据，其证明力可以结合其他证据综合判断。第三，冠龙公司提供的调令显示，冠龙公司与唐某续签劳动合同之前，马某确实已调任他处。第四，唐某2009年填写的人事资料卡中“教育程度”一栏仍填写为西安工业学院材料工程系。综合双方当事人举证情况分析，可认定唐某对其入职时提供虚假学历一事一直采取隐瞒的态度，唐某亦无证据证明其提供虚假学历之行为已为冠龙公司知悉并已获得了谅解，故唐某在2008年12月续签劳动合同时仍然构成欺诈。《劳动合同法》第26条、第39条明确规定，以欺诈的手段使对方在违背真实意思的情况下订立的劳动合同是无效的，用人单位可以据此解除劳动合同。故冠龙公司与唐某解除劳动合同有法律依据，不应支付违法解除劳动合同赔偿金。

此外，我国劳动法律在充分保护劳动者合法权利的同时亦依法保护用人单位正当的用工管理权。用人单位通过企业规章制度对劳动者进行必要的约束是其依法进行管理的重要手段。冠龙公司“员工手册”第34条规定，员工以欺骗手段虚报专业资格或其他各项履历，公司将予以解雇，且不给予任何经济补偿。审理时，唐某对该“员工手册”的真实性并无异议。唐某提供虚假学历之行为亦系冠龙公司规章制度严令禁止，因此，冠龙公司依据企业的规章制度与唐某解除劳动合同，系其依法行使管理权的体现，亦无不可。而且，唐某于2007年签署有“任职承诺书”一份，内容为：“本人作为上海冠龙阀门机械有限公司之员工，特作如下承诺：……本人以往提供给公司的个人材料均是真实有效的，如有做假，愿意无条件被解除合同……”此任职承诺书是唐某与冠龙公司基于诚信原则的约定，唐某对于违反约定义务的法律结果应是清楚的。双方的约定未违反法律规定，是合法有效的。故从该承诺的角度出发，冠龙公司在查知唐某伪造学历后，基于承诺而解除合同亦是有依据的。至于冠龙公司认为唐某与客户签订阴阳合同，赚取差价，严重违规，要求与唐某解除劳动合同的主张，因依据不足，难以采信。但这并不影响冠龙公司依据唐某伪造学历、欺骗公司，违反劳动合同法及公司规章制度及本人承诺的理由行使合同解除权。一审法院关于冠龙公司解除与唐某的劳动合同不合法、冠龙公司应支付唐某违法解除合同赔偿金的认定不当，应予以纠正。

请思考：(1)《劳动合同法》第39条规定：“劳动者有下列情形之一的，用人单位可以解除劳动合同：……（五）因本法第二十六条第一款第一项规定的情形致使劳动合同无效的……”该条规定是否在法理上不够圆满？如何解除一个无效的劳动合同？(2) 如果用人单位依《劳动合同法》第26条主张劳动合同无效，而劳动者依《劳动合同法》第38条主张解除劳动合同，法官又当如何裁判？(3) 用人单位在招聘时对应聘者学历没有明确要求，而应聘者提供虚假学历证明并与用人单位签订劳动合同的，是否因构成欺诈导致合同无效或解除？

(6) 劳动者被依法追究刑事责任的。

劳动者在劳动合同存续期间，因构成犯罪而被依法追究刑事责任的，一般来说已经不能再为用人单位提供劳动，其与用人单位之间的劳动合同也就失去了存在的意义，用人单位可以即时解除劳动合同。刑事责任，是指依照刑事法律的规定，犯罪人应当承担而国家司法机关也强制犯罪人接受的刑法上的否定性评价。劳动部《关于贯彻执行〈中华人民共和国劳动法〉若干问题的意见》（劳部发［1995］309号）规定，“被依法追究刑事责任”是指：被人民检察院免予起诉的，被人民法院判处刑罚的，被人民法院依据《刑法》第32条免予刑事处分的。劳动者被人民法院判处拘役、3 年以下有期徒刑缓刑的，用人单位可以解除劳动合同。而劳动和社会保障部办公厅《关于职工被人民检察院作出不予起诉决定用人单位能否据此解除劳动合同问题的复函》（劳社厅函［2003］367 号）规定："人民检察院根据《中华人民共和国刑事诉讼法》第一百四十二条第二款规定作出不起诉决定的，不属于《劳动法》第二十五条第（四）项规定的被依法追究刑事责任的情形。"因此，劳动者被人民法院判处刑罚（包括主刑和附加刑）或者被人民法院免予刑事处分的，用人单位可以解除其劳动合同。

2. *劳动者无过失，用人单位解除劳动合同*

劳动者无过失，用人单位解除劳动合同，又称无过失性解除、无过失性辞退，是指劳动合同成立、生效之后，基于客观情况的变化，劳动合同无法履行，用人单位经过预告或支付代通知金解除劳动合同。劳动合同在履行过程中，因为遇到一些客观原因而无法履行的，应当允许用人单位解除劳动合同，以保障其生产经营利益。同时，由于劳动者没有主观上的过错，为了加强对劳动者的保护，用人单位在这种情况下解除劳动合同应当受到一定的限制。

《劳动合同法》第 40 条规定了无过失解除的三种情形，这三种情形都是在劳动合同履行过程中，客观情况发生了变化，这些原因都不能归因于用人单位或者劳动者。因此，用人单位需要提前 30 日通知劳动者解除劳动合同，或者额外支付劳动者 1 个月的工资，为劳动者寻找新的工作提供必要的时间保障。这里额外支付劳动者 1 个月的工资在我国香港地区被称作代通知金，是指用人单位在提出解除劳动合同时应该提前 1 个月通知，如果用人单位没有依法提前 1 个月通知的，以给付 1 个月工资作为代替。《劳动合同法实施条例》第 20 条规定："用人单位依照劳动合同法第四十条的规定，选择额外支付劳动者一个月工资解除劳动合同的，其额外支付的工资应当按照该劳动者上一个月的工资标准确定。"

无过失解除的三种情形具体如下：

（1）劳动者患病或者非因工负伤，在规定的医疗期满后不能从事原工作，也不能从事由用人单位另行安排的工作的。

这里的"医疗期"，是指职工因患病或者非因工负伤，停止工作，治病或休息，不得解除劳动合同的期限。这里的"不能从事原工作"，应当由劳动者本人提出或经劳动能力鉴定委员会确认，用人单位不能直接认定劳动者不能从事原工作。

【资料链接】

医疗期

根据《企业职工患病或非因工负伤医疗期规定》（劳部发［1994］479 号）的有关规定，企业职工因患病或非因工负伤，需要停止工作医疗时，根据本人实际参加工作年限和在本单位工作年限，给予 3 个月到 24 个月的医疗期：实际工作年限 10 年以下的，在本单位工作年限 5 年以下的为 3 个月；5 年以上的为 6 个月。实际工作年限 10 年以上的，在本单位工作年限 5 年以下的为 6 个月，5 年以上、10 年以下的为 9 个月；10 年以上、15 年以下的为 12 个月；15 年以上、20 年以下的为 18 个月；20 年以上的为 24 个月。医疗期 3 个月的，按 6 个月内累计病休时间计算；6 个月的，按 12 个月内累计病休时间计算；9 个月的，按 15 个月内累计病休时间计算；12 个月的，按 18 个月内累计病休时间计算；18 个月的，按 24 个月内累计病休时间计算；24 个月的，按 30 个月内累计病休时间计算。企业职工医疗期内，其病假工资、疾病救济费和医疗待遇按照有关规定执行。而根据劳动部《关于贯彻执行〈中华人民共和国劳动法〉若干问题的意见》第59条的规定，职工患病或非因工负伤治疗期间，在规定的医疗期内由企业按有关规定支付其病假工资或疾病救济费，病假工资或疾病救济费可以低于当地最低工资标准支付，但不能低于最低工资标准的80%。

《关于贯彻〈企业职工患病或非因工负伤医疗期规定〉的通知》（劳部发［1995］236号）规定，医疗期计算应从病休第一天开始，累计计算；病休期间，公休、假日和法定节日包括在内。根据目前的实际情况，对某些患特殊疾病（如癌症、精神病、瘫痪等）的职工，在24个月内尚不能痊愈的，经企业和劳动行政部门批准，可以适当延长医疗期。“梁某某诉南京乐府餐饮管理有限公司劳动争议案”的裁判摘要指出：患有癌症、精神病等难以治疗的特殊疾病的劳动者，应当享受24个月的医疗期。医疗期内劳动合同期满，劳动合同应当延续至医疗期满时终止。用人单位在医疗期内违法解除或者终止劳动合同，劳动者起诉要求继续履行劳动合同的，人民法院应当判决撤销用人单位的解除或者终止通知书。

（2）劳动者不能胜任工作，经过培训或者调整工作岗位，仍不能胜任工作的。

用人单位适用该项规定解除劳动合同必须满足三个条件：

一是证明劳动者不能胜任工作。依据劳动部办公厅《关于〈劳动法〉若干条文的说明》（劳办发［1994］289号）第26条，“不能胜任工作”是指劳动者不能按要求完成劳动合同中约定的任务或者同工种、同岗位人员的工作量。但用人单位不得故意提高定额标准，使劳动者无法完成，也就是说，劳动定额标准应合法、合理。用人单位证明的内容应参照劳动合同约定的工作内容或者企业职位、岗位工作描述的内容，且这些内容需要事先告知劳动者。如果劳动合同对工作内容没有明确的，或者职位、岗位描述不清的，劳动者可以要求企业参照平均的同工种、同岗位人员的工作量。

二是对劳动者进行培训或者调岗。劳动者不能胜任工作，说明劳动者没有具备从事某项工作的能力，不能完成某一岗位的工作任务，对此用人单位负有协助劳动者适应岗位的义务，可以对其进行职业培训，提高职业技能；也可以调换其到能够胜任的岗位上，以保持劳动关系的稳定性。

三是再次证明劳动者不能胜任工作。用人单位经对劳动者培训或调岗后，用人单位再次证明劳动者不能胜任工作的，可以解除劳动合同。

【案例分析】

末位淘汰与不能胜任工作

最高人民法院指导案例18号——中兴通讯（杭州）有限责任公司诉王某劳动合同纠纷案（最高人民法院审判委员会讨论通过，2013年11月8日发布）的裁判要旨指出：劳动者在用人单位等级考核中居于末位等次，不等同于“不能胜任工作”，不符合单方解除劳动合同的法定条件，用人单位不能据此单方解除劳动合同。

【案情】2005年7月，被告王某进入原告中兴通讯（杭州）有限责任公司（以下简称中兴通讯）工作，劳动合同约定王某从事销售工作，基本工资每月3 840元。该公司的《员工绩效管理办法》规定：员工半年、年度绩效考核分别为S、A、C1、C2四个等级，分别代表优秀、良好、价值观不符、业绩待改进；S、A、C（C1、C2）等级的比例分别为20%、70%、10%；不胜任工作原则上考核为C2。王某原在该公司分销科从事销售工作，2009年1月后因分销科解散等原因，转岗至华东区从事销售工作。2008年下半年、2009年上半年及2010年下半年，王某的考核结果均为C2。中兴通讯认为，王某不能胜任工作，经转岗后，仍不能胜任工作，故在支付了部分经济补偿金的情况下解除了劳动合同。

2011年7月27日，王某提起劳动仲裁。同年10月8日，仲裁委作出裁决：中兴通讯支付王某违法解除劳动合同的赔偿金余额36 596.28元。中兴通讯认为其不存在违法解除劳动合同的行为，故于同年11月1日诉至法院，请求判令不予支付解除劳动合同赔偿金余额。

浙江省杭州市滨江区人民法院于2011年12月6日作出（2011）杭滨民初字第885号民事判决：原告中兴通讯（杭州）有限责任公司于本判决生效之日起15日内一次性支付被告王某违法解除劳动合同的赔偿金余额36 596.28元。宣判后，双方均未上诉，判决已发生法律效力。

【分析】 法院生效裁判认为：为了保护劳动者的合法权益，构建和发展和谐、稳定的劳动关系，《中华人民共和国劳动法》《中华人民共和国劳动合同法》对用人单位单方解除劳动合同的条件进行了明确限定。原告中兴通讯以被告王某不胜任工作、经转岗后仍不胜任工作为由，解除劳动合同，对此应负举证责任。根据“员工绩效管理办法”的规定，“C（C1、C2）考核等级的比例为10%”，虽然王某曾经考核结果为C2，但是C2等级并不完全等同于“不能胜任工作”，中兴通讯仅凭该限定考核等级比例的考核结果，不能证明劳动者不能胜任工作，不符合据此单方解除劳动合同的法定条件。虽然2009年1月王某从分销科转岗，但是转岗前后均从事销售工作，并存在分销科解散导致王某转岗这一根本原因，故不能证明王某系因不能胜任工作而转岗。因此，中兴通讯主张王某不胜任工作、经转岗后仍然不胜任工作的依据不足，存在违法解除劳动合同的情形，应当依法向王某支付经济补偿标准2倍的赔偿金。

（3）劳动合同订立时所依据的客观情况发生重大变化，致使劳动合同无法履行，经用人单位与劳动者协商，未能就变更劳动合同内容达成协议的。

这是关于劳动合同履行过程中重大情事变更原则的规定。《劳动法》第26条有同样的规定。同时，依据劳动部办公厅《关于〈劳动法〉若干条文的说明》（劳办发［1994］289号）第26条，“客观情况”是指发生不可抗力或出现致使劳动合同全部或部分条款无法履行的其他情况，如企业迁移、被兼并、企业资产转移等，并且排除《劳动法》第27条所列的客观情况（即用人单位濒临破产进行法定整顿期间或者生产经营状况发生严重困难，确需裁减人员的）。也即将《劳动法》规定的两种经济性裁员原因排除在重大情事变更原则之外。这里的“客观情况”，包括履行原劳动合同所必要的客观条件，如自然条件、原材料或能源供给条件、生产设备条件、产品销售条件、劳动安全卫生条件等。因客观情况发生重大变化，致使原劳动合同无法履行，当事人必须依据变化后的客观情况对劳动合同的变更进行协商，如变更原劳动合同中的工作内容、岗位以及劳动保护、劳动条件、工资报酬等有关条款，双方无法达成一致意见的，用人单位可以解除劳动合同。

3. 经济性裁员

经济性裁员是指用人单位由于生产经营状况发生变化而出现劳动力过剩，通过一次性辞退部分劳动者，来改善生产经营状况的一种手段。在市场经济中，经济性裁员是用人单位克服经营困难的内在需要的通常做法，具有不可避免性，但又会给社会和劳动者带来不利后果，影响社会稳定和增加就业压力。因此，在法律上必须赋予用人单位在一定条件下的经济性裁员自主权，同时必须对裁员进行一定的限制。因为在经济性裁员的劳动合同解除中，劳动者本人既无主观过失也无客观过失，完全是由于劳动者自身之外的原因，甚至是用人单位的原因而解雇劳动者，是让劳动者对与之无关的行为或者事件承担不利的后果和责任。

为平衡用人单位与被裁劳动者两者的权益，《劳动合同法》第41条对用人单位裁员作了下述限制：

（1）在裁员规模要求上，如果用人单位裁减人员在20人以上或者裁减不足20人但占企业职工总数10%以上的，必须经过一定的程序后，才能进行裁员。

（2）在裁员程序上，其程序如下：一是说明情况。用人单位应当提前30日向工会或者全体职工说明有关裁减人员原因、方案等情况。二是听取意见。用人单位应当听取工会或者职工的意见。三是报告。用人单位应当将裁减人员方案向劳动行政部门报告。

（3）裁员时应当优先留用的人员：一是与本单位订立较长期限的固定期限劳动合同的劳动者；二是与本单位订立无固定期限劳动合同的劳动者；三是家庭无其他就业人员，有需要扶养的老人或者未成年人的劳动者。

（4）在实体要件上，只有在法律规定的4种情形下，用人单位才可以进行经济性裁员：

1）用人单位依照《企业破产法》的规定进行重整。企业重整，是指具有一定规模的企业出现破产原因或有破产原因出现的危险时，为防止企业破产，经利害关系人申请，在法院的干预下，对该企业实行强制治理使其复兴的法律制度。2007年《企业破产法》第70条第1款规定："债务人或者债权人可以依照本法规定，直接向人民法院申请对债务人进行重整。"企业重整以恢复生产经营能力为目的，因此可能需要裁减部分人员。

2）生产经营发生严重困难。生产经营发生严重困难，是指用人单位的生产经营难以为继，不得不进行裁员。

3）企业转产、重大技术革新或者经营方式调整，经变更劳动合同后，仍需裁减人员。企业转产，是指改变主要经营的业务。重大技术革新，可能导致同样的工作只需更少的劳动者即可完成。

4）其他因劳动合同订立时所依据的客观经济情况发生重大变化，致使劳动合同无法履行的情形。该款是兜底性条款，为其他情况下企业裁减人员提供法律依据。实践中，除了《劳动合同法》第41条列举的3种情形之外，还有一些劳动合同订立时所依据的客观经济情况发生变化的情形，比如国家产业政策调整，企业需要迁移、停产、转产的，也应当允许用人单位进行经济性裁员。在市场经济条件下，竞争日益激烈，企业为增强竞争力和经营的需要，经常要采取调整人员的方式来应对，这是企业经营自主权的表现。如果对企业的经营自主权限制得过死，不利于企业的发展。因此，在法律上应该采用列举和概括相结合的方式，为用人单位裁减人员提供可能性。

用人单位在单方解除时应承担不得违法解除劳动合同的义务。除了符合上述法定解除情形时用人单位才能依据法定程序解除劳动合同外，对用人单位解除权的限制还包括《劳动合同法》规定的用人单位不得解除劳动合同的情形，即用人单位解除劳动合同的禁止性条件。《劳动合同法》第42条规定："劳动者有下列情形之一的，用人单位不得依照本法第四十条、第四十一条的规定解除劳动合同：（一）从事接触职业病危害作业的劳动者未进行离岗前职业健康检查，或者疑似职业病病人在诊断或者医学观察期间的；（二）在本单位患职业病或者因工负伤并被确认丧失或者部分丧失劳动能力的；（三）患病或者非因工负伤，在规定的医疗期内的；（四）女职工在孕期、产期、哺乳期的；（五）在本单位连续工作满十五年，且距法定退休年龄不足五年的；（六）法律、行政法规规定的其他情形。”据此，劳动合同解除的禁止性条件仅适用于用人单位的无过失性解除（《劳动合同法》第 40 条）和经济性裁员（《劳动合同法》第 41 条），而不适用于用人单位与劳动者协商解除劳动合同、劳动者单方解除劳动合同以及用人单位单方随时解除劳动合同的情形。

用人单位在解除劳动合同争议中还应依法承担举证责任。最高人民法院《关于审理劳动争议案件适用法律问题的解释（一）》（2020 年）第 44 条规定：因用人单位作出的开除、除名、辞退、解除劳动合同、减少劳动报酬、计算劳动者工作年限等决定而发生的劳动争议，用人单位负举证责任。如果未能充分有效证明，用人单位应承担违法解除劳动合同的法律后果。

四、经济补偿金和赔偿金

（一）经济补偿金

1. 经济补偿金的概念

经济补偿金是指在劳动者无过失的情况下，劳动合同解除或终止时，用人单位依法一次性支付给劳动者的经济上的补助。1986 年国务院颁布的《国营企业实行劳动合同制暂行规定》中将其称为生活补助费，《劳动法》将其命名为经济补偿，此后我国法律、法规一直沿用此名，学界多称其为经济补偿金。我国香港、澳门、台湾地区分别称其为遣散费、解雇赔偿、资遣费。我国《劳动法》第 28 条规定了经济补偿金制度，《劳动合同法》第 46、47 条对其进行了完善。

【理论探讨】

经济补偿金的性质①

对于经济补偿金的性质，有三种主要的学说②：（1）劳动贡献补偿说。经济补偿金是对劳动者在劳动关系存续期间为用人单位所作贡献的积累给予的补偿，是对劳动者过去劳动内容和成果的肯定，因此，经济补偿的数额应当与劳动者在本单位的工龄挂钩。（2）法定违约金说。经济补偿金是国家为保障劳动者的合法权益而强行干涉用人单位与劳动者之间合同的结果，是企业未能履行劳动合同规定的义务所承担的责任。（3）社会保障说或社会保障金说。基于宪法、劳动法对公民生存权保护的需要，国家要求用人单位在解除劳动合同时必须支付给劳动者一定的经济补偿，以帮助劳动者渡过生活费用和医疗费用无来源的失业阶段，保障劳动者权益。

上述三种学说均有一定道理，但又都有一些不足。

首先，计算经济补偿金的依据主要是劳动者在本单位连续不间断工作的时间，因此，劳动

---

① 参见林嘉、杨飞：《劳动合同解除中的经济补偿金、违约金和赔偿金问题研究》，载林嘉主编：《劳动法评论》，第 1 卷，16～19 页，北京，中国人民大学出版社，2005。

② 参见刘京州：《浅议解除劳动合同的经济补偿》，载《甘肃科技》，2004（6）。

贡献补偿说具有一定的道理，但是，劳动者的劳动贡献已经由用人单位支付给劳动者工资和为劳动者缴纳社会保险费予以补偿了。此外，该说与经济补偿金的法定适用范围相矛盾，因为如果经济补偿金是劳动贡献补偿，则劳动合同解除和终止时所有的劳动者都应获得经济补偿金，但实际上依据法律只有部分劳动者能获得经济补偿金。

其次，经济补偿金主要适用于用人单位依法行使单方解除权的情形，这些情形一般被认为是用人单位违约，因此，经济补偿金被认为是法定违约金也有一定道理。但是，用人单位根据劳动法规定解除劳动合同是合法地解除合同，难以说是违约，认定经济补偿金为法定违约金颇为牵强。此外，违约金计算应以未履行的时间为标准，而各国对经济补偿金的计算却主要以劳动合同已经履行的年限为标准，何况协商一致解除合同时不能说是用人单位违约，但用人单位仍需支付经济补偿金，故法定违约金说也不足以解释经济补偿金的性质。

最后，劳动合同解除后，在劳动者找到新的工作之前的过渡期内，经济补偿金能够保障劳动者的生存权，具有明显的社会保障功能。但是，经济补偿金与失业保险金的来源、发放条件、标准、功能均不同。失业保险、医疗保险等发生作用都以失业和医疗的实际发生为前提，但劳动者完全有可能在解除合同前或解除合同后立即找到新的工作，此时虽然劳动者不需要经济补偿金提供生活保障，但用人单位仍须依法支付经济补偿金。此外，社会保障应覆盖全部劳动者，但依照法律只有部分劳动者能获得经济补偿金，这与社会保障的性质明显不符。用人单位不能因劳动者领取了失业保险金而拒付或克扣经济补偿金，失业保险经办机构也不能因劳动者领取了经济补偿金而停发或减发失业保险金。由此可见，经济补偿金有社会保障的功能并不等于其性质就是社会保障金。

我国台湾地区有学者指出，资遣费有双重性质：在不可归责于劳雇双方当事人之事由时，资遣费乃是雇主保护、照顾义务之效力所衍生的一种义务，其法律性质为对受解雇劳工之“离职补贴”，具有劳动契约之伦理功能。唯因可归责于雇主之事由而劳工被迫辞职时，其资遣费之性质则有民事违约制裁之意义，同时并不排除劳工另有损害时，赔偿请求权之行使。至于因可归责于劳工之事由时，无资遣费之保护，则衡诸上述原则，自属当然。至于在裁员解雇时，劳工得依法请求资遣费，此一制度可以说是劳动契约的特别规范，基本上并不是劳动契约内容之直接效力，而是因为通常受此种裁员解雇影响者人数众多，如果适用私法原则，而不特别予以保障，可能造成重大社会、经济问题，尤其顾虑到技术革新和解雇保护之矛盾，才给予资遣费作为保护劳工之规定，因此其资遣费带有退职补偿之意义，虽然有填补损失的作用，但并无制裁之意味。① 这种观点也认为经济补偿金的性质颇为复杂，很难用一种性质来概括。该观点认为经济补偿金是雇主保护、照顾义务之效力所衍生的一种义务，甚为深刻和独到。

综上所述，可以认为，经济补偿金是劳动法上一项极有特色的制度，充分体现了劳动法对劳动者倾斜保护的原则和目的。经济补偿金具有劳动贡献补偿和社会保障的双重功能，也在某种程度上具有违约金的功能，但这三者都不足以全面说明经济补偿金的性质。经济补偿金应被视为劳动法上特有的和独立的解约经济补偿形式，是对因用人单位解除合同而遭受损失的劳动者进行的补偿，是用人单位的一种特定补偿义务，其适用范围和补偿标准由各国根据对劳动者倾斜保护的程度而定。尽管劳动者的损失是未履行时间内的可得利益，对劳动者的补偿却主要

① 参见黄越钦：《劳动法新论》，158～159页，北京，中国政法大学出版社，2003。

根据劳动合同已经履行时间内的贡献来计算，这一矛盾使得经济补偿金的性质很难归类，只有将其作为独立的新类型来看待才比较合理。

2. 经济补偿金的适用范围

依据《劳动合同法》第46条，用人单位应当向劳动者支付经济补偿的情形包括：(1)“劳动者依照本法第三十八条规定解除劳动合同的”。此即劳动者随时解除劳动合同和立即解除劳动合同的情形。(2)“用人单位依照本法第三十六条规定向劳动者提出解除劳动合同并与劳动者协商一致解除劳动合同的”。此即双方协商一致解除劳动合同的情形。(3)“用人单位依照本法第四十条规定解除劳动合同的”。此即无过失性解除的情形。(4)“用人单位依照本法第四十一条第一款规定解除劳动合同的”。此即经济性裁员的情形。(5)“除用人单位维持或者提高劳动合同约定条件续订劳动合同，劳动者不同意续订的情形外，依照本法第四十四条第一项规定终止固定期限劳动合同的”。此即因劳动合同期满而终止固定期限劳动合同的情形。(6)“依照本法第四十四条第四项、第五项规定终止劳动合同的”。此即因用人单位被依法宣告破产、用人单位被吊销营业执照、责令关闭、撤销或者用人单位决定提前解散（可统称为因用人单位主体资格丧失）而终止劳动合同的情形。(7)“法律、行政法规规定的其他情形”。如《劳动合同法实施条例》第22条规定：“以完成一定工作任务为期限的劳动合同因任务完成而终止的，用人单位应当依照劳动合同法第四十七条的规定向劳动者支付经济补偿。”最高人民法院《关于审理劳动争议案件适用法律问题的解释（一）》(2020年)第48条规定，《劳动合同法》施行后，因用人单位经营期限届满不再继续经营导致劳动合同不能继续履行，劳动者请求用人单位支付经济补偿的，人民法院应予支持。

工伤职工的经济补偿金与一次性工伤医疗补助金和伤残就业补助金不得相互抵扣。《劳动合同法实施条例》第23条规定：“用人单位依法终止工伤职工的劳动合同的，除依照劳动合同法第四十七条的规定支付经济补偿外，还应当依照国家有关工伤保险的规定支付一次性工伤医疗补助金和伤残就业补助金。”

3. 经济补偿金的计算方法

《劳动合同法》第47条规定：“经济补偿按劳动者在本单位工作的年限，每满一年支付一个月工资的标准向劳动者支付。六个月以上不满一年的，按一年计算；不满六个月的，向劳动者支付半个月工资的经济补偿。劳动者月工资高于用人单位所在直辖市、设区的市级人民政府公布的本地区上年度职工月平均工资三倍的，向其支付经济补偿的标准按职工月平均工资三倍的数额支付，向其支付经济补偿的年限最高不超过十二年。本条所称月工资是指劳动者在劳动合同解除或者终止前十二个月的平均工资。”其中规定了对高收入劳动者支付经济补偿金的限制，即从工作年限和月工资基数两个方面限制了高收入劳动者所得的经济补偿金数额。

关于工作年限的计算，《劳动合同法实施条例》第10条规定：“劳动者非因本人原因从原用人单位被安排到新用人单位工作的，劳动者在原用人单位的工作年限合并计算为新用人单位的工作年限。原用人单位已经向劳动者支付经济补偿的，新用人单位在依法解除、终止劳动合同计算支付经济补偿的工作年限时，不再计算劳动者在原用人单位的工作年限。”最高人民法院《关于审理劳动争议案件适用法律问题的解释（一）》(2020年)第46条规定，劳动者非因本人原因从原用人单位被安排到新用人单位工作，原用人单位未支付经济补偿，劳动者依照《劳动合同法》第38条规定与新用人单位解除劳动合同，或者新用人单位向劳动者提出解除、终止劳动合同，在计算支付经济补偿或赔偿金的工作年限时，劳动者请求把在原用人单位的工作年限合并计算为新用人单位工作年限的，人民法院应予支持。用人单位符合下列情形之一的，应当认定属于“劳动者非因本人原因从原用人单位被安排到新用人单位工作”：（1）劳动者仍在原工作场所、工作岗位工作，劳动合同主体由原用人单位变更为新用人单位；（2）用人单位以组织委派或任命形式对劳动者进行工作调动；（3）因用人单位合并、分立等原因导致劳动者工作调动；（4）用人单位及其关联企业与劳动者轮流订立劳动合同；（5）其他合理情形。

关于工资标准的计算，《劳动合同法实施条例》第 27 条规定：“劳动合同法第四十七条规定的经济补偿的月工资按照劳动者应得工资计算，包括计时工资或者计件工资以及奖金、津贴和补贴等货币性收入。劳动者在劳动合同解除或者终止前 12 个月的平均工资低于当地最低工资标准的，按照当地最低工资标准计算。劳动者工作不满 12 个月的，按照实际工作的月数计算平均工资。”

关于经济补偿金的分段计算，《劳动合同法》第 97 条规定：“本法施行前已依法订立且在本法施行之日存续的劳动合同，继续履行……本法施行之日存续的劳动合同在本法施行后解除或者终止，依照本法第四十六条规定应当支付经济补偿的，经济补偿年限自本法施行之日起计算；本法施行前按照当时有关规定，用人单位应当向劳动者支付经济补偿的，按照当时有关规定执行。”

（二）赔偿金

解除或终止劳动合同的赔偿金，是对于用人单位违反法律规定解除或者终止劳动合同而给劳动者造成经济损失的惩罚性的补偿措施。

经济补偿金与赔偿金是两个性质不同的概念。经济补偿金是指在劳动者无过失的情况下，用人单位解除或终止与劳动者的劳动合同时，依照法律规定的条件和标准，以货币方式给予劳动者的补偿。从二者的性质和适用情形来判断，赔偿金适用于用人单位违法解除劳动合同的情形，经济补偿金适用于用人单位依法解除或终止劳动合同的情形，二者不能同时适用。所谓违法解除劳动合同，是指在《劳动合同法》规定的可以解除劳动合同的情形之外解除劳动合同、未按照《劳动合同法》规定的程序解除劳动合同或违反《劳动合同法》规定的禁止解除劳动合同的规定解除劳动合同。

用人单位违反法律规定解除或者终止劳动合同时，劳动者可以请求用人单位按照经济补偿标准的 2 倍支付赔偿金。《劳动合同法》第 48 条规定：“用人单位违反本法规定解除或者终止劳动合同，劳动者要求继续履行劳动合同的，用人单位应当继续履行；劳动者不要求继续履行劳动合同或者劳动合同已经不能继续履行的，用人单位应当依照本法第八十七条规定支付赔偿金。”《劳动合同法》第 87 条规定：“用人单位违反本法规定解除或者终止劳动合同的，应当依照本法第四十七条规定的经济补偿标准的二倍向劳动者支付赔偿金。”

对于用人单位违反本法规定解除或者终止劳动合同时经济补偿金和赔偿金的关系，《劳动合同法实施条例》第 25 条规定：“用人单位违反劳动合同法的规定解除或者终止劳动合同，依照劳动合同法第八十七条的规定支付了赔偿金的，不再支付经济补偿。赔偿金的计算年限自用工之日起计算。”

此外，《劳动合同法》第 85 条还规定了用人单位因违法支付赔偿金的情形：“用人单位有下列情形之一的，由劳动行政部门责令限期支付劳动报酬、加班费或者经济补偿；劳动报酬低于当地最低工资标准的，应当支付其差额部分；逾期不支付的，责令用人单位按应付金额百分之五十以上百分之一百以下的标准向劳动者加付赔偿金：（一）未按照劳动合同的约定或者国家规定及时足额支付劳动者劳动报酬的；（二）低于当地最低工资标准支付劳动者工资的；（三）安排加班不支付加班费的；（四）解除或者终止劳动合同，未依照本法规定向劳动者支付经济补偿的。”最高人民法院《关于审理劳动争议案件适用法律问题的解释（一）》（2020 年）第 1 条第 8 项规定：劳动者依据《劳动合同法》第 85 条规定，要求用人单位支付加付赔偿金的纠纷，属于劳动争议，当事人依法提起诉讼的，人民法院应予受理。”

【资料链接】

西门子违法解雇赔偿员工 135 万元，经济补偿创下“天价”①

2008 年 7 月初，西门子（中国）有限公司上海分公司一次性支付给谢先生经济补偿金 135 万元，创下上海市解雇赔偿之最。谢先生 1995 年 6 月进入上海西门子移动通信有限公司从事销售工作，2003 年 10 月被调入西门子（中国）有限公司担任公司安徽省总经理。2008 年 4 月 18 日，西门子单方无理由将其解雇。谢先生 6 月向浦东新区劳动争议仲裁委员会申诉，西门子坚持不肯恢复劳动关系，谢先生遂提出 300 万元的补偿要求。经过仲裁委员会调解，双方最终就补偿 135 万元达成一致。

据了解，此案 135 万元赔偿款其实分为两部分：违法解除劳动合同的经济补偿 130 万元和提前解除劳动合同的代通知金 5 万元。谢先生的月工资是 5 万元，按照每 1 年工龄折合 1 个月工资的标准，他在西门子总共 13 年的经济补偿金就是 65 万元。根据《劳动合同法》第 48 条，当浦东新区劳动争议仲裁委员会裁决西门子违法解除劳动合同时，他可以有两个选择：一是要求继续履行劳动合同，则西门子应当继续履行；二是不要求继续履行劳动合同，则西门子应当依照经济补偿标准的 2 倍支付赔偿金（65 万元的 2 倍即 130 万元）。谢先生最后选择了第二个方案。当然他的经济补偿是以其解约前 12 个月的平均工资为计算基数的，因为《劳动合同法》第 97 条规定：“本法施行前按照当时有关规定，用人单位应当向劳动者支付经济补偿的，按照当时有关规定执行。”

需要注意的是，2008 年 1 月 1 日开始实施的《劳动合同法》对高收入劳动者的经济补偿设定了双重上限，即经济补偿基数按当地上年度职工月平均工资 3 倍确定，经济补偿的年限最高不超过 12 年，据此，如完全适用《劳动合同法》来进行计算，对高收入劳动者的“天价经济补偿”或“天价赔偿”将不复存在。

五、解除或终止劳动合同的附随义务

劳动合同是传统民事合同结合劳动关系的特殊性发展而来的一类特殊的合同，诚实信用原

① 周斌：《经济补偿创下“天价”“永久合同”可以解除——2008 年 7 月劳动争议典型案例解读》，见中国人力资源沙龙网，http://bbs.hrsalon.org/thread12445111.html。

则也是具有人身性、从属性的劳动合同关系得以维系的一项基本原则。这就要求不仅劳动合同关系存续期间，用人单位与劳动者应当诚信履行劳动合同明示或默示的义务，而且在劳动合同关系结束时以及结束后，双方也应当根据劳动合同的约定或者基于诚实信用原则履行应尽的义务，即用人单位对劳动者照顾以及劳动者对用人单位忠实的附随义务。为了避免双方因履行附随义务发生不必要的争议，《劳动合同法》第 50 条将劳动合同的附随义务予以法定化。由于劳动合同的特殊性，对附随义务的规定也体现出倾斜保护劳动者的原则。

解除或者终止劳动合同时及以后双方当事人的附随义务包括：

（1）用人单位应当在解除或者终止劳动合同时出具解除或者终止劳动合同的证明，并在 15 日内为劳动者办理档案和社会保险关系转移手续。该证明又称离职证明书。《劳动合同法实施条例》第 24 条规定，用人单位出具的解除、终止劳动合同的证明，应当写明劳动合同期限、解除或者终止劳动合同的日期、工作岗位、在本单位的工作年限。

（2）劳动者应当按照双方约定，办理工作交接。用人单位依照《劳动合同法》有关规定应当向劳动者支付经济补偿的，在办结工作交接时支付。需要注意的是，劳动者未完成工作移交的，用人单位不能以此为由拒不办理解除劳动合同证明等手续，因为用人单位的该项义务为强制性的法定义务。

（3）用人单位对已经解除或者终止的劳动合同的文本，至少保存 2 年备查。这是出于保存证据的需要。

关于违反该义务应承担法律责任，《劳动合同法》第 89 条规定："用人单位违反本法规定未向劳动者出具解除或者终止劳动合同的书面证明，由劳动行政部门责令改正；给劳动者造成损害的，应当承担赔偿责任。"第 84 条规定，劳动者依法解除或者终止劳动合同，用人单位扣押劳动者档案或者其他物品的，如扣押劳动者居民身份证等证件的，由劳动行政部门责令限期退还劳动者本人，并依照有关法律规定给予处罚。

第五节　劳务派遣和非全日制用工

一、劳务派遣

（一）劳务派遣的概念和特征

劳动派遣是指劳务派遣单位与被派遣劳动者建立劳动关系，并将劳动者派遣到用工单位，被派遣劳动者在用工单位的指挥、监督下从事劳动的新型用工形式。

劳务派遣具有如下特征：

（1）劳动者的雇佣和使用相分离。这是劳务派遣的最本质特征。在一般劳动关系中，用人单位直接雇佣和使用劳动者，并向劳动者支付工资报酬，而在劳务派遣中，劳动者虽然与劳务派遣单位建立劳动关系，但实际使用劳动者的却是用工单位。

（2）劳务派遣中具有三个主体。由于劳务派遣中雇佣与使用劳动者的主体相分离，在劳务派遣关系中存在三个主体：劳务派遣单位，劳动者，实际用工单位。三个主体间的权利和义务由法律规定。一般而言，各国劳动法都规定劳务派遣单位与用工单位对劳动者单独或连带承担一般劳动关系中的雇主义务。

(3) 劳务派遣关系中存在一组合同。其中一个是劳务派遣单位与被派遣劳动者之间的劳动合同，另一个是劳务派遣单位与用工单位之间的劳务派遣协议。

与传统的用工方式相比，劳务派遣能够满足用人单位灵活用工的需求，得到了广泛的应用，但是，劳务派遣特殊的三方关系构造也容易被一些用人单位利用来逃避法律义务，损害劳动者的权益。因此《劳动合同法》确认了劳务派遣的合法性，同时对其从各个方面进行了规制。为控制劳务派遣的滥用，全国人大常委会《关于修改〈中华人民共和国劳动合同法〉的决定》由第十一届全国人大常委会第三十次会议于 2012 年 12 月 28 日通过，自 2013 年 7 月 1 日起施行。该决定规定：本决定公布前已依法订立的劳动合同和劳务派遣协议继续履行至期限届满，但是劳动合同和劳务派遣协议的内容不符合本决定关于按照同工同酬原则实行相同的劳动报酬分配办法的规定的，应当依照本决定进行调整；本决定施行前经营劳务派遣业务的单位，应当在本决定施行之日起 1 年内依法取得行政许可并办理公司变更登记，方可经营新的劳务派遣业务。具体办法由国务院劳动行政部门会同国务院有关部门规定。人力资源和社会保障部 2013 年 6 月 20 日公布了《劳务派遣行政许可实施办法》(2013 年 7 月 1 日起施行)，2014 年 1 月 24 日公布了《劳务派遣暂行规定》(2014 年 3 月 1 日起施行)。

【资料链接】

被辞员工状告肯德基再遭“碰壁”①

徐某 1994 年到北京肯德基公司（以下简称肯德基）务工，从事仓储搬运工作。2004 年 4 月，徐某与北京时代桥劳动事务咨询服务有限公司（以下简称时代桥）签订劳动合同，成为该公司的派遣工。2005 年 10 月，徐某因工作失误被肯德基辞退，他提出肯德基应支付其 11 个月工资的经济补偿金，亦被拒绝，肯德基认为徐某不是肯德基的员工，而是被劳务派遣公司派遣到肯德基的派遣劳工，双方不存在劳动关系，发生劳动争议应当找劳务派遣公司。徐某遂向北京市东城区劳动仲裁委员会申请仲裁，仲裁委员会因徐某与时代桥签订的劳动合同合法有效，遂以“徐某与肯德基公司之间的劳动关系无法认定”为由，裁决驳回徐某的仲裁请求。徐某不服，起诉到北京市东城区人民法院，该法院认为，本案原告与时代桥签订了劳动合同，而被告与时代桥签订了劳动服务合同，约定由时代桥招聘员工，与员工签订劳动合同，负责管理员工，并定期向被告输出劳务人员，被告定期统计原告的工资及保险金后支付给时代桥。因此，三方构成了劳务派遣关系。据此，北京市东城区人民法院于 2006 年 6 月 12 日作出一审宣判，认定徐某是派遣工人，与肯德基不构成事实劳动关系，遂驳回了徐某对肯德基的索赔要求。徐某不服，向北京市第二中级人民法院提起上诉。2006 年 8 月 8 日，肯德基宣布与徐某达成和解，徐某撤销上诉。同时，肯德基表示，从即日起，除特殊情况外，停止使用劳动派遣录用新员工，原配销中心的派遣员工将转为肯德基直接聘用员工。

① 魏浩征：《2006 年十大劳动争议案件点评》，载《法制日报》，2007-02-12，10 版。

（二）对劳务派遣单位（用人单位）的规制

1. 劳务派遣单位的设立要求

《劳动合同法》明确了劳务派遣单位的性质，即劳务派遣单位只能采取公司的组织形式设立。《劳动合同法》第57条规定："经营劳务派遣业务应当具备下列条件：（一）注册资本不得少于人民币二百万元；（二）有与开展业务相适应的固定的经营场所和设施；（三）有符合法律、行政法规规定的劳务派遣管理制度；（四）法律、行政法规规定的其他条件。经营劳务派遣业务，应当向劳动行政部门依法申请行政许可；经许可的，依法办理相应的公司登记。未经许可，任何单位和个人不得经营劳务派遣业务。"

2. 劳务派遣单位的用人单位地位

《劳动合同法》第58条规定：劳务派遣单位是本法所称用人单位，应当履行用人单位对劳动者的义务。劳务派遣单位与被派遣劳动者订立的劳动合同，除应当载明本法第17条规定的事项外，还应当载明被派遣劳动者的用工单位以及派遣期限、工作岗位等情况。劳务派遣单位应当与被派遣劳动者订立2年以上的固定期限劳动合同，按月支付劳动报酬；被派遣劳动者在无工作期间，劳务派遣单位应当按照所在地人民政府规定的最低工资标准，向其按月支付报酬。由此可见，《劳动合同法》明确认定劳务派遣单位与劳动者建立劳动关系，劳务派遣单位是劳动法上的用人单位，必须与被派遣劳动者签订劳动合同。该劳动合同的内容不仅包括劳务派遣单位能够自主履行的事项，如劳动合同期限、劳动报酬、社会保险，还包括劳务派遣单位本身难以自主履行而需要由用工单位履行的事项，如工作内容和工作地点、工作时间和休息休假、派遣期限、工作岗位等。

3. 劳务派遣协议

《劳动合同法》第59条规定：劳务派遣单位派遣劳动者应当与接受以劳务派遣形式用工的单位（以下称用工单位）订立劳务派遣协议。劳务派遣协议应当约定派遣岗位和人员数量、派遣期限、劳动报酬和社会保险费的数额与支付方式以及违反协议的责任。用工单位应当根据工作岗位的实际需要与劳务派遣单位确定派遣期限，不得将连续用工期限分割，订立数个短期劳务派遣协议。一般认为劳务派遣协议的性质为民事合同。但事实上，劳务派遣协议不同于一般的民事合同，其受到劳动法的特别限制，性质应为劳动法上劳动合同之外的一种特别合同。劳务派遣单位向用工单位提供人才派遣服务而收取服务费尽管具有市场交易行为的性质，但与商品买卖等普通民事合同不同，涉及劳动者权益保护问题，因此该协议不能完全遵循民法上的意思自治原则，而要受到劳动法的诸多限制。

4. 劳务派遣单位对被派遣劳动者的义务

《劳动合同法》第60条规定：劳务派遣单位应当将劳务派遣协议的内容告知被派遣劳动者。劳务派遣单位不得克扣用工单位按照劳务派遣协议支付给被派遣劳动者的劳动报酬。劳务派遣单位和用工单位不得向被派遣劳动者收取费用。由此可见，《劳动合同法》尽管明确规定了用工单位对劳动者应当履行的劳动法律方面的法定义务，但没有明确对用工单位与劳动者之间的关系进行定性，未明确把用工单位也列为用人单位，不要求用工单位与劳动者订立劳动合同。一般认为劳动者与用工单位之间构成劳务关系而非劳动关系。[①]

【资料链接】

劳务派遣单位未经登记时劳动关系如何认定

“上海珂帝纸品包装有限责任公司不服上海市人力资源和社会保障局责令补缴外来从业人员综合保险费案”[②] 的裁判摘要指出：从事劳务派遣业务的单位应当依法登记设立。用人单位与未经工商注册登记、不具备劳务派遣经营资质的公司签订用工协议，与派遣人员形成事实劳动关系，应由用人单位依法为其缴纳综合保险费；用人单位与不具备缴费资格的主体的协议约定，不能免除其法定缴费义务。

上海市黄浦区人民法院一审认为：在劳务派遣关系不成立的情况下，本案需对35名外来人员是否属于原告上海珂帝纸品包装有限责任公司（以下简称珂帝公司）的员工，从而应否由原告为其缴纳综合保险费作出认定。为保护事实劳动关系中劳动者的权益，《劳动合同法》第7条中规定：“用人单位自用工之日起即与劳动者建立劳动关系。”第10条规定：“建立劳动关系，应当订立书面劳动合同。……用人单位与劳动者在用工前订立劳动合同的，劳动关系自用工之日起建立。”据此，引起劳动关系产生的基本法律事实是用工，而不是订立劳动合同；只要存在用工行为，劳动者即享有法律规定的权利。一般情况下，可以从以下四个方面鉴别是否存在事实劳动关系：一是劳动者与用人单位之间是否存在从属关系，接受用人单位的管理、指挥和监督；二是用人单位是否根据某种分配原则，组织工资分配，劳动者按照一定方式领取劳动报酬；三是劳动者提供的劳动是否为用人单位业务的组成部分；四是劳动者是否在用人单位提供的工作场所、使用用人单位提供的生产工具。在存在劳务派遣的情况下，劳务派遣单位与被派遣的劳动者之间形成的是劳动关系。结合本案的实际情况，由于劳务派遣关系并不成立，故需审查的是原告与35名外来从业人员之间是否存在事实上的劳动关系。从经过庭审质证的一系列证据来看，原告在劳动监察过程中所作笔录可以证明，原告共使用了95名外来从业人员，其中即包括争议的35名外来员工；原告提供的出勤考核表、员工出勤记录表、工资发放表等证据材料也反映出，原告的员工共95名，包括该部分外来员工，均在原告处工作，从事原告单位的生产任务，受原告统一管理，并从原告处领取工资报酬；原告在庭审中也确认了35名外来人员在原告处务工的事实，据此，该部分外来从业人员与原告之间的关系符合事实劳动关系的基本特征，他们应当属于原告的员工，原告应履行用人单位的相关法定义务。

---

① 劳动和社会保障部组织编写的《中华人民共和国劳动合同法讲座》明确指出：“劳务派遣单位与劳动者建立劳动关系，但是不用工，即不直接管理和指挥劳动者从事劳动；用工单位直接管理和指挥劳动者从事劳动，但是与劳动者之间不建立劳动关系。”但我们认为：用工单位对劳动者的义务的性质其实都是劳动法上的义务，和劳动合同中用人单位对劳动者所应履行的义务并无二致。劳动者与用工单位之间的关系和民法上一般的劳务关系有很大差别。实际上，用工单位像真正的用人单位一样对被派遣劳动者进行监督、指挥和管理，其关系符合劳动关系的本质特征。同时，用工单位与劳动者之间的关系受到《劳动合同法》等劳动法律规范的规制，用工单位须向被派遣劳动者履行一定的劳动法上的义务，而劳务关系受民法调整，当事人之间并不履行劳动法上的义务。因此，用工单位与被派遣劳动者之间的关系虽然不同于标准的劳动关系，但不能说是民法上的劳务关系，而是一种劳动法上的非标准劳动关系。劳务派遣中劳务派遣单位和用工单位的组合形成“共同雇主”，这两个主体的组合与劳动者之间构成了一个完整的劳动关系。

② 《最高人民法院公报》，2013（11）。

5. 跨地区派遣劳动者的特殊规定

《劳动合同法》第 61 条规定，劳务派遣单位跨地区派遣劳动者的，被派遣劳动者享有的劳动报酬和劳动条件，按照用工单位所在地的标准执行。这里的“跨地区”，是指跨不同法定最低标准的地区。《劳动合同法》和《社会保险法》均未明确跨地区劳务派遣的社会保险费缴纳问题。《劳务派遣暂行规定》第 18 条明确规定：“劳务派遣单位跨地区派遣劳动者的，应当在用工单位所在地为被派遣劳动者参加社会保险，按照用工单位所在地的规定缴纳社会保险费，被派遣劳动者按照国家规定享受社会保险待遇。”

6. 以非全日制用工形式招用被派遣劳动者的禁止

《劳动合同法实施条例》第 30 条规定，劳务派遣单位不得以非全日制用工形式招用被派遣劳动者。

7. 劳务派遣单位的法律责任

《劳动合同法》第 92 条规定：“违反本法规定，未经许可，擅自经营劳务派遣业务的，由劳动行政部门责令停止违法行为，没收违法所得，并处违法所得一倍以上五倍以下的罚款；没有违法所得的，可以处五万元以下的罚款。劳务派遣单位、用工单位违反本法有关劳务派遣规定的，由劳动行政部门责令限期改正；逾期不改正的，以每人五千元以上一万元以下的标准处以罚款，对劳务派遣单位，吊销其劳务派遣业务经营许可证。用工单位给被派遣劳动者造成损害的，劳务派遣单位与用工单位承担连带赔偿责任。”

（三）对用工单位的规制

《劳动合同法》第 62 条规定，用工单位应当履行下列义务：（1）执行国家劳动标准，提供相应的劳动条件和劳动保护。（2）告知被派遣劳动者的工作要求和劳动报酬。（3）支付加班费、绩效奖金，提供与工作岗位相关的福利待遇。（4）对在岗被派遣劳动者进行工作岗位所必需的培训。（5）连续用工的，实行正常的工资调整机制。用工单位不得将被派遣劳动者再派遣到其他用人单位。另外，《劳动合同法》第 60 条第 3 款规定，用工单位不得向被派遣劳动者收取费用。

【资料链接】

对劳务派遣法律关系性质的不同认识①

世界各国和地区对劳务派遣法律关系的性质都存在不同认识，争议的焦点在于劳务派遣是一重劳动关系还是双重劳动关系。

一重劳动关系论认为，在劳务派遣中只存在劳务派遣机构和劳动者之间一个劳动关系。德国、日本等国家的立法采纳了这种观点，我国《劳动合同法》也采纳了这种观点。对于劳动者和用工单位之间的关系，特别是用工单位为何拥有对劳动者的指挥、监督权，有两种观点予以解释：（1）劳动给付请求权让与说。该说认为，劳务派遣机构将自己对劳动者的劳动给付请求

① 详细的评述参见李海明：《劳动派遣法原论》，125～137 页，北京，清华大学出版社，2011。

权让与用工单位，用工单位基于此有权指挥劳动者工作，并接受劳动者的劳动给付。(2) 利他合同说。我国台湾地区学者黄程贯教授指出，劳动派遣实为一种利他合同，用工单位作为利他合同的第三人，对劳动者有直接的履行请求权。因此，劳务派遣机构与用工单位之间是合同一方当事人与合同第三人的关系。

此外，王全兴教授提出了一重劳动关系双层运行论，认为：劳务派遣是一重劳动关系的双层运行，而不是双重劳动关系。在劳动派遣过程中，用工单位进行劳动过程的组织和管理并负担工资、福利、社会保险费等项费用，其他劳动管理实务诸如劳动合同的签订、社会保险手续的办理则委托给劳务派遣机构代为实施，劳务派遣机构只是用工单位劳动管理事务的代理主体。因此，用工单位和劳务派遣机构之间是委托代理关系，即劳务派遣机构仅是用工单位的代理机构，其本身并非用人单位。这种观点其实是认为劳务派遣中仅存在用工单位和劳动者之间的一重劳动关系，不同于前述劳务派遣中只存在劳务派遣机构和劳动者之间一个劳动关系的一重劳动关系论。

双重劳动关系论认为，劳动者与劳务派遣机构和用工单位都存在劳动关系，劳务派遣机构和用工单位是劳动者的共同雇主。美国法采纳了这种观点，即所谓的“共同雇主”(joint employer) 概念。

(四) 被派遣劳动者的权利和义务

1. 被派遣劳动者同工同酬的权利

《劳动合同法》第63条规定：被派遣劳动者享有与用工单位的劳动者同工同酬的权利。用工单位应当按照同工同酬原则，对被派遣劳动者与本单位同类岗位的劳动者实行相同的劳动报酬分配办法。用工单位无同类岗位劳动者的，参照用工单位所在地相同或者相近岗位劳动者的劳动报酬确定。劳务派遣单位与被派遣劳动者订立的劳动合同和与用工单位订立的劳务派遣协议，载明或者约定的向被派遣劳动者支付的劳动报酬应当符合前款规定。

2. 被派遣劳动者参加或者组织工会的权利

《劳动合同法》第64条规定，被派遣劳动者有权在劳务派遣单位或者用工单位依法参加或者组织工会，维护自身的合法权益。

(五) 劳动合同的解除

《劳动合同法》第65条规定：“被派遣劳动者可以依照本法第三十六条、第三十八条的规定与劳务派遣单位解除劳动合同。被派遣劳动者有本法第三十九条和第四十条第一项、第二项规定情形的，用工单位可以将劳动者退回劳务派遣单位，劳务派遣单位依照本法有关规定，可以与劳动者解除劳动合同。”也就是说，被派遣劳动者可以依照双方协商一致解除劳动合同，可以在用人单位有过错时随时或立即解除劳动合同。在被派遣劳动者有过错或两种无过失（劳动者患病或者非因工负伤，在规定的医疗期满后不能从事原工作，也不能从事由用人单位另行安排的工作的情形；劳动者不能胜任工作，经过培训或者调整工作岗位，仍不能胜任工作的情形）的情形下，用工单位可以将劳动者退回劳务派遣单位，由劳务派遣单位依法与劳动者解除劳动合同。

劳务派遣用工时解除或终止劳动合同的经济补偿金和赔偿金，和解除或终止一般劳动合同完全一样。《劳动合同法实施条例》第 31 条规定：“劳务派遣单位或者被派遣劳动者依法解除、终止劳动合同的经济补偿，依照劳动合同法第四十六条、第四十七条的规定执行。”第 32 条规定：“劳务派遣单位违法解除或者终止被派遣劳动者的劳动合同的，依照劳动合同法第四十八条的规定执行。”

（六）其他

1. 劳务派遣适用范围的限制

《劳动合同法》第 66 条规定：“劳动合同用工是我国的企业基本用工形式。劳务派遣用工是补充形式，只能在临时性、辅助性或者替代性的工作岗位上实施。前款规定的临时性工作岗位是指存续时间不超过六个月的岗位；辅助性工作岗位是指为主营业务岗位提供服务的非主营业务岗位；替代性工作岗位是指用工单位的劳动者因脱产学习、休假等原因无法工作的一定期间内，可以由其他劳动者替代工作的岗位。用工单位应当严格控制劳务派遣用工数量，不得超过其用工总量的一定比例，具体比例由国务院劳动行政部门规定。”需要注意的是，临时性、辅助性、替代性这“三性”只需具备“一性”就可以采用劳务派遣的方式。由于“临时性”“替代性”比较明确，而“辅助性”岗位在不同行业、不同单位差别很大，在实际操作中予以明确确实有一定难度，因而，为防止滥用劳务派遣，规定对劳务派遣用工数量实行比例控制。

关于比例控制，《劳务派遣暂行规定》第 4 条规定：“用工单位应当严格控制劳务派遣用工数量，使用的被派遣劳动者数量不得超过其用工总量的 10%。前款所称用工总量是指用工单位订立劳动合同人数与使用的被派遣劳动者人数之和。计算劳务派遣用工比例的用工单位是指依照劳动合同法和劳动合同法实施条例可以与劳动者订立劳动合同的用人单位。”第 28 条规定了过渡期：“用工单位在本规定施行前使用被派遣劳动者数量超过其用工总量 10%的，应当制定调整用工方案，于本规定施行之日起 2 年内降至规定比例。但是，《全国人民代表大会常务委员会关于修改〈中华人民共和国劳动合同法〉的决定》公布前已依法订立的劳动合同和劳务派遣协议期限届满日期在本规定施行之日起 2 年后的，可以依法继续履行至期限届满。”第 25 条规定了豁免适用的范围：“外国企业常驻代表机构和外国金融机构驻华代表机构等使用被派遣劳动者的，以及船员用人单位以劳务派遣形式使用国际远洋海员的，不受临时性、辅助性、替代性岗位和劳务派遣用工比例的限制。”

2. 自设劳务派遣单位的禁止

《劳动合同法》第 67 条规定，用人单位不得设立劳务派遣单位向本单位或者所属单位派遣劳动者。《劳动合同法实施条例》第 28 条规定：“用人单位或者其所属单位出资或者合伙设立的劳务派遣单位，向本单位或者所属单位派遣劳动者的，属于劳动合同法第六十七条规定的不得设立的劳务派遣单位。”这里的“所属单位”，是指与设立劳务派遣单位的用人单位有股份关系的上级、平级、下级单位，包括该用人单位独资设立或者控股、参股的单位，以及独资设立或者控股、参股该用人单位的单位，不限于用人单位的分支机构或下属单位。

【案例分析】

家乐福超市女工案[①]

【案情】2010年年底，家乐福超市女工案引起了社会对劳务派遣的再度关注。据《新世纪》《中国日报》等媒体报道，2008年3月1日，盛某从山东农村来到北京方庄家乐福上班，成为了卖场内的一名销售女工。由于家乐福大多数的销售人员是由供应商"派驻"，盛某的身份是供应商威莱日化（威露士）有限公司（以下简称威莱日化）的销售人员。但销售女工实际上接受超市的管理，包括推销威露士产品（这只是工作的一部分）、理货、打扫卫生；其工作时间由家乐福统一安排、管理，包括上下班时间、加班时间和工作内容；如果被发现有违反工作规定的行为，家乐福还可以对她进行处罚。此外，超市向公众明示了销售女工是其员工，盛某就有家乐福的制服和胸卡。2008年12月23日，盛某被威莱日化要求和一家劳务派遣公司——广州南方人才资源租赁公司（以下简称南方人才）——签订劳动合同。2009年4月21日，家乐福提出2008年年底怀孕的盛某已不适宜继续在家乐福工作，要求其"退场"，即要求供应商换人。2009年6月，盛某将家乐福和南方人才诉至北京市劳动争议仲裁委员会。当年12月，仲裁委裁决认为盛某与家乐福之间不存在劳动关系，一切责任不应由家乐福承担，盛某与南方人才之间签有劳动合同，存在劳动关系。盛某不服仲裁裁决，遂向北京市丰台区人民法院提起诉讼。2010年12月15日法院判决认为家乐福公司仅为盛某的实际工作地点，盛某主张与家乐福公司存在事实劳动关系"没有事实和法律依据"。法院认定南方人才与盛某的劳动关系，要求双方继续履行劳动合同。当年12月22日，盛某提起上诉，强调家乐福与劳务派遣公司串通规避法律、损害劳动者权益，要求确认其与家乐福的劳动关系并继续履行劳动合同。

【分析】我国《劳动合同法》将劳务派遣法律关系的性质认定为一重劳动关系，明确要求劳务派遣单位与被派遣劳动者之间订立劳动合同；对劳动者和用工单位之间的关系是何性质未作规定，一般均解读为不是劳动关系，而是劳务关系。《劳动合同法》第58条明确认定劳务派遣单位与劳动者建立劳动关系，劳务派遣单位是劳动法上的用人单位，必须与被派遣劳动者签订劳动合同。据此，家乐福超市女工案的仲裁裁决和一审判决均认为盛某与家乐福之间不存在劳动关系，盛某与南方人才之间签有劳动合同、存在劳动关系。

请思考：依据劳动关系的本质特征，劳务派遣法律关系的性质是一重劳动关系还是双重劳动关系？劳动者和用工单位之间是劳动关系吗？为什么？

二、非全日制用工

（一）非全日制用工的界定

非全日制用工因劳动者在同一用人单位的日工作时间不能达到标准的全日制工作时间而被称为"非全日制"。《劳动合同法》第68条规定，非全日制用工，是指以小时计酬为主，劳动

---

① 参见兰方：《销售工诉家乐福违规劳务派遣一审不支持双方存劳动关系》，见财新网，http://policy.caing.com/20101230/100212578.html；谢愚：《状告家乐福案引发关注隐蔽雇佣关系》，见中国日报网，http://www.chinadaily.com.cn/zgrbjx/200912/30/content_9243897.htm。

者在同一用人单位一般平均每日工作时间不超过 4 小时，每周工作时间累计不超过 24 小时的用工形式。

由于每日在同一用人单位工作时间较少，非全日制用工可以建立多重劳动关系。《劳动合同法》第 69 条第 2 款规定，从事非全日制用工的劳动者可以与一个或者一个以上用人单位订立劳动合同，但是，后订立的劳动合同不得影响先订立的劳动合同的履行。

（二）非全日制劳动合同的形式

《劳动合同法》第 69 条第 1 款规定，非全日制用工双方当事人可以订立口头协议。尽管此处使用了“协议”一词代替了“劳动合同”[①]，但全国人大常委会法制工作委员会在解释时指出，该条是关于非全日制用工的劳动合同订立的规定，依据此条规定，非全日制用工可以订立口头合同；当然，如果双方当事人协商一致，非全日制用工也可以订立书面劳动合同。

允许非全日制用工可以订立口头劳动合同，是根据实践中非全日制劳动合同的订立情况以及非全日制劳动的短期性、灵活性用工的特点而规定的。非全日制用工灵活性的特点，主要表现为两个方面：一方面，劳动者工作时间短，且可以建立多重劳动关系。另一方面，合同当事人双方可随时终止劳动关系。如果要求非全日制用工也订立书面劳动合同，可能会抑制非全日制用工的发展，不利于促进就业。

（三）非全日制劳动合同的内容

（1）非全日制用工禁止约定试用期。《劳动合同法》第 70 条规定，非全日制用工双方当事人不得约定试用期。

（2）非全日制用工的工资保障。《劳动合同法》第 72 条规定，非全日制用工小时计酬标准不得低于用人单位所在地人民政府规定的最低小时工资标准。非全日制用工劳动报酬结算支付周期最长不得超过 15 日。

（四）非全日制劳动合同的终止

《劳动合同法》第 71 条：非全日制用工双方当事人任何一方都可以随时通知对方终止用工。终止用工，用人单位不向劳动者支付经济补偿。

问题与思考

1. 试述劳动合同的性质。
2. 试述我国劳动合同法的适用范围。
3. 试述我国劳动合同的分类。

---

① 在我国，“协议”和“合同”经常用作同义词。但应注意的是“协议”这一术语含义更广，所有合同一定是协议，而协议不见得都是合同，具备合同成立要求的、具有强制执行力的协议才是合同。《劳动法》第 16 条规定：劳动合同是劳动者与用人单位确立劳动关系、明确双方权利和义务的协议。《合同法》第 2 条规定：本法所称合同是平等主体的自然人、法人、其他组织之间设立、变更、终止民事权利义务关系的协议。

4. 试述劳动合同订立的原则。
5. 试述劳动合同的形式。
6. 试述劳动合同的内容。
7. 试述劳动合同无效制度。
8. 试述劳动合同的履行。
9. 试述劳动合同的解除。
10. 试述经济补偿金制度。
11. 试述劳务派遣合同的内容。
12. 试述非全日制用工合同的内容。

第六章

集体合同法

本章概要

本章阐述了集体合同的概念、作用、立法沿革和体制，集体合同的内容、形式与期限，集体合同的订立、履行、变更、解除和终止，集体合同的效力等问题，使读者了解有关集体合同法律知识，重点把握集体合同制度在整个劳动关系调整中的作用与功能，并能够分析我国集体合同制度的现状、特点和具体条款。

关键术语

集体合同　集体协商　集体合同的签订程序　集体合同的效力

第一节　集体合同法概述

一、集体合同的概念和作用

（一）集体合同的概念

集体合同，又称团体协约、集体协约或劳资合约。国际劳工组织第 91 号建议书《集体合同建议书》第 2 条第 1 款规定："以一个雇主或一群雇主，或者一个或几个雇主组织为一方，一个或几个有代表性的工人组织为另一方，如果没有这样的工人组织，则根据国家法律和法规由工人正式选举并授权的代表为另一方，上述各方之间缔结的关于劳动条件和就业条件的一切书面协议，称为集体合同。"我国《劳动法》第 33 条规定："企业职工一方与企业可以就劳动报酬、工作时间、休息休假、劳动安全卫生、保险福利等事项，签订集体合同。集体合同草案应当提交职工代表大会或者全体职工讨论通过。""集体合同由工会代表职工与企业签订；没有建立工会的企业，由职工推举的代表与企业签订。"《工会法》第 6 条第 2 款规定："工会通过平等协商和集体合同制度，推动健全劳动关系协调机制，维护职工劳动权益，构建和谐劳动关系。"《劳动合同法》第 51 条规定："企业职工一方与用人单位通过平等协商，可以就劳动报酬、工作时间、休息休假、劳动安全卫生、保险福利等事项订立集体合同。集体合同草案应当提交职工代表大会或者全体职工讨论通过。集体合同由工会代表企业职工一方与用人单位订立；尚未建立工会的用人单位，由上级工会指导劳动者推举的代表与用人单位订立。”简言之，集体合同是指工会与用人单位或其团体为规范劳动关系而订立的，以全体劳动者的共同利益为中心内容的书面协议。

集体合同与劳动合同有下述主要区别：(1) 当事人不同。劳动合同的当事人为单个劳动者和用人单位，集体合同的当事人为劳动者团体（即工会或由劳动者推举的代表）和用人单位或其团体。(2) 目的不同。订立劳动合同的主要目的是确立劳动关系；订立集体合同的主要目的是为确立劳动关系设定具体标准，即在其效力范围内规范劳动关系。(3) 内容不同。劳动合同以单个劳动者的权利和义务为内容，一般包括劳动关系的各个方面；集体合同以集体劳动关系中全体劳动者的共同权利和义务为内容，可能涉及劳动关系的各个方面，也可能只涉及劳动关系的某个方面（如工资合同等）。(4) 形式不同。劳动合同在不同国家，或为要式合同，或为非要式合同；集体合同一般为要式合同。(5) 效力不同。劳动合同对单个的用人单位和劳动者有法律效力；集体合同对签订合同的单个用人单位或用人单位团体所代表的全体用人单位，以及工会所代表的全体劳动者，都有法律效力。并且，集体合同的效力高于劳动合同的效力。此外，集体合同与劳动合同在签订程序和适用范围等方面也有所不同。

（二）集体合同的作用

集体合同制度之所以盛行于现代各国，并在劳动法体系中处于与劳动合同制度并重，甚至比劳动合同制度更为重要的地位，是因为其在保护劳动者利益、协调劳动关系和促进社会和谐共生方面，具有劳动法规和劳动合同所无法取代的功能与作用。

1. 集体合同可以弥补劳动立法的不足

这突出表现在：(1) 劳动法规定的关于劳动者利益的标准属于最低标准，按此标准对劳动者进行保护只是法律所要求的最低水平，而立法者并不希望对劳动者利益的保护只处于最低水平上，但对劳动者能否获得高于法定最低标准的利益，劳动立法却力不能及。集体合同可以对劳动者利益作出高于法定最低标准的约定，从而使对劳动者利益保护的水平高于法定最低标准。(2) 劳动法关于劳动者利益和劳动关系协调的规定，有许多是原则性规定，相对于现实生活中丰富复杂的劳动关系难免有所疏漏。集体合同可以在一定范围内就劳动者利益和劳动关系协调的共性问题作出约定，从而更具体地规范劳动关系，对劳动立法起补充作用。此外，从世界劳动法的发展来看，劳动立法与集体合同之间存在着此消彼长的态势，以何者为重完全取决于每个国家的历史传统和具体国情。

2. 集体合同可以弥补劳动合同的不足

这突出表现在：(1) 在签订劳动合同时，处于弱势地位的单个劳动者不足以同用人单位抗衡，难免违心地接受用人单位提出的不合理条款。由工会代表全体劳动者签订集体合同，可以改善劳动关系中的“资强劳弱”格局，利于双方平等协商，创建劳资合作的氛围，实现劳资和谐。(2) 劳动者之间因各自实力不同而在与用人单位相对时实际地位有差别，仅以劳动合同来确定劳动者的权利、义务，有的劳动者难免受到歧视，即不能平等地享有权利和承担义务（如同工不同酬等）。集体合同可以确保在一定范围内全体劳动者的权利和义务实现平等。(3) 劳动关系的内容包括工时、定额、工资、保险、福利、安全卫生等多个方面，若都由劳动合同具体规定，每个劳动合同的篇幅必将冗长。这不利于劳动关系的及时确立，也会增加劳动合同的缔结成本。集体合同对劳动关系的主要内容作出具体规定后，劳动合同只需就单个劳动者的特殊情况作出约定。这样就可以简化劳动合同内容，减少劳动合同签订的工作量。集体合同由此被视为劳动合同的“母合同”。

二、集体合同的立法沿革

集体合同是产业革命以后随着工人运动的发展（特别是工会的兴起）而产生和发展起来的。国家对集体合同的态度，经历了反对、承认与保护三个阶段。

20世纪初，资本主义各国先后开始了集体合同立法。1904年，新西兰颁布了世界上最早的集体合同法律；1907年，奥地利和荷兰也相继制定了有关集体合同的法律制度；1911年瑞士颁布的《债务法》中也有关于集体合同的规定。第一次世界大战以后，一些较有影响的单行集体合同法或劳动法典等基本法中的集体合同专章（篇）相继出现。德国1918年颁布了《劳动协约、劳动者及使用人委员会暨劳动争议调停令》，1921年颁布了《劳动协议法（草案）》。法国于1919年颁布了《劳动协约法》，后来又将其编入《劳动法典》。美国1935年的《国家劳工关系法》（《华格纳法》）也规定了有关集体合同的内容。第二次世界大战后，一些国家在制定和修订劳动法时，也对集体合同作了专门规定。

现代集体合同立法具有下述特点：（1）制定单项集体合同法，典型如德国的《集体合同法》（1949年颁布，1969年修订）；或在劳动法典等基本法中设置集体合同专章（篇），典型如波兰的《劳动法典》（1974年颁布，1994年修订），这是集体合同立法的主要形式。有些国家将这两种立法形式并用，如俄罗斯在1988年2月5日公布的《劳动法典》设专章“集体合同”（第二章），又在1992年3月11日通过了《集体合同和协议法》。从发展趋势看，单项集体合同法逐渐增多。（2）集体合同为许多国家宪法所确认，例如，在德国、日本、意大利、葡萄牙、菲律宾、委内瑞拉等国家的宪法中都有关于集体合同的规定。（3）集体合同法的内容日臻完善。一般都对集体合同的内容、形式、期限、效力、程序等作出规定，各国规定虽有差异，但其涉及的方面都有增多趋势。（4）集体合同立法已纳入国际劳工立法体系。1944年第二十六届国际劳工大会在《费城宣言》中提出了“切实承认集体谈判权利”的要求。国际劳工组织制定了若干项有关集体合同的公约和建议书，如1948年第87号《结社自由和组织权利保护公约》、1949年第98号《组织权与集体谈判权公约》、1951年第91号《集体协议建议书》、1971年第135号《工人代表公约》、1981年第154号《促进集体谈判公约》和第163号同名建议书。

在我国，1924年《工会条例》确认工人有组织工会的权利，工会有权与雇主或雇主组织缔结团体协约；1930年《团体协约法》是中国历史上第一部专门的集体合同法；1931年《中华苏维埃共和国劳动法》对集体合同的定义、内容、效力等问题作了明确规定，该法在1933年10月修订之后又将集体合同设为专章。新中国成立初期，《中国人民政治协商会议共同纲领》和《工会法》等立法对集体合同作了规定，关于集体合同的专项规章也得以制定。改革开放以后，在1983年《中国工会章程》、1986年《全民所有制工业企业职工代表大会条例》和1992年《工会法》中，都规定工会可以代表职工与企事业单位行政签订集体合同。《劳动法》将集体合同置于与劳动合同并列的地位，并对集体合同的内容、订立和效力作了原则性规定。1994年，劳动部制定了《集体合同规定》，就集体合同的签订、审查和争议处理作了较具体的规定。1995 年，全国总工会制定了《工会参加平等协商和签订集体合同试行办法》，就工会对集体合同运行各环节的参与规定了较具体的规则。1996 年，劳动部、全国总工会、国家经贸委和中国企业家协会发出《关于逐步实行集体协商和集体合同制度的通知》，提出“集体协商和集体合同制度是市场经济条件下协调劳动关系的有效机制。当前重点应在非国有企业和实行现代企业制度试点的企业进行”。2000 年，劳动和社会保障部颁布了《工资集体协商试行办法》。2004 年，劳动和社会保障部颁布经修改的《集体合同规定》。2006 年，劳动和社会保障部、中华全国总工会和中国企业联合会/中国企业家协会联合发布《关于开展区域性行业性集体协商工作的意见》。2007 年通过的《劳动合同法》于第五章“特别规定”中进一步完善了集体合同的法律规范。

三、集体合同的体制

（一）集体合同体制的模式选择

综观各国的集体合同，就其体制而言，可分为单一层次集体合同模式和多层次集体合同模式。在实行单一层次集体合同模式的国家，法律只允许存在一个层次的集体合同——基层集体合同，即由基层工会与用人单位签订的，只对本单位全体职工和单位行政具有法律效力的集体合同。目前实行这种模式的国家并不多。在实行多层次集体合同模式的国家，法律允许基层集体合同与若干宏观层次集体合同并存，后者即产业集体合同、职业集体合同、地方集体合同和全国集体合同，它们分别由产业工会与产业用人单位团体、职业工会组织与有关用人单位团体、地方性联合工会与联合用人单位团体、全国性联合工会与联合用人单位团体签订，各自对当事人双方所代表的全体劳动者和用人单位具有法律效力。现代西方国家大多实行这种模式，其中，在有的国家，如欧美各国，基层集体合同不多，大量的是宏观层次集体合同；在有些国家，如日本，大量的是基层集体合同，宏观层次集体合同则较少。近十年来，在欧洲（主要是斯堪的纳维亚半岛国家）出现了一个分散化过程，涉及全国劳动力市场的规定几乎完全由国家通过法律或政令作出，而不是由劳资双方通过集体谈判达成。雇主和工会之间的集体合同几乎只在行业或企业层面达成。

基层集体合同与宏观层次集体合同相比较，在保护劳动者权益和协调劳动关系方面，各有其优、缺点，能够互补。就单一层次集体合同模式和多层次集体合同模式而言，后者较为理想。

【理论探讨】

基层集体合同与宏观层次集体合同的优缺点

基层集体合同的优点主要是：(1) 能够从各个企业的实际情况出发，对劳动关系作出具体规定，因而可以适应各个企业的特殊需要，可以使劳动者权益获得更缜密的保护，可以使劳动合同内容更简化。(2) 因涉及范围较小，易于协商和达成一致，签订时发生争议也易于解决，即使发生罢工、闭厂等事件，对社会的震荡也相对较小。基层集体合同的缺点主要是：(1) 各个企业劳动关系双方的力量对比（尤其是工会实力强弱）不尽相同，因而，仅有基层集体合同，劳动者权益保护和劳动关系协调的状况难免出现宏观上的不平衡，在劳动者方和工会实力不强的企业，基层集体合同仍不足以使劳动者摆脱不利地位。(2) 基层集体合同需要劳动行政部门对各个企业集体谈判进行协调，并对各个企业的集体合同进行审查，因而管理工作量过大。

宏观层次集体合同的优点主要是：(1) 它能够在行业、职业、地方乃至全国范围内对劳动关系进行规范，便于实现劳动者权益保护和劳动关系协调的宏观平衡。(2) 它在许多国家的司法实践中，被视为劳动法的一种渊源，它对劳动者和用人单位的约束力不仅受到国家强制力的保障，而且受到全国性、地方性、行业性、职业性工会组织和用人单位团体的保障，因而具有准法规的效力。(3) 它数量少、覆盖面广，对于集体合同管理来说，成本低于基层集体合同，效率高于基层集体合同。宏观层次集体合同的缺点主要是：(1) 内容大多为纲领性、原则性或轮廓性条款，不易与各个企业的特殊需要相吻合。(2) 涉及面广，一旦发生争议，对社会的影响大，甚至有可能引起社会震荡。

（二）我国的集体合同分类

1. 基层集体合同和区域性、行业性集体合同

我国《劳动法》只规定了企业集体合同，之后，实践中在一些地方已有行业性集体合同和区域性集体合同。《劳动合同法》首次以法律形式规定了行业性集体合同和区域性集体合同，其第 53 条规定："在县级以下区域内，建筑业、采矿业、餐饮服务业等行业可以由工会与企业方面代表订立行业性集体合同，或者订立区域性集体合同。"第 54 条第 2 款中规定："行业性、区域性集体合同对当地本行业、本区域的用人单位和劳动者具有约束力。"

根据《劳动合同法》第 53 条和《关于开展区域性行业性集体协商工作的意见》（劳社部发[2006] 32 号）的规定，区域性、行业性集体合同的适用范围为：(1)"县级以下区域"包括县级及其以下区域。目前，行业性、区域性集体合同一般适用于小型企业或同行业企业比较集中的乡镇、街道、社区和工业园区（经济技术开发区、高新技术产业园区等），在具备条件的地区可以根据实际情况在县级区域开展行业性集体协商、签订集体合同。(2)"行业"以建筑业、采矿业、餐饮服务业等行业为主。因为这些行业的非公性质比较明显，且从业劳动者流动性较大，属于有必要开展行业性、区域性集体协商的领域。但并不局限于所列的行业，因为这是开放式列举规定。在行业特点明显的区域要重点推行行业性集体协商和集体合同工作。(3) 主要适用于非公有制企业。目前，开展行业性、区域性集体协商的主要是非公有制企业。因为这些企业大多规模较小，职工流动性较大，工会力量薄弱，职工合法权益受侵害的现象时有发生，劳动关系矛盾相对突出。

2. 专项集体合同和综合性集体合同

根据集体合同的内容不同，可分为综合性集体合同和专项集体合同。综合性集体合同的内容较为广泛，涉及劳动条件、劳动保护、劳动关系、争议处理等诸多问题。专项集体合同，是指用人单位与企业职工一方，就劳动安全卫生、女职工权益保护、工资调整机制等劳动关系中的某项内容，通过集体协商签订的专项书面协议。

《劳动合同法》第 52 条对专项集体合同的种类作了开放式列举，规定用人单位与企业职工一方，可以就劳动安全卫生、女职工权益保护、工资调整机制等劳动关系的某项内容，通过集

体协商签订专项书面协议。其中，工资专项集体合同应当每年订立一次；企业有女职工 25 人以上的，应订立女职工特殊保护专项集体合同；矿山、交通、化工、建筑等行业的企业应当订立劳动安全卫生专项集体合同。专项集体合同的优势是可以就专项问题作出具体、细化和可操作的规定，这对于保护某些特殊劳动者群体的合法权益，或者劳动者某一方面的合法权益，具有重要意义。

《工资集体协商试行办法》规定，企业依法开展工资集体协商，签订工资协议；已订立集体合同的，工资协议作为集体合同的附件，并与集体合同具有同等效力。据此，综合性集体合同与专项集体合同的关系在于：(1) 在形式上是主件与附件的关系，即专项集体合同是作为综合性集体合同的附件而存在的。(2) 在内容上是一般与特殊的关系，即专项集体合同与综合性集体合同相比，是就某一事项作出的特别而具体的规定。(3) 在适用范围上是整体与局部的关系，即综合性集体合同可以普遍适用于劳动关系的诸多事项，而专项集体合同仅适用于其所规定的特别事项。(4) 在作用上是互补的关系，即二者具有相同的效力，共同维护劳动关系的和谐、稳定，保障劳动者的权益。

四、集体合同的内容、形式和期限

(一) 集体合同的内容

关于集体合同的内容，有些国家在立法中详细规定其必要条款，如法国《劳动法典》将全国性集体合同应当包括的一般条款列举为 15 项，将特别条款列举为 8 项，并对其中有的项目列举了若干子项；有些国家在立法中只是简略地规定其必要条款，我国《劳动法》即如此；有些国家在立法中不作规定，完全由签约双方商定应规定哪些条款，如日本等。从发展趋势看，集体合同内容愈来愈广，凡在劳动关系中可能发生的问题，都可以纳入集体合同范围，甚至以往被认为是雇主特权的某些内容，如引进新技术、变更管理组织、生产计划等，也可以成为集体合同的内容。

我国《劳动法》和《劳动合同法》就集体合同的条款作了不完全的列举规定，《集体合同规定》则将集体合同的条款列举规定为 15 项，即：劳动报酬，工作时间，休息休假，劳动安全与卫生，补充保险和福利，女职工和未成年工特殊保护，职业技能培训，劳动合同管理，奖惩，裁员，集体合同期限，变更、解除、终止集体合同的程序，履行集体合同发生争议时的协商处理办法，违反集体合同的责任，双方认为应当协商的其他内容；并且还对上述各种条款所包括的要目作了具体规定。

一般认为，完整的集体合同内容，应当由下述几类条款构成：

(1) 标准性条款。它所规定的是关于单个劳动关系内容的标准，即单个劳动关系当事人双方的权利和义务的标准，如劳动报酬、工作时间、劳动定额、休息休假、保险福利、劳动安全卫生等方面的标准。它应当作为劳动者和用人单位据以确定劳动合同内容的基础，也可直接成为劳动合同内容的组成部分。它直接来源于或依据法规或政策，在集体合同的整个有效期间持续有效。它在集体合同内容构成中，居于最重要的地位。

(2) 目标性条款。它所规定的是在集体合同有效期内应当达到的具体目标和实现该目标的主要措施，通常适用于基层集体合同。这种目标一般不能成为劳动合同的内容，仅作为签约方的义务而存在。这种目标的实现，有的是用人单位的义务，有的是工会或全体职工的义务，有的是双方的共同义务。这种义务在合同有效期内，随着设定目标的实现而终止。关于这种条款的内容，在实践中一致认为可以规定诸如建成某项劳动保护工程、增设某项生活福利设施之类的劳动者利益目标，但对于可否规定生产经营目标，如产值、产量、营业额成本、利润等目标，争议较大。

（3）劳动关系运行规则条款。它所规定的是关于单个劳动关系和集体合同如何运行的规则。其中，单个劳动关系运行规则主要是职工录用规则、劳动合同续订和变更规则、辞退辞职规则等；集体合同运行规则主要是集体合同的期限，以及关于集体合同的履行、解释、续订、变更、解除、违约责任、争议处理等方面的规则。在立法不完备的情况下，这类条款更为必要。

为了使集体合同内容的构成完整化和规范化，有必要推行集体合同示范文本制度，即由集体合同管理机构会同工会和用人单位团体或有关经济管理部门，拟定各种类型的集体合同示范文本，由签约人协商集体合同内容时参考。

（二）集体合同的形式

各国对于集体合同的形式都由法律明确规定。一般而言，集体合同为要式合同，必须采用书面形式。我国《集体合同规定》明确要求集体合同应当采用书面形式，口头形式的集体合同不具有法律效力。

（三）集体合同的期限

集体合同按照期限的不同，可分为定期集体合同、不定期集体合同和以完成一定项目为期限的集体合同。集体合同的期限应当适当，太短不利于劳动关系的稳定，太长不利于劳动者利益的保护，难以保证劳动者群体正常分享社会发展成果和雇主的经济利润。各国一般采用定期集体合同，并在立法中限制其最短期限（通常规定为1年）和最长期限（通常规定为3年至5年）。也有些国家采用不定期集体合同，立法中只规定其生效时间而不规定其终止时间，如法国、日本等，这种集体合同可以随时由当事人提前一定期限通知对方终止。还有少数国家采用以完成一定项目为期限的集体合同，如利比亚等，当这种集体合同约定的工作（工程）未能在法定最长期限内完成时，一般将法定最长期限视为该集体合同的有效期限。

我国2004年《集体合同规定》只就定期集体合同作了规定，期限为1年～3年；在合同约定的期限内，双方代表可对合同履行情况进行检查，每年可对合同进行修订。

第二节　集体合同的订立

一、集体合同订立的主体和原则

集体合同订立的主体，又称集体合同签约人，即分别代表集体合同当事人签订集体合同的主体，包括劳动者方签约人和用人单位方签约人。集体合同订立主体问题的实质是确认参加集体谈判的代表资格。一般而言，对用人单位方参与谈判的代表资格的确认较为容易，而对劳动者方参与谈判的代表资格的确认则相对复杂。

劳动者方签约人，一般为具有集体合同当事人资格的工会组织的机关。在工会组织体系采用一元化模式的国家，各级工会组织依法成立即具有集体合同当事人资格。在工会组织体系采用多元化模式的国家，各级工会组织只有当其会员数额在一定范围内占劳动者总数的比例达到法定标准（一般不少于半数）时，才有资格作为该范围内全体劳动者的代表而成为集体合同当事人。有的国家还规定，工会组织的集体合同当事人资格，必须经政府以法定方式（如发给证明书）予以确认。只有具有集体合同当事人资格的工会组织，其机关（即工会委员会）才有资格成为集体合同签约人，其签约权限的确定，有的基于工会法，有的基于工会章程，有的基于工会会员大会或会员代表大会的决议。我国《劳动合同法》第 53 条只赋予县级以下区域工会和基层工会组织以集体合同签约人资格。此外，对于没有建立工会的企业，允许由职工推举的代表充当集体合同签约人。

用人单位方签约人，一般为用人单位团体的机关和用人单位的单位行政（法定代表人）。用人单位团体的机关有资格与对应等级的工会组织的机关签订集体合同，单位行政或企业主一般只有与基层工会组织的机关签订集体合同的资格，但有些大型联合企业的行政方也有同产业或职业工会组织的机关签订集体合同的资格。用人单位团体的机关的签约权限一般由本团体章程规定，特殊情况下也可由本团体成员大会或成员代表大会的决议确定。依我国现行立法，与工会相对的集体合同当事人只限于用人单位，因而单位行政（法定代表人）才是集体合同签约人。劳动部 1996 年《关于加强集体合同审核管理工作的通知》规定，具备企业法人资格、跨省市的大型企业或集团公司的法定代表人可以委托下属下一级企业或子公司的负责人与工会签订集体合同，但只能委托一级，不得层层委托。

区域性和行业性集体合同的签约人与当事人，从劳动者一方而言，其当事人为区域性工会组织或行业工会组织，签约人为区域性工会组织或行业工会组织选派的代表，首席代表由工会主席担任；企业方的当事人为区域内的企业联合会/企业家协会或其他企业组织，签约人由区域内的企业联合会/企业家协会或其他企业组织、行业协会选派，也可以由上级企业联合会/企业家协会组织区域内的企业主经民主推选或授权委托等方式产生，首席代表由企业方代表民主推选产生。集体协商双方的代表人数应当对等，一般每方 3 人～10 人。双方首席代表可以书面委托专家、学者、律师等专业人员作为本方的协商代表，但委托人数不得超过本方代表的 1/3。

依照《劳动合同法》和《集体合同规定》等相关规定，我国集体合同的订立应遵循的原则包括：(1) 合法原则；(2) 平等合作原则；(3) 协商一致原则；(4) 兼顾国家、企业和职工利益原则；(5) 维护公共秩序原则。

我国的集体合同制度适用于我国境内的各类企业，以及实行企业化管理的事业单位。换言之，除了企业和实行企业化管理的事业单位以外，我国国家机关、事业单位、社会团体和民办非企业单位均不适用集体合同制度。这种规定的合理性是值得商榷的。因为从劳动权利平等的角度出发，根据国际通行做法，除了公务员不允许实行集体谈判以外，其他的劳动者都有权组织和参加工会，进行集体谈判。而且，英国、德国等工业化国家的公务员也享有集体谈判权。

二、集体合同的签订程序

集体合同签订程序可分为签约程序、政府确认程序和公布程序。签约程序，即签约双方就集体合同的内容协商一致，形成集体合同书的程序。

（一）集体合同的签约程序

1. 签约程序的模式比较

按照合意过程中是否含有集体谈判，集体合同签约程序可分为谈判型和非谈判型。

集体谈判，又称集体协商，是签约方双方代表为签订集体合同进行商谈的法律行为。谈判型签约程序有下述主要环节：(1) 谈判准备。双方签约人为举行集体谈判进行各项准备工作，其中主要包括确定谈判代表，拟订谈判方案，预约谈判内容、日期和地点，指定谈判记录员，等等。在有的国家（如美国），谈判准备工作中还包括对工会或雇主组织的谈判资格的承认。(2) 谈判举行。在谈判中，可能出现几种情形：一种是双方相互让步，顺利达成协议；另一种是双方相互讨价还价，谈判陷入僵局，后经协商或调解达成协议；还有一种是谈判陷入僵局并调解失败，导致谈判破裂甚至罢工或闭厂，后来又在政府干预下继续谈判，最终达成协议。无论哪种情形，在就集体合同的内容达成协议后，都应制作集体合同书，由双方首席代表签字，并加盖签约人公章。

非谈判型签约程序的主要环节有：(1) 起草，由单位行政和工会各派代表若干人组成起草小组，拟出集体合同草案；(2) 讨论，由工会组织全体职工讨论集体合同草案，并将讨论中的意见汇交起草小组；(3) 审议，起草小组根据职工讨论中提出的意见对集体合同草案进行修改后，提交职工代表会或职工大会审议通过；(4) 签字，工会主席和用人单位法定代表人在经审议通过的集体合同文本中签字。

在我国关于集体合同签约程序的立法中，《劳动法》所规定的基本上属于非谈判型签约程序，1994 年《集体合同规定》所规定的则属于谈判型签约程序。这两种类型的共同点在于，签约程序都由劳动关系当事人双方代表参加，集体合同都必须由工会主席和企业法定代表人签署。但二者有下述主要区别：(1) 非谈判型应成立由工会和企业行政双方代表组成的合同起草小组；谈判型无须如此。(2) 非谈判型中，起草小组内就拟订合同草案进行的协商不具有谈判性质，往往是先拟草案后协商修改；谈判型中，在经谈判达成一致意见后才形成合同草案。(3) 非谈判型中，合同草案须经职工代表会或全体职工讨论通过后才由双方签字；谈判型中，谈判达成一致就由双方签字。

关于我国立法应如何确定签约程序的模式，有两种主张：(1) 两种类型并存。由于谈判型和非谈判型签约程序各自所需客观条件不尽相同，而各个企业所具备的客观条件又千差万别，所以，对基层集体合同的签约程序应当允许两种类型并存，由签约双方从本企业实际情况出发，通过协商来选择何种签约类型。至于宏观层次的集体合同，国外的实践表明，以适用谈判型签约程序为宜。(2) 两种类型合并。将谈判型和非谈判型签约程序中的若干环节组合成一套签约程序，也就是形成一套由谈判准备、谈判举行、职工代表会（职工大会）审议通过和双方代表签署环节依次衔接的签约程序。

上述两种主张各有利弊。两种类型合并的模式虽然可以对签约进行统一规范，但有两点缺陷：(1) 经过艰难且较长时间的谈判所形成的集体合同草案，如果在职工代表会（职工大会）上未能获得通过，就要再次举行谈判，使本来通过谈判得以协调的矛盾又重新产生，并且使签约程序拖延时间。(2) 在谈判中本已经过平等协商所形成的集体合同草案，再交职工方明显占优势的职工代表会（职工大会）审议通过，有悖于平等协商的精神。我国 2001 年《工会法》和 2004 年《集体合同规定》采取的是两种类型合并的模式。

2. 签约程序的主要环节

我国用人单位与本单位职工签订集体合同，应当采取集体协商的方式，并且，集体协商主要采取协商会议的形式。签约程序主要有下述环节：

第一步，确定集体协商代表。集体协商代表是指按照法定程序产生并有权代表本方利益进行集体协商的人员。双方的代表人数应当对等，每方至少 3 人，并各确定 1 名首席代表。首席代表可以书面委托本单位以外的专业人员作为本方协商代表，委托人数不得超过本方代表的 1/3。首席代表不得由非本单位人员代理。用人单位方代表不得与职工方代表相互兼任。职工方代表由本单位工会选派，未建立工会的，由本单位职工民主推荐，并经本单位半数以上职工同意。职工方代表由工会更换，未建立工会的，经本单位半数以上职工同意也可以更换。用人单位方代表由单位法定代表人指派，首席代表由单位法定代表人担任或由其书面委托的其他管理人员担任。单位法定代表人可以更换用人单位方代表。

代表应履行下列职责：(1) 参加集体协商；(2) 接受本方人员质询，及时向本方人员公布协商情况并征求意见；(3) 提供与集体协商有关的情况和资料；(4) 代表本方参加集体协商争议的处理；(5) 监督集体合同的履行；(6) 法律、法规和规章规定的其他职责。代表履行职责的期限由被代表方确定。

第二步，集体协商。协商任何一方均可就签订集体合同以及相关事宜，以书面形式向对方提出进行协商的要求。一方提出该要求的，另一方应当在收到该要求之日起 20 日内以书面形式回应，无正当理由不得拒绝进行协商。

代表在协商前应进行下列准备工作：(1) 熟悉与协商内容有关的法律、法规、规章和制度；(2) 了解与协商内容有关的情况和资料，收集用人单位和职工对协商意向所持的意见；(3) 拟定协商议题，该议题可由提出协商一方起草，也可由双方派代表共同起草；(4) 确定协商的时间、地点等事项，共同确定一名非协商代表担任协商记录员。

协商会议由双方首席代表轮流主持，并按下列程序进行：(1) 宣布议程和会议纪律；(2) 一方首席代表提出协商的具体内容和要求，另一方首席代表作出回应；(3) 双方就商谈事项发表各自的意见，展开充分讨论；(4) 双方首席代表归纳意见。达成一致的，应当形成集体合同草案，由双方首席代表签字。未达成一致意见或出现事先未预料的问题时，经双方协商，可以中止协商，中止期限及下次协商时间、地点、内容由双方商定。

第三步，职工代表会讨论通过。经双方代表协商一致的集体合同草案应提交职工代表会或全体职工讨论。职工代表会和全体职工讨论草案，应当有 2/3 以上职工代表或职工出席，且需经全体职工代表或职工半数以上同意，草案方获通过。草案通过后，由集体协商双方首席代表签字。

在签约程序中，政府介入和上级工会参与对于实现顺利签约和保障社会安定都具有重要意义。签约程序中的政府介入，是指政府或其劳动行政部门直接参与签约程序，对签约双方进行协调，促使其达成协议。签约程序中的上级工会参与，是指上级工会以指导、帮助、协调、监督等方式参与下级工会与相对用人单位或其团体的签约程序，以维护劳动者的合法权益。在我国现阶段，各企业的工会组织状况不平衡，缺少签订集体合同的经验，因此，《工会参加平等协商和签订集体合同试行办法》规定：上级工会对企业工会与企业进行平等协商和签订集体合同负有帮助、指导和监督检查的责任；根据企业工会的要求，可以派工作人员作为顾问参与平等协商，帮助企业工会签订集体合同；在审查集体合同时如发现问题，应当及时通知企业工会，并协同同级劳动行政部门协调解决；对尚未建立工会的企业，应当帮助、指导职工与企业签订集体合同；对签订集体合同过程中出现的争议，应当参与处理。

（二）集体合同订立的政府确认程序

许多国家规定，集体合同由双方签约人签订后，须经政府有关部门依法确认，方能生效。其目的在于通过政府确认来监督和指导集体合同的订立，尤其是确保集体合同内容的公平、合法、完备和可行。政府确认的方式为登记、备案、审查或批准。

我国 2004 年《集体合同规定》等实行集体合同审查制度，并作出下述规定：

1. 审查机构及管辖范围

县级以上劳动行政部门的劳动合同管理机构负责对集体合同进行审查。地方各类企业和不跨省的中央直属企业集体合同报送的管辖范围，由省级劳动行政部门确定；全国性集团公司、行业性公司以及跨省企业的集体合同报送国务院劳动行政部门或其指定的省级劳动行政部门。

2. 报送期限和材料

集体合同签订后，应当在 7 日内将集体合同文本一式三份及说明材料报送劳动行政部门。说明材料应当包括：企业的所有制性质、职工人数、企业法人营业执照复印件和工会社团法人证明材料；双方首席代表、谈判代表或委托人的身份证复印件、授权委托书；职工方谈判代表的劳动合同书复印件；谈判情况及集体合同条款征求职工意见的记录；职工代表会（职工大会）审议通过集体合同草案的决议；集体合同条款的说明。

3. 审查内容和程序

集体合同审查的内容，包括三个方面：(1) 资格审查，主要是审查合同的签约人资格、谈判代表资格等。(2) 程序审查，主要是审查签约程序的各个环节是否齐备和合法。(3) 内容审查，主要是审查合同条款是否符合法规、政策，是否公平。

审查程序包括以下主要环节：(1) 收到报送的集体合同文本及有关材料后，进行编号、登记并及时告知报送单位收到时间。(2) 对代表资格、签约程序等进行初审。(3) 将初审合格后的集体合同分送劳动行动部门内有关机构，对有关条款进行专审，经该机构主管负责人签字后收回专审意见。审查中出现较大分歧或遇到其他重大问题时，应当由劳动行政部门负责人或委托集体合同管理机构负责人主持召开由有关机构负责人共同参加的联席会议，对有关条款进行研究，提出审查意见，报主管领导签字。(4) 综合各方面意见制作“集体合同审查意见书”，并在法定期限内送达签约双方代表。该意见书中应当载明经确认的合同有效条款、无效条款及其原因。对合同中无效或部分无效的条款，可提出修改建议以供签约双方参考，但不应直接在合同书上进行修改或强求签约双方按审查意见修改或执行。(5) 综合各方面意见制作“集体合同审查意见书”，并于法定期限内送达签约双方代表。(6) 签约双方在收到“集体合同审查意见书”后，对其中无效或部分无效的条款应进行修改，并于 15 日内报送劳动行政部门重新审查。(7) 将审查后的集体合同书、企业报送的材料、审查意见书（复印件）一并存档，并将经审查有效的集体合同报上级劳动行政部门备案。

4. 审查期限和生效日期

劳动行政部门应当在收到集体合同书后 15 日内将审查意见书送达；集体合同生效日期为审查意见书确认的生效日期；如果收到集体合同书后在 15 日内未提出异议的，自第十六日起集体合同自行生效。

（三）集体合同的公布程序

对于经政府确认生效或依法自行生效的集体合同，签约双方应及时以适当方式向各自代表的全体成员公布。

（四）区域性、行业性集体合同订立程序的特别规则

2004 年《集体合同规定》规定的集体合同订立程序主要是针对基层集体合同设置的，区域性、行业性集体合同的订立程序与基层集体合同的订立程序略有差别。《关于开展区域性行业性集体协商工作的意见》规定，订立区域性、行业性集体合同一般应按照以下程序进行：(1) 一方协商代表应以书面形式向另一方提出协商要求，另一方应以书面形式回应。(2) 双方协商代表在分别广泛征求职工和企业方意见的基础上，拟订集体协商议题。(3) 召开集体协商会议，在协商一致的基础上形成集体合同草案。(4) 集体合同草案要经区域职工代表大会或区域内企业的职工代表大会或职工大会审议通过，并经区域内企业主签字（或盖公章）确认后，由集体协商双方首席代表签字。(5) 企业方协商代表将集体合同报送当地劳动行政部门审查备案。企业方代表向劳动行政部门报送集体合同草案时，除报送劳动部《关于加强集体合同审核管理工作的通知》（劳部发［1996］360 号）中规定的材料外，还需报送企业主对集体合同的签字确认件以及职工代表大会或职工大会审议通过的文件。(6) 劳动行政部门在收到文本之日起 15 日内未提出异议的，集体合同即行生效。(7) 区域性、行业性集体合同生效后，由企业方代表采取适当方式及时向全体职工公布。

第三节 集体合同的履行、变更、解除和终止

一、集体合同的履行

集体合同的履行是指集体合同的缔约双方按照约定完成各自的义务。履行集体合同，对于集体合同的当事人和关系人来说，既是约定义务，也是法定义务。在集体合同立法中，一般

对集体合同的履行有明确规定，有的还特别强调用人单位对集体合同的履行。法国《劳动法典》的集体劳动协议篇中设置了“协议的执行”专章，规定：受集体劳动协议约束的受雇者或雇主团体，应该避免做任何可能有害于忠实执行协议的事情；只要协议本身已作专门说明，他们都应负责执行该协议。《卢旺达劳工法》除了作出与上述类似的规定外，为了保证集体合同履行，还特别要求有集体契约或与企业集体协定有关联的资方应采取适当措施，使有关劳动者了解要在企业中执行的契约或协定的内容。

集体合同的履行，应当坚持实际履行、适当履行和协作履行的原则。其内容与劳动合同的履行原则相似，此处不再赘述。

在集体合同履行过程中，应针对不同的合同条款采用不同的履行方法。其中，标准性条款的履行，主要是在集体合同有效期内始终按集体合同规定的各项标准签订和履行劳动合同，确保劳动者利益的实现不低于集体合同所规定的标准；目标性条款的履行，着重在将集体合同所列各项目标具体落实在企业计划和工会工作计划之中，并采取措施实施计划。对于内容不够明确的条款，凡国家的法规、政策、劳动标准中有明确规定的，应按这些规定执行；凡国家无明确规定的，应当由当事人双方、关系人双方或当事人与关系人依法重新协商，按新商定的要求履行。

对集体合同履行的监督是非常必要的。在西方国家，作为职工参与形式之一的企业（职工）委员会，就负有从内部监督集体合同履行的职责。美国还依据《全国劳资关系法》成立了联邦调解与调停委员会，从外部监督集体合同履行：若出现履行不当，该机构可根据申请介入，也可直接对不当履行方进行督促；若出现履行争议，该机构可督促双方用仲裁方式解决争议。在我国，企业工会、企业职工代表会及其职工代表、签约双方代表以及劳动行政部门、企业主管部门、地方和产业工会等，都应当对集体合同的履行实行监督。就企业工会和职工代表会对集体合同履行的内部监督，《工会参加平等协商和签订集体合同试行办法》规定：（1）企业工会应当定期组织有关人员对集体合同的履行情况进行监督检查，发现问题后，及时与企业协商解决；（2）企业工会可以与企业协商建立集体合同履行的联合监督检查制度，定期或不定期对履行集体合同的情况进行监督检查；（3）工会小组和车间工会应当及时向企业工会报告本班组和车间履行集体合同的情况；（4）职工代表会有权对集体合同履行实行民主监督，企业工会应当定期向职工代表会或全体职工通报集体合同履行情况，组织职工代表对集体合同履行地进行监督检查。至于外部监督，《关于逐步实行集体协商和集体合同制度的通知》第 9 条中规定：“劳动行政部门、上级工会组织、经贸部门和企业家协会应加强对集体合同履行的监督，发现问题，及时协调处理。”

二、集体合同的变更和解除

（一）集体合同的变更和解除的条件

集体合同的变更，是指集体合同没有履行或没有完全履行之前，因订立集体合同所依据的主、客观条件发生了变化，当事人依照法律规定的条件和程序，对原合同中某些内容进行修改。集体合同的解除，则是指集体合同没有履行或没有完全履行之前，因订立集体合同所依据的主、客观条件发生了变化，合同履行成为不可能或不必要，当事人依照法律规定的条件和程序，终止原集体合同。

根据《集体合同规定》的规定，集体合同或专项集体合同既可因双方协商代表协商一致而变更或解除，也因具备法定条件而变更或解除。《集体合同规定》第40条规定，有下列情形之一的，可以变更或解除集体合同或专项集体合同：（1）用人单位因被兼并、解散、破产等原因，致使集体合同或专项集体合同无法履行的；（2）因不可抗力等原因致使集体合同或专项集体合同无法履行或部分无法履行的；（3）集体合同或专项集体合同约定的变更或解除条件出现的；（4）法律、法规、规章规定的其他形式。

（二）集体合同的变更和解除的程序

1. 双方协议变更或解除集体合同的程序

双方协议变更或解除集体合同的，其程序与集体合同的订立程序基本相同。

（1）一方提出建议，向对方说明需要变更的条款、变更或解除集体合同的理由等。一方提出变更或解除集体合同的建议后，另一方必须在集体合同或有关法律规定的期限内作出答复。

（2）双方协议。如果一方提出变更或解除集体合同的建议后，另一方也有相同的愿望，双方可以就变更或解除集体合同的具体内容和条件等进行协商谈判，在此基础上达成一致性的书面协议。

（3）协议书应提交职工（代表）大会讨论通过，并报送劳动行政部门，经审查确认后，协议即告成立，原合同或原合同的有关条款即行终止。

2. 单方变更或解除集体合同的程序

在一般情况下，当事人一方单方面变更或解除集体合同是不允许的，但在符合变更或解除集体合同的法定条件的特殊情况下，如在企业破产、发生不可抗力事件等条件下，允许当事人一方单方面变更或解除集体合同。享有单方变更或解除集体合同权的一方，可直接行使其权利，但也必须分别不同情况履行下列手续：（1）企业破产的，应提供人民法院宣告企业破产的裁定书副本。（2）当事人因不可抗力事件发生而需要变更或解除集体合同时，应提供有关证明。（3）因对方违约，集体合同的履行成为不必要，无过错一方要求变更或解除合同，应及时通知对方，并向劳动行政部门提出申请。

单方变更或解除集体合同的当事人，在行使权利的过程中与对方发生争议的，可提请劳动争议仲裁委员会仲裁或人民法院判决。

三、集体合同的终止

集体合同的终止，包括下述几种情形：（1）因有效期届满而终止。集体合同在约定期限届满时，除依法延期者外，应当终止；依法延期者在所延长期限届满时，也应当终止。（2）因目的实现而终止。集体合同所规定的义务完全获得履行，表明其目的已实现，就应当终止。例如，以完成一定工作（工程）为期限的集体合同，在约定的工作（工程）完成时，即行终止。

第四节 集体合同的效力

一、集体合同的效力范围

（一）对人效力

对人效力是指集体合同对什么人具有约束力。一般认为，受集体合同约束的人包括集体合同的当事人（当事团体）和关系人。前者指订立集体合同并且受集体合同约束的主体，即工会组织和用人单位或其团体；后者指无权订立集体合同，却直接由集体合同获得利益并且受集体合同约束的主体，即工会组织所代表的劳动者和用人单位团体所代表的各个用人单位。我国《劳动法》第 35 条第一句规定："依法签订的集体合同对企业和企业全体职工具有约束力。"《劳动合同法》第 54 条第 2 款中规定："依法订立的集体合同对用人单位和劳动者具有约束力。"

【理论探讨】

集体合同关系人的范围

关于集体合同关系人的范围，国外的立法和法理表明：（1）劳动者是否为集体合同关系人，一般以其所在单位是否受集体合同约束为限；但除集体合同另有规定外，不以其在订立合同当时是否为受合同约束的用人单位的职工为限，也不论其是否是工会会员。（2）作为集体合同关系人的用人单位，除集体合同另有规定外，包括在用人单位团体订立集体合同后加入该团体者和失去该团体成员资格者。（3）作为当事团体成员的劳动者或用人单位，即使反对订立集体合同，也属于集体合同关系人。（4）当事团体被依法解散后，在集体合同存续期间，作为前当事团体成员的劳动者或用人单位，仍然应受集体合同约束。（5）当某一用人单位的营业依法移转给另一用人单位后，如果前一用人单位及其劳动者的劳动合同也随之移转，在对该劳动合同有约束力的集体合同的存续期间，后一用人单位和劳动者也受该集体合同约束。上述内容，值得我国立法借鉴。

（二）时间效力

时间效力是指集体合同在多长的时间内具有约束力。它一般由集体合同依法自行规定，在有的情况下由法律规定。其表现形式有三种类型：（1）当期效力，即集体合同在其存续期间内具有约束力。其生效时间，有的国家规定为集体合同经审查合格之日或依法推定审查合格之日，有的国家则规定为双方在合同上签字盖章之日。其失效时间，一般为定期集体合同的约定期满或依法解除之日，其他集体合同的约定或法定终止条件具备之日。（2）溯及效力，即集体合同可追溯到对其成立前已签订的劳动合同发生效力。集体合同一般不具有溯及效力，但某些国家规定，当事人如有特别理由，并经集体合同管理机关认可，允许集体合同有溯及效力。（3）余后效力，即集体合同终止后对依其订立并仍然存续的劳动合同还有约束力。为了避免在时间效力上出现脱节现象，有的国家规定，集体合同终止后，在代替它的新集体合同生效前仍然有效；如未订立有效的新集体合同，允许终止后1年内继续有效。前述三种时间效力形式中，当期效力是无条件的，溯及效力和余后效力都只限于一定条件；溯及效力与余后效力有冲突时，将新、旧集体合同比较，哪个对劳动者更有利，哪个就有约束力。我国立法可考虑作这样的规定。

（三）空间效力

空间效力主要指集体合同在哪些地域、产业（职业）发生效力。全国或地方集体合同分别在全国或特定行政区域范围内有效；产业集体合同对特定产业的用人单位及其职工有效；职业集体合同对从事特定职业的职工及其用人单位有效。《劳动合同法》第54条第2款规定："行业性、区域性集体合同对当地本行业、本区域的用人单位和劳动者具有约束力。"

【理论探讨】

集体合同竞合

在空间效力方面，难免发生集体合同竞合问题，即两个以上集体合同可适用于同一劳动关系而又内容相异时，应优先适用哪个集体合同的问题。解决此问题的方法主要有：(1) 如效力发生在前的集体合同对集体合同竞合时应优先适用哪个集体合同作了特别规定，就依其规定；若无此规定，就依其他规则确定。(2) 优先适用最适合该劳动关系特点的集体合同。例如，在产业（职业）集体合同和地方集体合同之间优先适用前者，在产业集体合同和职业集体合同之间优先适用后者。(3) 优先适用更具有普遍性的集体合同。例如，在全国集体合同和产业（职业）集体合同、地方集体合同之间优先适用前者，而产业（职业）集体合同和地方集体合同又优先于某一家企业的集体合同。(4) 优先适用更有利于劳动者的集体合同，即哪个集体合同对劳动者利益规定的标准更高就适用哪个集体合同。上述第一种方法一般应规定为第一顺序并普遍适用的方法，而其他方法一般应规定为第二顺序并能分别适用于特定范围的方法。我国在实行多层次集体合同模式以后，立法时应当考虑规定上述方法。

二、集体合同的效力形式

（一）准法规效力

准法规效力又称规范效力或物权效力，是指集体合同的标准性条款和单个劳动关系运行规则条款对其关系人（单个劳动关系当事人）具有相当于法律规范的效力。其特点在于：(1) 这种条款不论其关系人同意与否，直接确定其关系人之间相互的权利、义务；(2) 对于这种条款赋予劳动者的权益劳动者无权放弃，即劳动者在劳动合同中和劳动关系存续期间放弃这种条款所给予之权益的意思表示应为无效；(3) 这种条款因意思表示有瑕疵而被撤销时，只发生向后效力，而无溯及效力；(4) 这种条款从生效之日起对其生效前已确立并仍然存续的劳动关系，也有约束力。

标准性条款的准法规效力，表现为直接支配其关系人的劳动合同内容。具体形式有两种：

（1）不可贬低性效力，即集体合同所规定的标准在其效力范围内是劳动者利益的最低标准，劳动合同关于劳动者利益的规定，可以高于但不得低于这些标准，若低于此标准就由集体合同的规定取而代之。（2）补充性效力，即集体合同所规定的标准在一定条件下可以成为劳动合同内容的补充。申言之，在集体合同有规定而劳动合同未作规定或虽有规定却被确认为无效，或集体合同有明确规定而劳动合同的规定不明确的情况下，集体合同的规定就当然视为劳动合同内容的补充。

单个劳动关系运行规则条款的准法规效力，表现为直接支配其关系人在单个劳动关系运行过程中的具体行为，亦即劳动合同的订立、续订、履行、变更和终止，用人单位劳动规章制度的制定和实施，以及劳动组织、职工参与等行为。凡是在这种条款中有规定的，都要受这种条款的约束。

（二）债权效力

债权效力又称债法效力，是指集体合同的目标性条款和集体合同运行规则条款对其当事人具有设定债务的效力。其特点在于：（1）这种债务的设定者和承担者都是集体合同当事人。集体合同当事人通过合意为自己设定债务，债务的内容和范围均由集体合同约定；集体合同当事人在约定之外不承担债务，经协调一致也可变更集体合同所约定的债务，但以不影响集体合同之存在为限。（2）这种债务既是集体合同当事人双方各自向对方承担的义务，也是向对方当事人所代表的关系人承担的义务。这种债务的履行如果涉及对方关系人的个体利益，或者既涉及对方关系人的个体利益，又涉及对方全体或大部分关系人的共同利益，那么，该关系人和对方当事人都有债务履行请求权；如不涉及对方关系人的个体利益，债务履行请求权就应当只由对方当事人行使。

集体合同对其当事人所设定的债务，主要是遵守集体合同运行规则、保持劳动和平（即不使用罢工、闭厂等过激手段）、敦促其成员遵守集体合同、实现集体合同约定目标的义务。当事人不履行或不完全履行这些义务的，应承担相应的违约责任。

（三）组织效力

组织效力又称组织法效力，是指集体合同的某些条款对其关系人具有设定组织法义务的效力。其特点在于：（1）这种义务是集体合同关系人作为团体成员对其所属团体的义务，或者说是团体内部义务而非团体外部义务。（2）这种义务是由集体合同而非团体规章直接设定的义务，也就是说，集体合同关系人是由于集体合同的存在才对其所属团体承担此义务。（3）这种义务是以集体合同关系人所属团体的组织法和团体规章为依据的义务，也就是说，它虽然不由所属团体的组织法和团体规章直接设定，但以其组织法和团体规章所确定的组织关系为依据。

集体合同关系人之所以对其所属团体承担这种义务，是因为：（1）集体合同关系人由于其所属团体向对方当事人负有集体合同所约定的义务，才对其所属团体负有这种义务。例如，集体合同当事人双方彼此向对方负有保持劳动和平的义务，因而，集体合同关系人对其所属团体也就负有不实施过激行为并就此接受监督的义务。（2）集体合同关系人为维护其所属团体的利益，才对其所属团体负有这种义务。例如，集体合同当事团体在集体合同中为其成员约定应作为劳动合同内容标准的条款，由于集体合同关系人是否遵守这种条款对其所属的集体合同当事团体的履约信用有利害关系，集体合同当事团体就有权要求其成员遵守这种条款，所以，遵守这种条款是集体合同关系人对其所属团体承担的义务。

三、集体合同与劳动基准、劳动合同的效力关系

国家通过劳动基准法规定的用人单位应提供给劳动者的最低劳动条件，对劳动者维持其基本生活或保障其生命健康至关重要，故劳动基准是用人单位必须遵守的强行性规范。《劳动合同法》第55条前半句规定，“集体合同中劳动报酬和劳动条件等标准不得低于当地人民政府规定的最低标准”。由于当地政府规定的劳动者利益最低标准不得低于其以上层次规范性文件规定的劳动基准，对此规定还应理解为，集体合同约定的劳动者利益标准，在当地政府没有规定相应的最低标准时，不得低于其以上层次规范性文件所规定的最低标准。可见，劳动基准对集体合同有“保底”的效力，集体合同约定的劳动者利益若低于劳动基准，就无效，并由劳动基准替代。

集体合同的效力高于劳动合同的效力，即集体合同具有支配其所覆盖的劳动者的劳动合同内容的效力。二者的效力关系表现为：(1) 劳动合同关于劳动者利益的规定不得低于集体合同规定的标准，低于集体合同规定标准的，无效。《劳动合同法》第55条后半句规定，“用人单位与劳动者订立的劳动合同中劳动报酬和劳动条件等标准不得低于集体合同规定的标准”。(2) 集体合同可补充劳动合同的内容。集体合同有规定而劳动合同未就相关部分内容作规定或虽作规定却被认定无效，或者集体合同有明确、具体规定而劳动合同规定不明确、不具体，集体合同的相关内容可自动成为劳动合同的组成部分。也就是说，集体合同约定的劳动条件对劳动合同的内容有“保底”的效力，在一定条件下还可转化为劳动合同的内容。先于集体合同订立的劳动合同，其约定的劳动者利益若低于集体合同规定的标准，应根据集体合同作出相应调整，否则以集体合同的规定为准。

问题与思考

1. 试述集体合同的作用。
2. 集体合同应包括哪些内容？
3. 集体合同应履行什么签订程序？
4. 集体合同的变更和解除有哪些规定？
5. 试述集体合同的效力范围和效力形式。

第七章

工作时间和休息休假法

本章概要

工作时间和休息休假是劳动基准制度的主要内容，也是劳动法律体系的重要组成部分，体现了宪法赋予公民享有的劳动权和休息权。工作时间和休息休假与劳动者的工作和生活息息相关，具有此长彼短的关系：工作时间的延长意味着休息休假时间的缩短，反之亦然。我国劳动法对工作时间和休息休假作出了规定，并严格限制延长工作时间，以保证劳动者有足够的休息时间。本章的重点问题包括：工作时间的种类，休息休假的种类，延长工作时间的限制。

关键术语

工作时间　休息　休假　延长工作时间　延长工作时间的限制

第一节　工作时间

一、工作时间的概念和性质

（一）工作时间的概念

工作时间是指法律规定的劳动者从事生产或者工作的时间，通常包括工作日和工作周。工作日是劳动者每天应工作的时数，工作周是劳动者每周应工作的天数。工作时间以工作日为其主要形式。

工作时间作为法律范畴，不仅包括劳动者实际工作的时间，也包括劳动者某些非实际工作时间。非实际工作时间一般是指从事与工作有密切联系的相关活动的时间，如生产或工作前的准备时间、下班前后的交接时间、怀孕女职工在劳动时间内的产前检查时间、女职工哺乳未满1周岁婴儿的哺乳时间和往返途中时间，以及劳动者在法定工作时间内依法参加社会活动的时间等。

【理论探讨】

工作时间的范围

法律在原则上虽然区分劳动者的工作时间和休息时间，但在实际劳动关系中，往往存在工作时间随雇主的指挥、命令范围而扩张的情形。劳动者在劳动给付上为了满足雇主的具体要求，往往需要从事各种准备工作或处于待命状态。德国学界为判断何种时段具有工作时间的法律意义，依劳务给付程度将其分为以下几种状态：(1) 实际从事工作的时间；(2) 备勤时间，是指劳动者虽未实际从事工作，但处于随时注意准备劳动给付的状态，这以工作内容具有续断性质的服务业人员以及监视性、间歇性工作较常发生者为限；(3) 待命时间，是指劳动者基于特别约定或依雇主指示，于特定时间内在雇主指示地点等候，遇有必要情况随时处理雇主交付的工作，且该工作本质上应与劳动契约约定的劳动给付不同；(4) 候传时间，劳动者在此种情况下并无停留于特定地点的义务，仅须告知雇主其停留地和联络可能性，便于必要时加以传唤；(5) 非工作时间。在上述时段中，第一种状态的法律性质十分明显，较少有争议，但备勤、待命、候传等情形虽然并不受雇主实质上拘束，但劳动者对之又不能自由支配或利用，故应否纳入工作时间争议颇大且否定说为通说。此外，公司所指派的进修、讲习、会议等，以及劳动者进入厂场为开始工作所作的更衣、清扫、工具的清点等，因已进入厂场，也和工作直接有关，故应算入工作时间。①

(二) 工作时间的性质

工作时间具有劳动基准的性质，法律对工作时间制定最低的法定标准，其实质是对最高工时进行限制。最高工时又称法定最长工时，是法律规定的在一定期间内工作时间的最长限度，包括日最长工时和周最长工时两种形式。最高工时标准具有强制性，用人单位安排劳动者的工作时间不能突破上限标准。这种最高工时标准的强制性具有相对强行法的性质，即用人单位确定的劳动者工作时间在与强行法规定不一致而有利于劳动者时仍然有效，只有在不利于劳动者时无效。比如，我国劳动立法规定实行每日工作 8 小时、每周工作 40 小时的工时制度，那么用人单位确定劳动者的日工作时间或周工作时间就不能超过 8 小时或者 40 小时，但根据生产经营的具体情况，可以确定工作日低于 8 小时或工作周低于 40 小时的工时制度。

二、工作时间立法发展概况

工作时间立法产生于自由资本主义竞争时期，是劳动立法的开端。1802 年英国《学徒健康和道德法》规定纺织工厂童工的工作时间每天不得超过 12 小时，开创了世界劳动立法史上限制工作时间长度的先河。继英国之后，其他资本主义国家纷纷立法限制工作时间长度。工作时间立法以限制童工、女工的工作时间为起点，后逐步扩大到成年男工，适用范围也从产业领域扩展到其他行业领域。

---

① 参见黄越钦：《劳动法新论》，227 页，北京，中国政法大学出版社，2003。

8小时工作制的确立是工作时间立法上的里程碑。1866年第一国际日内瓦代表大会首先提出了“8小时工作、8小时自己支配、8小时休息”的原则，将争取8小时工作制作为国际工人运动的口号。1886年5月1日，以芝加哥市为中心的美国各地举行大罢工，要求实行8小时工作制。为纪念这次罢工胜利，1889年7月在巴黎召开的第二国际成立大会上决定将5月1日定为国际劳动节。新西兰于1908年规定了8小时工作制，是最早对8小时工作制进行立法的国家。工作时间立法也受到了国际劳工组织的重视。1919年《国际劳动宪章》规定，工厂的工作时间以每日8小时或每周48小时为标准，每周至少有一次连续24小时休息，并尽量以星期日为公休日。国际劳工大会通过的1919年《工业工作时间每日限为8小时及每周限为48小时公约》（第1号公约）、1921年《工业企业中实行每周休息公约》（第14号公约）、1935年《40小时工作周公约》（第47号公约）都对工作时间作了规定，1962年《缩短工时建议书》（第116号建议书）阐明每周40小时工作的标准是各国应逐步达到的社会标准。目前，世界各国普遍实行每日8小时的工时制度，美国、英国、德国、加拿大等工业发达国家实行每周工作40小时，法国的每周工作时间已减至35小时，挪威的每周工作时间仅为30小时。逐步缩短工时，已成为工时立法发展的总趋势。

我国工时立法适应这一立法趋势，目前已形成包括8小时标准工时制、不定时工作制和综合计算工时工作制在内的工作时间立法体系。新中国成立前夕，《中国人民政治协商会议共同纲领》规定，公私合营企业一般实行8小时～10小时的工作制。1952年政务院在《关于劳动就业问题的规定》中明确，一切较大的公私合营矿工、交通、运输企业均应尽可能实行8小时工作制；有害健康的工作，每日工作时间还应低于8小时；一切公私企业的加班加点，均应受到严格限制。1960年12月中共中央发出《关于在城市坚持8小时工作制的通知》，规定全国各城市的一切单位、一切部门，在一般情况下无例外地必须严格实行8小时工作制，不得任意加班加点。20世纪80年代，国家劳动总局同行业部门对特定行业缩短工作时间作了规定。1994年国务院《关于职工工作时间的规定》明确规定，自1994年3月1日起，在中国境内的国家机关、社会团体、企事业单位以及其他组织的职工，统一实行每日8小时、平均每周工作44小时的工时制度。《劳动法》第36条规定，国家实行劳动者每日工作时间不超过8小时、平均每周工作不超过44小时的工时制度。1995年国务院《关于修改〈国务院关于职工工作时间的规定〉的决定》规定，自1995年5月1日起，职工每日工作8小时，每周工作40小时。为贯彻执行上述工时制度，1995年3月劳动部和人事部分别发布了《劳动部贯彻〈国务院关于职工工作时间的规定〉的实施办法》和《人事部贯彻〈国务院关于职工工作时间的规定〉的实施办法》。此外，劳动部还于1994年公布了《关于企业实行不定时工作制和综合计算工时工作制的审批办法》。我国工作时间立法体系逐步形成。

三、工作时间的种类

（一）标准工作时间

标准工作时间是由法律规定的，在正常情况下劳动者从事工作的时间。它是工时制度的主要形式，也是计算其他工作时间种类的依据。例如，对实行计件工资的劳动者，用人单位应当根据标准工时制度合理确定其劳动定额和计件报酬标准；实行综合计算工作时间的用人单位，其平均日工作时间和平均周工作时间应与法定标准工作时间基本相同。目前，我国的标准工作时间为每日工作 8 小时，每周工作 40 小时，其依据是 1995 年国务院《关于修改〈国务院关于职工工作时间的规定〉的决定》。

【资料链接】

制度工作时间的计算

劳动和社会保障部于 2008 年 1 月 3 日通过的《关于职工全年月平均工作时间和工资折算问题的通知》（劳社部发［2008］3 号）规定，根据《全国年节及纪念日放假办法》，全体公民的节日假期由原来的 10 天增设为 11 天。据此，职工全年月平均制度工作天数作相应调整，制度工作时间的计算如下：

（1）年工作日：365 天－104 天（休息日）－11 天（法定节假日）＝250 天。

（2）季工作日：250 天÷4 季＝62.5 天/季。

（3）月工作日：250 天÷12 月＝20.83 天/月。

（4）工作小时数的计算：以月、季、年的工作日乘以每日的 8 小时。

（二）特殊工作时间

特殊工作时间与标准工作时间相对应，适用于特殊情形，并且工时和休息办法也不同于标准工作时间。《劳动法》第 39 条规定，企业因生产特点不能实行标准工时制度或不能保证劳动者每周至少休息 1 日的，经劳动行政部门批准，可以实行其他工作和休息办法。这就为企业根据生产特点实行变通的工作和休息办法提供了法律依据。特殊工作时间包括缩短工作时间、不定时工作时间、综合计算工作时间、计件工作时间等。

1. 缩短工作时间

缩短工作时间，是指法律规定在特殊情形下实行的工作时间少于标准工作时间长度的工时制度，即劳动者每天工作的时数少于 8 小时或者每周工作的时数少于 40 小时，适用于在特殊条件下从事劳动和有特殊情况的劳动者。1995 年《劳动部贯彻〈国务院关于职工工作时间的规定〉的实施办法》第 4 条规定，在特殊条件下从事劳动和有特殊情况，需要在每周工作 40 小时的基础上再适当缩短工作时间的，应在保证完成生产和工作任务的前提下，由企业根据实际情况决定。目前，我国适用缩短工作时间的劳动者主要有：

（1）从事特定工作岗位的劳动者。从事矿山井下、高山、有毒有害、特别繁重和过度紧张的体力劳动的劳动者，每个工作日的工作时间应少于 8 小时。如：煤矿井下作业实行四班 6 小时工作制；纺织企业实行“四班三运转”的工时制度；从事有毒有害作业的劳动者，根据生产的特点和条件可以实行“三工一休制”，即工作 3 天、休息 1 天，也可以实行每日工作 6 小时或 7 小时工作制，还可以实行“定期轮流脱离接触”制，即工人每年轮流脱离原作业岗位一定的时期，脱离期满后回原岗位工作；建筑、冶炼、地质勘探、森林采伐、装卸搬运等从事繁重体力劳动的行业，根据本行业的特点实行不同形式的缩短工作时间。

（2）从事夜班工作的劳动者。夜班工作是指在当日 22 时至次日 6 时从事劳动或工作的时间。在实行三班制的企业，从事夜班工作的劳动者，其日工作时间比标准工作时间缩短 1 小时，同时按照规定发给夜班津贴。

（3）在哺乳期工作的女职工。哺乳时间是指女职工在工作时间内哺乳不满一周岁的婴儿所占用的时间。《女职工劳动保护特别规定》规定，对哺乳不满 1 周岁婴儿的女职工，用人单位应当在每天的劳动时间内为其安排 1 小时哺乳时间；女职工生育多胞胎的，每多哺乳一个婴儿，每天增加 1 小时哺乳时间。

2. 不定时工作时间

不定时工作时间，是针对因生产特点、工作特殊需要或职责范围的关系，无法按标准工作时间衡量或需要机动作业的职工所采用的一种工时。《劳动部贯彻〈国务院关于职工工作时间的规定〉的实施办法》第 5 条规定，因工作性质或生产特点的限制，不能实行每日工作 8 小时、每周工作 40 小时标准工时制度的，可以实行不定时工作制，并按照劳动部《关于企业实行不定时工作制和综合计算工时工作制的审批办法》执行。

企业对符合下列条件之一的职工，可以实行不定时工作制：（1）企业中的高级管理人员、外勤人员、推销人员、部分值班人员和其他因工作无法按标准工作时间衡量的职工；（2）企业中的长途运输人员、出租汽车司机和铁路、港口、仓库的部分装卸人员，以及因工作性质特殊，需机动作业的职工；（3）其他因生产特点、工作特殊需要或职责范围的关系，适合实行不定时工作制的职工，如从事非生产性值班和特殊工作形式的个体工作岗位的职工。

实行不定时工作制的企业应履行审批手续。因工作性质或者职责限制，不宜实行标准工作制度的国家机关、事业单位和社会团体，由国务院行业主管部门制定实施意见，报人事部批准后，可以实行不定时工作制。中央直属企业实行不定时工作制的，经国务院行业主管部门审核，报国务院劳动行政部门批准；地方企业实行不定时工作制的审批办法，由各省、自治区、直辖市人民政府劳动行政部门制定，报国务院劳动行政部门备案。

经批准实行不定时工作制的职工，不受《劳动法》第 41 条规定的日延长工作时间标准和月延长工作时间标准的限制，不存在延长工作时间的情形。但是，不定时工作制并不意味着用人单位可以随意规定工作时间而不受任何限制。对于实行不定时工作制的劳动者，企业应当根据标准工时制度合理确定劳动者的劳动定额或其他考核标准，以便安排劳动者休息。

3. 综合计算工作时间

综合计算工作时间，是针对因工作性质特殊，需连续作业或受季节及自然条件限制的企业的部分职工，采用的以周、月、季、年等为周期综合计算工作时间的一种工时制度。综合计算工时虽不能实行每日工作 8 小时、每周工作 40 小时的标准工时制度，但其平均日工作时间和平均周工作时间应与标准工作时间基本相同。

企业对符合下列条件之一的职工，可以实行不定时工作制：（1）交通、铁路、邮电、水运、航空、渔业等行业中因工作性质特殊，需连续作业的职工；（2）地质及资源勘探、建筑、制盐、制糖、旅游等受季节和自然条件限制的行业的部分职工；（3）其他适合实行综合计算工时工作制的职工，如亦工亦农，或由于受能源、原材料供应等条件限制难以均衡生产的乡镇企业的职工。对于那些在市场竞争中，由于外界因素影响，生产任务不均衡的企业的部分职工，也可以参照综合计算工时工作制的办法实施。

用人单位实行综合计算工时工作制的审批办法与实行不定时工作制的审批办法相同。实行综合计算工时工作制是从部分企业生产实际出发，允许实行相对集中工作、集中休息的工作制度，以保证生产的正常进行和劳动者的合法权益，因此在审批综合计算工时工作制过程中不宜再要求企业实行符合标准工时工作制的规定。但是，在审批综合计算工时工作制过程中应要求企业做到以下两点：第一，企业实行综合计算工时工作制以及在实行综合计算工时工作制中采取何种工作方式，一定要与工会和劳动者协商；第二，对于第三级及其以上体力劳动强度的工作岗位，劳动者每日连续工作时间不得超过 11 小时，而且每周至少休息 1 天。

企业实行综合计算工时工作制，不论采取以周、月、季、年何种形式为周期，平均日工作时间和平均周工作时间都应与法定标准工作时间基本相同，超过法定标准工作时间的部分，作为延长工作时间，用人单位应当支付劳动者延长工作时间的劳动报酬。

4. 计件工作时间

计件工作时间，是指以劳动者完成一定劳动定额为计酬标准的工作时间制度。计件工作制与计时工作制相对应，实际上是标准工作时间的特殊转化形式，同时又具有更大的灵活性，如当用人单位合理确定劳动定额和计件报酬标准后，实行计件工作的劳动者完成当日或当月的定额后，可以把剩余时间作为休息时间，也可以超定额以取得相应的额外报酬；未完成当日定额的，则可以在 8 小时的工作时间之外来完成。

《劳动法》第 37 条规定，对实行计件工作的劳动者，用人单位应当根据标准工时制度合理确定其劳动定额和计件报酬标准。实行计件工作的用人单位，必须以劳动者在一个标准工作日或一个标准工作周的工作时间内能够完成的计件数量为标准，确定劳动定额。劳动定额是指在一定的生产技术和生产组织条件下，为生产一定量合格产品或完成一定量的工作所预先规定的劳动消耗标准，或是在单位时间内预先规定的完成合格产品数量的标准，包括时间定额和产量定额。合理的劳动定额应当是在正常情况下，大多数劳动者按标准工作时间劳动能够完成的定额量。

《劳动部贯彻〈国务院关于职工工作时间的规定〉的实施办法》第 3 条规定，实行新的工时制度，应保证完成生产和工作任务，不减少职工的收入。按照这一规定，对实行计件工作制的劳动者而言，用人单位应当在保证劳动者享受缩短工时的待遇的同时尽量保证其计件工资收入不减少。如果适当调整劳动定额，在保证劳动者计件工资收入不降低的前提下，计件单价可以不作调整；如果调整劳动定额有困难，就应该考虑适当调整劳动者计件单价，以保证劳动者收入不减少。

5. 非全日制工作时间

非全日制工作时间与非全日制用工形式相适应，是指劳动者每日、每周少于标准工作时数的工作时间。非全日制用工是在我国市场经济快速发展、就业形势日益严峻的大背景下发展起来的一种灵活就业的用工形式。目前规范非全日制用工的法律依据主要有 2003 年劳动和社会保障部《关于非全日制用工若干问题的意见》和《劳动合同法》的相关规定。根据《劳动合同法》第 68 条，非全日制工作时间是指以小时计酬为主，劳动者在同一用人单位一般平均每日工作时间不超过 4 小时，每周工作时间累计不超过 24 小时的工作时间。

第二节 休息休假

一、休息休假的概念

休息休假又称为休息时间，是劳动者在法定工作时间以外自行支配的时间。休息休假制度是实现劳动者休息权的重要保障之一。我国《宪法》第43条规定了公民的休息权："中华人民共和国劳动者有休息的权利。国家发展劳动者休息和休养的设施，规定职工的工作时间和休假制度。"《劳动法》以及相关法规落实《宪法》，规定了劳动者的休息休假制度，有利于保障劳动者通过休息消除疲劳，恢复体力，维持身体健康，以充沛的体力和精力投入新的劳动和工作。

二、休息休假立法发展概况

我国休息休假的立法主要集中在法规层面。新中国成立后，政务院于1949年12月发布《全国年节及纪念日放假办法》，规定了全体公民都享有的法定节假日、部分公民享有的节日和纪念日等。该规定在1999年、2007年和2013年历经三次修订，目前实行的是2013年12月修订的《全国年节及纪念日放假办法》。1958年国务院颁布了《关于工人、职员回家探亲的假期和工资待遇的暂行规定》，该法在1981年被废止，同时国务院发布《关于职工探亲待遇的规定》，规定了享受探亲假的条件，探亲假期的时间、工资待遇、往返路费负担等内容。在年休假方面，1991年中共中央、国务院共同发出《关于职工休假问题的通知》，规定各级党政机关、人民团体和企事业单位可根据实际情况适当安排职工休假。但该规定过于原则，将职工休假问题完全交由用人单位确定，对休假期间的工资待遇也没有明确规定。《劳动法》第45条规定："国家实行带薪年休假制度。劳动者连续工作一年以上的，享受带薪年休假。具体办法由国务院规定。"由于休假问题的复杂性，国务院直到2007年12月才颁布《职工带薪年休假条例》，自2008年1月1日起施行。该条例规定了带薪年休假制度的适用范围、年休假的期限、年休假期间的工资待遇、对不能实行年休假劳动者的救济等内容，可操作性较强。人力资源和社会保障部于2008年9月18日公布《企业职工带薪年休假实施办法》，进一步明确了该条例的相关内容。

三、我国现行休息休假的种类

（一）工作日内的间歇时间

工作日内的间歇时间，是指劳动者在一个工作日内的休息时间和用膳时间。间歇时间在劳动者连续工作一定时间后实行，有利于帮助劳动者消除疲劳，恢复体力和精力。间歇时间的长短可由用人单位根据具体情况来确定，在同一用人单位因工作岗位和工作性质的不同也可能有差别，一般休息 1 小时～2 小时，最少不能低于半小时。间歇时间应规定在工作 4 小时后开始，不计入工作时间。有的岗位由于生产不能间断，不能实行固定的间歇时间，应保证职工在工作时间内有用膳时间。

（二）两个工作日之间的休息时间

两个工作日之间的休息时间，是指劳动者在一个工作日结束后至下一个工作日开始前的休息时间，其长度应以能有效保证劳动者的体力和精力得到恢复为标准。我国实行 8 小时工作制，劳动者享有的两个工作日之间的休息时间一般为 15 小时～16 小时。实行轮班制的劳动者，其班次需平均调换，一般可在休息日之后调换；调换班次时，不得让工人连续工作两班。

（三）休息日

休息日又称公休假日，是劳动者工作满一个工作周以后的休息时间。《劳动法》第 38 条规定，用人单位应当保证劳动者每周至少休息 1 日。国务院《关于职工工作时间的规定》进一步缩短工时，规定“国家机关、事业单位实行统一的工作时间，星期六和星期日为周休息日”，将每工作周的休息天数增加到 2 天。因工作需要不能执行国家统一的工作和休息时间的国家机关、社会团体和事业单位，可根据实际情况采取轮班制的办法，灵活安排周休息日，并报同级人事部门备案。对于因工作性质或生产特点的限制，实行不定时工作制和综合计算工时工作制等其他工作和休息办法的劳动者，用人单位应在保障劳动者身体健康并充分听取劳动者意见的基础上，采用集中工作、集中休息、轮休调休、弹性工作时间等适当方式，确保职工的休息休假权利和生产、工作任务的完成。

（四）法定休假日

法定休假日，是指由国家法律统一规定的用于欢度节日、开展庆祝、纪念活动的休息时间。《劳动法》第 40 条规定，用人单位在下列节日期间应当依法安排劳动者休假：元旦；春节；国际劳动节；国庆节；法律、法规规定的其他休假节日。2007 年、2013 年修订的《全国年节及纪念日放假办法》对法定休假日进行了完善。目前我国的法定休假日主要有以下几种（参见表 7—1）：

（1）全体公民放假的节日，包括新年、春节、清明节、劳动节、端午节、中秋节和国庆节，共 11 天。全体公民放假的假日，如果适逢星期六、星期日，应当在工作日补假。用人单位安排劳动者在全体公民放假的节日加班的，应当支付劳动者不低于其工资的 300%的工资报酬。

（2）部分公民放假的节日及纪念日，包括妇女节、青年节、儿童节和中国人民解放军建军纪念日。部分公民放假的假日，如果适逢星期六、星期日，不补假。2000 年《劳动和社会保障部办公厅关于部分公民放假有关工资问题的函》规定，在部分公民放假期间，对参加社会或单位组织的庆祝活动和照常工作的职工，单位应支付工资报酬，但不支付加班工资。如果该节日恰逢星期六、星期日，单位安排职工加班工作，则应当依法支付休息日的加班工资。

表 7—1　　我国法定节假日列表

法定节假日的种类	法定节日	放假天数	放假日期	是否补休
全体公民放假的节日，共计 11 天	新年 春节 清明节 劳动节 端午节 中秋节 国庆节	1 天 3 天 1 天 1 天 1 天 1 天 3 天	1 月 1 日 农历正月初一、初二、初三 农历清明当日 5 月 1 日 农历端午当日 农历中秋当日 10 月 1 日、2 日、3 日	适逢星期六、日的，应当在工作日补假
部分公民放假的节日及纪念日	妇女节 青年节 儿童节 中国人民解放军建军纪念日	妇女放假半天 14 周岁以上的青年放假半天 不满 14 周岁的少年儿童放假 1 天 现役军人放假半天	3 月 8 日 5 月 4 日 6 月 1 日 8 月 1 日	适逢星期六、星期日的，不补假

《全国年节及纪念日放假办法》还规定，少数民族习惯的节日，由各少数民族聚居地区的地方人民政府，按照各该民族习惯，规定放假日期。二七纪念日、五卅纪念日、七七抗战纪念日、九三抗战胜利纪念日、九一八纪念日、教师节、护士节、记者节、植树节等其他节日、纪念日，均不放假。

（五）年休假

年休假，是指法律规定的劳动者工作满一定的工作年限后，每年享有的保留工作、带薪连续休假。世界各国普遍实行带薪年休假制度。国际劳工大会早在 1936 年就通过了第 52 号《带薪休假公约》，规定：凡在公私工商企业、服务部门、事业单位、机关就业的工作人员，连续服务满 1 年以后，应当至少有 6 天带薪年休假。1971 年通过新的第 132 号《带薪休假公约》，规定：连续工作 6 个月者，有权享受年休假；连续工作 6 至 12 个月者，有权享有与其工作时间相称的年休假；连续工作 1 年者，休假不应少于 3 个工作周。我国带薪年休假制度的内容包括：

1. 带薪年休假的适用范围

机关、团体、企业、事业单位、民办非企业单位、有雇工的个体工商户等单位的职工连续工作 1 年以上的，享受带薪年休假。单位应当保证职工享受年休假。职工在年休假期间享受与正常工作期间相同的工资收入。

职工有下列情形之一的，不享受当年的年休假：(1) 职工依法享受寒暑假，其休假天数多于年休假天数的；(2) 职工请事假累计 20 天以上且单位按照规定不扣工资的；(3) 累计工作满 1 年、不满 10 年的职工，请病假累计 2 个月以上的；(4) 累计工作满 10 年、不满 20 年的职工，请病假累计 3 个月以上的；(5) 累计工作满 20 年以上的职工，请病假累计 4 个月以上的。职工已享受当年的年休假，年度内又出现上述第二至第五种情形之一的，不享受下一年度的年休假。

2. 带薪年休假的天数

带薪年休假的天数与劳动者的工龄相联系。职工累计工作已满1年、不满10年的，年休假5天；已满10年、不满20年的，年休假10天；已满20年的，年休假15天。国家法定休假日、休息日不计入年休假的假期；职工依法享受的探亲假、婚丧假、产假等国家规定的假期以及因工伤停工留薪期间不计入年休假的假期。

3. 带薪年休假的安排

单位根据生产、工作的具体情况，并考虑职工本人意愿，统筹安排职工年休假。年休假在1个年度内可以集中安排，也可以分段安排，一般不跨年度安排。单位因生产、工作特点确有必要跨年度安排职工年休假的，可以跨1个年度安排，但应征得职工本人同意。

4. 不能安排职工年休假的补偿和法律责任

单位确因工作需要不能安排职工休年休假的，经职工本人同意，可以不安排年休假或者安排职工年休假天数少于应休年休假天数。对于职工在本年度内应休未休的年休假天数，单位应当按照该职工日工资收入的300%支付未休年休假工资报酬，其中包含用人单位支付职工正常工作期间的工资收入。用人单位安排职工休年休假，但是职工因本人原因且书面提出不休年休假的，用人单位可以只支付其正常工作期间的工资收入。

单位不安排职工休年休假，又不依法给予年休假工资报酬的，由县级以上地方人民政府人事部门或者劳动保障部门依据职权责令限期改正；对于逾期不改正的，除责令该单位支付年休假工资报酬外，单位还应当按照年休假工资报酬的数额向职工加付赔偿金；对于拒不支付年休假工资报酬、赔偿金的，属于公务员和参照公务员法管理的人员所在单位的，对直接负责的主管人员以及其他直接责任人员依法给予处分；属于其他单位的，由劳动保障部门、人事部门或者职工申请人民法院强制执行。

（六）探亲假

探亲假，是指与父母或配偶分居两地的职工，每年享有的与父母或配偶团聚的假期。规定探亲假的目的是适当解决职工同亲属长期远居两地的探亲问题。目前主要的法律依据是1981年国务院《关于职工探亲待遇的规定》，具体内容如下：

1. 享受探亲假的条件

凡国家机关、人民团体和全民所有制企业、事业单位工作满一年的固定职工，与配偶不住在一起，又不能在公休假日团聚的，可以享受探望配偶的待遇；与父亲、母亲都不住在一起，又不能在公休假日团聚的，可以享受探望父母的待遇，但是，职工与父亲或与母亲一方能够在公休假日团聚的，不能享受探望父母的待遇。

2. 探亲假期

探亲假期是指职工与配偶、父母团聚的时间，另根据实际需要给予路程假。上述假期包括休息日和法定休假日在内。职工探望配偶的，每年给予一方探亲假一次，假期为30天。未婚职工探望父母，原则上每年给假一次，假期为20天；如果因为工作需要，本单位当年不能给予假期或者职工自愿两年探亲一次的，可以两年给假一次，假期为45天。已婚职工探望父母，每4年给假一次，假期为20天。

3. 探亲假期间的待遇

职工在规定的探亲假期和路程假期内，按照本人的标准工资发给工资。职工探望配偶和未婚职工探望父母的往返路费由所在单位负担。已婚职工探望父母的往返路费，在本人月标准工资 30%以内的，由本人自理，超过部分由所在单位负担。

此外，1982 年《关于归侨、侨眷职工出境探亲待遇问题的通知》、1983 年《关于台胞职工出境探亲待遇的通知》和 1986 年《关于港澳同胞眷属职工出境探亲待遇问题的通知》，分别对归侨、侨眷职工、台胞职工、港澳同胞眷属职工的探亲待遇作了规定。

（七）其他休假

1. 女职工产假。国家规定产假的目的是保证产妇恢复身体健康。产假期间工资照发。根据《女职工劳动保护特别规定》第 7 条，女职工生育享受 98 天产假，其中产前可以休假 15 天；难产的，增加产假 15 天；生育多胞胎的，每多生育 1 个婴儿，增加产假 15 天。女职工怀孕未满 4 个月流产的，享受 15 天产假；怀孕满 4 个月流产的，享受 42 天产假。2021 年修正的《人口与计划生育法》第 25 条第 1 款规定："符合法律、法规规定生育子女的夫妻，可以获得延长生育假的奖励或者其他福利待遇。"

2. 婚丧假。婚丧假，是指劳动者本人结婚以及其直系亲属死亡时依法享受的假期。依据 1980 年《关于国营企业职工请婚丧假和路程假问题的通知》，职工本人结婚或其直系亲属（父母、配偶和子女）死亡时，由本单位领导批准，可享受 1 天至 3 天的婚丧假。职工结婚时双方不在一地工作的，职工在外地的直系亲属死亡时需要职工本人去外地料理丧事的，可以根据路程远近，另给予路程假。在批准的婚丧假和路程假期间，职工的工资照发。

第三节　延长工作时间及其限制

一、延长工作时间的概念和内容

（一）延长工作时间的概念和适用情形

延长工作时间又称为加班加点，是指劳动者的工作时间超过法律规定的工作时间长度，包括加班和加点两种形式。加班是指劳动者在公休日或法定休假日从事生产或工作，加点是劳动者在正常工作日超过日法定标准工作时间继续从事生产或工作。

延长工作时间是相对于特定的工作时间而言的，因此，它适用于标准工作日、缩短工作日，而不定时工时制度下不存在加班加点情形。在综合计算工时制下，如果综合计算周期内劳动者的实际工作时间总数超过该周期的法定标准工作时间总数，其超出部分则应视为延长工作时间；工作日恰好是法定节假日的，也应视为延长工作时间。如果在整个综合计算周期内的实际工作时间总数不超过该周期的法定标准工作时间总数，只是该综合计算周期内的某一具体日（或周、月、季）超过法定标准工作时间，其超过部分不应视为延长工作时间。

（二）延长工作时间的内容

1. 延长工作时间的一般情形

《劳动法》第41条规定："用人单位由于生产经营需要，经与工会和劳动者协商后可以延长工作时间，一般每日不得超过一小时；因特殊原因需要延长工作时间的，在保障劳动者身体健康的条件下延长工作时间每日不得超过三小时，但是每月不得超过三十六小时。"

依据该规定，用人单位由于生产经营需要，可以延长工作时间。"生产经营需要"主要是指紧急生产任务，如果不能如期完成生产经营任务，势必影响用人单位的正常运作和经济效益的，可以延长工作时间。《劳动法》没有明确"生产经营需要"的具体情形，在实践中需要通过集体合同约定，或者通过用人单位与工会共同协商，界定"生产经营需要"的范围。

2. 延长工作时间的特殊情形

依据《劳动法》第42条，延长工作时间的特殊情形包括：（1）发生自然灾害、事故或者因其他原因，威胁劳动者生命健康和财产安全，需要紧急处理的；（2）生产设备、交通运输线路、公共设施发生故障，影响生产和公众利益，必须及时抢修的；（3）法律、行政法规规定的其他情形。

1995年《劳动部贯彻〈国务院关于职工工作时间的规定〉的实施办法》在上述情形的基础上作了补充，规定延长工作时间的特殊情形还包括：其一，必须利用法定节日或公休假日的停产期间进行设备检修、保养的；其二，为完成国防紧急生产任务，或者完成上级在国家计划外安排的其他紧急生产任务，以及商业、供销企业在旺季完成收购、运输、加工农副产品紧急任务的。

《国家机关、事业单位贯彻〈国务院关于职工工作时间的规定〉的实施办法》第6条也规定了适用于国家机关、社会团体和事业单位职工的延长工作时间的特殊情形：一是由于发生严重自然灾害、事故或其他灾害使人民的安全健康和国家财产遭到严重威胁，需要紧急处理的；二是为完成国家紧急任务或完成上级安排的其他紧急任务的。国家机关、社会团体和事业单位延长职工工作时间，应给职工安排相应的补休。

二、延长工作时间的限制

（一）限制延长工作时间的必要性和意义

工作时间和休息时间具有此消彼长的关系，延长工作时间意味着劳动者的休息时间必然被挤占，同法定最高工时标准相冲突，因此，为防止用人单位滥用权利，侵害劳动者的合法权益，国家历来严格限制延长工作时间，并制定了相应的法律、法规。例如，1982年国务院发布《关于严格制止企业滥发加班加点工资的通知》，规定各企业单位和企业主管部门要教育职工提高工时利用率，在正常的工作时间内努力完成和超额完成生产任务，在正常情况下不得加班加点；并规定了加班加点的条件、审批手续、工资发放、管理和监督等内容。

《劳动法》第43条规定："用人单位不得违反本法规定延长劳动者的工作时间。"1994年国务院《关于职工工作时间的规定》第6条规定："任何单位和个人不得擅自延长职工工作时间。

因特殊情况和紧急任务确需延长工作时间的，按照国家有关规定执行。"

对延长工作时间加以限制的意义主要在于：

（1）有利于保护劳动者的身体健康、维护劳动者的合法权益。宪法和劳动法规定劳动者享有休息权，其目的是让劳动者在工作之余更好地休息，保证身心健康。对延长工作时间进行限制，能有效地保障劳动者有充足的休息时间，消除疲劳，恢复体力和精力，提高劳动者的身体素质。从实践来看，一些企业为了追求利润，任意延长劳动者工作时间的现象时有发生，劳动者的权利受到严重侵害，如在山西"黑砖窑事件"中，有的成年工一天要工作15小时～16小时，身心健康严重受损。通过立法限制用人单位任意延长工作时间，可以抑制用人单位自由决定工作时间的行为，保护劳动者的合法权益。

（2）有利于促进用人单位改善经营管理，提高经济效益。随着社会、经济的发展和科学技术的进步，缩短工时是工时制度发展的总趋势，这就要求用人单位必须通过加强经营管理、采用先进技术等措施来降低产品成本，提高劳动生产效率和经济效益，而不是靠延长工作时间。立法对延长工作时间加以限制，可以促使用人单位改善经营管理，不断改进劳动组织，革新技术和工艺，提高工作时间利用率，从而提高用人单位的经济效益。

【案例分析】

劳动者自愿加班可否要求用人单位支付加班工资

【案情】李某大学毕业后应聘到一家软件公司工作，与公司签订了1年期的劳动合同。公司实行每日工作8小时、每周工作40小时的标准工时制度，并以此为依据确定和支付李某的工资。李某工作很认真，但由于刚参加工作，对业务不甚熟悉，其他同事能完成的工作他有时不能在8小时内完成，为不影响工作进度，李某便主动利用下班时间加班完成。

一年合同期届满时，李某表示不再续签劳动合同，但要求公司支付其在一年内的加班工资，并出示了期间的考勤记录。公司以实行标准工时制度、对加班制度另有规定、李某自愿主动加班并非公司安排为由，拒绝支付加班工资。双方发生争议。

【分析】本案的焦点是劳动者主动延长工作时间能否要求支付加班工资。《劳动法》第44条和《工资支付暂行规定》第13条规定，用人单位延长劳动者的工作时间应当支付加班工资。在条文表述上都将用人单位"安排"劳动者延长工作时间作为补休和支付加班工资的前提，对此可以解释为延长工作时间是用人单位的原因造成的。具体到本案，公司实行标准工时制并有相应的加班制度，李某加班是自己不能按时完成工作任务导致的，因此属于自愿加班，并非用人单位的原因造成，并且李某也没有办理延长工作时间的履行手续，要求公司支付加班工资缺乏法律依据。

请思考：用人单位在与劳动者签订劳动合同时要求劳动者签订"自愿加班协议"，如果劳动者在工作中延长工作时间的，用人单位能否以此协议作为拒绝支付加班工资的理由？

（二）延长工作时间的限制措施

劳动立法对延长工作时间的限制主要针对延长工作时间的一般情形，因为延长工作时间的特殊情形涉及公众利益，如果不及时解决，必将影响到广大人民群众的生产、生活甚至生命安全，所以，法律重点对延长工作时间的一般情形进行限制。限制措施主要包括：

1. 从适用人员范围限制延长工作时间

为保障特殊劳动者群体的权益，禁止对未成年工、孕期内的女职工和哺乳期内的女工延长工作时间。如《女职工劳动保护特别规定》第 6 条、第 9 条规定，对怀孕 7 个月以上的女职工，用人单位不得延长劳动时间；对哺乳未满 1 周岁婴儿的女职工，用人单位不得延长劳动时间或者安排夜班劳动。

2. 从程序上限制延长工作时间的一般情形

用人单位基于生产经营需要延长工作时间，必须满足程序上的条件：（1）与工会协商。延长工作时间与劳动者的切身利益直接相关，用人单位需要延长工作时间时，应当将延长的理由、人数、时间长度等相关事宜向工会说明，征得工会的同意。如果工会认为延长工作时间的理由不充分或内容不适当，有权向用人单位提出，通过协商予以修改、完善。（2）与劳动者协商。劳动法奉行不得强迫劳动的原则，而且延长工作时间占用劳动者的休息时间，牺牲了劳动者的休息权，因此，用人单位还应当与劳动者协商，征得劳动者的同意。用人单位只有在劳动者自愿的情况下才可以延长工作时间。

3. 从时间长度上限制延长工作时间

用人单位延长工作时间不得超过法定时数：（1）一般每日不得超过 1 小时；（2）因特殊原因需要延长工作时间的，在保障劳动者身体健康的条件下延长工作时间每日不得超过 3 小时；（3）每月延长工作时间的总时数不得超过 36 小时。

用人单位违反规定延长工作时间的，应承担法律责任。《劳动法》第 90 条规定："用人单位违反本法规定，延长劳动者工作时间的，由劳动行政部门给予警告，责令改正，并可以处以罚款。"

三、延长工作时间的补偿

延长工作时间，意味着劳动者增加了额外的工作量，需要付出更多的劳动。为此，我国劳动立法规定了补休和支付延长工作时间工资（即加班加点工资）两种形式作为补偿，其目的具有双重性：一方面是补偿劳动者因延长工作时间而付出的额外劳动，保护劳动者的身体健康；另一方面则是限制用人单位随意延长工作时间，从而保护劳动者的合法权益。

（一）补休

补休适用于用人单位安排劳动者在休息日延长工作时间的情形，且与支付延长工作时间工资相比，具有优先性：用人单位在休息日安排劳动者加班工作的，应首先安排补休；不能补休时，应支付不低于工资的 200%的工资报酬。补休时间应等同于加班时间。对于在法定休假日安排劳动者加班的情形，一般不安排补休，而是支付劳动者延长工作时间工资。

【案例分析】

补休与支付加班工资的关系

【案情】张某与某加工厂签订了为期两年的劳动合同，劳动合同期从 2018 年 5 月始至 2020

年5月止。2019年10月至12月间，由于订单较多，加工厂便安排张某等人在休息日加班，两个月共计加班10天。后加工厂安排加班员工补休，其他员工都已休完。但张某不同意补休，要求加工厂支付加班费。而加工厂以义务已完成为由拒绝支付，遂引发争议。仲裁委经审理认为，加工厂已安排张某补休，应免除其支付加班费的义务，遂驳回张某要求支付加班费的仲裁请求。

【分析】《劳动法》第44条第2项规定，用人单位在休息日安排劳动者工作，又不能安排补休的，支付不低于工资的200%的工资报酬。本案的焦点在于用人单位要求劳动者在休息日加班后安排补休，但劳动者拒绝补休的，用人单位能否被免除支付加班费的义务。

该案在处理过程中有两种意见：第一种意见认为，是否补休的决定权在劳动者，用人单位安排劳动者补休，劳动者有权拒绝并要求用人单位支付加班费；第二种意见认为，用人单位已履行了安排补休的义务，劳动者无权要求用人单位支付加班费。

我们赞成第二种意见。休息是为了劳动力的再生，系出于技术性作业之必要措施，固然与劳动者之权利有关，毋宁说是对劳动继续性以及作业安全之保护。① 尤其休息日是为了保证劳动者在连续工作一定天数后得以休息，出于对劳动者个人和社会全体利益的保护，休息权不能随意侵犯。这也是劳动法规定限制延长工作时间的主要目的。因此，用人单位确实因实际需要在休息日安排劳动者延长工作时间的，在补偿方式上以补休作为支付加班工资的前提，只有在不能安排补休时才考虑支付加班工资。如果允许劳动者在补休与支付加班工资之间选择，会诱发劳动者为赚钱而放弃休息的风险，不仅不利于劳动者自己的健康，也可能因导致生产事故而影响社会的利益。

（二）支付延长工作时间工资

对于延长工作时间，《劳动法》规定用人单位应当按照一定标准支付高于劳动者正常工作时间工资的工资报酬，以支付明显高于正常工作时间的工资报酬的方式来限制延长工作时间，保护劳动者的身体健康。依据《劳动法》和《工资支付暂行规定》的规定，延长工作时间工资的标准为：

（1）用人单位依法安排劳动者在日法定标准工作时间以外延长工作时间的，支付劳动者不低于其本人小时工资标准的150%的工资报酬；

（2）用人单位依法安排劳动者在休息日工作又不能安排补休的，支付劳动者不低于其本人日或小时工资标准的200%的工资报酬；

（3）用人单位依法安排劳动者在法定休假日工作的，支付劳动者不低于其本人日或小时工资标准的300%的工资报酬。

实行计件工资的劳动者，在完成计件定额任务后，由用人单位安排延长工作时间的，依据上述原则，分别按照不低于其本人法定工作时间计件单价的150%、200%、300%支付工资报酬。

实行综合计算工时制的劳动者，其综合计算工作时间超过法定标准工作时间的部分，用人

① 参见黄越钦：《劳动法新论》，235页，北京，中国政法大学出版社，2003。

单位应向劳动者支付不低于其工资的150%的工资报酬；其中，法定休假日安排劳动者工作的，支付不低于劳动者工资的300%的工资报酬。

【资料链接】

劳动者日工资、小时工资折算

由于劳动定额等劳动标准都与制度工时相联系，所以，劳动者日工资可统一按劳动者本人的月工资标准除以每月制度工作天数进行折算。根据劳动和社会保障部于2008年1月3日通过的《关于职工全年月平均工作时间和工资折算问题的通知》，法定节假日用人单位应当依法支付工资即折算日工资、小时工资时不剔除国家规定的11天法定节假日。

因此：

日工资＝月工资收入÷月计薪天数；

小时工资＝月工资收入÷（月计薪天数×8小时）；

月计薪天数＝（365天－104天）÷12月＝21.75天。

如劳动者的月工资收入为5 000元，则日工资标准为5 000÷21.75，约230元；小时工资标准为5 000÷（21.75×8），约28.7元。

问题与思考

1. 我国工作时间的种类有哪些？

2. 如何完善我国的休假制度？

3. 我国《劳动法》为什么要限制延长工作时间？对延长工作时间的限制措施和补偿有哪些规定？

4. 案例分析：陈某到一家运输公司应聘为货车驾驶员，与公司签订了3年期的劳动合同。公司向当地的劳动主管部门提出了实行不定时工作制的审批申请并被批准。由于陈某负责长途运输，公司以“出具行程单”的方式安排陈某工作，工资待遇根据其运输量和里程计发。劳动合同期满后，双方办理了终止劳动合同的相关手续。其间陈某拿出一份自己保留的3年以来的行车时间记录，其中有许多一天的工作时间超过8小时，陈某因此要求公司支付其延长工作时间的加班费。公司认为陈某的工资是按运输量和里程计发的，不能以标准工时计算，不存在加班的问题，因此不愿意支付加班费。

请问：陈某有权要求公司支付其3年以来在每天8小时工作时间外延长工作时间的加班工资吗？

第八章

工资法

本章概要

工资是劳动者的主要生活来源，对劳动者本人的生计及家庭的生活质量水平有重要影响，因而工资立法成为劳动基准法的重要组成部分。我国工资制度的内容包括基本工资制度、最低工资制度和工资支付保障制度。

关键术语

工资　同工同酬　基本工资　最低工资标准　工资支付保障

第一节　工资法概述

一、工资的概念、构成和形式

（一）工资的概念

工资也称“薪金”“薪酬”，是指用人单位依据国家有关规定或者劳动合同的约定，以货币形式直接支付给本单位劳动者的劳动报酬，包括计时工资、计件工资、奖金、津贴和补贴、延长工作时间的工资报酬以及特殊情况下支付的工资等。工资是劳动者的基本生活来源，对劳动者本人的生计、家庭的生活以及生活的质量有重要影响。因此，工资虽然是用人单位基于劳动者履行劳动义务而支付的劳动报酬，用人单位享有工资自主分配权，但国家对这种工资自主分配权进行适当的限制，设定了最低工资标准。工资立法体现了国家对工资分配的规制，同时，国家也鼓励企业通过集体协商来确定工资水平。

（二）工资的构成

工资一般由基本工资和辅助工资两部分构成。基本工资也称为标准工资，是用人单位支付给劳动者在法定工作时间内提供正常劳动的劳动报酬，如计件工资、计时工资等。基本工资构成工资的主干，是最低工资法、工资集体协商制度的主要调整对象。辅助工资是指基本工资以外，在工资构成中处于辅助地位的工资组成，通常是用人单位针对劳动者超出正常劳动外的劳动耗费所给予的劳动报酬，如奖金、津贴、延长工作时间工资等。

(三) 工资的形式

工资的形式是以一定的工资分配制度为基础，按照确定的劳动标准和报酬标准，计量每个劳动者的实际劳动报酬的方式。根据国家统计局《关于工资总额组成的规定》，目前我国的工资形式主要有以下几类：

1. 计时工资。计时工资是指按计时工资标准和工作时间支付给个人的劳动报酬，是最基本的工资形式。根据计算工资的时间单位的不同，计时工资可分为月工资制、日工资制和小时工资制。计时工资的优点是操作简单易行，适用于任何企业和工种；缺点是以劳动时间作为计算工资报酬的依据，不能完全将工资报酬与劳动的数量和质量挂钩。

2. 计件工资。计件工资是指对已做工作按计件单价支付的劳动报酬，以一定时间内的劳动成果来计算，是计时工资的转化形式。计件工资包括：(1) 实行超额累进计件、直接无限计件、限额计件、超额计件等工资制，按劳动行政部门或主管部门批准的定额和计件单价支付给个人的工资；(2) 按工作任务包干办法支付给个人的工资；(3) 按营业额提成或利润提成办法支付给个人的工资。计件工资的优点是能够使劳动成果直接与劳动报酬相联系，更好地体现了按劳分配的原则，但这种工资形式容易造成劳动者刻意追求数量而忽视质量，甚至影响安全生产。

3. 奖金。奖金是指支付给职工的超额劳动报酬和增收节支的劳动报酬。奖金按劳动者付出的超额劳动来支付，是对劳动者作出优异成绩的一种奖赏，是计时工资的辅助形式。奖金的支付能调动劳动者的生产积极性，更好地体现按劳分配原则。奖金的种类很多，包括超产奖，安全生产奖，节约奖，劳动竞赛奖，机关、事业单位的奖励工资以及其他奖金。

4. 津贴。津贴是指为了补偿职工特殊或额外的劳动消耗和因其他特殊原因而支付给职工的报酬，具有补偿作用和激励作用。津贴可分为：(1) 为补偿劳动者在特殊劳动条件下的劳动消耗和额外劳动消耗而设的津贴，如矿山井下津贴等；(2) 为补偿劳动者特殊劳动消耗和额外生活支出而设的津贴，如林区津贴等；(3) 为特种保健要求而设的津贴，如保健津贴等；(4) 为鼓励职工钻研技术、努力工作而设的津贴，如科研津贴等。

5. 补贴。补贴是指为了保证职工工资水平不受物价影响而支付给职工的物价补贴。补贴是工资构成中较固定的工资形式，一般是特定条件下因物价变动影响而支付给劳动者的临时性工资补助，目的是保证劳动者的生活水平不会受到较大的冲击。

6. 特殊情况下的工资。特殊情况下的工资是指用人单位依照法律、法规规定或者劳动合同约定，在特殊时间内或特殊工作情况下支付给劳动者的工资，主要包括延长工作时间工资、履行国家和社会义务期间的工资、休假期间的工资、停工期间的工资等。

此外，法律还对工资的形式作了排除说明，劳动者的以下劳动收入不属于工资范围：(1) 保险福利费用；(2) 劳动保护方面的费用；(3) 按规定未列入工资总额的各种劳动报酬；(4) 实物折款；(5) 财产性收入；(6) 转移性收入；(7) 其他现金收入。

【案例分析】

单位实行计件工资制度时，如何计算加班工资？

【案情】陈某在一家小型鞋业公司从事加工工作，公司对该岗位实行计件工资制度，规定，职工每做好一双鞋发给工资25元。按这一标准，陈某一般每月工资能拿到1 300元左右，效率高的时候还可以拿到1 600元左右。“广交会”期间，公司接到大订单，需要赶制一批鞋，经与工会和劳动者本人协商，安排陈某等人利用休息日加班。后来，公司以陈某每月的工资1 300元为基数，折算出其平均小时工资标准，向其支付了加班工资。陈某认为自己在加班期间为了公司的效益拼命赶工，工作效率高，以自己效率最低时的收入1 300元为基数计算加班工资不合理，要求公司增加支付加班工资。公司不同意，遂引发争议。

【分析】《劳动法》第44条、《工资支付暂行规定》第13条规定了用人单位安排劳动者延长工作时间的加班工资支付，并区分了标准工时制下、实行计件工资制下以及实行综合计算工时制下的支付问题。要计算加班工资，关键是确定加班情形的类型。本案中，公司按计件工资向陈某支付工资，在计算加班工资时却又以月工资为基数计算加班工资，而且选择陈某效率最低的工资收入为基数，实际上是变相降低了应支付给陈某的加班工资。依据《工资支付暂行规定》第13条第2款，实行计件工资的劳动者，在完成计件定额任务后，由用人单位安排在工作日、休息日、法定休假日延长工作时间的，应根据标准工时下支付加班工资的原则，分别按照不低于劳动者法定工作时间计件单价的150%、200%、300%支付加班工资。故公司应根据陈某在加班期间的实际产量，按照计件单价25元/件的200%的标准，向其支付加班工资。

二、工资立法的基本原则

工资立法的基本原则是贯穿整个工资立法的指导思想和基本准则。《劳动法》第46条规定：“工资分配应当遵循按劳分配原则，实行同工同酬。”“工资水平在经济发展的基础上逐步提高。国家对工资总量实行宏观调控。”由此确立了我国工资法律调整的基本原则。

（一）按劳分配原则

按劳分配，是指根据劳动者提供的劳动数量和质量来分配个人消费品，等量劳动领取等量报酬，多劳多得，少劳少得，不劳者不得。每个劳动者根据自己提供的劳动量，取得与其所提供的劳动量相当的劳动报酬。按劳分配要充分体现脑力劳动和体力劳动、复杂劳动和简单劳动、熟练劳动和非熟练劳动、繁重劳动和非繁重劳动之间的差别，要体现奖勤罚懒、奖优罚劣的原则，既要反对平均主义，也要反对分配不公、收入高低过分悬殊的做法。实行按劳分配，有利于调动劳动者的生产积极性，促使劳动者提高劳动技能，提高劳动生产率，为国家和社会创造更多的财富。

（二）同工同酬原则

同工同酬，是指用人单位对所有劳动者同等价值的劳动应付给同等的劳动报酬。在同一分配单位中，从事同种类工作、同样熟练程度的劳动者，不分性别、年龄、民族、种族，只要付出同等劳动，就应当领取同等报酬。国际劳工组织的章程中就规定了同工同酬原则，1951 年第 100 号《男女工人同工同酬公约》也规定，“对于所有劳动力，即男劳动力和女劳动力同等价值的劳动，应付给同等的报酬”。该公约还提出，同工同酬原则的实行可由国家立法、合法确定的工资制度、集体协议或以上方式的结合来保障。我国已于 1990 年批准加入了这一公约，并将同工同酬原则写入《劳动法》，作为工资法律调整的基本原则之一。根据同工同酬原则，用人单位在工资支付过程中不得对从事相同工作、提供同等价值劳动的劳动者因其性别、民族、年龄等方面的不同而支付不等量的报酬。实行同工同酬，充分体现了我国公民在法律面前一律平等原则和按劳分配原则。同工同酬原则有利于保护全体劳动者的合法权益，防止劳动过程中的各种歧视性行为，但它并不排斥用人单位对虽从事同种工作但技能和劳动贡献不同的劳动者支付不等量的报酬。

（三）在经济发展的基础上逐步提高工资水平的原则

工资水平是指一定时期内职工平均工资的高低程度。工资水平是反映经济发展水平和劳动者物质文化生活水平的一个重要指标，同时也在一定程度上体现着国家、用人单位、劳动者个人三者之间的利益分配关系，以及不同行业、不同地区、不同单位、不同工种之间各类劳动者的工资关系。《劳动法》规定：“工资水平在经济发展的基础上逐步提高。”这一原则有两层含义：一是职工工资水平必须建立在经济发展的基础上，并且只能在经济发展的基础上逐步提高。只有在经济发展的基础上逐步提高劳动者的工资水平，才能不断改善劳动者的物质文化生活水平。二是要使劳动生产率的增长与工资水平的增长保持适当的比例关系，劳动报酬增长的速度不得超过劳动生产率增长的速度。工资水平的提高要以国民收入的增长和社会劳动生产率的提高为前提，并且在提高的速度上要与之相适应。

三、工资立法沿革

工资立法随各国社会制度、文化及经济发展阶段的不同而有所不同。在自由竞争时期，工资水平和支付方式由雇主和雇员双方通过雇佣合同来约定。19 世纪后半期以来，工资基准立法逐渐受到国家的重视。20 世纪中期，随着劳资合作和民主参与理念的确立，工资协商机制逐步建立，通过集体谈判确定工资发展成为各国确定工资的一种基本制度。目前，不少市场经济国家的工资立法都包括了工资自决、工资基准、工资协商内容。国际劳工组织针对工资问题，通过了一系列的国际公约，包括 1928 年《确定最低工资办法公约》、1938 年《工资与工时统计公约》、1949 年《保护工资公约》、1951 年《（农业）确定最低工资办法公约》、1951 年《男女工人同工同酬公约》等，这些公约对于指导各成员国制定工资立法，维护劳动者的劳动报酬权起到了重要作用。

新中国成立后，我国的工资立法主要包括：1950 年《工资条例（草案）》、1955 年《关于国家机关工作人员全部实行工资制和改行货币工资制的命令》、1956 年《关于工资改革的决定》。上述规定废除了新中国成立初期实行的供给制，实行全国统一的货币工资制，针对不同的行业和岗位实行等级工资制，企业可根据生产的需要，实行计时工资、计件工资、奖励工资、津贴等形式。1958年起，国家对部分职工的工资标准进行调整，并对局部工资制度进行了改革。

党的十一届三中全会以来，我国迎来了新的工资改革，工资立法得以进一步发展，主要有1978年《关于实行奖励和计件工资制度的通知》、1979年《关于调整工资区类别的几项具体规定》、1982年《关于严格制止企业滥发加班加点工资的通知》、1984年《关于国营企业发放奖金有关问题的通知》、1985年《关于国营企业工资改革问题的规定》和《关于实施国家机关和事业单位工作人员工资制度改革方案若干问题的规定》等。

随着20世纪90年代我国社会主义市场经济体制的确立，国家提出在市场经济条件下企业工资由市场机制决定、企业自主分配、政府监督调控相结合的新模式，开始了与市场经济相适应的工资立法，主要有1993年《全民所有制企业工资总额管理暂行规定》《国有企业工资总额同经济效益挂钩规定》《企业最低工资规定》（已失效），1994年《工资支付暂行规定》，2000年《工资集体协商试行办法》，2004年《最低工资规定》。至今，我国已初步形成与社会主义市场经济相适应的工资法体系。

【资料链接】

工资立法面临5项任务①

2007年7月初，国家劳动和社会保障部会同有关部门研究起草工资立法。“提高劳动报酬在初次分配中的比重”是对劳动者权益的切实维护和根本保障。为此，工资立法必须完成五项任务：

1. 明确工资范畴。工资立法是整个劳动立法中最薄弱的环节，因此，工资立法首先需要明确什么是“工资”。在现存的劳动关系中，工资是一个使用频率最高但内涵最不确定的概念，在形式上表现为劳动合同的记载，在实质上主要来源于用人单位的规定。在工资的构成上，劳动行政部门认定和司法机关保护的是国家统计局统计的工资、奖金、津贴和补贴，但这4项在现实生活中并不等于劳动者的全部收入，而且它们在不同的用人单位也“各有其招”。因此，在工资立法中，应当以劳动者的“收入”来取代工资的概念，明确规定劳动者全部收入都属于劳动报酬的范畴，都受法律保护。

2. 建立确定机制。在工资集体协商机制中，立法至少应当确立三种形式的集体协商方式，为单一而分散的劳动者提供三重保护屏障：其一是行业工资的集体协商，即以行业代表谈判的形式协商出该行业的工资额度，全行业的工资数额均不得低于该行业的工资标准；其二是区域谈判，可以确定该区域的工资标准，以供该区域的用人单位和劳动者参照；其三是用人单位内的集体谈判，通过集体谈判订立集体合同，由集体合同来确立该用人单位的工资标准，并以此约束劳动合同中的工资规定。在用人单位与劳动者订立的劳动合同中，工资标准只能高于集体合同所确立的额度。

3. 提高工资比重。降低用工成本是企业的一贯追求，但过低的劳动力成本会给劳动者造成非常大的伤害，因此，工资立法应当设定一个界限。提高劳动力成本，受益的也不仅仅是劳动者，企业产业结构得以调整，企业的收入也会更多。

---

① 参见周斌、苏海南、黎建飞：《工资立法：用法律保障劳动者获得应有报酬》，载《法制日报》，2007-11-25，6版。

4. 确定增长机制。工资增长无法与我国GDP增长、用人单位利润增长保持同步是目前最突出的问题，因此，应当立法确立工资增长机制，这一机制至少应反映四个情况：第一，我国GDP的增长与工资增长同步，应当成为工资增长的第一个标准；第二，用人单位利润的增长应当成为工资增长的一个自然指标；第三，物价上涨的指数应当作为工资增长的指标；第四，年功工资[①]增长应当成为工资增长的一个常态要素。

5. 完善支付保障。工资拖欠是这几年突出而长期难以解决的问题，有三方面的问题需要立法加以明确：首先，要明确工资支付期限的问题；其次，要明确工资支付形式的问题；再次，要加大拖欠工资的处罚力度。

四、工资法的主要内容

(一) 工资分配制度

《劳动法》第47条规定："用人单位根据本单位的生产经营特点和经济效益，依法自主确定本单位的工资分配方式和工资水平。"从而确定了用人单位的工资分配自主权。

工资分配自主权是市场经济体制的必然要求。在市场经济体制建立的过程中，用人单位内部工资分配关系从过去的国家"统包统揽"转变为由用人单位自主决定。用人单位的工资分配自主权包括：第一，用人单位有权根据生产经营状况和劳动力供求关系确定本企业的工资水平；第二，用人单位有权根据生产、工作特点，采用适合本企业的工资形式和分配办法；第三，用人单位有权在国家法律、政策允许的范围内，通过增加生产、扩大经营、降低物耗等合法途径取得资金来源，提高职工的工资。企业可以根据自身的特点来决定工资分配方式。

目前主要的工资制度有：

1. 等级工资制

等级工资制是指根据劳动者的技术等级或职务等级划分工资级别，按等级发放工资的制度，包括工人技术等级制和职员职务等级制两种形式。

2. 岗位/技能工资制

岗位/技能工资制是以劳动技能、劳动责任、劳动强度和劳动条件等基本劳动要素评价为基础，以岗位工资、技能工资为主要内容的工资制度，包括岗位工资制和技能工资制。岗位/技能工资制打破了等级工资制的等级限制，能较好地贯彻按劳分配的原则，使劳动者的工资收入与其劳动技能、劳动强度、劳动条件、劳动贡献等密切相关，充分发挥工资的激励功能。

3. 效益工资制

效益工资制又称工效挂钩制，即企业的工资总额同企业经济效益挂钩。自1985年企业工资制度改革以来，国家开始在大中型企业实行效益工资制。1993年《国有企业工资总额同经济效益挂钩规定》对工资总额同经济效益挂钩的原则、经济效益指标及其基数、工资总额基数、浮动比例、工效挂钩的管理等内容作了规定。

---

① 年功工资是根据职工参加工作的年限，按照一定标准支付给职工的工资，是体现职工在企业逐年积累的劳动贡献的一种工资形式。一般而言，增加年功工资主要取决于职工工龄的增长，同时受职工的实际劳动贡献大小和企业经济效益高低的影响。

4. 年薪制

年薪制又称年工资收入制，是指以企业会计年度为考核周期来计发工资收入，主要针对公司经理、企业高级职员，因而又称为经营者年薪制。年薪是将经营者的工资收入与企业经营业绩挂钩的一种工资分配方式，通常由基薪和风险收入两部分组成。

（二）工资分配的集体协商方式

工资集体协商，是指职工代表与企业代表依法就企业内部工资分配制度、工资分配形式、工资收入水平等事项进行平等协商，在协商一致的基础上签订工资协议的行为。工资集体协商的目的在于通过集体协商方式确定工资分配，避免用人单位在行使工资分配自主权时独断专行，损害劳动者的合法权益。劳动和社会保障部于 2000 年出台的《工资集体协商试行办法》为企业与职工依法开展工资集体协商、签订工资协议提供了法律依据。

1. 工资集体协商的内容

工资集体协商的内容一般包括：(1) 工资协议的期限；(2) 工资分配制度、工资标准和工资分配形式；(3) 职工年度平均工资水平及其调整幅度；(4) 奖金、津贴、补贴等分配办法；(5) 工资支付办法；(6) 变更、解除工资协议的程序；(7) 工资协议的终止条件；(8) 工资协议的违约责任；(9) 双方认为应当协商约定的其他事项。

2. 工资集体协商代表及协商程序

工资集体协商代表应依照法定程序产生：职工一方由工会代表，未建工会的企业由职工民主推举代表，并得到半数以上职工的同意。企业代表由法定代表人和法定代表人指定的其他人员担任。协商双方可书面委托本企业以外的专业人士作为本方协商代表。协商双方享有平等的建议权、否决权和陈述权。协商代表应遵守双方确定的协商规则，履行代表职责，并负有保守企业商业秘密的责任。协商代表任何一方不得采取过激、威胁、收买、欺骗等行为。协商代表应了解和掌握工资分配的有关情况，广泛征求各方面的意见，接受本方人员对工资集体协商有关问题的质询。由企业内部产生的协商代表参加工资集体协商的活动应视为提供正常劳动，享受的工资报酬、保险福利待遇不变；职工协商代表的合法权益受法律保护。

职工和企业任何一方均可提出进行工资集体协商的要求。工资集体协商的提出方应向另一方提出书面的协商意向书，明确协商的时间、地点、内容等。另一方接到协商意向书后，应于 20 日内予以书面答复，并与提出方共同进行工资集体协商。在不违反有关法律、法规的前提下，协商双方有义务按照对方的要求，在协商开始前 5 日内，提供与工资集体协商有关的真实情况和资料。工资协议草案应提交职工代表大会或职工大会讨论审议。工资集体协商双方达成一致意见后，由企业行政方制作工资协议文本。工资协议经双方首席代表签字盖章后成立。

3. 工资协议的审查和生效

县级以上劳动保障行政部门依法对工资协议进行审查，审查内容包括工资集体协商双方代表资格、工资协议的条款内容和签订程序等。劳动保障行政部门经审查对工资协议无异议的，应及时向协商双方送达“工资协议审查意见书”，工资协议即行生效。劳动保障行政部门对工资协议有修改意见的，应将修改意见在“工资协议审查意见书”中通知协商双方。双方应就修改意见及时协商，修改工资协议，并重新报送劳动保障行政部门。工资协议向劳动保障行政部门报送经过 15 日后，协议双方未收到劳动保障行政部门的“工资协议审查意见书”，视为已经劳动保障行政部门同意，该工资协议即行生效。协商双方应于5日内将已经生效的工资协议以适当形式向本方全体人员公布。

4. 工资协议的效力

依法订立的工资协议对企业和职工双方具有同等约束力，双方必须全面履行工资协议规定的义务，任何一方不得擅自变更或解除工资协议。职工个人与企业订立的劳动合同中关于工资报酬的标准，不得低于工资协议规定的最低标准。

第二节 最低工资制度

一、最低工资制度概述

（一）最低工资的概念和特点

最低工资是指劳动者在法定工作时间内提供正常劳动的前提下，用人单位应依法支付的最低劳动报酬。其中，法定工作时间是指国家规定的制度工作时间；正常劳动是指劳动者按照劳动合同的约定在法定工作时间内从事的劳动，劳动者依法享受带薪年休假、探亲假、婚丧假、产假等国家规定的假期间，以及法定工作时间内依法参加社会活动期间，视为提供了正常劳动。

最低工资具有以下特点：

（1）最低工资是国家通过立法确定的法定标准。劳动者在经济上处于弱势地位，而工资是与其密切相关的最重要的劳动条件，为防止用人单位滥用工资分配权，侵害劳动者获得工资的权利，国家往往通过立法确定最低工资。

（2）最低工资的设立主要是解决低薪劳动者的生存问题，故其确定依据是劳动者个人及其家庭成员的基本生活需要。

（3）最低工资是劳动者获得劳动报酬的最低限度。最低工资具有劳动基准的性质，劳动合同和集体合同中约定的用人单位向劳动者支付的工资标准均不得低于最低工资标准，否则约定无效，按照最低工资标准执行。

（二）最低工资的组成

最低工资由法律允许的若干种劳动报酬项目组成，但是下列项目不能成为最低工资的组成部分：（1）延长工作时间工资；（2）中班、夜班、高温、低温、井下、有毒有害等特殊工作环境、条件下的津贴；（3）法律、法规和国家规定的劳动者福利待遇等。

二、最低工资标准的制定

最低工资标准是单位劳动时间内的最低工资数额。《劳动法》第48条规定：“国家实行最低工资保障制度。最低工资的具体标准由省、自治区、直辖市人民政府规定，报国务院备案。”“用人单位支付劳动者的工资不得低于当地最低工资标准。”考虑到幅员辽阔、地区经济发展和生活水平存在差异等因素，我国目前没有实行全国统一的最低工资标准，而是由各地根据其具体情况来确定最低工资标准，并且省、自治区、直辖市范围内的不同行政区域可以有不同的最低工资标准。

（一）确定最低工资标准依据和参考的因素

国际劳工组织1970年通过的《特别参照发展中国家情况确定最低工资公约》在确定最低工资标准应参考的因素时规定了两点：一是工人及其家庭的必需品，需考虑该国的一般工资水平、生活费、社会保障津贴以及其他社会阶层的相应生活标准；二是经济因素，包括经济发展的要求、生产力水平、获得和维持高水平就业的需要。上述规定基本为各国最低工资立法所接受，但各国立法关于制约最低工资标准要素的具体规定不尽相同。

我国《劳动法》第49条规定，确定和调整最低工资标准应当综合参考下列因素：一是劳动者本人及平均赡养人口的最低生活费用，二是社会平均工资水平，三是劳动生产率，四是就业状况，五是地区之间经济发展水平的差异。

按照《最低工资规定》，我国的最低工资标准一般采用月最低工资标准和小时最低工资标准的形式。月最低工资标准适用于全日制就业劳动者，确定月最低工资标准应参考当地就业者及其赡养人口的最低生活费用、城镇居民消费价格指数、职工个人缴纳的社会保险费和住房公积金、职工平均工资、经济发展水平、就业状况等因素。小时最低工资标准适用于非全日制就业劳动者，确定小时最低工资标准应在颁布的月最低工资标准的基础上考虑单位应缴纳的基本养老保险费和基本医疗保险费因素，同时还应当考虑非全日制就业劳动者在工作稳定性、劳动条件和劳动强度、福利等方面与全日制就业劳动者之间的差异。

（二）最低工资标准的制定程序

1. 初步拟定。最低工资标准的确定方案由省、自治区、直辖市人民政府劳动保障行政部门会同同级工会、企业联合会或者企业家协会研究拟订，并将拟订的方案报送人力资源和社会保障部。方案内容包括最低工资确定和调整的依据，适用范围，拟订标准和说明。

2. 征求意见。《最低工资规定》第8条中规定：“劳动保障部在收到拟订方案后，应征求全国总工会、中国企业联合会/企业家协会的意见。劳动保障部对方案可以提出修订意见，若在方案收到后14日内未提出修订意见的，视为同意。”

3. 批准、发布和备案。根据《最低工资规定》第9条，省、自治区、直辖市劳动保障行政部门应将本地区最低工资标准方案报省、自治区、直辖市人民政府批准，并在批准后7日内在当地政府公报和至少一种全地区性报纸上发布。省、自治区、直辖市人民政府劳动保障行政部门应在发布后10日内将最低工资标准报人力资源和社会保障部。

4. 调整。最低工资标准发布实施后，当最低工资标准制定时参考的各种相关因素如当地的最低生活费用、职工平均工资、经济发展水平、就业状况等因素发生变化，或者城镇居民消费价格指数累计变动较大时，应当适时调整。最低工资标准每两年至少调整一次。最低工资标准调整的程序和参考因素与最低工资标准的确定相同。

三、最低工资标准的保障与监督

（一）最低工资标准的保障

为保证用人单位支付劳动者的工资不低于当地最低工资标准，国家规定了具体的保障措施：用人单位应当在最低工资标准发布后10日内将该标准向本单位全体劳动者公示。用人单位违反此项义务，由劳动保障行政部门责令其限期改正。

在劳动者提供正常劳动的情况下，用人单位应支付给劳动者的工资不得低于当地最低工资标准；实行计件工资或提成工资等工资形式的用人单位，在科学、合理的劳动定额基础上，其支付劳动者的工资不得低于相应的最低工资标准。用人单位违反该规定支付给劳动者的工资低于当地最低工资标准的，由劳动保障行政部门责令其限期补发所欠劳动者工资，并可责令其按所欠工资的1倍至5倍支付劳动者赔偿金。劳动者与用人单位之间就执行最低工资标准发生争议的，按劳动争议处理有关规定处理。

（二）执行最低工资标准的监督

《最低工资规定》第4条规定：县级以上地方人民政府劳动保障行政部门负责对本行政区域内用人单位执行本规定情况进行监督检查。各级工会组织依法对本规定执行情况进行监督，发现用人单位支付劳动者工资违反本规定的，有权要求当地劳动保障行政部门处理。

第三节　工资支付保障制度

一、工资支付保障的概念工资

工资支付保障是保障劳动者获得其全部应得工资的制度。与最低工资制度相比，工资支付保障制度所保护的对象已不限于最低工资，而是扩及劳动者的全部应得工资，并且从工资额的确定转到对工资支付的规范。许多国家的劳动法都规定了工资支付保障，国际劳工组织也通过了1949年第95号《工资保障公约》和第85号同名建议书。我国还未加入上述公约，但《劳动法》对工资支付保障作了原则性规定，劳动部1994年《工资支付暂行规定》对用人单位的工资支付行为进行了规范，规定了工资支付项目、工资支付水平、工资支付形式、工资支付对象、工资支付时间以及特殊情况下的工资支付等内容。

二、工资支付保障措施

（一）工资支付的一般规则

1. 工资支付形式。工资应当以法定货币支付，不得以实物及有价证券替代货币支付。以货币形式支付工资是国际上通行的做法，其目的是限制实物支付，使个人收入货币化、规范化，有利于提高收入分配的透明度。

【资料链接】

“骨灰盒抵顶工资案”耸人听闻

据新华社2004年5月24日报道：辽宁省盘锦市下岗女工任某辛苦打工半年，得到的报酬却是骨灰盒。2002年4月，43岁的任某到盘锦市安顺殡仪福利厂做兼职会计，因多次索要工资未果，向人民法院提起诉讼。法院经审理判决：厂方一次性给付任某工资2 400元。但是在判决生效后任某并没有拿到一分钱，于是她向法院申请执行，结果换来的却是24个骨灰盒。法院的说法是：“骨灰盒也是商品，用骨灰盒抵顶工资不违反任何法律规定。”不过，当地人民检察院认为这起案件的执行违背了公序良俗，建议重新执行。

本案例反映出，如果不坚持“工资应当以法定货币形式支付”这一规则，结果会令人啼笑皆非。同样是执行拖欠工资案，下列做法就令人拍手称快：泉州市某基层人民法院依法查封了被执行人某公司的厂房，然后公开拍卖，以拍卖所得清偿了公司拖欠员工的工资。①

2. 工资支付对象。为保障劳动者能领取到工资，用人单位应当将工资支付给劳动者本人。劳动者本人因故不能领取工资时，可由其亲属或委托他人代领。用人单位可委托银行代发工资。为使劳动者清楚了解工资支付的具体情况，用人单位在支付工资时应向劳动者提供一份其个人的工资清单。从证据保留的角度考虑，用人单位还必须书面记录支付劳动者工资的数额、时间、领取者的姓名以及签字，并保存两年以上备查。

3. 工资支付时间。工资必须在用人单位与劳动者约定的日期支付，如遇节假日或休息日，应当提前在最近的工作日支付。工资至少每月支付一次，实行周、日、小时工资制的可按周、日、小时支付工资。对完成一次性临时劳动或某项具体工作的劳动者，用人单位应当按有关协议或合同规定在其完成劳动任务后即支付工资。劳动关系双方依法解除或终止劳动合同时，用人单位应在解除或终止劳动合同时一次付清劳动者工资。非全日制用工劳动报酬结算支付周期不得超过15日。

（二）特殊情况下的工资支付规则

特殊情况下的工资支付以存在法定的特殊情况作为支付依据，以劳动者本人的工资为基点作为支付标准。我国特殊情况下的工资支付主要有以下几种：

1. 休假期间的工资支付。《劳动法》第51条规定，“劳动者在法定休假日和婚丧假期间……用人单位应当依法支付工资”。《工资支付暂行规定》第11条规定：“劳动者依法享受年休假、探亲假、婚假、丧假期间，用人单位应按劳动合同规定的标准支付劳动者工资。”

（1）法定休假日期间的工资支付。法定休假日是法律规定的放假节日，依照规定，在元旦、春节、劳动节、端午节、中秋节、国庆节及其他法定休假日期间，用人单位应当依法安排劳动者休假，并依法向劳动者支付工资。

（2）婚丧假期间的工资支付。婚丧假是结婚假和丧事假的总称，系指劳动者本人结婚以及

① 参见周斌：《2004年十大劳动争议案》，载《中国劳动保障》，2005（1）。

其直系亲属死亡时其所在用人单位给予的假期，包括路程假期。享受婚丧假是劳动者的合法权利，婚丧假（包括路程假）期间用人单位应向劳动者支付工资。

（3）产假期间的工资支付。产假期间工资照付。根据1994年人事部《关于机关、事业单位女职工产假期间工资计发问题的通知》，机关、事业单位女职工在国家规定的产假期间，其工资按下列各项之和计发：一是，机关实行职级工资制的人员，为本人职务工资、级别工资、基础工资与工龄工资；二是，机关技术工人，为本人岗位工资、技术等级工资与按国家规定比例计算的奖金；三是，机关普通工人，为本人岗位工资与按国家规定比例计算的奖金；四是，事业单位职工，为本人技术等级工资与按国家规定比例计算的津贴。

（4）探亲假期间的工资支付。1981年国务院《关于职工探亲待遇的规定》规定：职工在规定的探亲假期和路程假期内，按照本人的标准工资发给工资。职工探望配偶和未婚职工探望父母的往返路费由所在单位负担；已婚职工探望父母的往返路费，在本人月标准工资30%以内的由本人处理，超过部分由所在单位负担。职工在探亲假期间的工资，按照本人的标准工资发给。

2. 依法参加社会活动期间的工资支付。劳动者在法定工作时间内参加社会活动，应视同提供了正常劳动，用人单位应支付劳动者工资。社会活动包括：（1）依法行使选举权或被选举权；（2）当选代表出席政府、党派、工会、青年团、妇女联合会等组织召开的会议；（3）出任人民法院陪审员或者证人；（4）出席劳动模范、先进工会大会；（5）《工会法》规定的不脱产工会基层委员会委员因工会活动占用的生产或工作时间；（6）其他依法参加的社会活动。

3. 停工期间的工资支付。非因劳动者原因造成单位停工、停产在一个工资支付周期内的，用人单位应按劳动合同规定的标准支付劳动者工资。超过一个工资支付周期的，若劳动者提供了正常劳动，则支付给劳动者的劳动报酬不得低于当地的最低工资标准；若劳动者没有提供正常劳动，应按国家有关规定办理。

4. 企业依法破产时的工资支付。《工资支付暂行规定》第14条规定，用人单位依法破产时，劳动者有权获得其工资。在破产清偿中用人单位应按《企业破产法》规定的清偿顺序，首先支付欠付的本单位劳动者的工资。

【理论探讨】

工资优先权

工资优先权是指根据法律的直接规定，劳动者享有的因从事有偿劳动而获得相应的报酬请求权，就债务人的一般财产获得优先受偿的权利。它是解决欠薪问题的制度之一。工资优先权的设置目的在于打破债权平等原则，在债务人的财产不足以清偿所有的债权时，工资债权优先受偿。[①] 从民法的角度来看，工资债权通常是一种无担保的债权，尽管对于优先权的性质、劳动债权是否享有优先权还有争议，但不少国家立法从保护劳动者权益出发，将其列为法定优先权。国际劳工组织也强调对劳动者工资权益的保障，1949年通过的《工资保障公约》第11条规定了工资优先权："事业破产或依法清算时，其所雇用的工人应列为特别优先清偿债权人，

① 参见魏丽：《工资优先权制度探讨》，载林嘉主编：《社会法评论》，第2卷，395页，北京，中国人民大学出版社，2007。

凡属特别优先清偿债务之工资，应在普通债权人平均分资产主张确立之前全部清偿，其与其他特别优先清偿债务的优先顺序应以法令规定之。”①

我国于2007年6月起施行的《企业破产法》顺应保护工资债权的趋势，确定了工资债权较一般债权的优先性。该法第113条规定，破产财产在优先清偿破产费用和共益债务后，依照下列顺序清偿：(1) 破产人所欠职工的工资和医疗、伤残补助、抚恤费用，所欠的应当划入职工个人账户的基本养老保险、基本医疗保险费用，以及法律、行政法规规定应当支付给职工的补偿金；(2) 破产人欠缴的除前项规定以外的社会保险费用和破产人所欠税款；(3) 普通破产债权。

学界对工资债权优先于一般债权已无异议，破产立法中关于工资债权的清偿顺序问题的争议焦点不在于此，而在于工资债权是否具有优先于有担保债权受偿的地位。一种观点认为，工资债权虽应优先受保护，但只具有优先于普通债权的地位，不应当优先于有担保债权。另一种观点则认为，工资债权应优先于有担保债权，只有这样才能从根本上解决破产企业职工劳动工资优先受偿的问题。这两种观点相互对立，在我国目前工资拖欠严重的情况下，完全采纳任何一种观点，都必将对破产程序中的相关当事人的利益产生极其重大的影响。将工资债权置于有担保债权之前有一定的合理性，有利于保护劳动者的权利，但是，如果将工资债权一律优先于有担保债权受偿，虽然有可能解决短期一定范围内的社会问题，但从宏观和长远来看，对市场经济的规范运作可能产生不利影响，从而在根本上影响职工的利益。针对我国目前的情况，绝对采用任何一种做法都不利于社会和谐稳定，也不利于经济长远、稳定发展。此问题实际上涉及一种长期利益与短期利益的价值冲突，也涉及转型时期的利益冲突问题。立法应当在此复杂情况下起到协调器的作用，兼顾各方的利益，协调各种价值的冲突。②

依据《企业破产法》第132条，我国贯彻的是“老人老办法，新人新办法”原则，即破产人在2006年8月27日前所欠职工的工资、社会保险费用、经济补偿金等工资债权优于有担保的债权受偿，8月27日以后所欠职工的工资等工资债权则后于有担保的债权受偿。这样规定体现了工资债权优先于有担保债权不具有长期性，仅是过渡性的措施。要真正解决企业拖欠工资问题及工资的足额清偿问题，还有待于建立完善的工资支付保障制度。

5. 延长工作时间的工资支付。根据《劳动法》第44条，用人单位安排劳动者延长工作时间的，支付不低于其工资的150%的工资报酬；休息日安排劳动者工作，又不能安排补休的，支付不低于其工资的200%的工资报酬；法定休假日安排劳动者工作的，支付不低于其工资的300%的工资报酬。

【案例分析】

加班费的诉讼时效

【案情】1998年孙某进入北京某物业公司工作，岗位是电梯维修工。公司对孙某实行按月综合计算工时，法定节假日和双休日赶上轮班也不能休息。2008年《劳动合同法》实施后，孙某认为自己进入公司11年来从未领取任何加班费，故起诉要求公司支付1998年至2008年

---

① 黄越钦：《劳动法新论》，226页，北京，中国政法大学出版社，2003。

② 参见王利明：《关于劳动债权与担保物权的关系》，载《法学家》，2005 (2)。

期间的加班费、经济补偿共计17万元。公司则认为孙某的请求已过诉讼时效。该案经劳动仲裁、一审和二审，二审法院在《劳动合同法》没有明确规定如何认定诉讼时效的情况下，对这类要求加班费的案件，根据2年以内的部分由用人单位举证，2年以上的部分由劳动者举证的北京市高级人民法院作出的规定，在孙某提交了证据证明公司11年来一直拖欠加班费的情况下，支持了孙某要求支付11年加班费的诉讼请求。

【分析】支付加班费问题是劳动司法实践中的一大难点，而劳动者主张支付加班费案件又存在两个难题：一是如何证明存在加班、应当支付加班费的情况，二是如何确定加班费的诉讼时效。对于前者，2010年最高人民法院《关于审理劳动争议案件适用法律若干问题的解释(三)》规定，劳动者主张加班费的，应当就加班事实的存在承担举证责任；但劳动者有证据证明用人单位掌握加班事实存在的证据，用人单位不提供的，由用人单位承担不利后果。对于后者，法律没有明确规定，北京、上海、广东等各地司法机关多从举证责任的角度出发，根据《工资支付暂行规定》关于用人单位对工资支付凭证、考勤凭证负有2年保管义务的规定，以2年为界限，2年之内的加班工资由用人单位承担举证责任，超过2年的加班工资用人单位不承担举证责任，劳动者有证据证明的，予以支持。

6. 特殊人员的工资支付。(1) 劳动者受行政处分后仍在原单位工作或受刑事处分后重新就业的，应主要由用人单位根据具体情况确定其工资报酬；劳动者受刑事处分期间，如收容审查、拘留、缓刑、监外执行期间，其待遇按国家有关规定执行。(2) 学徒工、熟练工、大中专毕业生在学习期、熟练期、见习期、试用期及转正定级前的工资待遇由用人单位自主确定。(3) 新就业复员军人的工资待遇由用人单位自主确定；分配到企业的军队转业干部的工资待遇，按国家有关规定执行。

(三) 禁止克扣或无故拖欠劳动者工资

《劳动法》第50条第二句规定："不得克扣或者无故拖欠劳动者的工资"。在已提供正常劳动的前提下依劳动合同约定领取足额工资，是劳动者的合法权益，受法律保护，任何单位不得克扣或无故拖欠，否则应承担法律责任。《劳动合同法》第30条第2款规定："用人单位拖欠或者未足额支付劳动报酬的，劳动者可以依法向当地人民法院申请支付令，人民法院应当依法发出支付令。"从而为劳动者提供了新的救济途径。

克扣是指用人单位无正当理由扣减劳动者应得的工资，无故拖欠是指用人单位无正当理由超过规定付薪时间未支付劳动者工资。劳动法律、法规对克扣或无故拖欠工资的情况进行了限定，具体如下：

1. 下列情形不属于克扣工资：(1) 用人单位代扣代缴的个人所得税；(2) 用人单位代扣代缴的应由劳动者个人负担的各项社会保险费用；(3) 法院判决、裁定中要求代扣的抚养费、赡养费；(4) 法律、法规规定可以从劳动者工资中扣除的其他费用。

2. 下列情形下允许用人单位减发劳动者的工资：(1) 国家的法律、法规中有明确规定的；(2) 依法签订的劳动合同中有明确规定的；(3) 用人单位依法制定并经职代会批准的厂规、厂纪中有明确规定的；(4) 企业工资总额与经济效益相联系，经济效益下浮时，工资必须下浮的(但支付给劳动者的工资不得低于当地的最低工资标准)；(5) 因劳动者请事假等相应减发工资等。

3. 下列情形下不属于无故拖欠：(1) 用人单位遇到非人力所能抗拒的自然灾害、战争等原因，无法按时支付工资；(2) 用人单位确因生产经营困难、资金周转受到影响，在征得本单位工会同意后，可暂时延期支付劳动者工资，延期时间的最长限制可由各省、自治区、直辖市劳动行政部门根据各地情况确定。

4. 对工资扣除数额进行限制：因劳动者本人原因给用人单位造成经济损失的，用人单位可按照劳动合同的约定要求其赔偿经济损失。经济损失的赔偿，可从劳动者本人的工资中扣除，但每月扣除的部分不得超过劳动者当月工资的 20%；若扣除后的剩余工资部分低于当地月最低工资标准，则按月最低工资标准支付。

三、欠薪支付保障

《工资支付暂行规定》第 18 条规定：各级劳动行政部门有权监察用人单位工资支付的情况。用人单位有下列侵害劳动者合法权益行为的，由劳动行政部门责令其支付劳动者工资和经济补偿，并可责令其支付赔偿金：克扣或者无故拖欠劳动者工资的；拒不支付劳动者延长工作时间工资的；低于当地最低工资标准支付劳动者工资的。

实践中，用人单位拖欠劳动者工资的情况比较普遍，尤其是企业拖欠农民工工资现象时有发生。为此，劳动和社会保障部、建设部于 2004 年联合发布了《建设领域农民工工资支付管理暂行办法》，规范建筑业企业对与之形成劳动关系的农民工的工资支付行为，保障建筑领域农民工的合法报酬权益。该办法规定，业主或工程总承包企业未按合同约定与建设工程承包企业结清工程款，致使建设工程承包企业拖欠农民工工资的，由业主或工程总承包企业先行垫付农民工被拖欠的工资，先行垫付的工资数额以未结清的工程款为限。企业因被拖欠工程款导致拖欠农民工工资的，企业追回的被拖欠工程款，应优先用于支付拖欠的农民工工资。企业违反国家工资支付规定拖欠或克扣农民工工资的，记入信用档案，并通报有关部门。企业应按有关规定缴纳工资保障金，存入当地政府指定的专户，用于垫付拖欠的农民工工资。

为切实保障劳动者获得劳动报酬的权利，全国人大常委会于 2011 年 2 月 25 日通过的《刑法修正案（八）》，新增设恶意欠薪罪，追究恶意拖欠劳动者工资者的刑事责任。《刑法修正案（八）》规定：在《刑法》第 276 条后增加一条，作为第 276 条之一："以转移财产、逃匿等方法逃避支付劳动者的劳动报酬或者有能力支付而不支付劳动者的劳动报酬，数额较大，经政府有关部门责令支付仍不支付的，处三年以下有期徒刑或者拘役，并处或者单处罚金；造成严重后果的，处三年以上七年以下有期徒刑，并处罚金。单位犯前款罪的，对单位判处罚金，并对其直接负责的主管人员和其他直接责任人员，依照前款的规定处罚。有前两款行为，尚未造成严重后果，在提起公诉前支付劳动者的劳动报酬，并依法承担相应赔偿责任的，可以减轻或者免除处罚。"最高人民法院于 2013 年 1 月 14 日通过了《关于审理拒不支付劳动报酬刑事案件适用法律若干问题的解释》[法释（2013）3 号]，对上述条文中的"劳动者的劳动报酬""以转移财产、逃匿等方法逃避支付劳动者的劳动报酬""数额较大""经政府有关部门责令支付仍不支付""造成严重后果的"等术语进行了解释，并明确了用人单位的实际控制人实施拒不支付劳动报酬行为，以及不具备用工主体资格的单位或者个人违法用工且拒不支付劳动者的劳动报酬，构成犯罪的，应以拒不支付劳动报酬罪追究其刑事责任。

【案例分析】

对不具备用过主体资格的自然人追究拒不支付劳动报酬罪的条件

【案情】胡某于2010年12月分包了位于成都市双流县黄水镇的三盛翡俪山一期景观工程的部分劳务工程，之后聘请了多名民工入场施工。2011年6月5日工程完工后，胡某以工程亏损为由拖欠李某等二十余名民工工资12万余元未支付。2011年6月9日四川省双流县人力资源和社会保障局责令胡某支付拖欠的民工工资，胡某于当晚订购机票并在次日早上携妻乘飞机逃匿。6月30日，四川锦天下园林工程有限公司代胡某垫付民工工资12万余元。2011年7月12日，胡某在浙江省慈溪市被抓获。

【分析】《最高人民法院关于审理拒不支付劳动报酬刑事案件适用法律若干问题的解释》第7条规定，"不具备用工主体资格的单位或者个人，违法用工且拒不支付劳动者的劳动报酬，数额较大，经政府有关部门责令支付仍不支付的，应当依照刑法第二百七十六条之一的规定，以拒不支付劳动报酬罪追究刑事责任。"本案即"四川省双流县人民检察院诉胡某拒不支付劳动报酬案"[①] 的裁判摘要指出："一、不具备用工主体资格的单位或自然人，违法用工拒不支付劳动报酬，且经政府有关部门责令支付后逃匿的，即使工程总承包商垫付劳动报酬，也不影响追究其拒不支付劳动报酬罪的刑事责任。二、人力资源和劳动保障部门作出的含有要求行为人'支付劳动报酬'的意思表示的责令改正通知书，是构成拒不支付劳动罪的前置条件的法律文书。行为人在被责令支付后以逃匿方式实施拒不支付劳动报酬的，构成拒不支付劳动报酬罪。"本案中，胡某聘请多名民工施工完工后，以工程亏损为由拖欠多名民工工资达12万余元，数额较大，并在社会保障行政部门责令其支付后乘机逃匿，拒不支付，其行为已触犯了《中华人民共和国刑法》第276条之一规定，构成拒不支付劳动报酬罪。虽然工资款已由四川锦天下园林工程有限公司垫付，但不影响依法追究胡某的刑事责任。四川省双流县人民法院依法判决胡某犯拒不支付劳动报酬罪，鉴于胡某系初犯、认罪态度好，酌情予以从轻处罚，判处有期徒刑1年，并处罚金人民币2万元。一审宣判后，被告人胡某没有提出上诉，公诉机关也没有提起抗诉，判决已发生法律效力。

【资料链接】

我国各地的欠薪支付保障制度

我国目前尚未形成统一、完善的欠薪支付保障制度，但各部门、各地方政府已积极尝试行之有效的措施，以维护劳动者的合法权益。

1. 欠薪保障基金制度

欠薪保障基金制度，是指用人单位拖欠劳动者的工资时，在符合法定条件的情况下，用欠薪保障基金向劳动者垫付一定数额工资的社会共济制度。上海市于2007年发布了《上海市企业欠薪保障金筹集和垫付的若干规定》，目的是帮助劳动者解决因企业欠薪引起的临时性生活困难，维护社会稳定。深圳市也于2008年修订《深圳经济特区欠薪保障条例》，规定了深圳经

---

① 参见《最高人民法院公报》，2015（6）。

济特区欠薪保障基金的筹集、使用和管理。根据上述规定，欠薪保障基金制度的主要内容有：(1) 欠薪保障实行社会共济、应急帮助和有限垫付的原则。(2) 设立欠薪保障金，其来源包括企业缴纳的欠薪保障费及其利息收入、垫付欠薪款项的追偿所得、财政补贴和其他收入。深圳还规定，接受的合法捐赠也是欠薪保障金的来源。欠薪保障金实行收支两条线管理，设立财政专户，专款专用。(3) 欠薪的垫付和追偿。符合一定条件的被欠薪的劳动者可以申请垫付欠薪。劳动者领取垫付欠薪后，劳动行政部门就垫付部分取得对企业的追偿权。对于未获垫付的欠薪，员工有权继续追偿。此外，还规定了欠薪企业及其工作人员的相关法律责任。

2. 欠薪报告制度和欠薪预警制度

欠薪报告制度是指企业发生欠薪情况后，必须向工会组织、劳动保障行政部门进行报告的制度。欠薪预警制度是指通过劳动关系信息预报、举报、排查等措施，及时发现企业欠薪等劳资隐患，并积极采取措施，化解矛盾，以有效预防群体性突发事件的工作机制。这两个制度的目的都是督促欠薪企业通过各种途径筹措资金，偿还劳动者的欠薪工资，保护劳动者的合法权益，如河南省在2002年就发布了《关于实行企业欠薪报告制度的通知》，天津市劳动和社会保障局也发布了《关于试行企业欠薪报告制度和欠薪预警办法的通知》，从2002年起实行欠薪报告制度和欠薪预警制度。欠薪报告的内容通常包括：拖欠工资的原因、金额，涉及的职工人数，企业目前的生产经营及财务状况，企业偿还拖欠工资的计划、履行进度，签订偿还协议情况及履行偿还协议的保证措施等。用人单位收到预警通知后应制订工资补发计划，提出切实可行的整改措施。预警期间，劳动保障行政部门定期进行抽查。对于严重或恶意拖欠职工工资、限期整改不到位、屡犯不改的用人单位，由劳动保障行政部门予以通报或在新闻媒体曝光，以给欠薪企业施加压力，督促其偿还欠薪。

问题与思考

1. 我国工资的形式有哪些？

2. 制定最低工资标准应考虑哪些因素？

3. 如何完善我国的工资支付保障制度？

4. 材料分析：继大学生就业“800元最低工资”之后，近年来又出现了“零工资就业”现象。“零工资”就业应该说是大学生就业压力日益增大的一个极端现象，是指大学生自愿到用人单位工作，用人单位不需要支付劳动报酬，也不需要承担其他任何劳动法上的义务，待双方约定的期间经过后，由用人单位决定是否聘用该劳动者并同该劳动者签订正式的劳动合同。一份关于“2006年大学生就业力调查”的报告显示，目前“零工资就业”者已占被调查对象的0.8%左右。这一现象已经引起了各方面的关注。

问题：(1)“零工资就业”与我国劳动法的哪些原则和制度相冲突？

(2) 要解决“零工资就业”问题，可以采取哪些途径？

第九章

劳动保护法

本章概要

劳动保护的目的在于化解工业风险，预防工业事故，保护劳动者在劳动过程中的生命安全和身体健康。而工业灾害的发生多是由"人"或"物"两方面的因素所引起，因此，劳动保护立法相应地分为劳动安全卫生技术规程以及劳动保护管理制度两方面内容。由于女职工以及未成年工的特殊性，为了体现劳动法实质平等的理念，劳动保护法对他们规定了特殊的劳动保护措施。

关键术语

工业风险　劳动保护　劳动安全卫生　女职工　未成年工　特殊劳动保护

第一节　劳动保护法概述

一、工业风险与劳动保护

随着工业劳动的社会化，劳动者所面临的主要威胁也由农业社会时代的自然风险（如冰雹、洪涝等自然灾害）转变为工业社会时代的工业风险。工业风险是指工业劳动过程中人的因素（如管理、操作瑕疵等）或者物的因素（如生产工具、场所等固有的物理或化学属性等）所含有的危险性和危害性。工业风险与自然风险的区别在于工业风险整体上具有可预测性和可控性。随着科技的发展，人们通过科学评估和规划，对于工业风险的发生概率以及发生的原因往往可以事先预测，且可以事先采取措施予以控制。工业风险所导致的危害具有社会性，这决定了对工业风险进行法律规制的必要性和紧迫性；而工业风险整体上的可预测性和可控性，又决定了对工业风险进行法律规制的可行性。劳动保护立法是对工业风险予以规制的重要措施之一。

整体而言，从工业风险转变为工业事故必须具备一定的条件。劳动过程是劳动者与生产资料相结合的过程，实质上整个过程是由人与物的结合完成的。通常来说，导致工业风险转化为工业事故发生也往往是由于人的因素或者物的因素：(1) 人的因素，即生产参与者的管理或者操作等方面的瑕疵导致职业灾害的发生，如违章操作等；(2) 物的因素，即生产过程中生产工具、工作场所等物质固有的物理或者化学属性，或者是此等物的质量瑕疵等，如放射性物质本身的放射危害性以及生产工具质量不合格等。物的因素既存在可以预先发现的情形，也存在由于技术水准等限制而无法预先发现的情形。

劳动保护与工业风险密切相关：工业风险所引发的社会危害促使劳动保护立法产生，而劳动保护的主要目的是预防工业风险，为劳动者构建安全、卫生的工作环境。因此，劳动保护具有以下三个特点：(1) 劳动保护的对象主要是劳动者；(2) 劳动保护的目的是营造安全、健康的工作环境；(3) 劳动保护的范围是劳动过程。

二、劳动保护法的概念和特征

劳动保护法是指国家为了保护劳动者在劳动过程中的安全和健康而制定的法律规范的总和。劳动保护法的特征主要表现为：

(1) 保护对象具有首要性。劳动权作为基本人权，具有保障生存的作用。然而，劳动者劳动权实现的首要前提在于用人单位能够提供安全、健康的工作环境，保障劳动者的人身安全。

(2) 内容大都具有技术性。工业事故产生的重要原因在于工作场所的“物的因素”（生产工具等），因此，劳动保护法的重要内容在于通过技术规程确保工作场所“物的安全”，如建筑安全，生产工具的安全，工作场所的通风、采光等。

(3) 法律规范具有强行性。劳动保护法不仅仅牵涉到劳动者个体的健康，还涉及社会秩序安全，因此，劳动保护立法所确立的法律规范具有强制性，多是强制性规范和禁止性规范，用人单位必须严格遵守，不得随意修改、变更。

(4) 适用范围具有广泛性。劳动保护法的适用范围具有广泛性主要体现在两方面：一是，劳动法意义上的劳动者，不论其所在用人单位的所有制形式以及所在行业，都应该遵守劳动保护法的相关规定，提供安全、健康的工作环境；二是，劳动法意义之外的社会劳动的参与者，如公务员等，同样也享有获得劳动保护的权利，因此，他们所在的单位或者所参与的社会劳动的组织者也应该遵守劳动保护法的相关规定。

劳动保护立法主要从抑制“物的因素”与“人的因素”两方面来预防工业风险，据此，劳动保护立法也可以从整体上划分为：(1) 劳动安全卫生技术规程，即主要从技术上使得“物”的质量的监管和控制标准化，包括建筑物的质量等，从而减少由于“物”的瑕疵导致职业危害的可能；(2) 劳动安全管理制度，即主要使“人”的管理制度化，使得企业能够严格管理，减少由于“人”的管理、操作等瑕疵导致职业危害。

三、中国劳动保护立法的发展

新中国成立初期，根据《共同纲领》和 1954 年《宪法》，国家颁布了一系列的劳动保护立法。1978 年党的十一届三中全会以后，我国的劳动保护立法又迎来了新的发展。1982 年，国务院颁布《矿山安全条例》《矿山安全监察条例》和《锅炉压力容器安全监察暂行条例》等，要求加强矿山及锅炉、压力容器的安全生产工作。1987 年，国务院颁布了《尘肺病防治条例》。1991 年，国务院发布了《企业职工伤亡事故报告和处理规定》，严格规定了对各类事故的报告、调查和处理程序。1992 年颁布《妇女权益保障法》，对女职工的劳动保护作出了明确规定。1992 年，《矿山安全法》颁布，对矿山企业保障安全生产的设施、安全管理制度的建立以及改善职工劳动条件的措施都进行了明确规定。1994 年，《劳动法》颁布，在第六章专门规定"劳动安全卫生"，这标志着我国劳动保护法制建设进入了一个新的发展时期。为了落实《劳动法》的相关规定，1995 年，劳动部先后颁布了《重大事故隐患管理规定》《劳动监察员管理办法》等规章。

2001 年，全国人大常委会通过了《职业病防治法》。2002 年，全国人大常委会通过了《安全生产法》，该法明确了生产经营单位的劳动保护义务以及相关从业人员的权利。2002 年，国务院颁布《使用有毒物品作业场所劳动保护条例》。2003 年，国务院公布《建设工程安全生产管理条例》。2004 年，国务院颁布《劳动保障监察条例》。2009 年，"张某某开胸验肺"事件曝光，震惊全国。为此，2009 年国家安全生产监督管理总局颁布了《作业场所职业健康监督管理暂行规定》（被 2012 年《工作场所职业卫生监督管理规定》废止），2011 年全国人大常委会修订了《职业病防治法》，2013 年卫生部重新制定了《职业病诊断与鉴定管理办法》，发布了新的《职业病分类和目录》。2014 年，全国人大常委会修订了《安全生产法》，从明确监管主体、强化生产经营单位义务、加大违法惩处等多方面完善了我国安全生产制度。2016 年，全国人大常委会再次修订了《职业病防治法》，取消了有职业病危害的建设项目涉及前期预防的所有安监行政审批，取消了企业应委托有资质的职业卫生技术服务机构进行职业病危害预评价、职业病危害控制效果评价（竣工验收）的要求。

四、劳动保护关系主体的权利与义务

劳动保护法涉及国家、用人单位以及劳动者三者之间的权利义务关系，其三者间具体的法律关系为（如图 9—1）：(1) 宪法上的权利义务关系，即国家为了保障劳动者职业安全权的实现，承担制定和完善劳动保护立法义务；(2) 公法上的权利义务关系，即基于劳动保护立法，政府对用人单位享有进行劳动安全卫生监察的行政权力，用人单位承担相应的义务；(3) 私法上的权利义务关系，即基于劳动合同，劳动者享有获得保护、照顾的权利，用人单位承担相应的义务。

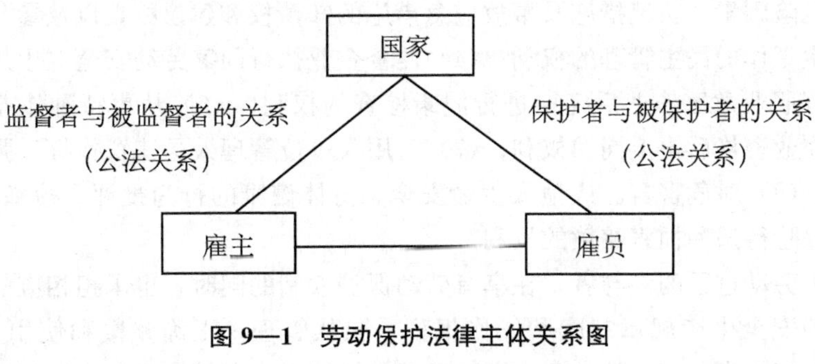

图 9—1 劳动保护法律主体关系图

（一）政府的劳动保护职责

根据《安全生产法》《职业病防治法》等的规定，政府的劳动保护职责具体包括：（1）建立并完善相关制度的职责，即按照保障安全生产的要求，依法及时制定劳动保护法规以及有关的国家标准或者行业标准；（2）监督管理职责，即依法在职责范围内对有关的劳动安全卫生工作实施监督管理，支持、督促有关部门依法履行劳动安全卫生的监督管理职责；（3）安全卫生知识的宣传普及职责，即加强对有关安全卫生的法律、法规和安全生产知识的宣传，提高职工的安全生产意识；（4）鼓励和支持安全生产科学技术研究、安全生产先进技术的推广应用，提高安全生产水平的职责；（5）责任追究职责，即对于违反安全卫生法律、法规的主体，依法追究生产安全事故责任人员的法律责任。

（二）用人单位的劳动保护义务

根据《安全生产法》《职业病防治法》等的规定，用人单位应该依法承担相应的劳动保护义务，具体包括：（1）应当依法提供符合国家标准或者行业标准规定的安全生产、职业卫生条件；（2）建立生产经营单位的安全生产责任制，明确各岗位的责任人员、责任范围和考核标准等内容；（3）依法应当设置安全生产管理机构或者配备专职安全生产管理人员；（4）应当对从业人员进行安全生产和职业卫生教育与培训；（5）禁止将生产经营项目、场所、设备发包或者出租给不具备安全生产条件或者相应资质的单位或者个人的义务；（6）应当建立和实施劳动保护管理制度，应当建立、健全职业病防治责任制，加强对职业病防治的管理，提高职业病防治水平，对本单位产生的职业病危害承担责任；（7）应当警示、告知作业场所和工作岗位存在的危险因素，如应当在有较大危险因素的生产经营场所和有关设施、设备上，设置明显的安全警示标志；（8）必须为从业人员提供符合国家标准或者行业标准的劳动防护用品，并监督、教育从业人员按照使用规则佩戴、使用；（9）应当为女职工和未成年工提供特殊劳动保护；（10）用人单位必须依法参加工伤保险。

（三）从业人员（劳动者）的权利与义务

劳动者是劳动保护关系的受保护者，享有获得安全工作环境的权利。根据《安全生产法》《职业病防治法》等法规，劳动者所享有的劳动保护的权利包括：（1）要求单位提供符合国家规定、安全卫生的劳动条件的权利；（2）接受劳动安全卫生教育的权利；（3）对作业场所和工作岗位存在的危险因素、防范措施及事故应急措施的知情权和建议权，以及参与用人单位安全生产、职业卫生工作的民主管理的权利；（4）监督企业执行国家劳动安全卫生规程和标准的权利；（5）从事有职业危害作业后定期进行健康检查的权利；（6）从事特种作业前接受专门培训，取得特种作业资格后再上岗的权利；（7）对用人单位管理人员违章指挥、强令冒险作业拒绝执行的权利；（8）对危害自己或他人生命安全、身体健康的行为批评、检举和控告的权利；（9）获得工伤保险待遇和损害赔偿的权利。

劳动者作为劳动过程的参与者，在享有劳动保护权利的同时，也承担相应的义务：（1）严格遵守本单位的安全生产规章制度和操作规程，服从管理，正确佩戴和使用劳动防护用品；（2）接受安全生产教育和培训的义务；（3）发现事故隐患或者其他不安全因素，立即向现场安全生产管理人员或者本单位负责人报告的义务。

《安全生产法》规定的从业人员的范围相对较广，除了劳动者外，还包括派遣劳动者、中等职业学校/高等学校学生中实习者等，他们也相应地享有上述权利，承担上述义务。

(四) 其他辅助主体的权利与义务

一是工会组织的权利和义务。(1) 工会组织享有依法代表劳动者与用人单位签订劳动安全卫生专项集体合同的权利；(2) 工会依法对安全卫生工作进行监督，依法组织职工参加本单位安全生产工作的民主管理和民主监督，维护职工在安全生产方面的合法权益。用人单位制定或者修改有关安全生产和职业病防治的规章制度，应当听取工会组织的意见；(3) 工会有权对建设项目的安全设施与主体工程同时设计、同时施工、同时投入生产和使用进行监督，提出意见；(4) 对于用人单位违反职业病防治法律、法规，侵犯劳动者合法权益的行为，有权要求纠正；产生严重职业病危害时，有权要求采取防护措施，或者向政府有关部门建议采取强制性措施；(5) 发生安全卫生事故时，有权参与事故调查处理；(6) 发现危及劳动者生命、健康的情形时，有权向用人单位建议组织劳动者撤离危险现场，用人单位应当立即作出处理。

二是相关的技术服务、鉴定等机构的权利和义务，如职业卫生技术服务机构依法从事职业病危害因素检测、评价工作，接受安全生产监督管理部门的监督检查。依法设立的为安全生产提供技术、管理服务的机构，依照法律、行政法规和执业准则，接受生产经营单位的委托为其安全生产工作提供技术、管理服务。建设项目安全设施的设计人、设计单位应当对安全设施设计负责。

三是相关的供应商、设计人的义务。任何单位和个人不得将产生职业病危害的作业转移给不具备职业病防护条件的单位和个人。向用人单位提供可能产生职业病危害的设备的，应当提供中文说明书，并在设备的醒目位置设置警示标志和中文警示说明。警示说明应当载明设备性能、可能产生的职业病危害、安全操作和维护注意事项、职业病防护以及应急救治措施等内容。

四是相关协会的义务。有关协会组织依照法律、行政法规和章程，为生产经营单位提供安全生产方面的信息、培训等服务，发挥自律作用，促进生产经营单位加强安全生产管理。

第二节 安全生产法律制度

一、安全生产法律制度概述

(一) 安全生产法的概念及特点

安全生产法是指为避免造成人员伤害和财产损失的事故，对生产经营活动中生产经营单位的安全生产保障机制、监督检查机关安全生产监督检查执法、从业人员的权利与义务以及安全生产事故的应急救援和调查处理予以规制的法律规范总和。其具有以下特点：一是安全生产法适用主体较为多元，包括：(1) 从事生产经营单位的单位；(2) 从业人员，除了劳动法中的劳动者外，还包括派遣劳动者、实习生、其他参与生产经营活动的非劳动者等；(3) 其他主体，如建设项目安全设施的设计人等。二是安全生产法由一般规定和特别规定相结合。由于特定行业安全生产工作具有特殊性，因此，除了《安全生产法》外，还有消防安全和道路交通安全、铁路交通安全、水上交通安全、民用航空安全以及核与辐射安全、特种设备安全特别规定。三是安全生产法坚持预防为主、多元参与、综合治理的方针。因安全生产事故破坏性较强，因此，安全生产法以事故预防为主要目标，且通过生产经营单位负责、职工参与、政府监管、行业自律和社会监督的多元参与、综合治理的模式来促进该目标的实现。

(二)《安全生产法》的修订、完善

中国共产党第十八届中央委员会第三次全体会议通过的《中共中央关于全面深化改革若干重大问题的决定》将深化安全生产管理体制改革作为健全公共安全体系的重要组成部分，明确提出，建立隐患排查治理体系和安全预防控制体系，遏制重特大安全事故。为此，2014 年 8 月 31 日，第十二届全国人大常委会第十次会议对《安全生产法》做了重大修订，具体包括：一是确立了“以人为本，坚持安全发展”的理念、“安全第一、预防为主、综合治理的方针”，改变了原有《安全生产法》系监督管理法的单一定位，使得该法更加契合公共安全、多元参与、综合治理的理念。二是强化了安全生产监督管理，完善了监管体系，如规定建立健全安全生产工作协调机制，确立了综合监管、行业监管和多部门联合监管的监管体系，并且监管体系向下延伸，避免监管空白，规定乡镇人民政府以及街道办事处、开发区管理机构的安全生产职责；三是强化生产经营单位的安全生产主体责任；四是建立预防安全生产事故的制度；五是加大对违法行为的责任追究。

二、安全生产制度

(一) 安全技术措施计划制度

安全技术措施计划是企业计划的重要组成部分，是有计划地改善劳动条件的重要手段，也是做好劳动保护工作、防止工伤事故和职业病的重要措施。根据劳动部和全国总工会发布的《安全技术措施计划的项目总名称表》，安全技术措施计划的项目主要包括：安全技术措施、工业卫生技术措施、辅助房屋及设施、宣传教育措施、减轻劳动强度等其他安全技术措施等。

(二) 安全生产责任制度

安全生产责任制，就是各级领导应对本单位安全工作负总的领导责任，以及各级工程技术人员、职能科室和生产工人在各自的职责范围内对安全工作应负相应的责任。《安全生产法》第 22 条规定：“生产经营单位的全员安全生产责任制应当明确各岗位的责任人员、责任范围和考核标准等内容。”“生产经营单位应当建立相应的机制，加强对全员安全生产责任制落实情况的监督考核，保证全员安全生产责任制的落实。”责任制度的确立是为了督促相关责任人的职责的落实，企业安全生产责任制度体现了权责相一致的基本原则：主要负责人对本单位的安全生产工作全面负责，各业务部门在各自的业务范围内承担责任，而在具体岗位从业的劳动者基于其岗位的职责承担责任。

(三) 安全生产教育制度

安全生产教育是指为了增强职工的安全生产意识，提高安全生产的技能，而对职工进行教育、培训和考核的制度。安全生产教育的内容主要包括三个方面：

1. 安全生产的思想教育

安全生产的思想教育主要是通过宣传安全生产的重要性，学习、总结安全生产的经验、教训，提高职工的安全生产的思想意识。

2. 安全生产的法制教育

安全生产的法制教育主要是组织职工学习安全生产的法律、法规、政策性文件以及企业内部安全生产的规章制度，目的是让职工了解安全生产的法律规定，明确自己的权利、义务以及相应的责任，督促职工依法生产。

3. 安全生产的技术教育

安全生产的技术教育包括生产技术、一般安全技术和专业安全技术的教育和训练，目的是让职工熟练掌握生产工具以及安全防护器材等器械的技术操作，提高安全生产的技术水平。《安全生产法》规定：生产经营单位应当对从业人员进行安全生产教育和培训，保证从业人员具备必要的安全生产知识，熟悉有关的安全生产规章制度和安全操作规程，掌握本岗位的安全操作技能，了解事故应急处理措施，知悉自身在安全生产方面的权利和义务。未经安全生产教育和培训合格的从业人员，不得上岗作业。

(四) 安全生产事故预防制度

为了贯彻预防为主的方针，《安全生产法》将加强事前预防、强化隐患排查治理作为一项重要内容：一是生产经营单位必须建立生产安全事故隐患排查治理制度，采取技术、管理措施及时发现并消除事故隐患，并向从业人员通报隐患排查治理情况的制度。二是政府有关部门要建立健全重大事故隐患治理督办制度，督促生产经营单位消除重大事故隐患。三是对未建立隐患排查治理制度、未采取有效措施消除事故隐患的行为，设定了严格的行政处罚。四是赋予负有安全监管职责的部门对拒不执行执法决定、有发生生产安全事故现实危险的生产经营单位依法采取停电、停供民用爆炸物品等措施，强制生产经营单位履行决定的权力。

(五) 安全生产检查制度

安全生产检查是指通过对企业遵守有关安全生产的法律、法规的情况进行监督检查，对生产过程及安全管理中可能存在的隐患、有害与危险因素、缺陷等进行查证，以确定隐患或有害与危险因素、缺陷的存在状态，以及它们转化为事故的条件，以便制定整改措施，消除隐患或有害与危险因素，确保生产的安全。

安全生产检查根据不同的标准，可划分为不同的类型：一是根据主体的不同，可分为：(1) 行政主管部门所进行的安全生产检查；(2) 企业安全生产管理机构或者安全生产管理人员所进行的安全生产检查。(3) 企业工会组织或者职工代表所进行的安全生产检查。二是根据固定程度不同，可分为：(1) 定期安全生产检查。(2) 经常性安全生产检查，即采取个别的、日常的巡视方式来对施工过程进行实时的监督检查。(3) 季节性及节假日前安全生产检查。三是根据检查的内容，分为：(1) 专业（项）安全生产检查，即对某个专项问题或在施工（生产）中存在的普遍性安全问题进行的单项定性检查。(2) 综合性安全生产检查，即由主管部门对下属各企业或生产单位进行的全面综合性检查。

根据《安全生产法》第四章“安全生产的监督管理”的相关规定，负责安全生产监督管理职责的部门依法行使以下职权：(1) 审查批准或验收的权力，即涉及安全生产的事项需要审查批准（包括批准、核准、许可、注册、认证、颁发证照等，下同）或者验收的，必须严格依照有关法律、法规和国家标准或者行业标准规定的安全生产条件和程序进行审查。(2) 执法检查权，具体包括：生产经营场所的进入权、查阅取证权、对违法行为予以处罚的权力。

安全生产监督检查人员执行监督检查任务时，必须出示有效的监督执法证件；对于涉及的被检查单位的技术秘密和业务秘密，应当为其保密。安全生产监督检查人员应当就检查的时间、地点、内容、发现的问题及其处理情况做成书面记录，并由检查人员和被检查单位的负责人签字；被检查单位的负责人拒绝签字的，检查人员应当将情况记录在案，并向负有安全生产监督管理职责的部门报告。负有安全生产监督管理职责的部门在监督检查中，应当互相配合，实行联合检查；确需分别进行检查的，应当互通情况，发现存在的安全问题应当由其他有关部门进行处理的，应当及时移送其他有关部门并形成记录备查，接受移送的部门应当及时进行处理。

(六) 生产安全事故应急救援与调查处理制度

生产安全事故应急救援与调查处理制度实质上是安全生产领域“防”“治”结合、以防为主的原则的具体体现，其中，应急救援机制突出了对生产安全事故的预防，而调查处理制度则是关于生产安全事故发生后及时、有效治理的规定。

1. 生产安全事故应急救援制度

根据《安全生产法》的相关规定，生产安全事故应急救援制度的主要内容包括：

(1) 县级以上地方各级人民政府应当组织有关部门制定本行政区域内生产安全事故应急救援预案，建立应急救援体系。生产经营单位应当制定本单位生产安全事故应急救援预案，与所在地县级以上地方人民政府组织制定的生产安全事故应急救援预案相衔接，并定期组织演练。

(2) 危险物品的生产、经营、储存单位以及矿山、金属冶炼、城市轨道交通运营、建筑施工单位应当建立应急救援组织；生产经营规模较小的，可以不建立应急救援组织，但应当指定兼职的应急救援人员。危险物品的生产、经营、储存、运输单位以及矿山、金属冶炼、城市轨道交通运营、建筑施工单位应当配备必要的应急救援器材、设备和物资，并进行经常性维护、保养，保证正常运转。

(3) 生产经营单位发生生产安全事故后，事故现场有关人员应当立即报告本单位负责人。单位负责人接到事故报告后，应当迅速采取有效措施，组织抢救，防止事故扩大，减少人员伤亡和财产损失，并按照国家有关规定立即如实报告当地负有安全生产监督管理职责的部门，不得隐瞒不报、谎报或者迟报，不得故意破坏事故现场、毁灭有关证据。负有安全生产监督管理职责的部门接到事故报告后，应当立即按照国家有关规定上报事故情况。负有安全生产监督管理职责的部门和有关地方人民政府对事故情况不得隐瞒不报、谎报或者迟报。

有关地方人民政府和负有安全生产监督管理职责的部门的负责人接到生产安全事故报告后，应当按照生产安全事故应急救援预案的要求立即赶到事故现场，组织事故抢救。参与事故抢救的部门和单位应当服从统一指挥，加强协同联动，采取有效的应急救援措施，并根据事故救援的需要采取警戒、疏散等措施，防止事故扩大和次生灾害的发生，减少人员伤亡和财产损失。事故抢救过程中应当采取必要措施，避免或者减少对环境造成的危害。

2. 生产安全事故调查处理制度

《安全生产法》规定：事故调查处理应当按照科学严谨、依法依规、实事求是、注重实效的原则，及时、准确地查清事故原因，查明事故性质和责任，评估应急处置工作，总结事故教训，提出整改措施，并对事故责任单位和人员提出处理意见。事故调查报告应当依法及时向社会公布。生产经营单位发生生产安全事故，经调查确定为责任事故的，除了应当查明事故单位的责任并依法予以追究外，还应当查明对安全生产的有关事项负有审查批准和监督职责的行政主管部门的责任，对有失职、渎职行为的，依法追究法律责任。任何单位和个人不得阻挠和干涉对事故的依法调查处理。

《生产安全事故报告和调查处理条例》规定，根据生产安全事故（以下简称事故）造成的人员伤亡或者直接经济损失，事故一般分为特别重大事故、重大事故、较大事故以及一般事故。根据事故等级的不同，相应的调查和处理制度也不尽相同。

（1）生产安全事故的调查。特别重大事故由国务院或者国务院授权有关部门组织事故调查组进行调查。重大事故、较大事故、一般事故分别由事故发生地省级人民政府、设区的市级人民政府、县级人民政府负责调查。省级人民政府、设区的市级人民政府、县级人民政府可以直接组织事故调查组进行调查，也可以授权或者委托有关部门组织事故调查组进行调查。对于未造成人员伤亡的一般事故，县级人民政府也可以委托事故发生单位组织事故调查组进行调查。上级人民政府认为必要时，可以调查由下级人民政府负责调查的事故。事故调查组的组成应当遵循精简、效能的原则，事故调查、处理应当遵循实事求是、尊重科学的原则，及时、准确地查清事故原因，查明事故性质和责任，总结事故教训，提出整改措施，并对事故责任者提出处理意见。

（2）生产安全事故的处理。对于重大事故、较大事故、一般事故，负责事故调查的人民政府应当自收到事故调查报告后，在法定期间内作出批复。有关机关应当按照人民政府的批复，依照法律、行政法规规定的权限和程序，对事故发生单位和有关人员进行行政处罚，对负有事故责任的国家工作人员进行处分。事故发生单位应当按照负责事故调查的人民政府的批复，对本单位负有事故责任的人员进行处理。负有事故责任的人员涉嫌犯罪的，依法追究刑事责任。事故发生单位应当认真吸取事故教训，落实防范和整改措施，防止事故再次发生。防范和整改措施的落实情况应当接受工会和职工的监督。事故处理的情况由负责事故调查的人民政府或者其授权的有关部门、机构向社会公布，依法应当保密的除外。

【资料链接】

安全生产责任党政同责——昆山工厂爆炸事故：书记被免市长被撤

2013 年 7 月 18 日召开的中央政治局第 28 次常委会上，习近平强调说：“落实安全生产责任制，要落实行业主管部门直接监管、安全监管部门综合监管、地方政府属地监管，坚持管行业必须管安全，管业务必须管安全，管生产必须管安全，而且要党政同责、一岗双责、齐抓共管。该担责任的时候不负责任，就会影响党和政府的威信。”为此，各地制定了相关的正式文件，以落实“党政同责、一岗双责、齐抓共管”[1]。

2014 年 8 月 2 日 7 时 34 分，位于江苏省苏州市昆山市昆山经济技术开发区的昆山中荣金属制品有限公司抛光二车间发生特别重大铝粉尘爆炸事故，当天造成 75 人死亡、185 人受伤。依照《生产安全事故报告和调查处理条例》规定的事故发生后 30 日报告期内，共有 97 人死亡、163 人受伤（事故报告期后，经全力抢救医治无效陆续死亡 49 人，尚有 95 名伤员在医院治疗，病情基本稳定），直接经济损失 3.51 亿元。

2014 年 12 月 30 日，国务院对江苏昆山市中荣金属制品有限公司“8·2”特别重大铝粉尘爆炸事故调查报告作出批复，认定这是一起生产安全责任事故，涉嫌犯罪的 18 名责任人已移送司法机关采取措施，对其他 35 名责任人给予党纪、政纪处分。其中江苏省副省长史和平被记过处分；昆山市委书记、昆山开发区党工委书记管爱国受党内严重警告、被免职；昆山市市长、昆山开发区管委会主任路军被撤销党内职务、撤职。[2]

第三节 职业病防治法律制度

职业病，是指企业、事业单位和个体经济组织等用人单位的劳动者在职业活动中，因接触粉尘、放射性物质和其他有毒、有害因素而引起的疾病。职业病的形成通常是由于工作场所的相关物质的物理或化学属性存在危害性。根据《职业病防治法》的相关规定，职业病防治主要包括以下几方面的制度：

一、职业病危害项目申报制度

职业病危害项目申报制度的目的在于加强对职业病危害项目的监督管理，保护劳动者的身体健康。根据《职业病防治法》以及《职业病危害项目申报办法》规定，包括以下几项：

一是职业病危害项目申报。用人单位（煤矿除外）工作场所存在职业病目录所列职业病的危害因素的，应当及时、如实向所在地安全生产监督管理部门申报危害项目，并接受安全生产监督管理部门的监督管理。职业病危害项目申报工作实行属地分级管理的原则。(1) 中央企业、省属企业及其所属用人单位的职业病危害项目，向其所在地设区的市级人民政府安全生产监督管理部门申报。(2) 其他用人单位的职业病危害项目，向其所在地县级人民政府安全生产监督管理部门申报。

二是职业病危害项目变更申报。用人单位有下列情形之一的，应当按照规定向原申报机关

---

① 2014 年 5 月 21 日，时任国家安全监管总局局长杨栋梁在国新办新闻发布会上表示，全国 32 个省区市中有 22 个省市已出台了“党政同责、一岗双责、齐抓共管”的正式文件。参见姜春媛：《安监总局：已出台“党政同责、一岗双责、齐抓共管”正式文件》，见新华网，http：//news. xinhuanet. com/politics/2014—05/22/c _ 1110808018. htm。

② 参见《江苏昆山工厂爆炸事故：书记被免市长被撤》，见人民网，http：//leaders. people. com. cn/n/2014/1231/c58278—26305164. html。

申报变更职业病危害项目内容：（1）进行新建、改建、扩建、技术改造或者技术引进建设项目的，自建设项目竣工验收之日起30日内进行申报；（2）因技术、工艺、设备或者材料等发生变化导致原申报的职业病危害因素及其相关内容发生重大变化的，自发生变化之日起15日内进行申报；（3）用人单位工作场所、名称、法定代表人或者主要负责人发生变化的，自发生变化之日起15日内进行申报；（4）经过职业病危害因素检测、评价，发现原申报内容发生变化的，自收到有关检测、评价结果之日起15日内进行申报。

三是职业病项目的注销。用人单位终止生产经营活动的，应当自生产经营活动终止之日起15日内向原申报机关报告并办理注销手续。

二、职业病危害预评价报告以及职业病危害控制效果评价制度

新建、扩建、改建建设项目和技术改造、技术引进项目（以下统称建设项目）可能产生职业病危害的，建设单位在可行性论证阶段应当进行职业病危害预评价。医疗机构建设项目可能产生放射性职业病危害的，建设单位应当向卫生行政部门提交放射性职业病危害预评价报告。卫生行政部门应当自收到预评价报告之日起30日内，作出审核决定并书面通知建设单位。未提交预评价报告或者预评价报告未经卫生行政部门审核同意的，不得开工建设。

建设项目的职业病防护设施所需费用应当纳入建设项目工程预算，并与主体工程同时设计，同时施工，同时投入生产和使用。建设项目的职业病防护设施设计应当符合国家职业卫生标准和卫生要求；其中，医疗机构放射性职业病危害严重的建设项目的防护设施设计，应当经卫生行政部门审查同意后，方可施工。建设项目在竣工验收前，建设单位应当进行职业病危害控制效果评价。医疗机构可能产生放射性职业病危害的建设项目竣工验收时，其放射性职业病防护设施经卫生行政部门验收合格后，方可投入使用；其他建设项目的职业病防护设施应当由建设单位负责依法组织验收，验收合格后，方可投入生产和使用。安全生产监督管理部门应当加强对建设单位组织的验收活动和验收结果的监督核查。

三、工作场所职业病危害因素监测及评价制度

用人单位应当实施由专人负责的职业病危害因素日常监测，并确保监测系统处于正常运行状态。用人单位应当按照国务院安全生产监督管理部门的规定，定期对工作场所进行职业病危害因素检测、评价。检测、评价结果存入用人单位职业卫生档案，定期向所在地安全生产监督管理部门报告并向劳动者公布。职业病危害因素检测、评价由依法设立的取得国务院安全生产监督管理部门或者设区的市级以上地方人民政府安全生产监督管理部门按照职责分工给予资质认可的职业卫生技术服务机构进行。职业卫生技术服务机构所作检测、评价应当客观、真实。发现工作场所职业病危害因素不符合国家职业卫生标准和卫生要求时，用人单位应当立即采取相应治理措施，仍然达不到国家职业卫生标准和卫生要求的，必须停止存在职业病危害因素的作业；职业病危害因素经治理后，符合国家职业卫生标准和卫生要求的，方可重新作业。

四、职业危害的警示告知制度

产生职业病危害的用人单位，应当在醒目位置设置公告栏，公布有关职业病防治的规章制度、操作规程、职业病危害事故应急救援措施和工作场所职业病危害因素检测结果。对于产生严重职业病危害的作业岗位，应当在其醒目位置，设置警示标志和中文警示说明，警示说明应当载明产生职业病危害的种类、后果、预防以及应急救治措施等内容。

用人单位与劳动者订立劳动合同（含聘用合同，下同）时，应当将工作过程中可能产生的职业病危害及其后果、职业病防护措施和待遇等如实告知劳动者，并在劳动合同中写明，不得隐瞒或者欺骗。劳动者在已订立劳动合同期间因工作岗位或者工作内容变更，从事所订立劳动合同中未告知的存在职业病危害的作业时，用人单位应当依照前述规定，向劳动者履行如实告知的义务，并协商变更原劳动合同相关条款。用人单位违反上述规定的，劳动者有权拒绝从事存在职业病危害的作业，用人单位不得因此解除与劳动者所订立的劳动合同。

五、职业健康监护制度

职业健康监护，是指劳动者上岗前、在岗期间、离岗时、应急的职业健康检查和职业健康监护档案管理等内容。用人单位应当为劳动者建立职业健康监护档案，并按照规定的期限妥善保存。职业健康监护档案应当包括劳动者的职业史、职业病危害接触史、职业健康检查结果和职业病诊疗等有关个人健康资料。劳动者离开用人单位时，有权索取本人职业健康监护档案复印件，用人单位应当如实、无偿提供，并在所提供的复印件上签章。

六、职业病诊断、鉴定制度

根据《职业病防治法》和《职业病诊断与鉴定管理办法》的规定，职工罹患职业病的，需经过相关机构的诊断。

（1）诊断资格的许可。医疗卫生机构开展职业病诊断，应当经省、自治区、直辖市人民政府卫生行政部门批准。职业病诊断机构批准证书有效期为5年。省、自治区、直辖市人民政府卫生行政部门应当向社会公布本行政区域内承担职业病诊断的医疗卫生机构的名单。

（2）诊断机构的管辖。劳动者可以在用人单位所在地、本人户籍所在地或者经常居住地依法开展职业病诊断的医疗卫生机构进行职业病诊断。

（3）职业病诊断的依据和标准。职业病诊断，应当综合分析病人的职业史、职业病危害接触史和工作场所职业病危害因素情况、临床表现以及辅助检查结果等，没有证据否定职业病危害因素与病人临床表现之间的必然联系的，应当诊断为职业病。用人单位应当如实提供职业病诊断、鉴定所需的劳动者职业史和职业病危害接触史、工作场所职业病危害因素检测结果等资料；安全生产监督管理部门应当监督检查和督促用人单位提供上述资料；劳动者和有关机构也应当提供与职业病诊断、鉴定有关的资料。职业病诊断、鉴定机构需要了解工作场所职业病危害因素的情况时，可以对工作场所进行现场调查，也可以向安全生产监督管理部门提出，安全生产监督管理部门应当在 10 日内组织现场调查。用人单位不得拒绝、阻挠。

（4）职业病诊断结论的作出。开展职业病诊断的医疗卫生机构在进行职业病诊断时，应当组织 3 名以上取得职业病诊断资格的执业医师集体诊断。职业病诊断机构在进行职业病诊断时，诊断医师对诊断结论有意见分歧的，应当根据半数以上诊断医师的一致意见形成诊断结论，对不同意见应当如实记录。参加诊断的职业病诊断医师不得弃权。职业病诊断机构可以根据诊断需要，聘请其他单位职业病诊断医师参加诊断。必要时，可以邀请相关专业专家提供咨询意见。职业病诊断机构作出职业病诊断结论后，应当出具职业病诊断证明书，该证明书应当由参与诊断的医师共同签署，并经开展职业病诊断的医疗卫生机构审核盖章。

当事人对职业病诊断机构作出的职业病诊断结论有异议的，可以在接到职业病诊断证明书之日起 30 日内，向职业病诊断机构所在地设区的市级卫生行政部门申请鉴定。设区的市级职业病诊断鉴定委员会负责职业病诊断争议的首次鉴定。当事人对设区的市级职业病鉴定结论不服的，可以在接到鉴定书之日起 15 日内，向原鉴定组织所在地省级卫生行政部门申请再鉴定。职业病鉴定实行两级鉴定制，省级职业病鉴定结论为最终鉴定。

【资料链接】

张某"开胸验肺"事件[①]

河南省新密市刘寨镇农民工张某自 2004 年 8 月到 2007 年 10 月在郑州振东耐磨材料有限公司（以下简称振东公司）打工。从 2007 年 8 月开始，张某感觉身体不适，还有咳嗽、胸闷症状，随后一直以感冒治疗。10 月，张某来到郑州市第六人民医院拍胸片检查，显示双肺有阴影，但不能确诊病情。意识到病情严重的张某此后到河南省人民医院、郑州大学第一附属医院、河南胸科医院等省会各大医院就诊，这几家医院均告诉他患上了"尘肺"，并建议到职业病医院进一步诊治。为了确诊，2009 年 1 月，张某到了北京，随后的近一个月，他先后在北京协和医院、中国煤炭总医院、北京朝阳医院、北京大学第三附属医院等医院就诊，得出的结论也为"尘肺病"。张某从北京回来后，就去了具备资格的郑州市职业病防治所就诊，但由于振东公司拒绝出具诊断所需的材料，张某并没有如愿。随后，在历经了多次上访，甚至和振东公司发生冲突后，由新密市市领导和信访局协调，张某才得以在 2009 年 5 月 12 日去郑州市职业病防治所进行诊断。5 月 25 日，张某得到了郑州市职业病防治所的诊断结果，让他难以接受的是，诊断结果却是"无尘肺 0+期（医学观察）合并肺结核"，建议进行肺结核诊治。

张某在要求郑州市职业病防治所解释无果后，再次来到郑州大学第一附属医院，要求做手术开胸检查。在他的强烈要求下，医院最终为他做了手术，术后的肺检结果为："肺组织内大量组织细胞聚集伴炭末沉积并多灶性纤维化"。

2009 年 7 月 1 日，张某因为支付不起医疗费不得不出院，郑州大学第一附属医院开具的出院记录上也写着"尘肺合并感染"的诊断。随后，张某为了维权而"开胸验肺"事件，引起全国的关注。最终，在新密市人民政府等有关部门的调解下，张某与振东公司签订了赔偿协议，获得包括医疗费、护理费、住院期间伙食补偿费、停工留薪期工资、一次性伤残补助金、一次性

---

① 案例来源：陈辉：《农民工为职业病维权开胸验肺证明自己患尘肺》，见中华网，http://news.china.com/zh_cn/social/1007/20090717/15565447.html。

伤残津贴及各项工伤保险待遇共计615 000元，与此同时，他同意终止与振东公司的劳动关系。

第四节　女职工和未成年工的特殊劳动保护

一、女职工和未成年工的特殊劳动保护概述

1802年英国《学徒健康和道德法》以纺织厂童工的劳动保护为其主要内容。19世纪30年代，英国又颁布了一些工厂立法，将劳动保护范围从纺织厂扩展到其他行业，并且将保护对象由童工扩展到妇女。因此，可以说现代劳动法最早源自劳动保护立法，更确切地说，是源自对童工和女职工的特殊劳动保护立法。

对女职工和未成年工的特殊劳动保护是相对于针对成年男性劳动者的一般保护而言的，其特殊性主要体现为：一是保护对象的特殊性，即女职工和未成年工；二是保护措施的特殊性，即保护的标准更高、更严。对女职工和未成年工进行特殊劳动保护是劳动法社会法属性的具体体现：（1）体现了劳动法的实质平等的价值。（2）体现了劳动法的社会利益本位。因为女性承担着人类繁衍的社会职责，繁重的工业劳动以及工业危害严重地威胁到了女职工的生育以及所生婴儿的健康；而未成年工的成长和发育则关系到人口素质，所以，劳动法对女职工和未成年工的特殊劳动保护实质上是为了维护整个人类的生存。

二、女职工的特殊劳动保护

根据《妇女权益保障法》《女职工劳动保护特别规定》等法律、法规，对女职工的特殊劳动保护主要体现为以下几个方面：

（一）女职工特殊劳动保护的一般规定

女职工禁忌从事的劳动范围为：（1）矿山井下作业；（2）体力劳动强度分级标准中规定的第四级体力劳动强度的作业；（3）每小时负重6次以上、每次负重超过20公斤的作业，或者间断负重、每次负重超过25公斤的作业。

用人单位应当加强女职工劳动保护，采取措施改善女职工劳动安全卫生条件，对女职工进行劳动安全卫生知识培训。用人单位应当遵守女职工禁忌从事的劳动范围的规定。用人单位应当将本单位属于女职工禁忌从事的劳动范围的岗位书面告知女职工。

在劳动场所，用人单位应当预防和制止对女职工的性骚扰。

（二）对“四期”女职工的特殊保护

1. 一般规定。《女职工劳动保护特别规定》第5条规定：“用人单位不得因女职工怀孕、生育、哺乳降低其工资、予以辞退、与其解除劳动或者聘用合同。”第10条规定：“女职工比较多的用人单位应当根据女职工的需要，建立女职工卫生室、孕妇休息室、哺乳室等设施，

妥善解决女职工在生理卫生、哺乳方面的困难。”

2. 对处于孕、产期女职工的特殊保护。具体包括：一是女职工在孕期不能适应原劳动的，用人单位应当根据医疗机构的证明，予以减轻劳动量或者安排其他能够适应的劳动。二是对怀孕7个月以上的女职工，用人单位不得延长劳动时间或者安排夜班劳动，并应当在劳动时间内安排一定的休息时间。三是怀孕女职工在劳动时间内进行产前检查，所需时间计入劳动时间。四是怀孕女职工禁忌从事以下劳动：(1) 作业场所空气中铅及其化合物、汞及其化合物、苯、镉、铍、砷、氰化物、氮氧化物、一氧化碳、二硫化碳、氯、己内酰胺、氯丁二烯、氯乙烯、环氧乙烷、苯胺、甲醛等有毒物质浓度超过国家职业卫生标准的作业；(2) 从事抗癌药物、己烯雌酚生产，接触麻醉剂气体等的作业；(3) 非密封源放射性物质的操作，核事故与放射事故的应急处置；(4) 高处作业分级标准中规定的高处作业；(5) 冷水作业分级标准中规定的冷水作业；(6) 低温作业分级标准中规定的低温作业；(7) 高温作业分级标准中规定的第三级、第四级的作业；(8) 噪声作业分级标准中规定的第三级、第四级的作业；(9) 体力劳动强度分级标准中规定的第三级、第四级体力劳动强度的作业；(10) 在密闭空间、高压室作业或者潜水作业，伴有强烈振动的作业，或者需要频繁弯腰、攀高、下蹲的作业。五是女职工生育享受98天产假，其中产前可以休假15天；难产的，增加产假15天；生育多胞胎的，每多生育1个婴儿，增加产假15天。女职工怀孕未满4个月流产的，享受15天产假；怀孕满4个月流产的，享受42天产假。

3. 对处于哺乳期女职工的特殊保护。具体包括：一是对于哺乳未满1周岁婴儿的女职工，用人单位不得延长劳动时间或者安排夜班劳动。二是用人单位应当在每天的劳动时间内为哺乳期女职工安排1小时哺乳时间；女职工生育多胞胎的，每多哺乳1个婴儿每天增加1小时哺乳时间。三是哺乳未满1周岁婴儿的女职工，禁止从事以下劳动：(1) 孕期禁忌从事的劳动范围的第一项、第三项、第九项；(2) 作业场所空气中锰、氟、溴、甲醇、有机磷化合物、有机氯化合物等有毒物质浓度超过国家职业卫生标准的作业。

4. 对处于经期的女职工的特殊保护。经期女职工禁忌从事以下劳动：(1) 冷水作业分级标准中规定的第二级、第三级、第四级冷水作业；(2) 低温作业分级标准中规定的第二级、第三级、第四级低温作业；(3) 体力劳动强度分级标准中规定的第三级、第四级体力劳动强度的作业；(4) 高处作业分级标准中规定的第三级、第四级高处作业。

(三) 女职工特殊劳动保护的救济

用人单位违反女职工劳动保护特殊规定的，应该根据情节轻重，承担罚款、责令停业、甚至责令关闭等行政处罚；对于侵害女职工合法权益，造成女职工损害的，用人单位应依法给予赔偿；用人单位及其直接负责的主管人员和其他直接责任人员构成犯罪的，依法承担刑事责任。对于用人单位违反女职工劳动保护特殊规定的违法行为，女职工可以依法投诉、举报、申诉，依法向劳动人事争议调解仲裁机构申请调解仲裁，对仲裁裁决不服的，有权依法向人民法院提起诉讼。

三、未成年工的特殊劳动保护

未成年工是指年满16周岁、未满18周岁的劳动者。未成年工的特殊保护是针对未成年工处于生长发育期的特点，以及接受义务教育的需要，而采取的特殊劳动保护措施。根据《未成年人保护法》《劳动法》《未成年工特殊保护规定》等法规，对于未成年工的特殊劳动保护主要体现在以下几方面：

1. 未成年工禁忌劳动范围

《劳动法》第64条规定："不得安排未成年工从事矿山井下、有毒有害、国家规定的第四级体力劳动强度的劳动和其他禁忌从事的劳动。"为贯彻该规定，《未成年工特殊保护规定》规定用人单位不得安排未成年工从事以下范围的劳动：(1)《生产性粉尘作业危害程度分级》中第一级以上的接尘作业；(2)《有毒作业分级》中第一级以上的有毒作业；(3)《高处作业分级》中第二级以上的高处作业；(4)《冷水作业分级》中第二级以上的冷水作业；(5)《高温作业分级》中第三级以上的高温作业；(6)《低温作业分级》中第三级以上的低温作业；(7)《体力劳动强度分级》中第四级体力劳动强度的作业；(8) 矿山井下及矿山地面采石作业；(9) 森林业中的伐木、流放及守林作业；(10) 工作场所接触放射性物质的作业；(11) 有易燃易爆、化学性烧伤和热烧伤等危险性大的作业；(12) 地质勘探和资源勘探的野外作业；(13) 潜水、涵洞、涵道作业和海拔3 000米以上的高原作业（不包括世居高原者）；(14) 连续负重每小时在6次以上并每次超过20公斤，间断负重每次超过25公斤的作业；(15) 使用凿岩机、捣固机、气镐、气铲、铆钉机、电锤的作业；(16) 工作中需要长时间保持低头、弯腰、上举、下蹲等强迫体位和动作频率每分钟大于50次的流水线作业；(17) 锅炉司炉。此外，《未成年工特殊保护规定》对于患有某种疾病或具有某些生理缺陷（非残疾型）的未成年工，明确了更为严格的劳动保护。

2. 未成年工定期健康检查制度

《劳动法》第65条规定："用人单位应当对未成年工定期进行健康检查。"《未成年工特殊保护规定》对未成年工的定期健康检查制度进行了具体规定，根据该规定，用人单位应对未成年工在安排工作岗位之前、工作满1年以及年满18周岁，距前一次的体检时间已超过半年时进行健康检查，而且应按"未成年工健康检查表"列出的项目进行。用人单位应根据未成年工的健康检查结果安排其从事适合的劳动，对不能胜任原劳动岗位的，应根据医务部门的证明，予以减轻劳动量或安排其他劳动。

3. 未成年工的使用和特殊保护登记制度

未成年工须持未成年工登记证上岗，因此，用人单位招收、使用未成年工，除符合一般用工要求外，还需向所在地的县级以上劳动保障行政部门办理登记。劳动保障行政部门根据"未成年工健康检查表""未成年工登记表"，以及《未成年工特殊保护规定》中的有关规定，审核体检情况和拟安排的劳动范围，核发由国务院劳动保障行政部门统一印制的"未成年工登记证"。

问题与思考

1. 何谓劳动保护法？劳动保护有何特点？
2. 劳动保护关系中国家应该履行怎样的职责？
3. 劳动保护关系中劳动者的权利、义务具体包括哪些内容？
4.《安全生产法》作了哪些方面的修改？
5. 如何进行职业病的防治管理？
6. 我国女职工和未成年工的特殊劳动保护具体体现在哪些方面？

第十章 劳动监察法

本章概要

本章对劳动监察的概念进行了界定，比较了劳动监察与相关概念的区别，对我国现行的劳动监察制度进行了完整的介绍，包括劳动监察的主体、对象、内容、采取的形式，劳动监察的管辖，劳动监察主体依法享有的职权和负担的义务以及劳动监察的基本程序。

关键术语

劳动监察　监察主体　监察内容　监察职权　监察程序

第一节　劳动监察概述

一、劳动监察的概念和特征

劳动监察，是指具有法定监察权的机构依法对用人单位及劳动服务主体贯彻执行劳动法律规范的情况进行监督和检查，并对发现的违法行为进行处理和处罚的活动。“徒法不足以自行”，劳动监察是劳动法获得贯彻执行的重要保障。劳动监察具有以下特征：

1. 法定性。劳动监察权是法定的，监察机构是经法律授权代表国家行使监察权力。监察规则是法定的，包括监察事项、监察手段、监察程序、监察处理等都是法律强制性规定的，不允许协商。监察主体必须严格依照法律实施监察活动，这既是其权力，也是其职责。而被监察主体不得以协议或其他任何方式规避监察。

2. 行政性。劳动监察机构本身是劳动保障行政部门，而劳动监察是发现和纠正劳动法实施中的违法行为，并实施行政处罚的具体行政行为，故属行政执法范畴。

3. 专门性。劳动监察原则上只能由劳动保障行政部门进行，其他机构和组织必须经法定授权或依法委托才能进行监察。

4. 综合性。与市监、卫生等其他行政主管部门的监督仅针对劳动用工的某些方面不同，劳动监察是全面监督，不论被监督者的隶属关系和所在行业部门，涵盖劳动关系各部分内容和运行环节，涉及劳动的各项法律制度。

二、劳动监察与相关概念的区别

（一）劳动监察与劳动监督

劳动监察与劳动监督不能完全等同。劳动监督是指法定监督主体依法对用人单位和劳动服务主体贯彻执行劳动法的情况进行监督的一系列活动。劳动监督是一个制度体系，由多元化的监督形式构成，劳动监察是其中最重要的一种。在我国，劳动监督的体系主要包括四个方面：（1）劳动监察；（2）其他行政部门监督；（3）工会监督；（4）其他组织和个人监督。前两种监督方式合称为行政监督，后两者合称为社会监督。在劳动监督体系中多种监督形式协同发挥作用，劳动监察是其核心，但不是全部。

（二）劳动监察与劳动仲裁

劳动监察与劳动仲裁的区别比较明显，前者是一种监督形式，后者是一种纠纷解决方式。具体而言，二者的区别表现在以下几个方面：

1. 机构。劳动人事争议仲裁委员会由干部主管部门代表、人力资源社会保障行政部门等相关行政部门代表、军队及聘用单位文职人员工作主管部门代表、工会代表、用人单位代表等组成；而劳动监察机构仅是由劳动行政部门代表单方组成。

2. 性质。劳动仲裁是一种裁判行为，仲裁机构处于中立地位；劳动监察本质上是一种行政执法行为，监察机构与被监察者之间是监督与被监督的关系。

3. 启动。劳动仲裁实行不告不理原则，必须由当事人提出仲裁请求才能进行；劳动监察是监察机构的权力和职责，应当积极、主动实施。

4. 手段。劳动仲裁机构无权对当事人进行处罚，但对劳动争议有调解权。劳动监察主体在监察中发现违法行为可实施行政处罚，但对被监察事项无调解权；对于劳动关系当事人之间存在的争议，只能告知其通过另外的纠纷解决程序解决。

5. 依据。劳动仲裁所依据的实体法既可以是强制性规范也可以是任意性规范，并且仲裁机构还能够依据合法、有效的合同条款及企业内部劳动规则进行调解和裁决。劳动监察所依据的实体法只限于强制性规范，不得以合同条款和企业内部劳动规则作为监察的依据。

6. 申诉途径。劳动争议当事人不服仲裁裁决，可依法向法院提起诉讼；劳动监察相对人不服劳动监察决定，可依法申请行政复议或提起行政诉讼。

劳动仲裁和劳动监察还有其他方面的差别，如时效、处理期限等。总之，这是两种功能不同的制度：劳动仲裁的功能在于化解劳动纠纷，双方当事人都可提起；而劳动监察的功能在于监督用人单位认真执行劳动法，保护劳动者的利益，劳动者本身不在监察的范围之内。

【理论探讨】

劳动监察与劳动争议处理的关系

实践中当劳动者认为其权益受到侵害时，请求劳动监察部门介入和申请劳动争议处理之间的关系如何，值得探讨。如何划定监察与争议处理程序各自的管辖范围？当事人是可以自愿选择抑或只能进入某种特定的程序？对此立法上并无明文，理论上有必要澄清。2004 年《劳动保障监察条例》第 21 条规定："用人单位违反劳动保障法律、法规或者规章，对劳动者造成损害的，依法承担赔偿责任。劳动者与用人单位就赔偿发生争议的，依照国家有关劳动争议处理的规定处理。对应当通过劳动争议处理程序解决的事项或者已经按照劳动争议处理程序申请调解、仲裁或者已经提起诉讼的事项，劳动保障行政部门应当告知投诉人依照劳动争议处理或者诉讼的程序办理。"根据该条规定，因损害赔偿问题发生争议的，只能通过劳动争议处理程序解决，不能启动监察程序。同时，2004 年《关于实施〈劳动保障监察条例〉若干规定》第 16 条对上述"赔偿争议"进行了具体的适用性解释。不过，《劳动合同法》第 77 条规定："劳动者合法权益受到侵害的，有权要求有关部门依法处理，或者依法申请仲裁、提起诉讼。"《劳动争议调解仲裁法》第 9 条也规定："用人单位违反国家规定，拖欠或者未足额支付劳动报酬，或者拖欠工伤医疗费、经济补偿或者赔偿金的，劳动者可以向劳动行政部门投诉，劳动行政部门应当依法处理。"这两条法律规定在部分事项上赋予劳动者一方程序选择权，其隐含的精神显然与前述条例第 21 条的规定存在差异乃至冲突。冲突主要体现在"赔偿金"争议解决的程序机制上，关键在于《劳动争议调整仲裁法》第 9 条中的"赔偿金"如何解释，与条例第 21 条所称的"赔偿"是否为等同概念。对此有必要结合立法背景探寻其立法意图。《劳动合同法》和《劳动争议调解仲裁法》的特殊背景是，当时劳动争议数量剧增，劳动争议解决机制面临改革需要以提高纠纷解决的效率。在此背景下《劳动合同法》第 77 条和《劳动争议调整仲裁法》第 9 条较明显地反映了希望通过劳动监察帮助分流一部分劳动争议解决压力的立法意图，特别是《劳动争议调整仲裁法》第 9 条规定在《劳动争议调解仲裁法》"总则"部分最后一条，由立法体系安排观之，其分流压力旨意更加明显。

综合上述分析可认为，在工伤医疗费、经济补偿以及赔偿金争议事项上，劳动者享有在劳动监察与争议处理程序之间进行选择的权利，但对于同一争议不能同时提起劳动仲裁和申请劳动监察，应由最先受理的一方负责。而更进一步的问题是，对劳动监察处理过的事项，当事人是否仍可启动劳动仲裁、诉讼程序。对此立法上没有直接的明确规定。有学者认为，如果劳动监察机关已经就劳动者和用人单位的实体法律关系作出了支持劳动者救济请求的行政裁决，当事人可以依法申请行政复议或提起行政诉讼，但不能再以同一事由申请仲裁并启动劳动争议处理程序。如果裁决否定了其救济请求，则劳动者还可申请争议处理。① 这种观点的合理性尚值得商榷。对此问题，有必要以立法明确。

① 参见肖竹：《论〈劳动争议调解仲裁法〉构建的裁审体制及与劳动监察的关系》，载《中国劳动关系学院学报》，2009 (2)。

第二节　我国劳动监察制度的基本内容

一、劳动监察的主体和对象

（一）劳动监察的主体

劳动监察主体即依法享有劳动保障监察权的机构和人员，包括劳动保障监察机构和劳动监察员。

1. 劳动保障监察机构。劳动保障监察机构，是依法享有监察权并代表国家对用人单位遵守劳动法的情况实行监督检查的专门机构。在我国，劳动监察机构是劳动保障行政部门内部的专门机构。国务院劳动保障行政部门主管全国的劳动保障监察工作，县级以上地方各级人民政府劳动保障行政部门都设置劳动保障监察机构，主管本行政区域内的劳动保障监察工作。在一些行（专）业还设置有专业劳动监察部门，如锅炉压力容器安全监察和矿山安全监察部门。除了劳动保障行政部门内设的监察机构之外，县级、设区的市级人民政府劳动保障行政部门还可以委托符合监察执法条件的组织实施劳动保障监察，这些组织一经授权也成为劳动保障监察主体。

劳动监察机构在性质上属于行政机构，具体而言是劳动保障行政部门的内设专门机构，但其有别于劳动保障行政部门其他的内设机构①：其他内设机构是劳动保障行政部门的一般职能机构，相对说来不具有独立性。而劳动监察机构是行使国家劳动监察职能的专门机构，其职权由法律规定，而不是由劳动保障行政部门通过内部分工来确定。

2. 劳动监察员。劳动监察员，是指具体执行劳动保障监察的专职或兼职人员。劳动保障监察员必须具备合法的资格，应当经过相应的考核或者考试录用，由国务院劳动保障行政部门制作并发放劳动保障监察证件。《劳动监察员管理办法》详细规定了劳动监察员的任职条件、培训、考核和监督制度。

（二）劳动监察的对象

劳动监察的对象即相对人，只能是用人单位和其他一些劳动服务主体，劳动者不属于劳动监察的对象。劳动监察最主要的对象是用人单位，但一些劳动服务主体也包括在内，因为这些主体的行为与劳动者的利益密切相关。《劳动保障监察条例》规定：“对职业介绍机构、职业技能培训机构和职业技能考核鉴定机构进行劳动保障监察，依照本条例执行。”另外，对于无营业执照或者已被依法吊销营业执照，有劳动用工行为的，由劳动保障行政部门依照上述条例实施劳动监察，并及时通报市场监督管理部门予以查处取缔。

---

① 参见管火明主编：《劳动和社会保障法》，157～158页，北京，中国政法大学出版社，2005。

二、劳动监察的内容和形式

（一）劳动监察的内容

劳动监察的内容，也就是劳动监察的客体，是指在劳动监察范围之内的事项。对此，《劳动保障监察条例》第11条作了明确列举："劳动保障行政部门对下列事项实施劳动保障监察：（一）用人单位制定内部劳动保障规章制度的情况；（二）用人单位与劳动者订立劳动合同的情况；（三）用人单位遵守禁止使用童工规定的情况；（四）用人单位遵守女职工和未成年工特殊劳动保护规定的情况；（五）用人单位遵守工作时间和休息休假规定的情况；（六）用人单位支付劳动者工资和执行最低工资标准的情况；（七）用人单位参加各项社会保险和缴纳社会保险费的情况；（八）职业介绍机构、职业技能培训机构和职业技能考核鉴定机构遵守国家有关职业介绍、职业技能培训和职业技能考核鉴定的规定的情况；（九）法律、法规规定的其他劳动保障监察事项。"此外，《劳动合同法》第74条也列举了劳动合同监察的内容："县级以上地方人民政府劳动行政部门依法对下列实施劳动合同制度的情况进行监督检查：（一）用人单位制定直接涉及劳动者切身利益的规章制度及其执行的情况；（二）用人单位与劳动者订立和解除劳动合同的情况；（三）劳务派遣单位和用工单位遵守劳务派遣有关规定的情况；（四）用人单位遵守国家关于劳动者工作时间和休息休假规定的情况；（五）用人单位支付劳动合同约定的劳动报酬和执行最低工资标准的情况；（六）用人单位参加各项社会保险和缴纳社会保险费的情况；（七）法律、法规规定的其他劳动监察事项。"

由上可见，我国劳动监察的事项范围十分广泛。但有学者提出，我国劳动监察的事项范围过于宽泛，几乎与劳动行政一致，这样会分散监察力量，从而影响监察效果；主张监察事项应主要限于劳动基准的实施情况，旨在实现与劳动者最低利益相关的事项。①

（二）劳动监察的形式

在我国，劳动监察以巡视检查、审查用人单位按照要求报送的书面材料以及接受举报、投诉等形式进行。

巡视监察是指劳动保障行政部门监察人员巡视用人单位及劳动场所，及时发现违法行为，并依法处理的过程。这是世界各国劳动监察机构通行的工作方式。巡视监察最为突出的特点是主动性和经常性。劳动保障监察机构应当制订年度计划和中长期规划，确定重点监察范围。针对劳动保障法律实施中存在的重点问题可以集中组织专项检查活动，必要时，可以联合有关部门或组织共同进行。

书面监察就是劳动保障监察机构对被监督者按要求报送的书面材料进行审查，确定是否具有违法行为。书面监察的优点是便捷，不足是被监察者可能造假。

受理投诉、举报也是劳动监察的一种重要形式。劳动者对于用人单位违反劳动保障法律、侵犯其合法权益的行为，有权向劳动保障行政部门投诉。任何组织或个人对违反劳动保障法律的行为，都有权向劳动保障行政部门举报。劳动保障行政部门对举报人反映的违反劳动保障法

---

① 参见王全兴：《劳动法》，3版，471～472页，北京，法律出版社，2008。

律的行为应当依法予以查处，并为举报人保密；对于举报属实，为查处重大违反劳动保障法律的行为提供主要线索和证据的举报人，给予奖励。

三、劳动监察的管辖

（一）级别管辖

劳动监察原则上由县级或者设区的市级劳动保障行政部门管辖，但比较重大的案件可以由更高级的劳动保障行政部门管辖。《劳动保障监察条例》规定，上级劳动保障行政部门根据工作需要，可以调查、处理下级劳动保障行政部门管辖的案件。

（二）地域管辖

对用人单位的劳动监察，由用人单位用工所在地的劳动保障行政部门管辖。

（三）指定管辖

劳动保障行政部门对劳动监察的管辖有时可能会发生争议，此时应报请共同的上一级劳动保障行政部门指定管辖。

各省、自治区、直辖市人民政府可以根据本地实际，对劳动保障监察的管辖制定具体办法。

四、劳动监察主体的职责、职权和义务

（一）劳动监察主体的职责

根据《劳动保障监察条例》的规定，劳动保障行政部门实施劳动保障监察，履行下列职责：(1) 宣传劳动保障法律、法规和规章，督促用人单位贯彻执行；(2) 检查用人单位遵守劳动保障法律、法规和规章的情况；(3) 受理对违反劳动保障法律、法规或者规章的行为的举报、投诉；(4) 依法纠正和查处违反劳动保障法律、法规或者规章的行为。

（二）劳动监察主体的职权

为保障劳动监察主体有效地实施监察，发现并查处违法行为，必须赋予其强有力的职权。《劳动法》第86条第1款规定："县级以上各级人民政府劳动行政部门监督检查人员执行公务，有权进入用人单位了解执行劳动法律、法规的情况，查阅必要的资料，并对劳动场所进行检查。"《劳动保障监察条例》第15条规定："劳动保障行政部门实施劳动保障监察，有权采取下列调查、检查措施：（一）进入用人单位的劳动场所进行检查；（二）就调查、检查事项询问有关人员；（三）要求用人单位提供与调查、检查事项相关的文件资料，并作出解释和说明，必要时可以发出调查询问书；（四）采取记录、录音、录像、照相或者复制等方式收集有关情况和资料；（五）委托会计师事务所对用人单位工资支付、缴纳社会保险费的情况进行审计；（六）法律、法规规定可以由劳动保障行政部门采取的其他调查、检查措施。劳动保障行政部门对事实清楚、证据确凿、可以当场处理的违反劳动保障法律、法规或者规章的行为有权当场予以纠

正。”《劳动合同法》第 75 条规定：“县级以上地方人民政府劳动行政部门实施监督检查时，有权查阅与劳动合同、集体合同有关的材料，有权对劳动场所进行实地检查，用人单位和劳动者都应当如实提供有关情况和材料。”

（三）劳动监察主体的义务

监察主体在享有权力的同时，必须履行法定的义务，主要有以下几个方面：（1）出示证件，佩戴标志，秉公执法，不徇私情；（2）保守在监察过程中知悉的商业秘密；（3）为举报人保密。依法进行劳动监察，既是劳动保障行政部门的权力，也是其职责和义务。对于国家和法律赋予的这些职责、权力和义务，劳动保障行政部门必须积极行使和履行，不得懈怠，并应依法行政，否则，可能因此承担赔偿责任、行政责任甚至刑事责任等法律责任。《劳动合同法》第 95 条规定：“劳动行政部门和其他有关主管部门及其工作人员玩忽职守、不履行法定职责，或者违法行使职权，给劳动者或者用人单位造成损害的，应当承担赔偿责任；对直接负责的主管人员和其他直接责任人员，依法给予行政处分；构成犯罪的，依法追究刑事责任。”《劳动保障监察条例》第 31 条也规定：“劳动保障监察员滥用职权、玩忽职守、徇私舞弊或者泄露在履行职责过程中知悉的商业秘密的，依法给予行政处分；构成犯罪的，依法追究刑事责任。劳动保障行政部门和劳动保障监察员违法行使职权，侵犯用人单位或者劳动者的合法权益的，依法承担赔偿责任。”

五、劳动监察的程序

劳动监察本质上是一种行政行为，监察机构在代表国家行使权力时必须依法行政，特别是严格遵守程序规定。关于劳动监察的程序，《劳动保障监察条例》有较为细致、全面的规定。我国现行的劳动监察程序，可分为不立案检查程序与立案检查程序。

（一）不立案检查程序

不立案检查程序，即因尚未发现用人单位有违法行为而不立案，仅对用人单位进行例行检查、不定期检查的程序。该程序相对比较简单，主要的程序规则有：检查应由两名以上劳动监察员共同进行；劳动监察员进入被检查场所，应出示劳动监察证件和说明身份；检查前劳动监察员应当向用人单位告知检查的目的、内容、要求和方法；检查时应了解用人单位遵守劳动法的情况，并巡视劳动场所；现场检查情况应有笔录，笔录应由劳动监察员和用人单位法定代表人（或其委托代理人）签名或盖章；用人单位法定代表人拒不签名、盖章的，应注明拒签情况；检查中发现的一般性缺陷可不作立案处理，但应记录检查结果和建议；对重要问题应及时向监察机构汇报并建议立案调查。

（二）立案检查程序

立案检查程序，即立案查处违反劳动法案件的程序。该程序比较复杂和严格，主要的程序步骤是：

1. 立案受理。劳动监察主体认为用人单位有违反劳动保障法律、法规或者规章的行为，需要进行调查处理的，应当及时立案。

2. 回避。劳动监察员办理的劳动监察事项，与本人或其近亲属有直接利害关系的，应当回避。劳动监察人员应当自行申请回避。当事人认为承办人员应当回避的，有权向承办查处工作的劳动保障行政部门提出要求回避的书面申请。承办人员的回避由劳动监察机构负责人决定；劳动监察机构负责人的回避，由劳动保障行政部门负责人决定。回避决定应当自收到申请之日起 3 日内作出；作出回避决定前，承办人员不得停止对案件的调查处理。作出驳回回避申请的决定，应当向申请人说明理由。

3. 调查取证。立案受理后，劳动监察主体应当行使各种权力、采取各种措施查清事实、搜集证据。劳动保障行政部门对违反劳动保障法律、法规或者规章的行为的调查，应当自立案之日起 60 个工作日内完成；对于情况复杂的，经劳动保障行政部门负责人批准，可以延长 30 个工作日。

4. 处理。经过调查取证之后，对于违法事实清楚、证据确凿、可以当场处理的行为可以当场予以纠正；不能当场予以纠正的，应当区别不同情况作出不同的处理：(1) 对依法应当受到行政处罚的，依法作出行政处罚决定；(2) 对于应当改正未改正的，依法责令改正或者作出相应的行政处理决定；(3) 对情节轻微且已改正的，撤销立案。作出处罚决定的，由劳动保障行政部门制作劳动保障监察处罚决定书。劳动监察主体作出行政处罚或者行政处理决定前，应当听取用人单位的陈述、申辩；作出行政处罚或者行政处理决定，应当告知用人单位依法享有申请行政复议或者提起行政诉讼的权利。监察主体发现违法案件不属于劳动保障监察事项的，应当及时移送有关部门处理；涉嫌犯罪的，应当依法移送司法机关。

5. 送达。相关的处理和处罚决定，应当自作出决定之日起 7 日内送达当事人，自送达之日起生效。

需要注意的是，违反劳动保障法律、法规或者规章的行为在 2 年内未被劳动保障行政部门发现，也未被举报、投诉的，劳动保障行政部门不再查处。该期限自违反劳动保障法律、法规或者规章的行为发生之日起计算；违反劳动保障法律、法规或者规章的行为有连续或者继续状态的，自行为终了之日起计算。

问题与思考

1. 劳动监察与劳动仲裁的关系如何？
2. 劳动监察的事项有哪些？劳动监察主体有哪些职权？劳动监察的基本程序如何？

第十一章

劳动争议处理法

本章概要

本章对劳动争议处理制度进行系统的阐释，分析劳动争议的概念、特点及分类，指明我国劳动争议的受案范围。劳动争议处理机制是劳动争议处理法的核心，我国现行劳动争议处理的基本机制是：以和解和调解作为劳动争议解决的选择程序，劳动仲裁作为必经程序，部分案件对用人单位实行有限制的“一裁终局”，其他案件当事人不服仲裁裁决可请求诉讼解决。本章介绍了我国劳动争议处理机制的现状，并对劳动争议的调解、仲裁和诉讼程序分别进行了详细的说明。

关键术语

劳动争议　劳动争议的范围　劳动争议处理机制　劳动争议调解　劳动争议仲裁　劳动争议诉讼

第一节　劳动争议处理概述

一、劳动争议的概念和特点

劳动争议的概念有广义和狭义之分：广义的劳动争议是指以劳动关系为中心所发生的一切争议，狭义的劳动争议是指劳动者与用人单位之间以劳动权利和义务为中心所发生的纠纷。本书所称的劳动争议，如无特别说明，仅指狭义的劳动争议。

劳动争议具有以下特点：第一，从争议的主体看，劳动争议的主体限于劳动关系的双方当事人及其团体。第二，从争议的内容看，劳动争议以劳动权利和义务为中心。在劳动者与用人单位之间发生的争议未必都是劳动争议，如劳动者与用人单位之间因借贷所发生的争议属于民事争议而非劳动争议。劳动关系的核心内容是劳动力提供者与使用者之间的权利、义务，而这也正是劳动争议的内容。当然，当事人对于双方之间是否存在劳动关系发生的争议，也属于劳动争议。劳动权利和劳动义务是依据劳动法、集体合同和劳动合同具体确定的，因而劳动争议在一定意义上是因遵守劳动法订立、履行、变更和终止劳动合同与集体合同所发生的争议。劳动权利和义务不以书面的劳动合同或集体合同为唯一依据，即使没有书面合同，只要存在事实上的劳动用工行为，就会产生劳动权利、义务，因此发生的争议也属于劳动争议。劳动权利和劳动义务的具体内容，包括工时、工资、劳动保护、职业培训、社会保险等各个方面，内容相当广泛。

【理论探讨】

人事争议

除了劳动争议，在我国尚有人事争议的概念。所谓人事争议，是指国家机关、比照国家机关管理的机关（单位）、事业单位、社会团体、军队文职人员聘用单位与聘任制人员之间所发生的争议。长期以来，我国存在劳动争议和人事争议两套并行的纠纷处理机制，其背景是我国劳动人事制度的双轨制。随着劳动人事制度的改革，目前人事争议仲裁和劳动争议仲裁制度已经合二为一，统称为劳动人事争议仲裁，由统一的劳动人事争议仲裁委员会负责。在比较宽泛的意义上，可将人事争议视为一种特殊的劳动争议。但在严格意义上，二者并不能完全等同，在仲裁受案范围、法律适用等方面仍存在一定差别。在统一后的劳动人事争议仲裁制度下，人事争议并没有被劳动争议取代，其在立法概念表述上仍保持着相对独立，未来人事争议的概念仍将长期存在。

人力资源和社会保障部《劳动人事争议仲裁办案规则》（2017 年）第 2 条列举了劳动人事争议仲裁的受案范围，除了将《劳动争议调解仲裁法》第 2 条规定的劳动争议涵括外，还列举了几种典型的人事争议：(1) 实施公务员法的机关与聘任制公务员之间、参照公务员法管理的机关（单位）与聘任工作人员之间因履行聘任合同发生的争议；(2) 事业单位与工作人员之间因除名、辞退、辞职、离职等解除人事关系以及履行聘用合同发生的争议；(3) 社会团体与工作人员之间因除名、辞退、辞职、离职等解除人事关系以及履行聘用合同发生的争议；(4) 军队文职人员聘用单位与文职人员之间因履行聘用合同发生的争议。需要澄清的是，人事争议的类型众多，并未全部被纳入劳动人事争议仲裁范围，如录用确立人事关系的争议、职称评审争议、职务晋升争议等并不在仲裁受理范围内。另从上述规定可见，不同性质单位的人事争议被纳入仲裁受案范围的具体事项是有细微差别的。

二、劳动争议的分类

1. 个体劳动争议和集体劳动争议

以劳动争议产生的基础为标准，劳动争议可以分为个体劳动争议和集体劳动争议：前者是指因个别劳动关系发生的争议，后者是指因集体劳动关系发生的争议。在个体劳动争议中又可以以主体人数为标准分为个体性争议和群体性争议。上述区分的意义在于争议处理程序的区别，集体劳动争议的处理程序更加复杂。

2. 权利争议和利益争议

权利争议是指因实现劳动法、集体合同和劳动合同所规定的权利与义务所发生的争议。利益争议是指因主张有待确定的权利和义务所发生的争议。这两种争议的区别为：在权利争议，双方当事人的权利、义务本身是确定的，已经由劳动法规定或者由劳动合同和集体合同约定，只是在权利、义务的行使和履行过程中发生了争议，主要是一方不履行义务造成的，其实质是违反劳动法的规定或者违反合同约定的行为。在利益争议，当事人对于劳动权利、义务是否存在及内容都存在争议，争议的目的是在合同中依法确定当事人的某种利益，使之上升为权利。在订立劳动合同时，如果存在争议，就不可能成立劳动合同，签约双方还未成为劳动关系当事人，故这种争议其实并非真正的劳动争议。利益争议一般发生在劳动关系运行过程中的集体合同订立或变更环节，较多地表现为订立、变更集体合同的集体谈判陷入僵局或者失败。

此外，还有一些其他的分类方法，如分为国内劳动争议和涉外劳动争议，区别的意义在于其法律适用有所不同：按照国际惯例，涉外劳动争议适用雇主所在地法。凡用人单位（雇主）在我国境内的涉外劳动争议，都应当适用我国法律进行处理。

三、劳动争议的受案范围

（一）劳动争议受案范围的一般规定

准确地界定劳动争议的受案范围是劳动争议处理的前提。劳动争议的范围与劳动争议的受案范围是两个十分相近的概念，但严格来讲，二者并非完全等同，后者是立法从案件受理的角度对劳动争议范围的界定。《劳动争议调解仲裁法》对劳动争议的受案范围作出了集中、统一规定，根据该法第 2 条，在我国，劳动争议的受案范围包括：

（1）因确认劳动关系发生的争议。是否存在劳动关系，决定了劳动者能否享有劳动法规定的各种权益和保护。就是否存在劳动关系发生争议的，属于劳动争议的受案范围。

（2）因订立、履行、变更、解除和终止劳动合同发生的争议。劳动合同是确定用人单位和劳动者权利、义务的基本依据，劳动争议中大部分是劳动合同争议。《劳动争议调解仲裁法》首次明确地将因订立劳动合同发生的争议纳入劳动争议的范围。然而对于这里的“因订立劳动合同发生的争议”所指究竟为何，法律并未言明，在对法条的理解上存在着不同的认识。一种意见认为：其仅指先用工后订劳动合同的情况。根据《劳动合同法》的规定，书面劳动合同可以在用工之日起 1 个月内订立，在此期间就是否存在劳动关系发生争议的，属于劳动争议的受案范围。另一种意见认为：除此之外还应当包括尚未建立劳动关系的当事人在订立劳动合同过程中发生的争议，典型的就是在招工过程中因就业歧视引发的争议，以及在大学生就业中经常发生的用人单位违反已经签署的就业协议、拒绝同毕业生订立正式劳动合同所引发的争议。

（3）因除名、辞退和辞职、离职发生的争议。

（4）因工作时间、休息休假、社会保险、福利、培训以及劳动保护发生的争议。

（5）因劳动报酬、工伤医疗费、经济补偿或者赔偿金等发生的争议。

（6）法律、法规规定的其他劳动争议。这是一个弹性条款。

《劳动争议调解仲裁法》主要是针对调解和仲裁作出规范，对于劳动诉讼并未过多涉及。最高人民法院根据审理劳动争议案件的需要作出了一系列重要的司法解释，对于一些复杂且存争议的劳动争议事项是否属于法院受案范围的问题作出了一些细化规定。

（二）特殊的劳动争议

1. 社会保险争议

社会保险争议作为一类特殊的劳动争议，是否属于受案范围涉及一些复杂的问题，特别是行政管理与纠纷解决程序之间的协调。以往当劳动者将社会保险争议诉至法院时，法院常常以此类案件属社会保险行政管理范畴为由不予受理。

《劳动争议调解仲裁法》明确了社会保险争议属于劳动争议。2020 年最高人民法院《关于审理劳动争议案件适用法律问题的解释（一）》［本章以下简称《解释（一）》］第 1 条规定，劳动者以用人单位未为其办理社会保险手续且社会保险经办机构不能补办，导致其无法享受社会保险待遇为由，要求用人单位赔偿损失而发生争议的，人民法院应予受理。

社会保险争议涉及三方主体——用人单位、劳动者、社会保险经办机构，三方主体之间均可能因社会保险问题而产生争议，只有劳动者与用人单位之间基于劳动关系产生的社会保险争议属于劳动争议，用人单位、劳动者和社会保险经办机构就欠费等发生争议，是征收与缴纳之间的纠纷，属于行政管理的范畴，不是单一的劳动者与用人单位之间的社会保险争议。因此，对于那些已经由用人单位办理了社会保险手续，但因用人单位欠缴、拒缴社会保险费或者因缴费年限、缴费基数等发生的争议，应由社会保险管理部门解决处理，不应纳入人民法院受案范围。对于因用人单位没有为劳动者办理社会保险手续且社会保险经办机构不能补办，导致劳动者不能享受社会保险待遇，要求用人单位赔偿损失的，则属于典型的社会保险争议纠纷，人民法院应依法受理。

2. 企业改制引发的争议

中国在改革过程中面临大量的企业改制问题，企业改制常常引发劳动纠纷，如下岗、买断工龄、提前退休问题，等等。由于没有明确法律规定，人民法院往往不予受理此类案件，劳动者诉求无门。企业改制既有政府主导的，也有企业自主进行的。随着我国经济体制改革的逐步深入，不论是国有企业还是民营企业，其改制已越来越呈现出多元化特征，而不局限于政府或相关部门主导。《解释（一）》规定，企业自主进行的改制引发的劳动争议，法院应当受理，从而将这部分争议纳入司法轨道。由此作反面解释：政府主导企业改制带来的职工下岗、整体拖欠职工工资等问题引发的争议仍不在法院受理范围之内。

3. 加付赔偿金争议

《劳动合同法》第 85 条规定："用人单位有下列情形之一的，由劳动行政部门责令限期支付劳动报酬、加班费或者经济补偿；劳动报酬低于当地最低工资标准的，应当支付其差额部分；逾期不支付的，责令用人单位按应付金额百分之五十以上百分之一百以下的标准向劳动者加付赔偿金：（一）未按照劳动合同的约定或者国家规定及时足额支付劳动者劳动报酬的；（二）低于当地最低工资标准支付劳动者工资的；（三）安排加班不支付加班费的；（四）解除或者终止劳动合同，未依照本法规定向劳动者支付经济补偿的。"对于加付赔偿金纠纷，以往司法实践中主流观点是应当去司法化，由劳动行政部门解决。为澄清这一问题，《解释（一）》第 3 条规定，劳动者依据《劳动合同法》第 85 条规定，向人民法院提起诉讼，要求用人单位支付加付赔偿金的，人民法院应予受理。

4. 退休人员再就业争议

对于退休人员再就业（超龄劳动）形成的法律关系的性质，历来有劳动关系说与劳务关系说之争。[①]《劳动合同法》第 44 条规定的合同终止的原因之一是：劳动者开始依法享受基本养

① 参见丁广宇：《超龄劳动者就业法律关系的性质认定》，载《中州学刊》，2008（3）。

老保险待遇。由此留下的悬念是，劳动者达到退休年龄，但尚未或不能享受养老保险待遇而再就业的，是否仍有劳动关系的存在空间。《劳动合同法实施条例》第 21 条进一步规定，劳动者达到法定退休年龄的，劳动合同终止。该条似彻底否定了超龄劳动形成劳动关系的可能性。对此问题《解释（一）》第 32 条规定："用人单位与其招用的已经依法享受养老保险待遇或领取退休金的人员发生用工争议，向人民法院提起诉讼的，人民法院应当按劳务关系处理。"该条首次正面明确了已享受养老待遇的人员再就业形成的是劳务关系，适用民法调整。不过值得注意的是，根据对条文的措辞作文义解释可知，对于达到退休年龄但尚未享受养老保险待遇或领取退休金的人员再就业形成的法律关系性质，并未作出明确界定，因此似仍有灵活解释的空间。

5. *停薪留职、内退、下岗待岗及放长假人员再就业争议*

根据劳动部《关于实行劳动合同制度若干问题的通知》、劳动部办公厅对《关于实行劳动合同制度若干问题的请示》的复函、《国有企业富余职工安置规定》等规范性文件，企业停薪留职人员、未达到法定退休年龄的内退人员、下岗待岗人员以及企业经营性停产放长假人员，与原单位仍旧保持劳动关系，这些人员未结束原劳动关系而再就业的，其所形成的法律关系性质如何，一度存在争议。《解释（一）》第 32 条明确了此类关系属劳动关系，由此发生的争议属劳动争议的受案范围。该条在一定意义上承认了双重劳动关系。

四、劳动争议处理的原则

（一）着重调解原则

调解是纠纷解决机构通过在争议当事人之间进行调停，使其就争议的解决自愿达成一致，有利于维护当事人之间关系的和谐，避免矛盾激化。由于劳动争议的特殊性，调解的方式尤其重要，有利于维护劳动关系的和谐、稳定，特别是在劳动关系的存续期间。不仅调解是劳动争议处理的一个独立程序，而且调解原则也贯穿于劳动仲裁和诉讼程序之中。

（二）合法、公正、及时原则

合法原则是指劳动争议的处理要严格依法进行，无论是调解、仲裁还是诉讼，都应遵照法定程序，这是案件获得公正处理的保证。公正原则就是要平等对待劳动者和用人单位，裁判的结果应当公正、不偏不倚，在案件的审理过程中也应注意平等对待双方，给予其同等的表达意见和辩论的机会。及时处理原则要求尽快、迅速地处理劳动争议，避免久拖不决的现象。劳动争议的及时处理对于劳动者特别重要，因为这直接关系到劳动者的基本生存需要，如拖欠劳动报酬案件应予及时处理。

（三）"三方原则"

在国际劳工组织中，"三方原则"最初指各成员国代表团由政府代表两人，劳工、雇主代表各一人组成，政府、劳工和雇主三方都参加国际劳工组织各种会议和机构，劳工与雇主代表可以自由讨论、独立发言。"三方原则"不仅贯彻到国际劳工组织的各种会议和各个机构，而且贯彻到制定国际劳工标准的各个阶段也实行这个原则。"三方原则"逐渐发展为整个劳动法的重要原则之一，在劳动争议处理中尤其强调贯彻这一原则。2002 年，劳动和社会保障部、中华全国总工会、中国企业联合会、中国企业家协会颁布了《关于建立健全劳动关系三方协调机制的指导意见》，指出：劳动关系三方协调机制是我国劳动关系调整机制的重要组成部分，是社会主义市场经济条件下协调劳动关系的有效途径。由于在实践中“三方原则”落实得并不十分理想，《劳动争议调解仲裁法》第 8 条再次重申了三方原则：“县级以上人民政府劳动行政部门会同工会和企业方面代表建立协调劳动关系三方机制，共同研究解决劳动争议的重大问题。”“三方原则”体现在很多方面，包括劳动争议处理机构的人员组成。

五、劳动争议处理机制

劳动争议处理机制是由各种劳动争议处理机构和相互衔接的争议处理程序共同构成的解决劳动争议的制度体系。劳动争议处理机制是整个劳动争议处理制度的核心，处理机制设计是否合理，各种程序协调、衔接是否顺畅，决定了劳动争议处理的效果。我国现行的劳动争议处理体制可大致概括为“一调一裁二审”，对部分劳动争议案件实行有限制的“一裁终局”。其基本框架构成与衔接机制是：

1. 协商和解

劳动争议发生后，劳动者和用人单位可以自行协商和解，也可以请工会或者第三方共同与用人单位协商和解。《解释（一）》第 35 条规定：“劳动者与用人单位就解除或者终止劳动合同办理相关手续、支付工资报酬、加班费、经济补偿或者赔偿金等达成的协议，不违反法律、行政法规的强制性规定，且不存在欺诈、胁迫或者乘人之危情形的，应当认定有效。”“前款协议存在重大误解或者显失公平情形，当事人请求撤销的，人民法院应予支持。”该条明确肯定了就特定事项达成的和解协议的法律效力。

2. 调解

当事人不愿协商、协商不成或者达成和解协议后不履行的，可以向调解组织申请调解。无论和解还是调解，都不是劳动争议处理的必经程序。

3. 劳动仲裁

当事人不愿调解、调解不成或者达成调解协议后不履行的，可以向劳动人事争议仲裁委员会申请仲裁。劳动仲裁是劳动争议处理机制的核心，原则上是处理劳动争议的必经程序。经劳动仲裁的案件区分两种情况作不同处理：

（1）对于《劳动争议调解仲裁法》第 47 条规定的情形，仲裁裁决为终局裁决，裁决书自作出之日起发生法律效力。对于这些仲裁裁决，用人单位不得起诉，但劳动者仍可起诉，不过用人单位在具备几种法定情形时可申请法院撤销仲裁裁决。这种情形可称为有限制的“一裁终局”。另据《解释（三）》的相关规定，对《劳动争议调解仲裁法》第 47 条规定事项的仲裁裁决，劳动者起诉而用人单位申请撤销仲裁裁决的，按照前者的请求进入一审程序，对一审判决不服的，还可以上诉。劳动者未起诉、撤诉或者起诉被驳回，用人单位可向中级人民法院申请撤销仲裁裁决，中级人民法院作出的驳回申请或者撤销仲裁裁决的裁定为终审裁定，不得上诉。

实行“一裁终局”的劳动争议案件主要有：1）追索劳动报酬、工伤医疗费、经济补偿或者赔偿金，不超过当地月最低工资标准 12 个月金额的争议；2）因执行国家的劳动标准在工作时间、休息休假、社会保险等方面发生的争议。第一种情形是一些小额的劳动债务纠纷，第二种情形是有关劳动基准的争议。之所以选择这些事项作为“一裁终局”的对象，一方面是因为这些事项与劳动者的利益密切相关，并且劳动者迫切需要获得救济，争议金额又不大；另一方面是因为关于劳动者权利的这些事项大多有明确的法律规定、合同或者基准作为依据，事实比较清楚，仅是因用人单位未依法履行而引发争议，对这样的案件不需要设置太复杂的程序来解决。

（2）对于《劳动争议调解仲裁法》第 47 条规定以外的情形，仲裁裁决作出后，并非立即生效，自裁决作出之日起 15 日内，双方当事人均可起诉，在此期限内无人起诉的，仲裁裁决始生效。《解释（一）》第 20 条规定：“劳动争议仲裁机构作出的同一仲裁裁决同时包含终局裁决事项和非终局裁决事项，当事人不服该仲裁裁决向人民法院提起诉讼的，应当按照非终局裁决处理。”

4. 诉讼

劳动者不服仲裁裁决，用人单位不服对《劳动争议调解仲裁法》第 47 条规定以外情形所作的仲裁裁决，可以依法向法院起诉。当事人不服一审判决，还可上诉，二审判决为生效判决。

第二节　劳动争议调解

一、劳动争议调解概述

劳动争议调解，是指基层群众调解组织对用人单位与劳动者发生的劳动争议，以国家的劳动法律、法规为准绳，以协商的方式，使双方当事人达成协议，消除纷争。劳动争议调解不同于劳动行政部门所进行的行政调解，与劳动争议仲裁程序和诉讼程序中的官方调解也有所不同，它是基层群众性组织所作的民间调解，是我国处理劳动争议的重要形式。提高调解在劳动争议处理机制中的地位，增强其纠纷解决的实效，以分流仲裁和诉讼的压力，是我国劳动争议处理机制改革完善的基本方向和重要一环。劳动争议调解的重要法律渊源，除了《劳动争议调解仲裁法》之外，还有人力资源和社会保障部于 2011 年 11 月 30 日发布的《企业劳动争议协商调解规定》等。

二、劳动争议调解组织

劳动争议调解由基层群众性组织承担，具体包括三种形式：企业劳动争议调解委员会、依法设立的基层人民调解组织和在乡镇、街道设立的具有劳动争议调解职能的组织。其中，企业劳动争议调解委员会是传统上最主要的劳动争议调解机构，后两种调解组织是《劳动争议调解仲裁法》新增加的，旨在增强劳动调解的能力，分流更多的劳动争议案件，为仲裁和诉讼减压。多元化的劳动争议民间调解组织的引入是一个重大的改变，可借助更加广泛的社会民间力量，最大限度发挥调解在人民内部化解劳动纷争的作用。

企业劳动争议调解委员会是企业的内设机构。《企业劳动争议协商调解规定》规定，大中型企业应当依法设立调解委员会，有分公司、分店、分厂的企业，可以根据需要在分支机构设立调解委员会。调解委员会可以根据需要在车间、工段、班组设立调解小组。小微型企业可以设立调解委员会，也可以由劳动者和企业共同推举人员，开展调解工作。企业劳动争议调解委员会由职工代表和企业代表组成，人数由双方协商确定，双方人数应当对等。职工代表由工会成员担任或者由全体职工推选产生，企业代表由企业负责人指定。企业劳动争议调解委员会主任由工会成员或者双方推举的人员担任。

基层人民调解组织即人民调解委员会，是依法设立的调解民间纠纷的群众性组织。人民调解是富有中国特色的纠纷解决方式，其调解的对象包括但不限于劳动争议。根据2011年1月1日起施行的《人民调解法》，村民委员会、居民委员会设立人民调解委员会，企业事业单位根据需要自愿设立人民调解委员会。人民调解委员会由委员3人至9人组成，设主任1人，必要时，可以设副主任若干人。村民委员会、居民委员会的人民调解委员会委员由村民会议或者村民代表会议、居民会议推选产生；企业、事业单位设立的人民调解委员会委员由职工大会、职工代表大会或者工会组织推选产生。人民调解委员会在各级司法行政部门和基层人民法院指导下进行工作。人民调解委员会被赋予劳动争议调解职能后，应当根据劳动争议调解的特点开展工作。

乡镇、街道劳动争议调解组织主要有两种形式：一是乡镇、街道劳动保障服务所（站）和工会、企业代表组织设立的劳动争议调解组织，二是由行业（产业）工会和行业协会双方代表组成的行业性劳动争议调解组织。需要说明的是，《劳动争议调解仲裁法》规定的“在乡镇、街道设立的具有劳动争议调解职能的组织”具有开放性，即只强调其具有劳动争议调解职能，而既未限定其设立主体，也未限定其是否专司劳动争议调解职能，因此，其包括但不限于上述两种调解组织形式。①

关于劳动争议调解组织的调解员的资格，没有硬性的要求，但依法应当由公道正派、联系群众、热心调解工作，并具有一定法律知识、政策水平和文化水平的成年公民担任。

三、劳动争议调解的程序

劳动争议调解的程序比较简便：当事人应当首先提出调解申请，申请可以书面形式提出，也可以口头申请。口头申请的，调解组织应当当场记录申请人的基本情况、申请调解的争议事项、理由和时间。调解的申请应本着自愿原则，是否申请调解，由双方当事人自行决定，对任何一方不得强迫。调解不是劳动争议处理必经的程序。如果一方当事人申请调解，另一方向仲裁委员会申请仲裁，则仲裁委员会应受理。

调解组织经审查受理当事人的申请后，应当充分听取双方当事人对事实和理由的陈述，耐心疏导，帮助其达成协议。对于调解没有特别严格的程序要求，实施调解的一般形式是，由调解组织主持召开由争议双方当事人参加的调解会议，基于事实依法在当事人之间进行调和。经

---

① 参见王全兴、林欧：《劳动争议民间调解协议的效力及其加固》，载《上海师范大学学报（哲学社会科学版）》，2012（5）。

调解达成协议的，应当制作调解协议书。调解协议书由双方当事人签名或者盖章，经调解员签名并加盖调解组织印章后生效。在调解的过程中，应始终贯彻自愿协商的原则，不得强迫当事人达成调解协议。自劳动争议调解组织收到调解申请之日起 15 日内未达成调解协议的，当事人可以依法申请仲裁。

四、劳动争议调解协议的效力

在劳动争议调解制度中，调解协议的效力是决定其能否发挥实效的关键。与仲裁和诉讼相比，劳动争议民间调解的不足主要就体现在权威性的缺乏，调解协议的效力薄弱成为制约调解制度功能发挥的瓶颈。调解协议一般不得作为直接申请强制执行的依据，一旦遇到当事人反悔，如无任何制约机制，则已付出的努力将前功尽弃。评价调解在解决劳动争议方面的作用如何，关键不在于案件受理数量，甚至也不在于达成调解协议的比例，而在于有多少调解协议最终切实获得履行。因此，要使调解制度真正发挥分流劳动争议的功能，最重要的就在于以适当的方式加强调解协议的效力，树立其权威。调解协议效力不足的短板源于调解的民间性，而增强其效力的基本路径则在于为调解协议提供仲裁和诉讼上的支撑。在我国陆续颁布的一系列法律规范中，不断加强调解协议效力的轨迹清晰可见。

经双方当事人和调解组织签字、盖章的调解协议书，对双方当事人具有约束力，当事人应当履行，这是劳动争议调解协议最一般的效力。这种约束力只是合同的约束力，达成调解协议后一方当事人在协议约定期限内不履行调解协议的，另一方当事人不能够直接申请强制执行。不过，这并不代表调解协议仅因一方当事人的反悔就彻底失去意义，调解协议中约定的权利义务在后续的仲裁或诉讼中仍可能获得某种方式的支撑。《解释（一）》第 51 条规定："当事人在调解仲裁法第十条规定的调解组织主持下达成的具有劳动权利义务内容的调解协议，具有劳动合同的约束力，可以作为人民法院裁判的根据。"这一规定使调解协议的效力在司法程序中获得一定的承认。所谓"作为人民法院裁判的根据"，是指法院在审理劳动争议案件中对于当事人达成的调解协议，如果查证属实，是当事人的真实意思表示，则协议中关于权利义务的安排将成为法院最终判决的重要依据。这样，当事人一方不履行调解协议，仅可暂时对抗调解协议约定的义务，最终仍不得不执行依调解协议形成的判决。由此，可敦促当事人一开始就积极履行调解协议。

《劳动争议调解仲裁法》进一步增强了调解协议的效力，使某些调解协议具有据以申请支付令的效力。《劳动争议调解仲裁法》第 16 条规定，因支付拖欠劳动报酬、工伤医疗费、经济补偿或者赔偿金事项达成调解协议，用人单位在协议约定期限内不履行的，劳动者可以持调解协议书依法向人民法院申请支付令，人民法院应当依法发出支付令。如果用人单位对支付令没有在规定期限内提出异议的，则应当履行，否则，劳动者有权申请法院强制执行。这样，部分调解协议借助支付令的形式，就间接获得了强制执行的效力，提高了纠纷解决的效率。另据《解释（一）》第 51 条的规定，依据调解协议申请的支付令被法院裁定终结督促程序的，劳动者可直接向法院起诉，而不必再经过仲裁环节。

更进一步的方式是使劳动争议调解协议的效力加固，主要有两种方式：一是向法院申请司法确认，二是申请劳动人事争议仲裁委员会审查并以调解书置换调解协议。无论通过上述哪种方式，调解协议一经加固即可获得据以申请强制执行的效力。关于司法确认，《人民调解法》第33条规定："经人民调解委员会调解达成调解协议后，双方当事人认为有必要的，可以自调解协议生效之日起三十日内共同向人民法院申请司法确认，人民法院应当及时对调解协议进行审查，依法确认调解协议的效力。人民法院依法确认调解协议有效，一方当事人拒绝履行或者未全部履行的，对方当事人可以向人民法院申请强制执行。"为贯彻《人民调解法》，最高人民法院《关于人民调解协议司法确认程序的若干规定》（法释［2011］5号）对司法确认程序作了详细规定。《解释（一）》第52条专门针对劳动争议调解协议的司法确认作了具体规定："当事人在人民调解委员会主持下仅就给付义务达成的调解协议，双方认为有必要的，可以共同向人民调解委员会所在地的基层人民法院申请司法确认。"关于仲裁加固，《企业劳动争议协商调解规定》第27条规定："双方当事人可以自调解协议生效之日起15日内共同向仲裁委员会提出仲裁审查申请。仲裁委员会受理后，应当对调解协议进行审查，并根据《劳动人事争议仲裁办案规则》第五十四条规定，对程序和内容合法有效的调解协议，出具调解书。"上述两种调解协议的效力加固模式稍有不同：在司法确认模式下，民间调解协议书被保留，再加上法院出具的确认决定书，共同产生强制执行效力；在仲裁置换模式下，则是由仲裁委员会出具的调解书直接取代原来的民事调解协议书。需要特别指出的是，根据《解释（一）》的文义解释，只有人民调解委员会主持下达成的调解协议才能获得司法确认而使效力加固，《劳动争议调解仲裁法》规定的三类调解组织中的另外两种组织所促成的调解协议，是否可申请司法确认，法无明文。而在仲裁置换模式下，《企业劳动争议协商调解规定》的适用范围是限定于以企业为用人单位的情形，事业单位、社会团体等其他性质的用人单位与劳动者之间的调解协议可否通过仲裁置换的方式加固效力，虽在法理解释上应予肯定，但尚缺乏明确的规范依据。对此有学者提出，在民间调解多元化的格局下，各种形式的调解具有相同的法律地位，调解协议具有相同的效力，因此，在获得效力加固的机会方面应当等同，应通过统一规则并提高效力位阶的方式消除混乱。①

第三节 劳动争议仲裁

一、劳动争议仲裁概述

（一）劳动争议仲裁的概念和特点

仲裁，是指将争议提交给争议之外中立的第三方，由其对当事人的纠纷居中调解，并作出裁断的行为。根据适用对象不同，仲裁可分为民商事仲裁、海事仲裁、国际争端仲裁等。劳动争议仲裁是仲裁制度中的一种，旨在解决劳动纠纷。劳动争议仲裁既具有仲裁制度共有的某些特征，同时又有自己的特殊性。虽然不少国家将仲裁作为解决劳动争议的基本方式，但在具体

---

① 参见王全兴、林欧：《劳动争议民间调解协议的效力及其加固》，载《上海师范大学学报（哲学社会科学版）》，2012（5）。

的制度设计上存在很大的差别。如有些国家的劳动争议仲裁是自愿仲裁，即必须由双方当事人达成协议；而有些国家的劳动争议仲裁是强制性的，有些国家针对不同的争议分别采自愿仲裁和强制仲裁。我国的劳动争议仲裁是强制性的。关于劳动争议仲裁的事项范围各国规定也不尽一致，很多国家把利益争议也纳入劳动争议仲裁的范围，主要以自愿仲裁的方式解决；而有些国家的劳动争议仲裁仅解决权利争议。此外，各国劳动争议仲裁机构的设置也千差万别。

在我国，劳动争议仲裁是指劳动关系当事人将劳动争议提交法定的仲裁机构——劳动人事争议仲裁委员会，由其对双方的争议进行处理，并作出对双方具有约束力的裁决，从而解决劳动争议。仲裁是我国劳动争议处理制度的核心，具有以下特点：(1) 公正性。仲裁是由中立的第三方居中裁判，因此有利于实现公正。为保证第三人公正处理纠纷，劳动人事争议仲裁委员会由干部主管部门代表、人力资源和社会保障等相关行政部门代表、军队及聘用单位文职人员工作主管部门代表、工会代表、用人单位代表组成，仲裁程序中实行回避、合议等制度，以保证劳动争议仲裁的公正性。(2) 及时性。及时性对于劳动争议的处理具有特殊的重要意义。仲裁与诉讼相比，比较快捷：仲裁的程序不如诉讼烦琐、严格，仲裁的申请、受理、审理和作出裁决都比较简单。(3) 强制性。这主要有两方面的含义：一是指关于仲裁程序的启动，不需要当事人达成仲裁协议，只要有一方当事人申请仲裁即可，另一方没有权利拒绝；二是指劳动争议案件的处理必须经过仲裁才能进入诉讼程序。

(二) 劳动争议仲裁与民商事仲裁的区别

(1) 仲裁主体不同。民商事仲裁机构具有民间性，从法律主体的角度讲，属于事业单位法人，在名称上一般称为经济贸易仲裁委员会等。劳动人事争议仲裁委员会则具有一定的行政性，是设在劳动行政部门内部的机构，具有官方性。二者在人员组成上差别也很明显。

(2) 仲裁的对象不同。民商事仲裁处理的是发生在平等主体之间的民商事纠纷，而劳动争议仲裁处理的是用人单位与劳动者之间的劳动权利和义务纠纷，用人单位与劳动者存在隶属关系。

(3) 程序启动不同。民商事仲裁属于自愿仲裁，必须有争议当事人同意仲裁的协议才可进行，只要有一方不同意，就不能仲裁。劳动争议仲裁是强制仲裁，只要劳动者或用人单位有一方提出仲裁申请，仲裁程序即可启动。

(4) 仲裁的地位不同。在民商事仲裁中，是否先经过仲裁处理，由双方当事人约定，当事人可以选择先经过仲裁处理，也可以不经仲裁直接向人民法院起诉；而劳动争议仲裁是解决劳动争议的必经程序，当事人只有先经过劳动争议仲裁，才能向人民法院起诉，否则，人民法院不予受理。

(5) 是否可起诉不同。民商事仲裁实行一裁终局，不服裁决的，不能向法院起诉；而不服劳动争议仲裁裁决的，除部分案件对用人单位实行一裁终局外，可依法向法院起诉。

二、劳动争议仲裁机构

劳动争议仲裁机构包括劳动人事争议仲裁委员会及其办事机构、仲裁庭以及仲裁员。《劳动人事争议仲裁组织规则》(以下简称《组织规则》) 对仲裁的组织机构作了比较细致的规定。

（一）劳动人事争议仲裁委员会

劳动人事争议仲裁委员会是国家授权，依法独立处理劳动争议的专门机构。劳动人事争议仲裁委员会按照统筹规划、合理布局和适应实际需要的原则设立。省、自治区人民政府可以决定在市、县设立，直辖市人民政府可以决定在区、县设立。直辖市、设区的市也可以设立一个或者若干个劳动人事争议仲裁委员会。劳动人事争议仲裁委员会不按行政区划层层设立，市需要设立仲裁委员会的，由省、自治区、直辖市人民政府确定。各级仲裁委员会相互间不存在行政隶属关系，各自独立仲裁本行政区域内发生的劳动争议案件，各自向同级人民政府负责并报告工作。省、自治区、直辖市人民政府劳动行政部门对本行政区域的劳动争议仲裁工作进行指导。仲裁委员会组成人员必须是单数。仲裁委员会由主任 1 名、副主任和委员若干名组成，主任由劳动行政部门代表担任。

（二）劳动人事争议仲裁委员会办事机构

劳动人事争议仲裁委员会办事机构负责办理劳动人事争议仲裁委员会的日常工作，其有两种主要形式：一是设在劳动行政部门内部的办事机构，二是实体化的办事机构。本来在《组织规则》颁布之前，我国只有内设型仲裁办事机构，由于受劳动行政部门机构编制的限制，无法满足日益增长的纠纷处理需要。为此《组织规则》当中明确规定仲裁委员会可以下设实体化的办事机构，具体承担争议调解仲裁等日常工作。目前许多地方已经设立了以仲裁院为主要形式的实体化办事机构，提高了争议处理效能。

（三）仲裁庭和仲裁员

劳动人事争议仲裁委员会处理劳动争议案件实行仲裁庭制度，即依照“一案一庭”的原则组成仲裁庭，受理劳动争议案件。仲裁庭的组织形式可分为独任制和合议制两种。独任制，是由仲裁委员会指定 1 名仲裁员独任审理仲裁，适用于事实清楚、案情简单、法律适用明确的劳动争议案件。合议制，是由仲裁委员会指定 3 名或 3 名以上单数仲裁员共同审理。《组织规则》规定，10 人以上集体劳动、人事争议，有重大影响的争议，仲裁委员会认为应当由 3 名仲裁员组庭处理的其他案件，应当实行合议制。

仲裁员，是指由劳动人事争议仲裁委员会依法聘任的，可以成为仲裁庭组成人员而从事劳动争议处理工作的职员。仲裁员有专职仲裁员和兼职仲裁员两种，二者在执行职务时享有同等权利。劳动人事争议仲裁委员会应当设仲裁员名册。仲裁员必须具备法定的资质，对此，《劳动争议调解仲裁法》规定，仲裁员应当公道正派并符合下列条件之一：（1）曾任审判员的；（2）从事法律研究、教学工作并具有中级以上职称的；（3）具有法律知识、从事人力资源管理或者工会等专业工作满 5 年的；（4）律师执业满 3 年的。无论是专职仲裁员还是兼职仲裁员，都应满足上述条件。《组织规则》对仲裁员的选聘、培训和管理作了详细规范。

三、劳动争议仲裁的管辖

劳动人事争议仲裁委员会负责管辖本区域内发生的劳动争议。劳动争议仲裁主要实行地域管辖，劳动争议由劳动合同履行地或者用人单位所在地的劳动人事争议仲裁委员会管辖。双方当事人分别向劳动合同履行地和用人单位所在地的劳动人事争议仲裁委员会申请仲裁的，由劳动合同履行地的劳动人事争议仲裁委员会管辖。此外，发生劳动争议的企业与职工不在同一个仲裁委员会管辖区域内的，由职工当事人工资关系所在地的仲裁委员会管辖。我国公民与国（境）外企业签订的劳动（工作）合同履行地在我国领域内，因履行该合同发生争议的，由合同履行地仲裁委员会受理。劳动合同履行地为劳动者实际工作场所地，用人单位所在地为用人单位注册、登记地；用人单位未经注册、登记的，其出资人、开办单位或主管部门所在地为用人单位所在地。案件受理后，劳动合同履行地和用人单位所在地发生变化的，不改变争议仲裁的管辖。多个仲裁委员会都有管辖权的，由先受理的仲裁委员会管辖。

仲裁委员会发现已受理案件不属于其管辖范围的，应当移送至有管辖权的仲裁委员会，并书面通知当事人。对上述移送案件，受移送的仲裁委员会应依法受理。受移送的仲裁委员会认为受移送的案件依照规定不属于本仲裁委员会管辖，或仲裁委员会之间因管辖争议协商不成的，应当报请共同的上一级仲裁委员会主管部门指定管辖。当事人提出管辖异议的，应当在答辩期届满前书面提出。当事人逾期提出的，不影响仲裁程序的进行，当事人因此对仲裁裁决不服的，可以依法向人民法院起诉或者申请撤销。

由于劳动人事争议仲裁委员会并不按照行政区划层层设立，彼此也不存在领导关系，因而仲裁的级别管辖并不明显，法律并无明确规定。从目前的实际情况看，主要有两种级别管辖方法：一是直辖市，其市辖区仲裁委员会处理本辖区内的劳动争议案件，而直辖市仲裁委员会受理一些在本市有重大影响的（如集体劳动争议）、案情复杂的（如法律适用存在问题）以及外商投资企业及大型企业的劳动争议。二是省、自治区仲裁委员会，一般省一级仲裁委员会不直接受理劳动争议案件，只负责指导全省（区）的劳动仲裁工作。而计划单列市、省辖市乃至地区一级仲裁委员会受理本行政区域内有重大影响、案情复杂以及外商投资企业和大型企业的劳动争议。

四、劳动争议仲裁时效

劳动争议仲裁时效，是指劳动者和用人单位在法定期限内不向劳动争议仲裁机构申请仲裁，就将丧失请求劳动争议仲裁机构保护其权利实现之权利的制度。仲裁时效是当事人请求通过仲裁解决劳动纠纷的程序性权利的有效期限，因此意义重大。

1. 仲裁时效的期间及其起算

根据《劳动争议调解仲裁法》的规定，劳动争议申请仲裁的时效期间为1年，从当事人知道或者应当知道其权利被侵害之日起计算。劳动关系存续期间因拖欠劳动报酬发生争议的，劳动者申请仲裁不受1年仲裁时效期间的限制；但是，劳动关系终止的，应当自劳动关系终止之日起1年内提出。

2. 仲裁时效的中断

仲裁时效中断，是指在具备一定的事由时，已经计算的仲裁时效归零，重新起算。劳动仲裁时效中断的原因有：（1）当事人一方向对方当事人主张权利；（2）当事人一方向有关部门请求权利救济；（3）对方当事人同意履行义务。

3. 仲裁时效中止

仲裁时效中止，是指在具备一定的事由使当事人申请仲裁存在障碍时，暂停时效的计算，待上述事由消除后，再继续计算时效。仲裁时效中止的原因有不可抗力、无民事行为能力或者限制民事行为能力劳动者的法定代理人未确定等。

五、劳动争议仲裁的程序

《劳动争议调解仲裁法》对仲裁的程序进行了规范，《劳动人事争议仲裁办案规则》对劳动人事争议仲裁的程序性规则进行了更加细化的规定。

（一）申请和受理

当事人申请仲裁，应当提交书面仲裁申请，并按照被申请人人数提交副本。书写仲裁申请确有困难的，可以口头申请，由仲裁委员会记入笔录，经申请人签名或者盖章确认。劳动人事争议仲裁委员会收到仲裁申请之后，应当进行审查，审查内容包括：申请人是否与本案有直接利害关系，申请仲裁的争议是否属于劳动争议、是否属于仲裁委员会受理内容、是否属于本仲裁委员会管辖，申请书及有关材料是否齐备并符合要求，申请时间是否符合仲裁时效规定。对申请材料不齐备和有关情况不明确的，应指导申请人补齐；主要证据不齐的，要求申请人补齐。对于经审查符合受理条件的案件，仲裁委员会应自收到仲裁申请之日起5日内决定受理，并通知申请人；认为不符合受理条件的，应当书面通知申请人不予受理，并说明理由。劳动人事争议仲裁委员会决定不予受理或者逾期未作出决定的，申请人可以就该劳动争议事项向人民法院提起诉讼。仲裁委员会在申请人申请仲裁时，可以引导当事人通过协商、调解等方式解决争议，给予必要的法律释明及风险提示。

（二）开庭准备

仲裁委员会在开庭审理案件之前，应做必要的准备工作，包括向被申请人送达申请书、向申请人送达答辩书、组成仲裁庭并通知当事人仲裁庭组成情况、告知当事人提出回避申请的权利以及将开庭日期、地点书面通知双方当事人。劳动人事争议仲裁委员会受理仲裁申请后，应当在5日内将仲裁申请书副本送达被申请人。被申请人收到仲裁申请书副本后，应当在10日内向劳动人事争议仲裁委员会提交答辩书。劳动人事争议仲裁委员会收到答辩书后，应当在5日内将答辩书副本送达申请人。被申请人未提交答辩书的，不影响仲裁程序的进行。被申请人可以在答辩期间提出反申请，仲裁委员会应当自收到被申请人反申请之日起5日内决定是否受理并通知被申请人。决定受理的，仲裁委员会可以将反申请和申请合并处理。劳动人事争议仲裁委员会应当在受理仲裁申请之日起5日内将仲裁庭的组成情况书面通知当事人。仲裁庭应当在开庭5日前将开庭日期、地点书面通知双方当事人。当事人有正当理由的，可以在开庭3日前请求延期开庭。是否延期，由劳动人事争议仲裁委员会决定。

（三）审理

仲裁庭在正式审理之前，应首先在当事人之间进行调解，达成调解协议的，制作调解书结案。当事人不同意调解的，继续审理。审理的基本程序是：开庭审理时，仲裁员应当听取申请人的陈述和被申请人的答辩，主持庭审调查、质证和辩论，征询当事人最后意见，并进行调解。申请人收到书面通知后无正当理由拒不到庭，或者未经仲裁庭同意中途退庭的，视为撤回仲裁申请，重新申请仲裁的，仲裁委员会不予受理。被申请人收到书面通知后无正当理由拒不到庭或者未经仲裁庭同意中途退庭的，可以缺席裁决。《劳动人事争议仲裁办案规则》中还规定了中止审理制度：因出现案件处理依据不明确而请示有关机构，或者案件处理需要等待工伤认定、伤残等级鉴定、司法鉴定结论，公告送达以及其他需要中止仲裁审理的客观情形，经仲裁委员会主任批准，可以中止案件审理，并书面通知当事人。中止审理的客观情形消除后，仲裁庭应当恢复审理。

审理程序的核心是当事人就争议的焦点问题进行辩论和质证。仲裁庭对专门性问题认为需要鉴定的，可以交由当事人约定的鉴定机构鉴定；当事人没有约定或者无法达成约定的，由仲裁庭指定的鉴定机构鉴定。根据当事人的请求或者仲裁庭的要求，鉴定机构应当派鉴定人参加开庭。当事人经仲裁庭许可，可以向鉴定人提问。质证和辩论终结时，首席仲裁员或者独任仲裁员应当征询当事人的最后意见。当事人提供的证据经查证属实的，仲裁庭应当将其作为认定事实的根据。

关于仲裁中的举证责任，以谁主张、谁举证为基本原则，同时，考虑到举证能力等因素，在特定情形下按照有利于劳动者的特别原则进行举证。《劳动争议调解仲裁法》第 39 条第 2 款规定：劳动者无法提供由用人单位掌握管理的与仲裁请求有关的证据，仲裁庭可以要求用人单位在指定期限内提供。用人单位在指定期限内不提供的，应当承担不利后果。因为在劳动关系中用人单位处于管理者的地位，劳动争议涉及的一些重要的证据往往掌握在用人单位手中，劳动者无法获得。对于这些证据，用人单位有提供的义务，否则，作对其不利的推定，从而有效维护劳动者的合法利益。需要说明的是，《劳动争议调解仲裁法》没有具体列举应由用人单位负举证责任的特殊情形，而是采取了一种抽象规定的方法，据此只要是用人单位掌握的证据而不提供的，都由其承担不利后果，这显然更加减轻了劳动者的举证负担。《劳动人事争议仲裁办案规则》重申了上述规则，并进一步规定，在法律没有具体规定，依上述推定规则无法确定举证责任承担时，仲裁庭可以根据公平原则和诚实信用原则，综合当事人举证能力等因素确定举证责任的承担。此外还规定了举证时限制度：当事人因客观原因不能自行收集的证据，仲裁委员会可以根据当事人的申请，或者仲裁委员会认为有必要的，参照《民事诉讼法》有关规定予以收集。涉及证据的问题，相关仲裁程序规范当中未规定的，参照民事诉讼证据规则的有关规定执行。

仲裁庭应当将开庭情况记入笔录。当事人和其他仲裁参加人认为对自己陈述的记录有遗漏或者差错的，有权申请补正。如果不予补正，应当记录该申请。笔录由仲裁员、记录人员、当事人和其他仲裁参加人签名或者盖章。

(四) 裁决

当事人申请劳动争议仲裁后，可以自行和解。达成和解协议的，可以撤回仲裁申请或者请求仲裁委员会制作调解书。仲裁庭在审理后、作出裁决前，应当先行调解。调解达成协议的，仲裁庭应当制作调解书，调解书经双方当事人签收后，发生法律效力，任何一方不得反悔。《解释（一）》第 11 条规定，劳动人事争议仲裁委员会作出的调解书已经发生法律效力，一方当事人反悔，提起诉讼的，人民法院不予受理；已经受理的，裁定驳回起诉。

调解不成，或者调解书送达前一方当事人反悔的，仲裁庭应当及时作出裁决。裁决应当按照多数仲裁员的意见作出，少数仲裁员的不同意见应当记入笔录。仲裁庭不能形成多数意见时，裁决应当按照首席仲裁员的意见作出，对特殊的重大、疑难案件可提交仲裁委员会决定。仲裁庭裁决案件时，裁决内容同时涉及终局裁决和非终局裁决的，应分别作出裁决并告知当事人相应的救济权利。裁决书应当载明仲裁请求、争议事实、裁决理由、裁决结果和裁决日期。裁决书由仲裁员签名，加盖劳动人事争议仲裁委员会印章。对裁决持不同意见的仲裁员，可以签名，也可以不签名。

仲裁庭裁决劳动争议案件时，其中一部分事实已经清楚的，可以就该部分先行裁决。仲裁庭对追索劳动报酬、工伤医疗费、经济补偿或者赔偿金的案件，根据当事人的申请，可以裁决先予执行，移送人民法院执行。仲裁庭裁决先予执行的，应当符合下列条件：(1) 当事人之间权利义务关系明确；(2) 不先予执行将严重影响申请人的生活。劳动者申请先予执行的，可以不提供担保。先行裁决和先予执行制度是为保护劳动者利益而设计的制度，它使得劳动者能尽快地获得劳动报酬等金钱支付。

仲裁庭裁决劳动争议案件，应当自劳动人事争议仲裁委员会受理仲裁申请之日起 45 日内结束。案情复杂，需要延期的，经劳动人事争议仲裁委员会主任批准，可以延期并书面通知当事人，但是延长期限不得超过 15 日。逾期未作出仲裁裁决的，当事人可以就该劳动争议事项向人民法院提起诉讼。

六、劳动争议仲裁裁决的效力

劳动争议仲裁裁决的生效时间分两种，部分裁决一经作出立即生效，其他裁决待当事人自收到裁决书之日起 15 日内不起诉后生效。《劳动争议调解仲裁法》第 47 条规定："下列劳动争议，除本法另有规定的外，仲裁裁决为终局裁决，裁决书自作出之日起发生法律效力：(一) 追索劳动报酬、工伤医疗费、经济补偿或者赔偿金，不超过当地月最低工资标准十二个月金额的争议；(二) 因执行国家的劳动标准在工作时间、休息休假、社会保险等方面发生的争议。"不过，对于这些立即生效的裁决，劳动者一方仍有起诉的权利，可以自收到仲裁裁决书之日起 15 日内向人民法院提起诉讼。上述条文中所称"十二个月金额"，是指劳动报酬、工伤医疗费、经济补偿或者赔偿金当中的每一项单独计算均不超过当地月最低工资标准 12 个月金额［《解释（一）》第 19 条］。用人单位对这些事项无权起诉，但是有证据证明《劳动争议调解仲裁法》第 47 条规定的仲裁裁决有下列情形之一的，可以自收到仲裁裁决书之日起 30 日内向劳动人事争议仲裁委员会所在地的中级人民法院申请撤销裁决：(1) 适用法律、法规确有错误的；(2) 劳动人事争议仲裁委员会无管辖权的；(3) 违反法定程序的；(4) 裁决所根据的证据是伪造的；(5) 对方当事人隐瞒了足以影响公正裁决的证据的；(6) 仲裁员在仲裁该案时有索贿受贿、徇私舞弊、枉法裁决行为的。人民法院经组成合议庭审查、核实裁决有上述情形之一的，应当裁定撤销。仲裁裁决被人民法院裁定撤销的，当事人可以自收到裁定书之日起 15 日内就该劳动争议事项向人民法院提起诉讼。当事人对《劳动争议调解仲裁法》第 47 条规定以外的其他劳动争议案件的仲裁裁决不服的，可以自收到仲裁裁决书之日起 15 日内向人民法院提起诉讼。同一仲裁裁决同时包含终局裁决事项和非终局裁决事项，当事人不服该仲裁裁决而向人民法院提起诉讼的，应当按照非终局裁决处理。仲裁调解书自送达当事人之日起生效。

生效的仲裁调解书、裁决书对当事人具有法律约束力，当事人应当依照规定的期限履行。一方当事人逾期不履行的，另一方当事人可以依照民事诉讼法的有关规定向人民法院申请执行，受理申请的人民法院应当依法执行。

第四节　劳动争议诉讼

一、劳动争议诉讼概述

劳动争议诉讼，是指人民法院依法对劳动争议案件进行审理和裁判的活动。此外，劳动争议诉讼，还包括当事人一方不履行仲裁委员会已发生法律效力的裁决书或调解书，另一方当事人申请人民法院强制执行的活动。劳动争议诉讼是解决劳动争议的最终程序。司法程序具有中立性、权威性优势，因而有利于使劳动争议获得彻底、公正的解决。司法程序为调解程序和仲裁程序提供强有力的支持，同时形成有效的监督。允许劳动争议当事人在经过仲裁程序之后进一步寻求诉讼解决，也是对当事人基本程序权利的尊重。关于劳动争议诉讼司法机构的设置，各国的做法不尽一致。有的国家设置专门的劳动法院或劳动法庭，我国并没有设立专门的劳动法院，实践中一般是由人民法院的民事审判庭审理劳动争议案件，目前已有部分法院开始设立专门的法庭来处理劳动争议。

二、劳动争议调解、仲裁与诉讼的衔接

现行劳动争议处理机制包括协商和解、调解、仲裁和诉讼四种，各种劳动争议解决程序的衔接是一个重要的问题，调解、仲裁程序与诉讼的衔接尤其值得关注。《劳动争议调解仲裁法》作为我国劳动争议处理程序的基本法律依据，如该法律的名称所表述的，其重点规范的是劳动争议调解和仲裁，对于劳动争议诉讼并未过多涉及。该法对于调解、仲裁与诉讼程序如何衔接作了基本的规定，但比较原则。加之实践当中劳动争议的复杂性，造成了其他程序与诉讼的衔接产生一定的混乱，因此解决其他程序与诉讼衔接上的混乱问题十分重要。最高人民法院通过一系列司法解释，对其他劳动争议处理程序与诉讼的衔接问题作出了许多特别规范，较为零散，有必要加以梳理。

（一）法院直接受理劳动争议案件的特殊情形

原则上劳动争议案件必须经过仲裁才能进入诉讼程序，但存在个别例外情形。根据《解释（一）》第15条，劳动者以用人单位的工资欠条为证据直接向人民法院起诉，诉讼请求不涉及劳动关系其他争议的，视为拖欠劳动报酬争议，按照普通民事纠纷受理。拖欠工资纠纷是一类常见的争议，其在性质上既属于劳动争议，同时又符合民事争议的特征。工资支付是一种特殊

的债权债务关系，拖欠工资可视为债权债务纠纷，对于此类纠纷劳动者直接起诉的，人民法院应按照普通民事案件受理并审理，不过前提条件是劳动者手头上有确凿的证据——工资欠条。此外，《劳动合同法》第30条第2款规定，用人单位拖欠或者未足额支付劳动报酬的，劳动者可以依法向当地人民法院申请支付令，从而进入督促程序。如果用人单位对支付令未提出异议，则劳动者可申请人民法院强制执行，进入执行程序。不过依据《解释（一）》第13条第2款的规定，如果支付令因单位提出异议使督促程序终结的，劳动者不能直接起诉，而应先申请仲裁。

（二）劳动争议调解与诉讼的衔接

在调解与诉讼之间隔着仲裁，原则上当事人经过调解后不能越过仲裁直接起诉，但有以下例外情形存在：(1)《解释（一）》第51条第2款规定，当事人在劳动争议调解委员会主持下仅就劳动报酬争议达成调解协议，用人单位不履行调解协议确定的给付义务，劳动者直接向人民法院起诉的，人民法院可以按照普通民事纠纷受理。(2) 劳动者根据《劳动争议调解仲裁法》第16条，向法院申请支付令，用人单位未提出异议的，劳动者可申请法院强制执行。(3)《解释（一）》第13条第3款规定，依据《劳动争议调解仲裁法》第16条申请支付令被人民法院裁定终结督促程序后，劳动者依据调解协议直接向人民法院提起诉讼的，人民法院应予受理，不必再经过仲裁。(4) 根据《解释（一）》第52条，当事人在人民调解委员会主持下仅就给付义务达成的调解协议，双方认为有必要的，可以共同向人民调解委员会所在地的基层人民法院申请司法确认。调解协议经司法确认，一方不履行调解协议的，对方可申请法院强制执行。(5) 根据《企业劳动争议协商调解规定》第27条，当事人将达成的调解协议向仲裁机构申请审查，仲裁委员会出具调解书置换原调解协议，一方不履行的，对方可申请法院强制执行。

（三）仲裁与诉讼的衔接

1. 申请劳动仲裁但仲裁机构不予受理，当事人向法院起诉。对于这种起诉，法院将区别情况作出不同处理，依据《解释（一）》，主要有以下几种情况：(1) 仲裁机构以申请仲裁的主体不适格为由作出不予受理的书面裁决、决定或者通知，经法院审查，确属主体不适格的，裁定不予受理或者驳回起诉。(2) 以当事人的仲裁申请超过时效为由不予受理，当事人起诉的，人民法院应当受理，审查后对确已超过仲裁申请期限，又无不可抗力或者其他正当理由的，依法驳回其诉讼请求。(3) 以当事人申请仲裁的事项不属于劳动争议为由，作出不予受理的书面裁决、决定或者通知，当事人不服，依法向人民法院起诉的，人民法院应当分别情况予以处理：1) 属于劳动争议案件的，应当受理；2) 虽不属于劳动争议案件，但属于人民法院主管的其他案件的，应当依法受理。另《解释（一）》第5条规定，“劳动争议仲裁机构以无管辖权为由对劳动争议案件不予受理，当事人提起诉讼的，人民法院按照以下情形分别处理：（一）经审查认为该劳动争议仲裁机构对案件确无管辖权的，应当告知当事人向有管辖权的劳动争议仲裁机构申请仲裁；（二）经审查认为该劳动争议仲裁机构有管辖权的，应当告知当事人申请仲裁，并将审查意见书面通知该劳动争议仲裁机构；劳动争议仲裁机构仍不受理，当事人就该劳动争议事项提起诉讼的，应予受理”。

2. 仲裁机构逾期未作出受理决定或仲裁裁决，当事人直接提起诉讼的，人民法院应予受理，但申请仲裁的案件存在下列事由的除外：(1) 移送管辖的；(2) 正在送达或送达延误的；(3) 等待另案诉讼结果、评残结论的；(4) 正在等待劳动争议仲裁机构开庭的；(5) 启动鉴定程序或者委托其他部门调查取证的；(6) 其他正当事由。当事人以仲裁机构逾期未作出仲裁裁决为由提起诉讼的，应当提交劳动争议仲裁机构出具的受理通知书或者其他已接受仲裁申请的凭证或证明。

3. 不服仲裁裁决而起诉。这是其他程序与诉讼衔接的最一般原因。根据争议事项是否属一裁终局，与诉讼的衔接有所差别：(1) 对《劳动争议调解仲裁法》第 47 条规定的一裁终局事项的裁决不服的，劳动者可以起诉，不服一审判决的，还可上诉。用人单位无权起诉，但在具备法定事由时可申请撤销仲裁裁决。法院对撤销申请作出的裁定为终局裁定。(2) 对《劳动争议调解仲裁法》第 47 条规定以外的情形作出的裁决不服的，当事人双方均可起诉及上诉。仲裁裁决是否为终局裁决的判断至关重要。《解释（一）》第 18 条规定："仲裁裁决的类型以仲裁裁决书确定为准。仲裁裁决书未载明该裁决为终局裁决或非终局裁决，用人单位不服该仲裁裁决向基层人民法院提起诉讼的，应当按照以下情形分别处理：（一）经审查认为该仲裁裁决为非终局裁决的，基层人民法院应予受理；（二）经审查认为该仲裁裁决为终局裁决的，基层人民法院不予受理，但应告知用人单位可以自收到不予受理裁定书之日起三十日内向劳动争议仲裁机构所在地的中级人民法院申请撤销该仲裁裁决；已经受理的，裁定驳回起诉。"有的仲裁裁决既包括终局裁决事项又包括非终局裁决事项，当事人不服该仲裁裁决向人民法院提起诉讼的，应当按照非终局裁决处理［《解释（一）》第 20 条］。

另就案件受理以外的程序衔接，《解释（一）》第 25 条规定：劳动争议仲裁机构作出终局裁决，劳动者向人民法院申请执行，用人单位向劳动争议仲裁机构所在地的中级人民法院申请撤销的，人民法院应当裁定中止执行。用人单位撤回撤销终局裁决申请或者其申请被驳回的，人民法院应当裁定恢复执行。仲裁裁决被撤销的，人民法院应当裁定终结执行。用人单位向人民法院申请撤销仲裁裁决被驳回后，又在执行程序中以相同理由提出不予执行抗辩的，人民法院不予支持。

【资料链接】

凭"白条"直接向法院起诉　上海 18 位员工讨回工资[①]

2008 年 1 月、2 月间，刘某、曹某等 18 名员工分别起诉：他们分别于 2007 年 4 月至 7 月进入上海某广告传播有限公司并与公司签订劳动合同，但该广告传播有限公司经营运转不良，拖欠员工 2007 年 8 月至 10 月的工资，金额从数千元到 3 万余元不等。他们向法院递交的是由该公司于 2007 年 10 月 30 日出具的、在一份共计拖欠 24 名员工工资"白条"上加盖公章的凭证。

审理中，法院曾向长宁区劳动监察大队核实，该广告传播有限公司向各劳动者出具欠条一事属实，当时欠条是员工书写后，交公司财务人员核对，再交由公司负责人看过后盖章，欠条交给了员工们。法院认为，这 18 起拖欠工资案件虽然没有经过劳动仲裁，但该广告传播有限

---

① 参见李鸿光：《凭"白条"直接向法院起诉上海 18 位员工讨回工资》，见中国法院网，http：//www. chinacourt. org/html/article/200802/22/288528. shtml。

公司在未支付工资情况下出具欠条，承认拖欠员工们工资是公司真实意思表示，因该公司遗失公章公告是在出具欠条之后，且公告的公司名称与该公司名称并不相同，双方形成的债权债务关系合法、有效。法院遂判决18名员工凭“白条”胜诉。

三、劳动争议诉讼的管辖

仲裁管辖和诉讼管辖各有其规则，当事人不服仲裁裁决而起诉时，不应当要求诉讼管辖与仲裁管辖完全对应。仲裁委员会不像法院系统一样严格层层设立，所以在管辖的衔接上无法按照级别层层对应。当事人不服仲裁裁决而起诉时，一般应当由当地基层人民法院管辖，除非该案件符合法定的中级人民法院、高级人民法院管辖的标准。申请撤销仲裁裁决的案件由中级人民法院管辖。《解释（一）》第3条规定：劳动争议案件由用人单位所在地或者劳动合同履行地的基层人民法院管辖；劳动合同履行地不明确的，由用人单位所在地的基层人民法院管辖。法律另有规定的，依照其规定。第4条第三句规定：当事人双方就同一仲裁裁决分别向不同的有管辖权的人民法院起诉的，后受理的人民法院应当将案件移送给先受理的人民法院。

四、劳动争议诉讼的当事人

劳动争议诉讼当中常常涉及特殊的当事人诉讼资格问题，最高人民法院的司法解释对这一问题作了许多具体规定：

用人单位与其他单位合并的，合并前发生的劳动争议，以合并后的单位为当事人；用人单位分立为若干单位的，其分立前发生的劳动争议，以分立后的实际用人单位为当事人。用人单位分立为若干单位后，承受劳动权利、义务的单位不明确的，分立后的单位均为当事人。

用人单位招用尚未解除劳动合同的劳动者，原用人单位与劳动者发生的劳动争议，可以列新的用人单位为第三人。原用人单位以新的用人单位侵权为由向人民法院起诉的，可以列劳动者为第三人。原用人单位以新的用人单位和劳动者共同侵权为由向人民法院起诉的，新的用人单位和劳动者列为共同被告。

劳动者在用人单位与其他平等主体之间的承包经营期间，与发包方和承包方双方或者一方发生劳动争议，依法向人民法院起诉的，应当将承包方和发包方作为当事人。劳动者与起有字号的个体工商户产生劳动争议诉讼的，人民法院应当以营业执照上登记的字号为当事人，但应同时注明该字号业主的自然情况。劳动者因履行劳动派遣合同产生劳动争议而起诉的，以派遣单位为被告；争议内容涉及接受单位的，以派遣单位和接受单位为共同被告。

劳动者和用人单位均不服劳动人事争议仲裁委员会的同一裁决，向同一人民法院起诉的，人民法院应当并案审理，双方当事人互为原告和被告。在诉讼过程中，一方当事人撤诉的，人民法院应当根据另一方当事人的诉讼请求继续审理。

劳动者与未办理营业执照、营业执照被吊销或者营业期限届满仍继续经营的用人单位发生争议的，应当将用人单位或者其出资人列为当事人。未办理营业执照、营业执照被吊销或者营业期限届满仍继续经营的用人单位，以挂靠等方式借用他人营业执照经营的，应当将用人单位和营业执照出借方列为当事人。

当事人不服劳动人事争议仲裁委员会作出的仲裁裁决，依法向人民法院提起诉讼，人民法院审查认为仲裁裁决遗漏了必须共同参加仲裁的当事人的，应当依法追加遗漏的人为诉讼当事人。被追加的当事人应当承担责任的，人民法院应当一并处理。

五、劳动争议诉讼中的举证责任

在劳动争议诉讼中，举证责任原则上按照民事诉讼“谁主张，谁举证”的一般原则，但是对于特殊问题和证据，当劳动者提出请求时，应由用人单位从反面来举证。根据《解释（一）》第 44 条的规定，因用人单位作出的开除、除名、辞退、解除劳动合同、减少劳动报酬、计算劳动者工作年限等决定而发生的劳动争议，用人单位负举证责任。此外，根据《工伤保险条例》的规定，对于工伤的认定，劳动者认为是工伤而用人单位不认为是工伤的，由用人单位负举证责任。另据《解释（一）》第 42 条的规定，劳动者主张加班费的，应当就加班事实的存在承担举证责任，但劳动者有证据证明用人单位掌握加班事实存在的证据，用人单位不提供的，由用人单位承担不利后果。这些关于举证责任的特殊规定，旨在减轻劳动者的举证负担以加强对其的保护。劳动关系的从属性决定了某些事实由用人单位举证更加容易，因而也更加合理。

六、劳动争议诉讼的程序

劳动争议诉讼按照人民法院审理民事案件的程序进行。简单的劳动争议案件可以适用民事诉讼的简易程序审理，一般案件适用普通一审程序审理，包括申请、受理、开庭准备、当事人陈述、法庭辩论、最后陈述、进行调解和法院判决等各个步骤。诉讼中法院审理的对象主要是劳动权利、义务，但是诉讼请求中如果包括与劳动权利、义务事项相联系的民事权利、义务事项，法院也应一并审理，只不过适用的实体法有所不同。人民法院受理劳动争议案件后，当事人增加诉讼请求的，如该诉讼请求与讼争的劳动争议具有不可分性，应当合并审理；如属独立的劳动争议，应当告知当事人向劳动人事争议仲裁委员会申请仲裁。

在劳动争议诉讼程序中，当事人有权申请回避，在庭审中对于有争议的证据可申请鉴定。诉讼过程中，劳动者向人民法院申请采取财产保全措施，人民法院经审查认为申请人经济确有困难，或有证据证明用人单位存在欠薪逃匿可能的，应当减轻或者免除劳动者提供担保的义务，及时采取保全措施。人民法院作出的财产保全裁定中，应当告知当事人在劳动仲裁委员会的裁决书或者在人民法院的裁判文书生效后 3 个月内申请强制执行。逾期不申请的，人民法院应当裁定解除保全措施。法院可根据劳动争议案件的特殊性，依法采取部分裁决和先予执行的做法，以使劳动者获得及时的救济。

法院经过审理后，应依法作出判决，根据不同的情况作出处理：用人单位对劳动者作出的开除、除名、辞退等处理，或者因其他原因解除劳动合同，确有错误的，人民法院可以依法判决予以撤销。对于追索劳动报酬、养老金、医疗费以及工伤保险待遇、经济补偿金、培训费及其他相关费用等案件，给付数额不当的，人民法院可以予以变更。对于当事人申请执行仲裁裁决以及某些具有执行效力的调解协议的，人民法院应当依法启动执行程序。对于当事人申请执行的裁决书、调解书，被申请人提出证据证明劳动争议仲裁裁决书、调解书有下列情形之一，并经审查、核实的，人民法院可以裁定不予执行：（1）裁决的事项不属于劳动争议仲裁范围，或者劳动人事争议仲裁委员会无权仲裁的；（2）适用法律确有错误的；（3）仲裁员仲裁该案时，有徇私舞弊、枉法裁决行为的；（4）人民法院认定执行该劳动争议仲裁裁决违背社会公共利益的。人民法院在不予执行的裁定书中，应当告知当事人在收到裁定书之次日起30日内，可以就该劳动争议事项向人民法院起诉。

问题与思考

1. 什么是劳动争议？有哪些分类？
2. 劳动争议的受案范围有哪些？
3. 我国的劳动争议处理机制如何？
4. 劳动争议调解协议的法律效力如何？
5. 劳动争议仲裁的申诉时效怎样计算？
6. 劳动争议仲裁裁决具有怎样的法律效力？
7. 劳动争议仲裁与诉讼的关系如何？

第十二章

社会保障法基础理论

本章概要

本章界定了社会保障的概念，分析了社会保障与相关的社会福利、社会保险、社会救助、社会优抚之间的联系和区别，指出了社会保障的安全性、强制性、社会性、互助性特征；分析社会保障与市场经济的关系，阐明了社会保障制度的经济功能和社会功能；界定了社会保障法的概念和特征，分析了社会保障法律关系的主体、属性和分类；以英国《济贫法》、德国“社会保险三法”、美国《社会保障法》、英国《贝弗里奇报告》等为重点，介绍了国外社会保障法的产生和发展，并阐述了我国社会保障制度的建立和发展历程；社会保障法是人权的重要保障，与公民的劳动权和基本权具有密切联系。

关键术语

社会保障　经济功能　社会功能　社会保障法　社会保障法律关系　英国《济贫法》　德国“社会保险三法”　美国《社会保障法》　英国《贝弗里奇报告》　福利国家　社会保障权

第一节　社会保障概述

一、社会保障及其相关概念

（一）社会保障的概念

社会保障（social security）一词最早出现于1935年美国颁布的《社会保障法》，1952年第35届国际劳工大会通过的《社会保障公约》规定了社会保障的基本准则，使得社会保障这一概念迅速被世界各国普遍采用。由于社会保障制度涵盖了社会的、经济的、法律的和文化的等多种意义，而各国的社会保障制度也因它们的政治制度、经济条件、文化背景、历史传统等方面的不同而存在差异，因而各国对社会保障的定义也有不同。

【资料链接】

各国对社会保障的定义

英国是福利国家的代表，其关于社会保障的概念同福利制度联系在一起。在1942年经济学家贝弗里奇提出的名为《社会保险和相关服务》（Social Insurance and Allied Services）的报告（以下简称《贝弗里奇报告》）中，社会保障被视为一项以国家为主体的公共福利计划。“英国社会保障计划的主要特征是，它是一个抵御因谋生能力中断或丧失而造成的风险，或覆盖因出生、婚嫁、死亡而产生的特殊支出的社会保险方案。这个计划包含六条基本原则：基本生活待遇水平统一；缴费率统一；行政管理职责统一；待遇水平适当；广泛保障；分门别类。”“社会保障计划提出，其目标是要确保英国民众在任何情况下都不会陷入贫困。”①《英国大不列颠百科全书》在该报告的基础上，将社会保障解释为国家对国民由“摇篮到坟墓”的生活与危险，如疾病、伤害、失业、年老、生育、死亡及鳏寡孤独、废疾，都给予安全的保障。

德国的社会保障是从社会保险发展而来的，最初多认为社会保障应当与工作有关，只有劳动者才是参与者和享受者。第二次世界大战后，德国开始增加了对非劳动者的保障，引入了社会补偿（social compensation）的概念，对退役的士兵、因公伤亡者、因恐怖暴力而受难者均提供社会补偿。此外还增加了社会津贴，包括家庭津贴、老人津贴、助学津贴、房屋津贴等，这些属于社会救助的方案也成为社会保障中的重要内容。德国著名经济学家路德维希·艾哈德认为，社会保障即社会公正和社会安全，是为因生病、残疾、年老等原因丧失劳动能力或遭受意外而不能参与市场竞争者及其家人提供的基本生活保障，其目的是通过保障使之重新获得参与竞争的机会。②

美国第一部社会保障法推行者罗斯福总统认为，美国国民同意不惜一切保护自由、民主，但保护自由、民主的第一线就是经济安全的保障，也即社会安全制度之推行。《美国社会福利辞典》将社会保障定义为：社会保障是对国民可能遭遇的各种危险如疾病、年老、失业等加以防护的社会安全网。

日本在1950年社会保障制度审议会确定的社会保障定义是：对于疾病、负伤、分娩、残疾、死亡、失业、多子女及其他原因造成的贫困，从保险方法和直接的国家负担上，寻求经济保障的途径。

国际劳工组织于1989年对社会保障一词作了如下概括：它基本上可以解释为社会通过一系列的公共措施向其成员提供的，用以抵御因疾病、生育、工伤、失业、伤残、年老和死亡而丧失收入或收入锐减引起的经济和社会灾难的保护，医疗保险的提供，以及有子女家庭补贴的提供。③

从上述概念中可见各国对社会保障的侧重有所不同。以英国为代表的福利国家主要强调社会保障对全体国民的救助性功能，更多地将社会保障作为国民收入再分配的手段；以德国、美国为代表的传统型国家强调社会保障是一种社会安全网，强调社会保障在市场经济中的功能。

---

① 《贝弗里奇报告——社会保险和相关服务》，6页，北京，中国劳动社会保障出版社，2004。

② 参见［德］路德维希·艾哈德：《大众的福利》，丁安新译，181页，武汉，武汉大学出版社，1995。

③ 参见国际劳工局社会保障司编著：《Introduction to Social Security》，2页，日内瓦，1989。

我们认为，社会保障是指国家立法强制规定的，由国家和社会出面举办，对公民在年老、疾病、伤残、失业、生育、死亡、遭遇灾害、面临生活困难时给予物质帮助，旨在保障公民个人和家庭基本生活需要并提高生活水平，实现社会公平和社会进步的制度。该定义涵盖了以下内容：(1) 社会保障具有强制性，由国家立法强制规定和实施；(2) 举办社会保障是国家和社会的责任；(3) 社会保障是对公民在年老、疾病、伤残、失业、生育、死亡、遭遇灾害、面临生活困难时给予的帮助；(4) 保障水平主要是满足公民的基本生活需要，但在某些项目上也具有提高公民生活水平的功能；(5) 社会保障的价值在于实现社会公平和社会正义。

目前我国社会保障制度主要包括两方面内容：一是完全由国家财政支撑的项目，包括对社会脆弱群体的救助、对军人及军烈属的优抚安置、对无依无靠的孤老残幼以及社会大众举办的社会福利，完全属于国民收入再分配范畴，充分体现社会公平；二是由用人单位、职工个人缴费，国家给予适当补助的三方共同筹资的项目，包括养老保险、医疗保险、失业保险、生育保险和工伤保险等，属于社会保险范畴。社会保险主要建立在劳动者与用人单位之劳动关系的基础上，既体现公平与效率，又注重权利与义务相结合。

（二）与社会保障相关的概念

1. 社会福利（social welfare）

在西方福利国家，社会福利是一个涵盖性很广的概念，其外延比社会保障要广。社会福利作为一种制度安排，是工业社会发展的产物。社会福利的渊源早于社会保险，但它的形成又晚于社会保险，它的成熟标志着当代社会保障制度进入了新的发展阶段。[①] 与福利国家所追求的终极目标相适应，西方国家的社会福利通常指国家采取的各种社会政策的总称，即把凡是为改善和提高全体社会成员物质、精神生活而采取的措施、提供的设施和服务等都称作社会福利，不仅包括我们所谓的社会保障内容，而且包括公共文化、公民免费教育、公共卫生服务与设施、家庭救助等。可以说，社会福利是最高层次的社会保障，或者说，是社会保障发展的最高境界，它是经济和社会不断发展的产物。

我国的社会福利概念与西方国家有很大区别。我国的社会福利概念被包含在社会保障概念之下，是狭义概念。社会福利是指由国家出资兴办的，旨在为社会大众谋利益的各种福利性事业以及国家为社会全体成员提供的各种福利性补贴，包括一般社会福利（公共福利）、职工福利和特殊社会福利（专门福利）。一般社会福利是指国家和社会有关部门及团体举办的社会文化、教育事业以及社会服务等，享受对象是全体社会成员。职工福利是指职工所在单位通过举办集体福利设施、建立各种补贴或发放实物，以改善职工的物质文化生活，享受对象是本单位的职工及其家属。特殊社会福利是国家和社会为残疾人和无劳动能力的人举办的福利事业，包括残疾人福利、儿童福利、老人福利等。[②]

2. 社会保险（social insurance）

社会保险是社会保障制度的核心内容，是指国家通过立法强制建立社会保险基金，对参加劳动关系的劳动者及其他公民在丧失劳动能力或失业时给予必要的物质帮助的制度。社会保险

---

① 参见郑功成：《中国社会福利发展论纲》，载（中国人民大学书报资料中心）《社会保障制度》，2001 (1)。

② 参见王益英主编：《社会保障法》，4 页，北京，中国人民大学出版社，2000。

包括养老保险、医疗保险、失业保险、工伤保险和生育保险等项目（我国“十三五”规划提出将生育保险和基本医疗保险合并）。社会保险主要是通过建立社会保险基金并在一定范围内对其实行统筹调剂，来对劳动者及其他公民遭遇风险时给予必要的帮助。社会保险提供的是基本生活保障，只要劳动者及其他公民符合享受社会保险的条件，即劳动者与用人单位建立了劳动关系并按规定缴纳各项社会保险费，或其他公民已按规定缴纳各项社会保险费，即可在遭遇风险时享受社会保险待遇。

3. 社会救助（social assistance）

社会救助又称社会救济，是指国家对于遭受灾害、失去劳动能力的公民以及低收入的公民给予物质救助，以维持其最低生活水平的各种措施，包括城乡居民最低生活保障，对农村无依靠老人、残疾人和贫困者的照顾，灾害救助、扶贫救济等。社会救助的目标是扶危济贫，救助社会脆弱群体；其对象是社会的低收入人群和困难人群。社会救助作为社会保障的内容之一，是人类社会最古老的一种保障形式。社会救助主要是对社会成员提供一种最低生活保障，其保障水平低于社会保险和社会福利。

4. 社会优抚

社会优抚是社会保障中一种较为特殊的保障方式，它是针对社会部分人群而设立的，是国家通过立法规定对一些负有特殊社会任务和责任的人员、社会有功人员实行的物质照顾和精神抚慰。[①] 社会优抚的内容包括优待军人及军人家属、抚恤伤亡将士、褒扬阵亡将士等。后来，社会优抚的范围扩大到非军人，如对一些因公或为保卫人民生命、财产而牺牲的非军人也实行抚恤和褒扬。

（三）社会保障、社会福利、社会保险和社会救助概念的联系与区别

从上述分析可见，在我国，社会保障是一个上位概念，在社会保障概念之下有社会保险、社会福利和社会救助等。将社会保险、社会福利、社会救助置于社会保障体系来考察，这几个概念的主要区别有：

1. 实施的对象不同。社会保险实施的对象主要是以工资收入为其主要生活来源的劳动者，也即与用人单位建立了劳动关系，有稳定收入来源的劳动者，包括已退休人员，但需要注意的是：现代社会保险尤其是养老保险和医疗保险已实现全民享有；而社会福利和社会救助实施的对象是全体社会成员，不管其是否以工资收入作为主要生活来源。

2. 资金来源不同。社会保险基金主要来源于用人单位和劳动者及其他公民个人缴费，国家财政作适当的补贴，在社会保险制度下，用人单位和劳动者缴纳社会保险费是一种法定义务，不得由个人选择。社会福利和社会救助资金则来源于国家财政和社会各界捐助，社会成员没有缴费的义务。

3. 实施的条件不同。社会保险实行权利、义务对等的原则，即劳动者及其他公民只有尽了缴纳社会保险费的义务后，才能享受各种社会保险待遇。而社会福利和社会救助则强调国家和社会对全体社会成员的责任与义务，社会成员享受社会福利和社会救济不需要承担缴费的义务。

---

① 参见方乐华编著：《社会保障法论》，9页，上海，世界图书出版公司，1999。

4. 实施的方式不同。社会保险根据劳动者及其他公民遭遇风险的不同而有不同的规定。我国现行法律规定，养老保险和医疗保险实行个人账户和统筹相结合的办法，劳动者及其他公民享受养老保险和医疗保险视其缴费年限和金额而定；失业保险主要根据失业人员所在的当地生活水平而定；工伤保险和生育保险则取决于其受伤程度和生育费用。而社会救助则是根据公民的收入水平、负担家庭成员的状况等因素来决定，如公民发生意外或生活陷入困境后，可以向政府申请救济，政府有关部门应进行必要的调查，核定其符合救济条件后才发给救济金，救济金发放的标准一般以保证其最低生活需要为限。社会福利实施的方式主要是提供福利设施和服务，符合条件的社会成员都有权利享受。

二、社会保障的特征

1. 保障性。社会保障制度旨在保障全体社会成员在遭遇生、老、病、死、伤残、失业等各种风险时，能够从国家和社会获得必要的帮助与补偿。保障性是社会保障制度首先要实现的目标。从1883年德国制定《疾病保险法》到1935年美国颁布《社会保障法》，无一不把社会保障与社会安全联系在一起。由于社会成员包括劳动者在社会生活以及劳动过程中，难免会遇到各种风险和事故，社会保障制度能够使社会成员在遭受意外和风险时不至于生活无着，从而使社会每一个成员都能得到必要的安全保障。社会保障的目的在于保障国民生活，稳定社会秩序，使全体社会成员能够安居乐业。

2. 强制性。社会保障必须通过立法强制实施，法律的规定使得社会保障制度带有强制性。就社会保险而言，凡依照法律规定必须参加投保的劳动者和用人单位都必须参加保险，当事人没有任意选择的权利，也不能任意退出保险，保险的险种和保险金的缴纳也必须按法律规定执行，不能由当事人自由协商。强制性是社会保障制度运作的必要手段，也是社会保障制度的特性所决定的。社会保障以社会利益为本位，为社会大众谋求利益与安全，尽管因缴纳社会保险税或费会减少某一部分人的所得，但基于社会整体利益，仍需采取强制性的手段，以维持社会保障制度的正常运作。如我国《劳动法》第72条规定："……用人单位和劳动者必须依法参加社会保险，缴纳社会保险费。"社会保障的强制性是国家对社会经济生活实行国家干预的表现，也是社会保障制度得以存在和实施的保证。

3. 社会性。社会保障解决社会风险问题，这种社会风险自工业社会以来已具有普遍性、危险性和严重性，而且并非个人力量所能解决，必须借助于国家力量来制定社会政策，以确保国民的生存权。社会保障以全体社会成员为对象，其中，社会保险主要为劳动者提供，项目包括养老、医疗、失业、工伤、生育等，但养老、医疗保险现已向全民提供；社会救助、社会福利是为全体社会成员提供的保障，社会成员只要符合条件，都可以获得救助或相应的福利待遇和服务；社会优抚是针对社会有特别贡献和特殊身份的人所建立的，主要是对军人及其家属所制定的优待和各种措施。除上述内容外，还有许多国家将社会保障的内容扩大到家庭补贴、免费教育、就业服务等内容。此外，社会保障的运作也完全是社会化的：通过建立专门的社会保障管理机构，对社会保障事务进行具体的管理并提供相应的服务。总之，社会保障涉及的内容使其具有广泛的社会性。

4. 互助性。社会保障基金来源于用人单位和劳动者个人的缴纳以及政府的财政支持，因而，社会保障实际上是国家对国民收入进行再分配的一种方式，是国民收入在不同群体之间的转移。这种转移既有横向转移也有纵向转移。横向转移即收入在富裕者和贫困者之间、健康者和病残者之间、在职者和退休者以及失业者之间的转移；纵向转移是一种“代际互助”，是后代人对前代人的互助，如在实行现收现付[①]的养老体制下，在职人员缴纳的养老保险费就即时地支付给退休人员作为养老金。由于社会成员遭受风险和意外事故的情况不同，通过社会保障的互助性，能够解决不同情况下不同社会成员的特殊需要，帮助那些急需救助的群体，使他们渡过难关、维持基本生活。因此，社会保障通过互助性，在全体社会成员之间实现和维持一种公平的状态。

三、社会保障制度的功能

（一）社会保障与市场经济

社会保障是资本主义发展到一定阶段的产物。在前资本主义社会，在自给自足的小农经济条件下，个人的经济安全与国家和社会没有直接的关系，社会成员的生活保障体现为家庭的自我保障，是个人和家庭的责任，而不是国家和社会的责任。工业革命以后，随着工厂制度的建立和工商业的发展，现代市场经济制度开始建立并不断完善。市场经济是通过市场机制来实现资源配置的经济制度，但“市场失灵”（market failures）难以避免，而且，在市场经济条件下，社会结构发生了重大变化，大多数社会成员成为工人阶级的一分子，引发了许多社会问题，如事故、失业、疾病、养老等。这些由“市场失灵”引发的社会问题，借助国家干预的手段才能有效解决。其中，通过国家参与来解决社会上大量存在的事故、失业、贫困、疾病等社会问题的社会保障制度成为国家干预的一个重要手段，社会保障制度成为解决“市场失灵”的重要法宝。

（二）社会保障制度的经济功能

1. 社会保障是收入分配的一种形式

社会保障的基本功能就是对社会分配的参与，通过其分配机制的特有功能，缓解社会分配不公所造成的影响，为社会成员提供基本生活保障。在现实经济生活中，社会成员在国民收入分配和再分配（除社会保障分配外）中形成的收入水平存在着很大的差异，这种差异取决于很多因素，包括人的智力、体力的不同，分配准则的不同，以及机会的不同等，因此，收入分配的差别是客观存在的。社会保障就是要对收入差异进行调整，主要是将一部分国民收入集中到政府预算，通过转移支付来保障一些特殊社会成员的基本生活需要；或者是以向单位和劳动者个人收缴费或征税的方式建立社会保障基金，实行统筹使用，对有困难和需要的人予以救助。因此，社会保障分配是国民收入分配的重要组成部分，其分布于国民收入分配和再分配的全过程，在分配机制中充当了公平的调节器。

---

① 现收现付，是指将一定时期如 1 年内所需支付的费用，分配给各参加社会保险的被保险人缴纳，依靠当年的收入来满足当年的需要，以支定收。与之对应的是个人基金制，即完全以个人过去积累的缴费及其利息收入提供社会保险金的制度。

2. 社会保障对资源配置有重要影响

社会保障对资源配置的影响，主要是通过影响储蓄率，继而影响投资规模，从而改变资本积累速度。社会保障与储蓄和投资都具有密切联系：社会保障对储蓄的影响，首先表现为资金筹集的影响，因为筹集社会保障资金，会直接减少个人和企业的收入，从而影响个人和企业的消费倾向、储蓄倾向；其次是社会保障资金的储存过程对储蓄的影响，通常来说，社会保障资金的储存过程就是储蓄的过程；最后是社会保障费用的支付也会对储蓄产生影响，社会保障费用的支付，必然会减少社会保障资金的储存量，但同时会增加公民个人的购买力，促进消费的增加。除了对储蓄的影响外，社会保障也会直接地影响投资：社会保障基金并不是一种单纯的消费基金，在发放给遭受风险的劳动者以前，它是一笔重要的投资资金，能够为资本市场提供巨大的动能，从而成为影响社会总投资的重要因素。

3. 社会保障对宏观经济的影响

社会保障制度对一个国家宏观经济的影响也是巨大的，是政府用于调控宏观经济运行的重要手段。社会保障对宏观经济的影响，主要表现为以下几方面：

一是对国民经济总供求均衡的影响。国民经济的均衡，要求总供给和总需求保持大体适应的状态。如果总供给和总需求不能保持适度平衡，则无论是供大于求还是供不应求，都会导致经济运行的波动。而社会保障制度的运作，对于平衡社会供求关系有着重要影响：由于社会保障制度要求有巨额的资金作保证，所以，通过社会保障的运作，能够很好地调节市场的供求关系。当经济处于强劲增长时，失业率下降，社会保障的支出相应减少，社会保障基金的储存规模因此而增大，从而抑制社会需求的膨胀；当经济处于衰退时，失业率上升，社会保障基金的支出相应增加，从而加大社会的有效需求。在扩大市场需求方面，社会保障是一个重要的影响因素：从经济增长的角度分析，扩大消费市场是经济增长的一个重要因素，要刺激消费、加大内需，需要建立一个有效的社会保障制度，使人们在消费之余免去为生老病死进行储蓄积累的后顾之忧，从而促进经济的良性循环。

二是对劳动力生产和再生产的影响。市场经济的基本特征之一就是竞争，竞争机制所形成的优胜劣汰，同样适用于劳动力市场。劳动者自身条件的差异，必然就会使竞争的失利者被迫退出劳动岗位。而且，经济运行的周期性，也使得在经济萧条时大量的劳动者因此而失业，其结果必然使劳动者本人及其家庭陷入生存危机，使劳动力的生产和再生产也受到影响。而通过社会保障，能够为这部分社会成员提供必要的生存保障，维持其基本生活，使劳动力的再生产成为可能。

三是对劳动就业的影响。就社会保障制度的运作来说，它是一项覆盖全国的服务系统，需要大量的工作人员参与并提供各种服务，这就为劳动者提供了许多就业机会。而且，一个国家越是失业率高时，它所需要的为失业者提供的服务就越多，这也为社会创造了更多的就业机会。

（三）社会保障制度的社会功能

社会保障通常被称为社会的“安全网”和“稳定器”。社会保障制度的社会功能，主要体现为社会保障对稳定社会政治、经济秩序所起的作用。其具体表现为：

1. 通过社会保障为社会成员在遭受各种风险时提供必要的生活保障

每个人在社会生活中都不可避免地会遭遇各种风险，如疾病、年老、伤残、失业、受灾、无依无靠等，从而失去基本生活来源，使生存陷入困境。社会保障制度能够为遭受风险的各类社会成员提供必要的生活保障，解决他们的生活困难。

2. 通过社会保障实现社会公平

有竞争就会有差异，竞争的结果是强者恒强、弱者恒弱，出现贫富的两极分化，导致社会分配的不公。要实现社会公平，需借助于国家力量对国民收入进行再分配。社会保障具有国民收入再分配的功能，通过社会保障基金在高收入者和低收入者之间的转移支付，使国民收入再分配向低收入者倾斜，从而调节社会成员之间的收入差距，维持低收入者的基本生活，缩小社会成员之间的贫富差距，以实现社会公平。

3. 通过社会保障实现社会稳定

社会稳定是一个国家发展的基本前提，没有社会稳定，就没有经济的发展和社会的进步。社会稳定的基础主要取决于人们心态的稳定，而心态稳定又来源于人们的安全感，健全和完善的社会保障能够为人们提供这种安全感。社会保障通过满足社会成员的基本生活需要，解除了人们的后顾之忧；通过尽可能地消除贫富之间的差距，创造一个公平和合理的社会环境，最终使每个社会成员都能从社会保障制度获得利益，并对未来的生活有良好的心理预期，安居乐业，实现社会的稳定和发展。

第二节　社会保障法概述

一、社会保障法的概念和特征

社会保障法属于社会法的范畴，是调整社会保障关系的法律规范。具体而言，社会保障法是调整以国家、社会和全体社会成员为主体，为了保证社会成员的基本生活需要并不断提高其生活水平，以及解决某些特殊社会群体的生活困难而发生的经济扶助关系的法律规范的总和。

社会保障法具有以下特征：

（1）广泛的社会性。社会性主要表现在：第一，目的的社会性。社会保障之设立即为社会利益，保障社会全体成员的生活安全，所以社会保障法的目标在于通过保障社会成员的基本生活需要来维护社会稳定。第二，享受权利主体的普遍性。社会保障权由全体社会成员享有，而且随着经济发展，可以享受保障的成员数量以及可以享受的社会保障项目会越来越多。第三，社会保障责任和义务的社会化。社会保障要获得长久的生命力，需要整个社会的参与，社会保障采取国家、用人单位和社会成员共同负担的原则，将责任和义务分散到整个社会，以资金来源的多渠道来保证社会保障的正常运转。

（2）严格的法定性。社会保障法作为社会法，带有明显的强制性特征，是国家为了保障公民的基本生活需要而强行规定的一系列准则，从社会保障项目的确立、社会保障资金的筹集和缴纳到社会保障的享受人群范围以及社会保障金的发放，都有明确的法律规定，任何单位和个人不能任意更改。

（3）实体法与程序法的统一性。社会保障法既有实体性法律规范，也有程序性法律规范，之所以如此，是因为社会保障法所调整关系的复杂性。社会保障法调整的是一个在社会保障领域中由各种社会关系、各个运行环节组成的系统，因而社会保障法就必须不仅有具体的权利、义务的规定，还要有维持程序正常运转的程序性规定。

（4）特定的立法技术性。社会保障的运营须以数理计算为基础，这使得社会保障法在立法上有较高的技术性。“大数法则”和“平均数法则”在社会保障立法中会经常用到。另外，还有一些保障项目在费率、范围等的确定上会常用到统计技术。例如，我国养老保险立法中的关键技术，涉及退休后平均存活年数的确定、养老保险基金的社会统筹范围的确定、养老保险费率的确定等种种问题，都需要运用数理技术来确定。

二、社会保障法律关系分析

（一）社会保障关系的主体

1. 社会成员——社会保障的受益主体

社会保障的受益主体是指社会保障制度予以保护的某种社会利益的最终享受者。现代社会保障制度具有普惠性，因此，全体社会成员都应当是社会保障关系的受益主体，具体又可分为有劳动关系的受益主体和没有劳动关系的受益主体。前者主要是指受劳动法调整的、与用人单位建立劳动关系的劳动者；后者主要指没有劳动关系的城乡居民。就有劳动关系的受益主体而言，其通常也是缴费的义务者。

2. 用人单位——社会保障的主要缴费主体

社会保障的运作必须有充足的社会保障资金作为保证，在社会保险关系中，用人单位是主要的缴费主体，如我国目前实行的养老、医疗、工伤、失业、生育5个保险项目中，用人单位都承担缴费义务，劳动者只需就养老、医疗、失业3个项目缴费，而且，用人单位的缴费比例高于劳动者个人缴费比例。

3. 国家或者政府——社会保障的责任主体、行政主体

社会保障制度以国家责任为基础，离不开政府的参与。一方面，社会保障运作需要大量的资金，需要政府财政支持。在社会保险制度中，用人单位和劳动者是主要的缴费人，但在入不敷出时需政府财政兜底；而在社会救助和社会福利中，政府财政是主要的资金来源。另一方面，社会保障制度的运作必须在政府的管理、监督下进行。

4. 社会保障管理和经办机构——社会保障的服务主体

社会保障运行通常采取行政职能和管理职能相区别的做法。许多国家都把社会保障交由非行政机构来管理，或者由半官方机构为社会保障提供各种管理和服务。在我国，各地都设立了社会保险经办机构，办理社会保险的登记、社会保险费的缴纳和社会保险待遇的发放等工作。

（二）社会保障关系的属性

社会保障关系的属性，可以分为以下几个方面：

第一，社会保障关系具有人身关系和财产关系相结合的属性。社会保障包括社会保险、社

会救助、社会福利以及优抚安置等。除社会福利具有广泛性以外，社会保险、社会救助、优抚安置都是针对特定社会群体的，或者需符合一定的条件，只有具备一定的主体身份才能享受这些保障项目。而社会保障的核心是给付，通过给付，使保障对象获得生活的必需，从此意义而言，社会保障关系又是一种典型的财产关系。

第二，社会保障关系既不是平等主体间的关系，也不是完全体现国家权力的管理和服从关系。社会保障法既不是私法，也不是公法，而是典型的社会法，其中既有国家权力干预的关系，又有公民享受国家给付的权利的关系。社会保障可以被认为是一种社会连带责任关系，即通过社会保障权利与社会保障义务将国家、社会团体以及全体社会成员联系在一起，形成一种社会连带责任关系。

第三，社会保障关系中的权利、义务具有非对等性。这是指在社会保障关系中，既有无须履行义务的法定权利，也有不享受任何权利的法定义务。前者体现在社会救助、社会优抚和社会福利法律关系中，享受社会保障权利的公民，不需要履行任何社会保障义务（不需要履行缴费等法定义务)，只要符合一定的条件或主体身份，即可享受社会保障权利。例如在社会救助中，只要公民生活在国家规定的贫困线和最低生活标准以下，就可以获得救助。而在社会保险项目中，劳动者对工伤保险和生育保险都没有缴费义务。后者体现在社会保险法律关系中，用人单位有法定的缴费义务，但不享受任何实体权利。

（三）社会保障关系的分类

对社会保障关系从不同的角度可以作出多种划分。依其内容不同，可以分为社会保险关系、社会救助关系、社会福利关系以及优抚安置关系。依社会保障的体制来划分，又可以分为社会保障管理关系、社会保障资金筹集关系、社会保障待遇给付关系、社会保障资金运营关系、社会保障监督关系等。概括地讲，社会保障关系就是在社会保障实施过程中，国家、用人单位以及社会成员之间所发生的各种关系的总和，具体有以下关系：

(1) 政府与社会保障经办机构之间的关系。它们之间包括了委托、管理和监督的关系：政府委托社会保障经办机构对社会成员进行给付和帮助，而社会保障经办机构也要接受政府的管理和监督。

(2) 国家与社会成员之间的关系，主要是一种给付关系，明确国家的职责和义务以及社会成员应享受的保障性权利。

(3) 社会保障职能机构之间的关系。它是指社会保障职能机构由于职责划分的不同而形成的分工、协作关系。包括社会保障资金的筹集机构、管理机构、运营机构和发放机构，它们应各自有明确的分工，但又在职能上相互衔接，构成一个统一运作的整体。

(4) 国家与用人单位之间的关系，国家与用人单位之间因社会保障费用的征收和缴纳而发生的关系。

(5) 用人单位与劳动者之间的关系。用人单位与劳动者建立劳动关系，用人单位即有义务为劳动者办理社会保险、缴纳社会保险费并为劳动者代缴应由劳动者缴纳的社会保险费。而劳动者有权要求用人单位办理社会保险。

这些关系并非单独存在，往往呈现出交错而复杂的特点。此外，就广义而言，还有社会保障争议的仲裁与诉讼关系，目前，社会保障诉讼一般采用行政诉讼程序进行。

第三节　社会保障法的历史

一、国外社会保障法的产生和发展

（一）1601年英国的《济贫法》——社会保障制度的萌芽

社会保障源于济贫的思想，最早的社会保障立法可以追溯到1601年英国颁布的《济贫法》(Poor Law)。欧洲中世纪末期，随着工商业的兴起，封建社会的人身依附关系开始瓦解，成千上万的农民离开土地而涌向城镇，他们在离开土地、摆脱封建的土地人身依附关系的同时也失去了基本的生活来源，许多人成了城镇游民或乞丐，由此引发了新的社会矛盾和冲突。为了缓解社会矛盾，英国的伊丽莎白女王于1601年颁布了《济贫法》，规定全国普遍设立收容贫民的济贫院，对贫民一方面强迫劳动，另一方面实行慈善救济，以强迫为主，兼顾救济。因此，《济贫法》的主要目的是通过强迫劳动，解决贫民流浪问题。

（二）19世纪末德国的"社会保险三法"——社会保险法的产生

现代意义的社会保障法出现在19世纪末的德国。19世纪中叶德国开始了工业革命进程，很快取得了突飞猛进的发展，与此同时，工人阶级的力量也不断壮大，与资本家之间形成对抗。面对如火如荼的工人运动以及蓬勃兴起的社会主义运动，时任首相的俾斯麦采取了胡萝卜加大棒的做法。一方面，于1878年制定《社会党镇压法》，压制社会民主党的革命运动。另一方面，通过制定社会政策和社会立法来保护劳动者，缓解劳资之间的矛盾。德国先后于1883年颁布了《疾病保险法》，于1884年颁布了《工伤保险法》，于1889年颁布了《养老和伤残保险法》，这三部立法确立了社会保险法的基本思想和原则，开创了社会保险立法之先河。德国社会保险制度的特点是：（1）保险原则是由投保人缴纳保险费并取得领取保险待遇的资格；（2）养老保险和失业保险实行待遇公平原则，医疗保险实行必要的共济原则；（3）国家总体立法和社会保险自治相结合原则，国家确定总体的法定条件，在此范围内投保人与雇主以代表大会及理事会的形式自行管理社会保险；（4）保险种类及社会保险承办机构多样化原则。德国的社会保险法为欧洲各国树立了榜样。

（三）1935年美国的《社会保障法》——世界上第一部社会保障法

美国是自由经济国家的代表。在经济政策方面，保守主义反对以平等和福利为目的的收入再分配，极力维护个人自由和市场自由，认为只要遵循传统的价值观，以家庭自我保障为基础，以私营机构帮助、个人自愿捐款的慈善事业为补充，通过市场经济的调节，社会成员就可以得到最有效的发展。真正使美国推行社会保障制度的是1929—1933年的经济危机。1935年8月14日美国总统罗斯福签发了《社会保障法》，该法的主要内容包括：（1）联邦政府设立社会保障署，负责全联邦社会保障计划的实施；（2）实行全联邦统一的养老保险制度，由雇主和雇员缴纳养老保险税，建立养老保险基金；（3）由联邦政府和州政府共同实施失业保险计划，对雇佣 8 人以上的雇主征收失业保险税；(4) 在联邦政府资助下，由州政府实施老人和儿童福利、社会救助和公共卫生措施。

美国《社会保障法》在社会保障立法史上具有重要意义：该法第一次使用了社会保障的概念，第一次在一部法律中规定了社会保险、社会福利和社会救助等社会保障的内容，确立了社会保障普遍性和社会性原则。从此，社会保障作为一个基本法律制度被许多国家确立并实施。

(四) 英国的《贝弗里奇报告》——福利国家的建立

1942 年 11 月，时任英国社会保险及有关服务部联合委员会主席的贝弗里奇 (William Beveridge) 提出了名为《社会保险及有关服务》的报告，即著名的《贝弗里奇报告》。该报告以消灭贫困、疾病、肮脏、无知和懒散五大社会病害为目标，制订了一个以社会保险为核心的社会保障计划。1945 年英国工党上台后，开始实施《贝弗里奇报告》的内容，进行了一系列社会保障立法，主要有：1945 年的《家庭补助法》，1946 年的《国民保险法》《工业伤害保险法》和《国民健康服务法》，1948 年的《国民救济法》。这 5 部法律同时于 1948 年 7 月 5 日生效，英国从此形成了包括失业、伤残、疾病、养老、死亡、家庭津贴等内容的福利国家型的社会保障体系。英国实施的福利国家立法为西欧许多国家的社会保障立法提供了模式，包括丹麦、瑞典在内的许多北欧国家都接受了英国的模式来建立社会保障制度。

【理论探讨】

福利国家在英国的诞生

福利国家 (Welfare State) 的诞生，对资本主义制度的发展具有相当重要的意义和影响，它使得整个社会意识、社会的价值理念甚至社会结构都发生了巨大的变化，其中对社会保障制度的影响尤为深刻。福利国家所提出的目标和服务内容，已经超越了 19 世纪以前传统的社会福利方式，使社会保障制度迈进了一个新的境界。一些西方学者甚至认为福利国家的出现是人类文明发展的一个极致。福利国家一词最早出现在 1941 年英国约克郡大主教威廉·坦普尔 (William Temple) 所著的《公民与教徒》(*Citizen and Churchman*) 中，书中用福利国家的概念取代了权力国家的概念。按照通常的解释，福利国家是指由国家通过立法来承担维护和增进全体国民的基本福利，其典型构架是以全体国民为对象的普遍的社会保障计划。

福利国家在英国的诞生，与英国的社会经济发展、政治结构、社会意识等有着密切的联系。从社会、经济发展来看，在资本主义自由竞争阶段，英国长期采取自由放任的经济政策，奉行"管得最少的政府就是最好的政府"的原则，尽管也制定了《济贫法》等，仍无法解决社会贫富问题，贫富差距越来越大，直接阻碍了社会经济的发展。人们开始检讨以往经济政策和济贫措施的失误，力图通过新的社会福利措施来改变社会不公平状况。从国家政治制度看，福利国家的出现，是政府职能的一个重大转变。市场"失灵"要求政府的角色从被动转为主动、从不干预转为主动干预，这使得对政府职能的要求产生了一个巨大的转变，人们认为最好的政府乃是最能为社会服务的政府。这为福利国家的产生提供了必要的条件。从社会意识来看，福利国家在英国的出现是英国社会意识重大变迁的结果。福利国家采取的各种福利措施是建立在危险由社会分担的基本原则上，社会不是以个人为单位，而是以群体为依托来构成的，个人所承受的危险不应看作是个人的危险，而是一种社会的危险。过去虽然也有许多济贫法案，但这些法案都将一个人陷入贫困视为个人的责任，而不检讨社会的过失，过分强调个人责任而忽视社会责任，未能真正解决社会的贫困问题。20世纪以来，人们已充分意识到解决贫困问题的社会意义，即救济贫困不应被视为一种慈善行为，而是社会的共同责任。这一观念的转变标志着社会意识的一个重大变迁，福利国家的出现则使这一社会意识的转变得以真正实现。

福利国家在英国的出现，是社会经济和社会意识发展的必然结果，也是英国自1601年实施《济贫法》以来各种社会福利措施不断改革和发展的结果，由此也引发了整个西方国家对社会政策的思考和价值判断。

（五）社会保障的调整与改革

至20世纪中叶，社会保障的思想和理念在全球范围内得到了普遍的认同、传播，至50年代中后期，几乎所有的发达国家都初步完成了社会保障立法的工作，建立起了包括养老、疾病、失业、工伤、家庭津贴、贫困救济等项目的社会保障制度。

20世纪50年代至70年代，世界经济迎来了高速发展的黄金时期，欧美各国的经济以前所未有的速度向前发展，这为各国社会保障制度的全面实施提供了必要的物质条件。欧美国家用于社会保障的费用持续增长，社会保障费用在国内生产总值中所占比重从20世纪60年代的20%上升到70年代的30%左右，社会保障制度发展到鼎盛。但随着1973年中东石油危机的爆发，西方国家出现了严重的经济危机，由此也引发了社会保障的危机，各国社会保障制度相继进入调整与改革阶段。为了解决不断增长的社会保障开支所带来的巨大财政赤字，各国纷纷采取各种措施来缓解政府的压力，如实行多元化的社会保障措施，将私有化部分地引入社会保障领域，将社会保障措施向地方化和社区发展等。至今，各国社会保障制度仍在不断地调整，以适应本国的经济和社会发展的需要。

二、我国社会保障法的建立和发展

（一）新中国成立前期我国社会保障法的发展

1949年新中国成立后，中央政府即着手建立社会保障制度。1951年2月26日政务院颁布了《劳动保险条例》，标志着我国除失业保险外，包括养老、工伤、疾病、生育、遗属等职工社会保险制度已初步建立。同时，国家机关工作人员的社会保险制度也以颁布单行法规的形式逐步建立起来，如1950年《革命工作人员伤亡褒恤暂行条例》、1952年政务院《关于全国各级人民政府、党派、团体及所属事业单位的国家工作人员实行公费医疗预防的指示》、1955年《国家机关工作人员退休处理暂行办法》等。

1957年开始，随着社会主义经济建设全面开展，国家对社会保障制度作了一些调整。1958年国务院颁布了《关于工人、职员退休处理的暂行规定》及其实施细则和《关于工人、职员退职处理的暂行规定》及其实施细则，统一了企业和国家机关的退休和退职办法。1957年卫生部、全国总工会颁发了《批准工人、职员病、伤、生育假期的试行办法》和《医务劳动鉴定委员会组织通则》，同年卫生部还制定了《职业病范围和职业病患者处理办法的规定》，将职业病列入工伤保险的范围。1962年国务院发布《关于精简职工安置办法的若干规定》，规定了对精简职工的安置办法。在此期间，国家在城市开始兴建社会福利院，如养老院、残疾人习艺所、精神病院等，在农村开始建立农村合作医疗制度、集体“五保户”制度等。

“文化大革命”期间，我国的社会保险工作受到严重挫折。从中央到地方的劳动保险管理机构被撤销或停止工作；企业职工社会保险费用统筹制度被迫废弃，改变了社会保险原有的统筹、调剂职能，使社会保险成为“企业保险”；易地支付社会保险待遇的办法也被迫停止。

(二) 改革开放以来我国社会保障法的发展

自20世纪70年代末起，我国开启了经济体制改革。与此同时，社会保障制度也进行了全面的改革和重构。改革开放30年来，我国社会保障法律制度经历了三个发展阶段：

1. 1978年至1992年：社会保障改革起步阶段

1978年以来，随着我国经济体制改革的全面推进，我国社会保障制度也开始了改革探索。1983年年底，国家开始在一些省市实行医疗制度改革试点，1984年开始实行退休基金社会统筹的试点。1986年国务院颁布《国营企业实行劳动合同制暂行规定》，规定对劳动合同制工人的退休养老基金实行社会统筹，从而正式拉开了社会保险改革的序幕。同年国务院还颁布《国营企业职工待业保险暂行规定》，在我国首次建立了失业保险制度。1991年国务院发布《关于企业职工养老保险制度改革的决定》，提出了建立多层次养老保险的目标，基本养老保险实行社会统筹，先由市、县级统筹，再逐步过渡到省级统筹。1993年国务院发布《国有企业职工待业保险规定》，将失业保险范围进一步扩大。与此同时，在农村社会保障制度方面，主要开展了中央政府主导下的大规模扶贫运动。

这一阶段我国社会保障制度设计的目标主要是为当时国有企业改革配套、为国有企业与国有企业职工服务以及缓解农村贫困现象。社会保障立法也主要围绕这一目标而展开。

2. 1993年至2003年：社会保障制度重构阶段

1992年党的十四大报告提出了建立社会主义市场经济体制的目标。1993年党的十四届三中全会通过了《关于建立社会主义市场经济体制若干问题的决定》，明确将社会保障制度确立为市场经济正常运行维系机制的五大支柱之一。为此，我国出台了一系列社会保障方面的法律、行政法规和规章。1994年全国人大常委会通过了《劳动法》，专章规定了“社会保险和福利”，规定企业职工社会保险项目包括养老保险、疾病保险、工伤保险、失业保险、生育保险和死亡遗属津贴等。在养老保险方面，1995年国务院发布《关于深化企业职工养老保险制度改革的通知》，确立了社会统筹和个人账户相结合的养老保险制度改革方案。1997年国务院发布了《关于建立统一的企业职工基本养老保险制度的决定》，规定到20世纪末，要基本建立起适应社会主义市场经济体制要求，适用于城镇各类企业职工和个体劳动者，资金来源多渠道、保障方式多层次、社会统筹与个人账户相结合、权利与义务相对应、管理服务社会化的养老保险体系。在医疗保险制度方面，1994年经国务院批准，国家体改委、财政部、劳动部、卫生部印发了《关于职工医疗制度改革的试点意见》，明确提出职工医疗保障制度改革的目标是建立社会统筹医疗基金和个人账户相结合的制度，并使医疗保险制度逐步覆盖城镇所有劳动者。1996年国务院再次批准了《关于职工医疗保障制度改革扩大试点的意见》，在全国范围内进行了医疗保险制度改革的试点。1998年国务院发布《关于建立城镇职工基本医疗保险制度的决定》，规定城镇所有用人单位，包括企业、机关、事业单位、社会团体、民办非企业单位及其职工，都要参加基本医疗保险。在失业保险方面，1999 年国务院发布《失业保险条例》，将失业保险的范围扩大到城镇企业、事业单位及其职工。在生育保险方面，1994 年劳动部颁发了《企业职工生育保险试行办法》，规定在企业实行职工生育保险制度。在工伤保险方面，1996 年劳动部发布了《企业职工工伤保险试行办法》，2003 年国务院颁布《工伤保险条例》，规定各类企业及有雇工的个体工商户都应当参加工伤保险，工伤保险费由用人单位缴纳，职工个人不用缴纳。在社会保险费征缴方面，1999 年国务院发布《社会保险费征缴暂行条例》，对社会保险费的征缴作了明确规定。此外，在社会救助方面，国家开始更多地关注社会弱者，为了解决社会低收入人群的生活问题，1999 年国务院颁发《城市居民最低生活保障条例》，建立了城市居民最低生活保障制度。

这一阶段的社会保障立法，主要是围绕市场经济制度的确立而展开的，在立法的指导思想方面，遵循了“效率优先，兼顾公平”的原则。在内容上，通过国务院一系列行政法规的出台，基本建立起了城镇职工养老、医疗、失业、工伤、生育等社会保险制度和城市居民最低生活保障制度。

3. 2004 年至今：社会保障全面深化阶段

2004 年党的十六届四中全会提出了构建社会主义和谐社会的目标，社会保障成为国家的基本社会政策。2005 年国务院颁布《关于完善企业职工基本养老保险制度的决定》，进一步扩大养老保险的覆盖范围，改革了养老金计发办法。2006 年国务院颁布《关于解决农民工问题的若干意见》，提出要积极、稳妥地解决农民工社会保障问题。2007 年国务院颁布《关于在全国建立农村最低生活保障制度的通知》，规定在全国农村建立低保制度；同年国务院颁布《关于开展城镇居民基本医疗保险试点的指导意见》，决定将基本医疗保险逐步覆盖全体城镇非从业居民。

新时期我国社会保障制度的目标是要建立城乡统筹的社会保障制度，要着力解决我国长期存在的、由城乡二元社会结构导致的农村社会保障制度薄弱问题，在立法的指导思想上，社会公平的价值观进一步确立，政府责任得以加强。党的十七大报告明确提出“到 2020 年基本建立覆盖城乡居民的社会保障体系”。2008 年，第十一届全国人大常委会立法规划出台，规划制定社会保险法、基本医疗卫生保健法、精神卫生法、社会救助法、慈善事业法等法律。2010 年 10 月 28 日，全国人大常委会通过了《社会保险法》，明确了我国社会保险制度的基本原则和目标以及基本的制度框架，建立了覆盖城乡全体居民的社会保险制度。国务院随后修订了《工伤保险条例》。

2011 年以来，我国社会保障立法的新发展包括：全国人大常委会制定了《军人保险法》《慈善法》，修改了《兵役法》《老年人权益保障法》，国务院制定了《烈士褒扬条例》《退役士兵安置条例》《无障碍环境建设条例》《社会救助暂行办法》，修改了《军人抚恤优待条例》，发布了《关于开展城镇居民社会养老保险试点的指导意见》《关于建立统一的城乡居民基本养老保险制度的意见》《关于机关事业单位工作人员养老保险制度改革的决定》《机关事业单位职业年金办法》《基本养老保险基金投资管理办法》《关于整合城乡居民基本医疗保险制度的意见》，人力资源和社会保障部先后制定了《社会保险个人权益记录管理办法》《社会保险基金先行支付暂行办法》《实施〈中华人民共和国社会保险法〉若干规定》《在中国境内就业的外国人参加社会保险暂行办法》《城乡养老保险制度衔接暂行办法》《关于调整失业保险费率有关问题的通知》《关于调整工伤保险费率政策的通知》《关于适当降低生育保险费率的通知》等，最高人民法院发布了《关于审理工伤保险行政案件若干问题的规定》，进一步完善了包括社会保险、社会救助、社会福利、社会优抚的社会保障法律体系。

第四节　社会保障法与基本人权

人权是作为一个人所应该享有的基本的、不可或缺的权利。社会权（或称社会基本权）是与国民社会经济生活有密切关系的人权。[①] 20 世纪以前，人权运动的发展以及近代立宪主义的理论，一直以争取各种自由权保障为核心。随着资本主义社会的高度发展，人民不仅基于自由权的保障要求国家消极不作为，而且要求国家在人民经济、社会生活中担负起各种积极的机能，以落实保障全体国民的"实质"自由、平等，也就是"社会保障基本权"的保障。因此，社会权是为了解决资本主义社会所造成的弊病与矛盾，同时进一步使人权保障更为具体、实际而形成的，社会保险法的产生则是基于"社会保障基本权"的人权保障理念。

一、我国宪法上的社会保障基本权

社会法治国最核心的理念就是国家权力对公民生存权及享受健康、文化生活的积极保护义务。我国《宪法》为了落实"社会保障基本权"的保障，规定了大量与社会保障基本权相关的条款，其中与社会保险法律制度有关的主要包括：第 14 条第 4 款规定："国家建立健全同经济发展水平相适应的社会保障制度。"第 33 条第 3 款规定："国家尊重和保障人权。"第 44 条规定："国家依照法律规定实行企业事业组织的职工和国家机关工作人员的退休制度。退休人员的生活受到国家和社会的保障。"第 45 条规定："中华人民共和国公民在年老、疾病或者丧失劳动能力的情况下，有从国家和社会获得物质帮助的权利。国家发展为公民享受这些权利所需要的社会保险、社会救济和医疗卫生事业。国家和社会保障残废军人的生活，抚恤烈士家属，优待军人家属。国家和社会帮助安排盲、聋、哑和其他有残疾的公民的劳动、生活和教育。"

从宪法的基本理论来看，基本权利应该具有主观权利和客观价值秩序的双重性质，两者的区别在于是否赋予个人以请求权。主观权利赋予个人以请求权，国家必须依据个人请求作为或者不作为。基本权利作为客观价值秩序则一般不赋予个人以主观请求权，仅仅课以国家单纯的保护义务。我国宪法中关于社会保障基本权的规定并非主观权利，而仅具有客观价值秩序的效力，使公民的社会保障基本权往往流于宣言式效果，并且由于我国违宪审查制度的缺位，公民在其社会保障基本权由于国家的消极不作为而受到侵害时，也不知如何获得救济。根据规范的拘束力来分类，上述宪法规范具有制度性保障的效力，目的在于督促立法机关通过制定法律来建构制度，以进一步明确宪法上基本权利的具体内涵，保障基本权利的实现。《社会保险法》的制定就是此种效力的具体体现。《社会保险法》第 1 条规定："为了规范社会保险关系，维护公民参加社会保险和享受社会保险待遇的合法权益，使公民共享发展成果，促进社会和谐稳

---

① 参见许庆雄：《宪法入门 I：人权保障篇》，135 页，台北，元照出版公司，1999。

定，根据宪法，制定本法。”该条是关于立法目的的规定，其明确了该法的制定依据及效力来源为宪法，并且明确该法的核心在于“维护公民参加社会保险和享受社会保险待遇的合法权益”。而其第2条明确规定了国家基于社会保障基本权对公民所负有的义务：“国家建立基本养老保险、基本医疗保险、工伤保险、失业保险、生育保险等社会保险制度，保障公民在年老、疾病、工伤、失业、生育等情况下依法从国家和社会获得物质帮助的权利。”

二、社会保障法对公民宪法基本权的影响

从基本人权的发展来看，社会权的产生实质上是自由权的自我完善，因为社会权从根本上是对于过度自由的一种限制。基于社会保障基本权的理念而产生的社会保障法势必将对公民其他的宪法基本权利产生影响，而“人民基本权利的限制，其条件即为（1）基于（广义的）公共利益之考量；（2）公益考量的必要性；（3）须以法律来限制等三个要件存在时，方可侵犯人民的基本权利”[①]。因此，有必要对社会保险所必需的强制投保及伴随的保费负担等，对公民宪法基本权的限制的合宪性进行探讨。[②]

1. 社会保障法与公民劳动权

我国《宪法》第42条规定，公民有劳动的权利。但是，公民并不能因此而请求国家提供就业岗位。劳动权的意义在于保障公民的择业自由，国家不得强迫劳动，并且应建立公平就业的环境。社会保障中社会保险的强制参保对于公民的劳动权产生限制，首先在于其可能阻碍公民的就业意愿，从而限制公民的择业自由，并且因为雇主须承担缴费责任，还可能侵害到雇主的营业自由。但是，强制参保的目的是实现社会保险维护社会安全的目标，符合公共利益的基本要求，而且劳动者因此所遭受的劳动权的限制远远小于其因此所获得的利益。而雇主承担社会保险的缴费义务，一方面是其社会责任的体现，另一方面雇主可以将该成本通过产品价格转移给广大消费者，而且可以避免经营中的风险。因此，社会保险法对于公民劳动权的限制具有合宪性。

2. 社会保障法与公民财产权

社会保障法中社会救助的实施原则上是基于对被救助者的财产调查，从某种意义上来说，社会救助与公民财产权益的多寡逆相关，只有公民所拥有的财产低于一定的标准，以至于影响其生存的时候，才能获得社会救助。社会保险基金的建立通常是基于社会保险费，被保险人以及用人单位应当承担相应的缴费义务。因此，社会保险对于公民的自由权和财产权具有限制作用。然而，由于社会保险具有社会性，其以社会利益的实现为追求，符合公共利益，且对于人民的财产权的损害远远小于对社会公共利益的好处。因此，社会保险法对于公民财产权的限制具有合宪性。

3. 社会保障法与公民平等权

整体而言，社会保障法有助于公民平等权的实现，通过社会救助和社会福利制度，能够从整体上提升社会的公平程度，保障弱势群体获得公平的发展机会。但是，在社会保险领域，待

---

① 陈新民：《德国公法学基础理论》（下册），348页，济南，山东人民出版社，2001。

② 参见钟秉正：《社会福利法制与基本人权保障》，61～93页，台北，神州图书出版有限公司，2004。

遇的给付往往会引发关于公民平等权的讨论：一方面，由于种种因素，社会保险待遇的给付并非都是一致的，个体之间、地区之间存有一定差异；另一方面，由于社会保险待遇的给付需要满足一定的条件，使得部分公民无法真正享受社会保险待遇。社会保险费率以及社会保险待遇的给付往往是根据被保险人的工资收入以及负担能力来确定的，其根本目的在于维持社会保险基金的持续性，因此，符合社会公平价值。而社会保险待遇给付条件的设置更是如此，目的是防止骗保等不当行为，维持社会保险制度的良性发展。因此，社会保险法对于公民平等权的限制也具有合宪性。

问题与思考

1. 社会保障的概念及内容是什么？
2. 社会保障、社会福利、社会保险和社会救助概念的联系与区别是什么？
3. 社会保障法的概念和特征是什么？
4. 社会保障关系的主体有哪些？社会保障关系的属性是什么？
5. 社会保障的功能有哪些？

第十三章 社会保险法概论

本章概要

19 世纪 80 年代德国创立的社会保险制度有着深刻的社会背景，其具有社会性、保险性以及强制性的特征，并具有生存保障、秩序维持以及激励自足的功能。社会保险与商业保险在保险技术及原理方面具有相似性，但在理念方面截然不同。

社会保险法以社会保险法律关系为调整对象，而社会保险法律关系具有公法性质，包括社会保险费征缴法律关系、社会保险待遇给付法律关系和社会保险监督法律关系。社会保险法律关系的构成要素包括主体、客体和内容。

社会保险基金来源于公民、用人单位缴费和国家的财政补贴，体现了社会连带和团结互助。

关键术语

社会保险　社会保险费　社会保险费征缴法律关系　社会保险待遇给付法律关系　社会保险监督法律关系　社会保险基金　全国社会保障基金

第一节　社会保险概述

一、社会保险的概念、特征和功能

在工业社会中，多数人失去了土地等生产资料，成为雇佣劳动者，家庭“内部”化解风险的能力也逐步衰退，因此，人们需要“外部化”的方式来化解社会风险、解决社会问题。而社会保险作为风险管理机制为人们所采纳，通过保险的责任分担机制，管理、化解社会风险，构筑社会安全秩序。社会保险制度形成路径可概括为“社会风险—社会问题—社会需要—社会保险”。工业社会风险作为社会保险产生的社会促因，具体种类大概包括失业、老年、疾病、死亡、伤残以及生育等。

(一) 社会保险的概念和特征

社会保险是指国家为了预防和分担年老、失业、疾病以及死亡等社会风险，实现社会安全，而强制社会多数成员参加的，具有所得重分配功能的非营利性的社会安全制度。

社会保险的特征为：

1. 社会性

社会保险的社会性表现为：一是保险对象的社会性。社会保险以全体社会成员为保险对象，是为了谋求社会多数人的福利，而非针对某个特定的个体。二是保险经费来源的社会性。社会保险是基于缴费而形成的社会福利给付，经费来源具有多元性，通常由作为被保险人的劳动者及其用人单位承担缴费义务，政府对于社会保险基金承担补充责任。三是社会保险管理和运行的社会性。社会保险经办机构作为事业单位，具体负责社会保险管理和提供相关的服务。社会保险经办机构往往由雇员、雇主以及政府代表组成。除社会保险经办机构之外，参与社会保险运行的还包括医药服务机构等辅助机构。

2. 保险性

社会保险的保险性表现为：一是社会保险费用与被保险人承担的社会风险相关联。商业保险中保险费率与风险发生概率直接相关：风险发生概率高，保险费率也高；风险发生概率低，保险费率也低。在社会保险中，保险费率与风险发生概率之间的联系不如商业保险那样直接，而仅是粗略、大体的联系。二是社会保险制度建立的基础是风险分担。被保险人通过参加社会保险，形成风险共担的团体，以满足社会风险事故所造成的经济需要。

3. 强制性

社会保险的社会性决定了社会保险制度的强制性，因为社会保险建立的目的是预防社会风险、实现社会安全。因此，个体作为社会成员所享有的个体自治，应该为了社会整体的利益而承担相应的社会强制。社会保险的强制性包括：一是社会保险关系的建立具有强制性。当事人无法自主决定是否建立社会保险关系，并且不能自主选择社会保险关系的相对人——社会保险经办机构——和社会保险项目及内容。二是社会保险费用的缴纳具有强制性。社会保险的缴费义务主体必须按照法定的标准和期限及时、足额缴纳社会保险费用。违反法律规定未及时、足额缴纳社会保险费的，应依法承担相应的法律责任。三是请求社会保险待遇给付的条件具有强制性，如申请给付养老金必须符合下列条件：个人缴费年限累计满 15 年、达到法定退休年龄以及相应的申请程序条件。

【案例分析】

劳动者与用人单位约定不办理社会保险，是否就可以不办理?

【案情】王某经招聘到某保安公司从事保安工作，公司与王某就待遇等内容协商一致，准备签订劳动合同。但是，公司指出，因为要为职工办理社会保险，公司将根据规定每月从王某工资中扣除约 350 元的社会保险费。王某心想多拿点现钱多好啊，并且自己现在工作也不固定，不知道干多久可能就走了，办了社会保险也不一定能够用得上。因此，王某跟公司协商不办社会保险，公司经过考虑同意了王某的意见，但要求王某就主动要求不办理社会保险的情况与公司签订补充协议。于是双方签订了1年的劳动合同，约定每月工资3 500元；并且在补充协议中明确，经王某要求，公司将不予办理社会保险。

该市劳动保障监察大队在劳动保障检查中，发现该公司未依法为签订劳动合同的职工办理社会保险，遂对其下达限期整改通知，责令该公司为王某及其他情况相同的劳动者办理社会保险登记、申报，补缴社会保险费。该公司认为，公司不为王某办理社会保险是王某主动要求的，并且双方就此事签订了补充意见书，所以拒绝为这些劳动者办理社会保险。劳动保障行政部门依据《社会保险费征缴暂行条例》对该公司直接负责的主管人员进行了行政处罚。

【分析】《劳动法》第72条中规定，用人单位和劳动者必须依法参加社会保险，缴纳社会保险费。《社会保险费征缴暂行条例》（2019年修订）规定：缴费单位必须向当地社会保险经办机构办理社会保险登记，参加社会保险。缴费单位、缴费个人应当按时、足额缴纳社会保险费。据此，强制保险是社会保险的基本原则，当事人双方不得自主协商逃避社会保险义务，因此用人单位应当依法为劳动者办理社会保险登记、缴纳社会保险费用。

（二）社会保险的功能

社会保险的功能是指社会保险所具有的作用。它是由社会保险的特征和地位所决定的，是社会保险本质内容的客观反映，也是社会保险的社会价值的集中体现。整体而言，社会保险具有以下功能：

（1）生存保障功能。社会风险使人丧失生活来源，陷入贫困，从而面临生存危机。而社会保险制度通过社会保险基金化解社会风险，为面临生存危机的人提供基本的生存保障。如失业保险待遇能够帮助失去生活来源的失业者在失业期间维持基本生活。

（2）秩序维持功能。社会风险往往威胁到社会多数人的生存安全，进而威胁社会秩序的安定。而社会保险作为社会安全网，通过对个体生存的保障，实现对社会秩序的维持。

（3）激励自足功能。社会保险制度不仅通过保险机制将社会风险外部化，而且强化社会成员的责任意识，即社会成员不仅要对自己和家庭成员的福利承担更大的责任，还要为维持新的制度和防止欺诈承担更多的责任。如失业保险制度不仅仅为失业劳动者提供生存保障，而且鼓励和帮助处于劳动年龄的社会成员到其有能力工作的岗位工作，因此，失业保险的对象为非自愿失业者，失业保险待遇给付的基本原则为低于舒适。①

二、社会保险与商业保险的区别

商业保险是指当事人自愿缔结保险合同，投保人根据合同约定向保险公司支付保险费，保险公司根据合同约定在保险事故发生时对其所遭受的财产损失给付赔偿金，或者当被保险人死亡、伤残、疾病或达到约定的年龄、期限时承担给付保险金责任。社会保险与商业保险具有密切联系：一方面，社会保险从商业保险处引进了诸多的保险技术与保险原理，二者都是基于风险预防而建立的责任分担机制，具有“保险性”；另一方面，商业保险可以作为社会保险的补充，完善社会保险的体系。二者的主要区别包括：

① 低于舒适是指为失业者提供的保险待遇应低于劳动者的最低工资收入，以抑制其依赖性和鼓励自足。

(1) 保险目的和性质不同。社会保险是为了预防社会风险，实现社会安全，具有社会性和国家强制性。商业保险主要是投保者为实现被保险人或者投保人自身的个体安全，不具有强制性，而是由投保者自主决定与保险机构订立保险合同，因此，商业保险具有个体性和自主性。

(2) 保险对象不同。社会保险的对象主要是劳动者，其适用范围是由法律强制规定的。商业保险的对象则根据保险合同约定而确定。

(3) 营利性不同。社会保险具有非营利性，社会保险基金的利息及投资所得都应纳入社会保险基金。商业保险具有营利性，商业保险机构经营商业保险业务的目的在于营利，且商业保险机构利用投保人的保险费的投资收益也有部分属于公司赢利。

(4) 保障水平不同。社会保险待遇往往根据劳动者的缴费情况、工资以及当地的经济发展情况确定，其目的是保障劳动者的基本生活。商业保险的保障水平完全取决于投保人缴纳保险费的多少和投保时间的长短。

(5) 法律依据不同。社会保险属于社会法范畴，主要的法律依据是劳动法、社会保险法等。商业保险属于商法的范畴，其主要依据是保险法。

(6) 管理体制不同。社会保险由主管社会保险事务的政府职能部门及下属的社会保险经办机构管理、运营。商业保险由依法批准经营保险业务的公司承担管理、运行，各商业保险机构独立核算，自主经营。

第二节　社会保险法概述

一、社会保险法的概念和地位

社会保险法是调整社会保险关系的法律规范的总和。社会保险关系作为社会保险法的调整对象，对于确定社会保险法的地位具有重要作用。社会保险关系的性质既不同于平等主体之间的私法关系，也不同于基于行政职权的服从而形成的公法关系，而是具有公私混合的社会法属性。日本学者美浓部达吉在其 1935 年出版的《公法与私法》一书中，就曾以医疗保险法律关系为例详细论述了公私混合的法律关系问题。①

社会保险法具有社会法属性，其原因在于：

1. 从利益本位来看，社会保险法以社会公共利益为本位

社会公共利益应该具有受益主体的非特定性和目的的非营利性。受益主体的非特定性是指社会公共利益的受益主体并非某个特定的人，而是不特定的社会公众；不是某一个或几个人，而是绝大多数社会成员。目的的非营利性是指社会公共利益适用的目的并非商业利益，而是实现社会公共福祉的最大化。社会保险预防和化解社会风险，实现社会多数成员的生存保障以及社会秩序的安定，体现了社会公共利益本位的特点。

① 参见［日］美浓部达吉：《公法与私法》，黄冯明译，158 页，台北，“商务印书馆”，1988。

2. 从法的价值来看，社会保险法以实质正义为价值追求

正义是法的基本价值，而正义又分为形式正义和实质正义。形式正义强调法的普遍性和一般性，而事实上法律的一般性并不意味着每一种个别的情况都能够被预料到，并作适当的规定，因此，形式上的正义在个案中，就可能发生“不正义”。而实质正义不仅强调法律的一般性，还强调个案的个别性和特殊性。社会保险法的产生是基于社会成员由于贫富差距导致化解社会风险能力的区别，因此，社会保险通过费用征收，进行所得再分配，在某种意义上有利于社会弱势群体的社会风险的防范。

3. 从调整手段来看，社会保险法以强制为主

社会保险具有强制性，社会保险法律关系的建立、社会保险费用的征缴及社会保险待遇的给付条件等都是法律强制规定，当事人不得自主变更。社会保险法以强制为主要调整手段：一方面，基于社会保险社会性的特点，通过强制参保等实现风险的分担；另一方面，社会保险制度主要是基于国家的行政职责，具有公法的强制性。

二、社会保险法的基本原则

社会保险法的基本原则是指维护社会保险法律体系协调、统一，指导社会保险法律制度形成的基础性原理和价值准则。基本原则应该具有内容的根本性和效力的贯穿始终性的特点，对于指导立法、司法以及守法具有重要作用。社会保险法的基本原则具体包括：

1. 社会安全原则

社会安全是指对于那些在现代社会生活所偶发的，而非个人能力所可预知的事件，如疾病、失业、老年、工伤事故等，给予个人或家庭保护。社会保险制度通过预防上述社会风险来实现社会安全。

2. 强制保险原则

强制保险原则体现了社会保险的强制性和保险性。强制原则是指社会保险应考虑国民中多数人之利益以及费用负担之能力，由国家制定强制性法规，规定指定范围内之国民均应投保并缴纳保费。[①] 而保险原则是则是指基于“风险分担”机制，被保险人可以通过保险费用分担其所面临的风险。被保险人所承担的保费与其所承担的风险之间具有一定的“对价性”。社会保险由于“雇主责任”的理念以及政府的财政介入，使得社会保险的“对价性”呈现出大体性。

3. 所得再分配原则

所得再分配原则是社会保险法的社会性的体现，有学者将其表述为“社会适当性原则”[②]社会保险制度对于经济弱势者的照顾功能，有些类似于“劫富济贫”的观念。与“保险原则”所注重的“个人的”公平性不相同，强调的是追求基于“社会连带”思想的“整体公平”[③]。

4. 基本生活保障原则

基本生活保障原则并非是指“最低收入”保障，其包括以下两方面的含义：一方面，社会

---

① 参见周怡君、钟秉正：《社会政策与社会立法》，82 页，台北，洪叶文化事业有限公司，2006。

② 钟秉正：《社会保险法论》，137～138 页，台北，三民书局，2005；周怡君、钟秉正：《社会政策与社会立法》，86 页，台北，洪叶文化事业有限公司，2006。

③ 钟秉正：《社会保险法论》，137～138 页，台北，三民书局，2005。

保险待遇应该不仅是维系被保险人的生存，而且应该是能够使得被保险人有尊严地生活，因此，“一般情况下，社会保险的给付应当高于社会救助的‘满足最低生活需求’或‘维持最低生活水准’，否则不仅将混淆两种制度的功能，还可能引发‘道德危机’”①；另一方面，基本生活保障原则是指法律确立的社会保险待遇的给付应该与社会经济的整体发展水平相联系，因为社会经济发展水平不仅影响社会保险制度的实施，同样也决定了社会成员的生活水平。

5. 自给自足原则

社会保险与其他社会保障制度的区别在于其财务自主，即社会保险待遇的给付主要由社会保险的缴费承担，政府主要承担补充责任。因此，社会保险应根据保险精算确定保险费率，当保险事故的发生及损害概率降低时，保险费率也应该降低；反之，当事故发生及损害概率上升时，则应该提高保险费率。社会保险财务自给自足的原因在于：(1) 社会保险待遇的给付与社会保险费用的缴纳具有一定的对价性，确定财务自给自足的原则有利于社会保险制度的发展；(2) 社会保险具有社会性，强调风险责任的共担，但是只有我为人人，才有人人为我，所以财务的自给自足实际上是强调被保险人的自己责任。

第三节　社会保险法律关系②

一、社会保险法律关系概述

（一）概念及分类

社会保险法律关系的概念，有广义和狭义之分。广义的社会保险法律关系是指社会保险关系的主体，在社会保险活动中，依据社会保险法形成的权利义务关系。具体包括社会保险资金筹集关系、社会保险待遇支付关系、社会保险监督关系以及社会保险争议解决关系等。③狭义的社会保险法律关系则仅指社会保险基础法律关系，即社会保险的被保险人与保险人之间依法形成的收取和缴纳社会保险费、支付和享受社会保险待遇的相互权利义务关系。从具体内容上看，主要包括征缴主体、雇主和雇员基于社会保险费用的征缴而产生的法律关系，以及给付主体、给付辅助机构与被保险人（包括被保险人之外的其他保险对象）基于社会保险待遇给付而发生的法律关系。根据我国《社会保险法》的相关规定，下文将重点介绍社会保险费用征缴法律关系和社会保险待遇给付法律关系。

（二）社会保险法律关系的要素

社会保险法律关系的要素是指构成法律关系的必要条件，包括主体、客体和内容。

1. 社会保险法律关系的主体

社会保险法律关系的主体是指依法参加社会保险法律关系，享受社会保险权利和承担社会

---

① 周怡君、钟秉正：《社会政策与社会立法》，83页，台北，洪叶文化事业有限公司，2006。

② 本节部分内容参考了中国人民大学法学院法学博士林海权的博士学位论文《社会保险法律关系研究》。

③ 参见王昌硕主编：《劳动和社会保障法学》，221页，北京，中国劳动社会保障出版社，2005。

保险义务的人。具体包括：

（1）社会保险经办机构。社会保险经办机构是指直接负责社会保险业务的机构，主要包括社会保险费用征缴主体和社会保险待遇给付主体。一般而言，社会保险费用征缴主体与社会保险待遇给付主体是同一机构，但并非绝对，各个国家往往根据实际需要进行设置。我国当前的社会保险经办机构由劳动保障行政部门按照国务院有关规定设立，受劳动保障行政部门管理，在法律性质上属于相对独立的、事业性的、非营利性的法人机构。

（2）被保险人。被保险人是指对社会保险标的享有保险利益，并享有社会保险待遇给付请求权的主体。有些国家以职业群体作为社会保险对象，其社会保险的被保险人以雇佣劳动者为主，如德国。有些国家的被保险人则是全体社会成员，如英国的社会保险以全体国民为保险对象。根据被保险人资格取得方式，被保险人可以分为两种：强制被保险人和任意被保险人。强制被保险人是指依据法律规定必须参加社会保险的被保险人，其被保险人资格的取得是基于法律规定。任意被保险人是指符合法定条件、通过申请而取得参加社会保险资格的被保险人。

（3）被保险人以外的其他保险对象。被保险人以外的其他保险对象是指除了被保险人外的其他享有社会保险待遇给付请求权的人，一般限于法定范围内的与被保险人存在亲属关系的主体。被保险人以外的其他保险对象与保险人之间并不存在社会保险关系，其保险待遇给付请求权是由被保险人的权利移转或延伸而来。如劳动和社会保障部《因工死亡职工供养亲属范围规定》对被保险人因工死亡时，其他可以请领工伤保险待遇的保险对象的资格的取得和丧失进行了规定。根据其规定，死亡职工供养亲属，是指该职工的配偶、子女、父母、祖父母、外祖父母、孙子女、外孙子女、兄弟姐妹。

（4）社会保险辅助机构。社会保险辅助机构是指对社会保险制度的运行起协助作用的专业机构，如医疗保险和工伤保险中的医疗机构、药品经营单位。因为庞大的医疗保险体系所涵盖的医疗服务，不可能由保险人本身直接来履行，所以必然要委任此任务给第三人，以确保医疗保险基础关系中保险人所负义务能够适当地履行。[①] 医疗服务机构主要分为三类：主管机关指定的医疗服务机构、社会保险经办机构指定的医疗服务机构以及社会保险经办机构开设的医疗服务机构。

（5）投保人。投保人是指为被保险人建立社会保险关系，缴纳社会保险费用的主体。投保人主要是指用人单位，但实践中投保人可能与被保险人相重合，如非雇佣劳动者。

（6）监督人。监督人是指在社会保险法律关系运行过程中，享有监督权利和职责的主体。根据《社会保险法》的规定，我国社会保险的监督主体包括：各级人民代表大会常务委员会、劳动保障行政部门、审计部门、工会、社会保险监督委员会等。

2. 社会保险法律关系的客体

社会保险法律关系的客体是指社会保险法律关系的权利、义务所指向的对象。法理学将法律关系的客体概括为四类，即物、行为、智力成果和人身利益。我们认为，社会保险法律关系的客体是行为，主要是社会保险费用征缴行为、社会保险待遇给付行为以及社会保险监督行为。

---

① 参见蔡维音：《社会国之法理基础》，93页，台北，正典出版文化有限公司，2001。

3. 社会保险法律关系的内容

社会保险法律关系的内容是指社会保险法律关系主体在社会保险活动中依法所享有的权利、义务。社会保险法是社会法，基于其所产生的法律关系的内容具有公私混合性，包括公权利（力）、义务和私权利、义务。其中，公权利（力）主要是指社会保险经办机构所享有的行政职权以及行政相对人基于公法的规定或者公法关系所享有的权利，如社会保险经办机构所享有的行政处罚权以及用人单位等对于社会保险经办机构处罚不当而享有的获得行政救济的权利；公义务是指社会保险经办机构所承担的行政职责以及行政相对人所承担的义务；而私权利、义务是指劳动者与用人单位因社会保险费用的征缴而产生的权利、义务以及被保险人与社会保险辅助机构之间的权利、义务。

社会保险法律关系的内容的核心在于两个方面，即社会保险费用缴纳请求权、社会保险费用缴纳义务以及社会保险待遇给付请求权、社会保险待遇给付义务。

（三）社会保险法律事实

法律事实是法律规范所规定的，能够引起法律后果即法律关系产生、变更和消灭的现象。[①] 社会保险法律事实是指社会保险法律规范所规定的，能够引起社会保险法律关系产生、变更或者消灭的各个事实。社会保险法律事实以是否以权利主体的意志为转移为标准可以分为事件和行为：前者主要是指不以权利主体意志为转移的法律事实，主要包括保险事故和缴费年限；后者则是指以权利主体的意志为转移的法律事实，主要包括民事法律行为、行政行为以及行政合同。

实际上，引起社会保险法律关系产生、变更或者消灭的事实往往不是单一事实，通常情形下，是由多个事实相结合而整体上所引发的，因此属于事实构成。

（四）社会保险法律关系的性质

社会保险法作为社会法，公私兼容是其重要特性，因此，从整体而言，社会保险法律关系也呈现出公私兼容的属性。但是，作为社会保险法律关系基础关系的保险人（经办机构）与被保险人的关系应属于公法关系。我国《社会保险费征缴暂行条例》等法律规定，社会保险争议应通过行政渠道寻求救济。由此可知立法者乃是将其定位为公法关系。

二、社会保险费用征缴法律关系

（一）社会保险的财源

1. 社会保险财源

（1）以保费为主要来源。《社会保险费征缴暂行条例》规定，缴费单位、缴费个人应当按时足额缴纳社会保险费。征缴的社会保险费纳入社会保险基金，专款专用，任何单位和个人不得挪用。此乃社会保险制度与其他社会保障制度的主要区别，即社会保险费用主要来自于社会保险费，包括基于社会保险费的征缴而延伸的费用，如利息、滞纳金等。

---

① 参见朱景文主编：《法理学》，445 页，北京，中国人民大学出版社，2008。

（2）以国家补贴为补充。社会保险虽然以保费为主要来源，但是通常情形下，国家仍然会通过财政预算支付社会保险行政所需费用，并负担若干比例的保费。政府主要通过以下两种方式支持社会保险财政：一是通过政府财政预算支出来负担社会保险组织的运作费用；二是当社会保险基金费用不能满足待遇支付需要时，由政府的财政予以适当补贴。《社会保险法》第65条规定："社会保险基金通过预算实现收支平衡。县级以上人民政府在社会保险基金出现支付不足时，给予补贴。"但是，整体而言国家的预算补贴在社会保险财源中所占比重较小。

2. 社会保险财源征缴的方式（或社会保险基金筹集的方式）

缴费和征税是社会保险财源征缴的两种重要方式，目前世界上少数国家通过私人主导的方式实施社会保险制度，如新加坡，其社会保险基金基于强制储蓄建立；其他国家多采取缴费或征税的方式筹集社会保险基金，如德国、日本、法国等采取缴费方式。

我国自20世纪80年代实行社会保险基金的强制统筹以来，开始由政府下属的社会保险机构征收社会保险费，但社会保险费的收缴难度较大，如在养老保险方面，全国就出现收不抵支的情况。为此，一些地方开始进行社会保险费收缴方式的改革，如1995年，武汉市开始实行由税务部门代征养老保险费的试点改革，此后全国陆续有部分省、市、自治区政府决定由税务机关征收或者代收养老保险费。1999年《社会保险费征缴暂行条例》规定，社会保险费的征收机构由省、自治区、直辖市人民政府规定，可以由税务机关征收，也可以由劳动保障行政部门按照国务院规定设立的社会保险经办机构征收。截至2007年，5项社会保险费全部由经办机构征收的包括15个省份和新疆生产建设兵团以及大连、深圳和青岛3个计划单列市，占全国的51.3%。5项社会保险费全部由税务机关征收的有安徽省和宁波、厦门两个计划单列市，占全国的8.1%。5项社会保险费按险种或者市县不同，既有经办机构征收也有税务机关征收的，有15个省份，占全国的40.6%。这种同一地区多头征收的体制存在很大的弊端，在《社会保险法》起草、制定过程中，有人建议统一征收机构，但是立法过程中，各方面对是统一由经办机构征收，还是统一由税务机关征收，存有较大分歧①，因此，《社会保险法》仅明确了统一征收的基本原则，而具体征收机构授权国务院规定，其第59条规定："县级以上人民政府加强社会保险费的征收工作。""社会保险费实行统一征收，实施步骤和具体办法由国务院规定。"《社会保险法》在第七章、第九章分别规定了"社会保险费征缴"和"社会保险经办"，从理论上来看，社会保险经办理应包含社会保险费征缴，但是，由于我国社会保险费征缴机构分离，形成了割裂，立法机关无法通过立法强制性地统一，因而，只是确定要统一征收，但具体统一由哪个机构征收则授权国务院另行规定，从而不得不在立法中对"社会保险经办"和"社会保险费征缴"予以区别。本书未专门对社会保险经办进行介绍，而是将经办的部分内容整合到社会保险费用征缴法律关系和社会保险待遇给付法律关系中。

【理论探讨】

社会保险费还是社会保险税

近年来，随着我国社会保险制度深入实施，通过缴费筹集社会保险基金暴露出诸多问题，

① 参见信春鹰主编：《中华人民共和国社会保险法释义》，169～170页，北京，法律出版社，2010。

如征缴制度混乱，征缴难度大，征收成本高，社会保险基金缺少有效监督，“空账”额度大，挤占、挪用情况严重等。国家为了规范收费管理，清理、整顿收费秩序，整体明确了“费改税”的改革方向。据此，有部分学者认为社会保险基金的筹集应该由“缴费”完全改为“征税”。我们认为，“缴费”和“征税”的观点都具有可取之处，比较而言，似乎“缴费”更为合理。其理由在于：

(1) 社会保险制度的核心在于实现国家的社会给付，而“费”或“税”仅仅是实现社会给付目的的手段。比较来看，“费”与“税”具有较多的共同特点，二者都具有强制性。目前我国社会保险费用征缴中出现的问题并非是征收方式导致的，而是由于我国立法及执法的力度、客观经济因素、人口结构以及历史欠账所造成的。(2) 尽管“费”与“税”具有共同性，但是税具有无偿性，而费则具有一定的对价性。因此，“费”改“税”将会削弱社会保险的保险性。(3) 税的征收是面向全体国民，无论在税率还是征缴方面，都具有统一性，并且税收最终成为国家财政收入，因此，“费”改“税”也会削弱社会保险的社会性，使得社会保险得以建立的责任分担机制丧失，纯粹变为国家责任，而人与人之间的社会连带破裂。(4) 社会保险费用的筹集方式与各个国家社会保险制度的模式密切相关。社会保险的形态愈接近国民保险，社会保险费用的性质愈接近税收，而保险给付亦愈类似国家给付。因此，社会保险“费”还是“税”实际上与国家社会保险的制度模式密切相关。综观世界各国，采取德国“俾斯麦模式”的国家或地区多采用社会保险费的筹资方式，而采取英国“贝弗里奇模式”的国家或地区多采用社会保险税的方式。(5) 从目前我国社会保险制度的现状来看，一是“缴费”是我国社会保险主要的筹资方式，且实施多年，如果改“税”，制度之间的衔接以及现有社会保险基金的处理将会面临很大的困难；二是我国社会保险包括养老、医疗、工伤、失业以及生育5项，各个险种的保险对象差距较大，缴费模式也不一样，用社会保险税的形式统一筹集社会保险基金似乎也面临较大的困难。此外，由于我国经济发展之间的地区差异、城乡差异，如何统一不同地区、不同统筹层次，如何确定社会保险税的税率以及征缴也是困难重重。

因此，以将社会保险费改为社会保险税的方式来筹集社会保险基金的设想，需要进一步论证或者应当缓行。[①] 从《社会保险法》的表述来看，似乎立法者选择“缴费”的形式，因为，《社会保险法》中所有关于社会保险基金的筹集形式的规定都是采用“费”的表述。

3. 社会保险筹资模式

(1) 现收现付的模式。现收现付模式是指当期的缴费收入全部用于支付当期的社会保险支出，不留或只留很少的储备基金。现收现付制模式的优点在于较好地体现了社会保险的收入再分配职能，并且无须过高的管理成本；其缺点在于由于没有储备积累，所以无法应对突发的经济波动以及人口老龄化。采取此种模式的国家有英国、德国等。

(2) 强制储蓄（基金制）模式。强制储蓄（基金制）模式是指雇员单一缴费或由雇主和雇员共同缴费，缴费全部进入个人账户。强制储蓄制度的优点在于能够增加增加储蓄和资金积累，能够应对人口结构的变化；其缺点在于由于大量的基金积累，容易受通货膨胀的影响以及需要较高额的管理成本。采取此种模式的国家有新加坡、智利等。

---

① 参见林嘉：《社会保障法的理念、实践与创新》，288页，北京，中国人民大学出版社，2002；郑功成：《社会保险费改税应当缓行》，载《中国经济时报》，2000-02-02。

鉴于上述两种社会保险基本财务机制具有不同的缺陷，且呈优势互补特征，部分国家或地区将二者结合形成第三种模式，即混合模式，也称为部分积累制。我国养老保险制度即采取此种模式，养老保险包括社会统筹和个人账户两部分，其中社会统筹部分实行现收现付制的财务制度，个人账户部分实行完全积累的财务制度。

（二）社会保险费用征缴法律关系的构成

社会保险费用征缴法律关系是指社会保险主体因为社会保险费用的征缴而发生的权利义务关系。根据我国目前的实践，社会保险费用缴纳义务人通常为劳动者与用人单位，而征缴权利人各地不尽相同，有的是社会保险经办机构，有的则是税务机关。因此，社会保险费用征缴法律关系主要由以下几个法律关系构成：

1. 征缴权利人与缴费义务人的关系

征缴权利人与征缴义务人相对应，一方享有社会保险费用缴纳请求权，另一方则承担相应的义务。根据缴费义务主体的不同，征缴权利人与缴费义务人的关系可以分为征缴权利人与用人单位的关系、征缴权利人与劳动者的关系。

2. 用人单位与劳动者之间的关系

基于社会保险费用的征缴，用人单位与劳动者之间的关系具有双重性：一方面，基于《社会保险法》的规定，用人单位所承担的缴纳社会保险费的义务不仅包括自己缴纳，还应该就其所雇用的劳动者所应履行缴费数额承担代扣代缴的义务，此种义务属于公法义务；另一方面，基于劳动合同的约定，社会保险是劳动合同的必备条款，所以，用人单位为劳动者办理社会保险登记、缴纳社会保险费用又属于劳动合同上的义务。

（三）社会保险费用征缴法律关系的内容

社会保险费用征缴法律关系的内容是指社会保险主体在保险费征收和缴纳过程中所享有的权利、义务，具体包括：

1. 征缴主体的权利、义务

社会保险费用的征缴主体是依法履行行政职权的公法人，其作为政府的代表，一方面，基于公民所享有的社会保障权，具体承担着国家对于公民的保护、照顾义务；另一方面，基于具体的行政法律规范，通常又享有相应的职权。因此，征缴主体所实施的行为具有权利、义务的混合性，但更多应承担履行相应职责的义务。

（1）征收社会保险费的职责。社会保险费的征收是社会保险制度得以建立的前提，征收社会保险费是征缴主体的主要职责，而该职责的核心是社会保险费用缴纳请求权。此外，围绕社会保险费的征缴，衍生出许多附属职责，如核定保费数额的职责。《社会保险法》第 61 条规定：社会保险费征收机构应当依法按时足额征收社会保险费，并将缴费情况定期告知用人单位和个人。

（2）登记的职责。社会保险经办机构应当建立缴费记录并告知社会保险费征收情况，接受劳动保障行政部门的监督检查，缴费单位、缴费个人有权查询社会保险费的缴纳记录。《社会保险法》第 74 条规定：社会保险经办机构通过业务经办、统计、调查获取社会保险工作所需的数据，有关单位和个人应当及时、如实提供。社会保险经办机构应当及时为用人单位建立档案，完整、准确地记录参加社会保险的人员、缴费等社会保险数据，妥善保管登记、申报的原始凭证和支付结算的会计凭证。社会保险经办机构应当及时、完整、准确地记录参加社会保险的个人缴费和用人单位为其缴费，以及享受社会保险待遇等个人权益记录，定期将个人权益记录单免费寄送本人。用人单位和个人可以免费向社会保险经办机构查询、核对其缴费和享受社会保险待遇记录，要求社会保险经办机构提供社会保险咨询等相关服务。人力资源和社会保障部2011年6月29日发布的《实施〈中华人民共和国社会保险法〉若干规定》第17条明确规定，社会保险经办机构应当每年至少一次将参保人员个人权益记录单通过邮寄方式寄送本人。同时，社会保险经办机构可以通过手机短信或者电子邮件等方式向参保人员发送个人权益记录。人力资源和社会保障部《社会保险个人权益记录管理办法》则详细规定了社会保险个人权益记录的采集、审核、保管、维护、查询、使用、保密、安全管理和相关法律责任，规范了社会保险个人权益记录管理。

(3) 调查和检查的权力。为督促缴费单位和个人切实履行缴费义务，征缴主体可以对缴费单位履行社会保险登记、缴费申报等情形进行调查和检查。《社会保险费征缴监督检查办法》第3条第3款规定，社会保险经办机构受劳动保障行政部门的委托，可以对缴费单位履行社会保险登记、缴费申报、缴费义务的情况进行调查和检查，发现缴费单位有瞒报、漏报和拖欠社会保险费等行为时，应当责令其改正。

(4) 说明和咨询的义务。征缴主体所实施的社会保险费征缴行为属于行政行为，根据行政程序公开原则，实施行政行为的机关应该要承担相应的说明和咨询的义务。如《工伤保险条例》第46条第6项规定，经办机构应该为工伤职工或者其直系亲属免费提供咨询服务。

(5) 申请查询、划拨、扣押、查封的权利。《社会保险法》第63条规定：用人单位未按时足额缴纳社会保险费的，由社会保险费征收机构责令其限期缴纳或者补足。用人单位逾期仍未缴纳或者补足社会保险费的，社会保险费征收机构可以向银行和其他金融机构查询其存款账户；并可以申请县级以上有关行政部门作出划拨社会保险费的决定，书面通知其开户银行或者其他金融机构划拨社会保险费。用人单位账户余额少于应当缴纳的社会保险费的，社会保险费征收机构可以要求该用人单位提供担保，签订延期缴费协议。用人单位未足额缴纳社会保险费且未提供担保的，社会保险费征收机构可以申请人民法院扣押、查封、拍卖其价值相当于应当缴纳社会保险费的财产，以拍卖所得抵缴社会保险费。

2. 被保险人的权利、义务

(1) 请求用人单位履行登记、缴费义务的权利。对于雇佣劳动者而言，其社会保险登记以及社会保险费用的缴纳全都由雇主承担，当雇主逾期未履行相关义务时，劳动者可以请求雇主履行社会保险登记、缴费义务。

(2) 自行办理社会保险登记和缴费的权利。为督促雇主履行相应的义务，当雇主怠于履行其办理社会保险登记和缴纳社会保险费用的义务时，被保险人可以自行办理，然后再向雇主追偿。然而，目前我国的社会保险立法没有确定这一权利，仅仅规定自愿参保的灵活就业人员享有自行办理社会保险登记和缴费的权利。《社会保险法》第58条第2款规定：自愿参加社会保险的无雇工的个体工商户、未在用人单位参加社会保险的非全日制从业人员以及其他灵活就业人员，应当向社会保险经办机构申请办理社会保险登记。

(3) 请求征缴主体履行职责的权利。根据法律规定，社会保险征缴机构应该积极作为以保障公民社会保障权的实现，如果征缴机构怠于行使，则公民可以以行政不作为提起诉讼。如被保险人有权请求征缴主体履行相应的职责，当征缴主体怠于履行职责时，被保险人可以行政不作为寻求行政救济。

（4）缴费义务。基于社会连带，在部分社会保险险种中，被保险人需要自己承担缴费义务，如我国有关养老保险、医疗保险以及失业保险的相关法规规定，劳动者应该缴纳部分社会保险费。根据《社会保险费征缴暂行条例》第 12 条第 2 款的规定，缴费个人应当缴纳的社会保险费，由所在单位从其本人工资中代扣代缴。

（5）查询、知情的权利。《社会保险法》第 4 条第 1 款规定，个人有权查询缴费记录、个人权益记录，要求社会保险经办机构提供社会保险咨询等相关服务。《社会保险个人权益记录管理办法》第 15 条规定：社会保险经办机构网点应当设立专门窗口向参保人员及其用人单位提供免费查询服务。参保人员向社会保险经办机构查询本人社会保险个人权益记录的，需持本人有效身份证件；参保人员委托他人向社会保险经办机构查询本人社会保险个人权益记录的，被委托人需持书面委托材料和本人有效身份证件。需要书面查询结果或者出具本人参保缴费、待遇享受等书面证明的，社会保险经办机构应当按照规定提供。

（6）协助义务。协助义务是指被保险人应该协助用人单位办理相关的社会保险登记、费用缴纳等手续，如告知相关信息、提供相应的身份证明材料等。被保险人的协助义务基于劳动合同而产生，相当于合同法上的附随义务。

3. 用人单位的权利、义务

在社会保险法中，用人单位的权利、义务具有不对称性，用人单位主要是义务承担者，其所享有的权利多是在履行社会保险的登记、费用缴纳过程中产生的程序性权利，如查询保费登记记录的权利、咨询的权利等。

（1）登记义务。用人单位应当自成立之日起 30 日内凭营业执照、登记证书或者单位印章，向当地社会保险经办机构申请办理社会保险登记。社会保险经办机构应当自收到申请之日起 15 日内予以审核，发给社会保险登记证件。用人单位的社会保险登记事项发生变更或者用人单位依法终止的，应当自变更或者终止之日起 30 日内，到社会保险经办机构办理变更或者注销社会保险登记。新招录的员工，用人单位应当自用工之日起 30 日内为其职工向社会保险经办机构申请办理社会保险登记。未办理社会保险登记的，由社会保险经办机构核定其应当缴纳的社会保险费。

（2）申报和按时足额缴费的义务。雇主负有自行申报缴费额，并且按时足额缴费的义务，以及因为违反缴费义务产生的滞纳金和利息。《社会保险法》第 60 条规定：用人单位应当自行申报、按时足额缴纳社会保险费，非因不可抗力等法定事由不得缓缴、减免。职工应当缴纳的社会保险费由用人单位代扣代缴，用人单位应当按月将缴纳社会保险费的明细情况告知本人。

（3）查询、知情的权利。用人单位可以免费向社会保险经办机构查询、核对其缴费记录，要求社会保险经办机构提供社会保险咨询等相关服务。

（4）协助义务。为了确定保险资格以及保险费数额，征缴主体必须要对登记的有关信息进行审查，在特定的情况下对雇主的其他材料，甚至进入雇主的生产场所进行审查，而对于这些审查雇主应该承担相应的协助义务。

【理论探讨】

用人单位缴费义务双重属性的关联性

用人单位缴纳社会保险费的义务具有双重属性：一方面是基于社会保险法律规定，对国家承担的公法义务；另一方面则是基于劳动合同，对劳动者所承担的私法义务。那么用人单位缴费义务的公法属性与私法属性有何关联呢？试以以下规范为分析对象：广东省高级人民法院、广东省劳动争议仲裁委员会《关于适用〈劳动争议调解仲裁法〉、〈劳动合同法〉若干问题的指导意见》（粤高法发［2008］13号）第24条规定："劳动者以用人单位在《劳动合同法》实施前未按当地规定的险种缴纳社会保险费为由，请求解除劳动合同并要求用人单位支付经济补偿金的，不予支持。"

该规范的适用是指：2008年1月1日《劳动合同法》实施后，在原来签订的劳动合同继续履行的情形下，如果《劳动合同法》实施以前，用人单位未按规定缴纳社会保险费，劳动者在《劳动合同法》实施后以此为由要求解除劳动合同并请求用人单位支付经济补偿金，法院不予支持。由此可知，该规范存在以下几方面的问题：

1. 如果《劳动合同法》实施以后，用人单位继续不缴纳社会保险费，劳动者以此为由要求解除劳动合同并请求用人单位支付经济补偿金，法院是否应该支持？从该指导意见以及该规范的字面含义中都无法直接找到答案，但是，如果从反面推论，应该是可以的。如此引发的质疑则是：一是同一违法行为，何以有不同结果，司法的稳定性何在？二是《劳动合同法》第97条的规定很明确，《劳动合同法》实施以前签订的劳动合同，应该适用旧法，那为何该指导意见却要求适用新法？

2.《劳动法》第32条以及最高人民法院《关于审理劳动争议案件适用法律若干问题的解释》（法释［2001］14号）都没有规定，用人单位不缴纳社会保险费的，劳动者可以解除劳动合同并请求支付经济补偿金。且《劳动法》第19条关于劳动合同必备条款的规定中没有将"社会保险"条款列为劳动合同的必备条款，所以，该指导意见规定，以用人单位在《劳动合同法》实施前未按当地规定的险种缴纳社会保险费为由，劳动者请求解除劳动合同并要求用人单位支付经济补偿金的，不予支持。然而，该规定存在的问题在于，如果当事人双方在劳动合同中约定了社会保险条款，而用人单位未按约定缴纳社会保险费，劳动者以此为由解除劳动合同并请求给付经济补偿金，法院是否应该支持呢？答案应该是肯定的，因为用人单位违反劳动合同约定，应该承担相应的违约责任。

《劳动合同法》实施以前，我国司法实践中出现的案例也基本采取上述规范的思路，对于用人单位未办理社会保险登记、缴纳社会保险费，劳动者以此为由解除劳动合同，并请求支付经济补偿金的，法院通常不予支持。而令人生疑的是：《劳动法》第72条明确规定，用人单位和劳动者必须依法参加社会保险，缴纳社会保险费。《社会保险费征缴暂行条例》第7条也规定：缴费单位必须向当地社会保险经办机构办理社会保险登记，参加社会保险。第4条规定，缴费单位、缴费个人应当按时足额缴纳社会保险费。这些公法的强行性规范应该具有一定的私法效力，可以通过诚信原则被演化为劳动合同的内容。最高人民法院《关于审理劳动争议案件适用法律若干问题的解释（三）》第1条规定：劳动者以用人单位未为其办理社会保险手续，且社会保险经办机构不能补办导致其无法享受社会保险待遇为由，要求用人单位赔偿损失而发生劳动争议的，人民法院应当受理。该规定虽较之以前的规定有所进步，但是其仍未采纳缴费义务的双重属性观点，仅是对劳动者因用人单位未为其办理社会保险手续导致其损失提供司法保障。

三、社会保险待遇给付法律关系

（一）社会保险待遇给付的内容及方式

1. 给付内容

（1）实物给付。实物给付包括劳务给付和物质给付两方面，其中，劳务给付泛指通过“人力”提供的方式给予被保险人照顾或者帮助，实践中常见的是医疗保险中医护人员的诊断行为；物质给付是指社会保险给付主体以“物品”方式给予被保险人给付，如医疗保险中药品和医疗辅助器具的提供。

（2）金钱给付。金钱给付是指保险事故发生时，给付主体直接给予被保险人金钱，以弥补其经济损失。金钱给付通常具有“所得替代”的功能，即通过社会保险金钱给付防止被保险人因为社会保险事故导致所得中断而陷入生存困境，因此，金钱给付通常是以被保险人的工资作为给付标准，如生育津贴、工伤保险的伤残补助金、养老金等。

2. 给付方式

因为保险事故或者损失持续的时间的不同，社会保险给付方式也有所不同，大致可以分为一次性给付与持续性给付两种。

（1）一次性给付。一次性给付并非是指实际提供保险给付的次数，而是针对该次保险风险事件的给付。如医疗保险中被保险人患病这一社会风险具有短期性，给付的期限通常是根据该疾病的治愈程度以及治愈的可能性来确定。如果被保险人恢复健康，则医疗服务机构应该改采适当的医疗给付或者停止医疗给付。一次性的保险给付方式，主要是为了适应被保险人“一定期限内风险”所生的不同保障需求而设计的。①

（2）持续性给付。现金给付多是持续性给付，养老保险中养老金的给付是典型的持续性给付。持续性给付的优点在于可以为被保险人提供经济生活上的长期保障，尤其是劳动者退休后的所得替代需求。持续性给付能够根据经济发展以及生活水平对于给付的额度进行适时调整，能够更好地实现社会保险的生存保障职能。

社会保险待遇的给付方式并非确定如此，各个国家根据自身情况以及险种的特点确定相应的待遇给付方式，但总体而言，与“持续性给付”相比，“一次性给付”的优点在于可以节省相关待遇的管理成本以及多次给付的行政成本，而其缺点在于“以定额之给付用以保障不定期的老年生活，以及不确定的物价变动，其保障功能之不可期待”②。

（二）社会保险待遇给付法律关系的构成

1. 被保险人与给付主体之间的关系

被保险人与社会保险经办机构之间的法律关系是社会保险法律关系的基础关系，其相互之

① 参见周怡君、钟秉正：《社会政策与社会立法》，65～66页，台北，洪叶文化事业有限公司，2006。

② 郭明政：《社会安全制度与社会法》，216页，台北，翰芦图书出版有限公司，1997。

间的法律关系的性质为公法上的法定之债，给付主体所实施的社会保险待遇的给付行为实质上是该债权债务关系的履行行为。

2. 给付主体与辅助机构之间的法律关系

给付主体与辅助机构之间的法律关系属于公法关系，对于其具体性质，目前学界有两种观点：一是行政合同关系说，另一种是行政处分行为说。行政合同的特征在于必须以双方当时对等之合意为基础，而行政处分则取决于行政机关单方的意思表示。从我国目前的立法情况来看，给付主体与辅助机构之间应该属于行政合同关系。根据 1999 年《城镇职工基本医疗保险定点零售药店管理暂行办法》以及《城镇职工基本医疗保险定点医疗机构管理暂行办法》的规定，愿意承担城镇职工基本医疗保险定点服务的医疗机构或零售药店，向统筹地区劳动保障行政部门提出书面申请，然后由劳动保障行政部门根据申请及提供的各项材料对相关机构和药店进行审查。审查合格的，发给定点医疗机构资格证书或定点零售药店标牌，向社会公布。社会保险经办机构按规定在具备资格的医疗机构和零售药店范围内选择定点，依据本地区医疗机构、药店的实际情况，与定点医疗机构、定点零售药店签订服务协议。因此，我国定点医疗机构和定点零售药店与给付主体之间的法律关系应为行政合同关系。2015 年 10 月 14 日《国务院关于第一批取消 62 项中央指定地方实施行政审批事项的决定》（国发〔2015〕57 号）取消了基本医疗保险定点医疗机构资格审查和基本医疗保险定点零售药店资格审查（简称“两定资格审查”），12 月 2 日《人力资源社会保障部关于完善基本医疗保险定点医药机构协议管理的指导意见》则对取消资格审查后完善基本医疗保险服务协议管理作了规定。该服务协议的行政合同性质未变。

3. 被保险人与辅助机构之间的法律关系

辅助机构经保险人的委任，为被保险人提供相应辅助服务。而被保险人与辅助机构之间的法律关系具有公私兼容的属性：一方面，基于社会保险基础关系，被保险人对保险人享有社会保险待遇给付请求权，而保险人承担相应的给付义务，而该义务实际是由第三人——辅助机构来替代履行。该辅助机构替代履行的义务则是基于其与保险机构之间的行政行为或者行政合同关系，所以，被保险人的社会保险待遇给付请求权的产生以及辅助机构替代履行义务的产生都是基于公法上的关系。另一方面，被保险人与辅助机构之间由于相应的辅助服务如医疗服务所形成的关系，与一般人在辅助机构接受相应服务形成的关系并无二致，所以其相互之间还具有私法上的关系。

（三）社会保险待遇给付法律关系的内容

1. 给付主体的权利、义务

（1）给付保险待遇义务。给付义务是指给付主体必须及时、足额地向符合条件的被保险人提供社会保险待遇。给付义务是保险人对被保险人所负的公法上的法定之债，给付义务可以由保险人直接履行，也可以由其委托第三人代为履行。

（2）支付服务费用的义务。给付主体基于行政合同将自己的保险待遇给付义务部分或者全部地委托给辅助机构时，其应该向辅助机构支付相应的费用。《城镇职工基本医疗保险定点医疗机构管理暂行办法》规定，社会保险经办机构要按照基本医疗保险的有关政策规定和与定点医疗机构签订的协议，按时、足额与定点医疗机构结算医疗费用。

在社会保险待遇给付法律关系中，给付主体主要是承担义务，其权利的享有通常是为了辅助更好地履行义务，如指定、监督和撤销辅助机构的权利，保险人作为依法履行与社会保险事务相关的行政职责的公法人，基于行政合同与辅助机构建立法律关系，因此，保险人应该享有选定、监督和撤销辅助机构的权利。①

此外，给付主体享有的权利还包括确认社会保险请求权的权利以及对辅助机构的记录、处方、账单、收据及有关文件资料进行审查的权利等。

2. 被保险人的权利、义务

（1）请求给付保险待遇的权利。被保险人依法享有请求保险人给付保险待遇的权利。该请求权基于法律的规定产生，是公法上法定的债权。该请求权的行使必须满足法定的条件，包括参加社会保险、缴纳社会保险费用以及发生保险事故等。

（2）协助义务。被保险人在行使其社会保险待遇给付请求权时，必须承担相应的协助的义务。该义务一方面来自被保险人的社会保险基础关系具有公法义务的属性，如在接受辅助服务时提供相应的社会保险资格证明等；另一方面，则是来自被保险人与辅助机构的法律关系具有私法义务的属性，如告知医疗服务机构自身的情况等。

3. 辅助机构的权利、义务

（1）提供辅助服务的义务。辅助机构基于其与保险人的行政合同，对辅助保险人负有公法义务，而基于其与被保险人一般的服务关系，则对被保险人负有私法义务。因此，在社会保险待遇给付法律关系中，辅助机构依法对保险人和被保险人负有提供辅助服务的义务。

（2）相关的辅助义务。辅助机构在主要履行提供辅助服务的义务时，也应承担相关的辅助义务，如登记义务，《关于完善城镇职工基本医疗保险定点医疗机构协议管理的通知》（劳社厅函［2003］258 号）规定：医疗服务机构要按医疗保险管理规定按时、准确录入并传输有关信息，保证信息的准确与完整；协助社会保险经办机构建立和完善各种基础数据库，及时完成信息的变更和维护等工作。定点医疗机构应严格按照医疗服务价格项目规范及相应的收费标准记账、收费、申报。超项目规范及费用标准的，社会保险经办机构有权不予支付。

（3）请求支付服务费用的权利。辅助机构基于行政合同的委托，替代履行了相应的社会保险给付，基于行政合同的约定，对给付主体享有支付服务费用的请求权。

（4）确认社会保险待遇请求权及其内容的权利。辅助机构在提供辅助服务时，享有确认社会保险待遇请求权及内容的权利，如要求被保险人出示身份证以及相关的社会保险资格证明等。

第四节　社会保险监督

一、社会保险监督概述

社会保险监督是指由国家行政管理部门、专职监督部门以及利害关系者对社会保险管理者

---

① 根据《城镇职工基本医疗保险定点医疗机构管理暂行办法》以及《城镇职工基本医疗保险定点零售药店管理暂行办法》的相关规定，目前我国劳动保障行政部门依法享有指定、监督和撤销辅助机构的权力，而社会保险经办机构仅能在医疗服务机构违反服务协议时享有依法解除合同的权利。这是我国社会保险行政管理和具体业务存在“政事不分”的具体体现。

的管理过程及结果进行评审、鉴定，以保证社会保险管理符合国家有关政策、法规，并最大限度地保障被保险人的利益。《社会保险法》第十章专章规定“社会保险监督”的内容，而且第八章“社会保险基金”中也有部分条款的内容涉及社会保险基金的监督。

根据不同的标准，可将社会保险监督作以下的区分。一是根据监督对象的不同，可以将其区分为：(1) 对社会保险参保个人和单位义务履行情况的监督；(2) 对社会保险管理人履行管理职责的监督；(3) 对社会保险辅助主体履行辅助职责的监督。二是根据监督的发起方式不同，可以将其区分为：(1) 依职权的监督，如社会保险行政部门根据职责规定，主动对社会保险基金运营管理的监督；(2) 依申请的监督，如参保职工认为用人单位未为其按时、足额缴纳社会保险费，而向社会保险行政部门投诉，社会保险行政部门因此而发起的监督检查。三是根据监督所处的阶段不同，可以将其区分为：(1) 对社会保险基金的筹集的监督；(2) 对社会保险基金的投资运营的监督；(3) 对社会保险待遇的支付的监督。

《社会保险法》第十章“社会保险监督”的规定，主要是根据监督主体及其内容的不同，将社会保险监督法律关系区分为：(1) 人民代表大会的监督；(2) 行政监督；(3) 专门机关的监督；(4) 社会监督；(5) 财政和审计监督；(6) 工会的监督；(7) 司法监督。

二、社会保险监督法律关系的内容

(一) 监督人的监督职责

第一，人民代表大会监督的职责。根据《地方各级人民代表大会和地方各级人民政府组织法》以及《全国人民代表大会组织法》的规定，县级以上的地方各级人民代表大会享有在本行政区域内监督法律、法规的实施以及审查和批准本行政区域内的国民经济和社会发展计划、预算以及它们执行情况的报告的职权，因此《社会保险法》规定，各级人民代表大会常务委员会有权听取和审议本级人民政府对社会保险基金的收支、管理、投资运营以及监督检查情况的专项工作报告，有权组织对《社会保险法》实施情况的执法检查等，并依法行使监督职权。

第二，行政监督，即一方面，县级以上人民政府社会保险行政部门对用人单位和个人遵守社会保险法律、法规情况的监督检查；另一方面，社会保险行政部门对社会保险基金的收支、管理和投资运营情况进行监督检查，发现存在问题的，应当提出整改建议，依法作出处理决定或者向有关行政部门提出处理建议。2001 年劳动和社会保障部颁布了《社会保险基金行政监督办法》(劳动保障部第 12 号令)，根据该办法，社会保险基金检查结果应当定期向社会公布。社会保险行政部门对社会保险基金实施监督检查，有权采取下列措施：(1) 查阅、记录、复制与社会保险基金收支、管理和投资运营相关的资料，对可能被转移、隐匿或者灭失的资料予以封存；(2) 询问与调查事项有关的单位和个人，要求其对与调查事项有关的问题作出说明、提供有关证明材料；(3) 对隐匿、转移、侵占、挪用社会保险基金的行为予以制止并责令改正。

第三，专门机关的监督，即统筹地区人民政府成立由用人单位代表、参保人员代表以及工会代表、专家等组成的社会保险监督委员会，掌握、分析社会保险基金的收支、管理和投资运营情况，对社会保险工作提出咨询意见和建议，实施社会监督。社会保险监督委员会可以聘请会计师事务所对社会保险基金的收支、管理和投资运营情况进行年度审计和专项审计，审计结果应当向社会公开。社会保险监督委员会发现社会保险基金收支、管理和投资运营中存在问题的，有权提出改正建议；对社会保险经办机构及其工作人员的违法行为，有权向有关部门提出依法处理建议。

第四，财政、审计监督。《社会保险法》规定，社会保险基金存入财政专户，具体管理办法由国务院规定；财政部门、审计机关按照各自职责，对社会保险基金的收支、管理和投资运营情况实施监督。

第五，工会组织的监督。《社会保险法》规定，工会依法维护职工的合法权益，有权参与社会保险重大事项的研究，参加社会保险监督委员会，对与职工社会保险权益有关的事项进行监督。

第六，社会监督，即任何组织或者个人有权对违反社会保险法律、法规的行为进行举报、投诉。

此外，《社会保险法》第83条规定，用人单位或者个人与社会保险费征收机构、社会保险经办机构发生争议的，可以依法申请行政复议或者提起行政诉讼，而个人与所在用人单位发生社会保险争议的，可以依法申请调解、仲裁，提起诉讼，也可以要求社会保险行政部门或者社会保险费征收机构依法处理。上述社会保险争议处理机制的构建及实施实际上也是对社会保险的监督。

（二）被监督人的义务

社会保险费征收机构、社会保险经办机构等负责社会保险事务的机构负有以下义务：（1）报告的义务。社会保险经办机构应当定期向社会保险监督委员会汇报社会保险基金的收支、管理和投资运营情况。（2）依法处理职责范围的举报、投诉的义务。（3）信息披露的义务。《社会保险法》规定，社会保险费征收机构和社会保险经办机构对于社会保险费的征收情况以及社会保险基金的情况有披露相关信息的义务。

参保用人单位和个人在被监督检查的过程中，负有协助的义务。《社会保险法》规定，社会保险行政部门实施监督检查时，被检查的用人单位和个人应当如实提供与社会保险有关的资料，不得拒绝检查或者谎报、瞒报。

社会保险的辅助主体也应接受相关机关的监督，在被监督检查的过程中，负有协助的义务。

第五节 社会保险基金

一、社会保险基金概述

社会保险基金是指由社会保险经办机构经办的基本养老保险基金、基本医疗保险基金、工伤保险基金、失业保险基金和生育保险基金的总称。社会保险基金具有以下特点：（1）强制性。社会保险基金依国家法律强制筹集，并严格按照法律规定管理和使用，不得随意而为。

（2）储备性。社会保险制度的目的在于建立储备基金，以预防和化解可能的社会风险，因此，社会保险基金如同“蓄水池”，具有储备性的特征。（3）互济性。社会保险基金是根据大数法则，统筹运用参保人的缴费，以使社会成员共同承担风险，是社会成员之间互济性的反映。

我国社会保险基金主要是来自参保人（公民和用人单位共同缴纳或者公民或用人单位单方缴纳）的缴费，而以国家的财政补贴为补充，体现了雇主、雇员、国家在社会保险方面的责任共担机制。在我国不同社会保险险种，基金的缴费率不同，具体参见表13—1：

表13—1　　我国社会保险基金的来源及其筹集比例

<table>
<tr><th>类别</th><th>用人单位</th><th>职工</th><th>国家</th></tr>
<tr><td>职工基本养老保险基金</td><td>企业缴纳比例一般不超过企业工资总额的20%</td><td>个人缴纳比例，1997年为不低于本人缴费工资的4%，1998年起每两年提高1个百分点，最终达到本人缴费工资的8%；自愿参保的无雇工的个体工商户、未在用人单位参加基本养老保险的非全日制从业人员以及其他灵活就业人员的缴费率为20%</td><td rowspan="5">财政补贴</td></tr>
<tr><td>基本医疗保险基金</td><td>用人单位缴费率应控制在职工工资总额的6%左右</td><td>职工缴费率一般为本人工资收入的2%</td></tr>
<tr><td>失业保险基金</td><td colspan="2">失业保险费率为2%，单位和个人缴费具体比例由各地在充分考虑提高失业保险待遇、促进失业人员再就业、落实失业保险稳岗补贴政策等因素的基础上确定</td></tr>
<tr><td>工伤保险基金</td><td>用人单位缴费为本单位职工工资总额乘以单位缴费费率之积，费率由统筹地区经办机构确定。
平均费率为0.7%①，根据行业风险程度细化基准费率档次，根据工伤发生率对单位（企业）适当上浮或下浮费率</td><td rowspan="2">职工个人不缴纳</td></tr>
<tr><td>生育保险基金</td><td>企业缴费率最高不超过工资总额的0.5%</td></tr>
</table>

二、社会保险基金的管理

社会保险基金的管理原则包括：

1. 分账管理、专款专用原则

为了确保社会保险基金的安全性，《社会保险法》确立了分账管理、专款专用的原则，即：基本养老保险基金、基本医疗保险基金、工伤保险基金、失业保险基金和生育保险基金要按照社会保险险种分别建账，分账核算，执行国家统一的会计制度。该基金专款专用，必须按照其

① 此费率有阶段性微调。

筹集的目的使用，任何组织和个人不得侵占或者挪用。

2. 收支平衡原则

收支平衡原则指社会保险基金在财务上应该自给自足、略有结余，确保制度的可持续性。《社会保险法》第 65 条规定：“社会保险基金通过预算实现收支平衡。”“县级以上人民政府在社会保险基金出现支付不足时，给予补贴。”

3. 透明、安全管理原则

社会保险基金具有公共属性，并且关系到社会风险的预防和化解，因此，社会保险基金的管理应该透明、公开，以预防内部控制；《社会保险法》第 70 条规定：“社会保险经办机构应当定期向社会公布参加社会保险情况以及社会保险基金的收入、支出、结余和收益情况。”

三、社会保险基金的投资

《社会保险法》第 69 条规定：“社会保险基金在保证安全的前提下，按照国务院规定投资运营实现保值增值。”“社会保险基金不得违规投资运营，不得用于平衡其他政府预算，不得用于兴建、改建办公场所和支付人员经费、运行费用、管理费用，或者违反法律、行政法规规定挪作其他用途。”中国共产党十八届三中全会通过的《关于全面深化改革若干重大问题的决定》指出：“加强社会保险基金投资管理和监督，推进基金市场化、多元化投资运营。”因此，2015 年 8 月 17 日，国务院发布《基本养老保险基金投资管理办法》（国发〔2015〕48 号），根据该办法规定，养老基金投资应当坚持市场化、多元化、专业化的原则，确保资产安全，实现保值增值。该办法对养老保险基金投资中的委托人、受托机构、投资管理机构、估值和费用、报告及监督等制度都作了明确规定。其中第 37 条关于养老基金投资比例的规定中明确规定：“投资股票、股票基金、混合基金、股票型养老金产品的比例，合计不得高于养老基金资产净值的 30％。”

四、全国社会保障基金

《社会保险法》第 71 条规定：“国家设立全国社会保障基金，由中央财政预算拨款以及国务院批准的其他方式筹集的资金构成，用于社会保障支出的补充、调剂。全国社会保障基金由全国社会保障基金管理运营机构负责管理运营，在保证安全的前提下实现保值增值。”“全国社会保障基金应当定期向社会公布收支、管理和投资运营的情况。国务院财政部门、社会保险行政部门、审计机关对全国社会保障基金的收支、管理和投资运营情况实施监督。”

全国社会保障基金是全国社会保障基金理事会负责管理的由中央政府集中的社会保障基金，包括国有股减持划入资金及股权资产、中央财政拨入资金、经国务院批准以其他方式筹集的资金及其投资收益。全国社会保障基金是我国重要的战略储备基金，成立于 2000 年 8 月，其目的是在养老保险基金遇到入不敷出时，用以支撑基本养老保险制度，应对人口老龄化高峰期社会养老保险待遇支付缺口需要。全国社会保障基金与社会保险基金有明显的区别（参见表 13—2）。

表 13—2　**社会保险基金与社会保障基金的主要区别**

主要区别	社会保险基金	全国社会保障基金
资金性质和用途	用于社会保险待遇开支的专项社会保障基金	中央政府集中的战略储备基金，用于我国将来人口老龄化高峰时期养老保障的部分资金需要
资金来源	(1) 企业缴费 (2) 个人积累 (3) 财政补贴	(1) 中央财政预算拨款；(2) 国有股减持划入资金；(3) 经国务院批准的以其他方式筹集的资金；(4) 投资收益；(5) 股权资产（国家财政拨款和国有股减持划入资金是主要来源）
管理机构	主要由地方各级社会保险基金经办机构直接运营	由全国社会保障基金理事会管理运营

问题与思考

1. 促使社会保险产生的主要因素包括哪些？
2. 社会保险具有哪些特点？社会保险制度有何功能？
3. 社会保险与商业保险有何异同？
4. 社会保险法的基本原则包括哪些？
5. 社会保险法律关系具体由哪些要素组成？
6. 社会保险财务模式具体包括哪几种类型？
7. 社会保险费用征缴法律关系具体包括哪些关系？有哪些内容？
8. 社会保险待遇的给付内容与给付方式包括哪些？
9. 社会保险待遇给付法律关系具体包括哪些关系？有哪些内容？
10. 社会保险监督包括哪些类型？包括哪些内容？

第十四章

养老保险法

本章概要

养老保险是为了预防人们因为达到退休年龄退出工作岗位而遭受所得中断、面临生存危机而设的社会保险。与其他险种相比，养老保险具有应对风险的确定性和给付的持续性的特点。自19世纪80年代德国创立养老保险制度至今，养老保险经历了较大的发展。近年来世界银行和国际劳工组织分别提出各自的养老保险改革方案，推动世界的养老保险制度改革。

我国养老保险制度的具体内容主要包括养老保险的适用范围、养老保险费用的筹集和管理、养老保险关系的转移与续接以及养老保险待遇的给付。我国养老保险制度包括职工基本养老保险、机关事业单位工作人员养老保险、城乡居民基本养老保险等。

关键术语

养老保险　职工基本养老保险　机关事业单位工作人员养老保险　城乡居民基本养老保险

第一节　养老保险法概述

一、养老保险的概念、特点及意义

（一）养老保险的概念

养老保险又称为老年保险，是指国家通过立法强制建立养老保险基金，被保险人达到法定的退休年龄并退出劳动岗位时，可以从养老保险基金中领取养老金，以保证其基本生活的一种社会保险制度。世界上最早进行养老保险立法的国家是德国，早在1889年，德国就颁布了《养老和伤残保险法》。

（二）养老保险的特点

与医疗保险、失业保险、工伤保险等其他社会保险制度相比，养老保险除了具有社会性、保险性以及强制性的特点外，还具有以下两个方面的特点：

第一，养老保险应对的社会风险具有确定性。养老保险制度的目的是预防劳动者因为老年退出工作岗位而陷入生存危机，而老年是一种可以预测的、必经的生命现象；医疗保险、失业保险、工伤保险所针对的疾病、失业、职业伤害等风险具有偶然性和不可预测性。然而，劳动者因为老年退出工作岗位而丧失生活所得，其退休至死的“余命”仍然存在不确定性，因此，养老保险的保险标的并非老年本身，而是被保险人退休后因为所得中断而面临的经济的不安全。

第二，养老保险待遇的给付具有持续性。养老保险待遇的给付应该自被保险人退休始直到其死亡，因此，养老保险待遇的给付方式通常为持续性给付而非一次性给付。而医疗保险、生育保险待遇的给付方式都是一次性给付。

【资料链接】

养老保险制度的模式

各国（地区）的政治、经济背景不尽相同，因此，养老保险制度也存在差异，但整体上可分为以下三类：一是保险型养老保障模式，以德国、美国、日本为代表。采取此种模式的国家养老保险的适用对象以工资收入者为主，强调养老待遇与劳动者的收入和缴费水平相联系；养老保险的资金主要来自雇主和雇员的缴费，此外还包括政府的补贴。二是福利国家型养老保障模式，以英国、瑞典为代表。采取此种养老保障模式的国家，其养老制度适用于全体国民，养老待遇统一标准，养老的资金来源于国家财政。三是基金积累型养老保障模式，以新加坡、中国香港地区为代表。采取此种模式的国家和地区通过强制储蓄积累资金，资金来源于雇主和雇员的缴费，所有缴费存在雇员个人账户。

近年由于人口老龄化等因素，诸多国家和地区的养老基金面临巨大的支付压力，福利国家的财政不堪重负。为此诸多国家和地区开始实施养老保险改革，如推迟退休年龄等，意图缓解养老基金的支付压力，增强养老保险制度的可持续性。

2010年9月～10月，法国诸多地方爆发了大罢工，其原因在于法国准备颁布退休改革法案，计划把最低退休年龄从60岁延长到62岁，把可领取全部养老金的退休年龄从65岁延长到67岁，以减轻政府在退休金支付方面的财政压力。尽管法国工会组织多次罢工抗议推迟退休年龄，但2010年10月22日，法国参议院仍投票通过退休制度改革法案，11月9日时任法国总统萨科齐签署了退休改革法案，使之正式成为法律。

二、我国养老保险制度的沿革

（一）我国养老保险制度的初创、停滞和重建期（1951—1989年）

1951年政务院颁布《劳动保险条例》，标志着我国养老保险制度初步建立。1953年，政务院对《劳动保险条例》进行了修正。同年劳动部公布《劳动保险条例实施细则修正草案》，对条例的实施范围、工龄、缴费的工资总额等内容予以进一步的明确规定。1955年，国务院颁布《国家机关工作人员退休处理暂行办法》，规定国家机关工作人员男60岁、女55岁的可以退休，退休待遇为本人工资的50%～80%。1958年，经全国人大常委会批准，国务院颁布《关于工人、职员退休处理的暂行规定》，该规定废止了《国家机关工作人员退休处理暂行办法》，建立了企业职工和国家机关工作人员统一的养老保险制度。

“文化大革命”期间我国养老保险立法受到较大的影响。1969 年财政部《关于国营企业财务制度工作中几项制度的改革意见（草案）》规定，“国营企业一律停止提取劳动保险金”，“企业退休职工、长期病号工资和其他劳保开支，改在企业营业外列支”。这改变了《劳动保险条例》所确立的统筹调剂的做法，使养老保险失去了社会性，成为企业保险。

“文化大革命”结束后，我国养老保险制度开始了恢复与重建工作。1978 年，国务院颁布《关于安置老弱病残干部的暂行办法》和《关于工人退休、退职的暂行办法》，对养老保险制度再次进行调整，将企业职工养老保险与国家机关工作人员养老保险再次分离。1982 年宪法对退休制度以及社会保障制度进行了明确的规定。1984 年，国有企业职工退休费用社会统筹进行试点。1986 年，国务院颁布《国营企业实行劳动合同制暂行规定》，规定“国家对劳动合同制工人退休养老实行社会保险制度。”

（二）我国养老保险制度的改革和完善期（1990 年至今）

1991 年，国务院颁布《关于企业职工养老保险制度改革的决定》，拉开了我国养老保险制度全面改革的序幕。其主要内容为：(1) 建立多层次的养老保险体系，即基本养老保险与企业补充养老保险、个人储蓄性养老保险相结合的养老保险体系；(2) 改变国家、企业包办养老保险的状况，实行国家、企业、个人三方共同负担；(3) 改变养老保险费现收现付的做法，确定以支定收、略有节余、留有部分积累的原则。① 根据该决定的相关内容，劳动部于 1993 年发布《企业职工养老保险基金管理规定》，对企业养老保险基金的征稽、管理、保值、增值等作出了较为详细的规定。

1993 年，中共中央十四届三中全会作出《关于建立社会主义市场经济体制若干问题的决定》，明确指出：“城镇职工养老和医疗保险金由单位和个人共同负担，实行社会统筹和个人帐户相结合。”为落实该决定，国务院于 1995 年发布《关于深化企业职工基本养老保险制度改革的通知》(国发 [1995] 6 号)，该通知明确了我国企业职工养老保险制度改革的目标以及养老保险基金的筹集方式实行社会统筹与个人账户相结合的原则，并在此基础上形成了两个具体实施办法，由各地根据实际情况选择实施。

但是，由于各地对于养老保险制度的认识的偏差，以及经济发展的地区差异等，两个具体实施办法出台后，具有地区特色的养老保险制度在全国各地纷纷形成。鉴于养老保险制度改革中出现的做法不统一、统筹层次低以及管理不规范等问题，1997 年国务院发布《关于建立统一的企业职工基本养老保险制度的决定》，确定了统一我国基本养老保险制度的几项重要内容：(1) 明确我国基本养老保险制度改革的总体目标为：到 20 世纪末，基本建立起适应社会主义市场经济体制要求，适用于城镇各类企业职工和个体劳动者，资金来源多渠道、保障方式多层次、社会统筹与个人账户相结合、权利与义务相对应、管理服务社会化的养老保险体系。(2) 统一企业和个人缴费的比例。企业缴纳基本养老保险费的比例，一般不得超过企业工资总额的 20%，个人缴费 1997 年不得低于本人缴费工资的 4%，以后逐步提高到 8%。(3) 统一个人账户的规模。按本人缴费工资 11%的数额为职工建立基本养老保险个人账户，个人缴费全

---

① 参见林嘉：《社会保障法的理念、实践与创新》，161 页，北京，中国人民大学出版社，2002。

部记入个人账户，其余部分从企业缴费中划入。随着个人缴费比例的提高，企业划入的部分要逐步降至3%。(4) 统一基本养老金的发放办法。个人缴费年限累计满15年的，退休后按月发给基本养老金。基本养老金由基础养老金和个人账户养老金组成。退休时的基础养老金月标准为省、自治区、直辖市或地（市）上年度职工月平均工资的20%，个人账户养老金月标准为本人账户储存额除以120。

为解决统筹层级低以及行业统筹与地方统筹的矛盾，1998年，国务院发布《关于实行企业职工基本养老保险省级统筹和行业统筹移交地方管理有关问题的通知》，规定了两个基本目标：(1) 加快实行企业职工基本养老保险省级统筹；(2) 按期完成基本养老保险行业统筹移交地方管理。为解决国有企业改革导致的下岗以及新型就业形式等对养老保险制度所提出的新问题，2001年，劳动部发布《关于完善城镇职工基本养老保险政策有关问题的通知》（劳社部发[2001] 20号）。

为解决养老保险制度实施中个人账户不实、计发办法不合理、覆盖范围不够广泛等问题，国务院在充分调查研究和总结东北三省完善城镇社会保障体系试点经验的基础上，于2005年发布《关于完善企业职工基本养老保险制度的决定》（国发[2005] 38号），规定从2006年1月1日起，个人账户的规模统一由本人缴费工资的11%调整为8%，全部由个人缴费形成，单位缴费不再划入个人账户。同时，进一步完善鼓励职工参保缴费的激励约束机制，相应调整基本养老金计发办法。退休时的基础养老金月标准以当地上年度在岗职工月平均工资和本人指数化月平均缴费工资的平均值为基数，缴费每满1年发给1%。个人账户养老金月标准为个人账户储存额除以计发月数，计发月数根据职工退休时城镇人口平均预期寿命、本人退休年龄、利息等因素确定，其中40、45、50、55、60岁退休分别计发233、216、195、170、139个月。前述决定规定的缴费和养老金计发办法即为现行制度。

为解决养老保险制度运行中暴露出的诸多问题，如覆盖范围狭窄、参保率低、转移接续困难等，我国近年先后颁布了诸多相关的规范性文件。2009年12月28日，国务院办公厅转发了人力资源和社会保障部、财政部《城镇企业职工基本养老保险关系转移接续暂行办法》（国办发[2009] 66号），该办法明确了基本养老保险关系转移接续制度。2010年10月28日，全国人大常委会通过了《社会保险法》，在养老保险方面进行了较多的制度完善和创新，如重构养老保险的制度体系，增加了城镇居民基本养老保险，扩大了覆盖范围，明确基本养老保险的转移、接续制度等。2014年2月21日，国务院发布《关于建立统一的城乡居民基本养老保险制度的意见》（国发〔2014〕8号），建立了统一城乡居民基本养老保险。2015年1月3日，国务院颁布了《关于机关事业单位工作人员养老保险制度改革的决定》（国发〔2015〕2号），建立了机关事业单位工作人员养老保险。

【资料链接】

国际组织关于养老保险改革的方案

养老保险在世界的发展，世界银行和国际劳工组织作出了巨大的贡献，它们分别对全球的养老保险改革提出了两套方案。

1. 世界银行关于养老保险制度的改革方案

1994年，世界银行发布了名为《防止老龄危机：保护老年人及促进增长的政策》（Averting the Old-Age Crisis：Policies to Protect the Old and Promote Growth）的报告，该报告倡议养老保险的三大支柱方案：(1) 由政府管理，用税收资助的社会安全网；(2) 由私人托管的强制性供款计划；(3) 个人自愿储蓄和保险。并且，该报告首先对既有的采取现收现付财务方式的养老保险进行了严厉的批评，认为现收现付养老保险模式不能应付人口老龄化危机，且企业负担增加，国家财政负担过重，间接影响经济发展。因此，整体而言，世界银行的养老保险改革方案重点在于推广强制储蓄的养老保险模式，认为强制储蓄的基金的模式能够增加家庭储蓄以及生产资本形式，而这是现收现付无法做到的。

2. 国际劳工组织关于养老保险制度的改革方案

成立于1919年的国际劳工组织一直致力于推动养老保险制度在世界的发展，其对于世界银行所提出的养老保险改革方案持有不同意见。国际劳工组织及国际社会保障协会的Beattie与McGillivray在1995年所著的《一个危险的方案：世界银行防止老龄危机报告的反思》中，首先指出世界银行报告建立在对既有社会保险制度的误解之上，其所提出的建议方案不但不能解决问题，甚至将引发更多的问题。他们认为，世界银行的报告所勾勒的方案，即设计以强制储蓄模式替代社会保险模式，将给职工和退休人员造成难以接受的高风险，并且将可能使得老年保障的成本更高；而制度的转换也将给当代职工增加沉重的负担。[①] 因此，国际劳工组织提出的养老保险改革方案突出现收现付模式，其方案也包括三个支柱，即：(1) 以强制性税收筹资，政府管理的现收现付；(2) 雇主、雇员共同缴费，社会保险机构管理、确定待遇，留有部分积累的现收现付；(3) 个人自愿性储蓄和保险。

在国际组织的养老保险改革方案中，世界银行的方案对我国养老保险制度的建立和改革产生了一定影响。1996年，世界银行《防止老龄危机：保护老年人及促进增长的政策》在我国出版，而且世界银行曾对我国的养老保险制度改革提供过具体建议。基于世界银行对于个人账户制度的推崇，我国确立了统账结合的养老保险模式。

第二节　职工基本养老保险

一、适用范围

《社会保险法》第10条第1、2款规定："职工应当参加基本养老保险，由用人单位和职工共同缴纳基本养老保险费。""无雇工的个体工商户、未在用人单位参加基本养老保险的非全日制从业人员以及其他灵活就业人员可以参加基本养老保险，由个人缴纳基本养老保险费。"我国职工基本养老保险制度主要适用于：

1. 各类企业及其职工

各类企业从所有制形式来看包括国有企业、城镇集体企业、外商投资企业、城镇私营企

① 转引自郭明政：《个人帐户方案之宪法分析》，载《当代公法新论》（下），521页，台北，元照出版公司，2002。

业，而根据企业责任形式则包括城镇企业法人、合伙企业以及个人独资企业，但原则上企业经营资格的取得都必须经过工商登记。因此，《社会保险法》规定，用人单位应当自成立之日起30日内凭营业执照、登记证书或者单位印章，向当地社会保险经办机构申请办理社会保险登记。

2. 企业化改制的事业单位及其工作人员

根据国务院办公厅转发人事部《关于在事业单位试行人员聘用制度意见的通知》（国办发[2002] 35号）的规定，目前我国的事业单位可以分为三类：(1) 参照《公务员法》管理的事业单位，即根据《公务员法》的相关规定，由法律、法规授权依法履行公共管理职能的事业单位。(2) 实行企业化管理的事业单位，是指国家不再核发经费，实行独立核算、自负盈亏的事业组织。(3) 以科、教、文、卫为代表的事业单位，该类事业单位又称为公益性的事业单位，即国家出于社会公益目的，由国家机关举办或者其他组织利用国有资产举办的，从事教育、科技、文化、卫生等活动的社会服务组织。其中，第二类事业单位及其工作人员应参加职工基本养老。

3. 无雇工的个体工商户、未在用人单位参加基本养老保险的非全日制从业人员以及其他灵活就业人员

个体工商户是指办理了工商营业执照、在城镇有固定经营场所的个体工商户，而无雇工的个体工商户则是指未雇用其他劳动者，主要依靠个人以及家庭成员从事生产经营的。灵活就业人员是指采取各种灵活就业、弹性就业方式的人员，包括自由职业者以及非全日制劳动者等。这些人员可以根据实际情况，自愿参加职工基本养老保险，由个人承担相应的缴费。

4. 在中国境内就业的外国人

《社会保险法》第97条规定："外国人在中国境内就业的，参照本法规定参加社会保险。"2011年9月6日，人力资源和社会保障部发布了《在中国境内就业的外国人参加社会保险暂行办法》，该办法规定，在中国境内就业的外国人，是指依法获得"外国人就业证""外国专家证""外国常驻记者证"等就业证件和外国人居留证件，以及持有"外国人永久居留证"，在中国境内合法就业的非中国国籍的人员，如果在中国境内被用人单位依法招用的，应该参加职工基本养老保险等社会保险。此外，与境外雇主订立雇佣合同后，被派遣到在中国境内注册或者登记的分支机构、代表机构工作的外国人，应当依法参加职工基本养老保险等社会保险。

二、基本养老保险费的筹集和管理

我国养老保险制度采取个人账户与统筹基金相结合的模式，因此，养老保险费用的筹集主要包括养老保险基金和个人账户两个部分。《社会保险法》第11条规定："基本养老保险实行社会统筹与个人账户相结合。""基本养老保险基金由用人单位和个人缴费以及政府补贴等组成。"

（一）基本养老保险基金的组成

1. 用人单位和个人缴费

养老保险费由企业和被保险人共同承担。其中企业缴纳基本养老保险费的比例，一般不得超过企业工资总额的20%，具体比例由省、自治区、直辖市人民政府确定。少数省、自治区、

直辖市因离退休人数较多、养老保险负担过重，确需超过企业工资总额20%的，应报劳动部、财政部审批。企业缴纳的基本养老保险费在税前列支。个人缴纳基本养老保险费的比例，1997年不得低于本人缴费工资的4%，1998年起每两年提高1个百分点，最终达到本人缴费工资的8%。有条件的地区和工资增长较快的年份，个人缴费比例提高的速度应适当加快。目前各地养老保险个人缴费基本上都达到了本人缴费工资8%的比例。2016年4月14日，人力资源和社会保障部、财政部发布《关于阶段性降低社会保险费率的通知》，规定从2016年5月1日起，企业职工基本养老保险单位缴费比例超过20%的省（区、市），将单位缴费比例降至20%；单位缴费比例为20%且2015年年底企业职工基本养老保险基金累计结余可支付月数高于9个月的省（区、市），可以阶段性将单位缴费比例降低至19%，降低费率的期限暂按两年执行。具体方案由各省（区、市）确定。

国务院《关于深化企业职工养老保险制度改革的通知》中提出了关于实行社会统筹与个人账户相结合的两个实施办法，目前我国各地关于养老保险费用征缴的方式不尽相同，上海等省市选择采取办法一的方案，而北京等省市选择采取办法二的方案。此外，多数地区吸收了办法一和办法二的长处，并结合本地区情况，制定了第三种办法。

城镇个体工商户和灵活就业人员参加基本养老保险则由自己缴费，其缴费基数为当地上年度在岗职工平均工资，缴费比例为20%。

2. 基本养老保险费利息和其他收益

基本养老保险费利息是指将基本养老保险费存入银行或按照国家规定购买国家债券所得的利息收入。筹集的养老保险基金必须存入财政部门在国有商业银行开设的社会保障基金财政专户，并且职工养老保险基金收支相抵后的结余额，除留足两个月支付费用外，80%左右应用于购买特种定向债券，对存入银行的基金按照中国人民银行规定的同期城乡居民储蓄利率计息，购买国家债券的利息收入免交税费并转入基金。

3. 财政补贴

政府的财政补贴是指同级财政给予基金的补贴收入。根据《社会保险法》的规定，政府财政补贴主要集中在以下两方面：一是国有企业、事业单位职工参加基本养老保险前，视同缴费年限期间应当缴纳的基本养老保险费；二是基本养老保险基金出现支付不足时，政府给予补贴。

4. 滞纳金

滞纳金是指企业未按期缴纳养老保险费时，由法定的收缴部门要求其承担的一种迟延履行的法律责任。《社会保险法》第86条规定，“用人单位未按时足额缴纳社会保险费的，由社会保险费征收机构责令限期缴纳或者补足，并自欠缴之日起，按日加收万分之五的滞纳金……”。滞纳金并入社会保险基金。

5. 其他可以纳入基本养老保险基金的资金

其他依法可以纳入基本养老保险的资金主要是指法律规定的上述资金之外的应该纳入养老保险基金的资金，如养老保险基金投资运营的收益。

（二）个人账户资金

目前我国养老保险个人账户全部由个人缴费形成，其为本人缴费工资的8%。城镇个体工商户等自谋职业者以及采取各种灵活方式就业的人员参加社会保险也采取社会统筹和个人账户相结合的模式，但是，由城镇个体工商户与灵活就业人员自己承担相应的缴费义务，城镇个体工商户和灵活就业人员参加基本养老保险的缴费基数为当地上年度在岗职工平均工资，缴费比例为20%，其中8%记入个人账户。此外，个体工商户的从业人员（雇工）也要参加养老保险，其保险费用由个体工商户以及从业人员共同承担。

人力资源和社会保障部《实施〈中华人民共和国社会保险法〉若干规定》第6条规定：职工基本养老保险个人账户不得提前支取。个人在达到法定的领取基本养老金条件前离境定居的，其个人账户予以保留，达到法定领取条件时，按照国家规定享受相应的养老保险待遇。其中，丧失中华人民共和国国籍的，可以在其离境时或者离境后书面申请终止职工基本养老保险关系。社会保险经办机构收到申请后，应当书面告知其保留个人账户的权利以及终止职工基本养老保险关系的后果，经本人书面确认后，终止其职工基本养老保险关系，并将个人账户储存额一次性支付给本人。参加职工基本养老保险的个人死亡后，其个人账户中的余额可以全部依法继承。

三、基本养老保险关系的转移、接续

（一）基本养老保险关系转移、接续的类型

基本养老保险关系具有唯一性和持续性，且社会保险实行属地管理，用人单位应参加单位所在地的社会保险统筹，因此，被保险人改变就业地点或者用人单位搬迁的，会产生基本养老保险关系的转移、续接问题。根据主体及原因的区别，可分为以下两种：

（1）因用人单位原因导致的基本养老保险关系的转移、接续，即城镇企业成建制跨省搬迁，应按规定办理企业和职工养老保险关系转移手续。在职职工个人账户记账额度全部转移，资金只转移个人缴费部分，转入地社会保险经办机构应按个人账户记账额度全额记账。在这种情况下，用人单位应向转出地社会保险经办机构提出申请，由经办机构审核后开具转移证明，注明职工人数、参加社会保险有关情况等，由转入地经办机构负责接续其社会保险关系。

（2）因被保险人改变就业地导致的基本养老保险关系的转移，即职工因为工作岗位的变动，导致个人社会保险关系随之转移，包括统筹地区内社会保险关系转移（如北京市市内从海淀区转移到朝阳区）和跨统筹地区社会保险关系转移（如从北京市转移到上海市）两种情形。对于统筹地区内的养老保险关系原则上是“只转移关系，不转移基金”，即职工以及转出单位向所在的社会保险经办机构办理相关的转出手续。然后，由职工或者转入单位到其所在的社会保险经办机构办理转入手续，而不涉及个人账户资金的转移。跨统筹地区的社会保险关系的转移，不仅要转移社会保险关系，还涉及相关的社会保险基金的转移。《社会保险法》出台之前，各地对基本养老保险关系的转移、接续的具体操作不尽相同，导致诸多被保险人跨统筹地区流动的，基本养老保险关系难以转移、接续，缴费年限无法累积，制约了劳动力资源的自由流动，也损害了被保险人的养老保险权益。因此，《社会保险法》明确规定，个人跨统筹地区就业的，基本养老保险关系随本人转移，且缴费年限累计计算；并授权国务院制定具体办法。

（二）基本养老保险关系转移、接续的制度规定

2009年12月28日，国务院办公厅转发了人力资源和社会保障部、财政部《城镇企业职工基本养老保险关系转移接续暂行办法》，该办法中明确了基本养老保险关系转移、接续制度的具体内容：

（1）适用对象：参加城镇企业职工基本养老保险的所有人员，包括农民工。但已经按国家规定领取基本养老保险待遇的人员，不再转移基本养老保险关系。

（2）转关系，也转资金。参保人员跨省流动就业转移基本养老保险关系时，按下列方法计算转移资金：一是个人账户储存额：1998年1月1日之前按个人缴费累计本息计算转移，1998年1月1日后按计入个人账户的全部储存额计算转移。二是统筹基金（单位缴费）：以本人1998年1月1日后各年度实际缴费工资为基数，按12%的总和转移；参保缴费不足1年的，按实际缴费月数计算转移。

（3）转移程序。基本养老保险关系的转移涉及以下三个流程：一是新参保地审核转移、接续申请并向原参保地发出同意接受函，二是原参保地办理转移手续，三是新参保地接受转移手续和资金。上述每个流程最多需在15个工作日内完成，共计45个工作日。

（4）领取地点。一是户籍地为主；二是户籍所在地与参保地不一致时，以累积缴费较长（满10年）的参保地为辅，若每个参保地累积缴费年限均不满10年的，则仍在户籍所在地领取。

（5）农民工基本养老保险关系的转移、接续。一是对于中断就业或者返乡的农民工，不允许退保，而是保留缴费记录和个人账户资金，且个人账户资金继续计息。待返回城镇就业并继续参保缴费的，无论其回到原参保地就业还是到其他城镇就业，均累计计算其缴费年限，合并计算其个人账户储存额，符合待遇领取条件的，与城镇职工同样享受基本养老保险待遇。二是农民工不再返回城镇就业的，其在城镇参保缴费记录及个人账户全部有效，并根据农民工的实际情况，或在其达到规定领取条件时享受城镇职工基本养老保险待遇，或转入新型农村社会养老保险。

四、基本养老保险待遇的给付

（一）基本养老保险待遇的给付条件

1. 达到国家规定的退休年龄并办理相关手续的

国家法定的企业职工退休年龄是男年满60周岁、女年满50周岁，女干部年满55周岁。从事井下、高温、高空、特别繁重体力劳动或其他有害身体健康工作的，退休年龄为男年满55周岁，女年满45周岁；因病或非因工致残，由医院证明并经劳动鉴定委员会确认完全丧失劳动能力的，退休年龄为男年满50周岁、女年满45周岁。其中从事井下、高温、高空、特别繁重体力劳动或其他有害身体健康工作的职工提前退休，必须满足以下条件：（1）从事高空和特别繁重体力劳动工作累计满10年的；（2）从事井下、高温工作累计满9年的；（3）从事其

他有害身体健康工作累计满 8 年的。除了国家有明确规定的外，严格限制提前退休。[①]

【理论探讨】

退休年龄的规定

我国的劳动法实务中往往将“超龄就业人员”（超过就业年龄的就业人员）与用人单位之间的关系认定为民法上的劳务关系，并且有部分学者也呼吁限制“超龄劳动者”就业，其目的在于通过强制退休来扩大就业。但是，我们认为，尽管退休与劳动法和社会保险法都有密切关系——一方面，劳动者的劳动关系结束，退出劳动领域；另一方面，劳动者可以依法享有相应的养老保险待遇——但是，从根本上而言，退休应该属于养老保险法的制度安排，而并非仅仅劳动法的内容，强制退休不能解决失业的问题。原因在于：

1. 从社会整体而言，强制超龄劳动者退休并不能从整体上改变社会的就业状况。统计数据表明，超龄劳动者是否就业取决于下列因素：身体健康状况、低失业率、性别情况、学历情况、退休后获得的培训情况、婚姻状况、个人的财产状况、年龄因素等。一些高失业率的国家曾把老年雇员提前退休作为为年轻雇员让出岗位的就业促进措施，例如法国的谦让型提前退休、德国和卢森堡的提前退休计划、英国的“让出岗位”创造工作机会制度，但这些政策的实施效果并未如制定者设想的那样，失业率依然居高不下。

2. 否认“超龄就业人员”与用人单位之间的关系为劳动关系，不仅可能由于免去用人单位对于劳动者所承担的劳动保护义务而导致逆向选择的道德风险，而且会使得本来谈判能力较弱的“超龄就业人员”的弱势地位进一步恶化。

3. 随着人口老龄化的加剧以及人均寿命的延长，强制退休给养老保险造成了巨大压力。因此，许多国家纷纷延长退休年龄，并且采取措施鼓励推迟退休，如：澳大利亚计划到 2014 年，女性最低退休年龄将从目前的 60 岁至 65 岁提高到 65 岁；日本一直在稳步将员工退休保险规定的退休年龄从 60 岁提高到 65 岁；新加坡的长期目标是把男性和女性的退休年龄从 62 岁提高到 67 岁；韩国正常退休年龄在 2013 年由 60 岁提高到 61 岁，之后将每隔 5 年提高 1 岁，直至正常退休年龄到达 65 岁；奥地利女性退休年龄将逐渐由 60 岁提高到 65 岁；德国计划在 2012 年到 2029 年间把男、女正常退休年龄由 65 岁提高到 67 岁。

因此，退休年龄以及退休制度的设计不仅仅是劳动法的问题，更是养老保险法的问题。对于我国的退休年龄的设置，我们认为应该逐步予以完善：（1）首先应该实现男女退休年龄相等；

① 除了国务院《关于工人退休、退职的暂行办法》（国发［1978］104 号）规定的情形外，可以提前退休的情形包括：一是，国务院《关于在若干城市试行国有企业破产有关问题的通知》（国发［1994］59 号）和《关于在若干城市试行国有企业兼并破产和职工再就业有关问题的补充通知》（国发［1997］10 号）规定的，国务院确定的 111 个“优化资本结构”试点城市的国有破产企业中距离法定退休年龄不足 5 年的职工。二是，劳动保障部、国家经贸委《关于切实做好纺织行业压锭减员分流安置工作的补充通知》（劳社部发［1998］6 号）规定的，有压锭任务的国有纺织企业中，符合规定条件的纺纱、织布工种的挡车工。三是，全国企业兼并破产和职工再就业工作领导小组《关于贯彻执行〈中共中央办公厅、国务院办公厅关于进一步做好资源枯竭矿山关闭破产工作的通知〉有关问题的意见》规定，关闭破产矿山的全民所有制职工（含劳动合同制职工）执行提前 5 年（男 55 周岁，女干部 50 周岁，女工人 45 周岁）退休的政策。其中，从事经劳动部和有关行业主管部门批准的井下、高温、高空、特别繁重体力劳动和其他有害健康的特殊工种职工可提前 10 年（男 50 周岁，女 40 周岁）退休。

(2) 根据人口预期寿命的延长、就业情况以及社会经济的整体状况，适当地延长退休年龄，尤其是延长女职工的退休年龄；(3) 应该弱化强制退休，从保护劳动者的理念出发，由劳动者与用人单位根据自身的健康等状况来决定是否退休，并且可通过养老保险费用的缴纳以及待遇的给付等配套制度，引导被保险人以及用人单位实行自主自愿退休。2015 年 10 月 29 日《中共中央关于制定国民经济和社会发展第十三个五年规划的建议》提出："出台渐进式延迟退休年龄政策。"

2. 缴纳基本养老保险费累计缴费年限满 15 年的

养老保险费缴费年限长短的确定是基于多种因素的考量：一方面，从养老保险精算的角度，缴费年限的设置需要实现缴费与待遇给付之间的平衡；另一方面，养老保险缴费年限的确定与各国人均寿命以及退休年龄都有密切关系。我国被保险人申请给付养老保险待遇必须足额缴费累计满 15 年，缴费年限的长短与养老保险待遇水平的高低有密切联系，缴费年限越长，养老保险待遇水平越高。因此，如果缴费年限满 15 年后继续缴费，随着缴费年限的增加，养老保险待遇水平就越高。但是在实践中，由于种种原因，被保险人可能缴费年限无法累积满 15 年。对此《社会保险法》规定，被保险人可以补缴，或者如果是农业户籍的，转入新型农村社会养老保险；如果是非农业户籍的，可转入城镇居民社会养老保险。人力资源和社会保障部《实施〈中华人民共和国社会保险法〉若干规定》第 2 条规定："参加职工基本养老保险的个人达到法定退休年龄时，累计缴费不足十五年的，可以延长缴费至满十五年。社会保险法实施前参保、延长缴费五年后仍不足十五年的，可以一次性缴费至满十五年。"第 3 条规定："参加职工基本养老保险的个人达到法定退休年龄后，累计缴费不足十五年（含依照第二条规定延长缴费）的，可以申请转入户籍所在地新型农村社会养老保险或者城镇居民社会养老保险，享受相应的养老保险待遇。参加职工基本养老保险的个人达到法定退休年龄后，累计缴费不足十五年（含依照第二条规定延长缴费），且未转入新型农村社会养老保险或者城镇居民社会养老保险的，个人可以书面申请终止职工基本养老保险关系。社会保险经办机构收到申请后，应当书面告知其转入新型农村社会养老保险或者城镇居民社会养老保险的权利以及终止职工基本养老保险关系的后果，经本人书面确认后，终止其职工基本养老保险关系，并将个人账户储存额一次性支付给本人。"我国缴费年限包括视同缴费年限和实际缴费年限，其中视同缴费年限，指企业和个人共同缴费的养老保险制度实施之前，参保职工按照国家和省有关规定计算的连续工龄或工作年限可以视为缴费年限。

【案例分析】

深圳申请补缴养老险遭拒 外来工诉社保局胜诉

【案情】张先生是湖北籍来深务工人员，于 2002 年 12 月入职深圳毅力能源有限公司，但公司直到 2005 年 4 月才开始为其缴纳养老保险，如今张先生即将面临退休，为了在退休后能够领取养老保险待遇，张先生于 2014 年 12 月 19 日向深圳市社会保险基金管理局申请补缴养老保险，而深圳市社会保险基金管理局却以超过 2 年的强制追缴时效为由对张先生的申请不予受理。无奈之下，张先生将深圳市社会保险基金管理局诉至法院。一审法院判决，深圳市社会保险基金管理局败诉，撤销其作出的不予受理告知书并要求深圳市社会保险基金管理局重新作出具体行政行为。[①]

【分析】关于补缴社会保险是否存在时效限制，在实务中存在争议。在本案中，深圳市社会保险基金管理局根据《劳动保障监察条例》第20第1款的明确规定——“违反劳动保障法律、法规或者规章的行为在2年内未被劳动保障行政部门发现，也未被举报、投诉的，劳动保障行政部门不再查处。”——以及《深圳经济特区社会养老保险条例》第40条的规定——“职工认为用人单位未按照规定为其缴纳养老保险费的，应当在知道或者应当知道权利被侵害之日起两年内向市社保机构投诉、举报。投诉、举报超过两年的，市社保机构不予受理。”——认为张先生的补缴申请超过2年的时效，从而作出不予受理决定。由此引发的问题是：一是用人单位和职工未依法缴纳社会保险费的，社会保障行政部门予以行政处罚的时效是否也是补缴时效？二是超过行政处罚的时效，是否免除用人单位的补缴社会保险费义务？本案中区分了社会保障行政部门的行政处罚时效和补缴时效，法院认为：补缴不受处罚时效限制。如用人单位自愿为职工补缴，则不会导致第二个问题，若用人单位不愿为职工补缴，是否因此免除用人单位的补缴义务，各地在实务中的做法存有差异。

（二）基本养老保险待遇的给付内容

我国养老保险待遇的给付内容主要包括：(1) 基本养老金，其由统筹养老金和个人账户养老金组成。基本养老金根据个人累计缴费年限、缴费工资、当地职工平均工资、个人账户金额、城镇人口平均预期寿命等因素确定，因此，当上述因素变化时，基本养老金也要相应地调整。《社会保险法》第18条规定：“国家建立基本养老金正常调整机制。根据职工平均工资增长、物价上涨情况，适时提高基本养老保险待遇水平。”(2) 丧葬补助金和抚恤金，即参加基本养老保险的个人，因病或者非因工死亡的，其遗属可以领取丧葬补助金和抚恤金。(3) 病残津贴，参加基本养老保险的个人，在未达到法定退休年龄时因病或者非因工致残完全丧失劳动能力的，可以领取病残津贴，所需资金从基本养老保险基金中支付。

（三）基本养老保险待遇的给付标准

基本养老保险金是基本养老保险待遇最为重要的内容。根据2005年国务院发布的《关于完善企业职工基本养老保险制度的决定》(国发［2005］38号)，我国基本养老保险金采取以下方式计算：

1. “新人新办法”

“新人新办法”是指社会统筹和个人账户相结合的改革方案实施后参加工作的新职工的基本养老金计发办法，即国务院《关于建立统一的企业职工基本养老保险制度的决定》(国发［1997］26号) 实施后参加工作、缴费年限累计满15年的人员，退休后按月发给基本养老金。基本养老金由基础养老金和个人账户养老金组成。退休时的基础养老金月标准以当地上年度在岗职工月平均工资和本人指数化月平均缴费工资的平均值为基数。本人指数化月平均缴费工资＝参保人员退休时统筹地区上年度在岗职工月平均工资×本人月平均缴费工资指数。本人月平均缴费工资指数是指参保人员缴费年限内历年月平均缴费工资指数的算术平均值，当年缴费

---

① 参见李荣华：《申请补缴养老险遭拒 外来工诉社保局胜诉》，载《南方日报》，2015-06-12，A11版。

工资指数是指参保人员本人当年月平均缴费工资与上年度统筹地区在岗职工平均工资的比值。缴费每满1年发给1%。个人账户养老金月标准为个人账户储存额除以计发月数，计发月数根据职工退休时城镇人口平均预期寿命、本人退休年龄、利息等因素确定。

2. “老人老办法”

2006年1月1日以前已经离退休的人员，仍按国家原来的规定发给基本养老金，同时执行基本养老金调整办法。

3. “中人中办法”

国发［1997］26号文件实施前参加工作、2006年1月1日以后退休且缴费年限累计满15年的人员，在发给基础养老金和个人账户养老金的基础上，再发给过渡性养老金。各省、自治区、直辖市人民政府要按照待遇水平合理衔接、新老政策平稳过渡的原则，在认真测算的基础上，制定具体的过渡办法，并报劳动保障部、财政部备案。

2006年1月1日以后达到退休年龄但个人累计缴费年限不满15年的被保险人，不发给基础养老金；个人账户储存额一次性支付给本人，同时发给一次性养老补偿金，终止基本养老保险关系。但《社会保险法》以及人力资源和社会保障部《实施〈中华人民共和国社会保险法〉若干规定》明确了补缴制度，因此，缴费年限不满15年的人可以依法补缴，或可以申请转入户籍所在地新型农村社会养老保险或者城镇居民社会养老保险，享受相应的养老保险待遇。

第三节　机关事业单位工作人员养老保险

一、机关事业单位工作人员养老保险概述

（一）机关事业单位工作人员养老保险的适用对象

为落实中国共产党十八大报告以及十八届三中全会通过的《中共中央关于全面深化改革若干重大问题的决定》的精神，“改革和完善企业和机关事业单位社会保险制度”，2015年1月3日，国务院颁布了《关于机关事业单位工作人员养老保险制度改革的决定》（国发〔2015〕2号），该决定对我国过去“财政（单位）养老”的公务人员养老模式进行了改革，确立以社会养老保险的模式构建机关事业单位工作人员养老保险。根据该决定的规定，机关事业单位工作人员养老保险的适用对象包括：

一是公务员，即依法履行公职、纳入国家行政编制、由国家财政负担工资福利的工作人员。因此，只有同时符合上述三个标准或条件的国家工作人员，才是国家公务员。而我国公务员与其他职业的主要区别在于行政编制问题，其需要经过人事部门和组织部门的审批确定，具体包括：（1）国家行政机关中除工勤人员以外的所有工作人员，包括政府机关、人大和政协机关；（2）司法机关工作人员，如法官、检察官以及法官法、检察官法有相关的制度规定的人员；（3）除工勤人员以外民主党派机关工作人员与中国共产党机关工作人员。

二是参照《公务员法》管理的工作人员。根据《公务员法》的规定，参照《公务员法》管理的单位及其工作人员应符合以下条件：（1）法律、法规授权的具有公共事务管理职能的事业

单位，如党委系统事业单位担负的党的领导机关工作职能以及政府系统事业单位行使的行政管理职能包括：政策、规划的研究制定，行政执法、行政审批、行业管理等；（2）“除工勤人员（劳动者）以外的工作人员”；（3）“经批准参照”《公务员法》进行管理。符合条件的事业单位，应由主管部门提交审批表等材料经当地组织部门或人事部门批准。

三是事业单位及其编制内的工作人员。根据《事业单位登记管理暂行条例》第2条，事业单位，是指国家为了社会公益目的，由国家机关举办或者其他组织利用国有资产举办的，从事教育、科技、文化、卫生等活动的社会服务组织。人力资源和社会保障部、财政部发布《关于贯彻落实〈国务院关于机关事业单位工作人员养老保险制度改革的决定〉的通知》（人社部发〔2015〕28号）规定：参加机关事业单位养老保险的事业单位是指，根据《中共中央、国务院关于分类推进事业单位改革的指导意见》（中发［2011］5号）有关规定进行分类改革后的公益一类、二类事业单位。对于目前划分为生产经营类，但尚未转企改制到位的事业单位，已参加企业职工基本养老保险的仍继续参加；尚未参加的，暂参加机关事业单位基本养老保险，待其转企改制到位后，按有关规定纳入企业职工基本养老保险范围。要根据《关于机关事业单位工作人员养老保险制度改革的决定》（以下简称《决定》）要求，严格按照机关事业单位编制管理规定确定参保人员范围。编制外人员应依法参加企业职工基本养老保险。对于编制管理不规范的单位，要先按照有关规定进行清理规范，待明确工作人员身份后再纳入相应的养老保险制度。

（二）机关事业单位工作人员养老保险的特点

机关事业单位工作人员的职业具有一定的特殊性，因此，他们的养老保险制度与企业等私部门的职工的养老保险制度相比，具有以下特点：

一是国家财政补贴。机关事业单位工作人员行使的是行政管理权力或者从事社会公益性工作，因此，他们的权力、义务产生的基础通常是国家的行政授权和任命。“公务员、法官、军人不是雇员，因为他们参与的是一个通过公法行为建立起来的公法上的服务关系，由独立的公法规则调整，比如《联邦公务员法》《公务员权利法律总纲》，特别是这些公职人员的雇佣条件，首先工资是法律规定的”①，而不是根据劳动合同的约定产生，因此，对于他们的养老保险，国家的财政补贴是重要的资金来源。

二是待遇相对优厚。由于机关事业单位工作人员职业稳定性更高、人员流动率较低等因素的影响，从全球公务员的养老保险制度比较来看，在退休年龄、服务期限、养老待遇水平及其增长率方面，公务员都要比企业等私部门的工作人员优厚。②

二、机关事业单位工作人员基本养老保险制度的内容

（一）社会统筹与个人账户相结合的基本养老保险制度

基本养老保险费由单位和个人共同负担。单位缴纳基本养老保险费（以下简称单位缴费）

---

① ［德］W. 杜茨：《劳动法》，5版，张国文译，17页，北京，法律出版社，2005。

② 参见孙守纪、黄晓鹏：《国外公务员养老保险制度改革及其启示》，载《中国社会科学院研究生院学报》，2008（4）。

的比例为本单位工资总额的20%，个人缴纳基本养老保险费的比例为本人缴费工资的8%，由单位代扣。按本人缴费工资8%的数额建立基本养老保险个人账户，全部由个人缴费形成。个人工资超过当地上年度在岗职工平均工资300%以上的部分，不计入个人缴费工资基数；低于当地上年度在岗职工平均工资60%的，按当地在岗职工平均工资的60%计算个人缴费工资基数。个人账户储存额只用于工作人员养老，不得提前支取，每年按照国家统一公布的记账利率计算利息，免征利息税。参保的工作人员死亡的，个人账户余额可以依法继承。

（二）养老金发放的筹资机制

机关事业单位及其工作人员应按规定及时足额缴纳养老保险费。各级社会保险征缴机构应切实加强基金征缴，做到应收尽收。各级政府应积极调整和优化财政支出结构，加大社会保障资金投入，确保基本养老金按时足额发放，同时为建立职业年金制度提供相应的经费保障，确保机关事业单位养老保险制度改革平稳推进。

（三）基本养老金的计发办法。

1.“新人”：《决定》实施后参加工作、个人缴费年限累计满15年的人员，退休后按月发给基本养老金。基本养老金由基础养老金和个人账户养老金组成。退休时的基础养老金月标准以当地上年度在岗职工月平均工资和本人指数化月平均缴费工资的平均值为基数，缴费每满1年发给1%。个人账户养老金月标准为个人账户储存额除以计发月数，计发月数根据本人退休时城镇人口平均预期寿命、本人退休年龄、利息等因素确定。

2.“中人”：《决定》实施前参加工作、实施后退休且缴费年限（含视同缴费年限，下同）累计满15年的人员，按照合理衔接、平稳过渡的原则，在发给基础养老金和个人账户养老金的基础上，再依据视同缴费年限长短发给过渡性养老金。人力资源和社会保障部、财政部发布《关于贯彻落实〈国务院关于机关事业单位工作人员养老保险制度改革的决定〉的通知》（人社部发〔2015〕28号）规定，全国实行统一的过渡办法。对于2014年10月1日前（简称改革前，下同）参加工作、改革后退休的“中人”设立10年过渡期，过渡期内实行新老待遇计发办法对比，保低限高，即：新办法（含职业年金待遇）计发待遇低于老办法待遇标准的，按老办法待遇标准发放，保持待遇不降低；高于老办法待遇标准的，超出的部分，第一年退休的人员（2014年10月1日至2015年12月31日）发放超出部分的10%，第二年退休的人员（2016年1月1日至2016年12月31日）发放20%，依此类推，到过渡期末年退休的人员（2024年1月1日至2024年9月30日）发放超出部分的100%。过渡期结束后退休的人员执行新办法。

《决定》实施后达到退休年龄但个人缴费年限累计不满15年的人员，其基本养老保险关系处理和基本养老金计发比照《实施〈中华人民共和国社会保险法〉若干规定》（人力资源社会保障部令第13号）执行。

3.“老人”：《决定》实施前已经退休的人员，继续按照国家规定的原待遇标准发放基本养老金，同时执行基本养老金调整办法。

（四）部分工作人员退休时加发退休费

改革后获得省部级以上劳模、有重大贡献的高级专家等荣誉称号的工作人员，在职时给予一次性奖励，退休时不再提高基本退休费计发比例，奖励所需资金不得从养老保险基金中列支。对于改革前已获得此类荣誉称号的工作人员，本人退休时给予一次性退休补贴并支付给本人，资金从原渠道列支。退休补贴标准由各省（区、市）根据平衡衔接的原则予以确定。符合原有加发退休费情况的其他人员，按照上述办法处理。

（五）延迟退休人员参保政策

改革后，按照国家有关政策和干部管理权限，经批准可适当延长退休年龄的工作人员，继续参保缴费。其中少数人员年满 70 岁时仍继续工作的，个人可以选择继续缴费，也可以选择不再继续缴费。待正式办理退休手续时，按规定计发养老待遇。

（六）养老保险关系转移接续

参保人员在同一统筹范围内的机关事业单位之间流动，只转移养老保险关系，不转移基金。参保人员跨统筹范围流动或在机关事业单位与企业之间流动，在转移养老保险关系的同时，基本养老保险个人账户储存额随同转移，并以本人改革后各年度实际缴费工资为基数，按12%的总和转移基金，参保缴费不足 1 年的，按实际缴费月数计算转移基金。转移后基本养老保险缴费年限（含视同缴费年限）、个人账户储存额累计计算。

（七）养老保险的经办和管理

人力资源和社会保障部负责在京中央国家机关及下属事业单位基本养老保险的管理工作，同时集中受托管理其职业年金基金。中央国家机关下属京外单位的基本养老保险实行属地化管理。社会保险经办机构应做好机关事业单位养老保险参保登记、缴费申报、关系转移、待遇核定和支付等工作。要按照国家统一制定的业务经办流程和信息管理系统建设要求，建立健全管理制度，由省级统一集中管理数据资源，实现规范化、信息化和专业化管理，不断提高工作效率和服务质量。

普遍发放全国统一的社会保障卡，实行基本养老金社会化发放。加强街道、社区人力资源社会保障工作平台建设，加快老年服务设施和服务网络建设，为退休人员提供方便、快捷的服务。

（八）基金管理和监督

建立健全基本养老保险基金省级统筹；暂不具备条件的，可先实行省级基金调剂制度，明确各级人民政府征收、管理和支付的责任。机关事业单位基本养老保险基金单独建账，与企业职工基本养老保险基金分别管理、使用。基金实行严格的预算管理，纳入社会保障基金财政专户，实行收支两条线管理，专款专用。依法加强基金监管，确保基金安全。

三、机关事业单位职业年金

为了保障机关事业单位工作人员退休后的生活水平，建立多层次的养老保障体系。2015年3月27日，国务院办公厅发布了《机关事业单位职业年金办法》（国办发〔2015〕18号），具体包括：

（一）缴费比例及基金的组成

单位按本单位工资总额的8%缴费，个人按本人缴费工资的4%缴费。工作人员退休后，按月领取职业年金待遇。除了缴费外，职业年金基金的来源还包括：职业年金基金投资运营收益和国家规定的其他收入。

（二）筹资模式

职业年金基金采用个人账户方式管理。个人缴费实行实账积累。对于财政全额供款的单位，单位缴费根据单位提供的信息采取记账方式，每年按照国家统一公布的记账利率计算利息，工作人员退休前，本人职业年金账户的累计储存额由同级财政拨付资金记实；对于非财政全额供款的单位，单位缴费实行实账积累。实账积累形成的职业年金基金，实行市场化投资运营，按实际收益计息。单位缴费按照个人缴费基数的8%计入本人职业年金个人账户；个人缴费直接计入本人职业年金个人账户。职业年金基金投资运营收益，按规定计入职业年金个人账户。

（三）转移

工作人员变动工作单位时，职业年金个人账户资金可以随同转移。工作人员升学、参军、失业期间或新就业单位没有实行职业年金或企业年金制度的，其职业年金个人账户由原管理机构继续管理运营。新就业单位已建立职业年金或企业年金制度的，原职业年金个人账户资金随同转移。

（四）领取

符合下列条件之一的可以领取职业年金：（1）工作人员在达到国家规定的退休条件并依法办理退休手续后，由本人选择按月领取职业年金待遇的方式。可一次性用于购买商业养老保险产品，依据保险契约领取待遇并享受相应的继承权；可选择按照本人退休时对应的计发月数计发职业年金月待遇标准，发完为止，同时对职业年金个人账户余额享有继承权。本人选择任一领取方式后不再更改。（2）出国（境）定居人员的职业年金个人账户资金，可根据本人要求一次性支付给本人。（3）工作人员在职期间死亡的，其职业年金个人账户余额可以继承。未达到上述职业年金领取条件之一的，不得从个人账户中提前提取资金。

（五）基金的投资运营

职业年金基金应当委托具有资格的投资运营机构作为投资管理人，负责职业年金基金的投资运营；应当选择具有资格的商业银行作为托管人，负责托管职业年金基金。委托关系确定后，应当签订书面合同。

【资料链接】

退休、离休与退职

尽管我国确立以社会养老模式构建机关事业单位工作人员养老保险指导，但由于历史原因，我国的干部退出工作岗位享受养老待遇的情形分为以下三种：一是退休，是指新中国成立后，即1949年10月1日后参加工作的干部职工，工作到一定年限，达到规定年龄或因公致残，根据国家规定，离开工作岗位，并领取一定数额的养老金，以终养余年；二是离休，又称为离职休养，指新中国成立以前参加革命工作的老干部，在达到一定年龄或因身体状况不能坚持正常工作时，离开工作岗位，由国家给予从优安置的特殊退休方式；三是退职，是指达到退休年龄或因疾病不能继续供职但尚未达到退休的工作年限时，根据国家规定离开工作岗位，享受低于退休的待遇。

关于退休条件，分为两种情形：(1) 应当退休的情形：公务员达到国家规定的退休年龄或者完全丧失工作能力的。(2) 可以退休的情形：男性年满55周岁、女性年满50周岁，且工作年限满20年的；或者工作年限满30年的，本人提出要求，经任免机关批准，可以提前退休。

需要注意的是，目前实践中我国公务员的退休年龄通常与其行政级别挂钩，具有一定弹性。根据党和国家现行政策规定，中央、国家机关部长、副部长，省、自治区、直辖市党委书记、省人民政府省长、副省长，以及省、自治区、直辖市纪律检查委员会和法院、检察院主要负责人，正职一般不超过65周岁，副职一般不超过60周岁；担任厅局长一级的干部，一般不超过60周岁；其他干部男年满60周岁、女年满55周岁。身体不能坚持正常工作的，经批准可提前离休、退休。确因工作需要，身体又能坚持正常工作的，经任免机关批准，可适当推迟离休、退休。依据法律和有关规定经选举任职的省、自治区、直辖市人大常委会正、副主任，委员，政协正、副主席，常委，在任期未满时达到离休、退休年龄，一般可待任期届满后，再按有关规定办理离休、退休手续。

第四节 城乡居民基本养老保险

一、城乡居民基本养老保险概述

《社会保险法》第20条规定："国家建立和完善新型农村社会养老保险制度。""新型农村社会养老保险实行个人缴费、集体补助和政府补贴相结合。"第22条规定："国家建立和完善城镇居民社会养老保险制度。""省、自治区、直辖市人民政府根据实际情况，可以将城镇居民社会养老保险和新型农村社会养老保险合并实施。"因此，从该规定来看，《社会保险法》实施之初，省、自治区、直辖市人民政府可根据实际情况自主决定是否合并实施城镇居民社会养老保险和新型农村社会养老保险。2014年2月7日，国务院常务会议决定合并新型农村社会养老保险和城镇居民社会养老保险，建立全国统一的城乡居民基本养老保险制度。2014年2月21日，国务院发布《关于建立统一的城乡居民基本养老保险制度的意见》（国发〔2014〕8号，以下简称《意见》）。

二、城乡居民基本养老保险制度的内容

（一）参保对象

年满16周岁（不含在校学生）、非国家机关和事业单位工作人员以及不属于职工基本养老保险制度覆盖范围的城乡居民，可以在户籍地参加城乡居民养老保险。

（二）筹资模式及资金来源

1. 个人账户筹资模式。国家为每个参保人员建立终身记录的养老保险个人账户，个人缴费、地方人民政府对参保人的缴费补贴、集体补助及其他社会经济组织、公益慈善组织、个人对参保人的缴费资助，全部记入个人账户。个人账户储存额按国家规定计息。

2. 资金来源。城乡居民养老保险基金由个人缴费、集体补助、政府补贴构成。

（1）个人缴费。参加城乡居民养老保险的人员应当按规定缴纳养老保险费。缴费标准目前设为每年100元、200元、300元、400元、500元、600元、700元、800元、900元、1 000元、1 500元、2 000元12个档次，省（区、市）人民政府可以根据实际情况增设缴费档次，最高缴费档次标准原则上不超过当地灵活就业人员参加职工基本养老保险的年缴费额，并报人力资源和社会保障部备案。人力资源和社会保障部会同财政部依据城乡居民收入增长等情况适时调整缴费档次标准。参保人自主选择档次缴费，多缴多得。

（2）集体补助。有条件的村集体经济组织应当对参保人缴费给予补助，补助标准由村民委员会召开村民会议民主确定，鼓励有条件的社区将集体补助纳入社区公益事业资金筹集范围。鼓励其他社会经济组织、公益慈善组织、个人为参保人缴费提供资助。补助、资助金额不超过当地设定的最高缴费档次标准。

（3）政府补贴。政府为符合领取城乡居民养老保险待遇条件的参保人全额支付基础养老金，其中，中央财政对中西部地区按中央确定的基础养老金标准给予全额补助，对东部地区给予50%的补助。地方人民政府应当对参保人缴费给予补贴，对于选择最低档次标准缴费的，补贴标准不低于每人每年30元；对于选择较高档次标准缴费的，适当增加补贴金额；对于选择500元及以上档次标准缴费的，补贴标准不低于每人每年60元，具体标准和办法由省（区、市）人民政府确定。对于重度残疾人等缴费困难群体，地方人民政府为其代缴部分或全部最低标准的养老保险费。

（三）基本养老保险待遇及其调整

城乡居民养老保险待遇由基础养老金和个人账户养老金构成，支付终身。

（1）基础养老金。中央确定基础养老金最低标准，建立基础养老金最低标准正常调整机制，根据经济发展和物价变动等情况，适时调整全国基础养老金最低标准。地方人民政府可以根据实际情况适当提高基础养老金标准；对于长期缴费的，可适当加发基础养老金，提高和加发部分的资金由地方人民政府支出，具体办法由省（区、市）人民政府规定，并报人力资源和社会保障部备案。

（2）个人账户养老金。个人账户养老金的月计发标准，目前为个人账户全部储存额除以

139（与现行职工基本养老保险个人账户养老金计发系数相同）。参保人死亡，个人账户资金余额可以依法继承。

（四）基本养老保险待遇领取条件

参加城乡居民养老保险的个人，年满 60 周岁、累计缴费满 15 年且未领取国家规定的基本养老保障待遇的，可以按月领取城乡居民养老保险待遇。

新型农村社会养老保险或城镇居民社会养老保险制度实施时已年满 60 周岁、在《意见》印发之日前未领取国家规定的基本养老保障待遇的，不用缴费，自《意见》本实施之月起，可以按月领取城乡居民养老保险基础养老金；距规定领取年龄不足 15 年的，应逐年缴费，也允许补缴，累计缴费不超过 15 年；距规定领取年龄超过 15 年的，应按年缴费，累计缴费不少于 15 年。

城乡居民养老保险待遇领取人员死亡的，从次月起停止支付其养老金。有条件的地方人民政府可以结合本地实际探索建立丧葬补助金制度。社会保险经办机构应每年对城乡居民养老保险待遇领取人员进行核对；村（居）民委员会要协助社会保险经办机构开展工作，在行政村（社区）范围内对参保人的待遇领取资格进行公示，并与职工基本养老保险待遇等领取记录进行比对，确保不重、不漏、不错。

（五）转移接续与制度衔接

参加城乡居民养老保险的人员，在缴费期间户籍迁移、需要跨地区转移城乡居民养老保险关系的，可在迁入地申请转移养老保险关系，一次性转移个人账户全部储存额，并按迁入地规定继续参保缴费，缴费年限累计计算；已经按规定领取城乡居民养老保险待遇的，无论户籍是否迁移，其养老保险关系不转移。

2014 年 2 月 24 日，人力资源和社会保障部、财政部发布《城乡养老保险制度衔接暂行办法》（人社部发〔2014〕17 号，以下简称《办法》），对于除已经按照国家规定领取养老保险待遇的人员外参加城镇职工基本养老保险、城乡居民基本养老保险的人员需办理衔接手续进行了规定。2014 年 2 月 24 日，人力资源和社会保障部办公厅发布了《关于贯彻实施〈城乡养老保险制度衔接暂行办法〉有关问题的通知》（人社厅发〔2014〕25 号印发），该通知包括《城乡养老保险制度衔接经办规程（试行）》。

1. 适用对象。参加城镇职工基本养老保险、城乡居民基本养老保险两种制度的人员办理跨制度衔接养老保险关系。

2. 职工基本养老保险原则优先。参加城镇职工养老保险和城乡居民养老保险人员，达到城镇职工养老保险法定退休年龄后，城镇职工养老保险缴费年限满 15 年（含延长缴费至 15 年）的，可以申请从城乡居民养老保险转入城镇职工养老保险，按照城镇职工养老保险办法计发相应待遇；城镇职工养老保险缴费年限不足 15 年的，可以申请从城镇职工养老保险转入城乡居民养老保险，待达到城乡居民养老保险规定的领取条件时，按照城乡居民养老保险办法计发相应待遇。

3. 衔接手续的办理机构及具体程序。参保人员需办理城镇职工养老保险和城乡居民养老保险制度衔接手续的，先按城镇职工养老保险有关规定确定待遇领取地，并将城镇职工养老保险的养老保险关系归集至待遇领取地，再办理制度衔接手续。参保人员申请办理制度衔接手续时，从城乡居民养老保险转入城镇职工养老保险的，在城镇职工养老保险待遇领取地提出申请办理；从城镇职工养老保险转入城乡居民养老保险的，在转入城乡居民养老保险待遇领取地提出申请办理。县级以上社会保险经办机构负责城乡养老保险制度衔接业务经办。

参保人员办理城乡养老保险制度衔接手续时，按下列程序办理：(1) 由参保人员本人向待遇领取地社会保险经办机构提出养老保险制度衔接的书面申请。(2) 待遇领取地社会保险经办机构受理并审核参保人员书面申请，对于符合《办法》规定条件的，在15个工作日内，向参保人员原城镇职工养老保险、城乡居民养老保险关系所在地社会保险经办机构发出联系函，并提供相关信息；对于不符合《办法》规定条件的，向申请人作出说明。(3) 参保人员原城镇职工养老保险、城乡居民养老保险关系所在地社会保险经办机构在接到联系函后的15个工作日内，完成制度衔接的参保缴费信息传递和基金划转手续。(4) 待遇领取地社会保险经办机构收到参保人员原城镇职工养老保险、城乡居民养老保险关系所在地社会保险经办机构转移的资金后，应在15个工作日内办结有关手续，并将情况及时通知申请人。

4. 资金转移。参保人员从城乡居民养老保险转入城镇职工养老保险的，城乡居民养老保险个人账户全部储存额并入城镇职工养老保险个人账户，城乡居民养老保险缴费年限不合并计算或折算为城镇职工养老保险缴费年限。参保人员从城镇职工养老保险转入城乡居民养老保险的，城镇职工养老保险个人账户全部储存额并入城乡居民养老保险个人账户，参加城镇职工养老保险的缴费年限合并计算为城乡居民养老保险的缴费年限。

5. 重复参保和待遇重复领取的处理。参保人员若在同一年度内同时参加城镇职工养老保险和城乡居民养老保险的，其重复缴费时段（按月计算，下同）只计算城镇职工养老保险缴费年限，并将城乡居民养老保险重复缴费时段相应个人缴费和集体补助退还本人。

参保人员不得同时领取城镇职工养老保险和城乡居民养老保险待遇。对于同时领取城镇职工养老保险和城乡居民养老保险待遇的，终止并解除城乡居民养老保险关系，除政府补贴外的个人账户余额退还本人，已领取的城乡居民养老保险基础养老金应予以退还；本人不予退还的，由社会保险经办机构负责从城乡居民养老保险个人账户余额或者城镇职工养老保险基本养老金中抵扣。

（六）基金管理和运营

新型农村社会养老保险基金和城镇居民社会养老保险基金合并为城乡居民养老保险基金，完善城乡居民养老保险基金财务会计制度和各项业务管理规章制度。城乡居民养老保险基金纳入社会保障基金财政专户，实行收支两条线管理，单独记账、独立核算，任何地区、部门、单位和个人均不得挤占挪用、虚报冒领。各地要在整合城乡居民养老保险制度的基础上，逐步推进城乡居民养老保险基金省级管理。城乡居民养老保险基金按照国家统一规定投资运营，实现保值增值。

问题与思考

1. 养老保险的概念和特点如何?
2. 养老保险制度具有哪些意义?
3. 我国职工基本养老保险的适用对象包括哪些?
4. 职工基本养老保险待遇的给付应符合哪些条件?
5. 职工基本养老保险关系如何转移、接续?
6. 机关事业单位工作人员基本养老保险制度包括哪些内容?
7. 城乡居民基本养老保险制度包括哪些内容?
8. 城乡居民基本养老保险与城镇职工基本养老保险制度如何衔接?

第十五章
医疗保险法

本章概要

医疗保险法是指人们因生病或非因工负伤需要治疗时，由国家或社会为其提供必需的医疗服务及物质帮助的一种社会保险法律制度。医疗保险制度的法律化起源于德国，后在主要工业化国家都得到了推行。医疗保险法律关系十分复杂，涉及政府、医疗保险机构、医疗服务机构和被保险人，可能还包括用人单位等多方面复杂的权利义务关系。

我国医疗保险制度包括城镇基本医疗保险与新型农村合作医疗保险制度。在基本医疗保险制度之外，政府鼓励建立补充医疗保险机制。我国各级政府在探索新型的农村合作医疗模式过程中得出了许多有益的经验。

关键术语

医疗保险法　医疗保险法律关系　城镇基本医疗保险制度　新型农村合作医疗制度

第一节　医疗保险法概述

一、医疗保险法的概念和特点

（一）医疗保险法的概念

医疗保险法是指人们因生病或非因工负伤需要治疗时，由国家或社会为其提供必需的医疗服务及物质帮助的一种社会保险法律制度。

医疗保险与疾病保险在各国立法和国际公约中经常出现，必须注意医疗保险法与疾病保险法的联系与区别。第一，两者出现的历史阶段不同，保障的对象尽管有重叠，但并非完全一致。疾病保险的概念在俾斯麦时代就已经出现并落实到德国的《疾病保险法》中，它是为满足劳动者的医疗需求和生病期间的经济需求而出现的。其后，疾病保险的适用人群不断扩大，但仍限于劳动者及其供养亲属。而医疗保险这一概念出现主要在第二次世界大战后，随着现代福利国家的发展而产生，主要为满足全体国民的医疗需求。由于全体国民医疗需求的客观存在与社会保险的普遍化，医疗保险逐渐成为更为人们所熟悉的概念。第二，两者提供的保障待遇有相同部分，但疾病保险提供的待遇范围要广于医疗保险。疾病保险待遇除了包括劳动者的医疗服务费用之外，还包括对因病不能工作而失去收入、影响生活的一种保障，国际上称疾病津贴或生活补助，例如，对病人的现金补助和孕产妇假期内的生活补助，相当于我国的病假工资、产假工资。医疗保险待遇是直接用于医疗服务的费用。从职工患病情况来看，享受病假工资的职工必然要享受医疗保险，但是绝大多数享受医疗保险的职工并不一定享受病假工资。我国医疗保险与病假工资在管理上是泾渭分明的。《社会保险法》确立的医疗保险制度是一项独立的社会保险项目，保险待遇只涉及医疗服务费用。所以二者的作用必须区别开来：医疗保险在我国是独立的社会保险项目，而疾病保险并不作为独立的社会保险险种存在。

（二）医疗保险法的特点

由于人类的疾病风险和医疗服务需求的特殊性，医疗保险法具有如下特点：

（1）实质公平性。作为社会法重要组成部分的社会保障法以矫正社会分配不公平为己任，这种不公平不仅是机会的不公平，更是指经过工业社会残酷竞争的结果不公平。在社会保险法中，医疗保险法实现实质公平的特征最为明显。首先，就医疗保险的筹资情况看，医疗保险待遇的享有与受保人的缴费多少没有直接关系。相反，医疗保险法领域的公平意味着根据人们的支付能力而不是所获得的医疗服务来付费。公平的医疗筹资至少应符合两个标准：一是个人不应为患病就医而倾家荡产。这意味着公平的医疗筹资要求有高水平的风险分担机制。二是穷人向医疗体系支付的费用应该比富人少。因为收入低，所以穷人往往必须将收入的绝大部分用于满足食物、住房等基本生活需求。因此，医疗筹资应反映穷人和富人在可支配收入上的区别。[①] 其次，医疗服务的利用只和实际的病情有关。待遇与实际需要呈正相关，这是医疗保险在待遇上与其他社会保险的不同之处。

（2）适用范围的广泛性。疾病作为人生中不可预料并不可避免的一种自然风险，对每个个体都现实地存在威胁，因而，作为化解这种风险重要手段的医疗保险，其广泛适用的必要性就十分明显。医疗保险法适用范围的发展趋势是从19世纪末期仅适用于某些行业的劳动者，发展到后来适用于所有的劳动者及其供养亲属。第二次世界大战后，在某些福利国家，医疗保险法的适用范围已经扩展到全体国民。医疗体制改革在今天已成为全球性的现象，虽然各国的改革存在诸多差异，但医疗保障体系走向普遍覆盖的趋势依然可辨。可以预见，随着人类社会经济与文明的累积，人人都有权平等地获得医疗服务的理念将不断地落实到具体的医疗保险法律制度中来。

（3）所涉及的法律关系十分复杂。任何医疗体制都有筹集资源和提供服务两个关键功能，而这两个关键功能的落实，涉及政府、医疗保险机构、医疗服务机构和被保险人，可能还包括用人单位等多方面复杂的权利义务关系。医疗保险制度在现实中要取得立法者欲达到的效果，与公共卫生资源的合理配置、医疗卫生体制、医药流通体制等紧密相关。再加上医疗方与患者之间的信息不对称，而医疗费又是由第三方社会保险经办机构付给，导致了对医疗服务的先天约束不足。因此，医疗保险法需要制度的设计者充分考虑各方面的影响因素，作出最理性的立

---

① 参见王绍光：《巨人的瘸腿：从城镇医疗不平等谈起》，载《读书》，2005（10）。

法选择。

二、医疗保险法律制度的类型

医疗保险法是以人们对医疗服务的客观需要为核心产生和发展起来的，因此，以医疗服务的需求和供给，也就是筹资模式和服务模式，为标准对医疗保险体制进行分类意义最为突出。对医疗保险法而言，筹资模式即国家如何筹集医疗保险费来抵御疾病风险的类型化最具有现实意义。在该层面，目前国际上医疗保险法可分为以下四大类型，即自愿保险、强制储蓄、强制保险和国家出资。

（1）自愿保险模式，即国家不介入医疗保险的运行，由个人自愿选择医疗保险组织对其提供医疗保险。其中又可分为社区保险和商业保险两类，前者的保险者属非营利组织，而后者的保险者以赚取利润为目的。目前，无论在发达国家还是在发展中国家，社区医疗保险模式仅仅扮演补充性的角色。我国在改革开放前的农村合作医疗体制就是一种社区保险模式。在发达国家中，以商业保险为医疗保险制度主干的国家唯有美国，而对于 65 岁以上的老年人、贫困者和严重的残疾人员，美国同时还实行了国家出资的医疗救助（medicaid）模式作为补充。

（2）强制性医疗储蓄模式，是指国家通过立法强制劳资双方建立医疗保险储蓄账户并用以支付个人及家庭成员的医疗费用的一种医疗保险模式。目前，世界上只有新加坡将强制储蓄制度作为医疗保障制度的主干，因此这一模式一般被称为“新加坡模式”。该制度完全实行个人积累，由雇主和雇员按月依工资的一定比例缴纳公积金，并存入医疗储蓄账户。医疗储蓄主要用于支付雇员及其家人的住院费用。这一制度可以帮助所有人实现医疗费用风险在其健康与生病时期分摊，但是缺乏在健康人群与生病者之间分散风险的机制以及完全缺乏再分配机制，无论是从风险分担还是从公平的角度来看，都不能令人满意，因此其适用范围不太广泛。

（3）强制保险模式，即国家立法规定一定范围的人群必须参加医疗保险，保险费由雇主和雇员承担，保险费实行现收现付，被保险人的年龄、性别和健康状况与缴费水平无关，享受的医疗待遇也不受缴费多少影响。与前两种模式相比，这种医疗保障制度的抗风险性和公平性得到了极大的增强。低收入者或者没有工作者可能无力或无法参保，但是国家一般通过社会救助体系把弱势群体也纳入全民社会医疗保险之中。目前，世界上有上百个国家采取这种模式，如德国、荷兰、哥斯达黎加等。

（4）免费全民医疗保险模式，亦即全体国民无论贫富，均可获得近乎免费的医疗服务。这种模式较社会保险模式在公平性方面更进一步，以英国、瑞典、爱尔兰、丹麦、芬兰、加拿大等福利国家为主要代表。英国于 1946 年制定《国民健康服务法》，对全体国民实行免费医疗，国民（甚至外国籍居民）没有任何条件限制，均可免费享受国民健康服务。加拿大联邦政府于 1966 年制定了《全民疾病保险法案》，1972 年全面实施全民健康保险制度。医疗保险基金主要来自联邦所得税和省所得税，所有公民，不论其经济状况如何，都自动成为医疗保险计划的投保人和保险待遇享受者。

目前，世界上大多数转型国家采纳了德国式社会保险的基本架构。中国城镇职工基本医疗保险制度改革在此基础上加上了新加坡模式（即个人账户）的要素，但《社会保险法》并未明确规定医疗保险制度中采用个人账户模式。具有英国统治背景的发展中国家和地区（例如马来西亚、斯里兰卡以及我国香港地区）选择了英国式的公费医疗体制。另外一些国家和地区则选择了加拿大式的全民健康保险制度。

三、医疗保险法律关系

医疗保险涉及多方主体，因而产生了多对主体之间的权利义务关系。与其他社会保险法律关系相比，医疗保险法律关系具有多重性和复杂性，既涉及宪法性的国家与公民的关系，又涉及社会组织与劳动者间的劳动关系，还涉及卫生事业管理中的行政关系、医疗机构与个体患者间的医患关系。

医疗保险法律关系的主体包括政府、医疗保险机构、医疗服务机构和被保险人，在我国城镇职工基本医疗保险中，还包括用人单位。政府在医疗保险中主要是"通过社会保障、公共扶助等进行的生活保护、保障……增进国民福利的公行政活动"，履行其给付义务。[①] 政府与其他几类主体不在同一层次的法律关系中发挥作用。医疗保险机构、医疗服务机构和被保险人三者之间的权利义务构成医疗保险法律关系的基本内容。例如，在医疗保险机构与医疗服务机构的法律关系中，医疗保险机构与医疗服务机构签订定点医疗合同，医疗保险机构对医疗机构的服务享有监督的权利，医疗服务机构须按照合同履行义务，这种义务既包括对医疗保险机构的义务，也包括对被保险人的义务。要把握医疗保险法律制度，应当以医疗保险法律关系的各主体所承担的义务为线索。

（1）政府。政府承担的医疗保险法上的义务来源于国家对公民的"生存照顾"义务。自1938年德国行政法学者福斯多夫（Ernst Forsthoff）发表《作为给付主体的行政》一文以来，国家对国民的"生存照顾"义务就被视为政府对公民的重要义务。大多数国家通过制定相关法律制度（医疗保险等）、设立医疗保健机构、提供医疗帮助和救助等方式履行该给付义务。我国《宪法》在第21条第1款专门规定：国家发展医疗卫生事业，发展现代医药和我国传统医药，鼓励和支持农村集体经济组织、国家企业事业组织和街道组织举办各种医疗卫生设施，开展群众性的卫生活动，保护人民健康。第45条第1款规定：中华人民共和国公民在年老、疾病或者丧失劳动能力的情况下，有从国家和社会获得物质帮助的权利。国家发展为公民享受这些权利所需要的社会保险、社会救济和医疗卫生事业。由此可见，在我国的宪法层面上，国家也是公民医疗保障权的首要的义务承担者。国家保障公民健康，首先要发展卫生事业，保障公民的医疗卫生需求。

政府在医疗保险中通常承担如下职责：1）为医疗保险提供制度性框架，并通过制定法律和政策，为医疗保险的运行提供依据；2）监督医疗保险的运行，确保医疗保险在规范的轨道上健康发展；3）提供社会医疗救助，发展公共卫生事业，为医疗保险制度提供良好的基础与配套；4）必要时对医疗保险给予相应的财政支持，以及对医疗服务与医药产品进行计划调节。[②] 目前，我国医疗保险制度尚处于改革过程中，现阶段我国医疗保险法律制度的渊源大多为部门规章、政策和地方政府规章，缺少具有统一性的国家法律或行政法规。但是，政府在积

① 参见杨建顺：《日本行政法通论》，329页，北京，中国法制出版社，1998。

② 参见郑功成主编：《社会保障学》，317～318页，北京，中国劳动社会保障出版社，2005。

极履行其对公民应尽的“生存照顾”义务，制度在逐步完善，特别是《社会保险法》的出台，标志着国家已经为医疗保险提供了框架性法律制度。在今后的改革过程中，医疗保险法律制度将进一步完善。

（2）医疗保险机构。医疗保险机构是具体经办医疗保险事务并管理医疗保险基金的机构，它必须借助于医疗机构才能为参保人员提供医疗服务。在我国，医疗保险机构是社会保险经办机构，承担的主要义务是负责医疗保险基金的筹集、管理和支付，确立医疗服务机构与服务方式，确定合适的医疗费用支付方式并实施医疗保险费用的结算，对医疗服务的供给方和需求方实施有效的监督。《社会保险法》规定，社会保险经办机构根据管理服务的需要，可以与医疗机构、药品经营单位签订服务协议，规范医疗服务行为。在双方签订协议的情况下，两者之间既存在行政管理上的监管关系，也存在合同关系。

（3）医疗服务机构。《社会保险法》规定，医疗机构应当为参保人员提供合理、必要的医疗服务。我国医疗保险制度中的医疗服务机构被称为定点医疗机构，是指通过劳动保障行政部门资格审定，与社会保险经办机构签订合同，为基本医疗保险参保人员提供医疗服务并承担相应责任的医疗机构，包括医院与药店。我国规范医疗服务机构的法规主要是1999年《城镇职工基本医疗保险定点零售药店管理暂行办法》《城镇职工基本医疗保险定点医疗机构管理暂行办法》。

（4）被保险人。在我国医疗保险制度中，被保险人既是享受医疗服务的权利主体，也是承担缴纳医疗保险费的义务主体。在医疗保险中，医疗服务机构、医疗保险机构与被保险人之间是三对最重要的法律关系。由于医疗服务提供与费用支付之间存在脱节，如何在三者关系中寻求最优的模式，是医疗保险制度设计的重要任务。

（5）用人单位。在我国城镇职工基本医疗保险制度中，用人单位只负有强制性的缴费义务。而在城镇居民基本医疗保险制度中，由于参保人没有建立劳动关系，因此，用人单位并不是缴费主体。

【案例分析】

没为员工购买医疗保险用人单位要担赔偿责任①

【案情】2006年3月，胡某进入某厂工作，某厂是被告潘某经营的个体工商户。2006年6月至2007年12月期间，某厂仅为胡某购买了工伤保险，但没有缴纳基本医疗保险等社会保险费用。2007年9月19日21时左右，胡某在作业时被烧红的焊条灼伤颈部，随后在治疗工伤过程中还被发现患有纤维组织细胞瘤，并于同年10月19日至2008年3月5日期间住院治疗。经劳动行政部门认定，胡某颈部灼伤属于工伤事故。2008年10月23日，经佛山市社会保险基金管理局核定，属于工伤保险基金支付范围的仅有500元，其余医疗费31 015.02元不属于工伤保险基金支付范围。对于胡某不纳入工伤保险基金支付范围的医疗费31 015.02元，若在某厂已为胡某缴纳了基本医疗保险的情况下，胡某可获得基本医疗保险统筹基金支付合计22 425.34元。胡某遂向法院起诉，要求某厂赔偿其上述医疗费。但某厂已于2007年12月12日

① 参见南方工报网，http：//www.nfgb.com.cn/NewsContent.aspx？id=5416，20130606。引用时有改动。

办理了注销登记。

【分析】《社会保险法》第10条规定："职工应当参加基本养老保险，由用人单位和职工共同缴纳基本养老保险费。"胡某进入某厂工作，与其建立劳动关系，某厂作为用人单位，应当为胡某缴纳基本医疗保险等社会保险。某厂不履行法定义务，对于胡某在职期间患病却不能享受基本医疗保险待遇所造成的损失负有过错，应对胡某在职期间患病而不能享受基本医疗保险待遇的医疗费用承担赔偿责任。因某厂是个体工商户并已办理注销登记，其出资人作为其经营者，应依法对该厂的债务承担责任。故潘某对胡某的医疗费31 015.02元中应按社会基本医疗保险的标准核算的数额22 425.34元承担赔偿责任。

第二节　城镇职工基本医疗保险

一、城镇职工基本医疗保险制度的历史

我国的城镇职工基本医疗保险制度建立于20世纪50年代。长期以来，我国的城镇医疗保险制度主要分为两种：一种是适用于企业职工的劳保医疗制度，另一种是适用于机关事业单位工作人员的公费医疗制度。劳保医疗制度是依据1951年政务院《劳动保险条例》建立的，公费医疗制度则是根据1952年政务院《关于全国各级人民政府、党派、团体及所属单位的国家工作人员实行公费医疗预防的指示》建立起来的。这两种医疗体制完全由国家和企业承担医疗费用，社会化程度低，造成医疗资源严重分配不公，根本不能适应计划经济向市场经济转轨的需要。自20世纪80年代以来，我国开始了医疗保险制度的改革。

1998年，国务院发布《关于建立城镇职工基本医疗保险制度的决定》（以下简称1998年《决定》），决定从1999年1月开始，在全国范围内进行城镇职工医疗保险制度改革。为配合1998年《决定》的实施，劳动和社会保障部等五部委又于1999年颁布了《关于城镇职工基本医疗保险诊疗项目管理的意见》和《关于确定城镇职工基本医疗保险医疗服务设施范围和支付标准的意见》等。《社会保险法》明确了我国基本医疗保险制度包括城镇职工基本医疗保险、城镇居民基本医疗保险与新型农村合作医疗。

二、城镇职工基本医疗保险的覆盖范围和缴费办法

（一）城镇职工基本医疗保险的覆盖范围

按照1998年《决定》的规定，城镇所有用人单位，包括企业（国有企业、集体企业、外商投资企业、私营企业等）、机关、事业单位、社会团体、民办非企业单位及其职工，都要参加基本医疗保险。乡镇企业及其职工、城镇个体经济组织业主及其从业人员是否参加基本医疗保险，由各省、自治区、直辖市人民政府决定。

《社会保险法》扩大了职工基本医疗保险的覆盖范围，不再对职工进行区分，私营企业及其职工、城镇个体经济组织业主及其从业人员都应该统一纳入职工基本医疗保险。其第23

条规定："职工应当参加职工基本医疗保险，由用人单位和职工按照国家规定共同缴纳基本医疗保险费。无雇工的个体工商户、未在用人单位参加职工基本医疗保险的非全日制从业人员以及其他灵活就业人员可以参加职工基本医疗保险，由个人按照国家规定缴纳基本医疗保险费。"

（二）城镇职工基本医疗保险的缴费方式

《社会保险法》规定了职工和用人单位的共同缴费义务，同时规定退休职工如果达到法定退休年龄时累计缴费达到国家规定年限的，退休后不再缴费。[①] 具体的缴费比例由 1998 年《决定》规定，用人单位缴费率应控制在职工工资总额的 6%左右，职工缴费率一般为本人工资收入的 2%。随着经济发展，各地视本地情况，在此基础上调整用人单位和职工缴费率，因此，有些发达地区的缴费率远远高于 6%，如上海的单位缴费率为 10%，北京的单位缴费率为 9%。

三、城镇职工基本医疗保险基金的统筹与管理

（一）城镇职工基本医疗保险基金的统筹

《社会保险法》规定，基本养老保险基金逐步实行全国统筹，其他社会保险基金逐步实行省级统筹，具体时间、步骤由国务院规定。基本医疗保险基金统筹层次既要考虑医疗保险基金互助互济的功能和公平性，还要考虑地区之间经济发展和医疗消费水平的差异。按照 1998 年《决定》的规定，基本医疗保险原则上以地级以上行政区（包括地、市、州、盟）为统筹单位，但也可以县（市）为统筹单位。北京、天津、上海三个直辖市原则上在全市范围内实行统筹。

尽管我国规定以地级以上行政区为统筹单位，也允许以县为统筹单位，但在实际执行中许多地方实行县一级统筹，不少县资金筹集难度很大。统筹层次过低，难免为资金的筹集带来困难，更削弱了医疗保障的互济功能。

（二）基本医疗保险基金的统账结合

目前我国城镇职工基本医疗保险基金由统筹基金和个人账户构成。职工个人缴纳的基本医疗保险费全部计入个人账户。用人单位缴纳的基本医疗保险费分为两部分：一部分用于建立统筹基金，另一部分划入个人账户。划入个人账户的比例一般为用人单位缴费的 30%左右，具体比例由统筹地区根据个人账户的支付范围和职工年龄等因素确定。

患病是偶然性的事件，和患者的缴费多少无关，个人账户的存在使得高收入者账户余额较多，而低收入者账户余额较少，导致低收入者和高收入者在某些医疗事项上的物质待遇出现差别，这有悖于医疗保险的公平性。另外，医疗保险的统账结合模式将近一半的资金置于个人账户，也影响了保险资金的利用，削弱了医疗保险的风险分担性质，因而近些年遭到学者和社会的质疑。《社会保险法》对医疗保险中的个人账户未作规定，对其进行了淡化处理。

---

① 2015 年 10 月 29 日《中共中央关于制定国民经济和社会发展第十三个五年规划的建议》提出："健全医疗保险稳定可持续筹资和报销比例调整机制，研究实行职工退休人员医保缴费参保政策。"

（三）特殊人群的缴费问题

离休人员、老红军的医疗待遇不变，医疗费用按原资金渠道解决，支付确有困难的，由同级人民政府帮助解决。离休人员、老红军的医疗管理办法由省、自治区、直辖市人民政府制定。二等乙级以上革命伤残军人的医疗待遇不变，医疗费用按原资金渠道解决，由社会保险经办机构单独列账管理。医疗费支付不足部分，由当地人民政府帮助解决。

退休人员参加基本医疗保险，个人不缴纳基本医疗保险费。《社会保险法》规定，参加职工基本医疗保险的个人，达到法定退休年龄时累计缴费达到国家规定年限的，退休后不再缴纳基本医疗保险费，按照国家规定享受基本医疗保险待遇；未达到国家规定年限的，可以缴费至国家规定年限。

国家公务员在参加基本医疗保险的基础上，享受医疗补助政策，具体办法另行制定。

国有企业下岗职工的基本医疗保险费，包括单位缴费和个人缴费，均由再就业服务中心以当地上年度职工平均工资的60%为基数缴纳。

为了不降低一些特定行业职工现有的医疗消费水平，在参加基本医疗保险的基础上，作为过渡措施，允许建立企业补充医疗保险。企业补充医疗保险费在工资总额4%以内的部分，从职工福利费中列支，福利费不足列支的部分，经同级财政部门核准后列入成本。

四、医疗费用的支付

医疗费用的支付是医疗保险中的核心问题，几乎可以认为，医疗保险的问题都是围绕医疗费用支付展开和延伸的，它涉及医疗保险机构、医疗服务机构以及被保险人三方主体以及他们之间的三对权利义务关系。良好的医疗费用支付制度能够较好地处理三者之间的关系，从制度上遏制道德风险。

（一）预付制与后付制

目前各国医疗费用的支付方式基本分为两类：预付制和后付制。每一类中又有不同的支付形式。预付制一般是指在医疗费用发生之前，医疗保险方按一定的标准将医疗费用预先支付给医疗服务机构。支付标准在一定时期内是固定的，一段时期后按实际情况的变化再相应地进行调整。后付制一般指医疗保险方在费用发生后，以被保险人实际发生的医疗费用为基础向医疗服务机构进行支付。我国长期以来采用的是后一种支付制度。

【资料链接】

预付制和后付制的具体支付方式

预付制主要有总额预付制、按人头支付和按疾病诊断相关分组支付等方式。

(1) 总额预付制（global budget）。政府部门或保险机构在考虑医疗服务机构的服务情况基础上，按某种标准，如机构规模、技术、服务人群数及医院的服务量（包括门诊人次、住院人次与费用等），确定某一医疗机构一定时期（一般为1年）的预算总额，医疗保险机构在支付时以此为最高限额。

(2) 按人头付费（capitation）。按照约定医院或医生服务对象的人数和每人规定的收费定额，预先偿付医疗服务费用，从而促使医院自觉采取费用控制措施，如开展疾病预防、健康教育、定期体检等活动，以期最大限度地降低发病率，减少费用开支。

(3) 按疾病诊断相关分组支付，也称按疾病诊断分类定额预付制（DRGs-PPS）。从 20 世纪 70 年代起，美国率先对疾病诊断相关分组（DRGs）进行研究，并建立了按疾病诊断相关分组支付制，即根据国际疾病分类方法，将住院患者按诊断分成若干个 DRGs，对每个 DRGs 分别指定价格，患者在诊疗全过程中一次性向医院支付该指定价格的费用。其原理是使非常复杂和随机的医疗支付过程标准化，把患者的诊疗过程作为一个整体，医院的收入与实际成本无关，而与每个病例及其诊断有关。DRGs 是目前国际上较理想的病例组合模式，其综合反映了病种的严重程度、治疗难度、医疗服务强度及资源消耗程度。这是一种相对合理的医疗费用管理方法和相对客观的医疗质量评价方法。除美国外，澳大利亚、德国和阿根廷等国家也将此作为医疗费用支付的主要方式。

后付制主要是指按服务项目支付。按服务项目支付（fee for service）是指对医疗服务过程中所涉及的每一服务项目指定价格，按医疗机构提供服务的项目和数量支付医疗服务费用的形式。服务项目费用是确定付费的最原始的费用依据，也是进行项目成本核算、收费标准制定及调整的根据。虽然对每一个项目都有明确的收费标准，但对每一个病种来说，医院该用什么项目、整个诊疗过程中该使用哪些项目，目前尚缺乏统一的规范。

（二）我国医疗费用的支付方式与主要规则

我国一直沿用的、也是运用得最广泛的“先看病、后报销”的医疗费用结算方式类似于“后付制”。“后付制”的支付方式又包括若干具体的规则。按照我国的相关规定，医疗统筹基金和个人账户划定各自的支付范围，分别核算，不得互相挤占。这就意味着，如果医疗费用的发生超过了统筹基金或个人账户的限额，即使是实际花费的医疗费也得不到报销。统筹基金的起付标准原则上控制在当地职工年平均工资的 10%左右，最高支付限额原则上控制在当地职工年平均工资的 4 倍左右。起付标准以下的医疗费用，从个人账户中支付或由个人自付。起付标准以上、最高支付限额以下的医疗费用，主要从统筹基金中支付，个人也要负担一定比例。超过最高支付限额的医疗费用，只能通过其他途径解决。

《社会保险法》开始探索了多元化的支付方式。按照法律规定，参保人员医疗费用中应当由基本医疗保险基金支付的部分，由社会保险经办机构与医疗机构、药品经营单位直接结算。这是对医疗保险结算制度的规定。实时结算制度简化了医疗费用报销制度，优化了结算报销的程序，为参保人提供了巨大的便利。但是实时结算制度并没有能够去除后付制的弊端。这种支付方式并没有与沿用至今的后付制有本质不同。

（三）医保定点机构与后付制

目前，我国医疗费用的支付报销机制是与定点医疗机构联系在一起的，只有在定点医疗机构进行治疗以及在定点药店购买药品医疗费用才能报销。根据 1998 年《决定》，基本医疗保险实行定点医疗机构（包括中医医院）和定点药店管理。劳动保障部会同卫生部、财政部等有关部门制定定点医疗机构和定点药店的资格审定办法。社会保险经办机构要根据中西医并举，基层、专科和综合医疗机构兼顾，方便职工就医的原则，负责确定定点医疗机构和定点药店，并同定点医疗机构和定点药店签订合同，明确各自的责任、权利和义务。在确定定点医疗机构和定点药店时，要引进竞争机制，职工可选择若干定点医疗机构就医、购药，也可持处方在若干定点药店购药。

【理论探讨】

医疗费用的支付方式与医疗保险法律关系

后付制是由医疗保险法律关系的第三方，在医疗服务发生后对供方进行事后补偿。这种方式会诱导供方在自身的经济利益刺激下，对患者过度提供服务。

预付制比较容易改善第三方的被动局面，主动控制总支出，约束提供者。通过预付制，医疗机构可得到一笔相对稳定并且合理的周转资金，经费的管理权实际上下放给医疗机构，由医疗机构承担起医疗服务和经济管理的双重责任，使其在经费范围内精打细算，合理使用医疗资源，在保证服务供给和服务质量的前提下，能做到控制费用。在采用后付制国家的医疗保险法律关系中，最容易发生纠纷的是医疗服务方和患者的关系，而预付制可以较好地避免这个问题。但是，由于预付制将医疗保险的相应风险转移给医疗保险机构与医院，因而采用合理的方式对医疗保险机构与医院的权利、义务进行分配，对于医疗保险机制的健康发展至关重要。

请思考：采取后付制和预付制的医疗费用支付方式各自将对医疗保险法律关系产生哪些影响。

五、补充医疗保险

补充医疗保险是指在基本医疗保险制度以外，政府鼓励的由商业保险机构或社会保险机构等各类组织举办并自担风险的医疗保险制度。与基本医疗保险不同，补充医疗保险实行自愿性原则，但只有参加了基本医疗保险的职工和用人单位才能参加社会补充保险。为了妥善解决职工基本医疗保险范围以外的费用负担，使参保职工特别是困难职工一旦发生大额医疗费用时能获得更有效的救济，政府对补充医疗保险给予政策上的鼓励和扶持。目前，我国补充医疗保险主要包括：

（1）企业补充医疗保险。这是依据企业经营效益和行业特点，经国家社会保障行政部门批准设立，由企业和职工按照国家有关规定缴费建立企业补充医疗保险基金，用以支付企业职工基本医疗保险待遇以外医疗费用负担的社会医疗保险制度。

（2）职工商业补充医疗保险。这是由社会保险机构主办，并由商业保险公司经办，用以支付职工基本医疗保险待遇以外医疗费用负担的补充医疗保险。

（3）职工互助医疗保险。这是指由工会主办和经办的，用以支付职工基本医疗保险待遇以外医疗费用负担的补充医疗保险。中华全国总工会主办的“中国职工保险互助会”是以职工互助形式从事保险业务的组织，其资金主要来源于职工互助会会员的个人缴费、各级行政主管部门给予的一定补助、工会资助、资金自身利息的增值。

第三节 城镇居民基本医疗保险

一、城镇居民基本医疗保险制度的历史

1998 年国务院颁布的《关于建立城镇职工基本医疗保险制度的决定》规定，“城镇所有用人单位，包括企业（国有企业、集体企业、外商投资企业、私营企业等）、机关、事业单位、社会团体、民办非企业单位及其职工，都要参加基本医疗保险。乡镇企业及其职工、城镇个体经济组织业主及其从业人员是否参加基本医疗保险，由各省、自治区、直辖市人民政府决定”。可见，按照 1998 年《决定》的规定，城镇医疗保险制度的适用范围较窄，甚至小于《劳动法》的调整范围，没有规定一部分劳动者（主要是个体、私营及其他灵活就业人员）的医疗保障问题，城镇无业居民与少年儿童以及绝大部分以农民工为代表的流动人口均不在医疗保险覆盖范围之列。这种有违医疗保险法实质公平性的制度造成了严重的社会问题，受到社会的质疑。

2007 年，国务院发布了《关于开展城镇居民基本医疗保险试点的指导意见》（以下简称 2007 年《试点意见》），目的是通过试点，探索和完善城镇非职工居民基本医疗保险的制度体系，形成合理的筹资机制、健全的管理体制和规范的运行机制，逐步建立以大病统筹为主的城镇居民基本医疗保险制度。2009 年人力资源和社会保障部、财政部发布《关于全面开展城镇居民基本医疗保险工作的通知》，各地政府就城镇居民医疗保险事项也出台了地方规章，有效地落实了城镇居民医疗保险制度。《社会保险法》于 2011 年将城镇居民医疗保险制度列入基本医疗保险制度。为推动城镇居民基本医疗保险制度的进一步贯彻执行，人力资源和社会保障部、财政部又于 2015 年 1 月 27 日发布《关于做好 2015 年城镇居民基本医疗保险工作的通知》，进一步完善了城镇居民基本医疗保险制度。

二、城镇居民基本医疗保险的覆盖范围和缴费办法

1. 覆盖范围

2007 年《试点意见》在医疗保险覆盖范围上有较大程度的拓展，体现了我国医疗保险制度发展的基本思路。在试点城市的参保范围问题上，2007 年《试点意见》明确规定：“不属于城镇职工基本医疗保险制度覆盖范围的中小学阶段的学生（包括职业高中、中专、技校学生）、少年儿童和其他非从业城镇居民都可自愿参加城镇居民基本医疗保险。”可以看出，2007 年《试点意见》覆盖范围之内的城镇非从业居民，这类人员参加医疗保险是自愿的。尽管《试点意见》于 2007 年才出台，但其改革进程发展迅速，截至 2007 年年底，参加城镇居民基本医疗保险的人数为4 291万人，到 2012 年年末，参加城镇居民基本医疗保险的人数已增至 2007 年参加人数的 6 倍多，达 27 156 万人。①

---

① 分别参见《2007 年国民经济和社会发展统计公报》《2012 年度人力资源和社会保障事业发展统计公报》。

2. 缴费办法

《社会保险法》规定，城镇居民基本医疗保险实行个人缴费和政府补贴相结合。享受最低生活保障的人、丧失劳动能力的残疾人、低收入家庭60周岁以上的老年人和未成年人等所需个人缴费部分，由政府给予补贴。2007年《试点意见》对城镇居民基本医疗保险的缴费作出了更为详细的规定：城镇居民基本医疗保险以家庭缴费为主，政府给予适当补助。参保居民按规定缴纳基本医疗保险费，享受相应的医疗保险待遇，有条件的用人单位可以对职工家属参保缴费给予补助。国家对个人缴费和单位补助资金制定税收鼓励政策。试点城市应根据当地的经济发展水平以及成年人和未成年人等不同人群的基本医疗消费需求，并考虑当地居民家庭和财政的负担能力，恰当确定筹资水平；探索建立筹资水平、缴费年限和待遇水平相挂钩的机制。

经过几年的制度实践，在城镇居民基本医疗保险方面，国家的财政补助标准逐年提高，2015年达到人均380元。其中，中央财政对120元基数部分按原有比例补助，对增加的260元按照西部地区80%和中部地区60%的比例给予补助，对东部地区各省份分别按一定比例给予补助。地方各级财政部门按照要求安排地方财政补助资金。同时，平衡政府与个人的责任，逐步提高个人缴费占整体筹资的比重，建立政府和个人合理分担可持续的筹资机制。2015年居民个人缴费在2014年人均不低于90元的基础上提高30元，达到人均不低于120元。

三、城镇居民基本医疗保险基金的统筹与管理

城镇居民基本医疗保险从2007年下半年开始在试点城市启动，因而基金的统筹和城镇职工基本医疗保险一样，基本定位在以地级以上行政区（包括地、市、州、盟）为统筹单位。统筹层次过低，不利于资金的筹集，更削弱了医疗保障的互济功能。

2007年《试点意见》中对城镇居民基本医疗保险没有采取统账结合的制度安排，而是规定“参保居民按规定缴纳基本医疗保险费，享受相应的医疗保险待遇”，不存在统筹账户与个人账户的区分，在医疗保险的风险分担和公平性方面前进了一步。

第四节　新型农村合作医疗保险

在《社会保险法》设定的我国医疗保险制度框架中，新型农村合作医疗制度是覆盖农村居民的医疗保险制度。我国农村合作医疗，在改革前是通过集体和个人集资，为农村居民提供低廉费用的医疗保健服务的一种互助互济制度。这种农村合作医疗属于社区医疗保险，政府并不给予补贴，只是通过建立自愿性的非营利性的农村合作医疗保险制度，为农民提供医疗保障。它既是我国医疗保障制度中有中国特色的组成部分，也是我国农村社会保障体系中的重要内容。农村合作医疗制度自产生以来，经历了从繁荣到低潮的阶段。自2003年以来，新型农村合作医疗的建设成为政府在农村建设中的重点内容。新型农村合作医疗是由政府组织、引导、支持，农民自愿参加，个人、集体和政府多方筹资，以大病统筹为主的农民医疗互助共济制度，是由县政府负责，国家兴办并且给予补贴的、自愿性、非营利性的医疗保险。新型农村合

作医疗由卫生部（现为国家卫生与计划生育委员会）统管。各级政府在探索新型农村合作医疗模式过程中有许多有益的经验。

一、农村合作医疗保险制度的历史

农村合作医疗也和联产承包责任制一样，是广大农民“自发创造”和党的“群众路线”相结合的产物。新中国成立后，一些地方在土地改革后的农业互助合作运动的启发下，由群众自发集资创办了具有公益性质的保健站和医疗站。1956 年，第一届全国人大第三次会议通过的《高级农业生产合作社示范章程》中规定，合作社对于因公负伤或因公致病的社员要负责医疗，并且要酌量给以劳动日作为补助，从而首次赋予集体介入农村社会成员疾病医疗的职责。随后，许多地方开始出现以集体经济为基础，集体与个人相结合，互助互济的集体保健医疗站、合作医疗站或统筹医疗站。从新中国成立到 20 世纪 50 年代末，农村合作医疗处于各地自发建设的阶段。

1959 年，卫生部召开全国农村卫生工作会议，正式肯定了农村合作医疗制度。此后，这一制度在广大农村逐步扩大。1965 年，中共中央批转卫生部党委《关于把卫生工作重点放到农村的报告》，强调加强农村基层卫生保健工作，极大地推动了农村合作医疗保障事业的发展。到 1976 年，全国已有 90%的农民参加了合作医疗，基本解决了广大农村社会成员看病难的问题。诺贝尔经济学奖获得者阿玛蒂亚·森教授在与他人合著的《饥饿与公共行动》（1987 年）中曾高度称赞中国在医疗资源（包括农村的医疗服务）分配方面比印度公平得多，这使毛泽东时代的中国人在健康状况方面远胜于同时代的印度人。

20 世纪 70 年代末期以后，农村合作医疗开始走向低潮。随着 20 世纪 80 年代农村承包责任制的推行，家庭成为农业生产的基本单位，以农业合作社为依托的合作医疗制度出现了大滑坡的局面，全国大多数农村地区原有的以集体经济为基础的合作医疗制度遭到解体或停办的厄运。参加合作医疗的农村社会成员从 1976 年占农村人口的 90%锐减到 1986 年的 5%左右，一些地方又出现了农民看病难甚至因病陷入困境、绝境的现象。

20 世纪 80 年代后期，农村社会成员的医疗问题又引起了有关政府部门的重视。针对农村合作医疗制度大滑坡的局面，一些地方在总结历史经验的基础上，根据农村的发展变化，对传统的合作医疗制度因地制宜作了改进，从而呈现出不同的模式。1997 年中共中央、国务院发布《关于卫生改革与发展的决定》，要求各地“积极稳妥地发展和完善合作医疗制度”，但到 1997 年年底，合作医疗也仅覆盖到全国行政村的 17%，农村居民参加合作医疗的比例仅为 9.6%，合作医疗改革基本不成功。

1998 年城镇职工医疗保险改革启动后，国务院又启动了新型农村合作医疗制度试点。2002 年国务院下发了《关于进一步加强农村卫生工作的决定》（以下简称 2002 年《决定》），明确提出“逐步建立新型农村合作医疗制度”，计划到 2010 年在全国基本建立起覆盖农村居民的新型农村合作医疗制度。2003 年卫生部、财政部、农业部发布了《关于建立新型农村合作医疗制度的意见》，这是有关新型农村合作医疗制度最重要的法律文件。从 2003 年开始，在全国 31 个省、自治区、直辖市的部分县，开展了由中央财政、地方财政和农民自愿参加筹资、以大病补助为主的新型农村合作医疗试点。各地区纷纷出台新型农村合作医疗的管理办法。2011

年 3 月 24 日，江苏省人大常委会通过《新型农村合作医疗条例》，这是我国第一部新型农村合作医疗地方性法规。该法规对新型农村合作医疗筹资机制的建立、基金的使用和监管机制、相关机构的职责、参加人的范围和待遇等方面均作了详细具体的规定。

二、新型农村合作医疗保险的内容

（一）政府的财政支持

国家强调各级政府在新型农村合作医疗制度中的财政责任。国务院 2002 年《决定》规定，省级人民政府负责制定农村合作医疗和医疗救助补助资金统筹管理办法。省、市（地）、县级财政都要根据实际需要和财力情况安排资金，对农村贫困家庭给予医疗救助资金支持，对实施合作医疗按实际参加人数和补助定额给予资助。中央财政通过专项转移支付对贫困地区农民、贫困家庭医疗救助给予适当支持。近几年来，政府对新型农村合作医疗的投入连年加大。自 2012 年起，各级财政对新型农村合作医疗的补助标准从每人每年 200 元提高到每人每年 240 元。其中，原有 200 元部分，中央财政继续按照原有补助标准给予补助，新增 40 元部分，中央财政对西部地区补助 80%，对中部地区补助 60%，对东部地区按一定比例补助。农民个人缴费原则上提高到每人每年 60 元，有困难的地区，个人缴费部分可分两年到位。新生儿出生当年，随父母自动获取参加新型农村合作医疗（以下简称参合）的资格并享受新型农村合作医疗待遇，自第二年起按规定缴纳参合费用。

（二）新型农村合作医疗保险的覆盖范围

根据 2003 年《关于建立新型农村合作医疗的制度的意见》，新型农村合作医疗制度覆盖到全体农村居民。所有农村居民都可以家庭为单位自愿参加新型农村合作医疗，按时、足额缴纳合作医疗经费。

（三）资金的筹集

新型农村合作医疗制度实行农民个人自愿缴费、集体扶持和政府资助相结合的筹资机制，多方筹集医疗保险资金。首先，个人缴费是筹资的基础。除对低保人群实行救助办法外，参加新型农村合作医疗者都应缴费，其额度可视当地经济状况和个人承受能力而定。大量流向城镇的农民工，在城镇可以参加城镇职工基本医疗保险，按“自愿原则”，也可对合作医疗不缴费。其次，政府资助是引导筹资的前提。没有政府财政补助，很难持续地巩固新型农村合作医疗制度。再次，集体扶持是合作医疗的条件。只要集体经济存在，就应尽扶持的责任。但在这方面必须有相应的法规加以规范。除此之外，鼓励和引导社会力量及个人出资捐赠，也是新型农村合作医疗制度的筹资途径之一。

（四）医疗费用的支付

新型农村合作医疗立足于大病保险，政策方向以大病为主，即政府补助和农民自缴都“主要补助大额医疗费用或住院费用”。医疗费用的支付方式主要采取类似于城镇医疗保险的“后付制”，以县为单位集中审核、报销费用，但也有试点城市采取超过自付标准后，住院费用由合作医疗保险经办机构和医疗机构结算的支付办法。

（五）合作医疗基金的管理

新型农村合作医疗基金主要用于参合人员在定点医院发生的住院医药费补偿，兼顾门诊医药费补偿。各地对合作医疗基金管理有不同的规定，但基本的管理可以分以下三部分：

（1）基金收入。基金收入包括乡镇征缴、各级财政拨款、企业赞助、上年结余等。乡镇征缴费用指各乡镇所有参合人员所缴纳的费用，由各乡镇农村合作医疗管理所（以下简称合管所）负责人员负责收集。乡镇合管所将参合人员所缴纳的费用征集完毕，交由县农村合作医疗管理办公室（以下简称合管办）负责人员统一保管。各级财政拨款、企业赞助、上年结余等一般直接打入银行专用收入账户。

（2）基金分配。所有的基金收入由县合管办统一保管，并采用严格的收支两条线管理方式，对收入的基金必须根据需要划入不同的账户，如现金专用收入账户、银行专用收入账户、个人收入专用账户、风险基金账户或基本基金账户等，不同的账户对应不同的需要。

（3）基金支出。这一部分涉及基金最终的流向，也是参合人员最关心的问题。合管办从银行专用收入账户转出一部分基金到现金支出账户和银行专用支出账户，参合人员在门诊、住院发生费用后，可到合管办或者合管所直接报销，由合管部门从现金支出账户直接支付给参合人员。有些县市也规定，参合人员可以在医院发生费用后直接在医院报销，由医院垫付报销费用，然后每个月或者每个季度由合管部门与医院结算，合管部门直接从银行专用支出账户转出资金到医院。每年的基金如有剩余，合管部门把基金按照一定的比例从银行专用收入账户转到风险基金账户，当下一年度因为参合人员报销额度的增加而发生基金赤字时，将会由风险基金账户负责支出，保证报销费用的完整和连续性。

按照卫生部等7部委2006年《关于加快推进新型农村合作医疗试点工作的通知》，基金管理要做到专户储存、专款专用，严格实行基金封闭运行，确保合作医疗基金和利息全部用于参合农民的医疗补助。要建立、健全既方便农民又便于监管的合作医疗审核和报销办法，实行基金使用管理的县、乡、村公示制度，把合作医疗报销情况作为村务公开的重要内容，探索农民参与监督和民主管理的长效机制，保证农民的知情权和监督权。要加强对合作医疗基金管理和使用的专项审计，发现问题，及时纠正。

三、城镇居民基本医疗保险与新型农村合作医疗保险制度的并轨

《社会保险法》对城镇居民基本医疗保险与新型农村合作医疗保险制度合并没有作出安排。党的十八大报告明确提出：要“统筹推进城乡社会保障体系建设……整合城乡居民……基本医疗保险制度”。根据统计，全国范围内已经有包括浙江、重庆等多个省份或社保统筹地区完成了城镇居民基本医疗保险和新型农村合作医疗制度的整合，并建立起统一的、城乡一体的居民基本医疗保险制度。按照我国“十二五规划”，城镇居民基本医疗保险制度与新型农村合作医疗制度在2015年并轨，不属于城镇职工基本医疗保险参保范围的城乡居民，包括农村居民、城镇非从业居民等，均可参加居民基本医疗保险，省份内实行统一的城乡居民医保政策，实现统一的管理部门、筹资标准和信息系统。而新农合基金和城镇居民医保基金统一为城乡居民医

保基金。

2016 年 1 月 12 日，《国务院关于整合城乡居民基本医疗保险制度的意见》出台，在对城乡居民医疗保险制度的覆盖范围作出了明确规定，现有城镇居民医疗保险和新型农村合作医疗保险所有应参保（合）人员，即除职工基本医疗保险应参保人员以外的其他所有城乡居民都应当被城乡居民基本医疗保险制度覆盖。城乡居民基本医疗保险制度坚持多渠道筹资，继续实行个人缴费与政府补助相结合为主的筹资方式，鼓励集体、单位或其他社会经济组织给予扶持或资助。保障范围和支付标准、医保目录也将逐步统一，为参保人员提供公平的基本医疗保障。

城乡居民医保定点机构管理办法也将逐步统一，建立健全定点服务协议管理、考核评价机制与动态的准入退出机制。基金管理执行国家统一的基金财务制度、会计制度和基金预决算管理制度，纳入财政专户，实行“收支两条线”管理。2016 年 1 月 13 日，人力资源和社会保障部出台了《关于做好贯彻落实〈国务院关于整合城乡居民基本医疗保险制度的意见〉有关工作的通知》，要求尚未整合的省（区、市）要确保在 2016 年 6 月底前完成总体规划和工作方案，统筹地区确保 2016 年年底前出台具体实施方案，并同步做好参保登记、预算安排、费用征缴等实施准备工作，力争 2017 年启动实施；已经实施城乡居民医保统筹的地区，也要按照上述国务院意见的精神，进一步完善政策和管理措施。截至目前，整合工作已在全国完成。

四、城乡居民大病保险

2015 年 7 月《国务院办公厅关于全面实施城乡居民大病保险的意见》颁布，确立了城乡居民统一的大病保险制度。大病保险的保障对象为城乡居民基本医疗保险参保人，保障范围与城乡居民基本医疗保险相衔接。参保人患大病发生高额医疗费用，由大病保险对经城乡居民基本医疗保险按规定支付后个人负担的合规医疗费用给予保障。2015 年年底前，大病保险覆盖所有城镇居民基本医疗保险、新型农村合作医疗（以下统称城乡居民基本医保）参保人群，大病患者看病就医负担有效减轻。到 2017 年，建立起比较完善的大病保险制度，与医疗救助等制度紧密衔接，共同发挥托底保障功能。大病保险原则上实行市（地）级统筹，鼓励省级统筹或全省（区、市）统一政策、统一组织实施，提高抗风险能力。

问题与思考

请分析医疗保险法律关系各方当事人的权利、义务。

第十六章 工伤保险法

本章概要

为保障工伤职工或其亲属获得及时、有效的救济，分散用人单位的工伤风险，促进工伤预防和职业康复，工伤保险制度应运而生。工伤保险具有强制性、保障性、互济性、权利与义务不对等性、待遇水平较高等特征。工伤保险法律化是工伤保险制度化的前提，工伤保险法遵循着无过失补偿、有利于工伤职工以及工伤补偿、工伤预防、职业康复相结合的原则。修订后的《工伤保险条例》扩大了工伤保险的适用范围。工伤认定和劳动能力鉴定是工伤职工或其近亲属享受工伤保险待遇的前提。工伤保险待遇分为工伤医疗期间待遇、工伤致残待遇、因工死亡待遇等。工伤保险待遇大部分由工伤保险基金支付。工伤保险费是工伤保险基金的主要来源，我国工伤保险费率实行行业差别费率与浮动费率相结合机制。工伤保险法律关系主体的多样性及内容的复杂性决定了工伤保险争议的复杂性，工伤保险争议分别按照劳动争议处理程序和行政争议处理程序处理。

关键术语

工伤保险　工伤事故　职业病　工伤认定　劳动能力鉴定　工伤保险待遇　工伤保险基金　工伤保险争议

第一节　工伤保险法概述

一、工伤保险的概念及特征

工伤保险，又称为职业伤害保险，是指劳动者在工作过程中或者在法定的情形下因工作原因发生事故或因接触职业性有害因素，导致劳动者暂时或长期丧失劳动能力、死亡时，对劳动者本人或其近亲属提供医疗救治、职业康复、经济补偿等必要物质帮助的一项社会保险制度。工伤保险是社会保险的各子项目中历史最悠久、实施范围最广泛的一个项目。1884 年，德国颁布的《工伤保险法》是世界上第一部工伤保险法。经过国际劳工组织的推广，工伤保险制度在世界各国迅速、普遍地建立起来。

工伤保险作为社会保险的一个子项目，既具有社会保险的一般特征，又具有不同于社会保险其他子项目的特征。具体而言，工伤保险的特征如下：

（1）强制性。工伤保险是国家通过立法强制实施的一项社会保障制度。我国境内的企业、事业单位、社会团体、民办非企业单位、基金会、律师事务所、会计师事务所等组织和有雇工的个体工商户都有义务参加工伤保险，为其全体职工或雇工缴纳工伤保险费，否则，如果发生工伤事故，有义务参加而未参加工伤保险的用人单位将承担不利的法律后果，其应当按照法定的标准支付工伤职工或其近亲属相应的工伤保险待遇。

（2）保障性。在现代社会，劳动者在工作过程中会面临各种各样的职业风险，一旦发生工伤，劳动者的劳动能力会受损甚至死亡，这使得劳动者及其家庭陷入了困境，基本的生活难以维持。工伤保险制度通过在社会范围内筹集工伤保险基金，在发生工伤时及时为劳动者提供医疗救治，并对劳动者本人或其近亲属提供一定的经济补偿，使劳动者及其家庭的基本生活得到保障。

（3）互济性。对某个用人单位而言，是否发生、什么时候发生以及发生多大的工伤事故都具有不可预知性。但就整个社会而言，工伤事故是不可避免的。然而，不同行业的工伤风险不同，如银行业、商业服务业等就属于风险较小的行业，石油加工业、采矿业等就属于风险较大的行业。这些具有不同风险的行业通过缴纳不同比例的工伤保险费形成工伤保险基金，任何行业一旦发生工伤事故，都统一由工伤保险基金按法定的标准向劳动者或其近亲属支付工伤保险待遇，不因行业风险不同而不同。工伤保险基金的互济性，实际上是国家对国民收入进行再分配的一种方式，使收入从风险小的行业向风险大的行业转移，使那些风险大但国民经济不可或缺的行业得到正常发展。

（4）权利与义务不对等性。工伤保险费由用人单位按照法定的比例缴纳，职工个人无须缴纳工伤保险费，当发生工伤时，职工个人可以依据法定的标准享受工伤保险待遇。这是工伤保险与养老保险、医疗保险、失业保险的不同之处。用人单位与职工个人的权利、义务之所以不对等，原因在于：一方面，工伤属于职业性伤害，在用人单位的指令和管理下，职工为用人单位创造财富的同时也面临着健康或生命受损的危险。一般而言，获得利益者应当承担相应的风险，工伤保险待遇具有明显的“劳动力修理与再生产投入”的性质，而工伤保险费则应视为企业生产成本的特殊组成部分。① 另一方面，从工伤保险制度的演变历程来看，工伤保险制度取代雇主责任制度是雇主分散风险的理性选择，用人单位通过缴纳少量的工伤保险费将工伤的赔偿责任从个体转移到了社会，由此工伤保险待遇也由工伤保险基金支付而无须用人单位负担，从而使用人单位的经营得以继续。因此，工伤保险中职工个人不缴费已成为各国的共识。

（5）待遇水平较高。工伤保险待遇水平一般高于其他社会保险项目的待遇水平，因为工伤保险制度严格区分“因工”伤害与“非因工”伤害，工伤保险待遇兼有保障与赔偿相结合的特点：工伤保险待遇不仅要保障工伤职工及其近亲属的基本生活，还要根据其伤残等级补偿因劳动力受损所导致的相应经济损失。在享受工伤保险待遇时，“因工”伤残的职工享受待遇不受年龄、缴费期限、性别的限制，都按照伤残等级享受相应的待遇。而且，工伤保险待遇的项目

---

① 参见李炳安主编：《劳动和社会保障法》，336页，厦门，厦门大学出版社，2007。

最全面，包括工伤医疗费、生活护理费、伤残补助金、供养亲属抚恤金、辅助器具费等。其中，不仅包括经济性补偿，还包括医疗救助、职业康复等非经济性补偿；不仅包括一次性经济补偿；还包括长期的经济补偿，如工伤保险基金按月支付伤残津贴，每月按一定比例支付供养亲属抚恤金，等等。

【理论探讨】

工伤保险与人身意外伤害保险的区别

虽然都是保障人的生命及健康的保险制度，但工伤保险与人身意外伤害保险存在本质的区别，主要体现在：

(1) 保险的实施方式不同。工伤保险属于社会保险的范畴，具有强制性，是国家通过立法强制实施的一项社会保险制度；人身意外伤害保险属于商业保险的范畴，具有任意性，投保人与保险人在自愿的基础上签订保险合同，约定保险项目、保险费、保险期限、保险责任等事项，遵循契约自由原则。

(2) 保险关系的当事人不同。工伤保险的投保人和被保险人只能是法律规定的主体。工伤保险的投保人是我国境内的企业、事业单位、社会团体、民办非企业单位、基金会、律师事务所、会计师事务所等组织和有雇工的个体工商户，被保险人则是与这些用人单位建立劳动关系、人事关系的全部职工。人身意外伤害保险的投保人是一切自愿与保险人订立保险合同，并按照保险合同支付保险费的人，既可以是自然人，也可以是法人。被保险人是依据保险合同享有保险金请求权的人，被保险人可以是一切自然人。

(3) 保险的项目和水平不同。工伤保险的各项待遇标准是根据社会经济发展水平和承受能力，由法律作出明确规定的。在具体支付工伤保险待遇时，要经过法定部门鉴定，根据职工的伤残程度而定。人身意外伤害保险的保险项目及保险金额都是由投保人与保险人在保险合同中约定的，且保险金适用定额给付原则。通常，投保人缴纳的保险费越高，受益人所获得的保险金也越多。

(4) 保险的管理体制不同。工伤保险是由中央及地方政府的社会保险行政部门负责管理，具体则由社会保险经办机构承办工伤保险事务，属于政府举办的公共事业，具有公益性；人身意外伤害保险则是由商业保险公司进行管理的，属于营业活动，具有营利性。

综上，工伤保险与人身意外伤害保险是两种不同性质的保险，可以同时存在，两者的保险待遇不发生重叠或抵销，被保险人可以同时享受工伤保险待遇和保险金。

二、工伤保险的功能

1964年第48届国际劳工大会通过的《工伤事故和职业病津贴公约》和《工伤事故和职业病津贴建议书》均明确提出，实施工伤保险的目的是当受雇人员发生不测时，为其提供医疗护理、现金津贴，进行职业康复；为残疾者安排适当职业；采取措施防止工伤事故和职业病。具体而言，工伤保险的功能包括：

(1) 保障遭受工伤事故伤害或患职业病的职工获得及时、有效的救济。职工一旦遭受工伤事故伤害或患职业病，需要得到及时的医疗救治，其家庭基本生活也要得以维持，而这些费用由职工个人及其家庭承担是不合理的。在传统私法领域，职工要获得赔偿必须通过诉讼途径来确定雇主责任，然而繁重的举证责任和冗长的诉讼程序使受伤职工的维权之路异常艰辛。工伤保险制度的建立，使得受伤职工无须通过诉讼程序即可获得医疗救治和经济补偿，使受伤职工的权利获得及时、有效的救济。

(2) 分散用人单位的工伤风险。现代社会中，各类用人单位都存在发生工伤事故的可能性。一旦发生工伤事故，用人单位不仅要遭受经济损失，而且要承担赔偿责任。现实中，用人单位可能因发生重大的工伤事故而无力赔偿，最终导致破产，如石油加工、采矿等高风险行业。这不仅意味着受伤职工得不到足额赔偿，而且也会影响国民经济的正常发展。因此，建立工伤保险制度，由工伤保险基金支付职工工伤保险待遇，有利于减轻单个用人单位的负担，分散不同用人单位的工伤风险，保障国民经济的正常发展。

(3) 促进工伤预防和职业康复。工伤对劳动者、用人单位以及社会都会造成巨大的损失，"防患于未然"是工伤保险制度的一个主要功能。一方面，各国公认从工伤保险基金中提取一定比例作为工伤预防基金；另一方面，在分散用人单位工伤风险的同时，工伤保险制度通过工伤保险费的缴费机制——行业差别费率制和浮动费率制，督促用人单位加强劳动保护，改善劳动卫生环境，从而减少工伤事故或职业病的发生。工伤保险制度不但注意"事前"的预防，还关注"事后"的康复；不但给工伤职工提供医疗救治和经济补偿，还帮助工伤职工进行积极的康复，从而使工伤职工能够重返工作岗位和回归社会。

三、工伤保险法的基本原则

工伤保险法的基本原则是贯穿于工伤保险法始终的宗旨，是立法者在工伤保险领域的基本政策的集中体现，也是工伤保险法律适用的指导思想。工伤保险法的基本原则如下：

1. 无过失补偿原则

又称为补偿不究过失原则，是指职工因工作遭受事故伤害或者患职业病要求补偿时，不追究雇主或第三人的过错，也不追究工伤职工自己的过错，只要符合法定的工伤范围并按照法定的程序申请，就可以享受相应的工伤保险待遇。无过失补偿原则源于"职业风险"理论。在实施工伤保险制度之前，工人因工作遭受人身伤害的，主要是通过侵权行为法获得救济，经历了受伤工人自己负责、雇主过错责任及雇主无过错责任三个阶段。随着工业生产的社会化，工伤事故的发生不可避免。在社会连带思想的影响下，工伤损害赔偿已经从强调责任的承担发展到强调工伤损害的合理分担上，即将工伤风险通过雇主预先缴纳保险费的方式在全社会范围内进行分配。但是，工伤保险补偿不究过失是相对的，如果职工受到伤害是由于自身的故意如自杀、自残，或是由于实施了法律禁止的行为如故意犯罪、醉酒或吸毒，则不能获得补偿。

2. 有利于工伤职工原则

有利于工伤职工原则是指在工伤保险法律的适用过程中，相关部门在认定工伤、确定工伤保险待遇等活动时应当采取就有不就无、就高不就低的原则处理职工工伤事宜。这主要是由工伤保险法以保护弱势群体利益为宗旨的社会法属性决定的。[①] 例如，由于工伤认定是受伤职工或其近亲属享受工伤保险待遇的前提，在工伤认定中，应当对“工作时间”“工作场所”“上下班途中”等要素作扩大解释，社会保险行政部门也应当根据有利于工伤职工原则作出工伤认定决定。

3. 工伤补偿、工伤预防、职业康复相结合原则

工伤保险制度是从侵权损害赔偿制度发展来的，工伤补偿是工伤保险制度的首要宗旨。工伤保险待遇的设置、工伤保险基金的筹集等，目的都在于使因工作遭受事故伤害或者患职业病的职工能够得到及时的医疗救治和经济补偿，使其家属的基本生活能够得到保障。同时，基于“完整人”理论，工伤保险制度还要利用工伤保险基金实施职业康复计划，尽可能地恢复工伤职工的劳动能力，促使他们重返工作岗位、重新融入社会。然而，工伤补偿、职业康复对于工伤职工而言毕竟是一种事后的消极救济，要从源头上减轻工伤事故对职工、用人单位及社会造成的危害，最根本的是要抓好工伤预防，采取有力措施如工伤保险费率中的行业差别费率和浮动费率制来预防工伤事故的发生。

四、工伤保险法的适用范围

工伤保险法的适用范围是指工伤保险法的效力范围。目前我国国家机关与企业等组织推进工伤保险制度的进程不同，同时，我国事业单位正在进行改革，不同类型的事业单位其工作人员的工伤问题适用不同的法律、法规。具体如下：

1. 企业、事业单位、社会团体、民办非企业单位、基金会、律师事务所、会计师事务所等组织及其职工和有雇工的个体工商户及其雇工

《工伤保险条例》扩大了工伤保险的适用范围，将不参照《公务员法》管理的事业单位、社会团体以及民办非企业单位、基金会、律师事务所、会计师事务所等组织及其职工（包括非全日制从业人员、依法招用的外国人）也纳入了工伤保险的适用范围。

2. 国家机关及参照《公务员法》管理的事业单位、社会团体的工作人员以及军人

根据与国家机关及参照《公务员法》管理的事业单位、社会团体之间的关系不同，其工作人员可以分为两类：一类是与国家机关及参照《公务员法》管理的事业单位、社会团体建立劳动关系的工作人员，如工勤人员等。这类工作人员一旦发生工伤，应当按照《工伤保险条例》的相关规定处理。另一类是公务员及参照《公务员法》管理的事业单位、社会团体中被纳入国家事业编制的工作人员。对于这类工作人员的工伤问题，《工伤保险条例》第 65 条规定，公务员和参照《公务员法》管理的事业单位、社会团体的工作人员因工作遭受事故伤害或者患职业病的，由所在单位支付费用。由于我国国家机关的经费来源于国家的财政拨款，因而实际上，国家机关工作人员的工伤待遇由财政支付。至于国家机关工作人员的工伤认定、工伤待遇标准等具体内容，《工伤保险条例》授权国务院社会保险行政部门会同国务院财政部门规定。

国家机关工作人员发生工伤又称为公伤，国家机关工作人员的工伤问题，主要实行国家机关工作人员的伤亡抚恤办法。在《工伤保险条例》颁布之前，国家机关工作人员“因公”伤亡

---

① 参见郑尚元：《工伤保险法律制度研究》，49 页，北京，北京大学出版社，2004。

的，按照民政部《关于国家机关工作人员、人民警察伤亡抚恤如何办理的通知》［民（1989）优字 34 号］、1988 年国务院《军人抚恤优待条例》（已废止）以及民政部、人事部、财政部《关于工资制度改革后国家机关工作人员死亡一次性抚恤金计发问题的通知》（民优函［1994］212 号，已废止）中的相关规定处理。2004 年，《工伤保险条例》实施，企业职工的工伤保险待遇有所提高。为了体现工伤待遇的公平性，2004 年《军人抚恤优待条例》（该条例已于 2011 年修订）颁布，相应地，民政部于 2004 年发布《关于国家机关工作人员、人民警察伤亡抚恤有关问题的通知》（民函［2004］334 号）。2006 年 7 月 1 日，国家对机关工资制度进行了改革，为了适应有关政策的调整变化，民政部、人事部、财政部下发《关于国家机关工作人员及离退休人员死亡一次性抚恤金发放办法的通知》（民发［2007］64 号），提高了国家机关工作人员因公死亡一次性抚恤金标准。可见，国家机关工作人员发生工伤，其评残条件与范围、伤残抚恤金标准、死亡性质的确定、死亡一次性抚恤金标准等等，应当按照上述有关规定处理。

在我国，由于现役军人的职业比较特殊，军人既不是国家公务员又不是普通劳动者，因而，军人如果因公、因战伤亡，应该适用特别规定。2012 年颁布的《中华人民共和国军人保险法》专章规定了“军人伤亡保险”，但由于这部分没有明确规定死亡及伤残的保险待遇标准，因而，军人因公、因战死亡或伤残的保险待遇标准仍应该参照 2011 年修订的《军人抚恤优待条例》和《军人残疾等级评定标准》中的相关规定执行。

随着社会的发展，劳动关系形态日益复杂，经常出现与职工存在用人关系的单位有两个或者两个以上的情形，具体由哪个单位承担工伤保险责任容易产生争议。因此，2014 年《最高人民法院关于审理工伤保险行政案件若干问题的规定》第 3 条第 1 款予以明确，具体如下：(1) 职工与两个或两个以上单位建立劳动关系，工伤事故发生时，职工为之工作的单位为承担工伤保险责任的单位；(2) 劳务派遣单位派遣的职工在用工单位工作期间因工伤亡的，派遣单位为承担工伤保险责任的单位；(3) 单位指派到其他单位工作的职工因工伤亡的，指派单位为承担工伤保险责任的单位；(4) 用工单位违反法律、法规规定将承包业务转包给不具备用工主体资格的组织或者自然人，该组织或者自然人聘用的职工从事承包业务时因工伤亡的，用工单位为承担工伤保险责任的单位；(5) 个人挂靠其他单位对外经营，其聘用的人员因工伤亡的，被挂靠单位为承担工伤保险责任的单位。

在上述非法转包和挂靠情形中，该解释补充了“承担工伤保险责任的单位承担赔偿责任或者社会保险经办机构从工伤保险基金支付工伤保险待遇后，有权向相关组织、单位和个人追偿”。该规定不仅突出保护劳动者的合法权益，还力求在用工单位之间以及用工单位与其他责任主体之间合理分配责任。

关于退休再就业人员的工伤问题，2016 年 3 月 28 日人力资源和社会保障部发布施行的《关于执行〈工伤保险条例〉若干问题的意见（二）》（以下简称《意见二》）规定：达到或超过法定退休年龄，但未办理退休手续或者未依法享受城镇职工基本养老保险待遇，继续在原用人单位工作期间受到事故伤害或患职业病的，用人单位依法承担工伤保险责任。用人单位招用已经达到、超过法定退休年龄或已经领取城镇职工基本养老保险待遇的人员，在用工期间因工作原因受到事故伤害或患职业病的，如招用单位已按项目参保等方式为其缴纳工伤保险费的，应适用《工伤保险条例》。

【案例分析】

张某诉上海市松江区人力资源和社会保障局工伤认定行政案①

【案情】 南通六建公司系国基电子（上海）有限公司 A7 厂房工程的承包人，其以《油漆承揽合同》的形式将油漆工程分包给自然人李某某，约定李某某所雇人员应当接受南通六建公司管理。李某某又将部分油漆工程转包给自然人王某某，王某某招用张某进行油漆施工。李某某和王某某均无用工主体资格，也无承揽油漆工程的相应资质。2008 年 3 月 10 日，张某在进行油漆施工中不慎受伤。11 月 10 日，松江区劳动仲裁委员会裁决确定张某与南通六建公司之间存在劳动关系，但该裁决书未送达南通六建公司。12 月 29 日，张某提出工伤认定申请，并提交了劳动仲裁裁决书。上海市松江区人力资源和社会保障局遂于 2009 年 2 月 19 日认定张某受伤为工伤。南通六建公司不服，经复议未果，遂起诉请求撤销上海市松江区人力资源和社会保障局作出的工伤认定。案件经过两审定案。

【分析】 本案争议的焦点是：用工单位违反法律、法规规定将承包业务转包或者发包给不具备用工主体资格的组织或者自然人，该组织或者自然人聘用的职工因工伤亡的，由哪个主体承担工伤保险责任？上海市第一中级人民法院二审认为，根据劳社部发〔2005〕12 号《劳动和社会保障部关于确立劳动关系有关事项的通知》第 4 条，建筑施工、矿山企业等用人单位将工程（业务）或经营权发包给不具备用工主体资格的组织或自然人，对该组织或自然人招用的劳动者，由具备用工主体资格的发包方承担用工主体责任。本案中，南通六建公司作为建筑施工单位将油漆工程发包给无用工主体资格的自然人李某某，后李某某又将部分油漆工程再发包给王某某，并由王某某招用了上诉人张某进行油漆施工。上海市松江区人力资源和社会保障局依据上述规定及事实认定张某与南通六建公司具有劳动关系的理由成立。根据《工伤保险条例》的规定，张某在江苏南通六建公司承建的厂房建设项目中进行油漆施工不慎受到事故伤害，属于工伤认定范围。

【案例分析】

在沪外地农村户籍学生实习出工伤谁担责②

【案情】 李某系四川省某县的农业户籍人员，他在上海某中等职业学校就读，学的是模具专业。2013 年 7 月，学校将李某安排到一机械公司实习，李某、学校、公司三方签订了实习协议，约定了 1 年实习期，实习津贴为每月 1 800 元至 2 000 元。实习中，李某经常被安排加班。2013 年 11 月 1 日（周五）晚他上了晚班，次日（周六）一早又连着上早班，但周六上早班时他的带教师傅未加班。中午 11 时许，李某在操作数控折边机时，忘了关闭电源的他在自行更换模具时误踩开关，右手第 2 至 5 指被夹断。期间，机械公司垫付了医疗费等费用近 8 万元。经鉴定，李某构成九级伤残。协商不成，李某一家将机械公司和学校告到法院，要求两被告共同赔偿各类损失合计 22 万余元。机械公司辩称：原告受伤的直接原因是其操作失误，原告自

---

① 参见最高法公布四起工伤保险行政纠纷典型案例，载中国新闻网，2014－08－20。

② 参见中国法院网，2015－12－18。

身存在过错。原告是农村户口，应按农村户口标准计算残疾赔偿金。学校辩称：李某在实习期间由机械公司管理使用，学校对事故发生没有过错。

【分析】本案争议的焦点是：实习生发生工伤的责任分担及赔偿标准问题。上海市第二中级人民法院认为：第一，工伤保险赔偿适用无过错责任原则。实习工作期间，实习生与实习单位虽然没有建立正式劳动关系，但受实习单位管理、支配，为实习单位利润作出贡献，故对于实习工作中发生的伤害事故，不能简单适用过错原则。李某本次受伤属于所从事劳动内容的工作风险范围内，他只是一般过失，并非重大过错，不能由其自担部分损失。机械公司未尽到劳动保护之责，应承担主要责任。第二，学校作为实习派出学校，应控制和防范实习风险，而李某经常被安排加班并在加班中发生事故，学校未能证明其已尽到对实习单位的安全防范督促义务，故学校应承担部分责任。第三，根据《上海市中小学校学生伤害事故处理条例》（2011 年修正），残疾赔偿金均按照上海市城镇居民人均可支配收入标准计算。据此，判决机械公司赔偿李某损失148 387.50元，学校赔偿李某损失 56 781.50 元。

第二节　工伤认定

工伤认定是指工伤认定机构按照法定的程序，依据一定的标准对职工遭受事故伤害或者患病是否属于工伤进行确认的行为。工伤认定是工伤保险制度中一个重要环节，也是决定受伤职工或者其近亲属是否可以享受工伤保险待遇的关键因素。

一、工伤范围

工伤范围是工伤认定的前提，一般由法律直接规定。各国及地区的工伤保险法律以及国际劳工公约对工伤范围的规定主要采取以下几种立法模式：概括式立法模式、列举式立法模式、混合式立法模式。我国《工伤保险条例》对工伤范围采取列举式立法模式，通过肯定性列举和否定性列举相结合的方式，明确了我国《工伤保险条例》拟规范的工伤范围。

（一）典型工伤情形

我国《工伤保险条例》第 14 条列举了几类典型工伤的情形，分别为：

1. 在工作时间和工作场所内，因工作原因受到事故伤害的

此处，工作时间、工作场所（即工作地点）、工作原因是工伤认定的三个基本要素，其中，工作原因是核心要素。对“工作时间”的认定应当考虑是否属于因工作所需的时间，不仅包括劳动者实际的工作时间，也包括劳动者某些与工作有关的非实际工作时间，如劳动者每日不得超过 8 小时、每周不得超过 40 小时的标准工时；用人单位延长劳动者的工作时间；因用人单位的原因造成的等待工作任务的时间；受用人单位指派参加与工作有直接联系的职业培训、教育时间；女职工的哺乳时间；未成年工定期进行健康检查的时间；劳动者依法参

加社会活动的时间，如依法出席工会等组织的会议、依法担任陪审员等的时间，等等。[①] 对“工作场所”的认定应当考虑是否属于因工作涉及的区域以及自然延伸的合理区域，包括职工日常固定的工作场所及其附属建筑，如厂房、车间、单位食堂、单位澡堂、单位洗手间等；还包括受用人单位指派去从事工作的其他场所；在有多个工作场所的情形下，还包括职工来往于多个工作场所之间的必经区域。“工作原因”，是指职工所受事故伤害与从事本职工作之间存在因果关系，即职工系因从事本职工作而受伤。对“工作原因”的认定应当考虑是否履行工作职责、是否受用人单位指派、是否与工作职责有关、是否基于用人单位的正当利益等因素。“事故伤害”，是指职工在工作过程中发生的人身伤害或者急性中毒等事故。职工受到事故伤害不仅指身体组织器官的缺损、身体机能的失调，而且包括精神上的障碍，如由于目击工厂火灾的惨状而受惊吓导致的精神障碍等。事故伤害与工作之间存在因果关系是认定工伤的关键，否则，即使职工在工作时间和工作场所内受到事故伤害，仍不可认定为工伤。那么，如何判断职工受到事故伤害是由工作引起的呢？一般而言，如果由于工作原因而使职工处于一种危险的境地，或者由于工作原因增加了职工发生事故的风险，那么可以认为事故伤害是由工作原因导致的。[②]

为了妥善处理工伤保险行政纠纷，统一司法尺度，最高人民法院通过《关于审理工伤保险行政案件若干问题的规定》（以下简称《工伤保险案件规定》）细化了工伤认定中的“工作时间、工作场所、工作原因”，其第4条规定：“社会保险行政部门认定下列情形为工伤的，人民法院应予支持：（一）职工在工作时间和工作场所内受到伤害，用人单位或者社会保险行政部门没有证据证明是非工作原因导致的；（二）职工参加用人单位组织或者受用人单位指派参加其他单位组织的活动受到伤害的；（三）在工作时间内，职工来往于多个与其工作职责相关的工作场所之间的合理区域因工受到伤害的；（四）其他与履行工作职责相关，在工作时间及合理区域内受到伤害的。”该规定不仅列举了实践中常见但又容易产生争议的几种工伤认定情形，还力求在列举情形中体现“三工”的基本要素，从而为法院统一裁判提供了依据。

【案例分析】

孙某诉天津新技术产业园区劳动局工伤认定行政诉讼案[③]

【案情】孙某系中力公司员工，2003年6月10日上午受中力公司负责人指派去北京机场接人。其从中力公司所在天津市南开区华苑产业园区国际商业中心（以下简称商业中心）8楼下楼，欲到商业中心院内开车。当行至一楼门口台阶处时，孙某脚下一滑，从4层台阶处摔倒在地面上，经医院诊断为颈髓过伸位损伤合并颈部神经根牵拉伤、上唇挫裂伤、左手臂擦伤、左腿皮擦伤。孙某向园区劳动局提出工伤认定申请，园区劳动局于2004年3月5日作出“工伤认定决定书”，认为没有证据表明孙某的摔伤事故是在工作场所、基于工作原因造成的，决定不认定为工伤。

---

① 参见郭捷主编：《劳动法与社会保障法》，171～172页，北京，法律出版社，2008。

② See Wikeley, Ogus & Barendt's, *The Law of Social Security*, 5th edition, Butterworths, 2002, pp. 738－39.

③ 参见《最高人民法院公报》，2006（5）。

【分析】本案争议的焦点是：孙某摔伤地点是否属于工作场所和工作原因。天津市高级人民法院二审认为：《工伤保险条例》规定，职工在工作时间和工作场所内，因工作原因受到事故伤害，应当认定为工伤。该规定中的“工作场所”，指职工从事职业活动的场所，在有多个工作场所的情形下，还应包括职工来往于多个工作场所之间的必经区域。本案中，位于商业中心8楼的中力公司办公室，是孙某的工作场所，而其完成去机场接人的工作任务需驾驶的汽车，是其另一处工作场所。汽车停在商业中心一楼的门外，孙某要完成开车任务，必须从商业中心8楼下到一楼门外停车处，故从商业中心8楼到停车处是孙某来往于两个工作场所之间的必经的区域，应当认定为工作场所。孙某为完成开车接人的工作任务，从位于商业中心8楼的中力公司办公室下到一楼，并在一楼门口台阶处摔伤，系为完成工作任务所致。故判决撤销园区劳动局所作的“工伤认定决定书”，限其在判决生效后60日内重新作出具体行政行为。

【案例分析】

王某诉江苏省盱眙县劳动和社会保障局工伤行政确认案①

【案情】王某自2007年进入江苏思达医药科技有限公司（以下简称思达公司）工作，与思达公司之间形成劳动关系。2008年5月22日上午，公司车间主任徐某安排王某打扫卫生。在打扫卫生过程中，徐某亦安排王某次日跟着张某后边工作，当张某备料到回收酒精车间时，王某跟其到回收酒精车间观看学习便于次日跟岗。恰遇回收酒精岗位发生酒精溢料事故，王某为避险，慌乱中从窗户跳出，摔伤双足，经医院诊断为双侧跟骨骨折。思达公司支付了医药费。2009年2月21日，王某向盱眙县劳动和社会保障局提出工伤认定申请，盱眙县劳动和社会保障局调查后认为王某在打扫卫生过程中擅自串岗至回收酒精岗位，后因安全事故而跳窗受伤，不属于工伤遂于2009年4月16日作出盱劳社工伤认字（2009）第011号工伤认定决定，认定王某不属于工伤。王某不服，于2009年5月10日向盱眙县人民政府申请复议，2009年6月8日盱眙县人民政府作出复议决定，维持盱眙县劳动和社会保障局作出的具体行政行为。

【分析】本案争议的焦点是：王某在换岗时因事故受伤能否认定为工伤？《工伤保险条例》第14条第1项规定的“工作场所”，是指职工从事工作的场所，而不是指职工本人具体的工作岗位。被告盱眙县劳动和社会保障局认为原告因“串岗”受伤不能认定为工伤，对此法院认为，首先，原告临时更换岗位是按照管理人员即车间主任的安排进行的，并不是擅自离岗换岗，因此不属于“串岗”，应为正常工作变动；其次，即使认定原告上班期间“串岗”行为成立，原告也仅仅是违反了相关企业管理制度，只导致具体工作岗位及相关工作内容有所变动，并不能改变原告仍在工作场所内工作的事实，因此“串岗”行为应由企业内部管理规章制度调整，不能因此影响工伤认定。原告是在思达公司上班期间处于工作场所并因该公司设备故障安全事故导致伤害，符合工伤认定条件。因此，法院判决撤销盱眙县劳动和社会保障局作出的“工伤认定决定书”，并责令其在规定的时间内重新作出认定原告王某为工伤的具体行政行为。

2. 工作时间前后在工作场所内，从事与工作有关的预备性或者收尾性工作受到事故伤害的

职工从事工作是一个连续性的过程，根据工作性质的不同，在工作前后的一段合理时间

① 参见《最高人民法院公报》，2011（9）。

内，往往需要从事诸如搬运、清洗、准备、整理、维修、堆放或收拾工具和工作服等预备性或收尾性工作，这时职工虽然还没有进行实际工作，但是这些工作为职工实际工作的顺利进行提供了条件，与工作存在直接联系，因此，职工在工作场所内从事这些预备性或收尾性工作受到事故伤害的应当认定为工伤，这也符合最大限度保护劳动者的国际惯例。但是，如何判断职工是否在从事“与工作有关的”预备性或者收尾性工作？在“陈某不服上海市松江区人力资源和社会保障局社会保障行政确认案”中，法院认为，“与工作有关的预备性或者收尾性工作”是指根据法律法规、单位规章制度的规定或者约定俗成的做法，职工为完成工作所做的准备或后续事务。职工工作若无洗澡这一必要环节，亦无相关规定将洗澡作为其工作完成后的后续性事务，则洗澡不属于“收尾性工作”。

3. 在工作时间和工作场所内，因履行工作职责受到暴力等意外伤害的

因履行工作职责受到暴力等意外伤害是指受到暴力等意外伤害与履行工作职责之间具有因果关系。这一规定包含了两类情形：第一，在工作时间和工作场所内，职工因履行工作职责而与第三人发生冲突，受到第三人暴力侵害的情形；第二，在工作时间和工作场所内，职工因履行工作职责受到其他意外伤害的情形，如地震、火灾、洪水、雪灾、雷击、车间房屋倒塌等导致的意外伤害，等等。例如，用人单位的保安为了阻止非工作人员进入工作场所闹事，与闹事人员发生冲突，被闹事人员殴打致伤的情形，应当认定为工伤。但是，闹事人员为了报复保安，在保安回家的途中将保安殴打致伤的情形则不得认定为工伤。

【案例分析】

陈甲不服上海市松江区人力资源和社会保障局社会保障行政确认案①

【案情】原告陈甲与陈乙是夫妻关系。陈乙系第三人申劳公司的管理人员，食宿于申劳公司处。2009 年 6 月，陈乙与申劳公司员工张某因琐事发生矛盾，6 月底一晚上，陈乙叫了申劳公司另两名员工到张某宿舍，打了张某两记耳光。张某为此怀恨在心，伺机报复。同年 7 月 15 日 21 时许，张某趁陈乙在厂浴室洗澡之际，用尖刀捅刺陈乙的左腹部、左胸部等处，致陈乙死亡。2010 年 7 月 12 日，原告陈甲向被告松江区人力资源和社会保障局提出工伤认定申请。被告于同年 9 月 2 日作出松江人社认（2010）字第 2979 号“工伤认定书”，认为陈甲没有证据证明陈乙于 2009 年 7 月 15 日的被害与其履行工作职责有关，该情形不符合《工伤保险条例》第 14 条、第 15 条的规定，故认定陈乙的死亡不属于且不视同工伤。陈甲不服，申请复议。上海市人力资源和社会保障局维持了“工伤认定书”。陈甲不服，诉至法院。

【分析】本案争议的焦点是：食宿在单位的用人单位管理人员，因个人恩怨，下班后在单位浴室洗澡时被杀害，是否应认定为工伤？上海市第一中级人民法院二审认为：陈乙不是在工作时间和工作场所内，因履行工作职责受到暴力等意外伤害。“因履行工作职责受到暴力伤害”应理解为职工履行工作职责的行为引起了暴力伤害结果的发生，而非简单理解为受到暴力伤害是发生在职工履行工作职责的过程中。陈乙作为申劳公司的管理人员，其工作职责是管理，若张某确因不服从陈乙的管理而杀害陈乙，则应属于工作上的原因。但根据查明的事实，陈乙系

① 参见《最高人民法院公报》，2013（9）。

因琐事与张某发生矛盾，刑事判决书亦确认了陈乙遇害是因其与张某之间的个人恩怨。可见，陈乙遇害虽有暴力伤害的结果，但与履行工作职责之间并无因果关系。据此，驳回上诉，维持原判。

4. 患职业病的

职业病是指企业、事业单位和个体经济组织等用人单位的劳动者在职业活动中，因接触粉尘、放射性物质和其他有毒、有害因素而引起的疾病。职业病不同于事故伤害：职业病是劳动者长期接触职业性有害物质导致的结果，而事故伤害具有突发性，如长期工作在高噪声环境下而又没有采取任何有效的防护措施造成的噪声聋就属于职业病，而由于一次爆炸造成的耳聋则属于事故伤害。然而，劳动者长期接触职业性有害物质而患病的并不都属于工伤，只有法定职业病才可以被认定为工伤。由于一国经济承受能力有限，职业病的致病原因复杂多样且科学鉴定手段不足，各国基本上都单独规定了职业病目录，根据职业病的致病因素对职业病进行分类，并定期更新职业病目录。2013 年 12 月 23 日，国家卫生计生委、人力资源和社会保障部、国家安全监管管理总局以及全国总工会根据 2011 年修订的《职业病防治法》的规定发布了新的《职业病分类和目录》，调整后的目录包括 10 大类 132 种职业病（含 4 项开放性条款）。考虑到列举式模式的局限性，我国《职业病防治法》（2018 年修订）第 46 条第 2 款规定了推定为职业病的情形：只要没有证据否定职业病危害因素与病人临床表现之间的必然联系的，就应当诊断为职业病。

5. 因工外出期间，由于工作原因受到伤害或者发生事故下落不明的

“因工外出期间”属于“工作时间”的一种特殊情形，应当从职工外出是否因工作或者为用人单位的正当利益等方面综合考虑。“下落不明”是指职工离开最后居住地后没有音讯的状况，以人民法院的判决书为准。职工因工外出期间，发生意外事故受到伤害的，或者发生事故下落不明经人民法院宣告死亡的，应当认定为工伤。根据最高人民法院行政审判庭《关于职工外出学习休息期间受到他人伤害应否认定为工伤问题的答复》[（2007）行他字第 9 号]，职工受单位指派外出学习期间，在学习单位安排的休息场所休息时受到他人伤害的，应当认定为工伤。但是，在适用时需注意以下三个问题：第一，上述答复所确定的原则，适用于所有因工外出期间受到伤害的案件。该答复仅仅明确职工受单位指派外出“学习”期间（需要指出，这里的外出学习，不包括脱产或不脱产学历教育学习、公派留学学习、停薪留职学习），在学习单位安排的休息场所休息时受到他人伤害的，应当认定为工伤。而对于因工外出期间其他受伤情况未作明确规定。因为因工外出期间其他受伤情况与外出学习之间仅仅是外出原因不同，其他情况完全相同，所以，其他因工外出期间受到他人或意外伤害、突发疾病死亡等的案件，亦应适用该答复所确定的原则。第二，因工外出期间在与工作无关活动中受到他人或意外伤害、突发疾病死亡的，不应认定为工伤。扩张解释有利于弥补成文法的局限，但不能没有限度地任意扩张，否则就会违背法律的目的和要求。职工外出期间因从事违法行为或者完全是为达个人目的的行为而受到的伤害，如在探亲访友、娱乐游玩、购物等与工作无关的活动中受到他人或意外伤害、突发疾病死亡的，因所从事的活动与工作无直接和间接关系，不能再扩张解释属于“因工作时间、工作场所、工作原因”受到伤害，故不能认定为工伤。第三，职工因工长期外出，休息期间在单位为其安排的长期住所中受到伤害的，不应认定为工伤。上述答复中对因工外出的“工作原因”做了扩张解释。因此，其适用范围亦应作较为严格的限定。单位派其职工长期外出工作（如在各地的办事处等工作），并为其解决了长期住所问题，其在单位安排的住

所于休息期间受到伤害或突发疾病死亡的，不属于“因工作时间、工作场所、工作原因”受到伤害，故不宜认定为工伤。[①]

同样，最高人民法院通过《工伤保险案件规定》细化了工伤认定中的“因工外出期间”，其第5条规定：“社会保险行政部门认定下列情形为‘因工外出期间’的，人民法院应予支持：（一）职工受用人单位指派或者因工作需要在工作场所以外从事与工作职责有关的活动期间；（二）职工受用人单位指派外出学习或者开会期间；（三）职工因工作需要的其他外出活动期间。职工因工外出期间从事与工作或者受用人单位指派外出学习、开会无关的个人活动受到伤害，社会保险行政部门不认定为工伤的，人民法院应予支持。”人力资源和社会保障部《意见二》规定，职工因工作原因驻外，有固定的住所、有明确的作息时间，工伤认定时按照在驻在地当地正常工作的情形处理。

【案例分析】

赵某诉北京市朝阳区劳动和社会保障局工伤认定行政纠纷案[②]

【案情】 2004年10月12日，赵某向北京市朝阳区劳动和社会保障局（以下简称朝阳区劳动保障局）递交工伤认定申请表，称自己系微软（中国）有限公司职工，其在2004年7月5日按照微软公司的要求入住九华山庄参加会议，当晚在客房内洗澡时因浴室防滑垫失效滑倒，次日被送往北京大学第三医院诊治，诊断结论为：右膝内侧半月板损伤，右侧胫骨平台骨折，右膝内侧副韧带撕脱，右股骨内踝骨软骨损伤。赵某认为其所受伤害系工作原因，故申请认定工伤，同时提交了目击者证明、诊断证明书、外资办事机构登记信息等材料。朝阳区劳动保障局受理赵某所提申请后，于2004年10月25日作出“非工伤认定通知书”，认定赵某在前述事故中所受伤害不符合工伤（视同工伤）认定范围，不予认定工伤（视同工伤）。赵某不服，向北京市劳动和社会保障局提出行政复议。2004年12月22日，北京市劳动和社会保障局作出京劳社复决字［2004］81号行政复议决定书，维持了“非工伤认定通知书”。后赵某起诉到北京市朝阳区人民法院。经过北京市朝阳区人民法院、北京市第二中级人民法院两审终审，维持了朝阳区劳动保障局“非工伤认定通知书”。赵某仍不服，向北京市高级人民法院申请再审。

【分析】 本案争议的焦点是：赵某在外出开会休息期间在微软公司安排的房间内洗澡摔伤是否系因“工作原因”受到伤害？北京市高级人民法院经审理作出（2009）高行提字第1088号再审行政判决认为：赵某系微软公司员工，其应该公司要求于2004年7月5日入住九华山庄参加会议，当晚在客房内洗澡时摔伤。根据《工伤保险条例》第14条第5项，职工因工作原因在工作场所以外从事与职务有关的活动的时间应认定为“因工外出期间”，赵某系按照微软公司的安排入住九华山庄参加会议，属于“因工外出期间”。在用人单位组织或安排的与工作有关的活动中受到事故伤害，可以视为“工作原因”，赵某在微软公司安排的房间内洗澡摔伤系因“工作原因”受到伤害。综上分析，朝阳区劳动保障局针对赵某作出的《非工伤认定通

---

① 参见最高人民法院行政审判庭编：《中国行政审判指导案例》，第1卷，190～191页，北京，中国法制出版社，2010。

② 参见上书，190页。

知书》依据不足，应予撤销，由朝阳区劳动保障局重新作出是否构成工伤的认定结论。

6. 在上下班途中，受到非本人主要责任的交通事故或者城市轨道交通、客运轮渡、火车事故伤害的

考虑到城市交通的复杂化及运输工具的多样化，职工在上下班的时间、路线、交通工具的选择上有了很大的空间，为更好地保护劳动者，避免不必要的争议，法律没有对职工上下班的时间和路线作出限制，如限制为上下班的“规定时间”和“必经路线”等，只要是上下班的合理时间内、合理的路线上即可。然而，这一规定在实践中引起了很多争议，例如上下班途中顺路送接孩子上学或放学、顺路去菜场买菜等发生非本人主要责任的交通事故或者城市轨道交通、客运轮渡、火车事故伤害的，是否可以认定为工伤？因此，为了细化“上下班途中”，统一司法裁判，《工伤保险案件规定》第6条规定：“对社会保险行政部门认定下列情形为‘上下班途中’的，人民法院应予支持：（一）在合理时间内往返于工作地与住所地、经常居住地、单位宿舍的合理路线的上下班途中；（二）在合理时间内往返于工作地与配偶、父母、子女居住地的合理路线的上下班途中；（三）从事属于日常工作生活所需要的活动，且在合理时间和合理路线的上下班途中；（四）在合理时间内其他合理路线的上下班途中。”可见，该规定强调了“合理时间”和“合理路线”。这里的“合理”强调具有正当性。“合理时间”除了职工正常的工作时间，也应包括职工加班加点的时间，或者等交通高峰期过了之后再回家的时间。“合理路线”应当包括上下班途中顺路送接孩子上学或放学、顺路去菜场买菜等日常工作生活所需要的活动的路线。

同时，这一规定将上下班途中的工伤认定范围由原来的机动车事故伤害扩大到机动车、非机动车的交通事故和城市轨道交通、客运轮渡和火车事故伤害，惠及了更多的职工群众，既体现了公平原则，也符合社会发展。但是，法律限定上下班途中“非本人主要责任”的交通事故伤害才能认定为工伤，至于上下班途中本人承担主要责任的交通事故，如无证驾驶、酒后驾车等行为，造成本人伤亡的，不纳入工伤的范围。这样规定有利于提醒和引导职工上下班途中遵守交通规则。对于“本人主要责任”的认定，应当以有权机构出具的事故责任认定书、结论性意见和人民法院生效裁判等法律文书为依据，但有相反证据足以推翻事故责任认定书和结论性意见的除外。如果前述法律文书不存在或者内容不明确，社会保险行政部门就相关事实作出认定的，人民法院应当结合其提供的相关证据依法进行审查。

【案例分析】

北京国玉酒店有限公司（以下简称国玉酒店）诉北京市朝阳区劳动和社会保障局工伤认定行政纠纷案①

【案情】陈某系北京国玉酒店职工，双方签有书面劳动协议书，但未明确约定每日工作时间及工休时间。国玉酒店未给陈某缴纳工伤保险费，该费用一直由陈某下岗时所在的馄饨侯公司负责缴纳。2006年9月20日晨，陈某自其住所骑一辆二轮车前往国玉酒店上班。6时5分，陈某行至北京市朝阳区北辰西路安翔北路东口时发生机动车交通事故受伤，经抢救无效死亡。

① 参见《最高人民法院公报》，2008（9）。

交警朝阳支队对此次交通事故作出责任认定，结论为陈某无责任。2006年11月24日，陈某之妻余某向北京市朝阳区劳动和社会保障局提出工伤认定申请。2007年1月16日北京市朝阳区劳动和社会保障局作出工伤认定书，认定陈某于2006年9月20日死亡，符合工伤认定范围，认定为工伤，并于2007年1月22日将通知送达国玉酒店。国玉酒店不服该工伤认定，向北京市劳动和社会保障局申请行政复议。北京市劳动和社会保障局维持了涉案工伤认定书。国玉酒店不服，向北京市朝阳区人民法院提起行政诉讼。

【分析】本案争议的焦点是：陈某是否在其上班途中因交通事故伤害致死？国玉酒店制作了一份从陈某住处到国玉酒店的交通路线图，并以涉案交通事故发生的地点不在该图所示路线上为由，认为北京市朝阳区劳动和社会保障局认定陈某在上班途中因机动车事故伤害致死不当。对此法院认为：对这里的“上下班途中”应当从有利于保障工伤事故受害者的立场出发，作出全面、正确的理解。“上下班途中”，原则上是指职工为了上下班而往返于住处和工作单位之间的合理路径之中。但根据社会生活的实际情况，职工不一定只有一处住处。因工作性质的原因，其工作场所也不一定仅有一处。即使住处和工作场所仅有一处，职工往返于两地之间也不一定只有一条路径可供选择。因此，只要是在职工为上下班而往返于住处和工作单位之间的合理路途之中，即应认定为“上下班途中”。对“上下班途中”不能作过于机械的理解，不能理解为最近的路径，也不能理解为职工平常较多选择的路径，更不能以用人单位提供的路径作为职工上下班必须选择的唯一路径。因此，法院判决维持北京市朝阳区劳动和社会保障局作出的涉案工伤认定书。国玉酒店公司不服一审判决，向北京市第二中级人民法院提起上诉。二审维持原判。

7. 法律、行政法规规定应当认定为工伤的其他情形

这是一条兜底性规定，主要是考虑到随着社会的发展，劳动者的职业风险在不断变化，劳动者的工伤情形也不断翻新，为了弥补列举式立法模式不能穷尽的不足，使工伤范围的规定更科学、更合理，通过法律、行政法规的规定将随着社会的发展应当认定为工伤的情形纳入工伤范围。应当注意的是，此处的“法律、行政法规”仅指全国人大及其常委会制定的法律、国务院制定的行政法规。部门规章、地方性法规、地方政府规章等都无权增加应当认定为工伤的情形。

（二）视同工伤的情形

在某些情形下，职工受到伤害与其工作不存在直接或间接的关系，但法律出于整体利益的考虑，将这些情形也纳入了工伤范围，视同工伤。这些视同工伤的情形包括：

1. 在工作时间和工作岗位，突发疾病死亡或者在48小时之内经抢救无效死亡的。职工在工作时间内在工作岗位上突发疾病，可能是自身的身体机能导致的，也可能是工作过度劳累、紧张导致的，突发的疾病是否与工作有关很难判断。在这种情况下，法律从体恤、照顾劳动者的角度出发，为了平衡用人单位和职工双方的利益，将职工突发疾病死亡或者在48小时之内经抢救无效死亡的情形规定为视同工伤情形。如果职工因突发疾病导致丧失劳动能力或者突发疾病后经抢救超过48小时死亡的，都不得视同工伤。这里的“突发疾病”包括各类疾病。“48小时”以医疗机构的初次诊断时间作为突发疾病的起算时间。

2. 在抢险救灾等维护国家利益、公共利益活动中受到伤害的。无论是否在工作时间和工作场所内，职工在抢险救灾等维护国家利益、公共利益的活动中受到伤害的，虽然这些活动与工作不存在直接或间接的关系，但是视同工伤。这主要是因为：一方面，职工是基于社会公德为了国家利益或社会公共利益受到伤害的，法律通过补偿职工来肯定这种行为，并使之在社会上发扬光大，最终国家和社会的整体利益得到维护；另一方面，职工在抢险救灾等活动中受到伤害的，按照传统侵权行为法无法获得救济，为了国家利益或社会公共利益致个人利益受损的，法律依据社会公平和正义原则，将这种情形规定为视同工伤情形。[①] 例如，职工在下班途中发现有人拦路抢劫而与犯罪分子搏斗受伤的，职工这种见义勇为行为属于维护社会公共利益的活动，应当认定为视同工伤，只是申请人在提出工伤认定申请时，需要提交有关部门出具的证明材料。

3. 职工原在军队服役，因战、因公负伤致残，已取得革命伤残军人证，到用人单位后旧伤复发的。军人属于优抚的对象，军人在服役期间因战、因公负伤致残且已经取得革命伤残军人证的，依法享受军人抚恤优待待遇。为了保持政策上的连续性，法律规定伤残军人复员转业到用人单位后旧伤复发的，视同工伤，能够享受除一次性伤残补助金以外的工伤保险待遇。应当强调，职工复发的旧伤必须是其原服役期间因战、因公导致的伤残，并且必须取得了革命伤残军人证。如果确是因战、因工负伤致残但没有取得革命伤残军人证的，或者是因病负伤致残的，则不得视同工伤。

(三) 不得认定为工伤或者视同工伤的情形

在某些情形下，职工受到伤害是由于自身的故意或者是实施了法律禁止的行为导致的。虽然工伤保险法采无过失补偿原则，但是这些行为本身为法律和社会道德所不容，应当受到法律的否定性评价，如果依然享受补偿则与法律自身相矛盾、与社会正义不符。不得认定为工伤或者视同工伤的情形包括：

1. 因故意犯罪受到伤害的

“犯罪”是指危害社会，依照我国《刑法》应当受刑罚处罚的行为。犯罪可分为故意犯罪和过失犯罪两大类。由于故意犯罪的主观恶性较重、社会危害性大，所以，因故意犯罪而受伤的，不得认定为工伤。但过失犯罪的主观恶性较轻，不能因此否定受伤职工的工伤保险权益。具体而言，如果职工实施了《刑法》中规定的故意犯罪行为，并因实施犯罪行为而发生人身伤亡的，不得认定或视同工伤。对“故意犯罪”的认定，应当以刑事侦查机关、检察机关和审判机关的生效法律文书或者结论性意见为依据。

2. 因醉酒或者吸毒受到伤害的

因醉酒或者吸毒受到伤害，主要是指职工本人受酒精或者毒品的作用，行为失去控制而导致本人受到伤害。这里的醉酒标准，应当按照《车辆驾驶人员血液、呼气酒精含量阈值与检验》(GB 19522—2010) 执行。对“醉酒或者吸毒”的认定，应当以有权机构出具的事故责任认定书、结论性意见和人民法院生效裁判等法律文书为依据，但有相反证据足以推翻事故责任认定书和结论性意见的除外。前述法律文书不存在或者内容不明确，社会保险行政部门就相关事实作出认定的，人民法院应当结合其提供的相关证据依法进行审查。应当强调，职工受到伤

① 参见郑尚元：《工伤保险法律制度研究》，72 页，北京，北京大学出版社，2004。

害是由于本人醉酒或吸毒行为引发的各种事故导致的，而不包括在醉酒或吸毒的状态下由第三方或自然力造成伤害的情形。为了遏制职工酒后工作和吸毒这种违法行为，法律将其纳入不认定为工伤的情形。

3. 自残或者自杀的

“自残或自杀”是指职工在自由意志的支配下伤害自己的身体或者结束自己的生命的行为。一般而言，职工自残或自杀而导致的伤亡是其故意造成的，与工作之间不存在因果关系，后果应当自己承担，否则，如果职工自残或自杀能享受工伤保险待遇，则容易引发道德风险。对“自残或自杀”的认定，应当以有权机构出具的事故责任认定书、结论性意见和人民法院生效裁判等法律文书为依据，但有相反证据足以推翻事故责任认定书和结论性意见的除外。前述法律文书不存在或者内容不明确，社会保险行政部门就相关事实作出认定的，人民法院应当结合其提供的相关证据依法进行审查。然而，如果职工的自残或自杀行为与工作存在因果关系，是因工作原因导致的，则应当认定为工伤。

【案例分析】

首例确认自杀为工伤案[①]

【案情】2006年12月15日凌晨，北京铁路局职工杨某在自己家中突然起身，拿来菜刀，将妻子和儿子砍伤后，又举刀自杀，最终割腕而亡。案发后，警方委托精神疾病司法鉴定中心对这起案件进行司法精神医学鉴定。鉴定结论指出，杨某作案时存在严重的抑郁情绪，他的作案动机受情绪障碍的影响，在抑郁情绪影响下发生扩大性自杀。杨某死后不久，他的妻子向北京市海淀区劳动和社会保障局提出申请，认为杨某是在单位施工中因头部受伤造成外伤性精神病，并最终导致其扩大性自杀的严重后果；要求将杨某的自杀死亡认定为因工死亡。原来，案发前半个月，杨某参加单位组织的更换混凝土轨枕施工过程中，被一根十多公斤重的铁撬棍击中头部，经卫生站诊断为头顶部3厘米皮裂伤。12月14日，回到家中休养的杨某曾前往卫生院就诊，没想到当天夜里就发生了杨某砍伤妻儿后自杀的惨剧。但海淀区劳动和社会保障局根据《工伤保险条例》第16条第3项的规定，认定杨某“自杀”不属于因工死亡。杨妻不服，提起行政复议与行政诉讼。经过二审改判，法院认定杨某自杀属于因工死亡，判决海淀区劳动和社会保障局对此事重新处理。

【分析】法院认为，尽管《工伤保险条例》第16条第3项规定，“自残或者自杀的”不能认定为工伤或视同工伤，但是，《工伤保险条例》没有对自残或自杀的原因和情形作出明确的规定。对“自杀”的通常理解应是：第一，在自己自由意志支配下结束自己的生命；第二，与工作时间、工作场所、工作原因无关。而因工作遭受事故伤害而直接导致精神疾病，严重影响意志自由并在此精神障碍状态下结束自己生命的情形，应当与《工伤保险条例》中的“自杀”不属于同一性质。根据倾斜保护劳动者的原则，不能简单地以《工伤保险条例》第16条的规定来论处。本案中，工伤与死亡之间由精神障碍导致自杀这一介入行为连接，精神障碍是工伤的直接后果，而精神障碍下的自杀不能归责于行为人。因此，工伤与死亡之间具有法律上的因

---

① 参见张召国：《因公受伤后自杀，缘何认定为工伤》，载《人民法院报》，2008-10-26。

果关系，杨某的自杀应当认定为工伤。

4. 法律、行政法规规定的其他情形

这一规定是依据《社会保险法》第 37 条增加的情形。

综上，基于最大限度保护工伤职工合法权益的精神和立法目的，《社会保险法》和修订后的《工伤保险条例》扩大了认定为工伤的范围，缩小了不得认定为工伤或者视同工伤的范围，从而使尽可能多的工伤职工能够享受工伤保险待遇，获得及时救济。

二、工伤认定程序

(一) 工伤认定申请程序

1. 工伤认定的申请主体

在我国，工伤认定申请是工伤认定的前提，参照诉讼程序的不告不理原则，只有依据相关主体的申请，社会保险行政部门才能启动工伤认定程序。根据《工伤保险条例》的规定，我国工伤认定的申请主体主要包括两类：

(1) 职工所在单位。用人单位应当执行安全卫生规定，对劳动者负有劳动保护义务，一旦职工发生事故伤害或者被诊断、鉴定为职业病，职工所在单位应当采取措施，使工伤职工得到及时救治。因此，法律规定职工所在单位承担首要的工伤申报义务。对于职工因突发疾病死亡申请工伤认定的，为便于社会保险行政部门尽早掌握情况，及时作出是否属于视同工伤的认定结论，保障工亡职工和相关用人单位的权益，职工所在单位承担及时报告的义务。根据 2013 年 4 月 25 日人力资源和社会保障部发布施行的《关于执行〈工伤保险条例〉若干问题的意见》(以下简称《执行工伤保险条例意见》) 第 6 条的规定，符合《工伤保险条例》第 15 条第 1 项情形即职工视同工伤情形的，职工所在用人单位原则上应自职工死亡之日起 5 个工作日内向用人单位所在统筹地区社会保险行政部门报告。同时，为了及时保护工伤职工的合法权益，加强对用人单位安全生产的监督，法律对用人单位申报工伤的时限作了规定：职工所在单位应当自事故伤害发生之日或者被诊断、鉴定为职业病之日起 30 日内，向统筹地区社会保险行政部门提出工伤认定申请。遇有特殊情况，经报社会保险行政部门同意，申请时限可以延长。如果用人单位逾期未提交工伤认定申请的，则在此期间发生的符合《工伤保险条例》规定的工伤保险待遇等有关费用由该用人单位负担。

(2) 工伤职工或其近亲属、工会组织。工伤职工本身是其利益的最好维护者，如果职工因工死亡，或者职工因工负伤在医疗机构进行抢救或治疗期间，难以办理工伤申请事宜的，则其近亲属是其利益的最佳代言人。因此，用人单位未在规定的时限内提出工伤认定申请的，工伤职工或者其近亲属，如配偶、父母、子女等，都有权提出工伤认定申请。工会组织是依法维护职工合法权益的专门性群众组织，一旦职工发生工伤，工会也应有权提出工伤认定申请。此处的工会组织，不仅包括职工所在用人单位的工会组织，也包括符合《工会法》规定的各级工会组织。

为了督促工伤职工或其近亲属、工会组织及时行使权利，且便于收集相关证据、查明事情真相，《工伤认定办法》规定，工伤职工或其近亲属、工会组织在事故发生之日或者被诊断、鉴定为职业病之日起 1 年内，可以直接向用人单位所在地统筹地区社会保险行政部门提出工伤认定申请。此时，职工所在单位是否同意（签字、盖章）不是必经程序。同时，为了保障离开工作岗位后被诊断为职业病的人员的合法权益，综合考虑职工离开工作岗位或原单位前从事接触职业病危害作业以及某些职业病潜伏期长等因素，根据《执行工伤保险条例意见》第8条第1款的规定，曾经从事接触职业病危害作业、当时没有发现罹患职业病、离开工作岗位后被诊断或鉴定为职业病的下列两类人员，可以自诊断、鉴定为职业病之日起1年内申请工伤认定，社会保险行政部门应当受理：1）办理退休手续后，未再从事接触职业病危害作业的退休人员；2）劳动或聘用合同期满后或者本人提出而解除劳动或聘用合同后，未再从事接触职业病危害作业的人员。

1年是职工或者其近亲属工伤认定申请的法定期限，这个法定期限能否扣除或者延长？为了保护工伤职工的合法权益，由于不属于职工或者其近亲属自身原因导致超过工伤认定申请期限的，工伤职工被耽误的时间不计算在工伤认定申请期限内。根据《工伤保险案件规定》第7条第2款，因为下列原因耽误申请时间的，应当认定为不属于职工或者其近亲属自身原因：(1) 不可抗力；(2) 人身自由受到限制；(3) 属于用人单位原因；(4) 社会保险行政部门登记制度不完善；(5) 当事人对是否存在劳动关系申请仲裁、提起民事诉讼。

【案例分析】

杨某诉无锡市劳动和社会保障局工伤认定行政纠纷案①

【案情】 杨某于2004年3月进入汽车修理所（后改制为汽车修理公司）从事汽车修理工作。2004年6月，杨某与其师傅共同拆卸一辆汽车的拉杆球头时铁屑溅入杨某的左眼中。杨某当时感觉左眼疼痛，滴了眼药水后疼痛缓解，故未去医院检查。2006年10月3日，杨某感觉左眼剧烈疼痛，视觉模糊，10月5日到无锡市第二人民医院诊疗，10月11日至13日经医院手术治疗，诊断为：(1) 左眼外伤性白内障；(2) 左眼铁锈沉着综合征；(3) 左眼球内附异物。虽经治疗，杨某的左眼视力明显减弱。医生诊断认为杨某左眼所受伤害与涉案事故存在因果关系，从医学角度看此类事故伤害可以存在较长的潜伏期。2007年4月9日，杨某向无锡市劳动和社会保障局提出工伤认定申请，无锡市劳动和社会保障局根据《工伤保险条例》第17条和《江苏省实施〈工伤保险条例〉办法》第12条的规定，于同年4月11日以杨某提出的工伤认定申请已超过规定的申请时效为由，作出"不予受理通知书"，并送达杨某和汽车修理公司。杨某不服，于2007年4月25日提起行政诉讼，请求撤销无锡市劳动和社会保障局作出的《不予受理通知书》。

【分析】 本案争议的焦点是：工伤事故发生时伤害后果尚未发生，伤害后果发生后经医生诊断证明确系工伤事故导致的，应当如何确定工伤认定申请时效的起算时间？法院认为，根据《工伤保险条例》第17条第2款的规定，工伤认定申请时效应当从事故伤害发生之日起算。这里的"事故伤害发生之日"应当包括工伤事故导致的伤害结果实际发生之日。工伤事故发生时伤害结果尚未实际发生，工伤职工在伤害结果实际发生后1年内提出工伤认定申请的，不属于超过工伤认定申请时效的情形。因此，法院判决撤销无锡市劳动和社会保障局作出的"不予受理通知书"，并限其在规定的期限内重新作出具体行政行为。

---

① 参见《最高人民法院公报》，2008 (9)。

2. 工伤认定的申请材料

无论是职工所在单位还是工伤职工及其近亲属、工会组织提出工伤认定申请，都应当提交完整、真实的材料，供社会保险行政部门进行工伤认定之用。这些材料包括：

（1）工伤认定申请表。提出工伤认定申请，应当填写由国务院社会保险行政部门统一制定的"工伤认定申请表"，"工伤认定申请表"一般包括：申请人的基本情况、工伤职工的基本情况、申请人与工伤职工的关系、事故类别、诊断时间、职工伤害程度、职业病名称、受伤害经过（事故发生的时间、地点、原因等）、申请事项、用人单位意见、社会保险行政部门审查资料和受理意见等内容。

（2）与用人单位存在劳动关系（包括事实劳动关系）、人事关系的证明材料。劳动合同、聘用合同是证明用人单位与劳动者之间存在劳动关系、人事关系的凭证，因此，申请人应当提供劳动合同、聘用合同文本复印件。但是，现实中存在用人单位为了逃避法律义务不与职工签订劳动合同、聘用合同的情况。这种情况下，申请人可以提供与用人单位之间存在劳动关系（包括事实劳动关系）、人事关系的其他证明材料，如工资支付凭证或记录（职工工资发放花名册）、缴纳各项社会保险费的记录，用人单位向劳动者发放的"工作证""服务证"等能够证明身份的证件，劳动者填写的用人单位招工招聘"登记表""报名表"等招用记录，考勤记录，其他劳动者的证言，等等。其中，职工只负责提供"工作证""服务证"或其他劳动者的证言等凭证，其他凭证由用人单位提供。

（3）医疗诊断证明或者职业病诊断证明书。工伤职工的伤亡状态以及患职业病情况，应当以专门机构出具的诊断证明为准，因此，申请人应当提供医疗机构出具的受伤后诊断证明书或者职业病诊断鉴定书。

（二）工伤认定程序

1. 工伤认定机构

根据《工伤保险条例》的规定，我国工伤认定机构是用人单位所在地统筹地区的社会保险行政部门。此处的"统筹"层次应当根据《工伤保险条例》第 11 条确定，即工伤保险基金逐步实行省级统筹。然而，为了便于当事人提出工伤认定申请，该条例规定应当由省级社会保险行政部门进行工伤认定的事项，根据属地原则由用人单位所在地的设区的市级社会保险行政部门办理。

2. 工伤认定申请的受理

工伤认定申请人提交的申请材料符合要求，属于社会保险行政部门管辖范围且在受理时限内的，社会保险行政部门应当受理。社会保险行政部门收到工伤认定申请后，应当在 15 日内对申请人提交的材料进行审核，材料完整的，作出受理或者不予受理的决定；材料不完整的，应当以书面形式一次性告知申请人需要补正的全部材料。社会保险行政部门收到申请人提交的全部补正材料后，应当在 15 日内作出受理或者不予受理的决定。社会保险行政部门决定受理的，应当出具"工伤认定申请受理决定书"；决定不予受理的，应当出具"工伤认定申请不予受理决定书"。

3. 工伤认定

社会保险行政部门的工伤认定行为属于行政确认行为，社会保险行政部门可以根据需要对当事人提供的证据进行调查核实，有关单位和个人应当予以协助，据实提供情况和证明材料。社会保险行政部门工作人员进行调查核实时，应当由两名以上工作人员共同进行，并出示执行公务的证件。工作人员在进行调查核实时可以行使一定的职权，如依法查阅与工伤认定有关的资料等。同时，工作人员也应当履行一定的义务，如保守有关单位商业秘密及个人隐私，为提供情况的有关人员保密等。社会保险行政部门的工作人员如果与工伤认定申请人有利害关系的，应当回避。

在提出工伤认定申请时，用人单位往往会与职工或其近亲属对职工受伤是否属于工伤发生争议，如果仍然坚持“谁主张，谁举证”的原则，对本已受到伤害的职工及其近亲属而言无疑是个沉重的负担，最终可能导致受伤害职工不能享受工伤保险待遇。考虑到职工与用人单位之间地位悬殊，职工对用人单位具有从属性和相对弱势性，法律将工伤认定的举证责任转移到用人单位身上，即如果职工或者其近亲属认为是工伤，用人单位不认为是工伤的，由该用人单位承担举证责任。用人单位拒不举证的，社会保险行政部门可以根据受伤害职工提供的证据或者调查取得的证据，依法作出工伤认定决定。这也体现了工伤保险法有利于工伤职工的原则。

社会保险行政部门应当自受理工伤认定申请之日起 60 日内作出工伤认定决定，出具“认定工伤决定书”或者“不予认定工伤决定书”。同时，2010 年修改后的《工伤保险条例》增加了工伤认定简易程序，规定对事实清楚、权利与义务明确的工伤认定申请，社会保险行政部门应当在 15 日内作出工伤认定的决定。根据《执行工伤保险条例意见》第 5 条的规定，社会保险行政部门受理工伤认定申请后，发现劳动关系存在争议且无法确认的，应告知当事人可以向劳动人事争议仲裁委员会申请仲裁。在此期间，作出工伤认定决定的时限中止，并书面通知申请工伤认定的当事人。劳动关系依法确认后，当事人应将有关法律文书送交受理工伤认定申请的社会保险行政部门，该部门自收到生效法律文书之日起恢复工伤认定程序。

社会保险行政部门应当自工伤认定决定作出之日起 20 日内，将“认定工伤决定书”或者“不予认定工伤决定书”送达受伤害职工“或者其近亲属”和用人单位，并抄送社会保险经办机构。工伤认定结束后，社会保险行政部门应当将工伤认定的有关资料保存 50 年，以备核查。

由于工伤认定关系到工伤职工及其近亲属是否可以享受工伤保险待遇，也关系到用人单位是否负担一定的工伤保险待遇。因此，如果用人单位、工伤职工或其近亲属对工伤认定决定不服的，可以依据《人力资源社会保障行政复议办法》及《行政诉讼法》的相关规定依法申请行政复议或者依法向人民法院提起行政诉讼。另外，由于是否具有劳动关系是认定工伤的一个前提，如果没有劳动关系，原则上不存在工伤认定的问题。因此，《工伤保险案件规定》对涉及劳动关系确认的行政审判程序作了规范，第 2 条规定：“人民法院受理工伤认定行政案件后，发现原告或者第三人在提起行政诉讼前已经就是否存在劳动关系申请劳动仲裁或者提起民事诉讼的，应当中止行政案件的审理。”依据该规定，原告或者第三人在提起行政诉讼前如未申请劳动仲裁或者提起民事诉讼的，人民法院无需中止行政案件的审理，从而加快了工伤认定法律程序，对保护受伤职工的合法权益具有积极意义。

第三节　劳动能力鉴定与工伤保险待遇

一、劳动能力鉴定

劳动能力鉴定是指劳动能力鉴定委员会根据法定的标准，对工伤职工的劳动功能障碍程度和生活自理程度的一种综合评定制度。劳动能力鉴定是工伤职工享受工伤保险待遇的必经程序，劳动能力鉴定结论也是确定职工工伤保险待遇标准的主要依据。

（一）劳动能力鉴定机构

根据2018年修订《工伤职工劳动能力鉴定管理办法》的规定，我国劳动能力鉴定机构分为两级：设区的市级（含直辖市的市辖区、县，下同）劳动能力鉴定委员会和省、自治区、直辖市劳动能力鉴定委员会。省、自治区、直辖市劳动能力鉴定委员会和设区的市级劳动能力鉴定委员会分别由省、自治区、直辖市和设区的市级人力资源社会保障行政部门、卫生计生行政部门、工会组织、用人单位代表以及社会保险经办机构代表组成。劳动能力鉴定委员会还建立了医疗卫生专家库，由医疗卫生专家具体从事鉴定工作。列入专家库的医疗卫生专家应当具备下列条件：（1）具有医疗卫生高级专业技术职务任职资格；（2）掌握劳动能力鉴定的相关知识；（3）具有良好的职业品德。劳动能力鉴定委员会选聘的医疗卫生专家，聘期一般为3年，可以连续聘任。劳动能力鉴定委员会应当每3年对专家库进行一次调整和补充，实行动态管理；确有需要的，可以根据实际情况适时调整。

（二）劳动能力鉴定程序

职工发生工伤，经治疗伤情相对稳定后存在残疾、影响劳动能力的，或者停工留薪期满（含劳动能力鉴定委员会确认的延长期限），工伤职工或者其近亲属、用人单位应当及时向设区的市级劳动能力鉴定委员会提出劳动能力鉴定申请，并应当填写劳动能力鉴定申请表，并提交下列材料：（1）“工伤认定决定书”原件和复印件；（2）有效的诊断证明、按照医疗机构病历管理有关规定复印或者复制的检查、检验报告等完整病历材料；（3）工伤职工的居民身份证或者社会保障卡等其他有效身份证明原件和复印件；（4）劳动能力鉴定委员会规定的其他材料。可见，劳动能力鉴定程序必须以工伤认定为前提，职工只有被认定为工伤或者视同工伤，才可以启动劳动能力鉴定程序。劳动能力鉴定实行两级鉴定终局制。

1. 初次鉴定和复查鉴定

设区的市级劳动能力鉴定委员会收到劳动能力鉴定申请后，应当及时对申请人提交的材料进行审核；申请人提供材料不完整的，劳动能力鉴定委员会应当自收到劳动能力鉴定申请之日起5个工作日内一次性书面告知申请人需要补正的全部材料。申请人提供材料完整的，劳动能力鉴定委员会应当视伤情程度等从建立的医疗卫生专家库中随机抽取3名或者5名与工伤职工伤情相关科别的专家组成专家组进行鉴定。劳动能力鉴定委员会应当提前通知工伤职工进行鉴定的时间、地点以及应当携带的材料。工伤职工应当按照通知的时间、地点参加现场鉴定。对行动不便的工伤职工，劳动能力鉴定委员会可以组织专家上门进行劳动能力鉴定。工伤职工因故不能按时参加鉴定的，经劳动能力鉴定委员会同意，可以调整现场鉴定的时间，作出劳动能力鉴定结论的期限相应顺延。因鉴定工作需要，专家组提出应当进行有关检查和诊断的，劳动能力鉴定委员会可以委托具备资格的医疗机构协助进行有关的检查和诊断。专家组根据工伤职工伤情，结合医疗诊断情况，依据《劳动能力鉴定职工工伤与职业病致残等级》（GB/T16180—2014）国家标准，按照少数服从多数的原则提出鉴定意见，参加鉴定的专家都应当签署意见并签名。为了尽快明确受伤职工的工伤保险待遇，设区的市级劳动能力鉴定委员会应当在收到劳动能力鉴定申请之日起 60 日内根据专家组的鉴定意见作出劳动能力鉴定结论；伤情复杂、涉及医疗卫生专业较多的，作出劳动能力鉴定结论的期限可以延长 30 日。而且，劳动能力鉴定结论应当自作出鉴定结论之日起 20 日内送达工伤职工及其用人单位，并抄送社会保险经办机构。

劳动能力鉴定是在职工发生工伤、经治疗伤情相对稳定的情况下进行的。经过一段时间后，已经经过劳动能力鉴定的职工的伤残情形可能会发生变化，出现劳动功能障碍程度和生活自理程度加重或减轻的情形。为了切实保护工伤职工或其近亲属的合法权益，法律规定了劳动能力复查鉴定制度，即自劳动能力鉴定结论作出之日起 1 年后，工伤职工、用人单位或者社会保险经办机构认为伤残情形发生变化的，可以向设区的市级劳动能力鉴定委员会申请劳动能力复查鉴定。劳动能力鉴定委员会进行复查鉴定的程序、期限与初次鉴定的程序、期限相同。劳动能力复查鉴定也实行两级鉴定终局制。

2. 再次鉴定

申请鉴定的工伤职工或者其用人单位对设区的市级劳动能力鉴定委员会作出的初次鉴定和复查鉴定结论不服的，可以在收到该鉴定结论之日起 15 日内向省、自治区、直辖市劳动能力鉴定委员会申请再次鉴定。申请再次鉴定，除提供初次鉴定需要的材料外，还需提交劳动能力初次鉴定或者复查鉴定结论原件和复印件。省、自治区、直辖市劳动能力鉴定委员会进行再次鉴定的程序、期限与初次鉴定的程序、期限相同。一旦省、自治区、直辖市劳动能力鉴定委员会作出劳动能力鉴定结论，则为最终结论。由于劳动能力鉴定结论与工伤职工的工伤保险待遇水平直接挂钩，劳动能力鉴定工作应当客观、公正。如果劳动能力鉴定委员会组成人员、劳动能力鉴定工作人员以及参加鉴定的专家与当事人有利害关系的，应当回避。

（三）劳动能力鉴定结论

劳动能力鉴定结论是劳动能力鉴定委员会依据法定的鉴定程序和鉴定标准，对工伤职工的劳动功能障碍程度和生活自理程度的等级作出的结论性意见。劳动能力鉴定结论书应当载明下列事项：（1）工伤职工及其用人单位的基本信息；（2）伤情介绍，包括伤残部位、器官功能障碍程度、诊断情况等；（3）作出鉴定的依据；（4）鉴定结论。根据《工伤保险条例》的授权，劳动能力鉴定标准由国务院社会保险行政部门会同国务院卫生行政部门等部门制定。

《劳动能力鉴定职工工伤与职业病致残等级》（GB/T16180—2014）从器官损伤、功能障碍、医疗依赖及护理依赖，适当考虑因伤残引起的社会心理因素影响几个方面将工伤、职业病致残等级分为 5 个门类、10 个等级，共 530 条伤残条目。根据新标准，伤残等级分为一至十级，最重的为第一级，最轻的为第十级。工伤职工的工伤保险待遇标准就是根据其劳动能力鉴定结论确定的。新标准实施前，已依照《工伤保险条例》规定提出初次劳动能力鉴定申请但尚未作出鉴定结论的，劳动能力鉴定委员会应当按照新标准进行鉴定；若因标准发生变化导致鉴定级别低于原标准的，按照就高原则作出鉴定结论。新标准实施前已作出劳动能力鉴定结论，新标准实施后依照《工伤保险条例》规定提出劳动能力复查鉴定或者再次鉴定申请的，劳动能力鉴定委员会应当按照新标准进行鉴定。

从劳动能力鉴定委员会的专家库的组成可以看出，劳动能力鉴定委员会作出的鉴定结论具有科学性和权威性，而且劳动能力鉴定结论不具有可诉性。

二、工伤保险待遇

（一）工伤医疗期间待遇

1. 医疗待遇。职工因工作遭受事故伤害或者患职业病需要进行治疗（包括工伤康复）的，享受工伤医疗待遇。职工治疗工伤应当在签订服务协议的医疗机构就医，情况紧急时可以先到就近的医疗机构急救。治疗工伤所需的挂号费、医疗费、药费、住院费等费用符合工伤保险诊疗项目目录、工伤保险药品目录、工伤保险住院服务标准的，从工伤保险基金中支付。为了进一步发挥工伤保险基金的功能，减轻用人单位的负担，2010 年《工伤保险条例》规定，职工住院治疗期间的伙食补助费，以及经医疗机构出具证明，报经办机构同意，工伤职工到统筹地区以外就医所需的交通、食宿费用，由原来的用人单位支付转由工伤保险基金支付，基金支付的具体标准由统筹地区人民政府规定。工伤职工在停工留薪期满后仍需治疗的，继续享受工伤医疗待遇。社会保险行政部门作出认定为工伤的决定后发生行政复议、行政诉讼的，行政复议和行政诉讼期间不停止支付工伤职工治疗工伤的医疗费用。

2. 工资福利待遇。职工因工作遭受事故伤害或者患职业病，需要暂停工作，接受工伤医疗的，在停工留薪期内，除享受工伤医疗待遇外，原工资福利待遇不变，由所在单位按月支付。工伤停工留薪期应当根据伤情的具体状况来确定，一般不超过 12 个月。具体而言，工伤职工的停工留薪期由已签订服务协议的治疗工伤的医疗机构提出意见，经劳动能力鉴定委员会确认并通知有关单位和工伤职工。如果伤情严重或者情况特殊，经设区的市级劳动能力鉴定委员会确认，停工留薪期可以适当延长，但延长不得超过 12 个月。

3. 生活护理待遇。生活不能自理的工伤职工在停工留薪期需要护理的，由所在单位负责。

工伤职工工伤复发，需要治疗的，应由治疗工伤职工的协议医疗机构提出意见，工伤职工可以享受《工伤保险条例》规定的工伤医疗期间的所有待遇。对协议医疗机构的意见有争议的，由劳动能力鉴定委员会确认。

（二）工伤致残待遇

工伤职工停工留薪期满经劳动能力鉴定委员会评定伤残等级后，停发原工资福利待遇，开始享受工伤伤残待遇。

1. 生活护理待遇

工伤职工经评定伤残等级并经劳动能力鉴定委员会确认需要生活护理的，从工伤保险基金中按月支付生活护理费。生活护理费按照生活完全不能自理、生活大部分不能自理和生活部分不能自理三个不同等级支付，标准分别为统筹地区上年度职工月平均工资的 50%、40% 或 30%。

2. 伤残待遇

(1) 一至四级伤残待遇。职工因工致残被鉴定为一级至四级伤残的，视为完全丧失劳动能力，对于这些职工，用人单位应当与其保留劳动关系，除非工伤职工具有《劳动合同法》第 39 条规定情形，否则用人单位不得与其解除劳动合同。由于工伤职工完全丧失劳动能力，已经不能胜任原来的工作岗位，法律规定这些职工应当退出工作岗位。为了弥补职工因工伤造成的收入损失，赔偿伤残职工的身体伤害，且与职工基本养老保险关系、基本医疗关系相衔接，工伤职工还享受以下待遇：1）伤残补助金。按照伤残等级从工伤保险基金中支付一次性伤残补助金，标准是：一级伤残为 27 个月的本人工资，二级伤残为 25 个月的本人工资，三级伤残为 23 个月的本人工资，四级伤残为 21 个月的本人工资。2）伤残津贴。从工伤保险基金中按月支付伤残津贴，标准是：一级伤残为本人工资的 90%，二级伤残为本人工资的 85%，三级伤残为本人工资的 80%，四级伤残为本人工资的 75%。伤残津贴实际金额低于当地最低工资标准的，由工伤保险基金补足差额。3）社会保险待遇。工伤职工达到退休年龄并办理退休手续后，停发伤残津贴，按照国家有关规定享受基本养老保险待遇。基本养老保险待遇低于伤残津贴的，由工伤保险基金补足差额。同时，伤残职工和用人单位应当以伤残津贴为基数，缴纳基本医疗保险费。

对于跨省流动的农民工，即户籍不在参加工伤保险统筹地区（生产经营地）所在省（自治区、直辖市）的农民工，一至四级伤残长期待遇的支付，可试行一次性支付和长期支付两种方式，供农民工选择。在农民工选择一次性或长期支付方式时，支付其工伤保险待遇的社会保险经办机构应向其说明情况。一次性享受工伤保险长期待遇的，需由农民工本人提出，与用人单位解除或者终止劳动关系，与统筹地区社会保险经办机构签订协议，终止工伤保险关系。具体办法和标准由省（自治区、直辖市）社会保险行政部门制定，报省（自治区、直辖市）人民政府批准。随着社会保险服务网络的健全和信息化水平的提高，异地领取待遇的条件逐步具备，为确保工伤职工的权益得到长期、稳定的保障，《执行工伤保险条例意见》规定，由工伤保险基金支付的各项待遇应按《工伤保险条例》相关规定支付，不得采取将长期待遇改为一次性支付的办法。

(2) 五级、六级伤残待遇。职工因工致残被鉴定为五级、六级伤残的，视为大部分丧失劳动能力，工伤职工保留与用人单位的劳动关系，并由用人单位安排适当工作。工伤职工还享受以下待遇：1）伤残补助金。按伤残等级从工伤保险基金中支付一次性伤残补助金，标准是：五级伤残为 18 个月的本人工资，六级伤残为 16 个月的本人工资。2）伤残津贴。如果用人单位难以安排伤残职工工作的，则由用人单位按月发给伤残津贴，标准是：五级伤残为本人工资的 70%，六级伤残为本人工资的 60%，并由用人单位按照规定为其缴纳应缴纳的各项社会保险费。伤残津贴实际金额低于当地最低工资标准的，由用人单位补足差额。3）工伤医疗补助金和伤残就业补助金。出于保护工伤职工的目的，《工伤保险条例》规定工伤职工与用人单位的劳动关系保留，但是，法律并没有限制工伤职工解除或终止劳动合同的权利，经工伤职工本人提出，可以与用人单位解除或者终止劳动关系。考虑到工伤职工劳动能力障碍对就业的影响，同时为了保障工伤职工在重新就业前有必要的生活费及医疗费，《工伤保险条例》规定由工伤保险基金支付一次性工伤医疗补助金，由用人单位支付一次性伤残就业补助金。一次性工伤医疗补助金和一次性伤残就业补助金的具体标准由省、自治区、直辖市人民政府规定。

（3）七至十级伤残待遇。职工因工致残被鉴定为七级至十级伤残的，视为部分丧失劳动能力。除非工伤职工具有《劳动合同法》第 39 条规定的情形，否则在劳动合同期满前用人单位应当与其继续履行劳动合同，或者依法变更劳动合同。工伤职工还享受以下待遇：1）伤残补助金。按伤残等级从工伤保险基金中支付一次性伤残补助金，标准是：七级伤残为 13 个月的本人工资，八级伤残为 11 个月的本人工资，九级伤残为 9 个月的本人工资，十级伤残为 7 个月的本人工资。2）工伤医疗补助金和伤残就业补助金。劳动/聘用合同期满终止，或者职工本人提出解除劳动/聘用合同的，由工伤保险基金支付一次性工伤医疗补助金，由用人单位支付一次性伤残就业补助金。一次性工伤医疗补助金和一次性伤残就业补助金的具体标准由省、自治区、直辖市人民政府规定。

工伤致残待遇中的伤残补助金和伤残津贴的计发基数为“本人工资”，即工伤职工因工作遭受事故伤害或者患职业病前 12 个月平均月缴费工资。本人工资高于统筹地区职工平均工资 300%的，按照统筹地区职工平均工资的 300%计算；本人工资低于统筹地区职工平均工资 60%的，按照统筹地区职工平均工资的 60%计算。[①] 对于曾经从事接触职业病危害作业、当时没有发现罹患职业病，办理退休手续后未再从事接触职业病危害作业的退休人员被诊断或鉴定为职业病，经工伤认定和劳动能力鉴定，符合领取一次性伤残补助金条件的，按就高原则以本人退休前 12 个月平均月缴费工资或者确诊职业病前 12 个月的月平均养老金为基数计发。曾经从事接触职业病危害作业、当时没有被发现罹患职业病，劳动或聘用合同期满后或者因本人提出而解除劳动或聘用合同后未再从事接触职业病危害作业的人员被诊断或鉴定为职业病，经工伤认定和劳动能力鉴定，被鉴定为一级至十级伤残，按《工伤保险条例》的规定应以本人工资作为基数享受相关待遇的，按本人终止或者解除劳动、聘用合同前 12 个月的月平均缴费工资计发。另外，职工在同一用人单位连续工作期间多次发生工伤的，符合《工伤保险条例》规定的可以享受五、六级伤残待遇或者七级至十级伤残待遇时，按照其在同一用人单位发生工伤的最高伤残级别，计发一次性伤残就业补助金和一次性工伤医疗补助金。

3. 配置辅助器具待遇

经劳动能力鉴定委员会确认，工伤职工因日常生活或者就业需要，可以安装假肢、矫形器、义眼、义齿，配置轮椅等辅助器具，所需费用按照国家规定的标准从工伤保险基金中支付。具体办法参见 2016 年 4 月 1 日起施行的人力资源和社会保障部、民政部、国家卫生和计划生育委员会《工伤保险辅助器具配置管理办法》（2018 年修订）。

---

① 核定工伤职工工伤保险待遇时，若上一年度相关数据尚未公布，可暂按前一年度的全国城镇居民人均可支配收入、统筹地区职工月平均工资核定和计发，待相关数据公布后再重新核定，社会保险经办机构或者用人单位予以补发差额部分。

（三）因工死亡待遇

职工因工死亡，包括伤残职工在停工留薪期内因工死亡的，其近亲属可以从工伤保险基金领取以下待遇：

（1）丧葬补助金。丧葬补助金为6个月的统筹地区上年度职工月平均工资。

（2）供养亲属抚恤金。供养亲属是指依靠因工死亡职工生前提供主要生活来源且无劳动能力的亲属，其范围包括该职工的配偶、子女、父母、祖父母、外祖父母、孙子女、外孙子女、兄弟姐妹。上述人员要申请供养亲属抚恤金须具备《因工死亡职工供养亲属范围规定》中规定的条件。因工死亡职工供养亲属享受抚恤金待遇的资格，由统筹地区社会保险经办机构核定。因工死亡职工供养亲属的劳动能力鉴定，由因工死亡职工生前单位所在地设区的市级劳动能力鉴定委员会负责。供养亲属抚恤金是按照供养亲属的人数和职工本人生前工资的一定比例计发的，标准为：配偶每月40%，其他亲属每人每月30%，孤寡老人或者孤儿每人每月在上述标准的基础上增加10%。核定的各供养亲属的抚恤金之和不应高于因工死亡职工生前的工资。供养亲属抚恤金是为保障工亡职工亲属的基本生活而设，是一种长期待遇，一旦供养亲属具有劳动能力、生活有保障或者死亡，供养亲属抚恤金将停止发放。

（3）工亡补助金。一次性工亡补助金标准为上一年度全国城镇居民人均可支配收入的20倍。依据国家统计局发布的《2015年国民经济和社会发展统计公报》，2015年全国城镇居民人均可支配收入为31 195元。《工伤保险条例》规定，一次性工亡补助金标准为工伤发生时上一年度全国城镇居民可支配收入的20倍。

一级至四级伤残职工在停工留薪期满后死亡的，其近亲属只可以享受丧葬补助金和供养亲属抚恤金，这主要是因为伤残职工被鉴定伤残等级后可以享受一次性伤残补助金，这与一次性工亡补助金的性质相同。工伤职工死亡的，一次性伤残补助金将作为遗产由其近亲属继承。为了防止其亲属重复享受工伤保险待遇，《工伤保险条例》作了如是规定。

（四）特殊情形下的工伤保险待遇

（1）职工因工外出期间发生事故或者在抢险救灾中下落不明的，从事故发生当月起3个月内照发工资，从第四个月起停发工资，由工伤保险基金向其供养亲属按月支付供养亲属抚恤金；生活有困难的，可以预支一次性工亡补助金的50%。职工被人民法院宣告死亡的，其近亲属可以按照规定享受因工死亡待遇。

（2）用人单位分立、合并、转让的，承继单位应当承担原用人单位的工伤保险责任；原用人单位已经参加工伤保险的，承继单位应当到当地经办机构办理工伤保险变更登记。

（3）企业破产的，在破产清算时依法拨付应当由单位支付的工伤保险待遇费用。

【案例分析】

邹某诉孙某、刘某工伤事故损害赔偿纠纷案[①]

【案情】邹某系新威电器公司（以下简称新威电器）职工。2007年3月23日，邹某在公司

① 参见《最高人民法院公报》，2010（3）。

工作过程中不慎受伤。2007 年 12 月 4 日，邹某的伤情经仪征市劳动和社会保障局认定为工伤。事故发生后，新威电器支付了原告的医疗费以及 2007 年 4 月 17 日至 7 月底的护理费、营养费 3 180 元。该公司经股东会决议解散，于 2008 年 2 月 19 日申请注销。孙某、刘某系新威电器的股东。2008 年 6 月 30 日，经扬州市劳动能力鉴定委员会鉴定，邹某的伤残等级为十级。2008 年 9 月 9 日，邹某向劳动争议仲裁委员会申请仲裁。2008 年 9 月 10 日，仪征市劳动争议仲裁委员会以被诉主体资格不符为由，向邹某发出了不予受理案件通知书。于是，邹某将孙某、刘某起诉至仪征市人民法院。一审法院判决孙某、刘某支付邹某的工伤保险待遇并承担连带责任。孙某、刘某不服一审判决，向江苏省扬州市中级人民法院提起上诉。二审维持原判。

【分析】本案争议的焦点是：孙某、刘某是否应当支付邹某的工伤保险待遇并且承担连带赔偿责任？二审法院认为：孙某在组织公司清算过程中，明知邹某构成工伤并正在进行工伤等级鉴定，却未考虑邹某工伤等级鉴定后的待遇给付问题，从而给邹某的利益造成了重大损害。此行为明显构成重大过失。根据《公司法》的规定，清算组成员因故意或者重大过失给公司或者债权人造成损失的，应当承担赔偿责任。因此，孙某应依法承担赔偿责任。刘某系新威电器股东之一，也是清算组成员。在该公司解散清算过程中，刘某对于实际存在的邹某工伤事实未能及时查知，显然未尽到清算组成员应尽的责任，也无证据证明另一清算组成员即孙某在清算过程中，对其故意隐瞒了邹某工伤的事实，故对于邹某工伤待遇损失，刘某的行为也构成重大过失，其应与孙某承担连带赔偿责任。如果刘某认为相关责任人对此存在过错，可在承担责任后，依法向相关责任人主张权利。

(4) 职工被派遣出境工作，依据前往国家或者地区的法律应当参加当地工伤保险的，参加当地工伤保险，其国内工伤保险关系中止；不能参加当地工伤保险的，其国内工伤保险关系不中止。

(5) 职工（包括非全日制从业人员）在两个或两个以上用人单位同时就业的，各用人单位应当分别为职工缴纳工伤保险费。职工发生工伤，由职工受到伤害时工作的单位依法承担工伤保险责任。“北京国玉酒店有限公司诉北京市朝阳区劳动和社会保障局工伤认定行政纠纷案”中的另一个焦点就是这一问题。根据劳动和社会保障部《关于实施〈工伤保险条例〉若干问题的意见》第 1 条、人力资源和社会保障部《实施〈中华人民共和国社会保险法〉若干规定》第 9 条的规定，下岗、待岗职工又到其他单位工作的，该单位也应当为职工缴纳工伤保险费，职工在该单位工作时发生工伤的，该单位应依法承担工伤保险责任。

(6) 无营业执照或者未经依法登记、备案的单位以及被依法吊销营业执照或者撤销登记、备案的单位的职工受到事故伤害或者患职业病的，或者用人单位使用童工造成童工伤残、死亡的，由其所在单位按照不低于《工伤保险条例》规定的工伤保险待遇的标准向伤残职工或者死亡职工的近亲属、伤残童工或者死亡童工的近亲属给予一次性赔偿，包括受到事故伤害或者患职业病的职工或童工在治疗期间的费用和一次性赔偿金，具体参照人力资源和社会保障部 2010 年修订的《非法用工单位伤亡人员一次性赔偿办法》执行。该办法亦提高了赔偿标准，如受到事故伤害或者患职业病造成死亡的，按照上一年度全国城镇居民人均可支配收入的 20 倍支付一次性赔偿金，并按照上一年度全国城镇居民人均可支配收入的 10 倍一次性支付丧葬补助等其他赔偿金。

(7) 依照《工伤保险条例》规定应当参加工伤保险而未参加工伤保险的用人单位职工发生

工伤的，由该用人单位按照《工伤保险条例》规定的工伤保险待遇项目和标准支付费用。另外，《执行工伤保险条例意见》第 8 条规定的两类被认定为工伤的职业病人，其职业病诊断证明书（或职业病诊断鉴定书）中明确的用人单位在该职工从业期间依法为其缴纳工伤保险费的，按《工伤保险条例》的规定，分别由工伤保险基金和用人单位支付工伤保险待遇；未依法为该职工缴纳工伤保险费的，由用人单位按照《工伤保险条例》规定的相关项目和标准支付待遇。用人单位参加工伤保险并补缴应当缴纳的工伤保险费、滞纳金后，由工伤保险基金和用人单位依照《工伤保险条例》的规定支付新发生的费用。此处"新发生的费用"，是指用人单位职工参加工伤保险前发生工伤的，在参加工伤保险后新发生的费用。

（8）对于职工因第三人的原因造成工伤后职工的工伤保险待遇与民事侵权损害赔偿如何衔接问题，理论和实践争议较大。由于工伤保险待遇与侵权损害赔偿在基本思想、成立要件、给付内容、实现程序等方面存在不同，在实践中就产生了工伤保险待遇请求权与侵权损害赔偿请求权的竞合问题。各国及地区由于各自的工伤保险制度、工伤保险待遇水平、工会运动以及经济发展程度等不同，对两者的关系采取了不同的立法模式，归纳起来有 4 种：取代模式、选择模式、兼得模式、补充模式。[①] 我国《工伤保险条例》对两者的竞合关系未作规定，《社会保险法》也规定模糊，而各地的做法也不同。2006 年最高人民法院作出《关于因第三人造成工伤的职工或其亲属在获得民事赔偿后是否还可以获得工伤保险补偿问题的答复》（[2006] 行他字第 12 号），认可了兼得模式，"杨某诉上海宝钢二十冶企业开发公司人身损害赔偿纠纷案"即是兼得模式的体现。

为了进一步明确工伤保险待遇与民事侵权损害赔偿之间的衔接问题，统一司法裁判，最高人民法院在《工伤保险案件规定》第 8 条明确了两者的关系："职工因为第三人的原因受到伤害，社会保险行政部门以职工或者其近亲属已经对第三人提起民事诉讼或者获得民事赔偿为由，作出不予受理工伤认定申请或者不予认定工伤决定的，人民法院不予支持。职工因第三人的原因受到伤害，社会保险行政部门已经作出工伤认定，职工或者其近亲属未对第三人提起民事诉讼或者尚未获得民事赔偿，起诉要求社会保险经办机构支付工伤保险待遇的，人民法院应予支持。职工因第三人的原因导致工伤，社会保险经办机构以职工或者其近亲属已经对第三人提起民事诉讼为由，拒绝支付工伤保险待遇的，人民法院不予支持，但第三人已经支付的医疗费用除外。"可见，职工因第三人的原因造成工伤，发生工伤保险待遇请求权与侵权损害赔偿请求权竞合的，不影响申请工伤认定，且除医疗费用外，采兼得模式。

【案例分析】

杨某诉上海宝钢二十冶企业开发公司人身损害赔偿纠纷案[②]

【案情】杨某系上海宝钢冶金建设公司（以下简称宝冶公司）职工。2000 年 10 月 16 日，上海宝钢二十冶企业开发公司（以下简称宝二十冶公司）职工在工作过程中违规作业，从高处抛掷钢管，将正在现场从事工作的杨某头部砸伤。经鉴定，结论为因工致残，程度四级。虽然杨某所在单位宝冶公司按规定支付了一定的工伤保险赔偿，但杨某认为损害系宝冶公司的侵权

① 参见王泽鉴：《民法学说与判例研究》（3），291～293 页，北京，中国政法大学出版社，1998。

② 参见《最高人民法院公报》，2006（8）。

行为所致，宝冶公司应承担人身侵权损害赔偿责任，故要求宝冶公司赔偿交通费、护理费、营养费、被抚养人生活费、被赡养人生活费、精神抚慰金等费用。然宝冶公司认为，杨某系因工受伤，其损失已得到本单位赔偿，重复要求本单位赔偿缺乏依据。案件起诉到上海市宝山区人民法院。经过两审，上海市第二中级人民法院维持一审判决，支持了杨某的大部分诉讼请求。

【分析】本案争议的焦点是：因用人单位以外的第三人侵权造成劳动者人身损害，构成工伤的，劳动者在获得用人单位工伤保险赔偿后，是否还可以要求侵权人承担民事赔偿责任？上海市第二中级人民法院认为：根据2001年最高人民法院《关于审理人身损害赔偿案件适用法律若干问题的解释》第12条的规定，劳动者因工伤事故享有工伤保险赔偿请求权，因第三人侵权享有人身损害赔偿请求权，二者虽然基于同一损害事实，但存在于两个不同的法律关系之中，互不排斥。基于双重主体身份，劳动者有权向用人单位主张工伤保险赔偿，同时还有权向侵权人主张人身损害赔偿，即有权获得双重赔偿。

(9) 为保证工伤职工得到及时救治，《社会保险法》第41条和第42条规定了工伤保险基金先行支付制度：1) 职工所在用人单位未依法缴纳工伤保险费，发生工伤事故的，由用人单位支付工伤保险待遇。用人单位不支付的，从工伤保险基金中先行支付。从工伤保险基金中先行支付的工伤保险待遇应当由用人单位偿还。用人单位不偿还的，社会保险经办机构可以依法追偿。2) 由于第三人的原因造成工伤，第三人不支付工伤医疗费用或者无法确定第三人的，由工伤保险基金先行支付。工伤保险基金先行支付后，有权向第三人追偿。工伤保险基金先行支付制度的具体实施，可以参见人力资源和社会保障部颁布的《社会保险基金先行支付暂行办法》(2018年修订)。另外，依据《关于进一步做好建筑业工伤保险工作的意见》(人社部发〔2014〕103号)，未参加工伤保险的建设项目，职工发生工伤事故，依法由职工所在用人单位支付工伤保险待遇，施工总承包单位、建设单位承担连带责任；用人单位和承担连带责任的施工总承包单位、建设单位不支付的，由工伤保险基金先行支付，用人单位和承担连带责任的施工总承包单位、建设单位应当偿还；不偿还的，由社会保险经办机构依法追偿。

【资料链接】

工伤保险待遇先行支付制度2011—2012年实施情况调研报告[①]

1. 先行支付制度实施取得的成绩

自2011年7月1日《社会保险法》和《社会保险基金先行支付暂行办法》同步生效以来，工伤保险待遇先行支付制度已经破冰，先行支付制度已经取得了一些成绩：(1) 部分城市的人力资源和社会保障部门受理了工伤保险待遇先行支付的申请且已经支付了工伤待遇，如浙江宁波市（1例）、温州市（1例），山东淄博市（1例），云南丽江市（1例）。其中，宁波市和淄博市已经分别向申请人先行支付了99 200元和55 860元工伤待遇。(2) 部分城市已经出台了针对工伤保险待遇先行支付的实施细则，如威海市出台了《〈社会保险基金先行支付暂行办法〉实施办法》，厦门市印发了《关于社会保险基金先行支付经办工作的通知》，广西河池市的《河

① 参见北京义联劳动法援助与研究中心：《工伤保险待遇先行支付制度2011年—2012年实施情况调研报告》，见http：//www.yilianlabor.cn/yanjiu/diaoyan/1022.html，20130501。

池市工伤保险暂行办法》中也有专门条款细化先行支付制度。(3) 部分地区在落实工伤保险制度的地方法规、规章或规范性文件中明确吸收了先行支付制度的法律规定，如贵州省、福建省、江苏省、天津市、上海市、大连市等地区。

2. 先行支付制度存在的问题

虽然工伤保险待遇先行支付制度在 2011—2012 年一年中取得了一定突破，但总体上未能做到普遍有效实施，具体表现为如下四个方面：(1) 制度落实程度过低，未参保工伤劳动者救治和生活陷入困境；(2) 由于制定专门性实施细则的城市少，制度配套建设不到位；(3) 由于地方政府宣传意愿及宣传力度不足，劳动者没有充足渠道了解先行支付制度；(4) 先行支付制度是社保工作人员的知识盲区。

3. 阻碍先行支付制度落实的因素

先行支付制度未能有效落实，存在人力资源和社会保障行政部门及劳动者双方面的原因，其中，人力资源和社会保障行政部门不愿意推进先行支付制度的原因主要包括：(1) 配套的实施细则缺位是各地人力资源和社会保障行政部门消极对待先行支付制度的重要原因；(2) 各地人力资源和社会保障行政部门担心先行支付制度造成基金支付的风险和压力；(3) 社会保险经办机构能力不足是人力资源和社会保障行政部门消极执行先行支付制度的现实顾虑；(4) 未能从劳动者权利本位的高度贯彻立法意图是各地人力资源和社会保障行政部门拒绝向未参保工伤劳动者倾斜的关键原因；(5) 人力资源和社会保障行政部门缺乏落实制度的动力与压力是导致制度落实趑趄不前的重要因素。而劳动者的弱势，也导致人力资源和社会保障行政部门在执行先行支付制度方面压力和动力不足。

4. 进一步推动落实先行支付制度的建议

为了进一步推动落实先行支付制度，保障未参保工伤职工的基本权益，北京义联劳动法援助与研究中心针对先行支付制度实施不力的原因，提出了进一步推动落实先行支付制度的建议：(1) 制定“社会保险法实施条例”，推动落实先行支付制度；(2) 提高工伤保险基金统筹层次，降低区域性基金风险；(3) 地方政府应加大对先行支付工作的推进力度；(4) 各地应尽快出台实施细则，并切实贯彻；(5) 加大对劳动者的宣传与培训，鼓励劳动者积极行使法律赋予的权利。

（五）停止享受工伤保险待遇情形

工伤职工或其供养亲属享受工伤保险待遇需要具备一定的条件，当条件不具备或丧失了享受待遇的前提时，工伤职工或其供养亲属将停止享受工伤保险待遇。具体情形如下：

(1) 丧失享受待遇条件的。职工因工作遭受事故伤害或者患职业病导致劳动能力受损或生活不能自理的，有权按规定享受医疗救治和经济补偿。工伤职工一旦恢复劳动能力或生活能够自理的，则停止享受工伤保险待遇。工伤职工供养亲属如果具备前述停止享受抚恤金情况的，也不得继续享受供养亲属抚恤金。

(2) 拒不接受劳动能力鉴定的。劳动能力鉴定结论是确定工伤职工或其供养亲属享受工伤保险待遇的科学依据。如果工伤职工或其供养亲属没有正当理由拒绝接受劳动能力鉴定的，则工伤职工或其供养亲属的工伤保险待遇难以确定，也就不再享受相应的工伤保险待遇。

(3) 拒绝治疗的。工伤保险制度的主要目的是给工伤职工提供医疗救治和经济补偿，以帮助工伤职工尽快恢复劳动能力，重返工作岗位。如果工伤职工无故拒绝治疗，将影响其劳动能力的恢复，所以停止其享受工伤保险待遇。

依据《工伤保险条例》的规定停止支付工伤保险待遇的，在停止支付待遇的情形消失后，自下月起恢复工伤保险待遇，停止支付的工伤保险待遇不予补发。

第四节　工伤保险基金

工伤保险基金是国家为了实施工伤保险制度，通过法定程序建立起来的用于工伤预防、保障因工遭受事故伤害或者患职业病的职工获得医疗救治和经济补偿，以及工伤职工的职业康复而建立起来的专项基金。工伤保险制度的主要功能的实现都依赖于工伤保险基金的建立。可见，工伤保险基金制度是工伤保险制度有效实施的基础。

一、工伤保险基金的统筹层次

工伤保险基金的统筹层次是指工伤保险基金统一筹集、统一管理及统一调剂使用的区域和范围。工伤保险的互济性特点决定了工伤保险基金的统筹层次越高，工伤保险基金的抗风险能力就越强，工伤保险基金的支付能力也越强。原《工伤保险条例》规定，我国工伤保险基金在直辖市和设区的市实行全市统筹，其他地区的统筹层次则由各省、自治区人民政府确定。为了提高工伤保险基金的抗风险能力及支付能力，2010 年修改后的《工伤保险条例》提高了工伤保险基金的统筹层次，从县、市级统筹提高到省级统筹。但考虑到我国幅员辽阔，各地经济发展不平衡，实际情况相差较大，统一的统筹层次未必对各省、自治区、直辖市、设区的市、县级市等都适用。因此，《工伤保险条例》规定工伤保险基金逐步实行省级统筹。根据人力资源和社会保障部、财政部《关于做好工伤保险费率调整工作进一步加强基金管理的指导意见》（人社部发〔2015〕72 号，以下简称《指导意见》），尚未实行地市级统筹的地区，要在 2015 年年底实现地市级基金统筹；已初步实行地市级统筹的地区，要加快实现基金的统收统支管理；有条件的地区，要积极推进省级统筹。

用人单位注册地与生产经营地不在同一统筹地区的，原则上在注册地参加工伤保险；未在注册地参加工伤保险的，在生产经营地参加工伤保险。对于铁路、远洋运输、石油、煤炭等跨地区、生产流动性较大的行业，如果根据属地原则将这些单位分散到不同地区参加工伤保险，则从工伤保险基金的管理到工伤保险待遇水平都会出现一些问题，也不利于工伤预防机制的建立。对于这些行业，可以采取灵活的方式，相对集中地异地参加统筹地区的工伤保险。同时，由于这些行业之间差异较大，《工伤保险条例》授权国务院社会保险行政部门会同有关行业的行政主管部门制定参加异地统筹的具体办法。

二、工伤保险基金的筹集

工伤保险基金的筹集是指法定机构按照工伤保险法规定的征缴对象和比率，定期向征缴对象征收工伤保险费以建立工伤保险基金的行为。

1. 工伤保险基金的构成

根据《工伤保险条例》的规定，我国工伤保险基金由用人单位缴纳的工伤保险费、工伤保险基金的利息和依法纳入工伤保险基金的其他资金构成。其中，工伤保险费是工伤保险基金的主要来源。在我国，工伤保险费的缴费主体是用人单位，职工个人不缴纳工伤保险费。因此，所有纳入工伤保险范围的用人单位都应当按时、足额地缴纳工伤保险费，以保证工伤保险基金的支付能力。用人单位缴纳工伤保险费的数额为本单位职工工资总额乘以单位缴费费率之积。本单位职工工资总额是指用人单位直接支付给本单位全部职工的劳动报酬总额。对难以按照工资总额缴纳工伤保险费的部分行业企业如建筑施工企业、小型服务企业、小型矿山企业等，其缴纳工伤保险费的具体方式，依据人力资源和社会保障部于 2010 年 12 月 31 日颁布的《部分行业企业工伤保险费缴纳办法》执行。具体而言，建筑施工企业可以实行以建筑施工项目为单位，按照项目工程总造价的一定比例计算缴纳工伤保险费。商贸、餐饮、住宿、美容美发、洗浴以及文体娱乐等小型服务业企业以及有雇工的个体工商户，可以按照营业面积的大小核定应参保人数，按照所在统筹地区上一年度职工月平均工资的一定比例和相应的费率，计算缴纳工伤保险费；也可以按照营业额的一定比例计算缴纳工伤保险费。小型矿山企业可以按照总产量、吨矿工资含量和相应的费率计算缴纳工伤保险费。这些行业企业工伤保险费缴纳的具体计算办法，由省级社会保险行政部门根据本地区实际情况确定。工伤保险基金应当存入银行或者购买国债，取得的利息并入工伤保险基金。此处，“依法纳入工伤保险基金的其他资金”主要包括因用人单位欠缴工伤保险费而加收的滞纳金、社会捐赠等资金。

2. 工伤保险费率机制

工伤保险费率是指工伤保险费的缴纳比例，其高低直接决定了工伤保险基金的规模。确定工伤保险费率时既要考虑工伤保险基金的支付能力、工伤保险基金的可持续发展能力，又要考虑用人单位的承受能力。各国主要采取以下三种方式确定工伤保险费率：统一费率制、差别费率制、浮动费率制。[①] 我国工伤保险费率实行行业差别费率与浮动费率相结合机制，这也是各国普遍的做法。具体而言，我国工伤保险费是依据“以支定收、收支平衡”的筹资原则，根据《国民经济行业分类》（GB/T 4754—2011）对行业的划分以及不同行业的工伤风险程度确定了不同行业的工伤保险行业基准费率，并且在每个行业基准费率的基础上又确定了不同的费率档次，从而充分发挥工伤保险费率的功能。

工伤保险费率的确定方式与养老、医疗、失业保险不同，支付工伤保险费实际上是用人单位转嫁工伤赔偿风险的一种方式。由于各行业在产业结构、生产类型、生产技术条件、管理水平等方面存在差异，各行业的工伤风险也不同，为了促进风险大的行业改善劳动生产条件，加强工伤预防，实现工伤保险费用的社会共济，国家根据不同行业的工伤风险程度确定了行业差别费率。为建立健全与行业工伤风险基本对应、风险档次适度的工伤保险费率标准，2015 年人力资源和社会保障部、财政部发布了《关于调整工伤保险费率政策的通知》（人社部发〔2015〕71 号），在 2003 年的基础上细化了行业工伤风险分类，将以前的 3 类细化为 8 类。各统筹地区社会保险经办机构要严格按照上述通知规定的行业类别划分，根据用人单位的工商登

---

① 参见韩君玲：《劳动与社会保障法简明教程》，232 页，北京，商务印书馆，2005。

记注册和主要经营生产业务等情况，分别确定其所对应的行业工伤风险类别。对劳务派遣企业，可根据被派遣劳动者实际用工单位所在行业，或根据多数被派遣劳动者实际用工单位所在行业，确定其工伤风险类别。

不同工伤风险类别的行业执行不同的工伤保险行业基准费率，各行业工伤风险类别对应的全国工伤保险行业基准费率为，一类至八类分别控制在该行业用人单位职工工资总额的0.2%、0.4%、0.7%、0.9%、1.1%、1.3%、1.6%、1.9%左右。各统筹地区人力资源和社会保障行政部门要会同财政部门依据调整后的全国工伤保险行业基准费率，根据本地区各行业工伤保险费使用、工伤发生率、职业病危害程度等情况，拟订本地区工伤保险行业基准费率的具体标准，并征求工会组织、用人单位代表的意见，报统筹地区人民政府批准后实施。要加强工伤保险基金的精算平衡，全面分析影响基金收入和支出的当期因素和中长期变化趋势，包括参保扩面潜力、职工工资基数增长速度、本地区参保单位工伤发生率、工伤医疗费用增长速度、保障范围和支付标准的变化等，确保基金中长期可持续运行。各地基准费率的具体标准可根据统筹地区经济产业结构变动、工伤保险费使用等情况适时调整。

为了促进安全生产，调动用人单位预防工伤的积极性，我国在行业差别费率制的基础上，还实行了浮动费率制，即统筹地区工伤保险经办机构根据上一周期用人单位使用工伤保险基金、工伤发生率等情况，在行业基准费率的基础上，适当调整下一周期用人单位工伤保险费率，使工伤发生率高的企业缴纳更多的工伤保险费、工伤发生率低的企业缴纳较少的工伤保险费。《关于调整工伤保险费率政策的通知》规定：通过费率浮动的办法确定每个行业内的费率档次。一类行业分为三个档次，即在基准费率的基础上，可向上浮动至120%、150%，二类至八类行业分为五个档次，即在基准费率的基础上，可分别向上浮动至120%、150%或向下浮动至80%、50%。各统筹地区要充分发挥工伤保险浮动费率机制的作用，周密制定单位费率浮动的具体办法。各统筹地区社会保险经办机构应每一至三年对各参保单位的工伤风险状况进行一次全面评估，并依据其工伤保险费使用、工伤发生率、职业病危害程度等因素，确定其费率是否浮动及浮动的档次。对风险程度骤升的单位，可一次上浮两个档次，并通过适当形式通报，以示警戒。各统筹地区工伤保险最低费率不低于本地区一类风险行业基准费率。费率浮动的具体办法由统筹地区人力资源和社会保障行政部门协商财政部门在征求工会组织、用人单位代表的意见的基础上制定。

各统筹地区确定的工伤保险行业基准费率具体标准、费率浮动具体办法，应报省级人力资源和社会保障行政部门和财政部门备案并接受指导。

3. 工伤保险基金储备金制度

根据《指导意见》，各地要充分利用信息化手段，构建工伤保险基金运行分析和风险预警系统，加强对政策实施和基金运行情况的监测，定期分析工伤保险费率对工伤保险基金运行的影响。在此基础上，建立和完善工伤保险储备金制度，应对突发性、大规模、集中的工伤保险基金支付风险。储备金的规模按当地基金支出规模的一定比例确定，具体比例由省、自治区、直辖市人民政府确定。未设立储备金的统筹地区应于2016年年底前设立储备金，已实行省级统筹的地区要建立省级储备金制度。储备金计算在工伤保险基金结存之内。

三、工伤保险基金的支出

工伤保险基金是为了实现工伤补偿、工伤预防以及职业康复而建立起来的专项基金，实行专款专用。根据《工伤保险条例》的规定，工伤保险基金主要负责以下支出：

（1）工伤保险待遇。根据《社会保险法》及《工伤保险条例》的规定，大部分的工伤保险待遇都从工伤保险基金中支出，具体包括：治疗工伤的医疗费用和康复费用、住院伙食补助费、到统筹地区以外就医的交通/食宿费、安装/配置伤残辅助器具所需费用、已评定伤残等级并经劳动能力鉴定委员会确认需要生活护理的生活护理费、一次性伤残补助金和一至四级伤残职工按月领取的伤残津贴、终止或者解除劳动合同时应当享受的一次性医疗补助金，以及因工死亡职工遗属领取的丧葬补助金、供养亲属抚恤金和因工死亡补助金。

（2）劳动能力鉴定费。劳动能力鉴定费是指劳动能力鉴定委员会支付给参加劳动能力鉴定的医疗卫生专家的费用。在《工伤保险条例》实施前，劳动能力鉴定费是由申请进行劳动能力鉴定的工伤职工所在单位支付。为了减轻用人单位的负担，实现工伤保险分散用人单位工伤风险的功能，《工伤保险条例》将劳动能力鉴定费纳入了工伤保险基金的支出项目。

（3）工伤预防的宣传、培训等费用。考虑到工伤预防对工伤保险制度的重要性，工伤保险作为一项制度，其功能不应仅仅注重事后的工伤补偿，而应加强事前的积极预防，从源头上减少工伤事故和职业病的发生，从根本上保障职工权益，因此 2010 年《工伤保险条例》将工伤预防费用增列为工伤保险基金的支出项目，主要用于工伤预防的宣传、培训。同时，为了加强对工伤预防费用的管理，保证专款专用，真正发挥预防工伤事故和职业病的作用，工伤预防费用的提取比例、使用和管理应当规范化，《工伤保险条例》规定其具体办法由国务院社会保险行政部门会同国务院财政、卫生行政、安全生产监督管理等部门规定。

（4）法律、法规规定的用于工伤保险的其他费用。随着工伤保险制度的发展，其他与工伤保险有关的费用也应当纳入工伤保险基金的支出项目，如职业康复的费用，等等。为了弥补立法者预见能力的不足，给工伤保险基金的合理使用留有余地；同时，为了防止工伤保险基金的滥用，《工伤保险条例》规定，只有法律、行政法规和地方性法规才能规定工伤保险基金的其他支出项目。

除上述 4 项支出外，任何单位或者个人都不得将工伤保险基金用于投资经营、兴建或者改建办公场所、发放奖金，或挪作其他用途，否则，违法单位或个人将承担行政责任或刑事责任。例如，工伤保险经办机构的管理费不得从工伤保险基金中提取，而由财政拨付。

我国工伤保险费是工伤保险基金的主要来源，工伤保险费依据“以支定收、收支平衡”原则确定费率，这就决定了一个周期内工伤保险基金的收缴与支出基本持平。然而，工伤事故具有突发性，且工伤保险费率的调整具有周期性，一旦统筹地区发生重大的工伤事故，工伤保险基金将难以支付。因此，《工伤保险条例》规定了储备金制度，即从工伤保险基金中抽取一定比例作为储备金，用于统筹地区重大事故的工伤保险待遇支付。如果储备金不足以支付工伤保险待遇的，则由统筹地区的人民政府垫付。

问题与思考

1. 简述工伤保险的概念及特征。
2. 简述我国工伤保险法的基本原则。
3. 简述我国工伤的范围及除外情形。
4. 简述我国的劳动能力鉴定制度。
5. 简述我国工伤保险待遇的种类及内容。
6. 简述我国工伤保险费率机制。
7. 论述我国工伤保险待遇与侵权损害赔偿之间的适用关系。

第十七章

失业保险法

本章概要

失业是指具有劳动能力并有劳动意愿的劳动者得不到就业机会或者就业后又失去工作的状态。失业保险制度是对因失业而暂时中断生活来源的劳动者在法定期间内提供物质帮助，以维持其基本生活需要的一项社会保险制度。其具有生存保障、就业安全以及经济、社会稳定的作用。失业保险法律关系的具体内容主要包括：失业保险基金的筹集、失业保险待遇的给付等。

关键术语

失业　失业保险　失业保险基金　等待期　资格期　生存保障

第一节　失业保险法概述

一、失业保险的概念和功能

（一）失业及其类型

失业是指具有劳动能力并有劳动意愿的劳动者得不到就业机会或者就业后又失去工作的状态。造成失业的原因是多方面的。根据失业是否出于失业者自身意愿，可以将失业分为两大类：一类是自愿性失业，另一类是非自愿性失业。前者是指客观上有就业机会，但是劳动者主观上不愿就业；后者则是指劳动者主观上愿意就业，但是客观上无法获得就业机会，一般包括结构性失业（由劳动力结构和产业结构调整而导致）、循环性失业（由经济发展的周期性调整而导致）、季节性失业（由某些行业的生产受季节性因素影响而导致）、摩擦性失业（由正常的劳动异动如职业转换、劳动力市场的进出等导致）。失业保险所要解决的主要是非自愿性失业。

（二）失业保险的概念及特点

失业保险是指国家通过立法强制建立社会统筹基金，对于因失业而暂时中断生活来源的劳动者在法定期间内提供物质帮助，以维持其基本生活需要的一项社会保险制度。失业保险作为社会保障体系的重要组成部分，具有以下特点：

（1）申请领取失业保险的申请人应该是具有劳动能力的失业者。失业保险法所指的失业者应该符合法定就业年龄的规定，因此，我国失业保险的申请人应该年满16周岁且未达法定退休年龄。

（2）失业保险的对象为非自愿性失业者。1988年第75届国际劳工大会通过的第168号《关于促进就业和失业保护的公约》明确失业保险对象为：凡是能够工作、可以工作，并且确实在寻找工作而不能得到适当职业，致使没有工资收入的人。因此，失业保险对象具有以下特点：1）客观上该劳动者可以工作，即具有相应的劳动能力可被雇佣或自谋职业者；2）主观上该劳动者有就业的意愿，并且将该就业意愿通过一定的行为客观地表示出来，即在最近特定时期已经采取明确步骤寻找工作或自谋职业，如在我国，失业保险的对象必须办理失业登记，通过失业登记的方式来证明其主观的就业意愿；3）客观上该劳动者没有工作，即未获得相应的就业机会，既未被雇佣，也未自谋职业。

（3）失业保险的目的具有双重性。失业保险的目的之一在于保障失业者失业期间的生存，目的之二则是鼓励再就业。两者之间密切联系，前者是实现后者的必备条件，即只有在保障失业者失业期间的生存、维持其再就业的能力的基础上，才可能最终实现劳动者的再就业。我国《失业保险条例》第1条明确其立法宗旨为"保障失业人员失业期间的基本生活，促进其再就业"。

（4）失业保险待遇的给付具有期限性。为了防止"逆向选择"，导致养"懒汉"的情形，一般而言，失业保险待遇具有一定的期限性，以督促失业者及时再就业。此外，失业与经济发展密切相关，导致失业的原因也具有周期性，如结构性失业、季节性失业等，因此，失业保险待遇的期限性也与失业原因的周期性具有一定的对应性。

（5）失业保险具有较强的国家干预性。失业问题与劳动就业密切相关，而失业问题也是当今世界各国政府所面临的挑战之一。因此，解决劳动就业是各国政府重要的经济政策之一，各国政府都注重在就业领域实现自身的责任，开拓渠道，投入大量资金用于扩大就业。因此，目前世界上绝大多数国家建立了强制性的失业保险制度。

（三）失业保险的功能

失业保险作为社会保险的重要组成部分，通过建立失业保险基金，分散失业风险，无论是对于失业人员个体及其家庭，还是对于整个社会，都具有重要的意义。

（1）生存保障。劳动是多数劳动者及其家庭成员获得生存来源的主要依据，而失业意味着丧失稳定的收入来源，势必将影响到失业者及其家庭的基本生活。因此，参加失业保险的失业者可以在此期间领取失业保险金，维持自身及其家庭成员基本的生活需要，避免因为失业而陷入经济上的贫乏。失业保险还对失业者在失业期间所遭遇的疾病、死亡等风险，通过失业保险待遇提供基本的保障。

（2）就业促进。失业保险除了保障失业外，还具有积极的促进就业的功能。一方面，失业保险制度的建立，可以鼓励雇主稳定雇佣。部分国家和地区将失业成本分配给雇主，因此，解雇劳动者的多少直接决定了失业成本的高低，从而雇主必须谨慎实施解雇，降低可能的失业成本；另一方面，失业保险制度的建立，可以提高就业服务的水平，强化对劳动者以及失业者的职业培训，提高他们的就业能力。失业保险不仅仅是保险金的给付，而且包括就业服务和职业培训，三者共同构成就业安全的体系。

（3）经济、社会稳定。当社会经济景气、失业现象不严重时，可以通过失业保险费征缴累积基金，抑制经济的过度扩张，预防可能的通货膨胀情形发生；而当社会经济开始衰退、失业大幅增加时，以所累积的基金支付失业给付，维持失业者的最低购买力，使消费支出不致过分减少，可防止经济的进一步衰退。因此，失业保险具有缓和经济变动的效果，被称为"经济自动稳定器"。此外，失业保险制度可以缓解因为失业而产生的社会不安定因素，维护社会的稳定。

二、失业保险立法的产生和发展

（一）外国失业保险的产生和发展

失业是随着工业劳动社会化而产生的，回顾失业救济的历史，整体上经历了从社会救助到保险救济的发展历程，具体可划分为以下四个发展阶段：（1）工会等行会组织的救济阶段。（2）雇主福利性救济阶段。（3）地方政府社会保险阶段。（4）国家建立强制社会保险阶段。1905年法国率先颁布《失业保险法》，随即，挪威、丹麦两国也分别在1906年和1907年建立了类似的失业保险制度，但这些国家实行的是非完全强制性失业保险制度。1911年，英国颁布了《国民保险法》，以强制性参保的方式将失业纳入该法的保险范围。但该法实施初期，适用对象仅限于建筑、造船、土木、机械、制铁、车辆、制造等具有高失业率的行业，被保险人数较少，失业保险金的数额以及给付周期也有限。1920年，英国将适用对象扩大到所有行业，并制定《失业保险法》。[①] 英国《国民保险法》开创了强制性失业保险制度的先河，此后为其他国家所效仿。

（二）我国失业保险的产生和发展

自1949年新中国成立至今，我国的失业救济经历了以下三个发展阶段：

1. 就业安置阶段（新中国成立初期至20世纪80年代初）。新中国成立后，为解决旧中国遗留下来的失业问题，1950年政务院发布了《关于救济失业工人的指示》，劳动部也随后在1950年发布了《救济失业工人暂行办法》，与此同时，国家设立了统率全国失业救济工作的专门机构——失业救济委员会。1951年政务院发布了《劳动保险条例》，但是没有对失业保险进行规定。因此，在此期间我国的失业问题主要靠国家安置就业来解决，并没有建立起失业保险制度。

2. 国营企业职工待业保险阶段（20世纪80年代中期至90年代末）。党的十一届三中全会后，我国逐步开始实施改革开放政策，为解决经济体制转变过程中出现的国营企业职工的待业问题，1986年国务院颁发了《国营企业职工待业保险暂行规定》，确定待业保险覆盖的范围是宣告破产企业的职工，濒临破产企业法定整顿期间被精简的职工，企业停止、解除劳动合同的工人和企业辞退的职工；并规定了资金的筹集和管理模式及领取救济金的资格条件限制和待遇

---

① 参见蔡宏昭：《劳工福利政策》，113～114页，台北，桂冠图书公司，1989。

水平。经过十多年的实践，1993 年国务院发布了《国有企业职工待业保险规定》，对原有的暂行规定作了进一步的修改和完善，以期更好地适应市场经济的要求。但是，该规定存在以下两个方面的问题：一是覆盖范围过窄，仅限于国有企业，我国经济发展过程中逐步发展壮大的其他所有制形式的企业没有纳入其中；二是保障水平低，给付能力弱，发放的失业救济金无法达到保障生存的目的。

3. 失业保险阶段（1999 年至今）。1999 年，国务院颁布《失业保险条例》和《社会保险费征缴暂行条例》，标志着我国失业保险制度的建立和完善。《失业保险条例》扩大了覆盖范围，不仅包括国有企业职工，还将城镇集体企业、外商投资企业、城镇私营企业和城镇事业单位职工纳入其中；明确了失业保险基金的筹集、管理、待遇给付等多方面的内容。2010 年通过的《社会保险法》在第五章专门规定了“失业保险”。

三、失业保险制度的模式

从失业保险制度的产生和发展来看，失业保险制度经历了由非强制性失业保险到强制性失业保险两个阶段。目前实施失业保险的国家和地区主要采取这两种模式。

（1）强制性失业保险模式。强制性失业保险模式最早由 1911 年英国颁布的《国民保险法》所创立，目前世界上实施失业保险的国家和地区的立法主要采取此种模式。此种模式的基本特征在于：国家立法建立失业保险制度，符合法定条件的雇主及其雇员都必须参加失业保险，并且失业保险基金的管理和运营受国家的监督。目前采取此种模式的国家包括英国、美国、加拿大、意大利等。

（2）自愿性失业保险模式。自愿性失业保险模式是指国家并不强制参与失业保险，劳动者对于是否参与保险具有选择权，失业保险基金也并非由政府监督管理，而是由政府辅导、支持的工会建立失业基金，除了工会会员需加入该基金之外，其他劳动者可自主决定是否加入。目前采取自愿性失业保险模式的主要是北欧国家，如丹麦、瑞典、芬兰等。

比较而言，强制性失业保险模式更符合失业保险的社会性特点，而自愿性失业保险模式更多地强调自愿性和保险性。由于失业是一种严重的社会风险，如完全采取自愿模式，有可能导致逆向选择，使得失业保险的社会保障目的无法完全实现。因此，世界上多数国家采取强制性失业保险模式。此外，有些国家和地区还建立了失业救助制度以补充失业保险的不足，形成了失业保险与失业救助相结合的失业救济模式，如英国。

四、失业保险的对象

失业保险对象是指被保险人，即依法参加失业保险，当保险事故发生时享有失业保险待遇请求权的劳动者。纵观失业保险的发展，失业保险对象的确定具有以下几个特点：

（1）失业保险对象的确定受到管理水平、财务能力以及用工状况等因素的影响。从应然的角度看，失业保险的保障对象应该以所有受雇者为目标，但是出于管理、财务负担等因素的考量，以及随着近年劳动用工形式的多元化，新型劳动关系层出不穷，各个国家或地区在实行失业保险时，原则上对于保险对象都采取一定的保留态度，将部分对象排除在外，如将自营职业者排除在外。

（2）失业保险对象呈现逐步扩张的趋势。随着社会经济的发展，国家对于劳动者的保障水平越来越高，以及随着新的用工形式的发展，新形态的雇用劳动者也应享有失业保险的权利，如近年来，有些工业国家对于无法立刻找到工作的大专毕业生或辍学者，即使其以往没有工作年资，亦可请领失业给付。①

【资料链接】

对高校应届毕业生“毕业即失业”的应对

由于高校扩招、经济周期等因素的影响，我国高校毕业生就业形势严峻，部分高校应届毕业生面临毕业即失业的困境。为此，中共中央办公厅、国务院办公厅发布了《关于引导和鼓励高校毕业生面向基层就业的意见》（中办发［2005］18号）。为贯彻落实该意见，教育部、民政部等14个部门联合发出《关于切实做好2006年普通高等学校毕业生就业工作的通知》，明确应届毕业生未就业的，可以依法领取最低生活保障等失业救助。各地为了切实缓解高校毕业生的就业压力，也逐步将应届毕业生毕业一定期限后未就业者纳入失业保险的适用范围，如河北省劳动和社会保障厅、河北省民政厅、河北省财政厅《关于印发河北省应届高校毕业生失业补助金申领发放暂行办法的通知》（冀劳社［2007］55号）规定，对于生源地为河北省户籍、经有关部门认定为困难家庭、当年年底未就业并进行失业登记的普通高等学校应届毕业生，可以在毕业后第二年1～6月向失业保险经办机构申领失业补助金。

2009年国务院办公厅发布《关于加强普通高等学校毕业生就业工作的通知》，该通知规定了促进高校毕业生就业的8项措施，其中部分内容涉及失业保险制度，如为了支持困难企业不裁员或少裁员，保留高校毕业生技术骨干，对符合条件的困难企业可按规定在2009年内给予6个月以内的社会保险补贴或岗位补贴，由失业保险基金支付。为进一步做好高校毕业生就业工作，2011年国务院发布了《关于进一步做好普通高等学校毕业生就业工作的通知》（国发［2011］16号），2013年国务院办公厅发布了《关于做好2013年全国普通高等学校毕业生就业工作的通知》（国办发［2013］35号）。

我国失业保险对象根据失业保险法的适用范围来确定，《失业保险条例》第2条规定：“城镇企业事业单位、城镇企业事业单位职工依照本条例的规定，缴纳失业保险费。城镇企业事业单位失业人员依照本条例的规定，享受失业保险待遇。本条所称城镇企业，是指国有企业、城镇集体企业、外商投资企业、城镇私营企业以及其他城镇企业。”因此，我国失业保险的对象主要是指与城镇企业以及城镇事业单位建立劳动关系的劳动者，以及事业单位工作人员。为了切实做好事业单位参加失业保险的工作，劳动和社会保障部、财政部等先后发布了《关于事业单位参加失业保险有关问题的通知》（劳社部发［1999］29号）和《关于切实做好事业单位参加失业保险工作有关问题的通知》（劳社部发［2000］14号）。2010年10月28日通过的《社会保险法》进一步扩大了失业保险的适用范围，将所有的职工和用人单位纳入覆盖范围。其第44条规定：“职工应当参加失业保险，由用人单位和职工按照国家规定共同缴纳失业保险费。”

---

① 参见柯木兴：《社会保险》，348页，台北，自版，2000。

其中该条所规定的用人单位应与《劳动合同法》第2条规定的相一致。

【理论探讨】

公务人员是否单独制定失业保险制度

我国《失业保险条例》将公务员排除在适用范围之外，而且《社会保险法》未对公务员失业保险进行规定。目前世界上关于公务人员的失业保险制度有两种模式：一是纳入统一的失业保险的调整范围，二是单独建立公务人员失业保险制度。

我们认为，我国应将公务员纳入失业保险的适用范围，建立全国统一的失业保险体系。其原因在于：一是尽管公务员和劳动者在是否受劳动法调整上存在差别，但是他们都可能因为失去工作机会而面临收入中断的风险；二是随着我国公务员退出机制的逐步完善，公务员与劳动者之间的身份转换将会越加灵活，因此，如果另行建立公务员失业保险法律制度，既面临重复建设、浪费资源的问题，又面临两种不同制度的协调问题；三是从我国公务员失业保障的历史来看，我国部分地区曾将公务员纳入失业保险的适用范围，如《海南经济特区城镇从业人员失业保险条例》及其实施条例就曾规定，国家机关（权力机关、行政机关、司法机关以及党机关）的从业人员按条例参加失业保险。

第二节 失业保险基金的筹集

一、失业保险基金筹集概述

失业保险基金的筹集是指社会保险经办机构依法通过收取失业保险费等方式筹措、聚集资金。失业保险基金的来源，目前国际上存在5种模式：(1) 完全由政府承担。采取此种模式的国家主要是基于社会福利的理念，将失业保障理解为公民的基本福利，如澳大利亚等。(2) 完全由雇主承担。采取此种筹资方式的国家认为，劳动者失业是社会经济波动以及用人单位的解雇所导致的，并非由于劳动者自身的过错，因此，失业保险费用由雇主负担，如美国、冰岛等。(3) 政府与雇主双方负担，如意大利等。(4) 雇主与雇员双方负担，如加拿大、法国以及荷兰等。(5) 雇主、雇员、政府三方负担，如日本。

【理论探讨】

失业保险的缴费率制度

失业保险缴费率直接决定了缴费主体的缴纳数额，影响到支付标准的确定。而各国经济发达程度不同，具体的缴费率也不尽相同。目前国际上主要存在以下4种类型：(1) 均等费率制，即不论雇主与劳动者收入多寡，一律缴纳相同金额的保险费。其优点在于简单易行，但其缺点是采取均等保险费，削弱了社会保险的所得再分配功能，存在负担不公平现象。均等费率制中又存在将劳动者的工资划分若干等级，再依各等级规定不同的保险费的情形。(2) 比例费率制，即依劳动者工资的一定比例，收取保险费。其优点在于突出缴费者负担能力的不同，强调社会保险的实质公平；缺点则是手续较为复杂。(3) 单一费率制，即所有参加失业保险的各行业或各雇主按照单一保险费率依其员工投保工资等级来收取保险费，目的是发挥社会连带责任与危险分担的保险特性，使失业率较低的雇主亦需负担较高的部分责任，以避免高费率雇主难以承担费用。其对较低失业率的行业或雇主较为不公平。(4) 经验费率制。经验费率实际上是将雇主应缴纳的保险费高低与其过去解雇员工的情况相联系，即根据各行业或雇主的员工失业情形与给付支出来确定保险费率。此种方式通常是在失业保险实施若干年后才予以采用，通过了解过去经验，作为计算基准。美国采取经验费率制，其原因在于：一是在雇主间公平地分配失业给付成本；二是鼓励雇主参与监督方案的实施，确保适当地决定员工非自愿性离职与给付资格；三是通过让雇主负担失业成本，鼓励雇主稳定雇佣关系。①

二、我国失业保险基金的筹集

根据《社会保险法》和《失业保险条例》的规定，我国失业保险基金的筹集模式采取雇主、雇员和政府三方负担的筹资方式，其中，以职工和用人单位的缴费为主。失业保险费率采取比例费率。我国失业保险基金的具体构成包括：

1. 用人单位和职工缴纳的失业保险费。《失业保险条例》第 6、9 条规定，用人单位按照本单位工资总额的 2%缴纳失业保险费。职工按照本人工资的 1%缴纳失业保险费。用人单位招用的农民合同制工人本人不缴纳失业保险费。省、自治区、直辖市人民政府根据本行政区域失业人员数量和失业保险基金数额，报经国务院批准，可以适当调整本行政区域失业保险费费率。2015 年 2 月 25 日，为减税降费、支持小微企业发展和创业创新，国务院常务会议决定，将失业保险费率由现行条例规定的 3%统一降至 2%，单位和个人缴费具体比例由各地在充分考虑提高失业保险待遇、促进失业人员再就业、落实失业保险稳岗补贴政策等因素的基础上确定。2 月 27 日，人力资源和社会保障部、财政部发布《关于调整失业保险费率有关问题的通知》(人社部发［2015］24 号)，规定："从 2015 年 3 月 1 日起，失业保险费率暂由现行条例规定的 3%降至 2%，单位和个人缴费的具体比例由各省、自治区、直辖市人民政府确定。在省、自治区、直辖市行政区域内，单位及职工的费率应当统一。"有的地方费率甚至低于 2%，如 2015 年北京市失业保险费率为单位缴 1%、个人缴 0.2%。2016 年 4 月 14 日，人力资源和社会保障部、财政部发布《关于阶段性降低社会保险费率的通知》，规定：从 2016 年 5 月 1 日起，失业保险总费率在 2015 年已降低 1 个百分点基础上可以阶段性降至 1%～1.5%，其中个人费率不超过 0.5%。降低费率的期限暂按两年执行。具体方案由各省（区、市）确定。

2. 失业保险基金的利息。失业保险基金利息收入是指将基金存入银行或按照国家规定购买国家债券所得的利息收入。为了保证基金保值增值，筹集的失业保险基金必须存入财政部门在国有商业银行开设的社会保障基金财政专户，并可以利用失业保险基金按照国家规定购买国

① 在美国大部分州及地区，除了阿拉斯加、马里兰、波多黎各及维京岛以外，失业保险的经费来源多采雇主裁退员工记录的经验费率制（Experience Rating System）。参见郭振昌：《美国失业保险政策的经验启示》，载《政策月刊》，1998（38）。

债。存入银行或者用于购买国债的失业保险基金分别按照城乡居民同期存款利率和国债利息计息，利息并入失业保险基金。

3. 政府财政补贴。政府的财政补贴是指当统筹地区的失业保险基金不敷支出时，由该地方政府财政所提供的用于补贴失业保险基金的资金。此外，政府财政应该补贴社会保险经办机构所需的费用。

4. 依法纳入失业保险基金的其他资金。依法纳入失业保险基金的其他资金主要是指法律规定的上述资金之外应该纳入失业保险基金的资金，主要包括缴费单位未按规定缴纳和代扣代缴社会保险费所加收的滞纳金。《社会保险法》第 86 条规定，“用人单位未按时足额缴纳社会保险费的，由社会保险费征收机构责令限期缴纳或者补足，并自欠缴之日起，按日加收万分之五的滞纳金……”。

此外，利用失业保险基金投资所获得的收益，也应该纳入失业保险基金。

第三节　失业保险待遇的给付

一、失业保险待遇的给付条件

非自愿性失业的劳动者符合法定条件时，可以向社会保险经办机构申请，请求给付相应的失业保险待遇。失业保险待遇的给付条件包括：

（1）资格期。所谓资格期，是指失业保险待遇的请求权人获得请领失业保险待遇的资格，需要满足法定的投保期限或者工作期限等。资格期的限制，一方面是基于失业保险基金财务的考量，另一方面则体现了失业保险的保险性特点。因此，我国《社会保险法》和《失业保险条例》规定，失业人员领取失业保险金的，须失业前用人单位和本人已经缴纳失业保险费满 1 年。各个国家和地区由于经济发展以及失业率的不同，资格期的长短不尽相同，如加拿大失业保险申请的资格期为，申请给付之前的 52 周内，必须达到法定的投保时数（insurable hours），而具体的投保时数，根据申请者所在地的失业率来确定。

（2）非自愿中断就业。非因本人意愿中断就业是指失业人员本人主观上愿意就业，但客观上没有相应的就业机会。因此，那些因自愿离职而导致失业的失业人员不能享受失业保险待遇。

但是如何确定申请人是否属于非自愿性失业呢？人力资源和社会保障部《实施〈中华人民共和国社会保险法〉若干规定》第 13 条规定：“非因本人意愿中断就业包括下列情形：（一）依照劳动合同法第四十四条第一项、第四项、第五项规定终止劳动合同的；（二）由用人单位依照劳动合同法第三十九条、第四十条、第四十一条规定解除劳动合同的；（三）用人单位依照劳动合同法第三十六条规定向劳动者提出解除劳动合同并与劳动者协商一致解除劳动合同的；（四）由用人单位提出解除聘用合同或者被用人单位辞退、除名、开除的；（五）劳动者本人依照劳动合同法第三十八条规定解除劳动合同的；（六）法律、法规、规章规定的其他情形。”

【案例分析】

劳动者因为自身的过错导致被解雇，是否可以申领失业保险待遇

【案情】张某为某科技公司的员工，经常无故长期旷工，公司多次要求其遵守公司的规章制度、按时上班，但张某依然我行我素，对于公司的警示置之不理。公司根据公司内部规章制度以及《劳动合同法》第 39 条的规定，以张某“严重违反用人单位的规章制度”为由解除劳动合同。张某持解除劳动合同通知等相关材料，要求失业保险经办机构发放失业保险金。失业保险经办机构工作人员认为，张某属因本人意愿中断就业，不具备享受失业保险待遇的条件。张某则认为《失业保险金申领发放办法》规定，被用人单位解除劳动合同的，属于非因本人意愿中断就业，因此，失业保险经办机构必须发给他失业保险金。

【分析】本案例中张某与失业保险经办机构争议的焦点在于：劳动者自身的过错导致被解雇的，是否可以申领失业保险待遇？

我国《失业保险条例》将“非因本人意愿中断就业”作为申领失业保险待遇的必要条件之一，该条件实际上包括两个方面的内容：(1) 客观方面：中断就业；(2) 主观方面：非因本人意愿。其中审核的重点和难点在于后者。劳动部和社会保障部所颁布的《失业保险金申领发放办法》及人力资源和社会保障部《实施〈中华人民共和国社会保险法〉若干规定》第 13 条对“非因本人意愿中断就业”作了列举规定，其所列举的情形仅明确了“中断就业”的具体判断标准，而没有明确“非因本人意愿”的判断标准。因此，在我国除了劳动者主动辞职的情形不属于“非本人意愿”中断就业，不能申领失业保险待遇外，似乎其他情形都属于“非本人意愿中断就业”，所以，张某认为失业保险经办机构应向其给付失业保险待遇。而失业保险经办机构则认为，某科技公司解除劳动合同，是由于张某自身的过错——不遵守规章制度、长期旷工——导致的，应该不属于“非因本人意愿中断就业”，因此，张某不能享有相应的失业保险待遇。

美国将“员工因职务相关的个人过失导致解雇”作为不符合申领资格的情形，加拿大也要求领取失业保险待遇必须是因“非自身过失而导致失业”，即劳动者因正当理由而导致失业，而正当理由包括：遭受性骚扰或其他骚扰；必须随配偶或抚养的孩童搬离至其他住所；遭受歧视或不公平待遇；工作环境危及健康或安全等。国际劳工组织第 168 号《关于促进就业和失业保护的公约》规定，经主管部门判断，当事人故意造成他或她的解雇时，可在规定的范围内拒付、取消、停发或削减其津贴。因此，我们认为应严格对“非因本人意愿”的审核，由于劳动者自身的过失导致劳动合同被解除的情形不符合“非因本人意愿中断就业”的条件。

(3) 失业者必须有就业能力。失业保险仅仅是指劳动者因丧失劳动机会而获得相应的保险待遇，如果劳动者失去劳动能力，则应该由其他社会保险予以保障，如养老保险等。失业人员具有就业能力具体包括两个方面：一是失业人员还处于法定劳动年龄阶段，即未达到退休年龄；二是失业者个人的身体机能必须能够承担劳动的需要。

我国《失业保险条例》规定，“城镇企业事业单位职工失业后，应当持本单位为其出具的终止或者解除劳动关系的证明，及时到指定的社会保险经办机构办理失业登记。失业保险金自办理失业登记之日起计算。”失业者还应该积极、主动地通过社会保险经办机构或者劳动保障

行政部门，寻求再就业的机会，或积极参与各种就业培训等，不断提高自身素质，增强竞争就业的能力，如失业者可以到所在地劳动保障行政部门下属的劳动就业服务机构进行就业登记。

(4) 已经进行失业登记，并有求职要求。失业保险的保险性特点决定被保险人应该承担相应的义务，除了缴费义务外，还需承担相应的程序性义务，因此，失业保险待遇的申请者应办理失业登记：一方面，确认申请者的失业状态，以安排相关待遇支付和就业培训与指导等；另一方面，确定申请者是否为非自愿失业，以及主观上是否有就业意愿。失业者在失业后应当办理失业登记往往被视为求职意愿的客观表现之一。

二、失业保险待遇给付标准

对于失业保险待遇的给付标准，学界存在“地位说”和“最低生活费说”两种观点。持“地位说”的学者认为，为了维持失业者的地位，使其以相同的条件寻求就业；也为了维护失业者家庭的正常生活水平，使其家庭生活不因失业遭受变化，失业补偿应与失业前工资相同。而持“最低生活费说”的学者则认为，为了防止自愿性失业，促使失业者尽快就业，失业补偿应以维持失业者的最低生活为原则。

我们认为，失业保险待遇的给付标准的确定应该遵循以下三个原则：

(1) 生存保障原则。失业保险待遇的给付标准首先应该满足失业者及其家庭成员基本生活需求，实现失业保险的生存保障的功能。

(2) 低于舒适 (less eligibility) 原则。所谓“低于舒适原则”，是指为失业者提供的保险待遇应低于劳动者的最低工资，以抑制其依赖性和鼓励自足。因为失业保险待遇的给付应能激励失业者的再就业欲望，而如果采取“地位说”的观点，失业保险待遇的给付标准与失业前的工资相同，则会削弱失业者的求职意愿，导致福利依赖。

(3) 权利、义务对等原则。该原则是失业保险的保险性特点的体现，失业劳动者所领取的失业保险金的多少，与其工龄、缴费年限、原工资水平等密切相关。失业劳动者工龄越长、缴费期限越久、工资水平越高，其所能领取的失业保险金也相应地越多。

由于社会经济状况的不同，各国具体制定失业保险金的标准也不同，目前国际上失业保险金的标准主要有以下几种类型：1) 工资比例制，即失业保险金发放的标准以失业人员在失业前一定时间内的工资收入为基数按比例发放。如在日本失业保险金为工资的60%至80%。2) 固定金额制，即失业保险金按统一标准发放给失业者。如在英国缴费制的求职者津贴根据年龄被划分为三个标准：年满25周岁以上的，每周发给53.95英镑；18岁至24岁者，每周发放42.70英镑；16岁至17岁者，每周发给32.50英镑。3) 混合制，即失业保险金的发放采取工资比例制和固定金额制相结合的方法，一部分按失业前工资的一定比例发放，另一部分则按固定金额发放。

《失业保险条例》第18条规定：失业保险金的标准，按照低于当地最低工资标准、高于城市居民最低生活保障标准的水平，由省、自治区、直辖市人民政府确定。然而，各地的最低工资本身就较低，以此为基础的失业保险金就更低，其结果是，一方面，大量的失业者因失业保险金过低难以维持基本生存；另一方面，失业保险基金大量的结余因通胀而贬值。[①] 因此，《社会保险法》取消最低工资的上限限制，而仅规定：失业保险金的标准，不得低于城市居民最低生活保障标准。具体由省、自治区、直辖市人民政府确定。

【理论探讨】

失业保险待遇给付的等待期

等待期是指劳动者失业登记之日至领取失业保险金之间的期间。等待期具有以下两个功能：一是基于失业保险基金财务的考量，避免短期失业导致的小额给付，从而减少给付的次数和人数，减少基金的财务支出，并减少相应的行政运营成本；二是基于失业保险给付程序的考量，因为失业保险经办机构在收到失业者请领失业保险金的申请后，需要进行失业认定等资格审查，因此，等待期的设置可以为失业保险经办机构提供一定时间对于申请人进行审查。国际劳工组织第 168 号《关于促进就业和失业保护的公约》规定，“如果成员国立法规定，在全失业的情况下，只有在等待期满后才能开始支付津贴时，这一等待期不得超过 7 天”。

等待期制度建立的前提是认为所有的劳动者都能承受短暂的所得中断的影响，并且认为新、旧工作间的短暂间隔是正常的，不应视为非补偿不可。在失业保险制度较为成熟的国家和地区，等待期有逐步缩短的趋势，有些国家和地区甚至取消了等待期的限制。国际劳工组织第 168 号《关于促进就业和失业保护的公约》就曾建议成员国，在条件允许的情形下，应缩短等待期。

三、失业保险待遇的内容

国际劳工组织第 168 号《关于促进就业和失业保护的公约》规定：“失业保险应该提供失业者的疾病、生育和家属津贴、医疗津贴以及达到退休年龄前的生活津贴；应该提供培训、进修津贴、调动工作的收入差额津贴；应该提供在职业流动和地区流动时的搬家费、旅费、装备费、分居补贴、安置津贴，还应帮助失业者自己创办企业。”

根据《失业保险条例》的规定，我国失业保险基金用于下列支出：

1. 失业保险金。失业保险金是由社会保险基金支付的主要用于失业人员生活开支的津贴。

【理论探讨】

经济补偿金和失业保险金的关系

我国《劳动法》以及《劳动合同法》规定，劳动合同终止或解除时，用人单位可能需要向劳动者支付经济补偿金，而失业保险金的支付则是《失业保险条例》所规定的内容，因此，从形式上看，二者似乎并无必然关系。但是，无论是经济补偿金还是失业保险金，其功能都是保障劳动者离职后的经济安全，都具有失业补偿的功能。因此，国际劳工组织第 168 号《关于促

---

① 参见范围：《我国失业保险法律制度的问题及其完善——从〈失业保险条例〉到〈社会保险法（草案）〉》，载《人口与经济》，2010 (5)。

进就业和失业保护的公约》第22条规定："当受保护人根据立法或集体合同已直接从雇主或其他来源领取主要用于抵偿他在全失业的情况下造成的收入损失的离职金时，每一成员可在下列情况中作出选择：(a)失业者本可享有的失业津贴可在离职金抵偿收入损失时期内停发；(b)离职津贴可能减少，减少金额相当于在离职金抵偿收入损失的相应时期内有关者有权获得的定期支付款项变换为一次给付金额。"美国各州在计算失业给付金额时，对于有经济补偿金者，采取减额给付的方式。此种"抵偿模式"具有一定的合理性：一方面，避免了失业劳动者因获得双重保障而可能削弱了其再就业的欲望的消极影响；另一方面，可以节省失业保险金的开支，增强失业保险金的给付能力。目前，我国采取的是"兼得"模式，即符合条件的失业人员可以同时获得用人单位支付的经济补偿金和社会保险经办机构发放的失业保险金。

2. 领取失业保险金期间应当缴纳的基本医疗保险费。《失业保险条例》第19条规定：失业人员在领取失业保险金期间患病就医的，可以按照规定向社会保险经办机构申请领取医疗补助金。医疗补助金的标准由省、自治区、直辖市人民政府规定。其结果导致失业保险与医疗保险割裂，而失业保险期间的医疗补助金有相对有限，难以保障失业人员的疾病风险，因此，《社会保险法》第48条规定：失业人员在领取失业保险金期间，参加职工基本医疗保险，享受基本医疗保险待遇。失业人员应当缴纳的基本医疗保险费从失业保险基金中支付，个人不缴纳基本医疗保险费。该规定使得失业保险与医疗保险衔接，失业人员领取失业保险金期间，由失业保险基金代为支付医疗保险费，从而可以避免因为失业中断医疗保险费的缴纳，患病而无法享受医疗保险待遇的情况。对于具体规程，2011年6月29日发布的人力资源和社会保障部、财政部《关于领取失业保险金人员参加职工基本医疗保险有关问题的通知》规定：领取失业保险金人员应按规定参加其失业前失业保险参保地的职工基本医疗保险（以下简称职工医保），由参保地失业保险经办机构统一办理职工医保参保缴费手续。领取失业保险金人员参加职工医保的缴费率原则上按照统筹地区的缴费率确定。缴费基数可参照统筹地区上年度职工平均工资的一定比例确定，最低比例不低于60%。失业保险经办机构为领取失业保险金人员缴纳基本医疗保险费的期限与领取失业保险金的期限相一致。领取失业保险金人员参加职工医保的缴费年限与其失业前参加职工医保的缴费年限累计计算。领取失业保险金人员参加职工医保当月起按规定享受相应的住院和门诊医疗保险待遇，享受待遇期限与领取失业保险金期限相一致，不再享受原由失业保险基金支付的医疗补助金待遇。

3. 领取失业保险金期间死亡的失业人员的丧葬补助金和其供养的配偶、直系亲属的抚恤金。《社会保险法》第49条规定：失业人员在领取失业保险金期间死亡的，参照当地对在职职工死亡的规定，向其遗属发给一次性丧葬补助金和抚恤金。所需资金从失业保险基金中支付。个人死亡同时符合领取基本养老保险丧葬补助金、工伤保险丧葬补助金和失业保险丧葬补助金条件的，其遗属只能选择领取其中的一项。失业人员在领取失业保险金期间死亡的，其遗属可持失业人员死亡证明、领取人身份证明、与失业人员的关系证明，按规定向经办机构领取一次性丧葬补助金和其供养配偶、直系亲属的抚恤金。失业人员当月尚未领取的失业保险金可由其家属一并领取。而具体的丧葬补助金和抚恤金的标准，应该依照各地对在职职工的具体规定执行。如《北京市失业保险规定》规定：失业人员在领取失业保险金期间死亡的，参照本市在职职工社会保险有关规定发给丧葬补助金。有供养直系亲属的，发给一次性抚恤金，抚恤金标准按失业人员死亡当月领取失业保险金的数额和供养人数发给。供养1人的，给付6个月；供养

2人的，给付9个月；供养3人或3人以上的，给付12个月。

4. 领取失业保险金期间接受职业培训、职业介绍的补贴。失业人员在领取失业保险金期间应积极求职，接受职业指导和职业培训。失业人员在领取失业保险金期间求职时，可以按规定享受就业服务减免费用等优惠政策。失业人员接受职业介绍、职业培训的补贴由失业保险基金按照规定支付。

5. 国务院规定或者批准的与失业保险有关的其他费用。其他费用是指上述列支之外的其他费用开支，应该注意依法支出，即其他费用的列支必须是依照国务院的规定或者批准，包括目的、程序等方面。

四、失业保险金的给付期限

失业保险金的给付期限是指失业劳动者可以请领失业保险金的时间。失业保险金给付期限长短的确定需要平衡以下两个因素：一是失业保险基金的财务和行政因素，二是生存保障和就业促进的平衡。此外，给付期的长短与就业状况有密切的联系：当就业状况恶化，失业率上升时，可以相应延长失业保险金的给付期限。

目前国际上对于失业保险金的给付期限，主要有两种：(1) 均一期限制，即不考虑失业者的工资、工龄以及投保期限的长短，对于所有的符合条件的失业人员提供相同期限的失业保险金给付，如英国。(2) 差别期限制，即在规定的最高期限内，根据缴纳保险费期限、工龄的长短以及工资所得等条件的不同而提供不同的失业保险金给付期限。如日本根据投保期限的长短，给予17周至52周不同的失业保险给付。

我国《社会保险法》实行差别期限制，根据缴费期限不同，实行不同的给付期限：

(1) 失业人员失业前用人单位和本人累计缴费满1年、不足5年的，领取失业保险金的期限最长为12个月；(2) 累计缴费满5年、不足10年的，领取失业保险金的期限最长为18个月；(3) 累计缴费10年以上的，领取失业保险金的期限最长为24个月。

为了确定累计缴费时间的计算，劳动和社会保障部于2000年发布了《失业保险金申领发放办法》(2019年修订)，规定：第一，实行个人缴纳失业保险费前，按国家规定计算的工龄视同缴费时间，与《失业保险条例》发布后缴纳失业保险费的时间合并计算；第二，失业人员在领取失业保险金期间重新就业后再次失业的，缴费时间重新计算，其领取失业保险金的期限可以与前次失业应领取而尚未领取的失业保险金的期限合并计算，但是最长不得超过24个月。失业人员在领取失业保险金期间重新就业后不满一年再次失业的，可以继续申领其前次失业应领取而尚未领取的失业保险金。前者是为了解决《失业保险条例》颁布、实施后新、旧法律制度的过渡问题，确保整个社会保障制度的稳定；后者则是为了解决重新就业后再次失业的情形下，领取失业保险金的期限的确定。《社会保险法》对后者也采取了相同的规则，且人力资源和社会保障部《实施〈中华人民共和国社会保险法〉若干规定》第14条规定，失业人员领取失业保险金后重新就业的，再次失业时，缴费时间重新计算。失业人员因当期不符合失业保险金领取条件的，原有缴费时间予以保留，重新就业并参保的，缴费时间累计计算。

此外，《社会保险法》第52条规定：职工跨统筹地区就业的，其失业保险关系随本人转移，缴费年限累计计算。

五、我国失业保险待遇的申领程序

失业保险待遇的申领需要劳动者、用人单位与失业保险经办机构三方协作，其程序包括：(1) 用人单位应当及时为其失业人员出具终止或者解除劳动关系的证明，告知其按照规定享受失业保险待遇的权利，并将失业人员的名单自终止或者解除劳动关系之日起 7 日内报社会保险经办机构备案。(2) 办理失业保险登记，申领失业保险金。职工个人在失业后，应在终止或者解除劳动合同之日起 60 日内到受理其单位失业保险业务的经办机构申领失业保险金。申领程序为职工持本单位为其出具的终止或者解除劳动关系的证明，及时到指定的社会保险经办机构办理失业登记，填写"失业保险金申领表"，并出具相应的书面材料，如本人身份证明。(3) 领取失业保险金。经过审核后，对于符合条件的失业人员，社会保险经办机构为失业人员开具领取失业保险金的单证，承担按月发放失业保险金的义务。失业人员凭单证到指定银行领取失业保险金及其他补贴。

六、我国失业保险待遇的停止支付

失业保险金的发放是附条件的，包括实体和程序两方面的条件，当所有条件符合时，经过失业人员申请，应该给付相应的失业保险金；而当所有必要条件之一缺失时，应该停止发放失业保险金。《社会保险法》第 51 条规定："失业人员在领取失业保险金期间有下列情形之一的，停止领取失业保险金，并同时停止享受其他失业保险待遇：(一) 重新就业的；(二) 应征服兵役的；(三) 移居境外的；(四) 享受基本养老保险待遇的；(五) 无正当理由，拒不接受当地人民政府指定部门或者机构介绍的适当工作或者提供的培训的。"

问题与思考

1. 失业保险有何特点、功能？
2. 失业保险制度的具体模式包括哪些？
3. 我国失业保险的适用对象包括哪些？
4. 失业保险基金具体由哪些内容构成？
5. 失业保险待遇的给付需符合哪些条件？给付标准如何确定？具体包括哪些内容？
6. 什么情形下可以停止支付失业保险待遇？

第十八章

生育保险法

本章概要

生育保险是指针对妇女生育，通过国家强制的方式筹集生育保险基金，为怀孕和分娩的参保妇女提供收入补偿、医疗服务和生育休假，以确保参保妇女在生育期间的生活维持和健康养护，从而维持社会人口再生产的一项社会保障制度。生育保险制度的具体内容包括：生育保险基金的筹集与管理、生育保险待遇的申领及给付。生育保险待遇包括：生育休假、生育津贴以及生育医疗费。

关键术语

生育　生育保险　生育保险基金　生育保险待遇

第一节　生育保险法概述

一、生育保险的概念及特征

生育保险是指针对妇女生育，通过国家强制的方式筹集生育保险基金，为怀孕和分娩的参保妇女提供收入补偿、医疗服务和生育休假，以确保参保妇女在生育期间的生活维持和健康养护，从而维持社会人口再生产的一项社会保障制度。

与其他社会保险相比，生育保险具有以下特征：

第一，生育保险具有性别特征。生育保险的对象主要是女职工，最终受益人只能是女职工及其所生育的婴儿。能够引起生育保险法律关系产生、变更或消灭的法律事实是女职工的生育行为。女职工作为生育行为的承担者，其生育者职责和劳动者职责之间存在一定的冲突，当其履行生育职责时，劳动就业以及生活将受到较大影响，因此，需要通过生育保险来维持其生活和健康。《企业职工生育保险试行办法》第 2 条规定："本办法适用于城镇企业及其职工。"根据该办法的相关内容，我国生育保险的享受对象主要是女职工。

第二，生育保险具有较典型的社会性。生育保险以女性职工的生育为连接点，将女性职工的个人利益、家庭利益以及社会整体利益融合起来，既保证了生育者个人生育期间的生活维持和健康养护，也维持其家庭收入不会因为其生育、停止工作而受到重大影响，同时通过收入维持和休假来确保生育子女的健康，从而维护社会的整体素质。

二、生育保险制度的历史

早在1883年德国颁布的《疾病保险法》中，生育保险就是疾病保险的一部分。19世纪末至20世纪初，奥地利、比利时、丹麦等国家先后进行疾病和生育保险立法，生育保险逐渐成为社会保险的重要内容。在目前实施生育保险制度的国家和地区中，有些是采取单独立法的模式，更多的是采取“综合立法模式”，即将生育保险与疾病保险制度规定在一起，或者将生育保险金的一些内容作为家庭津贴的一部分。

国际劳工组织曾先后多次制定与生育保险相关的国际公约。如1919年第3号《妇女产前产后就业公约》规定，妇女产假至少为12个星期，其中分娩前后各休假6个星期。1952年第103号《保护生育公约》规定：妇女在产假期间有权领取现金津贴和医药津贴。现金津贴应保证足以按照适当生活标准维持产妇和婴儿的健康；医药津贴应包括产前、产时、产后的护理以及必要时住院的护理；现金津贴或由强制社会保险提供，或由公共基金提供。由强制性社会保险提供的现金津贴应当以该妇女产前的收入为依据，不应低于其产前收入的2/3。

我国生育保险制度始于新中国成立初期。政务院1951年《劳动保险条例》第16条对生育保险作出了较为详细的规定，保险对象不仅包括“女工人与女职员”，还包括“男工人与男职员的配偶”。1955年，国务院《关于女工作人员生产假期的通知》对“机关女工作人员”也确立了基本相同的制度保障。1953年，政务院对《劳动保险条例》进行了修正。与此同时，劳动部颁布了《劳动保险条例实施细则修正草案》，对生育保险待遇的有关问题作了更为详细的规定，并且规定临时工、季节工及试用人员怀孕及生育的，其怀孕检查费、接生费、生育补助费及生育假期与一般女工人、女职员相同；产假期间由企业行政方面或资方发给产假工资，其数额为本人工资的60％。

1956年，我国社会主义改造完成，随着所有制形式的转变，劳动者的用工形式也从依靠“市场”转变成了“计划统筹”，劳动者“单位所有”逐步形成，而社会保险制度也由“劳动保险基金”的统筹调剂转变为单位的“统包统销”。1969年财政部颁发《关于国营企业财务工作中几项制度的改革意见（草稿）》，规定：“国营企业一律停止提取工会经费和劳动保险金”，“企业的退休职工、长期病号工资和其他劳保开支，改在企业营业外列支”。至此，生育保险的国家统筹消失，各企业只对本企业的女工负责。

1978年，党的十一届三中全会后，劳动用工制度开始改革。1988年，国务院颁布实施了《女职工劳动保护规定》，女职工产假由原来《劳动保险条例》规定的56天增加至90天。而政务院修正发布的《劳动保险条例》中有关女工人、女职员生育待遇的规定和1955年4月26日国务院《关于女工作人员生产假期的通知》同时废止。

1988年后，旧的制度废止，新制度尚未完全建立，国家并没有建立全国统一的生育保险制度，而是根据各地的具体情况，在全国许多省市进行了改革试点。各地的生育保险制度改革措施主要有两种：一是各地方政府根据各地经济发展的状况，在地方层面进行生育保险基金统筹；二是继续延用“单位统包统销”的方式，只是在夫妻双方单位之间进行了责任分配，由夫妇双方所在企业平均分担生育保险费用。

1994年《劳动法》第70条规定，国家建立社会保险制度，设立社会保险基金，使劳动者在生育等情况下获得帮助和补偿。第73条规定，劳动者在生育情形下，依法享受社会保险待遇。1994年劳动部发布《企业职工生育保险试行办法》。2010年《社会保险法》在第六章“生育保险”专门规定了生育保险的覆盖范围、筹资和待遇项目。2012年11月21日，人力资源和社会保障部发布了《生育保险办法（征求意见稿）》，向社会公开征求意见。2015年《中共中央关于制定国民经济和社会发展第十三个五年规划的建议》提出：“将生育保险和基本医疗保险合并实施。”这意味着我国的生育保险将从单独立法模式转向综合立法模式。

三、生育保险制度的意义

在传统社会，生育所带来的疾病、死亡等一直被视为生育者个人及其家庭的风险。在现代社会，女性除了承担家庭生育者的角色，还承担工业劳动者的角色，生育风险也逐渐转变为一种社会风险。因此，生育保险对于保护女职工的身体健康，促进她们劳动能力的恢复，维持劳动力资源的持续都具有重要意义。

（1）生育保险能够保护女职工的平等就业权。妇女是生育行为的直接承担者，育龄女职工往往因为生育休假不能参与劳动，企业需承担因此导致的生产不足或寻找替代劳动的成本，故实践中企业可能为了减少成本而对女职工实施就业歧视。生育保险制度一方面通过社会统筹，由生育保险基金来承担相应的生育津贴和医疗费用，能够极大减轻企业的负担，实现企业之间的平等竞争；另一方面，通过生育期间特殊的劳动保护、收入补偿等措施，保留女职工的劳动岗位，确保女职工生育休假期间的经济收入水平，从而能够有效化解女职工承担生育职责的性别风险，实现男女平等就业。

（2）生育保险能够保障女职工生育期间的经济安全和生命安全，确保劳动能力的恢复，促进劳动力资源持续、有效地供给。女性劳动者作为劳动力市场的重要组成部分，如果因为生育缺乏足够的医疗保障和假期休养导致身体健康受损，不仅影响到生育女职工个人的就业，而且对整个劳动力市场的供给产生重大影响。生育保险中的医疗待遇和产假，能够确保女职工劳动能力的恢复，维持劳动力市场中劳动力资源供给的稳定。

（3）生育保险有利于提高人口素质，促进人类社会延续后代，保证社会劳动力的再生产。女性劳动者孕期过度的劳动或者过低的生活标准会影响胎儿的身体素质，进而影响整个人类社会的生存能力。因此，“生育保险制度的建立不仅是工业社会的产物，而且是现代社会文明进步的一个标志”①。

---

① 郑功成：《生育保险改革：现代社会文明进步的标志——生育保险研讨会综述》，载《中国社会保障》，1999-12-17。

第二节　生育保险制度的内容

一、生育保险的适用范围

劳动部《企业职工生育保险试行办法》第 2 条规定："本办法适用于城镇企业及其职工。"该范围相对狭窄，不能适应我国的实际需要。因此，《社会保险法》扩大了生育保险的适用范围，其规定，"职工应当参加生育保险"。所以，生育保险应该覆盖我国的全体职工，不仅仅是女职工，还包括男职工；不仅仅是劳动法中的劳动者，还应包括国家机关、事业单位工作人员。

二、生育保险基金的筹集

《社会保险法》第 53 条规定：职工应当参加生育保险，由用人单位按照国家规定缴纳生育保险费，职工不缴纳生育保险费。因此，生育保险基金主要来自于用人单位缴纳的生育保险费。其具体构成包括以下几个部分：

1. 用人单位缴纳的生育保险费

《企业职工生育保险试行办法》第 4 条规定，生育保险由用人单位按照其工资总额的一定比例向社会保险经办机构缴纳生育保险费，建立生育保险基金，生育保险费的提取比例由当地人民政府根据计划内生育人数和生育津贴、生育医疗费等项费用确定，并可根据费用支出情况适时调整，但最高不得超过工资总额的 1%。2015 年人力资源社会保障部、财政部发布的《关于适当降低生育保险费率的通知》规定：自 2015 年 10 月 1 日起，在生育保险基金结余超过合理结存的地区降低生育保险费率。生育保险基金累计结余超过 9 个月的统筹地区，应将生育保险基金费率调整到用人单位职工工资总额的 0.5%以内，具体费率应按照"以支定收、收支平衡"的原则，根据近年来生育保险基金的收支和结余情况确定。

2. 生育保险基金的利息收入

社会保险经办机构筹集的生育保险基金应存入社会保险经办机构在银行开设的生育保险基金专户。银行应按照城乡居民个人储蓄同期存款利率计息，所得利息转入生育保险基金。生育保险基金及其利息不征税、费。

3. 滞纳金

滞纳金是指企业未按期缴纳生育保险费时，由法定的收缴部门要求其承担的一种迟延履行的法律责任。缴费企业未按规定缴纳和代扣代缴社会保险费的，由劳动保障行政部门或者税务机关责令限期缴纳；逾期仍不缴纳的，除补缴欠缴数额外，从欠缴之日起，按日加万分之五的滞纳金。滞纳金并入社会保险基金。滞纳金计入营业外支出，纳税时进行调整。

4. 其他依法应当纳入生育保险基金的资金

其他依法应当纳入生育保险基金的资金是指，除法律规定的上述应该纳入生育保险基金的资金外，其他应该纳入生育保险基金的资金主要包括生育保险基金运营收入以及国家的财政补贴等。根据各地的规定，社会保险经办机构可以将一定比例的生育保险基金进行资本运营，主要是进行一些低风险的投资，以期保值增值，投资所得的收益应该纳入生育保险基金。此外，国家为了提高生育保险待遇水平和覆盖率等，对于生育保险进行的专项财政补贴也应该纳入生育保险基金。

三、生育保险待遇的给付

（一）申领生育保险待遇的条件

1. 参加生育保险

申领生育保险待遇的女职工应该参加了生育保险，即其所在的企业应该办理了生育保险的登记，且为其按时、足额缴纳了生育保险费。

2. 符合计划生育规定

申领生育保险待遇的女职工应该符合计划生育规定。2021 年修订的《人口与计划生育法》第 18 条规定：国家提倡适龄婚育、优生优育。一对夫妻可以生育三个子女。符合法律、法规规定条件的，可以要求安排再生育子女；具体办法由省、自治区、直辖市人民代表大会或者其常务委员会规定。少数民族也要实行计划生育，具体办法由省、自治区、直辖市人民代表大会或者其常务委员会规定。因此，女职工由于计划外生育行为产生的费用，由职工自己负担。

【案例分析】

未婚先孕的女职工是否可以享受生育保险待遇

【案情】2017 年 9 月，张某与某公司订立了为期 3 年的劳动合同，约定试用期为 2 个月。合同订立后，公司为张某办理了社会保险登记，并依法缴纳了相关的费用。2008 年 2 月，未婚的张某发现自己怀孕了，经慎重考虑打算生下这个孩子。2018 年年底，张某向公司申请产假，而公司认为她未婚先孕，不符合产假的规定，不能享受生育保险待遇。张某不服，向劳动争议仲裁委员会提起劳动仲裁，请求裁决该公司同意其享有产假并支付其休产假期间的工资及相关的生育保险待遇。

【分析】该案涉及的法律问题包括：(1) 女职工非婚生育的，可以享受产假待遇。《妇女权益保障法》第 26 条*明确规定：“任何单位均应根据妇女的特点，依法保护妇女在工作和劳动时的安全和健康，不得安排不适合妇女从事的工作和劳动。妇女在经期、孕期、产期、哺乳期受特殊保护。”2012 年《女职工劳动保护特别规定》第 7 条规定：“女职工生育享受 98 天产假……”因此，产假待遇是对怀孕女职工身体健康的保护，无论是否符合计划生育政策的规定，原则上怀孕女职工都应享有产假待遇。

(2) 女职工未婚生育不能享受生育津贴以及医疗护理费。《人口与计划生育法》第 21 条规定：“实行计划生育的育龄夫妻免费享受国家规定的基本项目的计划生育技术服务。前款规定

---

* 在 2022 年修订的《妇女权益保障法》中为第 47 条：“用人单位应当根据妇女的特点，依法保护妇女在工作和劳动时的安全、健康以及休息的权利。”“妇女在经期、孕期、产期、哺乳期受特殊保护。”

所需经费，按照国家有关规定列入财政预算或者由社会保险予以保障。”中共中央、国务院《关于进一步做好计划生育工作的指示》（中发［1982］11号）规定：“对于不按计划生育的，要给予适当的经济限制。国家干部和职工，城镇居民，计划外生第二胎的，要取消其按合理生育所享受的医药、福利等待遇，还可视情况扣发一定比例的工资，或不得享受困难补助、托幼补助”。

（3）非婚生育女职工产假期间，企业无须支付工资，但可酌情给付补助。1965年《劳动部工资局复女职工非婚生育时是否享受劳保待遇问题》指明：“女职工非婚生育时，不能按照劳动保险条例的规定享受生育待遇。其需要休养的时间不应发给工资。对于生活有困难的，可以由企业行政方面酌情给予补助。”

因此，本案中，公司应同意张某享有相应的产假，但张某属于非婚生育，不能享受相应的生育保险待遇。在张某产假期间，公司无须支付工资，但可酌情给予补助。

3. 申请人建立合法、有效的婚姻关系

公民有生育的权利，也有依法实行计划生育的义务，符合计划生育规定的前提是申领人已经建立合法、有效的婚姻关系，即符合《民法典》的规定，达到法定婚龄男女双方自愿建立婚姻关系，并依法办理结婚登记，且双方没有禁止结婚的情形，如直系血亲和三代以内的旁系血亲，以及患有医学上认为不应当结婚的疾病。

4. 符合生育保险的就医规定，药品、诊疗和医疗服务设施的规定

职工生育、实施计划生育手术应当按照所在地社会保险经办机构确定的基本医疗或生育保险就医的规定，到具有助产、计划生育手术资质的定点医疗机构就医。

职工生育、实施计划生育手术也应该按照当地社会保障行政部门确定的生育保险部分医疗费支付项目和标准，报销生育医疗、护理费用。对于超过规定的支付项目或者超过规定标准的医疗费用，应该由申领人自己承担。

（二）申领生育保险待遇的程序

申领生育保险待遇的程序是指参加生育保险的生育者或其所在企业，在其生育或流产后，依法向社会保险经办机构申请支付生育津贴、医疗服务费用等的步骤。根据《企业职工生育保险试行办法》，女职工生育或流产后，由本人或所在企业持当地计划生育部门签发的计划生育证明，婴儿出生、死亡或流产证明，到当地社会保险经办机构办理手续，领取生育津贴和报销生育医疗费。

社会保险经办机构应当自受理申请之日起20日内，对生育妇女享受生育生活津贴、生育医疗费补贴的条件进行审核。对符合条件的，核定其享受期限和标准，并予以一次性计发；对不符合条件的，应当书面告知。一般而言，社会保险经办机构在进行审核时，主要是对于生育者本人是否符合相应的条件以及相应的保险待遇标准进行审核，对于下列生育、计划生育手术医疗费用，生育保险基金不予支付：（1）不符合国家或者本市计划生育规定的；（2）不符合所在地基本医疗或生育保险就医规定的；（3）不符合所在地基本医疗或生育保险药品目录、诊疗项目和医疗服务设施项目规定的；（4）按照规定应当由个人负担的费用，等等。

（三）生育保险待遇的具体内容

生育保险待遇的具体内容是指生育保险对象所能享受的生育保险的具体项目。生育保险待

遇的内容与生育者因为生育而承担的某种不利具有对应性，是国家通过强制的方式对于此种不利的弥补。生育者因为生育而相应承担的不利主要包括：一是为了保护生育者及其幼儿的健康所必需的停工休假；二是因为休假可能导致的劳动收入减少，从而导致生育者个人及其家庭生活水平的降低；三是因为生育而接受的医疗服务，增加生育者及其家庭的生活负担等。因此，我国的生育保险待遇的具体内容相应包括生育休假、医疗护理以及生育津贴。

1. 生育休假

生育休假一般包括母育假（产假）、父育假（母亲产假期间的父亲育儿假）和育儿假（母亲产假后父母双亲任何一方的育儿休假）。《企业职工生育保险试行办法》规定，女职工生育按照法律、法规的规定享受产假。2012 年《女职工劳动保护特别规定》第 7 条规定："女职工生育享受 98 天产假，其中产前可以休假 15 天；难产的，增加产假 15 天；生育多胞胎的，每多生育 1 个婴儿，增加产假 15 天。女职工怀孕未满 4 个月流产的，享受 15 天产假；怀孕满 4 个月流产的，享受 42 天产假。"《企业职工生育保险试行办法》中仅规定了女职工产假，而我国部分省市在地方性法律规范中规定了 3 天至 30 天不等的带薪父育假。所谓父育假是指母亲生育期间，父亲照顾、护理的假期。如《内蒙古自治区企业职工生育保险试行办法》规定，符合晚育规定的，男方职工可以享受 7 天的带薪休假；《南京市人口与生育服务规定》规定，符合晚育规定的夫妇，男性可以享受 15 天的护理假期。我国目前关于父育假的规定多是各地对于晚育者的一种奖励措施，属于计划生育政策的内容，而并非如国外立法明确为生育保险待遇内容。如芬兰关于父育假规定，父亲在母亲产假期间享有为期 6 天至 18 天的假期。

2. 生育津贴

生育津贴是指在法定的生育休假期间，对生育者的工资收入损失给予经济补偿。《社会保险法》第 56 条规定："职工有下列情形之一的，可以按照国家规定享受生育津贴：（一）女职工生育享受产假；（二）享受计划生育手术休假；（三）法律、法规规定的其他情形。生育津贴按照职工所在用人单位上年度职工月平均工资计发。"

3. 生育医疗费

生育医疗费是指由生育保险基金承担的与生育有关的医护费用，具体包括：（1）生育的医疗费用；（2）计划生育的医疗费用；（3）法律、法规规定的其他项目费用。超出规定的医疗服务费和药费（含自费药品和营养药品的药费）由职工个人负担。

问题与思考

1. 简述生育保险的概念、特点和意义。
2. 我国生育保险的适用范围如何？
3. 我国生育保险基金具体由哪些内容组成？
4. 生育保险待遇的给付需符合哪些条件？
5. 如何申领生育保险待遇？
6. 生育保险待遇具体包括哪些内容？

第十九章

社会救助法

本章概要

社会救助是指国家对于遭受灾害、失去劳动能力的公民以及低收入的公民给予物质救助，以维持其最低生活水平的一项社会保障法律制度。国务院于2014年2月21日颁布《社会救助暂行办法》（国务院令第649号，2019年修订，以下简称《办法》），从完善社会救助制度安排、强化社会救助查询核对机制、鼓励社会力量参与、健全社会救助统筹政策、规范社会救助申请审批程序等方面作出明确规定。《办法》的颁布标志着我国社会救助体系法制框架基本构建，标志着我国社会救助从政策性救助走向法治型救助、从管理型救助走向服务型救助、从生存线救助走向兼顾发展型救助、从政府救助走向多元化社会救助。

关键术语

社会救助　最低生活保障　特困人员供养　受灾人员救助　医疗救助　教育救助　住房救助　就业救助　临时救助　社会力量参与

第一节　社会救助法概述

一、社会救助的概念和特征

社会救助，又称社会救济。通常来说，救济是人们基于一种同情和慈善的心理对贫困者行善施舍，多表现为暂时性的救济措施。这种消极的救贫济穷措施与现代政府采取的长期性的、积极的救困济贫措施有本质不同。基于政府的责任而采取的长期性的救济，使用救助一词更为准确。

现代意义的社会救助是指国家对于遭受灾害、失去劳动能力的公民以及低收入的公民给予物质救助，以维持其最低生活水平的一项社会保障法律制度。社会救助主要对社会成员提供最低生活保障，其目标是扶危济贫、救助社会弱势群体，对象是低收入人群和困难人群，体现了浓厚的人道主义思想，是社会保障的最后一道防护线和安全网。

社会救助不同于传统的济贫措施，也不同于社会福利和社会保险。其基本特征是：

（1）目的性。社会救助的实质是保障生存权，满足人们最基本的食、住、衣、医的需要，换言之就是食能饱腹、住能藏身、衣能遮体、病能救治。

（2）法定性。在现代社会中，社会救助通常被视为纯粹的政府行为，是一种完全由政府运作的最基本的再分配或转移支付制度。政府的这种责任或义务通常用最低生活保障立法的方式加以确认，并且透明度极高地公之于众。社会救助法是一个国家法律体系的重要部分，社会救助的范围、标准以及具体规定都应由法律严格界定。

（3）无偿性。国家通过社会救助方式赋予特定社会成员一定的利益，帮助其克服生活困难、摆脱生活困境是没有对价条件的。作为最基础层次的社会保障，社会救助在利益赋予上必须是绝对的、无条件的。社会救助的资金来源于国家财政和地方财政，列入国家总预算支出，社会成员无须缴纳费用，符合条件者即可获得社会救助。

（4）救助对象的特殊性。社会救助通常在公民因社会或个人、生理或心理原因致使其收入低于最低生活保障线而陷入生活困境时发生作用，救助对象是已处于生活困境中的社会成员。因此，社会救助的对象不像社会保险和社会福利那样具有广泛性。

二、社会救助法的起源和发展

社会救助的出现是人类从野蛮走向文明的重要标志。我国的社会救助事业有着悠久的历史，西周时期的《周礼·地官司徒》一书载：以保息六，养万民：一曰慈幼，二曰养老，三曰振穷，四曰恤贫，五曰宽疾，六曰安富。这是我国最早的记载国家在六个方面负有救助、安抚百姓责任的文字。西方历史上社会救助立法的起源是英国伊丽莎白女王 1601 年颁布的《济贫法》，该法规定，对贫民施行救济是每个济贫区的责任，每区委任救济官，负责为贫民及其家属安排工作，对财产占有人征收济贫基金税。但这种救济属于传统的社会救助方式，建立在慈善、施舍的基础上，而不是把它作为社会成员的一项权利。19 世纪末、20 世纪初，社会救助制度才发生本质上的变化，社会救助被认为是国家的责任而不是一种慈善事业，世界各国都将社会救助作为一项法律制度而不是一种任意的行为。如 1961 年联邦德国《联邦社会救助法》指出："社会救助的唯一标准是需要原则，满足贫困人群的生活保障需要和生命尊严需要。"随着社会的进步，建立规范的社会救助制度已成为各国的一项重要社会政策，并被国际社会积极推广。

三、我国社会救助法制的发展

在《办法》颁布之前，我国社会救助的体系较为零散，除最低生活保障制度、农村社会救助制度以及城市流浪乞讨人员救助制度领域由国务院的行政法规予以规范外，灾害救助制度等领域主要依靠国务院或民政部以及地方的规范性文件予以规范。《办法》的出台，为社会救助发展提供了法律依据，有利于统筹社会救助体系建设，不断完善托底线、救急难、可持续的社会救助制度，形成保障困难居民基本生活的安全网。可以认为，该法规的颁行在四个方面实现了社会救助法治的突破性进展：

1. 构建了社会救助制度体系，主要包括最低生活保障、特困人员供养、受灾人员救助、医疗救助、教育救助、住房救助、就业救助、临时救助共八项制度以及社会力量参与。这是我国第一次以法律制度形式明确社会救助制度体系的内容。

2. 加强了社会救助统筹协调。《办法》确立了国务院民政部门统筹全国社会救助体系建设的职能，各部门按照各自职责做好相应的社会救助行政管理，形成政府领导、民政部门牵头、有关部门配合、社会力量参与的社会救助协调机制。

3. 有助于社会救助城乡统筹发展。《办法》的具体制度设计贯穿了城乡统筹发展的理念和要求，无论在最低生活保障、特困人员供养、受灾人员救助以及医疗、教育、住房、就业、临时救助和社会力量参与等专章中，还是在社会救助经办机构职责、监督管理、法律责任等综合性条款中，都坚持了城乡全覆盖、城乡统筹推进的理念和要求，惠及城乡所有困难居民。

4. 建构社会救助家庭经济状况查询核对机制。《办法》以法律的形式确立了建立信息核对平台，根据救助申请及获得救助家庭的请求、委托，由县级以上民政部门代为查核其收入状况、财产状况等制度，为确保社会救助公平、公正实施奠定了基础。

第二节　我国社会救助制度的内容

一、最低生活保障制度

（一）最低生活保障制度概述

最低生活保障是指政府对于收入水平低于政府公告最低生活标准的公民，按照法定程序和标准提供的现金或实物救助，以保证该公民基本生活所需的社会救助制度。其特点是：

（1）获取最低生活保障或社会救助是公民生存权的体现。生存权是公民在现代社会享有的最基本的权利，保障公民的生存权是国家和社会的当然职责和基本义务，最低生活保障制度就是为保障公民的生存权而建立的社会保障制度。尽管各国或各地区最低生活保障标准并不相同，但在最低生活保障标准能够维持最低的生活需要方面是一致的。

（2）最低生活保障制度提供的仅仅是满足最低生活需求的资金或实物。最低生活保障制度是社会保障制度中最后一道“安全网”，它的责任仅仅是使受助者的生活相当于或略高于最低生活需求，以避免产生依赖心理乃至不劳而获的思想。只要受助者的收入超过最低生活标准，国家就不再给予救助。

（二）我国最低生活保障制度的产生与发展

1. 城市居民最低生活保障制度

1993 年，上海市结合本地实际，借鉴国际上对贫困人口进行规范救济的经验，率先建立了城市居民最低生活保障线制度。在总结上海经验的基础上，民政部在 1994 年召开的全国民政会议上明确提出“对城市社会救济对象逐步实行按当地最低生活保障线标准进行救济”。1997 年国务院发布《关于在全国建立城市居民最低生活保障制度的通知》，标志着我国全面启动城市低保制度。到 1999 年 9 月，全国所有城市和有建制镇的县人民政府所在地全部建立这项制度。国务院颁布的《城市居民最低生活保障条例》于 1999 年 10 月 1 日正式开始施行，城市居民最低生活保障制度步入法制化的轨道。2012 年，国务院发布《关于进一步加强和改进最低生活保障工作的意见》，对于最低生活保障制度在实践中存在的管理不规范、监管不到位等问题提出了进一步规范的要求。

2. 农村居民最低生活保障制度

从 1997 年开始，我国部分有条件的省市逐步建立了农村最低生活保障制度，广东、浙江等经济发达省、市相继出台实施农村最低生活保障办法。国务院在 2006 年召开的中央农村经济工作会议上明确提出，要在全国范围内建立农村最低生活保障制度。2007 年，国务院发布《关于在全国建立农村最低生活保障制度的通知》，就农村最低生活保障制度的标准和对象范围、申请及管理程序、资金来源等内容作出了基本的规范。

3.《办法》中的最低生活保障制度

《办法》对最低生活保障的救助对象没有根据户籍作出城市居民与农村居民之分，而是将最低生活保障的救助对象统一规定为“共同生活的家庭成员人均收入低于当地最低生活保障标准，且符合当地最低生活保障家庭财产状况规定的家庭”，从而为城乡居民统一的最低生活保障制度建立奠定了法治基础。

（三）我国最低生活保障制度的基本内容

1. 保障对象：共同生活的家庭成员人均收入低于当地最低生活保障标准，且符合当地最低生活保障家庭财产状况规定的家庭。与之前的制度相比，增加了符合当地家庭财产状况规定的要求。

2. 保障标准：依据《办法》，我国“最低生活保障线”由省、自治区、直辖市或者设区的市级人民政府按照当地居民生活必需的费用确定、公布，并根据当地经济社会发展水平和物价变动情况适时调整。对于批准获得最低生活保障的家庭，县级人民政府民政部门按照共同生活的家庭成员人均收入低于当地最低生活保障标准的差额，按月发给最低生活保障金。对于获得最低生活保障后生活仍有困难的老年人、未成年人、重度残疾人和重病患者，县级以上地方人民政府应当采取必要措施给予生活保障。

3. 资金来源：社会救助作为一项政府责任，其资金应当来源于政府财政支出。按照规定，实施最低生活保障制度所需资金，由地方各级人民政府列入财政预算，纳入社会救济专项资金支出科目，专账管理。每年年底前由各级民政部门提出下一年的用款计划，经同级财政部门审核后列入预算，定期拨付；年终要编制决算，送同级财政部门审批。国家鼓励社会组织和个人为最低生活保障提供捐赠、资助，所提供的捐赠、资助，全部纳入当地最低生活保障资金。

4. 申领程序：

根据《办法》的规定，申请最低生活保障，按照下列程序办理：

（1）由共同生活的家庭成员向户籍所在地的乡镇人民政府、街道办事处提出书面申请；家庭成员申请有困难的，可以委托村民委员会、居民委员会代为提出申请。

（2）乡镇人民政府、街道办事处应当通过入户调查、邻里访问、信函索证、群众评议、信息核查等方式，对申请人的家庭收入状况、财产状况进行调查核实，提出初审意见，在申请人所在村、社区公示后报县级人民政府民政部门审批。

(3) 县级人民政府民政部门经审查，对符合条件的申请予以批准，并在申请人所在村、社区公布；对不符合条件的申请不予批准，并书面向申请人说明理由。

5. 最低生活保障金的变更

最低生活保障家庭的人口状况、收入状况、财产状况发生变化的，县级人民政府民政部门应当及时决定增发、减发或者停发最低生活保障金；决定停发最低生活保障金的，应当书面说明理由。最低生活保障家庭的人口状况、收入状况、财产状况发生变化的，居民应当及时告知乡镇人民政府、街道办事处。县级人民政府民政部门以及乡镇人民政府、街道办事处对于获得最低生活保障家庭的人口状况、收入状况、财产状况也应当定期进行核查。

二、特困人员供养制度

对农村“三无”人员实行“五保”供养，是我国农村有中国特色的基本社会救助制度；它面向乡村孤寡老人及孤儿等，是我国农村自新中国成立以来坚持至今并较为规范化的一种社会救助制度。但是，将社会救助网在城市与农村间进行分割，已经越来越违背城乡统筹所要求的公平公正的要求，因此，《办法》将农村“五保”供养和城市“三无”人员救助整合为特困人员供养制度。

1. 供养对象：对无劳动能力、无生活来源且无法定赡养、抚养、扶养义务人，或者其法定赡养、抚养、扶养义务人无赡养、抚养、扶养能力的老年人、残疾人以及未满 16 周岁的未成年人，给予特困人员供养。

2. 供养内容：提供基本生活条件、对生活不能自理的给予照料、提供疾病治疗、办理丧葬事宜。

3. 供养标准：特困人员供养标准，由省、自治区、直辖市或者设区的市级人民政府确定、公布。同时，还要求其与城乡居民基本养老保险、基本医疗保障、最低生活保障、孤儿基本生活保障等制度相衔接。

4. 供养形式：为尊重供养对象自主选择意愿，还规定了特困人员可以自行选择供养形式，既可以选择在当地的供养服务机构集中供养，也可以选择在家分散供养。

5. 程序：申请特困人员供养，由本人向户籍所在地的乡镇人民政府、街道办事处提出书面申请；本人申请有困难的，可以委托村民委员会、居民委员会代为提出申请。乡镇人民政府、街道办事处应当及时了解掌握居民的生活情况，发现符合特困供养条件的人员，应当主动为其依法办理供养。特困供养人员不再符合供养条件的，村民委员会、居民委员会或者供养服务机构应当告知乡镇人民政府、街道办事处，由乡镇人民政府、街道办事处审核并报县级人民政府民政部门核准后，终止供养并予以公示。

三、受灾人员救助制度

(一) 受灾人员救助制度概述

《办法》中的受灾人员救助制度是在总结自然灾害救助实施经验的基础上，规定自然灾害发生后，要为受灾人员提供生活救助的制度安排。我国灾害救助制度的基本框架是由2010年颁布的《自然灾害救助条例》（2019年修订）确定的，民政部也出台了大量有关灾害救助的政策性文件。目前我国政府的救灾工作的原则是以人为本、政府主导、分级管理、社会互助、灾民自救。按照灾情和灾害造成损失的大小，根据救灾工作分级管理、救灾资金分级负担的原则，中央和地方政府相应给予资金补助。救灾工作也重视和强调民间力量的参与，2008年民政部公布的《救灾捐赠管理办法》对于保护捐赠人、救灾捐赠受赠人和灾区受益人的合法权益作了相应规范。

（二）我国受灾人员救助制度的主要内容

1. 救助对象：基本生活受到自然灾害严重影响的人员，由国家提供生活救助。

2. 救助主体：自然灾害救助实行属地管理、分级负责。设区的市级以上人民政府和自然灾害多发、易发地区的县级人民政府应当根据自然灾害特点、居民人口数量和分布等情况，设立自然灾害救助物资储备库，保障自然灾害发生后救助物资的紧急供应。

3. 救助内容：包括各种应急救助以及灾害消除后的资金、物资和基本生活救助。自然灾害发生后，县级以上人民政府或者人民政府的自然灾害救助应急综合协调机构应当根据情况紧急疏散、转移、安置受灾人员，及时为受灾人员提供必要的食品、饮用水、衣被、取暖、临时住所、医疗防疫等应急救助。受灾地区人民政府应当在确保安全的前提下，对住房损毁严重的受灾人员进行过渡性安置。自然灾害危险消除后，受灾地区人民政府民政等部门应当及时核实本行政区域内居民住房恢复重建补助对象，并给予资金、物资等救助。自然灾害发生后，受灾地区人民政府应当为因当年冬寒或者次年春荒遇到生活困难的受灾人员提供基本生活救助。

4. 救灾捐赠以及接受捐赠

增加救灾工作的透明度，让捐助款物的使用接受全社会的监督，在进入网络信息时代的今天，显得尤为必要。《办法》第52条规定，国家鼓励单位和个人等社会力量通过捐赠、设立帮扶项目、创办服务机构、提供志愿服务等方式，参与社会救助。《自然灾害救助条例》第26条规定，受灾地区人民政府应急管理、财政等部门和有关社会组织应当通过报刊、广播、电视、互联网，主动向社会公开所接受的自然灾害救助款物和捐赠款物的来源、数量及其使用情况。受灾地区村民委员会和居民委员会应当主动公布救助对象及其接受救助款物的数额和使用情况。发生自然灾害时，救灾募捐主体开展募捐活动，以及自然人、法人或其他组织向救灾捐赠受赠人捐赠财产，用于支援灾区、帮助灾民的，适用民政部《救灾捐赠管理办法》。县级以上人民政府民政部门接受救灾捐赠款物，根据工作需要可指定社会捐助接收机构、具有救灾宗旨的公益性民间组织组织实施。对于境外捐赠，国务院民政部门负责接受境外对中央政府的救灾捐赠，县级以上地方人民政府民政部门负责接受境外对地方政府的救灾捐赠。具有救灾宗旨的公益性民间组织接受境外救灾捐赠，应当报民政部门备案。在受捐赠物资的使用、管理上，具有救灾宗旨的公益性民间组织应按照当地政府提供的灾区需求，提出分配、使用救灾捐赠款物方案，报同级人民政府民政部门备案，接受监督。2014年11月《国务院关于促进慈善事业健康发展的指导意见》颁布，标志着我国慈善事业参与救灾有了更充分的法律依据。

【理论探讨】

灾害救助制度中的民间组织

社会救助制度在很大程度上和整个社会的法制环境以及市民社会的成长性相连。学者指出，社会救助的具体实施需要民间组织的参与。在与市场经济体制相适应的现代社会结构中，民间组织在提供公共服务、社区服务方面发挥了重大作用。国际经验表明，有资质的、专业的民办社会服务机构的服务，比政府直接提供救助服务更加有效。但在我国，必须现实地面对我国服务性民间机构的发展还相当滞后这一现实。一方面，政府期待公共事业单位向服务性组织转型，但公共事业单位对政府有很强的依赖性，公共事业单位工作人员在相当大的程度上已被行政化而缺乏有效的公共服务、社会服务的能力。另一方面，我国的社会服务机构不发达，而政府对民间服务机构的经费支持不足，基金会又不发达，所以，民间社会服务机构成长缓慢，这对有效实施社会救助十分不利。①

2008年5月12日，我国四川省汶川地区发生大地震，造成重大人员伤亡和财产损失，从地震发生之日起，全中国展开了支援四川等灾区的抗震救灾工作。在官方的慈善系统之外，中国民间组织积极参与各类救灾、救援活动，被认为是中国公民社会蓬勃成长的标志，也是有效实施救灾的必经途径。我国法律在民间慈善组织管理方面已经取得了突破性的进展。过去，我国民间慈善组织取得法律人格非常困难，突破了资金的门槛后还要遭遇主管机关的尴尬，如果找不到主管机关，基金会也没法成立，所以很多名人设立的慈善基金都没有取得独立的法人资格，而是在红十字会或者慈善协会等主流机构下进行运作。在高门槛、双重管理等机制的制约下，众多民间组织无法获得社团法人资格，只能以公司注册，结果从事慈善的人不仅要花钱，而且要和公司一样交税。② 2013年3月26日发布的国务院办公厅《关于实施〈国务院机构改革和职能转变方案〉任务分工的通知》明确规定，2013年12月底前完成《社会团体登记管理条例》等相关行政法规的修订工作，对行业协会商会类、科技类、公益慈善类、城乡社区服务类社会组织实行民政部门直接登记制度。这意味着我国对NGO的管理越来越趋于开放，不再需要业务主管单位审查同意。但是，仅仅对慈善组织"解禁"，只意味着放开传统的组织限制，现行法律仍缺乏对其他方式的制度引导，例如公益信托制度、关于义工的法律规范、关于私人向民间慈善机构捐助后具体的税收优惠规范都还有待制定和完善。这些内容尽管在《办法》中有纲要性规定，但具体的落实还有待立法予以明确。

四、医疗救助制度

医疗救助制度列入《办法》中，是首次纳入行政法规。它明确了医疗救助的目的，并体现了城乡统筹的理念。

1. 救助对象：最低生活保障家庭成员、特困供养人员和县级以上人民政府规定的其他特

① 参见王思斌：《转型中的中国社会救助制度之发展》，载《文史哲》，2007（1）。

② 参见韦祎：《中国慈善捐助法制化论纲——以5·12震灾中标志性事件为线索》，载《内蒙古社会科学》，2008（6）。

殊困难人员。

2. 救助形式：一是对救助对象参加城乡居民基本医疗保险或者新型农村合作医疗的个人缴费部分，给予补贴；二是对救助对象经基本医疗保险、大病保险和其他补充医疗保险支付后，个人及其家庭难以承担的符合规定的基本医疗自负费用，给予补助。

3. 救助标准：医疗救助标准，由县级以上人民政府按照经济社会发展水平和医疗救助资金情况确定、公布。

4. 救助申请程序：申请医疗救助的，应当向乡镇人民政府、街道办事处提出，经审核、公示后，由县级人民政府民政部门审批。最低生活保障家庭成员和特困供养人员的医疗救助，由县级人民政府民政部门直接办理。

5. 疾病应急救助制度：《办法》为有效衔接医疗救助、流浪乞讨人员救助和疾病应急救助留下空间。对于需要急救但身份不明或者无力支付急救费用的急重危伤病患者给予救助。符合规定的急救费用由疾病应急救助基金支付。疾病应急救助制度应当与其他医疗保障制度相衔接。

五、教育救助制度

《办法》所列的是一个狭义上的教育救助概念，是由政府开展的福利性救助政策，不包括部分地方政府利用福彩公益金以及其他慈善资源开展的大学生入学补助计划等。

1. 救助对象：对于在义务教育阶段就学的最低生活保障家庭成员、特困供养人员，给予教育救助；对于在高中教育（含中等职业教育）、普通高等教育阶段就学的最低生活保障家庭成员、特困供养人员，以及不能入学接受义务教育的残疾儿童，根据实际情况给予适当教育救助。

2. 救助内容：教育救助采取减免相关费用、发放助学金、给予生活补助、安排勤工助学等方式实施。

3. 救助标准：由省、自治区、直辖市人民政府根据经济社会发展水平和教育救助对象的基本学习、生活需求确定、公布。

4. 申请程序：申请教育救助，应当按照国家有关规定向就读学校提出，按规定程序审核、确认后，由学校按照国家有关规定实施。

六、住房救助制度

1. 救助对象：符合规定标准的住房困难的最低生活保障家庭、分散供养的特困人员。

2. 救助方式：住房救助通过配租公共租赁住房、发放住房租赁补贴、农村危房改造等方式实施。

3. 救助标准：住房困难标准和救助标准，由县级以上地方人民政府根据本行政区域经济社会发展水平、住房价格水平等因素确定、公布。

4. 申请程序：城镇家庭申请住房救助的，应当经由乡镇人民政府、街道办事处或者直接向县级人民政府住房保障部门提出，经县级人民政府民政部门审核家庭收入、财产状况和县级人民政府住房保障部门审核家庭住房状况并公示后，对于符合申请条件的申请人，由县级人民政府住房保障部门优先给予保障。农村家庭申请住房救助的，按照县级以上人民政府有关规定执行。

5. 资金保障：各级人民政府按照国家规定通过财政投入、用地供应等措施为实施住房救助提供保障。

七、就业救助制度

《办法》通过社会救助的法律框架构建，首次将就业救助纳入社会救助范畴，凸显积极救助的理念，有助于解决低保“养懒汉”的问题。

1. 救助对象：最低生活保障家庭中有劳动能力并处于失业状态的成员。最低生活保障家庭有劳动能力的成员均处于失业状态的，县级以上地方人民政府应当采取有针对性的措施，确保该家庭至少有一人就业。

2. 救助方式：贷款贴息、社会保险补贴、岗位补贴、培训补贴、费用减免、公益性岗位安置等办法。最低生活保障家庭中有劳动能力但未就业的成员，应当接受人力资源和社会保障等有关部门介绍的工作；无正当理由，连续3次拒绝接受介绍的与其健康状况、劳动能力等相适应的工作的，县级人民政府民政部门应当决定减发或者停发其本人的最低生活保障金。吸纳就业救助对象的用人单位，按照国家有关规定享受社会保险补贴、税收优惠、小额担保贷款等就业扶持政策。

3. 救助程序：申请就业救助的，应当向住所地街道、社区公共就业服务机构提出，公共就业服务机构核实后予以登记，并免费提供就业岗位信息、职业介绍、职业指导等就业服务。

八、临时救助制度

临时救助是国家对于遭遇突发事件、意外伤害、重大疾病或其他特殊原因导致基本生活陷入困境，其他社会救助制度暂时无法覆盖或救助之后基本生活暂时仍有严重困难的家庭或个人给予的应急性、过渡性的救助。在《办法》颁布之前，最低生活保障、特困人员供养、受灾人员救助等基本生活救助和医疗、教育、住房、就业等专项救助制度都有一些原有的制度作为支持，起到了一定安全防护网的作用。但是在遭遇突发性、紧迫性、临时性生活困难的社会救助问题时仍缺乏相应的制度安排，建立临时救助制度是填补社会救助体系空白。2014年10月国务院出台《关于全面建立临时救助制度的通知》，对《办法》中的具体制度作了细化规范。

1. 救助对象：(1) 家庭对象。因火灾、交通事故等意外事件，家庭成员突发重大疾病等原因，导致基本生活暂时出现严重困难的家庭；因生活必需支出突然增加超出家庭承受能力，导致基本生活暂时出现严重困难的最低生活保障家庭；遭遇其他特殊困难的家庭。(2) 个人对象。因遭遇火灾、交通事故、突发重大疾病或其他特殊困难，暂时无法得到家庭支持，导致基本生活陷入困境的个人。其中，符合生活无着的流浪、乞讨人员救助条件的，由县级人民政府按有关规定提供临时食宿、急病救治、协助返回等救助。

2. 申请程序：“临时救助”的特点是救急解难，因此其程序应尽量简化，但同时又要把握好基层自由裁量权的度，防止违规违纪，引发新的社会不公。申请分为依申请受理与主动受理。依申请处理的，应当向乡镇人民政府、街道办事处提出，经审核、公示后，由县级人民政府民政部门审批；救助金额较小的，县级人民政府民政部门可以委托乡镇人民政府、街道办事处审批。情况紧急的，可以按照规定简化审批手续。主动发现受理包括：乡镇人民政府（街道办事处）、村（居）民委员会要及时核实辖区居民遭遇突发事件、意外事故、罹患重病等特殊情况，帮助有困难的家庭或个人提出救助申请。公安、城管等部门在执法中发现身处困境的未成年人、精神病人等无民事行为能力人或限制民事行为能力人，以及失去主动求助能力的危重病人等，应主动采取必要措施，帮助其脱离困境。乡镇人民政府（街道办事处）或县级人民政府民政部门、救助管理机构在发现或接到有关部门、社会组织、公民个人报告救助线索后，应主动核查情况，对于其中符合临时救助条件的，应协助其申请救助并受理。

3. 救助标准与方式：临时救助的具体事项、标准，由县级以上地方人民政府确定、公布。

4. 救助方式：

（1）发放临时救助金。各地要全面推行临时救助金社会化发放，按照财政国库管理制度将临时救助金直接支付到救助对象个人账户，确保救助金足额、及时发放到位；必要时，可直接发放现金。

（2）发放实物。根据临时救助标准和救助对象基本生活需要，可采取发放衣物、食品、饮用水，提供临时住所等方式予以救助。对于采取实物发放形式的，除紧急情况外，要严格按照政府采购制度的有关规定执行。

（3）提供转介服务。对于给予临时救助金、实物救助后，仍不能解决临时救助对象困难的，可分情况提供转介服务。对于符合最低生活保障或医疗、教育、住房、就业等专项救助条件的，要协助其申请；对于需要公益慈善组织、社会工作服务机构等通过慈善项目、发动社会募捐、提供专业服务、志愿服务等形式给予帮扶的，要及时转介。

（4）对生活无着的流浪、乞讨人员提供临时食宿、急病救治、协助返回等救助。公安机关和其他有关行政机关的工作人员在执行公务时发现流浪、乞讨人员的，应当告知其向救助管理机构求助。对于其中的残疾人、未成年人、老年人和行动不便的其他人员，应当引导、护送到救助管理机构；对于突发急病人员，应当立即通知急救机构进行救治。废除 1982 年《城市流浪乞讨人员收容遣送办法》后，2003 年国务院《城市生活无着的流浪乞讨人员救助管理办法》和民政部《城市生活无着的流浪乞讨人员救助管理办法实施细则》对流浪乞讨人员救助制度作了具体规定。

问题与思考

1. 你认为我国社会救助制度还存在哪些盲区？在具体执行时，可能遇到的困难有哪些？
2. 社会救助法与社会保险法有哪些区别？请通过具体制度予以分析。

第二十章
社会福利和社会优抚法

本章概要

社会福利以提高社会成员的生活质量为目的，是社会保障制度的重要组成部分。社会福利法律制度内容广泛，既包括以全体社会成员为对象的公共福利、与职业相关的职业福利，也包括以社会特定群体为对象的专门福利。

社会优抚法是国家和社会对军人及其家属提供各种优待、抚恤、养老、就业安置等待遇和服务的社会保障制度，包括军人保险、社会优待、社会抚恤和安置保障制度。

关键术语

社会福利　公共福利　职业福利　专门福利　社区服务　社会优抚　军人保险　社会优待　社会抚恤　安置保障

第一节　社会福利法

一、社会福利法概述

（一）社会福利的概念

社会福利的内涵和外延因各国社会保障制度的内容不同而区别，有广义、狭义之分。广义的社会福利是指政府和社会为保障、提高全体社会成员的物质生活和精神生活而采取的所有保障和服务措施，多为西方福利国家所采用，如英国在第二次世界大战以后建立了“从摇篮到坟墓”的庞大的社会福利体系，此种社会福利等同于社会保障。狭义的社会福利以提高社会成员的生活质量为目的，是指由国家和社会团体举办的、为社会全体成员所享有的各种福利事业和公共服务，是社会保障制度的组成部分。

我国从狭义的角度来界定社会福利，认为社会福利是指国家和社会通过举办各种福利事业和采取各种福利措施，为社会成员提供基本生活需要并不断改善生活状况的一种社会保障制度。《劳动法》第 76 条规定：国家发展社会福利事业，兴建公共福利设施，为劳动者休息、休养和疗养提供条件。用人单位应当创造条件，改善集体福利，提高劳动者的福利待遇。从内容来看，社会福利既包括以全体社会成员为对象的公共福利、与职业相关的职业福利，也包括以社会特定群体为对象的专门性福利。

（二）社会福利的特征

（1）对象的普遍性。社会福利是国家和社会向全体社会成员提供的一种福利，任何人都有权享受。即使有些社会福利项目是面向社会特定群体提供的，如老年人福利等，但在特定群体内部，成员享受福利待遇的机会是均等的，也具有普遍性。

（2）目的的公平性和高层次性。享受社会福利，与每个人的经济地位、职业等背景无太多联系，也无须与其贡献挂钩，因此，在“人人有份”的社会福利原则下，更多地体现为追求社会公平的目的。社会福利以提高社会成员的生活质量为主要目的，不仅满足社会成员的基本物质生活需要，还以满足高层次的精神生活需要为己任，促进人的全面发展。

（3）内容的广泛性和实施方式的多样性。社会福利项目众多，涵盖社会生活的各个方面，无论是公共福利还是专门福利，都涉及住房、交通、教育、卫生保健、文化娱乐等方面。国家和社会向社会成员提供社会福利，包括投资兴建和经营公益性的福利设施，提供各种福利服务，以及向特定社会成员提供货币性的福利补贴。

（4）资金来源的单向性。与社会保险费用实行“三方负担”原则不同，社会福利的资金来源于国家和社会，社会成员享受各种社会福利而无须缴费或象征性地缴费。国家负担社会福利资金的主要途径是国家税收，社会则以各单位的福利资金或各种社会捐助来负担。国家财政预算拨款和社会捐助相结合，已成为社会福利资金筹集的发展模式。

（三）我国社会福利制度的发展

新中国成立后不久就建立了社会福利制度。1950 年《工会法》规定政府应拨给工会必要的房屋与设备，以发展集体福利事业。1951 年民政部《关于城市救济福利工作报告》明确社会福利以无依无靠的城镇孤寡老人、孤儿或弃婴、残疾人等为主要保障对象。这一时期的法规确立了企业办社会的模式，城镇企事业单位职工福利向“小而全”“大而全”的方向发展。

以计划经济为基础建立的社会福利制度在实践中逐渐暴露出弊端，最明显的是在市场经济体制下，企业成为自主经营的经济实体，但企业办社会的模式使国有企业（尤其是一些老企业）背负了沉重的职工福利负担，难以与其他企业公平竞争，在一定程度上影响了职工的福利待遇。另外，我国的城乡二元社会经济结构使进入城镇的农村人口享受不到相应的社会福利待遇，城乡差别较大。为此，我国的社会福利制度进行了改革：一是改变了职工福利基金的提取和使用办法，使福利基金的提取与企业效益挂钩；二是改革和发展了福利补贴、福利房制度；三是引导职工福利设施由封闭转向开放，社会福利体制由国家包办转向国家、集体、个人共同兴办。

进入 20 世纪 90 年代，我国社会福利制度加快立法进程，出台了一系列法律、法规，包括 1990 年《残疾人保障法》（2018 年修订）、1991 年《未成年人保护法》（2020 年修订）、1992 年《妇女权益保障法》（2020 年修订）、1994 年《母婴保健法》（2017 年修正）、1996 年《老年人权益保障法》（2018 年修正）、2012 年《无障碍环境建设条例》等，将社会福利事业纳入法治化进程。民政部作为我国福利事业的主管机构，发布了《国家级福利院评定标准》（1993 年）、《儿童福利机构管理办法》（2018 年）等规定，将我国的社会福利事业引向社会化。社会福利社会化是在社会主义市场经济条件下我国社会福利事业发展的必经之路，也是我国社会福利制度进一步改革和发展的方向。

二、公共福利

（一）公共福利的概念和特点

公共福利是指国家和社会为满足全体社会成员的物质生活和精神生活基本需要而举办的公益性设施和提供的相关服务。

公共福利的特点如下：（1）对象的普遍性。在社会福利中，职业福利和专门福利的对象是劳动者、老年人、妇女儿童、残疾人等社会特定群体，公共福利则面向全体社会成员，具有最彻底的普遍性。（2）内容的广泛性。公共福利涉及社会成员生活的方方面面，涵盖了住房、教育、卫生、文体、环境等方面，既有对物质需求的保障，也有对精神需求的满足。（3）主要由国家提供。让社会成员享受公共福利是国家的责任，而且公共福利项目通常需要巨额、长期的资金投入，国家无疑是提供公共福利的最主要主体。

（二）公共福利的主要内容

1. 教育福利

教育，尤其是基础教育，具有明显的福利性质，是一种国民福利。我国已初步形成了基础教育、职业教育、成人教育、高等教育相互沟通、协调发展的教育体系，教育经费由国家保障，国家建立以财政拨款为主、其他多种渠道筹措教育经费为辅的体制，逐步增加对教育的投入。我国教育福利的内容主要包括：（1）实行 9 年义务教育，国家保障所有适龄未成年人接受教育；（2）国家和社会通过设立奖学金、助学金、捐助教育基金等多种形式资助贫困学生；（3）为受教育者接受教育提供便利，如社会公共文化体育设施、历史文化古迹和革命纪念馆对学生实行优待，国家鼓励社会团体、社会文化机构及其他社会组织和个人开展有益于受教育者身心健康的社会文化教育活动等。

2. 住房福利

住房福利是一种重要的公共福利，其目的是利用国家和社会的力量着重解决低收入家庭的住房问题。住房福利性质的措施主要有两种形式：一种是政府以直接或间接支付等形式提供住房补贴；另一种是国家要求住房建设机构划出一定数量的住房以低于市场价格售给低收入家庭，或者政府直接兴建住房，定向出售给低收入家庭。

我国在住房上曾长期实行福利住房供给制，即实行低工资，国家扣除职工工资中的住房消费，由用人单位集中建房或买房，再将房分给职工。这种制度并非真正意义上的福利分配，实际上是实物分配制度，存在较多问题。在市场经济体制下，住房体制进行了改革，目前我国住房福利的内容主要有：（1）取消福利分房制度，实行住房福利的社会化；（2）实行住房公积金制度，住房公积金由用人单位和职工共同出资建立，按照“个人存储，单位资助”的方式缴纳，实行专款专用；(3) 政府提供优惠政策，按照合理标准建房，向城市低收入住房困难家庭提供经济适用房；(4) 国家向无力购房的城市低收入家庭提供廉租房，逐步解决低收入家庭的住房困难问题。

3. 卫生福利

卫生福利也称卫生保健福利，是国家与社会为保护与促进社会成员健康而提供的公共福利。我国建立了以基础卫生保健为主要内容的卫生福利，目标是实现“人人健康”。卫生福利对社会成员健康的关注既包括身体健康，也涵盖精神健康。2012 年 10 月 26 日通过的《精神卫生法》(2018 年修正) 是我国首部保障精神障碍患者权益的法律，对于发展精神卫生事业、规范精神卫生服务、维护精神障碍患者的合法权益，具有重要意义。卫生福利的基本内容有：(1) 国家和社会投资建立卫生保健机构，为社会成员的保健、预防、医疗和康复等提供便利；(2) 提供内容众多、形式多样的卫生保健服务。卫生福利由国家卫生和计划生育委员会负责，社会福利机构以直接或间接的方式参与卫生福利的建设。

4. 文化康乐福利

文化康乐福利是指国家和社会为满足社会成员的精神需要而兴办的具有福利性质的文体活动设施和提供的服务。由国家和社会投资建立包括公园、图书馆、纪念馆、博物馆、展览馆、体育场、文化康乐中心等设施，供全体社会成员享用。作为公共福利的文化康乐设施和服务，主要由国家出资兴办和管理，不以营利为目的，以免费或低收费形式向社会成员开放，使社会成员能普遍、平等地享用。

5. 环境福利

环境福利是国家和社会为保护、改善环境，提高社会成员的生活质量而提供的公共福利。现代社会的持续、稳定发展以良好的环境为基础，环境福利已越来越被广泛地认为是公共福利的组成部分。环境福利的主要内容有：一方面，政府和社会出资建设环境保护设施和场所，如建设污水处理、垃圾处理设施，增建绿地、林地保护区等，是环境福利最主要的表现形式；另一方面，提供环境保护服务，如开展环境保护教育，维护环境保护设施，提供有害物品回收服务等。

三、职业福利

(一) 职业福利的概念和特点

职业福利又称为集体福利，是指由国家和用人单位通过兴建集体福利设施，建立福利补贴制度，为职工提供生活上的便利，减轻职工经济上的负担，提高职工生活质量的一项社会福利。在计划经济时期，我国形成了“小企业、大社会”的职业福利格局，职业福利范围一再扩大。改革开放以来，我国对传统的福利制度进行改革，将社会保险、年休假、探亲假、住房问题等福利社会化并法定化，由国家制定法律法规予以规范，其他项目则划入企业自主福利的范畴。

职业福利具有两方面的特点：一是职业性。职业福利以劳动就业为前提，面向企业内的劳动者，是劳动者劳动报酬的一种补充，用于解决劳动者个人所遇到的特殊生活困难，满足其在劳动过程和日常生活中的需要。二是自主性和差异性。职业福利属于企业自主福利的范畴，企业可以根据自身特点和具体情况，设计适合企业的职业福利制度。由于行业差异以及企业的性质、经营理念、效益等不同，职业福利的项目和水平在不同企业之间有较大的差别。

（二）职业福利的基本内容

职业福利以满足职工的物质生活和精神生活需求为目标，从职业福利对象来看，可以分为职工集体福利和职工个人福利；在福利形式上，既包括建立集体福利设施，也包括提供福利服务和福利补贴。

（1）职工集体福利。集体福利是为满足本企业全体职工的普遍性或集体性的生活需要而提供的职业福利，内容主要有：一是为方便职工生活而举办的集体福利设施，如举办职工食堂，设立幼儿园、职工子弟学校，修建浴室、理发室，开办内部商店等；二是为活跃和丰富职工文化生活而建立的文化福利设施，如文化宫、俱乐部、图书馆、阅览室、游泳池、运动场等；三是提供福利服务，如提供班车接送服务等。

（2）职工个体福利。职工个体福利是为满足职工个人的生活需要而提供的职业福利，以货币形式的福利补贴为主。企业为解决其生活需要，减轻其生活困难，通常会建立福利补贴制度，如生活困难补贴、上下班交通费补贴、伙食补贴、通讯补贴等。

（三）职业福利的资金来源

职业福利所需的基金一部分来源于国家，更多地来源于用人单位。在传统经济体制下，国有企业的基本建设费用由国家来投资，在投资的资金中，就包括了与职工基本生活有关的非生产性建设投资资金，如建造职工住宅、各种文化娱乐设施等。

来源于用人单位的职业福利主要有以下几部分：一是用人单位根据规定设立的职工福利基金，二是从单位行政经费、企业管理费和事业单位的事业费中提取的部分资金，三是从工会经费中提取的部分资金，四是各单位的职业福利设施自身的收入。

四、专门福利

（一）专门福利的概念

专门福利也称特殊群体福利，是国家和社会向社会特定群体提供的福利形式。老年人、妇女儿童、残疾人因自身的年龄、生理、心理等原因，在社会中是弱势群体，容易受到不公平对待和伤害。以追求社会公平为目标的社会福利应当向他们倾斜，为其提供更多的福利待遇和法律保护。当然，这种倾斜是以实质公正为限度的，不是以剥夺一些社会成员的合法权益来满足另一些社会成员的利益需求。

（二）专门福利的主要内容

1. 老年人福利

在我国，老年人是指年满 60 周岁以上的公民。《中华人民共和国 2015 年国民经济和社会发展统计公报》显示，2015 年全国 60、65 周岁以上的老年人口已分别达 2.22 亿人、1.438 6 亿人，分别占全国总人口的 16.1%、10.5%。老年人福利旨在改善老年人生活、健康和参与社会发展的条件，在保障老年人基本物质生活需要的同时，进一步满足其精神文化生活需求，以实现“老有所养、老有所医、老有所为、老有所学、老有所乐”。老年人福利的主要内容包括：(1) 老年福利津贴。老年福利津贴是福利国家最常见的全民社会保障制度，由国家向所有满足年龄条件的老年人提供货币性福利，而无须考虑他们的收入、就业状况或者经济来源等。我国2012年修订的《老年人权益保障法》规定，国家鼓励地方建立80周岁以上低收入老年人高龄津贴制度；建立和完善计划生育家庭老年人扶助制度。(2) 社会养老。社会养老是适应现代社会的发展需要而产生，由国家和社会承担养老的责任，为老年人提供生活保障和必要的福利设施、服务。国家建立和完善以居家为基础、社区为依托、机构为支撑的社会养老服务体系，逐步提高对老年人的保障水平。目前我国已形成老年福利院、养老院、敬老院等多层次、多形式的老年福利机构。(3) 老年医疗卫生保健。国家和社会有责任为老年人提供医疗卫生保健服务，增强其活动能力和生活质量，使老人健康长寿。国家通过基本医疗保险制度，保障老年人的基本医疗需要，享受最低生活保障的老年人和符合条件的低收入家庭中的老年人参加新型农村合作医疗和城镇居民基本医疗保险所需个人缴费的部分，由政府给予补贴。国家逐步开展长期护理保障工作，保障老年人的护理需求。(4) 老年教育、生活、社会活动、文化康乐等方面的福利。

2. 妇女和儿童福利

(1) 妇女福利。妇女在生理、心理上具有特殊性，而且担负着生育后代的重任，需要法律给予特殊照顾和保护。妇女福利的内容主要有：一是生育方面的福利。国家推行生育保险制度，提供生育津贴和生育医疗待遇。二是母婴保健服务。国家将母婴保健工作纳入国民经济和社会发展计划，提供必要的经济、技术和物质条件。三是妇女医疗卫生保健福利。国家、社会和单位建立妇女保健院、女职工卫生室、孕妇休息室等，为妇女提供医疗卫生保健便利。四是文化康乐福利。国家和社会通过建立专门的妇女活动中心等设施，保障妇女进行文化、娱乐活动，丰富妇女的精神生活，促进其身心健康发展。

(2) 儿童福利。发展儿童福利事业是国家义不容辞的责任，国家、社会、家庭应尽力为儿童营造更好的生活环境。我国儿童福利的内容有：一是儿童补贴。向抚育未成年子女的家庭提供儿童补贴，其目的是确保儿童健康成长，减轻抚育儿童给家庭带来的经济压力。我国的儿童补贴是与计划生育挂钩的象征性的货币补贴。二是教育福利。国家实行9年义务教育，建立义务教育经费保障机制，保证义务教育制度的实施。三是医疗卫生保健福利。四是提供未成年人看护、文化科学活动场所和设施。五是建立儿童福利院、孤儿院、SOS儿童村等儿童福利机构，解决孤儿、弃儿、伤残儿童的抚养、保健和教育问题。

3. 残疾人福利

我国残疾人福利主要包括以下内容：(1) 残疾人康复。康复是帮助残疾人恢复和补偿功能、增强生活自理和社会适应能力、平等参与社会生活的基础，国家保障残疾人享有康复服务的权利。(2) 残疾人教育。提高受教育水平是残疾人全面实现自身价值的基本条件，国家保障残疾人享有平等接受教育的权利。(3) 残疾人劳动就业。就业是残疾人改善生活状况，实现自强自立、实现人生价值的主要途径，国家保障残疾人劳动的权利。(4) 残疾人生活福利。国家保障残疾人享有平等参与文化生活的权利。

五、社区服务

(一) 社区服务概述

社区服务是由政府倡导和组织，以社区为依托而建立的小型多样的社会福利和社会服务体系，它的兴起缘于“社会福利社会办”的思想。我国从1987年起由民政部倡导，依托街道办事处和居委会，各地开展了具有社会福利性质的社区服务，主要有社区福利服务业和便民利民服务业两种。1993年，民政部等发布《关于加快发展社区服务业的意见》，进一步规范了各地社区服务的发展。2006年，国务院发布《关于加强和改进社区服务工作的意见》，对于加强和改进社区服务工作、发展和完善社区服务体系等作了部署和安排。

作为一种新型的社会服务模式，社区服务具有以下特点：(1) 社会性和福利性。社区服务的资源来自于社会、用之于社会，坚持社区服务社会办的原则，是公共福利事业社会化的重要途径。社区服务为解决社区居民日常生活所需要而设立具有福利性质的服务项目，以社会特定群体为服务重点，并通过福利性手段提高社区成员的生活水平和生活质量，以实现社区居民困有所助、难有所帮、需有所应，是一种公益事业。(2) 区域性。社区服务面向的不是所有社会成员，而是以社区为单位，为本社区成员提供就近性、属地性的福利服务，有地域限制，服务对象也相对稳定。(3) 综合性。社区服务具有福利性的特征，又突破了传统福利的范围，内容更丰富，形式更多样，涉及社区居民的衣食住行等方面，既有物质生活服务，又有精神文化生活服务；既有排忧解难的功能，又有利于民众素质的提高、社区的建设和发展，并化解社会矛盾，是一项综合性的社会保障和服务体系。

(二) 社区服务的主要内容

社区服务以老年人、残疾人、精神病患者等社会特定群体为重点服务对象，同时又面向社区内全体居民，提供医疗保健、文化教育等便民、利民服务。

1. 为老年人提供的福利服务

内容包括：(1) 老年人包户服务，这是我国基层社区开展得最早、最广泛，也是发展较完善的老年人服务项目；(2) 老年人护理服务，社区内兴建敬老院、老人公寓等，开展老年人护理服务；(3) 老年人健康医疗保健服务；(4) 老年人文化娱乐服务。

2. 为残疾人和精神疾病患者提供的福利服务

内容包括：(1) 残疾人康复服务；(2) 精神病人康复服务，以提高精神病人的生活自理能力、智力水平和劳动技能；(3) 伤残儿童寄托和弱智儿童启智服务，使他们不仅在生活上得到料理和照顾，还起到康复和启智效果，为其将来接受教育和参与生活创造条件。

3. 为社区成员提供的便民、利民服务

为方便社区成员生活，转移社区成员的家务负担，社区组织和举办各种便民利民服务。如组织开展文化、娱乐、体育活动，丰富社区成员的生活；建立心理咨询中心，宣传心理卫生知识，开展心理咨询，帮助社区成员发现和排除心理障碍；关注社区成员的身体健康和保健需求，提供家庭治疗、家庭护理、妇女孕产期保健、儿童计划免疫等健康保障和保健服务；兴建便民服务网点，开展代办、餐饮、修理、出租、家庭搬运等服务。

第二节　社会优抚法

一、社会优抚法概述

（一）社会优抚的概念和特点

社会优抚是国家和社会对军人及其家属所提供的各种优待、抚恤、养老、就业安置等待遇和服务的社会保障制度。我国《宪法》第45条规定："国家和社会保障残疾军人的生活，抚恤烈士家属，优待军人家属。"社会优抚是我国社会保障制度的组成部分，它的建立有利于维护军人的合法权益，促进国防和军队现代化建设，维护社会稳定，推动经济发展和社会进步。

社会优抚具有以下特点：

（1）优抚对象的特定性。优抚对象具有身份的特性，是在革命战争时期和社会主义建设时期为建立革命政权、保卫和建设祖国作出特殊贡献的社会群体，主要包括现役军人、伤残军人、复员军人、退伍军人、军人遗属、烈士遗属、军人家属。

（2）优抚保障的高标准性和双重性。社会优抚是对优抚对象为革命事业和保卫国家安全作出牺牲、贡献的补偿与褒扬，因此，优抚待遇通常高于一般的社会保障标准。《军人抚恤优待条例》（2019年修订）明确规定，军人的抚恤优待，实行国家和社会相结合的方针，保障军人的抚恤优待与国民经济和社会发展相适应，保障抚恤优待对象的生活不低于当地的平均生活水平。社会优抚在为军人及其家属提供基本生活保障的同时，注重对优抚对象的精神抚慰和褒扬，兼具物质保障性和精神褒扬性。

（3）优抚内容的综合性。社会优抚是特别针对具有特殊身份的人所设立的，涵盖社会保险、社会救助和社会福利等内容，是一种综合性的社会保障制度。

（4）优抚资金来源的国家性。军人的优抚工作实行国家和社会相结合的方针，是政府的一项重要职责，故优抚资金主要由国家财政投入。

（二）我国社会优抚制度的立法概况

新中国成立之初，我国颁布了一系列抚恤优待的法规。政务院于1950年颁布的《革命军人牺牲、病故褒恤暂行条例》《革命烈士家属、革命军人家属优待暂行条例》《革命工作人员伤亡褒恤暂行条例》《民兵民工伤亡褒恤暂行条例》《革命残废军人优待抚恤暂行条例》，明确了社会优抚的对象、方式、标准等内容，建立起了以军人及其家属为对象的优抚制度。这一时期的规定主要涉及优待和抚恤问题，后来逐步扩大到安置、养老等措施和服务。

党的十一届三中全会以来，我国的社会优抚制度实行改革，得到进一步发展和完善，对保障优抚对象的生活、维护社会稳定和促进国防建设起到了重要的作用。《关于军队干部退休的暂行规定》和《关于军队干部离职休养的暂行规定》，对军队干部离退休问题作了具体规定；《军人保险法》（2012年制定）明确规定国家建立军人保险制度，军人保险制度应当体现军人职业特点，与社会保险制度衔接，与经济社会发展水平相适应；《兵役法》（1998年，2021年修订）规定了军人的优待、抚恤、待遇、退役安置、退休养老等问题；《军人抚恤优待条例》（1988年，2019年修订）发展和完善了死亡抚恤、伤残抚恤、优待制度；《烈士褒扬条例》（2011年，2019年修订）规定了烈士的评定、烈士褒扬金和烈士遗属的抚恤优待、烈士纪念设施的保护和管理等内容；《现役军官法》（2000年修正）、《退役士兵安置条例》（2011年制定）、《军队转业干部住房保障办法》、《军队转业干部安置暂行办法》等，规定了军人退出现役的安置问题，构建了社会优抚体系。

二、军人保险

（一）军人保险的概念

军人保险是国家通过立法设立专项基金，应对军人伤亡以及退出现役后可能遭遇的养老、医疗、工伤等风险，采取保险方式对军人及其家属提供资金保障的一种优抚方式，是国家社会保障制度的重要组成部分。军人保险是针对军人职业特点，对于特殊对象设置的特殊的社会保险项目，与社会保险制度相衔接。第十一届全国人大常委会于2012年4月27日通过了《军人保险法》，该法对军人伤亡保险、退役养老保险、退役医疗保险、随军未就业的军人配偶保险、军人保险基金、保险经办与监督、法律责任等内容作出了规定。2011年《退役士兵安置条例》亦在第四章规定了“保险关系的接续”。

（二）军人保险的主要内容

1. 军人伤亡保险

军人伤亡保险是指军人发生死亡或致残的情形时，依法享受军人伤亡保险待遇，包括军人死亡保险金和军人残疾保险金两种类型。军人因战、因公死亡的，按照认定的死亡性质和相应的保险金标准，给付军人死亡保险金。军人因战、因公、因病致残的，按照评定的残疾等级和相应的保险金标准，给付军人残疾保险金。

军人伤亡保险所需资金由国家承担，个人不缴纳保险费。军人伤亡保险的适用条件是军人因战、因公死亡，或者因战、因公、因病致残。如果军人是因故意犯罪、醉酒或者吸毒、自残或者自杀以及法律、行政法规、军事法规规定的其他情形死亡或者致残的，则不享受军人伤亡保险待遇。

已经评定残疾等级的因战、因公致残的军人退出现役参加工作后旧伤复发的，依法享受相应的工伤待遇。

2. 退役养老保险

军人退出现役参加基本养老保险的，国家给予退役养老保险补助。《关于军人退役基本养老保险关系转移接续有关问题的通知》（后财［2015］1726号）规定：“军人退出现役参加基本养老保险的，国家给予军人退役养老保险补助。军人服现役期间单位和个人应当缴纳的基本养老保险费由中央财政承担，所需经费由总后勤部列年度军费预算安排。”

军人入伍前已经参加基本养老保险的，由地方社会保险经办机构和军队后勤（联勤、保障）机关财务部门办理基本养老保险关系转移接续手续。军人退出现役后参加职工基本养老保险的，由军队后勤（联勤、保障）机关财务部门将军人退役养老保险关系和相应资金转入地方社会保险经办机构，地方社会保险经办机构办理相应的转移接续手续。军人服现役年限与入伍前和退出现役后参加职工基本养老保险的缴费年限合并计算。

军人退出现役后参加新型农村社会养老保险或者城镇居民社会养老保险的，按照国家有关规定办理转移接续手续。军人退出现役到公务员岗位或者参照公务员法管理的工作人员岗位的，以及现役军官、文职干部退出现役自主择业的，其养老保险办法按照国家有关规定执行。军人退出现役采取退休方式安置的，其养老办法按照国务院和中央军事委员会的有关规定执行。人力资源和社会保障部、财政部、总参谋部、总政治部、总后勤部《关于军人退役基本养老保险关系转移接续有关问题的通知》（后财［2015］1726号）对此作了具体规定。

3. 退役医疗保险

参加军人退役医疗保险的军官、文职干部和士官应当缴纳军人退役医疗保险费，国家按照个人缴纳的军人退役医疗保险费的同等数额给予补助。义务兵和供给制学员不缴纳军人退役医疗保险费，国家按照规定的标准给予军人退役医疗保险补助。

军人入伍前已经参加基本医疗保险的，由地方社会保险经办机构和军队后勤（联勤、保障）机关财务部门办理基本医疗保险关系转移接续手续。军人退出现役后参加职工基本医疗保险的，由军队后勤（联勤、保障）机关财务部门将军人退役医疗保险关系和相应资金转入地方社会保险经办机构，地方社会保险经办机构办理相应的转移接续手续。军人服现役年限视同职工基本医疗保险缴费年限，与入伍前和退出现役后参加职工基本医疗保险的缴费年限合并计算。军人退出现役后参加新型农村合作医疗或者城镇居民基本医疗保险的，按照国家有关规定办理。

4. 随军未就业的军人配偶保险

国家为随军未就业的军人配偶建立养老保险、医疗保险等。随军未就业的军人配偶参加保险，应当缴纳养老保险费和医疗保险费，国家给予相应的补助。随军未就业的军人配偶随军前已经参加社会保险的，由地方社会保险经办机构和军队后勤（联勤、保障）机关财务部门办理保险关系转移接续手续。随军未就业的军人配偶实现就业或者军人退出现役时，由军队后勤（联勤、保障）机关财务部门将其养老保险、医疗保险关系和相应资金转入地方社会保险经办机构，地方社会保险经办机构办理相应的转移接续手续。

军人配偶在随军未就业期间的养老保险、医疗保险缴费年限与其在地方参加职工基本养老保险、职工基本医疗保险的缴费年限合并计算。随军未就业的军人配偶达到国家规定的退休年龄时，按照国家有关规定确定退休地，由军队后勤（联勤、保障）机关财务部门将其养老保险关系和相应资金转入退休地社会保险经办机构，享受相应的基本养老保险待遇。

三、社会优待

（一）社会优待的概念和对象

社会优待是指国家和社会对优抚对象从物质上给予优厚待遇，从精神上给予高度评价。与一般社会成员相比，优抚对象享受的待遇更优越，充分体现了国家和社会对于军人、烈士及其家属的尊重与呵护。依据《国防法》《兵役法》《军人抚恤优待条例》《烈士褒扬条例》等，社会优待的对象包括现役军人、服现役或者退出现役的残疾军人以及复员军人、退伍军人、烈士遗属、因公牺牲军人遗属、病故军人遗属、现役军人家属，他们应当受到社会的尊重，受到国家和人民群众的优待。

（二）社会优待的基本内容

（1）义务兵优待。义务兵优待主要体现为国家发放优待金。义务兵服现役期间，其家庭由当地人民政府发给优待金或者给予其他优待，优待标准不低于当地平均生活水平。义务兵及其家属还可以享受法律规定的其他优待。

（2）医疗优待。残疾军人、复员军人、带病回乡退伍军人以及烈士遗属、因公牺牲军人遗属、病故军人遗属享受医疗优惠待遇。在国家机关、社会团体、企业事业单位工作的残疾军人，享受与所在单位工伤人员同等的生活福利和医疗待遇。国家根据军人残疾级别的轻重程度，规定了不同的医疗费用支出制度。

（3）生活优待。现役军人、残疾军人凭有效证件优先购票乘坐境内运行的火车、轮船、长途公共汽车以及民航班机；残疾军人享受减收正常票价50%的优待，现役军人乘坐市内公共汽车、电车和轨道交通工具享受优待；残疾军人免费乘坐市内公共汽车、电车和轨道交通工具；现役军人、残疾军人凭有效证件参观游览公园、博物馆、名胜古迹享受优待。烈士、因公牺牲军人、病故军人的子女、兄弟姐妹，本人自愿应征并且符合征兵条件的，优先批准服现役。残疾军人、复员军人、带病回乡退伍军人、烈士遗属、因公牺牲军人遗属、病故军人遗属承租、购买住房依照有关规定享受优先、优惠待遇；居住农村的抚恤、优待对象住房困难的，由地方人民政府帮助解决。

（4）教育优待。《军人抚恤优待条例》规定了退役士兵、残疾军人、烈士子女、因公牺牲军人子女、一级至四级残疾军人子女、现役军人子女在教育方面所享有的优待。2004年民政部、教育部和总政治部联合发布的《优抚对象及其子女教育优待暂行办法》对其作出了解释和说明。

（5）经济补助。经济补助是国家拨出专项经费，定期向符合条件的经济补助对象发给一定限额的生活补助费。对优抚对象实行经济补助，也是社会优待的重要方式之一。

四、社会抚恤

社会抚恤是指国家通过发放抚恤金向优抚对象提供生活保障的优抚形式，包括伤残抚恤和死亡抚恤两种。

（一）伤残抚恤

1. 伤残抚恤的对象

伤残抚恤是以特定伤残人士为优抚对象的抚恤形式，抚恤对象包括现役军人和退出现役的军人。现役军人残疾被认定为因战致残、因公致残或者因病致残的，依照《军人抚恤优待条例》享受伤残抚恤。非现役军人的伤残抚恤待遇由民政部负责。2019年民政部修订的《伤残抚恤管理办法》对属于民政部负责的几类伤残抚恤对象作出了规定。

2. 伤残的性质认定和等级评定

伤残抚恤针对被认定为因战致残、因公致残或者因病致残的军人，《军人抚恤优待条例》

对因战致残、因公致残或者因病致残三种情形作了详细说明。残疾的等级，根据劳动功能障碍程度和生活自理障碍程度确定，由重到轻分为一级至十级。因战、因公致残，残疾等级被评定为一级至十级的，享受抚恤；因病致残，残疾等级被评定为一级至六级的，享受抚恤。可见，伤残等级的评定是享受伤残抚恤待遇的前提和基础。残疾性质和伤残等级的评定部门依据军人是否为现役来确定。残疾等级评定可分为新办评定残疾等级、补办评定残疾等级和调整残疾等级。

3. 伤残抚恤待遇

伤残人员经评定和审核批准以后，发给伤残证件，享受伤残抚恤待遇。残疾军人的抚恤金标准应当参照全国职工平均工资水平确定。残疾抚恤金的标准以及一级至十级残疾军人享受残疾抚恤金的具体办法，由国务院民政部门会同国务院财政部门规定。

4. 伤残军人死亡待遇

伤残人员死亡的，从死亡后的第二个月起停发抚恤金。退出现役的因战、因公致残的残疾军人因旧伤复发死亡的，由县级人民政府民政部门按照因公牺牲军人的抚恤金标准发给其遗属一次性抚恤金，其遗属享受因公牺牲军人遗属抚恤待遇。退出现役的因战、因公、因病致残的残疾军人因病死亡的，对其遗属增发 12 个月的残疾抚恤金，作为丧葬补助费；其中，因战、因公致残的一级至四级残疾军人因病死亡的，其遗属享受病故军人遗属抚恤待遇。

（二）死亡抚恤

1. 死亡抚恤的对象

死亡抚恤是指国家对军人遗属发给一定数额的费用，给予生活帮助的制度。现役军人死亡，被批准为烈士、被确认为因公牺牲或者病故的军人遗属，享受死亡抚恤待遇。死亡抚恤分为一次性抚恤和定期抚恤两种，《军人抚恤优待条例》规定了领取一次性抚恤金和享受定期抚恤金的遗属的范围。

2. 死亡性质的认定和批准机关

《军人抚恤优待条例》第 8、9、10 条分别列举了现役军人死亡被批准为烈士、被确认为因公牺牲、被确认为病故的法定情形。死亡性质的批准机关如表 20—1 所示。

表 20—1　　死亡性质的批准（确认）机关

<table>
<tr><th colspan="2">死亡性质</th><th>批准（确认）机关</th></tr>
<tr><td rowspan="3">批准烈士</td><td>属于因战死亡的</td><td>军队团级以上单位政治机关批准</td></tr>
<tr><td>属于非因战死亡的</td><td>军队军级以上单位政治机关批准</td></tr>
<tr><td>属于其他死难情节特别突出，堪为楷模的</td><td>中国人民解放军总政治部批准</td></tr>
<tr><td rowspan="2">因公牺牲</td><td>执行任务或上下班途中因意外事件死亡；被认定为因战/因公致残后因旧伤复发死亡；因患职业病死亡；执行任务中或在工作岗位上因病猝然死亡或因医疗事故死亡</td><td>军队团级以上单位政治机关确认</td></tr>
<tr><td>属于其他因公死亡情形</td><td>军队军级以上单位政治机关确认</td></tr>
<tr><td colspan="2">现役军人病故</td><td>军队团级以上单位政治机关确认</td></tr>
</table>

3. 死亡抚恤待遇

（1）一次性抚恤金。一次性抚恤金是国家按规定一次性发给烈士、因公牺牲军人、病故军人的遗属的抚恤金。现役军人死亡，根据其死亡性质和死亡时的月工资标准，由县级人民政府民政部门发给其遗属一次性抚恤金，标准是：烈士和因公牺牲的，为上一年度全国城镇居民人均可支配收入的20倍加本人40个月的工资；病故的，为上一年度全国城镇居民人均可支配收入的2倍加本人40个月的工资。月工资或者津贴低于排职少尉军官工资标准的，按照排职少尉军官工资标准计算。获得荣誉称号、立功或者生前作出特殊贡献的烈士、因公牺牲军人、病故军人，其遗属在享受一次性抚恤金的基础上，还可以享受按一定比例增发的一次性抚恤金或者一次性特别抚恤金。烈士遗属还可依照《烈士褒扬条例》的规定享受烈士褒扬金，其标准为烈士牺牲时上一年度全国城镇居民人均可支配收入的30倍。

（2）定期抚恤金。定期抚恤金是国家对符合条件的烈士遗属、因公牺牲军人遗属、病故军人遗属，按照一定标准定期发给的抚恤金。定期抚恤金的标准应当参照全国城乡居民家庭人均收入水平确定。

五、安置保障

安置保障是以政府为主导，社会广泛参与，保障军人转化为普通社会成员的法律措施和制度，包括退役安置和离退休安置两类。

（一）退役安置

退役安置是指国家和社会为退出现役的军人提供资金和服务，以帮助其重新就业的一项优抚保障制度。从安置对象来看，包括退役义务兵安置、退役士官安置和军队转业干部安置；从安置形式来看，包括退伍安置、复员安置和转业安置。

（二）离退休安置

离退休安置是指国家和社会依法向直接从军队现役中离退休的军人提供资金和服务，以保证其安度晚年的社会保障项目。离退休安置的法律依据主要有1981年《关于军队干部退休的暂行规定》、1982年《关于军队干部离职休养的暂行规定》和2011年《退役士兵安置条例》。

问题与思考

1. 我国的社会福利制度还存在哪些问题？应如何完善社会福利法？
2. 请说明社区服务在社会福利体系中的作用。
3. 我国的社会优抚制度包括哪些内容？

图书在版编目（CIP）数据

劳动法和社会保障法/林嘉主编．—4版．—北京：中国人民大学出版社，2016.8
新编21世纪法学系列教材
ISBN 978-7-300-22679-8

Ⅰ.①劳… Ⅱ.①林… Ⅲ.①劳动法-中国-高等学校-教材②社会保障-行政法-中国-高等学校-教材 Ⅳ.①D922.5②D922.182.3

中国版本图书馆CIP数据核字（2016）第059460号

普通高等教育"十一五"国家级规划教材
新编21世纪法学系列教材
总主编 曾宪义 王利明
劳动法和社会保障法（第四版）
主 编 林 嘉
副主编 杨 飞
Laodongfa he Shehui Baozhangfa

出版发行	中国人民大学出版社		
社 址	北京中关村大街31号	邮政编码	100080
电 话	010－62511242（总编室）		010－62511770（质管部）
	010－82501766（邮购部）		010－62514148（门市部）
	010－62515195（发行公司）		010－62515275（盗版举报）
网 址	http://www.crup.com.cn		
经 销	新华书店		
印 刷	固安县铭成印刷有限公司	版 次	2009年5月第1版
开 本	787 mm×1092 mm 1/16		2016年8月第4版
印 张	28.25	印 次	2023年8月第11次印刷
字 数	682 000	定 价	58.00元

《　　　　　　　》※任课教师调查问卷

为了能更好地为您提供优秀的教材及良好的服务，也为了进一步提高我社法学教材出版的质量，希望您能协助我们完成本次小问卷，完成后您可以在我社网站中选择与您教学相关的1本教材作为今后的备选教材，我们会及时为您邮寄送达！如果您不方便邮寄，也可以申请加入我社的**法学教师QQ群：436438859（申请时请注明法学教师）**，然后下载本问卷填写，并发往我们指定的邮箱（cruplaw@163.com）。

邮寄地址：北京市海淀区中关村大街31号中国人民大学出版社806室收

邮　　编：100080

再次感谢您在百忙中抽出时间为我们填写这份调查问卷，您的举手之劳，将使我们获益匪浅！

基本信息及联系方式：※

姓名：__________ 性别：__________ 课程：__________

任教学校：__________ 院系（所）：__________

邮寄地址：__________ 邮编：__________

电话（办公）：__________ 手机：__________ 电子邮件：__________

调查问卷：※

1. 您认为图书的哪类特性对您使用教材最有影响力？（　　）（可多选，按重要性排序）

A. 各级规划教材、获奖教材　　B. 知名作者教材

C. 完善的配套资源　　D. 自编教材

E. 行政命令

2. 在教材配套资源中，您最需要哪些？（　　）（可多选，按重要性排序）

A. 电子教案　　B. 教学案例

C. 教学视频　　D. 配套习题、模拟试卷

3. 您对于本书的评价如何？（　　）

A. 该书目前仍符合教学要求，表现不错将继续采用。

B. 该书的配套资源需要改进，才会继续使用。

C. 该书需要在内容或实例更新再版后才能满足我的教学，才会继续使用。

D. 该书与同类教材差距很大，不准备继续采用了。

4. 从您的教学出发，谈谈对本书的改进建议：__________

____

____

选题征集：如果您有好的选题或出版需求，欢迎您联系我们：

联系人：黄　强　联系电话：010-62515955

索取样书：书名：__________

书号：__________

备注：※为必填项。